Business Jets & Turboprops Quick Reference

Compiled by Sean Meagher and Mark Checkley

Copyright © Air-Britain (Historians) Ltd 2010

Published by: Air-Britain (Historians) Ltd
www.air-britain.co.uk

Sales Department: 41 Penshurst Road, Leigh,
Tonbridge, Kent TN11 8HL

Membership Enquiries: 1 Rose Cottages, 179 Penn Road,
Hazlemere, Buckinghamshire HP15 7NE

ISBN: 978-0-85130-420-6

PHOTO CAPTIONS:
Front: The prototype PA-47 PiperJet N360PJ seen at the AOPA Convention, Tampa-Peter O'Knight Airport on 3.11.09. A 6/7 seater, it is powered by a single Williams FJ44 turbofan. (Rod Simpson)
Back: IAI 1126 Galaxy HB-IUT caught on approach to Geneva on 12.5.09. (Roger Birchall)
Piper PA-42-1000 Cheyenne IV N40MV was at Sarasota, Florida on 10.1.09. (Rod Simpson)
BD-700 Global Express XA-OVR was a Manchester International visitor on 17.11.09. (Paul Bailey)

Printed by Bell & Bain Ltd, Glasgow

Air-Britain supports the fight against terrorism and the efforts of the Police and other Authorities in protecting airports and airfields from criminal activity. If you see anything suspicious do not hesitate to call the
Anti-Terrorist Hotline 0800 789321
or alert a Police Officer.

BizQR 2010

Business Jets & Turboprops Quick Reference 2010

Welcome to the eighth edition of Business Jets & Turboprops Quick Reference. As in previous years, coverage includes all active business jets and turboprops plus many converted airliner types employed in business use.

For those with an interest in airliner types, our soon to be published Airline Fleets QR may be of interest and to complete the QR range, the UK Register QR is also expected to be available shortly. For more in-depth coverage of the types covered in this book, the Air-Britain titles "Business Jets International" and "Business Turboprops International" offer full production lists for both genres of aircraft. You can also keep up to date with registration changes through the dedicated Biz Jet and Biz Prop sections within Air-Britain News each month.

2009 will be recorded as the year in which the gathering gloom of late 2008 finally precipitated into a tumultuous storm for most aircraft manufacturers. Biz jet deliveries fell from 1200 to 700 with turbine deliveries static at around 300 units in the same period. Many of the major manufacturers embarked upon radical restructuring programmes with many skilled jobs axed within the industry. Yet more casualties came about as a result of the closure of Eclipse and Epic whilst many development programmes such as Cessna's Columbus were cancelled. Amongst aircraft operators the previously buoyant fractional businesses began to feel the pinch with many airframes being placed into storage rather than attempting to sell into an already depressed used market.

With many of the fledgling VLJ makers no longer in business, it has been Cessna's Mustang and Embraer's Phenom 100 which have notched up the largest percentage of new sales. Embraer also recently gained certification for its Phenom 300 with other notable highlights being the first flights of Gulfstream's newly launched 250 and 650. Many industry analysts are now stating that the worst is over and that business aviation will begin to see gains in activity over the coming year.

As in recent years the biz jet data has been supplied by Sean Meagher and Pete Webber continues to supply the airliner data. This title would not be possible without the support of many contributors and also valuable feedback from the readership. Special thanks must go to Steven Sowter, Ton van Soest, Ian Burnett, Barrie Towey and Graham Slack plus all the other section editors of and contributors to Air-Britain News. Steve Hay has provided excellent support for the biz jet data and Pete Webber & Barry Collman have aided the collection and collation of biz prop data throughout the year. All of these sources are however given continual support by the contributions of enthusiasts the world over to whom we are always indebted for the steady stream of information.

Data is current to 7th January 2010

Please send any corrections, comments and suggestions for changes to;

Mark Checkley
57 Foxyards Road,
TIPTON
West Midlands
DY4 8AU
Mark.Checkley@Air-Britain.co.uk

CONTENTS:

Section 1 . . . . Civil Biz-Jets 5

Section 2 . . . . Biz-Jet Reservations/Planned Deliveries 92

Section 3 . . . . Military Biz-Jets 95

Section 4 . . . . Civil Biz-Props 101

Section 5 . . . . Biz-Prop Reserved marks 153

Section 6 . . . . Military Biz-Props 155

1. Civil Biz-Jets:

AP- Pakistan

☐ AP-BEK	Learjet 31A	62
☐ AP-BGI	125	25269
☐ AP-BHD	C550 Bravo	550-1102
☐ AP-BHE	C550 Bravo	550-0843
☐ AP-BHQ	Be400XP	RK-392
☐ AP-BHY	Learjet 45XR	45-316
☐ AP-GAK	Challenger 604	5438
☐ AP-MIR	Challenger 601	3023
☐ AP-MMM	G150	239
☐ AP-OOI	A310-304	473
☐ AP-PAL	Be400XP	RK-526
☐ AP-PFL	C525B CJ3	0131
☐ AP-RBA	Be400XP	RK-583

A2- Botswana

☐ A2-MCG	Be400A	RK-140

A4O- Oman

☐ A4O-AB	Gulf IV	1168
☐ A4O-AC	Gulf IV	1196
☐ A4O-AA	A320-232	2566
☐ A4O-OMN	B747-430	32445
☐ A4O-SO	B747-SP27	21785

A6- United Arab Emirates

☐ A6-	125-800XP	258432
☐ A6-AAB	Avro RJ100	E3387
☐ A6-AAG	Challenger 605	5739
☐ A6-AAH	Challenger 604	5362
☐ A6-AAM	A318 Elite	1599
☐ A6-AIN	B737 BBJ1	29268
☐ A6-AJA	Legacy	14501089
☐ A6-AJB	Legacy	14501098
☐ A6-ALN	B777-2ANER	29953
☐ A6-ARK	E190 Lineage	19000109
☐ A6-ASQ	Challenger 604	5583
☐ A6-AUH	B737 BBJ2	33473
☐ A6-AZH	G450	4136
☐ A6-CYS	Learjet 60XR	60-341
☐ A6-DAS	B737 BBJ1	29858
☐ A6-DEJ	Gulf GV	564
☐ A6-DFR	B737 BBJ1	30884
☐ A6-DHG	Global 5000	9226
☐ A6-DJL	G450	4123
☐ A6-DLM	A320-232	2403
☐ A6-DNH	Challenger 605	5702
☐ A6-DPW	Legacy	14500955
☐ A6-DWD	Gulf IVSP	1412
☐ A6-ELC	125-850XP	258781
☐ A6-ESH	A319CJ	910
☐ A6-FBQ	Global 5000	9282
☐ A6-FLG	G450	4106
☐ A6-FLH	G450	4155
☐ A6-FLL	Legacy	14501051
☐ A6-FLO	Legacy	14501096
☐ A6-GJA	C680	680-0075
☐ A6-GJB	C560XLS	560-5679
☐ A6-GJC	C560XLS	560-5701
☐ A6-HEH	B737 BBJ2	32825
☐ A6-HHH	Gulf IV	1011
☐ A6-HRM	B747-422	26903
☐ A6-HRS	B737 BBJ1	29251
☐ A6-HWK	125-900XP	HA-0080
☐ A6-IAS	Learjet 60	60-122
☐ A6-IFA	Challenger 604	5641
☐ A6-INF	Gulf 3	491
☐ A6-JBD	B767-341ER	30341
☐ A6-KNH	Challenger 300	20050
☐ A6-LIW	Avro RJ70	E1267
☐ A6-MAA	125-800	258202
☐ A6-MAB	125-800XP	258618
☐ A6-MAF	Falcon 900EX	183
☐ A6-MAH	125-800XP	258328
☐ A6-MAZ	Legacy	14500978
☐ A6-MBH	Challenger 604	5520
☐ A6-MMM	B747-422	26906
☐ A6-MRM	B737 BBJ2	32450
☐ A6-MRS	B737 BBJ2	35238
☐ A6-NGN	Learjet 60XR	60-336
☐ A6-NKL	Legacy	14500944
☐ A6-NLA	Legacy	14501075
☐ A6-NMA	Gulf IVSP	1381
☐ A6-ORX	G450	4133
☐ A6-PJA	Challenger 604	5397
☐ A6-PJB	125-900XP	HA-0003
☐ A6-PJE	Legacy	14500972
☐ A6-RJ1	Avro RJ85	E2323
☐ A6-RJ2	Avro RJ85	E2325
☐ A6-RJA	G300	1503
☐ A6-RJB	G300	1505
☐ A6-RJX	B737 BBJ1	29865
☐ A6-RJY	B737 BBJ1	29857
☐ A6-RJZ	B737 BBJ1	29269
☐ A6-RTS	Falcon 900DX	601
☐ A6-SAC	Falcon 900B	130
☐ A6-SAM	Challenger 300	20015
☐ A6-SBF	Learjet 60XR	60-338
☐ A6-SHH	Horizon	RC-21
☐ A6-SIL	B777-35RER	36563
☐ A6-SMS	Falcon 900DX	616
☐ A6-SSV	Legacy	14501041
☐ A6-SUN	Legacy	14501001
☐ A6-TBF	125-850XP	258792
☐ A6-UAE	B747-48EM	28551
☐ A6-UGH	Legacy	14500993
☐ A6-VVV	Legacy	14501057
☐ A6-YAS	B747-4F6	28961
☐ A6-ZZZ	125-800XP2	258312

A7- Qatar

☐ A7-AAG	A320-232	927
☐ A7-AAH	A340-313X	528
☐ A7-AAM	Global Express	9126
☐ A7-AAZ	B737 BBJ2	37545
☐ A7-AFE	A310-308	667
☐ A7-ASA	C500	501-0446
☐ A7-CEA	Challenger 605	5783
☐ A7-CEB	Challenger 605	5784
☐ A7-CEC	Challenger 300	20042
☐ A7-CGK	C650 III	650-0048
☐ A7-HHH	A340-541	495
☐ A7-HHJ	A319CJ	1335
☐ A7-HHK	A340-211	26
☐ A7-HHM	A330-202	605
☐ A7-HJJ	A330-202	487
☐ A7-RZB	125-900XP	HA-0048
☐ A7-RZC	Challenger 605	5759
☐ A7-RZD	125-900XP	HA-0095

A9C- Bahrain

☐ A9C-AWL	Avro RJ100	E3386
☐ A9C-BA	B727-2M7/W	21824
☐ A9C-BAH	Gulf IVSP	1353
☐ A9C-BDF	Avro RJ85	E2390
☐ A9C-BG	Gulf2 TT	202
☐ A9C-BHR	G450	4156
☐ A9C-BRN	G550	5242
☐ A9C-BXB	Challenger 604	5477
☐ A9C-BXD	Challenger 601	5194
☐ A9C-BXG	Challenger 604	5485
☐ A9C-BXH	Challenger 604	5476
☐ A9C-BXI	C560XLS	560-5658
☐ A9C-DAA	B737-268	22050
☐ A9C-DAR	Challenger 300	20169
☐ A9C-HAK	B747-SPZ5	23610
☐ A9C-HMH	B767-4FSER	34205
☐ A9C-HMK	B747-4P8	33684
☐ A9C-HWR	Avro RJ85	E2306
☐ A9C-MTC	Legacy	14500975

B- China

☐ B-	G450	4170
☐ B-4001	Tu-154M	711
☐ B-4005	CRJ800	7138
☐ B-4006	CRJ800	7149
☐ B-4007	CRJ800	7180
☐ B-4010	CRJ800	7189
☐ B-4011	CRJ800	7193
☐ B-4027	Tu-154M	943
☐ B-4028	Tu-154M	967
☐ B-4060	Challenger 870	10164
☐ B-4061	Challenger 870	10183
☐ B-4062	Challenger 870	10187
☐ B-4063	Challenger 870	10204
☐ B-4064	Challenger 870	10206
☐ B-4138	Tu-154M	712
☐ B-4599	Learjet 36A	34
☐ B-4701	CRJ800	7639
☐ B-4702	CRJ800	7455
☐ B-6186	A318 Elite	3333
☐ B-6188	A318 Elite	3617
☐ B-7695	CRJ200	7268
☐ B-3642	C560XLS	560-5539
☐ B-3643	C560XLS	560-5540
☐ B-3644	C525 CJ1	525-0551
☐ B-3645	C525 CJ1	525-0552
☐ B-3647	C525 CJ1	525-0554
☐ B-3648	C525 CJ1	525-0555
☐ B-3649	C525 CJ1	525-0557
☐ B-3650	C525 CJ1	525-0558
☐ B-3666	C560XLS	560-5761
☐ B-3667	C560XLS	560-5766
☐ B-3668	C525 CJ1	525-0471
☐ B-3669	C525 CJ1	525-0380
☐ B-3901	125-850XP	258656
☐ B-3902	125-850XP	258858
☐ B-3903	125-900XP	HA-0053
☐ B-3905	Be400A	RK-109
☐ B-3990	125-800XP	258408
☐ B-3991	125-800XP	258470
☐ B-3992	125-800XP	258501
☐ B-3993	125-800XP	258525
☐ B-3997	125-800XP	258575
☐ B-4101	Cessna S550	0049
☐ B-4102	Cessna S550	0050
☐ B-7019	C560XL	560-5118
☐ B-7021	C750	750-0157

Registration	Type	Serial
☐ B-7022	C650 VI	650-0220
☐ B-7024	C550	550-0301
☐ B-7025	C550	550-0297
☐ B-7026	C550	550-0305
☐ B-7027	C525 CJ	525-0204
☐ B-7777	C525 CJ1+	525-0655
☐ B-8020	Falcon 2000	27
☐ B-8021	Falcon 900DX	613
☐ B-8080	Gulf IV	1100
☐ B-8081	Galaxy G200	135
☐ B-8082	Gulf IV	1157
☐ B-8083	Galaxy G200	37
☐ B-8085	Galaxy G200	114
☐ B-8086	Galaxy G200	30
☐ B-8087	Galaxy G200	174
☐ B-8088	Gulf IVSP	1375
☐ B-8089	Galaxy G200	51
☐ B-8091	Gulf IV	1144
☐ B-8092	Gulf GV	510
☐ B-8095	G550	5059
☐ B-8097	Gulf GV	613
☐ B-8098	G450	4076
☐ B-8099	G450	4168
☐ B-8100	G550	5024
☐ B-9330	C560XLS	560-5828
☐ B-KCK	G550	5228
☐ B-KGP	G550	5238
☐ B-KHK	G450	4018
☐ B-KID	G550	5115
☐ B-KMJ	Galaxy G200	90
☐ B-KSJ	Galaxy G200	36
☐ B-KVC	G550	5219
☐ B-LBL	Challenger 604	5604
☐ B-LIM	Global 5000	9295
☐ B-LMJ	Galaxy G200	153
☐ B-LRW	Global 5000	9315
☐ B-LSM	G550	5250
☐ B-LSS	Galaxy G200	210
☐ B-LUE	G550	5147
☐ B-LUX	Galaxy G200	49
☐ B-MAC	Challenger 601	5178
☐ B-MAI	Challenger 601	5049
☐ B-MBD	125-900XP	HA-0028
☐ B-MBE	125-900XP	HA-0036
☐ B-MBF	125-750	HB-1
☐ B-MBG	125-750	HB-9
☐ B-MBH	125-750	HB-13
☐ B-MBI	125-750	HB-25
☐ B-MBK	Falcon 2000	133

B- Taiwan

Registration	Type	Serial
☐ B-20001	Astra	119
☐ B-77701	Be400XP	RK-562

C- Canada

Registration	Type	Serial
☐ C-	125-800	258169
☐ C-FABF	Cessna S550	0101
☐ C-FACO	C560 Encore +	560-0753
☐ C-FAMI	C560 Encore	560-0648
☐ C-FAMJ	C550 Bravo	550-0931
☐ C-FANJ	C525B CJ3	0201
☐ C-FANS	Learjet 45XR	45-303
☐ C-FAPK	Westwind	216
☐ C-FBBF	125-800XP	258530
☐ C-FBCI	C510	510-0211
☐ C-FBCL	Learjet 45XR	45-288
☐ C-FBCR	Challenger 604	5579
☐ C-FBDR	Global Express	9003
☐ C-FBDS	C500	501-0094
☐ C-FBEI	Challenger 601	3028
☐ C-FBEL	Challenger 605	5802
☐ C-FBNA	C650 III	650-0046
☐ C-FBNS	Challenger 604	5364
☐ C-FBNW	Falcon 10	190
☐ C-FBOC	Global Express	9151
☐ C-FBPL	Premier 1A	RB-150
☐ C-FBUR	125-800	258232
☐ C-FBVF	Falcon 50	48
☐ C-FBXL	C560XL	560-5298
☐ C-FCDE	Challenger 604	5392
☐ C-FCIB	Challenger 601	5181
☐ C-FCLJ	Learjet 36A	37
☐ C-FCMG	Learjet 60	60-133
☐ C-FCNR	Gulf IV	1065
☐ C-FCPR	C680	680-0157
☐ C-FCRH	Falcon 50	56
☐ C-FCSI	Challenger 300	20114
☐ C-FCSS	125-700	257143
☐ C-FCTK	Learjet 60	60-210
☐ C-FCXL	C560XL	560-5234
☐ C-FDAX	Astra	58
☐ C-FDBJ	Falcon 2000EX	145
☐ C-FDDD	125-800SP	258038
☐ C-FDHD	C680	680-0032
☐ C-FDJC	C650 III	650-0080
☐ C-FDMM	Premier 1A	RB-198
☐ C-FDOL	Challenger 300	20093
☐ C-FDSH	C510	510-0136
☐ C-FEAE	125-700	257180
☐ C-FEDG	Learjet 60XR	60-343
☐ C-FEMA	Cessna S550	0040
☐ C-FEMT	Learjet 36A	24
☐ C-FEPG	C560	560-0182
☐ C-FEVC	C550 Bravo	550-1023
☐ C-FEXD	Falcon 10	78
☐ C-FFCC	C550	550-0332
☐ C-FFEV	Falcon 100	204
☐ C-FGFI	Falcon 900B	138
☐ C-FGIL	Challenger 300	20107
☐ C-FHGC	Challenger 604	5453
☐ C-FHNS	Astra	156
☐ C-FHPM	Gulf IV	1103
☐ C-FHRL	Astra	150
☐ C-FICA	Falcon 100	196
☐ C-FIGD	Falcon 20C	109
☐ C-FIGO	125-800	258087
☐ C-FIMO	C650 III	650-0065
☐ C-FITC	C525A CJ2+	0394
☐ C-FJBO	C550 Bravo	550-0812
☐ C-FJCB	Challenger 300	20192
☐ C-FJCZ	C550	550-0700
☐ C-FJGG	Learjet 60	60-038
☐ C-FJHS	125-800XP	258283
☐ C-FJJC	Challenger 601	5096
☐ C-FJNS	Challenger 601	5059
☐ C-FJOI	Falcon 900EX	69
☐ C-FJOJ	Westwind	271
☐ C-FJTN	Premier 1A	RB-267
☐ C-FJWZ	C550	550-0685
☐ C-FJXN	C550	550-0684
☐ C-FKBC	C560 Ultra	560-0409
☐ C-FKCE	C550	550-0686
☐ C-FKCI	Challenger 300	20242
☐ C-FKDX	C550	550-0687
☐ C-FKEB	C550	550-0688
☐ C-FKGN	125-800SP	258052
☐ C-FKJM	Challenger 601	3012
☐ C-FKLB	C550	550-0699
☐ C-FKMC	Challenger 605	5772
☐ C-FLCY	Challenger 604	5506
☐ C-FLDD	Challenger 300	20238
☐ C-FLHQ	CRJ200	7086
☐ C-FLLH	Learjet 45	45-088
☐ C-FLMK	Challenger 605	5786
☐ C-FLRJ	Learjet 45	45-156
☐ C-FLRP	Challenger 601	5068
☐ C-FLTB	Learjet 60XR	60-377
☐ C-FLZA	C550	550-0701
☐ C-FMCI	C550 Bravo	550-0816
☐ C-FMFL	Falcon 50	96
☐ C-FMFM	C550	550-0702
☐ C-FMGL	Learjet 45XR	45-360
☐ C-FMHA	Learjet 40XR	45-2043
☐ C-FMHL	Astra	66
☐ C-FMJM	C550	550-0444
☐ C-FMOS	C550 Bravo	550-0982
☐ C-FMRI	125-850XP	258688
☐ C-FNCT	C550	550-0155
☐ C-FNEU	Challenger 601	5119
☐ C-FNHZ	C500	501-0689
☐ C-FNRG	C750	750-0305
☐ C-FNTM	C560 Ultra	560-0346
☐ C-FNXL	C560XLS	560-5686
☐ C-FOBQ	Cessna S550	0036
☐ C-FORJ	C650 III	650-0104
☐ C-FPBX	Learjet 45	45-085
☐ C-FPCE	125-800XP	258500
☐ C-FPEP	Westwind	441
☐ C-FPHS	B737-53A	24970
☐ C-FPJT	C560	560-0017
☐ C-FPRP	Learjet 35A	390
☐ C-FPTM	D-JET	DJ1-0002
☐ C-FPUB	Learjet 25B	90
☐ C-FPWB	C525 CJ	525-0062
☐ C-FQYB	C560 Encore	560-0588
☐ C-FRCI	Challenger 604	5650
☐ C-FRGY	Learjet 60	60-061
☐ C-FRJZ	Astra	87
☐ C-FRKI	C560 Encore	560-0573
☐ C-FRST	C550 Bravo	550-1011
☐ C-FRYS	Learjet 45XR	45-275
☐ C-FSBC	C650 VII	650-7092
☐ C-FSCI	Challenger 605	5717
☐ C-FSDL	Learjet 45XR	45-255
☐ C-FSJI	Falcon 20-5	373
☐ C-FSJR	Challenger 604	5413
☐ C-FSLD	Challenger 850	8084
☐ C-FSNC	C560 Encore	560-0676
☐ C-FSRZ	Global Express	9310
☐ C-FSXL	C560XLS	560-5747
☐ C-FTEN	C750	750-0188
☐ C-FTFC	Challenger 601	5091
☐ C-FTIL	C560XL	560-5253
☐ C-FTIO	Global Express	9313
☐ C-FTIS	Global Express	9316
☐ C-FTJF	C560 Encore	560-0643
☐ C-FTMI	C500	500-0069
☐ C-FTOM	C560 Encore	560-0633
☐ C-FTOR	C650 VII	650-7067
☐ C-FTRM	C525A CJ2	0235
☐ C-FTRP	G150	271
☐ C-FTUX	Global Express	9317
☐ C-FTVC	125-800SP	258243
☐ C-FTVF	Global Express	9319
☐ C-FTVK	Global Express	9320
☐ C-FTWO	Westwind	199
☐ C-FTWV	Westwind	207
☐ C-FTWV	Westwind	226
☐ C-FTXL	C560XLS	560-5672

Registration	Type	Serial
☐ C-FUCV	Global Express	9323
☐ C-FUCY	Global 5000	9324
☐ C-FUDH	Global Express	9326
☐ C-FUOK	Global Express	9329
☐ C-FUOM	Global Express	9331
☐ C-FURG	Challenger 601	3063
☐ C-FUSI	Global Express	9333
☐ C-FUSR	Global 5000	9334
☐ C-FUTF	Global Express	9335
☐ C-FUTL	Global Express	9336
☐ C-FUUF	Challenger 605	5776
☐ C-FUUM	Challenger 605	5778
☐ C-FUUQ	Challenger 605	5779
☐ C-FVFW	Global Express	9338
☐ C-FVHE	Global Express	9341
☐ C-FVLX	Challenger 300	20243
☐ C-FVMI	Challenger 605	5791
☐ C-FVQB	Challenger 850	8099
☐ C-FVQE	Challenger 850	8100
☐ C-FVSL	Learjet 45XR	45-408
☐ C-FVUP	Global Express	9344
☐ C-FWBK	C525 CJ1	525-0425
☐ C-FWEZ	Challenger 850	8092
☐ C-FWGH	Global Express	9348
☐ C-FWGP	Global Express	9349
☐ C-FWGV	Global 5000	9350
☐ C-FWHF	Global Express	9351
☐ C-FWHH	C560 Ultra	560-0484
☐ C-FWRE	Challenger 300	20252
☐ C-FWTY	Challenger 300	20257
☐ C-FWUT	Challenger 300	20246
☐ C-FWXL	C560XLS	560-5691
☐ C-FWZR	Global 5000	9353
☐ C-FXAY	Global 5000	9356
☐ C-FXCN	Challenger 604	5474
☐ C-FXHN	Learjet 45	45-126
☐ C-FXJD	Global 5000	9359
☐ C-FXJM	Global Express	9360
☐ C-FXKK	Global Express	9362
☐ C-FXOV	Challenger 850	8102
☐ C-FXPI	Challenger 300	20260
☐ C-FXPT	Challenger 300	20264
☐ C-FXQR	Challenger 605	5797
☐ C-FXRD	Challenger 605	5805
☐ C-FXTC	C525B CJ3	0037
☐ C-FXYK	Global 5000	9363
☐ C-FXYN	Learjet 45XR	45-270
☐ C-FXYS	Global Express	9364
☐ C-FYAI	Challenger 605	5803
☐ C-FYAY	Challenger 605	5799
☐ C-FYBK	Challenger 605	5806
☐ C-FYBO	Challenger 300	20271
☐ C-FYBS	Challenger 300	20272
☐ C-FYBZ	Challenger 300	20268
☐ C-FYGP	Global Express	9367
☐ C-FYGX	Global Express	9368
☐ C-FYHT	Global Express	9369
☐ C-FYIG	Global 5000	9370
☐ C-FYIH	Global Express	9371
☐ C-FYIZ	Global 5000	9372
☐ C-FYJC	Global 5000	9373
☐ C-FYJD	Global Express	9374
☐ C-FYMM	C560 Encore	560-0705
☐ C-FYMU	Global 5000	9376
☐ C-FYNI	Global Express	9377
☐ C-FYNQ	Global Express	9378
☐ C-FYNV	Global 5000	9379
☐ C-FYOC	Global Express	9380
☐ C-FYTY	Challenger 605	5814
☐ C-FYUD	Challenger 605	5807
☐ C-FYUH	Challenger 605	5808
☐ C-FYUK	Challenger 605	5809
☐ C-FYUL	C560 Encore	560-0647
☐ C-FYUP	Challenger 605	5810
☐ C-FYUR	Challenger 605	5811
☐ C-FYUS	Challenger 605	5812
☐ C-FYUY	Challenger 605	5813
☐ C-FZAU	Learjet 45	45-163
☐ C-FZKY	Challenger 605	5821
☐ C-FZLB	Challenger 605	5816
☐ C-FZLM	Challenger 605	5817
☐ C-FZLR	Challenger 605	5818
☐ C-FZLS	Challenger 605	5819
☐ C-FZLU	Challenger 605	5820
☐ C-FZLX	Challenger 300	20275
☐ C-FZLY	Challenger 300	20276
☐ C-FZLZ	Challenger 300	20277
☐ C-FZOP	Falcon 10	44
☐ C-FZQP	Learjet 35A	168
☐ C-FZYB	Falcon 50 EX	272
☐ C-GAAA	125-700	257179
☐ C-GAGU	C680	680-0100
☐ C-GAIP	Challenger 605	5822
☐ C-GAJG	Challenger 605	5823
☐ C-GAJS	Learjet 35A	380
☐ C-GAKE	Challenger 300	20278
☐ C-GAKF	Challenger 300	20279
☐ C-GAKL	Challenger 300	20280
☐ C-GAKN	Challenger 300	20281
☐ C-GAKO	Challenger 300	20282
☐ C-GAKZ	Challenger 300	20283
☐ C-GALP	Challenger 605	5824
☐ C-GANU	Challenger 605	5825
☐ C-GAOB	Challenger 601	5117
☐ C-GAPC	C560	560-0033
☐ C-GAPT	C750	750-0131
☐ C-GAWH	Challenger 604	5557
☐ C-GAWJ	Westwind	277
☐ C-GAWR	C560XLS	560-5717
☐ C-GAWU	C560 Ultra	560-0351
☐ C-GAZU	Falcon 900C	198
☐ C-GBAP	125-800XP	258444
☐ C-GBBB	Gulf 3	368
☐ C-GBCI	Falcon 20-5	478
☐ C-GBFP	Learjet 25B	167
☐ C-GBIS	125-800	258117
☐ C-GBKB	Challenger 604	5420
☐ C-GBNE	C560	560-0244
☐ C-GBNX	C560	560-0074
☐ C-GBPL	C510	510-0205
☐ C-GBPM	C525 CJ	525-0287
☐ C-GBSW	Astra	130
☐ C-GBTY	Global Express	9381
☐ C-GBYG	Challenger 605	5826
☐ C-GBYH	Challenger 605	5827
☐ C-GBYK	Challenger 605	5828
☐ C-GBYM	Challenger 605	5829
☐ C-GBZE	Challenger 300	20284
☐ C-GBZI	Challenger 300	20285
☐ C-GBZL	Challenger 300	20286
☐ C-GBZV	Challenger 300	20287
☐ C-GCCU	125-800	258165
☐ C-GCDS	Global Express	9137
☐ C-GCFG	Challenger 601	3022
☐ C-GCFI	Challenger 601	3020
☐ C-GCGS	125-800	258123
☐ C-GCGT	125-850XP	258828
☐ C-GCIL	Learjet 55	89
☐ C-GCIX	125-800XP	258492
☐ C-GCMJ	Global 5000	9386
☐ C-GCMP	Learjet 45	45-153
☐ C-GCNR	Challenger 604	5339
☐ C-GCPM	Gulf IVSP	1238
☐ C-GCUL	C750	750-0090
☐ C-GCXL	C560XL	560-5096
☐ C-GDBC	125-800	258193
☐ C-GDBF	Challenger 601	3014
☐ C-GDCP	C680	680-0251
☐ C-GDDR	Challenger 600S	1048
☐ C-GDII	125-800XP	258316
☐ C-GDIK	Challenger 300	20214
☐ C-GDJG	C510	510-0113
☐ C-GDJH	Learjet 35A	353
☐ C-GDLI	Challenger 601	5179
☐ C-GDLL	C510	510-0221
☐ C-GDLR	C550	550-0062
☐ C-GDPG	Global 5000	9178
☐ C-GDSH	C560 Encore +	560-0781
☐ C-GDSR	Westwind	313
☐ C-GDTD	Challenger 850	8067
☐ C-GDWS	C525 CJ	525-0109
☐ C-GEIV	Gulf IV	1224
☐ C-GENW	Falcon 2000EX	129
☐ C-GERS	Global 5000	9127
☐ C-GESO	Challenger 300	20110
☐ C-GEXI	CRJ200	7186
☐ C-GEXM	CRJ200	7187
☐ C-GFCB	Challenger 601	5124
☐ C-GFCL	C560XLS	560-5780
☐ C-GFEE	C500	501-0169
☐ C-GFHR	Challenger 300	20016
☐ C-GGBL	Challenger 605	5746
☐ C-GGFP	Falcon 50	227
☐ C-GGHZ	Astra	117
☐ C-GGLO	Global 5000	9233
☐ C-GGMP	125-900XP	HA-0011
☐ C-GGWH	Challenger 604	5371
☐ C-GHCB	C560XL	560-5151
☐ C-GHGC	Challenger 601	5019
☐ C-GHJJ	Learjet 31A	102
☐ C-GHJU	Learjet 31A	120
☐ C-GHKY	Challenger 604	5343
☐ C-GHML	Challenger 604	5360
☐ C-GHMP	Learjet 45	45-183
☐ C-GHMW	Challenger 605	5796
☐ C-GHYD	Westwind	278
☐ C-GIBU	125-800XP	258507
☐ C-GIPZ	Challenger 300	20005
☐ C-GIRE	Learjet 35	4
☐ C-GIRL	C525 CJ1+	525-0641
☐ C-GIWO	Learjet 35A	407
☐ C-GIWZ	C750	750-0041
☐ C-GIXI	Challenger 601	5086
☐ C-GJBJ	125-700	257198
☐ C-GJCJ	Challenger 300	20001
☐ C-GJCY	Learjet 45XR	45-239
☐ C-GJEI	Challenger 300	20245
☐ C-GJET	Falcon 10	25
☐ C-GJKI	C680	680-0071
☐ C-GJKK	125-800XP	258605
☐ C-GJLB	Falcon 50 EX	270
☐ C-GJLN	Learjet 60XR	60-349
☐ C-GJPG	Falcon 900B	110
☐ C-GJRB	C560XL	560-5026
☐ C-GJVK	C500	500-0103
☐ C-GKAU	C550	550-0280
☐ C-GKEG	C680	680-0158
☐ C-GKGN	Challenger 604	5317
☐ C-GKMS	Learjet 31	6
☐ C-GKPP	125-800	258166
☐ C-GKTM	Learjet 55	76
☐ C-GKTO	Challenger 604	5396
☐ C-GLBB	Falcon 900EX	88

Reg	Type	Serial
☐ C-GLBJ	125-700	257162
☐ C-GLFV	Gulf GV	692
☐ C-GLGB	C550 Bravo	550-0994
☐ C-GLIG	125-700	257149
☐ C-GLMI	C560XL	560-5097
☐ C-GLMK	C550	551-0143
☐ C-GLOJ	Challenger 601	3034
☐ C-GLUL	Global Express	9264
☐ C-GLXC	Falcon 900EX	190
☐ C-GLYS	Learjet 45XR	45-362
☐ C-GMGB	Challenger 601	5093
☐ C-GMGX	Falcon 7X	50
☐ C-GMII	Falcon 50 EX	335
☐ C-GMKZ	C560XL	560-5309
☐ C-GMLH	Falcon 900EX	76
☐ C-GMLR	125-800	258239
☐ C-GMMA	Learjet 35A	655
☐ C-GMMI	Challenger 601	5151
☐ C-GMMU	C510	510-0042
☐ C-GMMY	Learjet 35A	644
☐ C-GMNC	C750	750-0097
☐ C-GMRL	Challenger 604	5597
☐ C-GMRO	Learjet 45	45-086
☐ C-GMTI	C525 CJ1	525-0398
☐ C-GMTR	125-800	258157
☐ C-GNCB	Global Express	9088
☐ C-GNDN	G550	5230
☐ C-GNEQ	C680	680-0064
☐ C-GNET	Falcon 50 EX	281
☐ C-GNGV	C560	560-0053
☐ C-GNWM	C550	550-0410
☐ C-GOAG	Falcon 900EX	15
☐ C-GOFJ	Falcon 50 EX	262
☐ C-GOHB	Falcon 2000EX	90
☐ C-GOHJ	125-700	257049
☐ C-GOIL	Falcon 50	87
☐ C-GOJC	Falcon 10	182
☐ C-GOOB	C560 Ultra	560-0454
☐ C-GPAW	C560XLS	560-5681
☐ C-GPCZ	Challenger 300	20096
☐ C-GPDQ	Learjet 45	45-041
☐ C-GPFC	Challenger 604	5310
☐ C-GPGA	C550 Bravo	550-0807
☐ C-GPGD	Challenger 604	5432
☐ C-GPKS	Learjet 45	45-223
☐ C-GPLN	C500	500-0016
☐ C-GPMW	C525B CJ3	0206
☐ C-GPOP	C650 III	650-0042
☐ C-GPOS	C525 CJ	525-0129
☐ C-GPOT	Falcon 900DX	607
☐ C-GPPI	Global 5000	9158
☐ C-GPSI	Challenger 601	3027
☐ C-GQBQ	Challenger 601	5051
☐ C-GQCC	C550	550-0285
☐ C-GQJJ	C500	501-0236
☐ C-GQPA	Challenger 604	5379
☐ C-GQPJ	C500	501-0643
☐ C-GQPM	Learjet 45	45-224
☐ C-GQYL	C550	550-0569
☐ C-GRBZ	Learjet 60	60-218
☐ C-GRCC	C560 Ultra	560-0269
☐ C-GRCY	Challenger 300	20182
☐ C-GREK	C500	500-0082
☐ C-GRFO	Learjet 35A	100
☐ C-GRFT	C500	500-0154
☐ C-GRGE	Falcon 50	29
☐ C-GRHC	C550	550-0046
☐ C-GRIS	Falcon 10	2
☐ C-GROG	125-850XP	258852
☐ C-GROL	Epic Elite	001J
☐ C-GROP	C510	510-0224
☐ C-GRPB	C560XLS	560-5618
☐ C-GRPF	Challenger 601	5168
☐ C-GRQC	C550	550-0097
☐ C-GRRD	C510	510-0232
☐ C-GSAP	Global Express	9038
☐ C-GSEC	Falcon 2000EX	82
☐ C-GSLU	Falcon 2000EX	167
☐ C-GSMR	Falcon 2000	88
☐ C-GSOE	C680	680-0223
☐ C-GSSC	C525B CJ3	0118
☐ C-GSSK	Cessna S550	0027
☐ C-GSUA	Challenger 890	15182
☐ C-GSUM	Challenger 890	15158
☐ C-GSUN	C680	680-0068
☐ C-GSUW	Challenger 850	8047
☐ C-GSUX	C750	750-0205
☐ C-GSWP	Learjet 55	19
☐ C-GSWQ	Learjet 45	45-022
☐ C-GTAU	125-800SP	258173
☐ C-GTDE	Learjet 35	57
☐ C-GTDK	C550	550-0292
☐ C-GTDM	Learjet 35A	498
☐ C-GTDO	Astra	151
☐ C-GTGO	C560 Encore	560-0576
☐ C-GTJL	Learjet 35A	124
☐ C-GTLG	Astra	146
☐ C-GTNG	C500	500-0169
☐ C-GTOG	C560XLS	560-5729
☐ C-GTOL	C500	501-0320
☐ C-GTOR	125-700	257029
☐ C-GTPL	Falcon 2000EX	87
☐ C-GTRG	C525A CJ2+	0456
☐ C-GTRL	Galaxy G200	112
☐ C-GUAC	Learjet 35A	309
☐ C-GUPC	C560XL	560-5284
☐ C-GUPJ	D-JET	DJ1-0003
☐ C-GVGM	C550	550-0344
☐ C-GVLJ	D-JET	10-0001
☐ C-GVMP	125-900XP	HA-0015
☐ C-GVVZ	Learjet 45	45-020
☐ C-GWFG	Learjet 35A	669
☐ C-GWFM	Falcon 50 EX	264
☐ C-GWGZ	C525 CJ1+	525-0637
☐ C-GWLE	125-800	258007
☐ C-GWLL	Challenger 604	5484
☐ C-GWPB	Galaxy G200	119
☐ C-GWUL	C550 Bravo	550-1028
☐ C-GWWU	C560 Ultra	560-0304
☐ C-GWWW	Challenger 850	8057
☐ C-GXBB	Falcon 50 EX	278
☐ C-GXCG	C560 Ultra	560-0481
☐ C-GXMB	Premier 1A	RB-217
☐ C-GXNW	G150	264
☐ C-GXOP	C510	510-0170
☐ C-GYPV	Premier 1	RB-16
☐ C-GZCZ	G150	273
☐ C-GZPX	Challenger 604	5458

CC- Chile

Reg	Type	Serial
☐ CC-CAB	125-850XP	258769
☐ CC-CDE	C560XLS	560-5767
☐ CC-CHE	C525A CJ2	0171
☐ CC-CLC	C550	550-0104
☐ CC-CMS	Learjet 40	45-2009
☐ CC-CPS	C750	750-0268
☐ CC-CRT	Be400XP	RK-493
☐ CC-CTC	Sabre 60	306-112
☐ CC-CVO	C525 CJ	525-0243
☐ CC-CWK	G150	219
☐ CC-CWW	Cessna S550	0002
☐ CC-CWZ	Cessna S550	0143
☐ CC-DAC	C650 VI	650-0233
☐ CC-DGA	C550	550-0657
☐ CC-LLM	C550 Bravo	550-0996

CN- Morocco

Reg	Type	Serial
☐ CNA-	C560XLS+	560-6042
☐ CNA-	C560XLS+	560-6047
☐ CN-ANL	Gulf2 TT	182
☐ CNA-NM	Falcon 20C	165
☐ CNA-NN	Falcon 20C	152
☐ CN-ANO	Falcon 50	12
☐ CN-ANU	Gulf 3	365
☐ CN-ANV	C560	560-0025
☐ CN-ANW	C560	560-0039
☐ CNA-NZ	Falcon 100	212
☐ CN-IAM	Challenger 604	5591
☐ CN-RBS	125-900XP	HA-0091
☐ CN-TDE	Corvette	5
☐ CN-THL	Corvette	39
☐ CN-TJB	Learjet 45	45-112
☐ CN-TJD	Be400XP	RK-579
☐ CN-TJE	C525 CJ1+	525-0693
☐ CN-TKN	Falcon 10	128
☐ CN-TLB	C525 CJ	525-0312

CS- Portugal

Reg	Type	Serial
☐ CS-AYY	C500	501-0183
☐ CS-DCK	Falcon 20E	297
☐ CS-DDV	Cessna S550	0147
☐ CS-DDZ	Learjet 31	34
☐ CS-DFC	Falcon 2000	148
☐ CS-DFD	Falcon 2000	174
☐ CS-DFE	Falcon 2000	205
☐ CS-DFF	Falcon 2000EX	41
☐ CS-DFG	Falcon 2000EX	44
☐ CS-DFH	Falcon 900B	91
☐ CS-DFK	Falcon 2000EX	65
☐ CS-DFM	C560XL	560-5257
☐ CS-DFN	C560XL	560-5283
☐ CS-DFO	C560XL	560-5314
☐ CS-DFP	C560XL	560-5315
☐ CS-DFQ	C560XL	560-5334
☐ CS-DFR	C560XL	560-5355
☐ CS-DFS	C560XL	560-5372
☐ CS-DFT	C560XLS	560-5512
☐ CS-DFU	C560XLS	560-5520
☐ CS-DFV	C560XLS	560-5543
☐ CS-DFW	125-800XP	258664
☐ CS-DFX	125-800XP	258656
☐ CS-DFY	125-800XP	258663
☐ CS-DFZ	125-800XP	258673
☐ CS-DGO	C750	750-0140
☐ CS-DGQ	C525A CJ2	0200
☐ CS-DGR	C650 VII	650-7045
☐ CS-DGW	C525B CJ3	0235
☐ CS-DGZ	125-900XP	HA-0051
☐ CS-DHA	C550 Bravo	550-1005
☐ CS-DHB	C550 Bravo	550-1009
☐ CS-DHC	C550 Bravo	550-1013
☐ CS-DHD	C550 Bravo	550-1017
☐ CS-DHE	C550 Bravo	550-1022
☐ CS-DHF	C550 Bravo	550-1025
☐ CS-DHG	C550 Bravo	550-1034
☐ CS-DHH	C550 Bravo	550-1043
☐ CS-DHI	C550 Bravo	550-1048

Reg	Type	S/N
☐ CS-DHJ	C550 Bravo	550-1082
☐ CS-DHK	C550 Bravo	550-1090
☐ CS-DHL	C550 Bravo	550-1092
☐ CS-DHM	C550 Bravo	550-1093
☐ CS-DHN	C550 Bravo	550-1098
☐ CS-DHO	C550 Bravo	550-1099
☐ CS-DHP	C550 Bravo	550-1104
☐ CS-DHQ	C550 Bravo	550-1109
☐ CS-DHR	C550 Bravo	550-1114
☐ CS-DIY	C525B CJ3	0146
☐ CS-DKA	Gulf IVSP	1480
☐ CS-DKC	G550	5057
☐ CS-DKD	G550	5081
☐ CS-DKE	G550	5094
☐ CS-DKF	G550	5099
☐ CS-DKG	G550	5127
☐ CS-DKH	G550	5150
☐ CS-DKI	G550	5166
☐ CS-DKJ	G550	5174
☐ CS-DKK	G550	5201
☐ CS-DLB	Falcon 2000EX	80
☐ CS-DLC	Falcon 2000EX	98
☐ CS-DLD	Falcon 2000EX	109
☐ CS-DLE	Falcon 2000EX	127
☐ CS-DLF	Falcon 2000EX	134
☐ CS-DLG	Falcon 2000EX	144
☐ CS-DLH	Falcon 2000EX	149
☐ CS-DMA	Be400XP	RK-401
☐ CS-DMB	Be400XP	RK-403
☐ CS-DMC	Be400XP	RK-404
☐ CS-DMD	Be400XP	RK-407
☐ CS-DME	Be400XP	RK-408
☐ CS-DMF	Be400XP	RK-410
☐ CS-DMG	Be400XP	RK-417
☐ CS-DMH	Be400XP	RK-425
☐ CS-DMI	Be400XP	RK-437
☐ CS-DMJ	Be400XP	RK-443
☐ CS-DMK	Be400XP	RK-464
☐ CS-DML	Be400XP	RK-465
☐ CS-DMM	Be400XP	RK-472
☐ CS-DMN	Be400XP	RK-475
☐ CS-DMO	Be400XP	RK-494
☐ CS-DMP	Be400XP	RK-508
☐ CS-DMQ	Be400XP	RK-512
☐ CS-DMR	Be400XP	RK-516
☐ CS-DMS	Be400XP	RK-519
☐ CS-DMT	Be400XP	RK-532
☐ CS-DMU	Be400XP	RK-538
☐ CS-DMV	Be400XP	RK-549
☐ CS-DMW	Be400XP	RK-550
☐ CS-DMX	Be400XP	RK-555
☐ CS-DMY	Be400XP	RK-556
☐ CS-DMZ	Be400XP	RK-559
☐ CS-DNL	125-800XP	258439
☐ CS-DNM	125-800XP	258422
☐ CS-DNN	125-800XP	258435
☐ CS-DNO	125-800XP	258457
☐ CS-DNP	Falcon 2000	109
☐ CS-DNQ	Falcon 2000	115
☐ CS-DNR	Falcon 2000	120
☐ CS-DNS	Falcon 2000	139
☐ CS-DNT	125-800XP	258468
☐ CS-DNU	125-800XP	258479
☐ CS-DNV	125-800XP	258499
☐ CS-DNW	C560XL	560-5221
☐ CS-DNX	125-800XP	258511
☐ CS-DNY	C560XL	560-5216
☐ CS-DNZ	C560XL	560-5235
☐ CS-DOB	Be400XP	RK-561
☐ CS-DPA	125-900XP	HA-0069
☐ CS-DPF	Falcon 900EX	198
☐ CS-DPJ	125-900XP	HA-0072
☐ CS-DPN	C510	510-0163
☐ CS-DPV	C510	510-0122
☐ CS-DPW	Falcon 20E	307
☐ CS-DPZ	C560XLS	560-5576
☐ CS-DQA	C560XLS	560-5798
☐ CS-DQB	C560XLS	560-5803
☐ CS-DRA	125-800XP	258686
☐ CS-DRB	125-800XP	258690
☐ CS-DRC	125-800XP	258714
☐ CS-DRD	125-800XP	258721
☐ CS-DRE	125-800XPi	258725
☐ CS-DRF	125-800XPi	258730
☐ CS-DRG	125-800XPi	258741
☐ CS-DRH	125-800XPi	258746
☐ CS-DRI	125-800XPi	258756
☐ CS-DRJ	125-800XPi	258760
☐ CS-DRK	125-800XPi	258765
☐ CS-DRL	125-800XPi	258770
☐ CS-DRM	125-800XPi	258771
☐ CS-DRN	125-800XPi	258772
☐ CS-DRO	125-800XPi	258775
☐ CS-DRP	125-800XPi	258779
☐ CS-DRQ	125-800XPi	258783
☐ CS-DRR	125-800XPi	258786
☐ CS-DRS	125-800XPi	258795
☐ CS-DRT	125-800XPi	258802
☐ CS-DRU	125-800XPi	258821
☐ CS-DRV	125-800XPi	258825
☐ CS-DRW	125-800XPi	258829
☐ CS-DRX	125-850XP	258834
☐ CS-DRY	125-850XP	258840
☐ CS-DRZ	125-800XPi	258847
☐ CS-DSA	Falcon 7X	30
☐ CS-DSB	Falcon 7X	43
☐ CS-DTA	C560 Ultra	560-0271
☐ CS-DUA	125-750	HB-4
☐ CS-DUB	125-750	HB-5
☐ CS-DUC	125-750	HB-6
☐ CS-DUD	125-750	HB-8
☐ CS-DUE	125-750	HB-11
☐ CS-DUF	125-750	HB-19
☐ CS-DUG	125-750	HB-20
☐ CS-DUL	125-750	HB-21
☐ CS-DXB	C560XLS	560-5553
☐ CS-DXC	C560XLS	560-5559
☐ CS-DXD	C560XLS	560-5568
☐ CS-DXE	C560XLS	560-5578
☐ CS-DXF	C560XLS	560-5586
☐ CS-DXG	C560XLS	560-5595
☐ CS-DXH	C560XLS	560-5615
☐ CS-DXI	C560XLS	560-5621
☐ CS-DXJ	C560XLS	560-5627
☐ CS-DXK	C560XLS	560-5633
☐ CS-DXL	C560XLS	560-5640
☐ CS-DXM	C560XLS	560-5683
☐ CS-DXN	C560XLS	560-5685
☐ CS-DXO	C560XLS	560-5692
☐ CS-DXP	C560XLS	560-5702
☐ CS-DXQ	C560XLS	560-5704
☐ CS-DXR	C560XLS	560-5748
☐ CS-DXS	C560XLS	560-5754
☐ CS-DXT	C560XLS	560-5765
☐ CS-DXU	C560XLS	560-5775
☐ CS-DXV	C560XLS	560-5782
☐ CS-DXW	C560XLS	560-5787
☐ CS-DXX	C560XLS	560-5789
☐ CS-DXY	C560XLS	560-5791
☐ CS-DXZ	C560XLS	560-5796
☐ CS-TFI	Learjet 45	45-021
☐ CS-TFN	Falcon 900B	66
☐ CS-TFO	Learjet 40XR	45-2094
☐ CS-TFQ	Learjet 45XR	45-302
☐ CS-TFR	Learjet 45XR	45-382
☐ CS-TFU	A319CJ	2440
☐ CS-TLP	Falcon 2000EX	39
☐ CS-TLU	A319CJ	1256
☐ CS-TLW	Learjet 45	45-144
☐ CS-TLY	Falcon 7X	15

CX- Uruguay

Reg	Type	S/N
☐ CX-BVD	125	25251
☐ CX-CBS	125-600	256067
☐ CX-CIB	125-700	257071

C5- Gambia

Reg	Type	S/N
☐ C5-GAF	B727-095	19252
☐ C5-RTG	Il-62M	1356234

C6- Bahamas

Reg	Type	S/N
☐ C6-LUV	C525B CJ3	0243

C9- Mozambique

Reg	Type	S/N
☐ C9-CFM	Be400A	RK-249

D- Germany

Reg	Type	S/N
☐ D-	C510	510-0274
☐ D-	Learjet 55C	136
☐ D-AAAM	G550	5189
☐ D-AAAZ	Global 5000	9170
☐ D-AABB	G450	4091
☐ D-AAMA	Challenger 601	5023
☐ D-AANN	Challenger 850	8073
☐ D-AAOK	Challenger 604	5585
☐ D-ABCD	Challenger 604	5565
☐ D-ACBG	Legacy	14501016
☐ D-ACUA	Challenger 605	5725
☐ D-ADCA	G550	5114
☐ D-ADCB	G550	5142
☐ D-ADCN	Legacy	14501055
☐ D-ADCP	Legacy	14501067
☐ D-ADLR	G550	5093
☐ D-ADNA	A319CJ	1053
☐ D-ADNB	Global Express	9071
☐ D-AETV	Challenger 604	5417
☐ D-AEUK	Challenger 604	5632
☐ D-AGAF	A319CJ	4060
☐ D-AGVS	G450	4113
☐ D-AHAD	A319CJ	3632
☐ D-AHEI	Challenger 604	5463
☐ D-AHLE	Challenger 604	5462
☐ D-AIMM	A318 Elite	3886
☐ D-AIND	Challenger 604	5572
☐ D-AJAD	Falcon 900EX	64
☐ D-AJGK	Gulf IVSP	1459
☐ D-AJJK	G550	5191
☐ D-AKAT	Legacy	14501038
☐ D-AKAZ	Global Express	9250
☐ D-AKBN	Challenger 604	5457
☐ D-AKUE	Challenger 601	5173
☐ D-ALEY	A319CJ	3513
☐ D-ALMS	Falcon 900EX	227

Registration	Type	Serial	Registration	Type	Serial	Registration	Type	Serial
☐ D-AMIG	Falcon 900DX	623	☐ D-CBPL	C650 III	650-0149	☐ D-CKHG	C560XLS	560-5667
☐ D-AONE	Legacy	14500988	☐ D-CCAA	Learjet 35A	315	☐ D-CLAT	C525B CJ3	0085
☐ D-APBB	B737-8Q8/W	35278	☐ D-CCAB	C550 Bravo	550-0827	☐ D-CLBA	Be400A	RK-25
☐ D-APBC	B737-8BK/W	33016	☐ D-CCCA	Learjet 35A	160	☐ D-CLBH	125-850XP	258812
☐ D-APBD	B737-8BK/W	33021	☐ D-CCCB	Learjet 35A	663	☐ D-CLDF	C650 VII	650-7085
☐ D-ARIF	Legacy	14500841	☐ D-CCCF	C550	550-0189	☐ D-CLIC	C560XLS	560-5788
☐ D-ARTE	Challenger 601	5060	☐ D-CCEA	C560XLS	560-5593	☐ D-CLLL	C560XLS	560-5722
☐ D-ARTN	Legacy	14500941	☐ D-CCEU	C650 III	650-0190	☐ D-CLMS	Learjet 45XR	45-395
☐ D-ASTS	Challenger 604	5378	☐ D-CCFF	C680	680-0114	☐ D-CLUE	C650 III	650-0174
☐ D-ATON	Legacy	14501017	☐ D-CCGG	Learjet 60	60-256	☐ D-CLUX	Learjet 40XR	45-2061
☐ D-ATRI	Challenger 850	8081	☐ D-CCGN	Learjet 55	17	☐ D-CMAX	Learjet 55	11
☐ D-ATTT	Challenger 604	5609	☐ D-CCHB	Learjet 35A	89	☐ D-CMEI	C560	560-0117
☐ D-ATWO	Legacy	14501010	☐ D-CCJS	C680	680-0175	☐ D-CMET	Falcon 20-5	329
☐ D-ATYA	Challenger 605	5756	☐ D-CCSD	C650 VI	650-0212	☐ D-CMHS	C525B CJ3	0161
☐ D-AUCR	Falcon 900DX	606	☐ D-CCVD	C560XLS	560-5784	☐ D-CMMI	C560XLS	560-5538
☐ D-AUKE	Challenger 604	5389	☐ D-CCWD	C560XLS+	560-6039	☐ D-CMMM	Learjet 24D	328
☐ D-AVIB	Legacy	14501109	☐ D-CDDD	C560XLS	560-5623	☐ D-CMMP	C560XLS	560-5719
☐ D-AVIP	A319CJ	3957	☐ D-CDSF	Learjet 35A	421	☐ D-CMPI	C650 VII	650-7055
☐ D-AWKG	Falcon 900EX	20	☐ D-CEBM	C560 Encore	560-0569	☐ D-CMRM	Learjet 31A	213
☐ D-AWVM	A319CJ	3897	☐ D-CEEE	C560XLS	560-5630	☐ D-CMSC	Learjet 45	45-097
☐ D-AZEM	Falcon 900EX	133	☐ D-CEFD	C525B CJ3	0120	☐ D-CNCJ	C650 VII	650-7102
☐ D-BADO	Challenger 300	20116	☐ D-CEIS	Be400A	RK-10	☐ D-CNIK	Learjet 40	45-2006
☐ D-BAMM	Falcon 2000EX	74	☐ D-CELE	C525B CJ3	0011	☐ D-CNMB	Learjet 45	45-024
☐ D-BANN	Challenger 300	20221	☐ D-CELI	C550 Bravo	550-0998	☐ D-CNNN	C560XLS	560-5786
☐ D-BASE	Falcon 2000EX	111	☐ D-CEMG	C560 Ultra	560-0463	☐ D-CNOB	C525B CJ3	0119
☐ D-BAVB	Challenger 300	20212	☐ D-CEXP	Learjet 35A	616	☐ D-CNOC	C560XLS	560-5814
☐ D-BEKY	Falcon 2000LX	201	☐ D-CFAI	Learjet 55	61	☐ D-CNUE	Learjet 60	60-170
☐ D-BERT	Falcon 2000EX	30	☐ D-CFAX	Learjet 35A	135	☐ D-COBO	C525B CJ3	0107
☐ D-BEST	Falcon 2000	50	☐ D-CFCF	Learjet 35A	413	☐ D-COKE	Learjet 35A	447
☐ D-BETA	Challenger 300	20079	☐ D-CFFB	Learjet 60	60-107	☐ D-COMO	Learjet 60XR	60-350
☐ D-BETI	Falcon 50 EX	267	☐ D-CFFF	C560XLS	560-5634	☐ D-CONE	Learjet 35A	111
☐ D-BFFB	Falcon 2000EX	93	☐ D-CFGG	Learjet 36A	48	☐ D-CONU	Learjet 55	124
☐ D-BGAS	Do328JET	3139	☐ D-CFLG	Learjet 60	60-290	☐ D-COOL	Learjet 55	52
☐ D-BIKA	Falcon 2000EX	76	☐ D-CFLY	C560XLS+	560-6014	☐ D-COWB	C525B CJ3	0220
☐ D-BJET	Do328JET	3207	☐ D-CFTG	Learjet 35A	204	☐ D-CPAO	C525B CJ3	0232
☐ D-BLDI	C750	750-0218	☐ D-CGBR	Learjet 55	122	☐ D-CPDR	Learjet 40XR	45-2080
☐ D-BMVV	Falcon 2000EX	42	☐ D-CGEO	Learjet 60	60-160	☐ D-CPMI	C525B CJ3	0286
☐ D-BONN	Falcon 2000EX	118	☐ D-CGFA	Learjet 35A	179	☐ D-CPMU	Learjet 60	60-032
☐ D-BOOK	Falcon 2000EX	70	☐ D-CGFB	Learjet 35A	268	☐ D-CPPP	C550 Bravo	550-0865
☐ D-BOSS	Falcon 2000EX	33	☐ D-CGFC	Learjet 35A	331	☐ D-CPRO	Learjet 31A	155
☐ D-BSMI	Challenger 300	20071	☐ D-CGFD	Learjet 35A	139	☐ D-CRAH	C525B CJ3	0154
☐ D-BSNA	Challenger 600S	1066	☐ D-CGFE	Learjet 36A	62	☐ D-CRAN	Learjet 60	60-019
☐ D-BTEN	C750	750-0085	☐ D-CGFF	Learjet 36A	63	☐ D-CREY	C650 III	650-0192
☐ D-BUBI	Challenger 300	20145	☐ D-CGFG	Learjet 35A	222	☐ D-CRHR	C650 III	650-0142
☐ D-BUSY	Challenger 600S	1070	☐ D-CGFH	Learjet 35A	607	☐ D-CRIS	Astra	107
☐ D-CAAA	C560XLS	560-5555	☐ D-CGFI	Learjet 35A	612	☐ D-CROB	Learjet 60	60-261
☐ D-CAAE	Learjet 55	95	☐ D-CGFJ	Learjet 35A	643	☐ D-CRON	C560XLS	560-5762
☐ D-CABB	Astra	59	☐ D-CGGB	Learjet 40	45-2018	☐ D-CSAP	Learjet 31A	57
☐ D-CADY	C560XL	560-5037	☐ D-CGGC	Learjet 40XR	45-2107	☐ D-CSFD	C560XL	560-5022
☐ D-CAHB	Learjet 40XR	45-2093	☐ D-CGGG	Learjet 31A	227	☐ D-CSIE	Learjet 31A	207
☐ D-CAHH	C680	680-0226	☐ D-CGRC	Learjet 35A	223	☐ D-CSIM	Learjet 60	60-274
☐ D-CAIR	C560XLS	560-5620	☐ D-CHDC	C680	680-0150	☐ D-CSIX	Learjet 60	60-120
☐ D-CAJK	C560XLS	560-5670	☐ D-CHDE	C560	560-0031	☐ D-CSLT	Learjet 60	60-200
☐ D-CALL	C550 Bravo	550-0834	☐ D-CHHH	C560XLS	560-5674	☐ D-CSMB	C550 Bravo	550-1130
☐ D-CAMS	C560	560-0243	☐ D-CHIL	C680	680-0156	☐ D-CSMS	Learjet 45	45-017
☐ D-CAPB	C560 Encore +	560-0806	☐ D-CHLE	Learjet 60	60-211	☐ D-CSPG	Grob SPn	90004
☐ D-CAPO	Learjet 35A	159	☐ D-CHLM	Learjet 45XR	45-266	☐ D-CSPJ	Grob SPn	90003
☐ D-CARL	Learjet 35A	387	☐ D-CHMC	C550 Bravo	550-0874	☐ D-CSPN	Grob SPn	90001
☐ D-CASA	C560 Encore	560-0544	☐ D-CHSP	C560XLS	560-5536	☐ D-CSUL	Learjet 45	45-189
☐ D-CAST	C525B CJ3	0330	☐ D-CHZF	C550 Bravo	550-0866	☐ D-CSWM	C550 Bravo	550-0884
☐ D-CATE	C680	680-0143	☐ D-CIAO	C550	550-0255	☐ D-CTEC	C525B CJ3	0215
☐ D-CATL	Learjet 55	51	☐ D-CIFM	C560 Encore +	560-0814	☐ D-CTLX	C560XLS	560-5569
☐ D-CAUW	C560 Encore	560-0578	☐ D-CINI	C560XL	560-5195	☐ D-CTRI	Learjet 35A	346
☐ D-CAVE	Learjet 35A	423	☐ D-CINS	Learjet 45XR	45-347	☐ D-CTTT	C560XLS	560-5573
☐ D-CAWM	C560XLS+	560-6002	☐ D-CITA	Learjet 60	60-069	☐ D-CUBA	C525B CJ3	0169
☐ D-CAWU	C560XLS	560-5797	☐ D-CITY	Learjet 35A	177	☐ D-CUNO	Learjet 55	108
☐ D-CBAY	C680	680-0125	☐ D-CJAF	Learjet 60XR	60-351	☐ D-CURA	C525B CJ3	0287
☐ D-CBBB	C560XLS	560-5567	☐ D-CJAK	C525B CJ3	0075	☐ D-CURT	Learjet 31A	42
☐ D-CBEN	C560 Ultra	560-0282	☐ D-CJJJ	Cessna S550	0086	☐ D-CUUU	C525B CJ3	0197
☐ D-CBIZ	C650 VII	650-7039	☐ D-CJPG	Learjet 35A	108	☐ D-CVAI	C650 III	650-0037
☐ D-CBOB	Learjet 60XR	60-378	☐ D-CKDM	G150	235	☐ D-CVHA	C680	680-0050

Registration	Type	Serial
D-CVHB	C560XLS	560-5688
D-CVHM	C525B CJ3	0086
D-CVII	C650 VII	650-7094
D-CVIP	Learjet 55	109
D-CVJN	Learjet 40XR	45-2091
D-CVVV	C560XLS	560-5723
D-CWAY	Learjet 55	107
D-CWDL	Learjet 55	84
D-CWIR	C525B CJ3	0288
D-CXLS	C560XLS+	560-6027
D-CZZZ	C560XLS	560-5790
D-IADV	C550	551-0552
D-IAGG	Premier 1	RB-35
D-IAHG	C525 CJ	525-0126
D-IAJJ	C500	500-0245
D-IAKN	C525A CJ2+	0367
D-IAMF	C525 CJ1	525-0519
D-IAMO	C525A CJ2	0166
D-IAMS	C525 CJ1+	525-0684
D-IAOA	C525 CJ	525-0024
D-IATT	Premier 1	RB-48
D-IAWU	C500	501-0231
D-IAYL	Premier 1A	RB-249
D-IBBA	C525 CJ	525-0025
D-IBBB	Premier 1	RB-82
D-IBBS	C525A CJ2+	0313
D-IBCT	C525A CJ2+	0328
D-IBJJ	C525A CJ2	0125
D-IBWA	C525 CJ	525-0042
D-ICAC	C550	551-0010
D-ICEE	C525 CJ	525-0096
D-ICEY	C525 CJ1+	525-0611
D-ICMS	C525A CJ2	0108
D-ICOL	C525 CJ	525-0353
D-ICSS	C525 CJ	525-0121
D-ICTA	C550	551-0051
D-ICWB	C525 CJ	525-0349
D-IDAG	C525 CJ	525-0144
D-IDAS	C525A CJ2+	0443
D-IDAZ	C525 CJ1	525-0389
D-IDBA	Premier 1A	RB-164
D-IDMH	C525A CJ2	0174
D-IEFA	C525A CJ2+	0358
D-IEGA	C500	500-0081
D-IEGO	C510	510-0048
D-IEIR	C500	501-0259
D-IEKU	C525A CJ2	0043
D-IEPR	C525 CJ1+	525-0625
D-IETZ	C525A CJ2+	0363
D-IEVB	C525A CJ2+	0459
D-IFDH	C525 CJ1	525-0517
D-IFDN	C525A CJ2+	0343
D-IFIS	C525A CJ2+	0340
D-IFLY	C525A CJ2+	0330
D-IFMC	Premier 1	RB-27
D-IFMG	Premier 1	RB-109
D-IGIT	C525A CJ2	0032
D-IGME	C525 CJ	525-0279
D-IGRO	C525A CJ2	0230
D-IHAG	C550	551-0180
D-IHEB	C525 CJ	525-0064
D-IHHN	C525A CJ2	0041
D-IIBE	Premier 1A	RB-235
D-IJKP	C525A CJ2+	0433
D-IJOA	C525A CJ2	0034
D-IKJS	C525A CJ2	0029
D-IKOP	C525 CJ	525-0016
D-ILAM	C525A CJ2	0070
D-ILAT	C525 CJ	525-0209
D-ILDL	C525A CJ2	0167
D-ILHA	C525 CJ1+	525-0696
D-ILHB	C525 CJ1+	525-0675
D-ILHC	C525 CJ1+	525-0695
D-ILHD	C525 CJ1+	525-0694
D-ILIF	C525 CJ1	525-0411
D-ILLY	C525 CJ1	525-0442
D-IMAC	C525 CJ1	525-0396
D-IMAX	C525A CJ2	0195
D-IMMD	C525 CJ	525-0211
D-IMME	C550	551-0400
D-IMMI	C525 CJ	525-0303
D-IMMM	C525A CJ2+	0400
D-IMPC	C525 CJ1+	525-0639
D-INCS	C525 CJ1	525-0466
D-INER	C525 CJ1	525-0516
D-INFS	C525 CJ	525-0286
D-INOB	C525A CJ2	0196
D-IOBO	C525A CJ2+	0332
D-IOHL	C525A CJ2	0233
D-IOWA	C525 CJ1+	525-0624
D-IPCC	C525A CJ2+	0409
D-IPCS	C525 CJ	525-0264
D-IPMI	C525 CJ1	525-0533
D-IPOD	C525 CJ	525-0193
D-IPVD	C525A CJ2	0218
D-IRKE	C525 CJ	525-0123
D-IRMA	C525 CJ1	525-0366
D-IRON	C525 CJ	525-0168
D-IRSB	C525 CJ1	525-0476
D-IRUP	C550	551-0572
D-IRWR	C525 CJ	525-0118
D-ISAG	Premier 1A	RB-221
D-ISAR	Premier 1A	RB-148
D-ISCH	C525A CJ2	0052
D-ISCO	C525A CJ2	0151
D-ISCV	C525A CJ2+	0429
D-ISEC	C550	551-0201
D-ISGW	C525 CJ	525-0070
D-ISHW	C525 CJ	525-0289
D-ISJM	C525 CJ1+	525-0602
D-ISJP	C525A CJ2	0030
D-ISKM	C500	500-0313
D-ISRM	C510	510-0035
D-ISUN	C525A CJ2	0143
D-ISWA	C525 CJ	525-0236
D-ITAN	C525 CJ1	525-0399
D-ITIP	C525 CJ1	525-0494
D-ITMA	C525A CJ2+	0389
D-ITOP	C525A CJ2	0132
D-ITOR	C525A CJ2+	0364
D-IURS	C525 CJ	525-0343
D-IVVA	C525A CJ2	0147
D-IWAN	C525A CJ2	0223
D-IWBL	C525A CJ2+	0355
D-IWHL	C525 CJ	525-0029
D-IWIL	C525 CJ	525-0221
D-IWIN	C525A CJ2	0231
D-IWIR	C525A CJ2	0102
D-IWPS	C525 CJ1+	525-0617
D-IWWP	C525A CJ2+	0444
D-IWWW	Premier 1	RB-89

D2- Angola

Registration	Type	Serial
D2-ANG	Global Express	9232
D2-EBA	C560 Ultra	560-0502
D2-EBN	Learjet 45	45-069
D2-EBR	Challenger 605	5770
D2-ECB	Gulf 3	474
D2-ECE	C550 Bravo	550-1008
D2-EFM	125	25260
D2-EPC	Learjet 60XR	60-294
D2-EPI	C550 Bravo	550-0958
D2-EZR	C750	750-0173
D2-FEZ	125	25171
D2-FFH	125	25219
D2-FFX	Learjet 45	45-066
D2-GES	C550 Bravo	550-1135
D2-JMM	Falcon 20-5	54
D2-MAN	B707-321B	20025
D2-TPR	B707-3J6B	20715

EC- Spain

Registration	Type	Serial
EC-EDC	Falcon 20C	6
EC-EDN	C500	501-0010
EC-GIE	C525 CJ	525-0133
EC-GJF	C500	501-0107
EC-GNK	Falcon 2000	37
EC-GOV	C560 Ultra	560-0419
EC-GTS	C500	500-0037
EC-HGI	C550	550-0596
EC-HIN	C525 CJ	525-0197
EC-HOB	Falcon 900EX	43
EC-HPQ	C500	500-0157
EC-HRO	C550 Bravo	550-0938
EC-HRQ	125-700	257166
EC-HTR	Be400A	RK-293
EC-HVQ	C525 CJ1	525-0436
EC-HVV	Falcon 100	193
EC-HYI	Falcon 2000	150
EC-IAX	C550	550-0156
EC-IBA	C500	500-0178
EC-IBD	Global Express	9060
EC-IFS	Global Express	9089
EC-IIR	Legacy	145540
EC-ILK	Learjet 45	45-064
EC-IMF	C550	550-0443
EC-INJ	C500	501-0086
EC-INS	Learjet 55B	133
EC-IOZ	Premier 1	RB-61
EC-IRZ	Gulf GV	582
EC-ISP	C500	501-0084
EC-ISQ	C560XL	560-5353
EC-IUQ	Global Express	9007
EC-IVJ	C525 CJ1	525-0429
EC-JBB	Falcon 900C	182
EC-JBH	Falcon 200	511
EC-JFT	C560 Ultra	560-0506
EC-JGN	Galaxy G200	103
EC-JIL	Global Express	9146
EC-JIU	C525 CJ1	525-0486
EC-JJH	Falcon 20-5	176
EC-JJU	C525A CJ2	0033
EC-JKL	Diamond	084SA
EC-JMS	C525A CJ2	0216
EC-JNY	125-850XP	258748
EC-JNZ	Falcon 900C	181
EC-JON	C550	550-0190
EC-JPK	G550	5078
EC-JPN	Be400XP	RK-428
EC-JQE	Galaxy G200	125
EC-JTH	C550	551-0031
EC-JVB	Learjet 60	60-243
EC-JVF	C560XLS	560-5564
EC-JVI	Falcon 2000	61
EC-JVM	Learjet 60	60-161
EC-JVR	Falcon 900B	106
EC-JXC	C500	500-0278
EC-JXR	Falcon 2000	55
EC-JYG	C680	680-0087

Registration	Type	Serial
☐ EC-JYQ	Learjet 60	60-249
☐ EC-JYR	G550	5116
☐ EC-JYT	Challenger 604	5648
☐ EC-JYY	Learjet 40	45-2026
☐ EC-JZK	C560XLS	560-5554
☐ EC-KBC	Galaxy G200	145
☐ EC-KBR	G550	5124
☐ EC-KBZ	C550	550-0678
☐ EC-KCA	Galaxy G200	150
☐ EC-KES	C525A CJ2	0155
☐ EC-KFA	Falcon 900C	169
☐ EC-KFQ	Legacy	14500995
☐ EC-KFS	Global Express	9208
☐ EC-KGX	C500	501-0061
☐ EC-KHH	Premier 1A	RB-160
☐ EC-KHP	C550 Bravo	550-0955
☐ EC-KHT	Legacy	14500863
☐ EC-KJH	Global Express	9094
☐ EC-KJJ	C550	550-0415
☐ EC-KJR	C550	551-0413
☐ EC-KJS	G550	5151
☐ EC-KJV	C525 CJ	525-0143
☐ EC-KKC	C680	680-0117
☐ EC-KKD	Be400XP	RK-533
☐ EC-KKE	C525 CJ	525-0044
☐ EC-KKK	C560 Encore+	560-0770
☐ EC-KKN	Global Express	9084
☐ EC-KKO	C550 Bravo	550-0992
☐ EC-KLL	Galaxy G200	171
☐ EC-KLS	G550	5162
☐ EC-KMF	G150	233
☐ EC-KMK	C680	680-0178
☐ EC-KMS	G150	237
☐ EC-KMT	125-900XP	HA-0033
☐ EC-KOI	C525A CJ2+	0381
☐ EC-KOL	C560XL	560-5088
☐ EC-KOR	Galaxy G200	177
☐ EC-KOV	C560 Encore+	560-0768
☐ EC-KPB	C560XLS	560-5753
☐ EC-KPE	C560XLS	560-5764
☐ EC-KPF	Galaxy G200	180
☐ EC-KPJ	G150	243
☐ EC-KPL	Galaxy G200	183
☐ EC-KPP	Falcon 100	209
☐ EC-KQO	C525B CJ3	0234
☐ EC-KRN	Galaxy G200	188
☐ EC-KRS	Be400XP	RK-354
☐ EC-KSB	C525 CJ	525-0089
☐ EC-KTK	G150	254
☐ EC-KTV	G150	253
☐ EC-KUM	G550	5155
☐ EC-KVU	Global Express	9016
☐ EC-KXF	G550	5203
☐ EC-KXS	125-750	HB-24
☐ EC-LAE	Galaxy G200	219
☐ EC-LBB	Galaxy G200	222
☐ EC-LBO	C550	550-0634
☐ EC-LCM	C525 CJ	525-0309
☐ EC-LCX	C510	510-0235
☐ EC-LDE	C525 CJ1+	525-0644
☐ EC-LDK	C510	510-0152
☐ EC-LDS	Astra	158
☐ EC-LEB	Global Express	9303

EI- Eire

☐ EI-ECE	125-800XP	258496
☐ EI-ECR	C525A CJ2+	0438
☐ EI-EEZ	Challenger 850	8085
☐ EI-GDL	G550	5068
☐ EI-GEM	125-850XP	258901
☐ EI-IRE	Challenger 604	5515
☐ EI-JJJ	125-900XP	HA-0085
☐ EI-KJC	125-850XP	258805
☐ EI-MAX	Learjet 31A	233
☐ EI-MJC	C525B CJ3	0266
☐ EI-REX	Learjet 60	60-149
☐ EI-SFA	C510	510-0144
☐ EI-SFB	C510	510-0145
☐ EI-SFC	C510	510-0196
☐ EI-SFD	C510	510-0216
☐ EI-SFE	C510	510-0217
☐ EI-VIV	Learjet 60	60-305
☐ EI-WFO	Learjet 45XR	45-368
☐ EI-WJN	125-700	257062
☐ EI-WXP	125-800XP	258382
☐ EI-XLS	C560XLS	560-5666

EK- Armenia

☐ EK-RA01	A319-132	913

EP- Iran

☐ EP-AGA	B737-286	21317
☐ EP-AGB	A321-231	1202
☐ EP-AGY	Falcon 20E	286
☐ EP-AKC	Falcon 20E	301
☐ EP-FIC	Falcon 20E	334
☐ EP-FID	Falcon 20E	338
☐ EP-FIF	Falcon 20E	320
☐ EP-IPA	Falcon 20E	251
☐ EP-MNZ	C525A CJ2	0026
☐ EP-SEA	Falcon 20F	367
☐ EP-TFA	Falcon 50	101
☐ EP-TFI	Falcon 50	120

ER- Moldova

☐ ER-LGA	Learjet 35A	406
☐ ER-LGB	Learjet 60	60-255
☐ ER-YGD	Yak-40D	9831458

ES- Estonia

☐ ES-LVA	Learjet 60XR	60-372
☐ ES-PHR	125-750	HB-33
☐ ES-PVC	Learjet 60	60-051
☐ ES-PVD	Learjet 55C	143
☐ ES-PVH	Learjet 31A	162
☐ ES-PVI	Learjet 60	60-275
☐ ES-PVP	Learjet 60	60-302
☐ ES-PVS	Learjet 60	60-190

EW- Belarus

☐ EW-001PAB737 BBJ		33079
☐ EW-85815 Tu-154M		1010
☐ EW-88187 Yak-40		9620748

EZ- Turkmenistan

☐ EZ-A006	B737-7GL/W	37236
☐ EZ-A007	B737-7GR/W	37234
☐ EZ-A700	B767-32KER	33968
☐ EZ-B021	125-1000	259029
☐ EZ-B022	Challenger 605	5735
☐ EZ-B023	Challenger 605	5750

E7- Bosnia-Herzegovina

☐ E7-SBA	C500	500-0399
☐ E7-SMS	C525 CJ1+	525-0666

F- France

☐ F-	C550	551-0174
☐ F-	C525A CJ2	0015
☐ F-AZLT	MS760 Paris	32
☐ F-BLKL	MS760 Paris	1
☐ F-BVPK	Corvette	7
☐ F-BVPN	Falcon 20-5	311
☐ F-GBRF	Falcon 10	38
☐ F-GBTM	Falcon 200	397
☐ F-GDRR	Premier 1A	RB-269
☐ F-GELT	Falcon 100	211
☐ F-GESP	Falcon 2000	119
☐ F-GFMD	Falcon 10	136
☐ F-GFPF	Falcon 10	68
☐ F-GGAL	C650 III	650-0117
☐ F-GGGA	C550	550-0586
☐ F-GGGT	C550	550-0611
☐ F-GGVB	Falcon 50	11
☐ F-GHDX	Falcon 10	140
☐ F-GHPB	Falcon 100	215
☐ F-GIPH	Falcon 100	194
☐ F-GISH	C510	510-0182
☐ F-GJAS	Corvette	8
☐ F-GJBZ	Falcon 50 EX	269
☐ F-GJDB	Falcon 20C	76
☐ F-GKHJ	Falcon 900	11
☐ F-GKID	C500	500-0319
☐ F-GKIR	C500	501-0265
☐ F-GLSJ	Falcon 50	107
☐ F-GLTK	C550	550-0609
☐ F-GMDL	C525 CJ1	525-0400
☐ F-GMDS	Falcon 900EX	230
☐ F-GMIR	C525A CJ2+	0322
☐ F-GMMC	C525 CJ1	525-0448
☐ F-GMOH	Falcon 900B	7
☐ F-GMOT	Falcon 50	111
☐ F-GMTJ	C510	510-0222
☐ F-GNCP	C550	550-0004
☐ F-GNDZ	Falcon 10	17
☐ F-GOLV	Falcon 50	215
☐ F-GOPM	Falcon 20E	302
☐ F-GOYA	Falcon 900EX	11
☐ F-GPAA	Falcon 20C	103
☐ F-GPAB	Falcon 20F	254
☐ F-GPAD	Falcon 20E	280
☐ F-GPFD	Falcon 100	221
☐ F-GPGK	Falcon 900	69
☐ F-GPGL	Falcon 100	203
☐ F-GPGS	Falcon 50	151
☐ F-GPLA	Corvette	28
☐ F-GPNJ	Falcon 900EX	50
☐ F-GPPF	Falcon 50	65

Reg	Type	S/N	Reg	Type	S/N	Reg	Type	S/N
☐ F-GPSA	Falcon 50	123	☐ F-HFBY	Global 5000	9188	☐ F-WWMI	Falcon 2000LX	172
☐ F-GPUJ	C525A CJ2	0169	☐ F-HFMA	C525 CJ1	525-0423	☐ F-WWMN	Falcon 2000LX	186
☐ F-GRUJ	C525B CJ3	0117	☐ F-HGBY	125-900XP	HA-0090	☐ F-WWNA	Falcon 7X	98
☐ F-GSCR	C525B CJ3	0264	☐ F-HITM	Be400XP	RK-501	☐ F-WWNB	Falcon 7X	99
☐ F-GSGL	C525B CJ3	0178	☐ F-HIVA	C525 CJ1	525-0235	☐ F-WWNC	Falcon 7X	100
☐ F-GSLZ	Falcon 100	208	☐ F-HJAV	C525 CJ1	525-0473	☐ F-WWND	Falcon 7X	101
☐ F-GSMG	C525B CJ3	0230	☐ F-HLIM	C560 Encore	560-0683	☐ F-WWNE	Falcon 7X	102
☐ F-GSNA	Falcon 900EX	145	☐ F-HNCY	Premier 1A	RB-230	☐ F-WWNF	Falcon 7X	103
☐ F-GSNK	Falcon 900B	115	☐ F-ONYY	C525A CJ2+	0320	☐ F-WWUA	Falcon 7X	49
☐ F-GTHS	Falcon 50	155	☐ F-WDJB	Phenom 100	00033	☐ F-WWUE	Falcon 7X	67
☐ F-GTOD	Falcon 10	155	☐ F-WFBW	Falcon 7X	1	☐ F-WWUF	Falcon 7X	80
☐ F-GTRY	C525 CJ	525-0359	☐ F-WWFA	Falcon 900EX	246	☐ F-WWUI	Falcon 7X	81
☐ F-GUAJ	Falcon 50	169	☐ F-WWFD	Falcon 900EX	247	☐ F-WWUJ	Falcon 7X	70
☐ F-GVFX	Falcon 2000LX	195	☐ F-WWFE	Falcon 900LX	248	☐ F-WWUK	Falcon 7X	82
☐ F-GVIA	125-850XP	258855	☐ F-WWFG	Falcon 900EX	238	☐ F-WWUM	Falcon 7X	84
☐ F-GVML	Global Express	9081	☐ F-WWFG	Falcon 900EX	223	☐ F-WWUN	Falcon 7X	85
☐ F-GVMV	Global Express	9202	☐ F-WWFH	Falcon 900EX	240	☐ F-WWUO	Falcon 7X	87
☐ F-GVTC	Falcon 2000	166	☐ F-WWFJ	Falcon 900EX	244	☐ F-WWUP	Falcon 7X	88
☐ F-GVUJ	C525B CJ3	0156	☐ F-WWFK	Falcon 900EX	225	☐ F-WWUQ	Falcon 7X	89
☐ F-GVVB	C525B CJ3	0300	☐ F-WWFM	Falcon 900EX	241	☐ F-WWUR	Falcon 7X	90
☐ F-GVYC	C560XLS	560-5682	☐ F-WWFN	Falcon 900EX	242	☐ F-WWUS	Falcon 7X	86
☐ F-GXBV	Falcon 900EX	75	☐ F-WWFO	Falcon 900DX	622	☐ F-WWVA	Falcon 900EX	243
☐ F-GXDZ	Falcon 900B	120	☐ F-WWFQ	Falcon 900EX	245	☐ F-WWVL	Falcon 7X	109
☐ F-GXHG	Falcon 900EX	78	☐ F-WWFR	Falcon 900EX	219	☐ F-WWVO	Falcon 7X	104
☐ F-GXMC	Falcon 50	190	☐ F-WWFS	Falcon 900DX	625	☐ F-WWVQ	Falcon 7X	45
☐ F-GXRK	C525 CJ	525-0229	☐ F-WWFU	Falcon 900EX	232	☐ F-WWVR	Falcon 7X	105
☐ F-GXRL	C525A CJ2	0019	☐ F-WWFW	Falcon 900EX	236	☐ F-WWVS	Falcon 7X	47
☐ F-GXRM	Falcon 900B	142	☐ F-WWFX	Falcon 900EX	237	☐ F-WWZK	Falcon 7X	106
☐ F-GYCA	Falcon 20E	240	☐ F-WWFZ	Falcon 900EX	239	☐ F-WWZL	Falcon 7X	91
☐ F-GYCP	Falcon 900B	135	☐ F-WWGA	Falcon 2000LX	192	☐ F-WWZM	Falcon 7X	92
☐ F-GYFC	C525B CJ3	0176	☐ F-WWGB	Falcon 2000LX	216	☐ F-WWZN	Falcon 7X	93
☐ F-GYSL	Falcon 20-5	341	☐ F-WWGC	Falcon 2000LX	153	☐ F-WWZQ	Falcon 7X	94
☐ F-HACP	Learjet 45XR	45-287	☐ F-WWGD	Falcon 2000LX	221	☐ F-WWZR	Falcon 7X	107
☐ F-HAGA	C525B CJ3	0258	☐ F-WWGE	Falcon 2000LX	222	☐ F-WWZS	Falcon 7X	108
☐ F-HAGH	C525 CJ1	525-0518	☐ F-WWGF	Falcon 2000LX	176	☐ F-WWZT	Falcon 7X	95
☐ F-HAIR	Falcon 50	37	☐ F-WWGG	Falcon 2000LX	194	☐ F-WWZU	Falcon 7X	96
☐ F-HAJD	C525 CJ1	525-0523	☐ F-WWGH	Falcon 2000LX	223	☐ F-WWZV	Falcon 7X	34
☐ F-HAJV	C550	550-0622	☐ F-WWGJ	Falcon 2000LX	217	☐ F-WWZX	Falcon 7X	97
☐ F-HAKA	Falcon 7X	19	☐ F-WWGL	Falcon 2000LX	218	☐ F-WXEY	Falcon 2000LX	6
☐ F-HALM	Falcon 50	134	☐ F-WWGM	Falcon 2000LX	219	☐ F-ZJNQ	MS760 Paris	118
☐ F-HALO	C525 CJ1	525-0484	☐ F-WWGO	Falcon 2000LX	196	☐ F-ZJOV	MS760 Paris	115
☐ F-HAMG	C525A CJ2	0193	☐ F-WWGP	Falcon 2000LX	190			
☐ F-HAPM	Falcon 50 EX	346	☐ F-WWGQ	Falcon 2000LX	177			
☐ F-HAPN	Falcon 50 EX	347	☐ F-WWGR	Falcon 2000LX	198	**G- United Kingdom**		
☐ F-HAST	Premier 1A	RB-149	☐ F-WWGT	Falcon 2000LX	220			
☐ F-HAXA	Falcon 900EX	12	☐ F-WWGU	Falcon 2000LX	168	☐ G-BVCM	C525 CJ	525-0022
☐ F-HBBM	Falcon 50	16	☐ F-WWGW	Falcon 2000LX	183	☐ G-CBHT	Falcon 900EX	48
☐ F-HBDA	Falcon 900EX	200	☐ F-WWGX	Falcon 2000LX	161	☐ G-CBRG	C560XL	560-5266
☐ F-HBER	C525B CJ3	0183	☐ F-WWHC	Falcon 7X	60	☐ G-CDCX	C750	750-0194
☐ F-HBFK	C550	550-0625	☐ F-WWHD	Falcon 7X	61	☐ G-CDLT	125-800XP	258710
☐ F-HBFP	125-800XP	258689	☐ F-WWHK	Falcon 7X	65	☐ G-CDNK	Learjet 45	45-280
☐ F-HBMB	C550	550-0324	☐ F-WWHL	Falcon 7X	66	☐ G-CDSR	Learjet 45	45-286
☐ F-HBMR	C550	550-0717	☐ F-WWHM	Falcon 7X	71	☐ G-CEDK	C750	750-0252
☐ F-HBMS	C500	500-0312	☐ F-WWHN	Falcon 7X	72	☐ G-CERX	125-850XP	258810
☐ F-HBOL	Falcon 900EX	107	☐ F-WWHO	Falcon 7X	73	☐ G-CEUO	C550	550-0033
☐ F-HBOM	125-800XP	258392	☐ F-WWHP	Falcon 7X	74	☐ G-CEYL	Global Express	9196
☐ F-HBPP	C525B CJ3	0013	☐ F-WWHQ	Falcon 7X	75	☐ G-CFBP	125-700	257105
☐ F-HBSC	C525 CJ1	525-0508	☐ F-WWHR	Falcon 7X	76	☐ G-CFGB	C680	680-0234
☐ F-HCDD	Falcon 50 EX	297	☐ F-WWHS	Falcon 7X	77	☐ G-CFJA	Legacy	14501045
☐ F-HCEF	Falcon 50 EX	306	☐ F-WWHT	Falcon 7X	78	☐ G-CFOH	Gulf IV	1202
☐ F-HCIC	C525B CJ3	0224	☐ F-WWHU	Falcon 7X	79	☐ G-CGEI	C550 Bravo	550-0951
☐ F-HCJP	Premier 1A	RB-228	☐ F-WWJQ	Falcon 2000LX	207	☐ G-CGFA	Global 5000	9241
☐ F-HCPB	C525 CJ	525-0322	☐ F-WWJS	Falcon 2000LX	209	☐ G-CGFF	Challenger 605	5733
☐ F-HCRT	C550	550-0257	☐ F-WWJV	Falcon 2000LX	212	☐ G-CGGN	Falcon 7X	69
☐ F-HDCB	Falcon 50	204	☐ F-WWJX	Falcon 2000LX	213	☐ G-CGGU	Challenger 604	5626
☐ F-HDLJ	Falcon 900EX	165	☐ F-WWJY	Falcon 2000LX	214	☐ G-CGHI	Falcon 2000	163
☐ F-HDMB	C500	500-0308	☐ F-WWJZ	Falcon 2000LX	215	☐ G-CGUL	G550	5176
☐ F-HDPB	Falcon 50 EX	334	☐ F-WWMA	Falcon 2000LX	202	☐ G-CHAI	Challenger 601	5152
☐ F-HDPY	C510	510-0149	☐ F-WWMB	Falcon 2000LX	162	☐ G-CIEL	C560XL	560-5247
☐ F-HEKO	C525A CJ2	0080	☐ F-WWME	Falcon 2000LX	200	☐ G-CITJ	C525 CJ	525-0084
☐ F-HEOL	C525A CJ2	0219	☐ F-WWMF	Falcon 2000LX	197	☐ G-CJAB	Do328JET	3200

Registration	Type	Serial
G-CJAD	C525 CJ1	525-0435
G-CJAG	Premier 1	RB-122
G-CJCC	C680	680-0189
G-CJDB	C525 CJ1+	525-0648
G-CJMB	Challenger 850	8055
G-CJMD	Legacy	14500994
G-CJME	Global Express	9309
G-CMAF	Legacy	14501011
G-CNUK	Falcon 7X	52
G-CPRI	Learjet 45	45-037
G-CPRR	C680	680-0276
G-CROO	C525A CJ2+	0388
G-CTEN	C750	750-0281
G-CXLS	C560XLS	560-5613
G-DCTA	125-800	258130
G-DJAE	C500	500-0339
G-DRBN	Phenom 100	00055
G-DWJM	C550	550-0296
G-ECJI	Falcon 10	161
G-EDCJ	C525 CJ	525-0105
G-EDCK	C525 CJ1	525-0510
G-EDCL	C525A CJ2	0083
G-EDCM	C525A CJ2	0213
G-EDCS	Be400XP	RK-487
G-EDHY	Falcon 2000LX	182
G-EGNS	G550	5167
G-EGVO	Falcon 900EX	151
G-EJEL	C550	550-0643
G-ELOA	C560XL	560-5106
G-ESTA	C550	550-0127
G-EVLN	Gulf IV	1175
G-EVRD	Premier 1A	RB-172
G-EXRS	Global Express	9274
G-FBKA	C510	510-0096
G-FBKB	C510	510-0126
G-FBKC	C510	510-0127
G-FBLI	C510	510-0130
G-FBLK	C510	510-0027
G-FBNK	C510	510-0067
G-FCAP	C560XLS	560-5793
G-FCDB	C550 Bravo	550-0985
G-FFFG	Falcon 900EX	155
G-FFRA	Falcon 20DC	132
G-FINK	125-1000	259037
G-FIRM	C550 Bravo	550-0940
G-FJET	C550	550-0419
G-FLBK	C510	510-0068
G-FNES	Falcon 900EX	159
G-FRAD	Falcon 20E	304
G-FRAF	Falcon 20E	295
G-FRAH	Falcon 20DC	223
G-FRAI	Falcon 20DC	270
G-FRAJ	Falcon 20DC	20
G-FRAK	Falcon 20DC	213
G-FRAL	Falcon 20DC	151
G-FRAo	Falcon 20DC	214
G-FRAP	Falcon 20DC	207
G-FRAR	Falcon 20DC	209
G-FRAS	Falcon 20C	82
G-FRAT	Falcon 20DC	87
G-FRAU	Falcon 20C	97
G-FRAW	Falcon 20C	114
G-FRBA	Falcon 20D	178
G-FRYL	Premier 1	RB-97
G-FTSL	Challenger 604	5416
G-GALX	Falcon 900EX	163
G-GEDY	Falcon 2000	208
G-GEVO	C680	680-0145
G-GHPG	C550 Bravo	550-0897
G-GMAA	Learjet 45	45-167
G-GMAB	125-1000	259034
G-GOMO	Learjet 45	45-055
G-GSSO	G550	5019
G-HARK	Challenger 604	5646
G-HCGD	Learjet 45XR	45-328
G-HCSA	C525A CJ2+	0334
G-HEBJ	C525 CJ1	525-0437
G-HFAA	Premier 1	RB-83
G-HMEI	Falcon 900B	1
G-HMEV	Falcon 900B	5
G-HPPY	Learjet 40XR	45-2102
G-HRDS	G550	5032
G-HSXP	125-850XP	258827
G-HUBY	Legacy	14500854
G-IDAB	C550 Bravo	550-0917
G-IFTE	125-700	257037
G-IFTF	125-800	258021
G-IGWT	Challenger 850	8078
G-IKOS	C550 Bravo	550-0957
G-IMAC	Challenger 601	3065
G-IPAX	C560XL	560-5228
G-IRSH	Legacy	14501048
G-ITIG	Falcon 2000EX	102
G-IUAN	C525 CJ	525-0324
G-JANV	Learjet 45	45-124
G-JBIS	C550	550-0447
G-JBIZ	C550	550-0073
G-JBLZ	C550 Bravo	550-1018
G-JCBB	G550	5186
G-JETA	C550	550-0094
G-JETC	C550	550-0282
G-JETF	Falcon 2000EX	78
G-JETJ	C550	550-0154
G-JETO	C550	550-0441
G-JJSI	125-800	258058
G-JMAX	125-800XP	258456
G-JMDW	C550	550-0183
G-JMED	Learjet 35A	671
G-JMMX	Falcon 900EX	184
G-JOPT	C560	560-0159
G-JPSX	Falcon 900EX	132
G-JPSZ	Falcon 900EX	224
G-JTNC	C500	500-0264
G-KALS	Challenger 300	20106
G-KDMA	C560 Encore	560-0553
G-KLNR	Be400XP	RK-552
G-KLNW	C510	510-0157
G-KPEI	C560XLS	560-5785
G-KPTN	Falcon 50 EX	341
G-KSFR	Challenger 300	20189
G-KWIN	Falcon 2000EX	52
G-LATE	Falcon 2000EX	88
G-LCYA	Falcon 900EX	105
G-LDFM	C560XL	560-5242
G-LEAA	C510	510-0072
G-LEAB	C510	510-0073
G-LEAC	C510	510-0075
G-LEAI	C510	510-0052
G-LEAR	Learjet 35A	265
G-LGAR	Learjet 60	60-286
G-LGKD	G550	5172
G-LGKO	Challenger 604	5610
G-LOFT	C500	500-0331
G-LSMB	Falcon 2000EX	47
G-LUXY	C550	551-0421
G-LVLV	Challenger 604	5372
G-LWDC	Challenger 601	3031
G-LXRS	Global Express	9200
G-MATF	Gulf IV	1109
G-MDBA	Falcon 2000	184
G-MEET	Learjet 40	45-2054
G-MICE	C510	510-0156
G-MOOO	Learjet 40	45-2007
G-MPMP	Challenger 604	5528
G-MPSP	Challenger 604	5422
G-MPTP	Challenger 604	5403
G-MROO	C525A CJ2	0202
G-NCCC	Challenger 605	5734
G-NGEL	C510	510-0076
G-NLPA	125-750	HB-14
G-NMAK	A319CJ	2550
G-NMRM	C525A CJ2+	0408
G-NOAH	A319CJ	3826
G-NSJS	C680	680-0161
G-OAMB	C510	510-0050
G-OBCC	C560 Ultra	560-0497
G-OCJZ	C525A CJ2	0051
G-OCSE	Challenger 605	5710
G-OCSH	Challenger 604	5623
G-ODAG	C525A CJ2+	0397
G-ODCM	C525B CJ3	0153
G-ODUR	125-900XP	HA-0041
G-OEWD	Premier 1	RB-126
G-OFOA	BAe 146-100	E1006
G-OFOM	BAe 146-100	E1144
G-OGSK	Legacy	14501074
G-OJAJ	Falcon 2000EX	132
G-OJWB	125-800XP	258674
G-OLDK	Learjet 45XR	45-311
G-OLDT	Learjet 45	45-265
G-OLDW	Learjet 45	45-294
G-OMBI	C525B CJ3	0179
G-OMEA	C560XLS	560-5610
G-OMJC	Premier 1	RB-88
G-OMRH	C550 Bravo	550-1086
G-OODM	C525A CJ2	0190
G-ORHE	C500	500-0220
G-OROO	C560XLS	560-5724
G-OSOH	C525 CJ	525-0271
G-OSRL	Learjet 45XR	45-391
G-OSVM	C560XLS	560-5770
G-OTAZ	125-900XP	HA-0112
G-OXLS	C560XLS	560-5675
G-OZAT	125-900XP	HA-0143
G-PGRP	Legacy	14501102
G-PPLC	C560	560-0059
G-PREI	Premier 1	RB-60
G-PRKR	Challenger 604	5617
G-PVHT	Falcon 7X	59
G-PWNS	C525 CJ	525-0153
G-REDS	C560XL	560-5167
G-REYS	Challenger 604	5467
G-RHMS	Legacy	14501073
G-RIZA	Premier 1A	RB-195
G-RRAZ	Legacy	14500954
G-RSXL	C560XLS	560-5699
G-RUBE	Legacy	14501100
G-RWGW	Learjet 45	45-213
G-SABI	Falcon 900EX	150
G-SADC	G450	4027
G-SEAJ	C525 CJ	525-0113
G-SFCJ	C525 CJ	525-0245
G-SHAL	Challenger 850	8066
G-SHEF	Global Express	9350
G-SIRA	Legacy	14500832
G-SIRJ	C680	680-0216
G-SIRO	Falcon 900EX	172
G-SIRS	C560XL	560-5185
G-SJSS	Challenger 605	5760
G-SNZY	Learjet 45XR	45-375
G-SOVA	C550	550-0649
G-SOVB	Learjet 45	45-138
G-SPUR	C550	550-0714

☐	G-SRBN	Phenom 100	00056	☐ HB-IKR	Gulf IV	1159	☐ HB-VHR	125-800	258153
☐	G-SRDG	Falcon 7X	36	☐ HB-IKS	Challenger 601	5042	☐ HB-VJB	C500	501-0067
☐	G-STOB	Be400XP	RK-502	☐ HB-IKZ	Global Express	9054	☐ HB-VKW	125-800	258246
☐	G-STUF	Learjet 40XR	45-2074	☐ HB-IMJ	Gulf GV	517	☐ HB-VLG	125-800	258265
☐	G-SVSB	C680	680-0094	☐ HB-IMY	Gulf IV	1084	☐ HB-VLZ	C560 Ultra	560-0446
☐	G-SXTY	Learjet 60	60-280	☐ HB-INJ	Global Express	9086	☐ HB-VMJ	Cessna S550	0029
☐	G-SYGC	C525A CJ2+	0360	☐ HB-IUT	Galaxy G200	7	☐ HB-VML	Learjet 45	45-084
☐	G-SYLJ	Legacy	14500937	☐ HB-IUW	Falcon 900B	150	☐ HB-VMO	C560XL	560-5061
☐	G-TAGA	Challenger 604	5659	☐ HB-IUX	Falcon 900EX	54	☐ HB-VMU	C560XL	560-5066
☐	G-TAYC	G450	4060	☐ HB-IVL	Gulf GV	513	☐ HB-VMV	C560	560-0166
☐	G-TBEA	C525A CJ2	0191	☐ HB-IVO	Falcon 2000	62	☐ HB-VMX	C550 Bravo	550-0946
☐	G-TFKR	G550	5220	☐ HB-IVS	Challenger 601	5166	☐ HB-VMY	C550 Bravo	550-0964
☐	G-TLFK	C680	680-0213	☐ HB-IVZ	Gulf GV	577	☐ HB-VNA	C560 Ultra	560-0280
☐	G-TSJF	C525B CJ3	0231	☐ HB-IWY	Gulf IV	1176	☐ HB-VNE	Be400A	RK-318
☐	G-UYAD	Challenger 604	5307	☐ HB-JEB	Galaxy G200	32	☐ HB-VNG	Falcon 200	502
☐	G-VECT	C560XL	560-5161	☐ HB-JEC	Challenger 300	20029	☐ HB-VNI	C560XL	560-5154
☐	G-VIPI	125-800	258222	☐ HB-JED	Legacy	145644	☐ HB-VNL	C525 CJ1	525-0375
☐	G-VONJ	Premier 1	RB-66	☐ HB-JEE	G550	5025	☐ HB-VNP	C525 CJ1	525-0499
☐	G-VUEA	C550	550-0671	☐ HB-JEG	Falcon 2000EX	34	☐ HB-VNS	C560XL	560-5209
☐	G-VUEM	C500	501-0178	☐ HB-JEI	Falcon 900	86	☐ HB-VNU	C500	500-0282
☐	G-VUEZ	C550	550-0008	☐ HB-JEL	Legacy	14500933	☐ HB-VNV	Learjet 60	60-179
☐	G-VVPA	Challenger 604	5612	☐ HB-JEM	Challenger 604	5613	☐ HB-VNW	C560 Ultra	560-0457
☐	G-WAIN	C550 Bravo	550-1100	☐ HB-JEP	G550	5070	☐ HB-VNZ	C550 Bravo	550-0906
☐	G-WCCI	Legacy	145505	☐ HB-JER	Global Express	9017	☐ HB-VOB	125-800XPi	258733
☐	G-WINA	C560XL	560-5343	☐ HB-JES	Gulf GV	556	☐ HB-VOC	C560 Ultra	560-0301
☐	G-WLVS	Falcon 2000LX	141	☐ HB-JET	Falcon 2000EX	154	☐ HB-VOD	C525 CJ1	525-0415
☐	G-WTOR	Falcon 900EX	211	☐ HB-JEV	G550	5040	☐ HB-VOE	C525A CJ2	0017
☐	G-WYNE	125-800	258240	☐ HB-JEX	Global Express	9145	☐ HB-VOF	C525 CJ1+	525-0623
☐	G-XBEL	C560XLS	560-5698	☐ HB-JEY	Global Express	9173	☐ HB-VOG	C525 CJ1	525-0544
☐	G-XBLU	C680	680-0143	☐ HB-JEZ	C750	750-0179	☐ HB-VOH	C550 Bravo	550-0864
☐	G-XLGB	C560XL	560-5259	☐ HB-JFO	Challenger 300	20137	☐ HB-VOI	Premier 1A	RB-152
☐	G-XONE	Challenger 604	5426	☐ HB-JGE	Global Express	9287	☐ HB-VOJ	125-850XP	258799
☐	G-XXRS	Global Express	9169	☐ HB-JGF	Falcon 2000LX	185	☐ HB-VOL	C525A CJ2+	0341
☐	G-YPRS	C550 Bravo	550-0935	☐ HB-JGG	Falcon 2000LX	188	☐ HB-VON	C560XLS	560-5528
☐	G-ZING	Learjet 35A	429	☐ HB-JGJ	G450	4122	☐ HB-VOO	125-1000	259030
☐	G-ZIZI	C525 CJ	525-0345	☐ HB-JGK	Jetstar II	5233	☐ HB-VOP	C525A CJ2+	0385
☐	G-ZJET	C510	510-0161	☐ HB-JGL	Galaxy G200	193	☐ HB-VOQ	125-1000	259021
☐	G-ZXZX	Learjet 45	45-005	☐ HB-JGP	Global Express	9238	☐ HB-VOS	Premier 1A	RB-187
				☐ HB-JGQ	Challenger 300	20237	☐ HB-VOT	125-800XP	258645
				☐ HB-JGR	Challenger 604	5624	☐ HB-VOU	C560XL	560-5070
				☐ HB-JGT	Challenger 605	5736	☐ HB-VOV	C525 CJ1+	525-0665

HA- Hungary

☐ HA-JET	C500		500-0249
☐ HA-LKN	Falcon 900EX		143
☐ HA-YFE	Diamond		046SA
☐ HA-YFH	Be400XP		RK-528
☐ HA-YFI	125-800SP		258043
☐ HA-YFJ	Be400A		RK-254

(continued)

☐ HB-JGU	C750		750-0001
☐ HB-JIG	C680		680-0280
☐ HB-JJA	B737 BBJ1		34303
☐ HB-JJG	B767-306ER		30393
☐ HB-JKB	G550		5178
☐ HB-JKC	G550		5240
☐ HB-JKG	Galaxy G200		184
☐ HB-JLK	Falcon 7X		44
☐ HB-JRA	Challenger 604		5529
☐ HB-JRB	Challenger 604		5530
☐ HB-JRC	Challenger 604		5540

HB- Switzerland

☐ HB-AEU	Do328JET		3199
☐ HB-IAH	Falcon 900EX		28
☐ HB-IAJ	Falcon 2000EX	3	
☐ HB-IAU	Falcon 2000EX	14	
☐ HB-IAW	Falcon 2000		16
☐ HB-IAX	Falcon 2000		33
☐ HB-IAZ	Falcon 2000		30
☐ HB-IBH	Falcon 2000		42
☐ HB-IDJ	CRJ200		7136
☐ HB-IEE	B757-23A/W		24527
☐ HB-IFJ	Falcon 900EX		92
☐ HB-IFQ	Falcon 900B		121
☐ HB-IGI	Falcon 900EX		83
☐ HB-IGL	Falcon 900		58
☐ HB-IGM	G550		5004
☐ HB-IGQ	Falcon 2000EX	9	
☐ HB-IGY	Falcon 900EX		95
☐ HB-IHQ	Global Express		9011
☐ HB-IIQ	B737 BBJ1		30752

(continued)

☐ HB-JRE	Challenger 605		5726
☐ HB-JRN	Challenger 604		5494
☐ HB-JRQ	Challenger 604		5651
☐ HB-JRR	Global 5000		9198
☐ HB-JRS	Global 5000		9174
☐ HB-JRT	Challenger 604		5442
☐ HB-JRV	Challenger 601		5035
☐ HB-JSI	Falcon 7X		37
☐ HB-JSO	Falcon 7X		12
☐ HB-JSR	Falcon 50		165
☐ HB-JSS	Falcon 7X		2
☐ HB-JST	Falcon 7X		17
☐ HB-JSU	Falcon 900DX		612
☐ HB-JSX	Falcon 900EX		141
☐ HB-JSY	Falcon 900EX		96
☐ HB-JSZ	Falcon 7X		4
☐ HB-JTB	Challenger 300		20141
☐ HB-VCN	Sabre 65		465-32
☐ HB-VDO	C550		551-0133

(continued)

☐ HB-VOW	C525B CJ3		0209
☐ HB-VOY	125-850XP		258895
☐ HB-VOZ	Learjet 60		60-148
☐ HB-VPB	C525A CJ2+		0422
☐ HB-VPJ	125-900XP		HA-0038
☐ HB-VWA	C525A CJ2+		0383
☐ HB-VWB	C525B CJ3		0216
☐ HB-VWC	C525B CJ3		0272
☐ HB-VWD	C560XLS+		560-6021
☐ HB-VWE	C560XLS+		560-6022
☐ HB-VWF	C525 CJ1+		525-0650
☐ HB-VWJ	C560XL		560-5217
☐ HB-VWL	C510		510-0169
☐ HB-VWM	C525 CJ1+		525-0690
☐ HB-VWN	Learjet 60		60-158
☐ HB-VWP	C525 CJ		525-0102
☐ HB-VWQ	Phenom 100		00050

HI- Dominican Republic

☐ HI-766	Be400A		RK-208
☐ HI871	Gulf 2B		154/28

HK- Colombia

☐ HK-	Learjet 35A		513
☐ HK-	Gulf 3		324

15

☐ HK-2485G	Westwind	239
☐ HK-4304	C560 Ultra	560-0355
☐ HK-4446G	Be400A	RK-26
☐ HK-4565	Learjet 60XR	60-331
☐ HK-4597	C550 Bravo	550-0961
☐ HK-4645	Be400A	RK-174

HL South Korea

☐ HL7222	Gulf IV	1188
☐ HL7501	C560 Ultra	560-0292
☐ HL7502	C560 Ultra	560-0294
☐ HL7503	C560 Ultra	560-0297
☐ HL7504	C560 Ultra	560-0300
☐ HL7577	Challenger 601	5182
☐ HL7749	Global Express	9184
☐ HL7759	B737 BBJ1	35990
☐ HL7787	B737 BBJ1	36852
☐ HL7799	G550	5028
☐ HL8200	G550	5233
☐ HL8201	C525 CJ1+	525-0686
☐ HL8202	C525 CJ1+	525-0691
☐ HL8283	C525 CJ1+	525-0688

HP- Panama

☐ HP-	Gulf2B	21
☐ HP-1A	Gulf2 SP	78

HR- Honduras

☐ HR-PHO	Westwind	333

HS- Thailand

☐ HS-CDY	C750	750-0184
☐ HS-CFS	Learjet 35A	366
☐ HS-CKI	Be400A	RK-245
☐ HS-CPG	125-850XP	258833
☐ HS-DCG	C650 VII	650-7071
☐ HS-IOO	C510	510-0100
☐ HS-KCS	C750	750-0298
☐ HS-MCL	C525B CJ3	0083
☐ HS-TPD	Be400A	RK-294
☐ HS-VIP	C510	510-0117

HZ- Saudi Arabia

☐ HZ-	Be400XP	RK-571
☐ HZ-AB1	Tristar 500	1247
☐ HZ-AB3	B727-2U5/W	22362
☐ HZ-AFA2	Challenger 604	5320
☐ HZ-AFAS	MD-11	48533
☐ HZ-AFK	Gulf2 TT	239
☐ HZ-AFN	Gulf 3	364
☐ HZ-AFR	Gulf 3	410
☐ HZ-AFT	Falcon 900B	21
☐ HZ-AFU	Gulf IV	1031
☐ HZ-AFV	Gulf IV	1035
☐ HZ-AFW	Gulf IV	1038
☐ HZ-AFX	Gulf IV	1143
☐ HZ-AFY	Gulf IV	1166
☐ HZ-AFZ	Falcon 900B	61
☐ HZ-AIF	B747-SP68	22503
☐ HZ-AIJ	B747-SP68	22750
☐ HZ-AJ1	A340-211	9
☐ HZ-AJ2	A320-214	3164
☐ HZ-AJ3	A320-214	764
☐ HZ-AJW	A319-112	1494
☐ HZ-ALFA	G550	5251
☐ HZ-ARK	G550	5074
☐ HZ-BIN	125-900XP	HA-0023
☐ HZ-BL1	C525 CJ1	525-0371
☐ HZ-DME	Falcon 900B	76
☐ HZ-HA1	Gulf2 TT	216
☐ HZ-HM1	B747-468	28343
☐ HZ-HM1A	B747-3G1	23070
☐ HZ-HM1B	B747-SP68	21652
☐ HZ-HM7	MD-11	48532
☐ HZ-HMS	A340-213X	204
☐ HZ-KSDC	Falcon 2000	142
☐ HZ-KSGA	G450	4079
☐ HZ-KSRC	125-800XP	258481
☐ HZ-KSRD	125-750	HB-17
☐ HZ-MBA	B727-021	19006
☐ HZ-MF1	B737 BBJ1	33405
☐ HZ-MF2	B737 BBJ1	33499
☐ HZ-MF3	G300	1520
☐ HZ-MF4	G300	1525
☐ HZ-MF5	G300	1532
☐ HZ-MFL	Gulf IV	1128
☐ HZ-MIS	B737-2K5	22600
☐ HZ-MS1A	Learjet 60XR	60-370
☐ HZ-MS1B	Learjet 60XR	60-371
☐ HZ-MS3	Gulf 3	385
☐ HZ-MS4	Gulf IVSP	1365
☐ HZ-MS5A	Gulf GV	644
☐ HZ-MS5B	Gulf GV	583
☐ HZ-NSA	A310-304	431
☐ HZ-OFC5	Falcon 900EX	180
☐ HZ-PCA	Gulf2	179
☐ HZ-RC3	Gulf 3	331
☐ HZ-SKI	B727-212/W	21460
☐ HZ-SPAA	Be400XP	RK-587
☐ HZ-SPAB	Be400XP	RK-588
☐ HZ-SPAC	Be400XP	RK-589
☐ HZ-SPAD	Be400XP	RK-591
☐ HZ-TAA	B737 BBJ1	29188
☐ HZ-WBT5	125-800	258032
☐ HZ-WBT7	B747-4J6	25880

I- Italy

☐ I-AEAL	C500	500-0053
☐ I-AFOI	Premier 1A	RB-245
☐ I-AIRW	Learjet 31	25
☐ I-ALHO	125-800XP	258561
☐ I-ALKA	C550	550-0351
☐ I-ALPG	C550	551-0355
☐ I-ALVC	Be400XP	RK-515
☐ I-AMCY	C500	500-0192
☐ I-ARIF	Falcon 2000	203
☐ I-ARON	C500	500-0095
☐ I-ASER	Be400A	RK-204
☐ I-AUNY	C500	501-0213
☐ I-AVEB	Diamond	087SA
☐ I-AVGM	C550	550-0492
☐ I-AVRM	C550	550-0491
☐ I-AVSS	Be400A	RK-66
☐ I-AVVM	Cessna S550	0062
☐ I-AZFB	125-700	257201
☐ I-BBGR	125-900XP	HA-0056
☐ I-BEAU	Falcon 900	23
☐ I-BEDT	C560XL	560-5172
☐ I-BENN	C550 Bravo	550-0859
☐ I-BENT	C560XL	560-5053
☐ I-BLUB	C650 VI	650-0216
☐ I-BMFE	Learjet 25C	146
☐ I-BNTN	Falcon 2000	191
☐ I-BOAT	C525 CJ1	525-0450
☐ I-CABD	C525 CJ	525-0354
☐ I-CAEX	Falcon 900EX	91
☐ I-CAFD	Falcon 50	183
☐ I-CALZ	C525A CJ2+	0427
☐ I-CCCH	Challenger 300	20094
☐ I-CDOL	C560XLS	560-5584
☐ I-CFLY	Learjet 31A	167
☐ I-CIGB	C500	501-0163
☐ I-CLAD	C500	500-0223
☐ I-CMAB	C560XLS	560-5731
☐ I-CMAD	C560XLS	560-5801
☐ I-CMAL	C560XL	560-5344
☐ I-CMCC	C560 Encore	560-0542
☐ I-CNDG	C560XLS+	560-6045
☐ I-DAGF	C525 CJ	525-0347
☐ I-DAKO	Falcon 900EX	160
☐ I-DDVF	Falcon 2000	161
☐ I-DEAC	C525 CJ	525-0194
☐ I-DEAS	Gulf GV	593
☐ I-DEUM	C525A CJ2	0095
☐ I-DFSL	Learjet 45	45-158
☐ I-DIES	Falcon 900	30
☐ I-DLOH	125-800XP	258450
☐ I-DMSA	Premier 1A	RB-201
☐ I-DMSB	Premier 1A	RB-254
☐ I-EDEM	C525 CJ	525-0155
☐ I-ELYS	Learjet 40	45-2016
☐ I-ERJD	Learjet 45	45-068
☐ I-ERJE	Learjet 45	45-226
☐ I-ERJG	Learjet 40	45-2015
☐ I-ERJJ	Learjet 40XR	45-2053
☐ I-FARN	C500	500-0401
☐ I-FDED	Be400XP	RK-500
☐ I-FEDN	Falcon 2000LX	204
☐ I-FITO	C510	510-0160
☐ I-FLYA	C500	501-0099
☐ I-FLYP	Falcon 2000	103
☐ I-FLYV	Falcon 2000	108
☐ I-FLYW	Falcon 900EX	27
☐ I-FORR	Learjet 40	45-2019
☐ I-FORU	Learjet 45	45-036
☐ I-FRAI	C500	501-0077
☐ I-GFVF	Be400XP	RK-499
☐ I-GGLA	C560XLS+	560-6044
☐ I-GIWW	C550 Bravo	550-0871
☐ I-GOCO	Learjet 40XR	45-2078
☐ I-GSAL	Premier 1A	RB-184
☐ I-GURU	Learjet 40XR	45-2059
☐ I-IMMG	C525A CJ2	0038
☐ I-IMMI	C525 CJ1	525-0379
☐ I-IPIZ	Be400A	RK-29
☐ I-IRCS	Challenger 604	5464
☐ I-JAMJ	Falcon 2000EX	108
☐ I-JAMY	Falcon 2000	54
☐ I-KERE	Falcon 2000	197
☐ I-KREM	125-800XP2	258608
☐ I-LALL	C525A CJ2	0005
☐ I-LUXO	G550	5071
☐ I-LVNB	C525A CJ2	0073
☐ I-MCAS	C510	510-0185
☐ I-MFAB	125-900XP	HA-0074
☐ I-MTVB	C550 Bravo	550-0932
☐ I-NATS	Falcon 2000EX	11
☐ I-NGIR	Premier 1A	RB-241
☐ I-NUMI	Falcon 900	89
☐ I-OMRA	C525A CJ2	0064
☐ I-OTEL	C500	501-0048

☐ I-PABL	C550 Bravo	550-1083
☐ I-PARS	Learjet 40	45-2034
☐ I-PBRA	Falcon 50 EX	339
☐ I-PNCA	C550	550-0235
☐ I-PRAD	Learjet 60	60-145
☐ I-PZZR	125-800XP	258722
☐ I-RAGW	C500	500-0311
☐ I-RONY	125-800XP	258506
☐ I-RPLY	Learjet 60	60-212
☐ I-RVRP	C525 CJ1	525-0397
☐ I-SDAG	Learjet 60XR	60-379
☐ I-SDFC	Challenger 300	20013
☐ I-SEAE	Falcon 2000	200
☐ I-SEAS	Falcon 900EX	192
☐ I-SNAW	Falcon 2000	12
☐ I-TAKA	C560XLS	560-5537
☐ I-TCGR	Falcon 900B	154
☐ I-TLCM	Falcon 900	81
☐ I-TOIO	C500	501-0252
☐ I-TOPB	Be400A	RK-133
☐ I-TOPD	Be400A	RK-163
☐ I-TOPH	125-850XP	258809
☐ I-ULJA	Falcon 20-5	380
☐ I-UUNY	C500	500-0358
☐ I-VITH	Be400A	RK-309
☐ I-WISH	Challenger 604	5526
☐ I-YLFC	Learjet 40	45-2024
☐ I-ZACK	C560 Encore +	560-0767

JA Japan

☐ JA01CP	Learjet 31A	144
☐ JA01TM	C560 Ultra	560-0403
☐ JA02AA	C560 Ultra	560-0518
☐ JA30DA	Diamond	053SA
☐ JA001A	C560 Ultra	560-0349
☐ JA001G	Gulf IV	1190
☐ JA001T	C525A CJ2+	0311
☐ JA002A	C560 Encore	560-0597
☐ JA002G	Gulf IVSP	1244
☐ JA005G	Global Express	9034
☐ JA006G	Global Express	9082
☐ JA021R	C525A CJ2+	0380
☐ JA119N	C560	560-0067
☐ JA120N	C560	560-0072
☐ JA359C	C525A CJ2+	0359
☐ JA391C	C525A CJ2+	0391
☐ JA500A	Gulf GV	683
☐ JA501A	Gulf GV	689
☐ JA510M	C510	510-0135
☐ JA516J	C525A CJ2+	0386
☐ JA525A	C525 CJ1	525-0449
☐ JA525B	C525A CJ2	0156
☐ JA525C	C525A CJ2	0244
☐ JA525J	C525 CJ1	525-0549
☐ JA525Y	C525 CJ1	525-0535
☐ JA560Y	C560 Encore	560-0694
☐ JA680C	C680	680-0173
☐ JA8248	Diamond	2
☐ JA8380	C500	501-0027
☐ JA8431	Gulf2	141
☐ JA8493	C500	501-0324
☐ JA8570	Falcon 900	53
☐ JA8571	Falcon 900	56

JY- Jordan

☐ JY-	A340-640	924
☐ JY-AAD	Challenger 604	5481
☐ JY-AWE	125-800XP	258539
☐ JY-AWF	C525 CJ1+	525-0632
☐ JY-AWH	C680	680-0285
☐ JY-FMK	C525A CJ2	0168
☐ JY-IMK	Challenger 604	5443
☐ JY-RYA	Challenger 601	3017
☐ JY-RYN	C650 VII	650-7029
☐ JY-WJA	125-800XP	258520

J2- Djibouti

☐ J2-KBA	B727-191	19394

LN- Norway

☐ LN-AKA	C560 Encore +	560-0764
☐ LN-AKR	Falcon 900EX	185
☐ LN-BWG	Challenger 604	5328
☐ LN-ESA	125-800	258094
☐ LN-HOT	C525B CJ3	0065
☐ LN-IDB	C560 Encore	560-0637
☐ LN-RYG	C525 CJ1+	525-0661
☐ LN-SOV	C680	680-0183
☐ LN-SSS	C680	680-0133
☐ LN-SUN	Challenger 604	5517
☐ LN-SUX	C560XL	560-5271

LQ/LV- Argentina

☐ LQ-BFS	Learjet 40	45-2003
☐ LQ-MRM	C500	500-0386
☐ LV-	C560 Encore	560-0697
☐ LV-	C560XL	560-5132
☐ LV-	Learjet 60	60-076
☐ LV-AHX	C560	560-0090
☐ LV-AIT	Learjet 35A	408
☐ LV-AIW	C560XL	560-5350
☐ LV-AMB	C525 CJ	525-0045
☐ LV-APL	C550	551-0361
☐ LV-ARD	Learjet 45XR	45-232
☐ LV-AXN	C525 CJ	525-0327
☐ LV-BAS	Challenger 600	1053
☐ LV-BAW	Learjet 35A	386
☐ LV-BBG	125-800XP	258707
☐ LV-BCO	C550	550-0458
☐ LV-BDM	Learjet 31A	145
☐ LV-BEM	Be400XP	RK-456
☐ LV-BEU	C550 Bravo	550-1120
☐ LV-BFE	Learjet 31A	183
☐ LV-BFG	Learjet 31A	54
☐ LV-BFM	C500	501-0031
☐ LV-BFR	Learjet 60	60-059
☐ LV-BHJ	C500	501-0180
☐ LV-BHP	Challenger 604	5493
☐ LV-BIB	C560XLS	560-5696
☐ LV-BID	C500	500-0404
☐ LV-BIE	Learjet 35A	674
☐ LV-BIY	Falcon 20-5	444
☐ LV-BMH	C560XL	560-5025
☐ LV-BNO	Challenger 604	5407
☐ LV-BNR	Learjet 35A	373
☐ LV-BOU	Learjet 45	45-050
☐ LV-BOX	Learjet 35A	508
☐ LV-BPA	Learjet 35A	143
☐ LV-BPL	Learjet 35A	418
☐ LV-BPO	Learjet 35A	343
☐ LV-BPV	Challenger 601	3044
☐ LV-BPW	C500	500-0341
☐ LV-BPZ	C500	501-0040
☐ LV-BRC	Learjet 31A	58
☐ LV-BRE	C550	550-0697
☐ LV-BRJ	C750	750-0013
☐ LV-BRT	Learjet 35A	665
☐ LV-BRX	C560XL	560-5134
☐ LV-BRZ	Falcon 20-5	171
☐ LV-BSO	Learjet 31A	222
☐ LV-BSS	Challenger 300	20219
☐ LV-BTA	Learjet 60XR	60-353
☐ LV-BTF	Learjet 31A	111
☐ LV-BTO	Learjet 45XR	45-388
☐ LV-BVG	Challenger 601	5032
☐ LV-BXD	Learjet 45XR	45-254
☐ LV-BXH	C500	501-0109
☐ LV-BXU	Learjet 35A	462
☐ LV-BYC	Gulf IV	1145
☐ LV-BZC	Learjet 25D	350
☐ LV-BZJ	Learjet 60XR	60-344
☐ LV-CAE	C650 III	650-0128
☐ LV-CAK	C560	560-0170
☐ LV-CAY	Learjet 60	60-234
☐ LV-CAZ	G400	1514
☐ LV-CBI	Learjet 60	60-272
☐ LV-CBJ	Be400A	RK-134
☐ LV-JTZ	Learjet 24D	234
☐ LV-LRC	Learjet 24D	316
☐ LV-OEL	Learjet 25D	307
☐ LV-RED	C560	560-0126
☐ LV-WDR	C560	560-0227
☐ LV-WEJ	C550	550-0724
☐ LV-WGY	C560	560-0246
☐ LV-WJN	C550	550-0558
☐ LV-WJO	C550	550-0728
☐ LV-WLG	Learjet 25D	345
☐ LV-WLR	Westwind	183
☐ LV-WLS	C560 Ultra	560-0289
☐ LV-WMT	C560 Ultra	560-0305
☐ LV-WND	Sabre 40	282-131
☐ LV-WOC	Learjet 25D	269
☐ LV-WRE	Learjet 25D	355
☐ LV-WTN	C650 VII	650-7054
☐ LV-WXD	Be400A	RK-118
☐ LV-WXO	C550	551-0396
☐ LV-WXX	Sabre 60	306-91
☐ LV-WXY	Learjet 25D	357
☐ LV-YGC	125	25046
☐ LV-YHC	C550	550-0715
☐ LV-YMB	Learjet 31A	81
☐ LV-YRB	C500	500-0191
☐ LV-ZSZ	Learjet 35A	235
☐ LV-ZTH	Learjet 25C	71
☐ LV-ZTR	125-800XP	258462
☐ LV-ZZF	Learjet 35	49

LX- Luxembourg

☐ LX-AAA	Global Express	9133
☐ LX-AFD	Falcon 900DX	615
☐ LX-ATD	Falcon 2000DX	603
☐ LX-FGB	C560XLS+	560-6026
☐ LX-DCA	C525B CJ3	0227
☐ LX-DEC	C680	680-0253
☐ LX-EVM	Falcon 2000LX	181
☐ LX-FGC	C510	510-0192
☐ LX-FGL	C510	510-0132
☐ LX-FLY	Global Express	9252
☐ LX-FTA	Falcon 900C	201
☐ LX-GES	Falcon 900B	78
☐ LX-GET	Falcon 900EX	217

☐ LX-GEX	Global Express	9013
☐ LX-GJC	A318 Elite	3100
☐ LX-GJL	Falcon 900C	197
☐ LX-GVV	B737 BBJ1	30791
☐ LX-GXR	Global Express	9332
☐ LX-IIH	C525 CJ1	525-0391
☐ LX-INS	C560XLS	560-5727
☐ LX-JAG	Learjet 45XR	45-398
☐ LX-JCD	C560XL	560-5104
☐ LX-JET	C525B CJ3	0281
☐ LX-KAT	125-900XP	HA-0140
☐ LX-KSD	125-900XP	HA-0096
☐ LX-LAI	Galaxy G200	199
☐ LX-LAR	Learjet 35A	653
☐ LX-LOU	Learjet 60	60-277
☐ LX-NVB	Legacy	14501002
☐ LX-ONE	Learjet 35A	417
☐ LX-PAK	Global Express	9197
☐ LX-PCT	Learjet 31A	112
☐ LX-PMA	Challenger 300	20097
☐ LX-PMR	Premier 1	RB-64
☐ LX-RLG	Legacy	14500967
☐ LX-RSQ	C510	510-0194
☐ LX-SAM	Falcon 2000	26
☐ LX-SPK	Challenger 604	5449
☐ LX-SVW	Falcon 900DX	619
☐ LX-THS	Falcon 50	185
☐ LX-TQJ	Challenger 300	20159
☐ LX-TWO	Learjet 35A	628
☐ LX-VIP	Global Express	9076
☐ LX-VPG	Challenger 300	20218
☐ LX-ZAK	Global 5000	9204
☐ LX-ZAV	Challenger 604	5523
☐ LX-ZXP	Falcon 7X	56

LY- Lithuania

☐ LY-DSK	125-850XP	258811
☐ LY-FSK	125-900XP	HA-0060
☐ LY-HCW	125-800XP	258398

LZ- Bulgaria

☐ LZ-ABV	C550 Bravo	550-1103
☐ LZ-AMA	C510	510-0141
☐ LZ-AXA	Learjet 60	60-167
☐ LZ-BTZ	Tu-154M	781
☐ LZ-BVD	Challenger 605	5768
☐ LZ-BVE	Learjet 60XR	60-329
☐ LZ-BVV	Learjet 60	60-203
☐ LZ-DIN	C525 CJ	525-0090
☐ LZ-FIA	G550	5198
☐ LZ-FIB	Galaxy G200	11
☐ LZ-FNA	C525 CJ1+	525-0659
☐ LZ-FNB	C525A CJ2+	0398
☐ LZ-GEN	C550 Bravo	550-1122
☐ LZ-GMV	C550 Bravo	550-1136
☐ LZ-OOI	Falcon 2000	123
☐ LZ-TIM	Avro RJ70	E1258
☐ LZ-VTS	Learjet 24	156
☐ LZ-YUM	Challenger 600	1085
☐ LZ-YUN	Challenger 604	5508
☐ LZ-YUP	Challenger 604	5602
☐ LZ-YUR	Challenger 604	5625

M- Isle of Man

☐ M-ABCD	Falcon 20-5	357
☐ M-ABUS	A340-310	955
☐ M-ACPT	125-1000	259004
☐ M-AGGY	C550	550-0690
☐ M-AGIC	C680	680-0138
☐ M-AIRS	Learjet 60	60-276
☐ M-AJDM	C525A CJ2	0009
☐ M-AJOR	125-900XP	HA-0058
☐ M-AKAK	Legacy	14500970
☐ M-ALRV	Falcon 2000EX	173
☐ M-ALUN	125-700	257075
☐ M-AMND	Falcon 2000EX	114
☐ M-ANTA	Challenger 850	8094
☐ M-ARIE	Challenger 605	5794
☐ M-AZAG	125-800	258233
☐ M-BFLY	Challenger 300	20123
☐ M-BIGG	Challenger 605	5722
☐ M-BIRD	C525B CJ3	0255
☐ M-BWFC	C560XLS	560-5690
☐ M-CHEM	Falcon 2000EX	128
☐ M-CLAA	125-800XP	258405
☐ M-CRVS	Global Express	9294
☐ M-DASO	Falcon 50 EX	268
☐ M-DINO	C525 CJ1	525-0528
☐ M-DKDI	C750	750-0227
☐ M-DSCL	Legacy	14500851
☐ M-EANS	Challenger 300	20017
☐ M-EIRE	Challenger 604	5562
☐ M-ELON	C525B CJ3	0148
☐ M-EMLI	Challenger 604	5383
☐ M-EOCV	Learjet 45XR	45-306
☐ M-FAHD	B727-076/W	19254
☐ M-FALC	Falcon 900EX	31
☐ M-FMHG	Gulf IVSP	1305
☐ M-FRZN	125-850XP	258816
☐ M-FUAD	G550	5227
☐ M-FZMH	Challenger 850	8068
☐ M-GBAL	Global Express	9210
☐ M-GLRS	Learjet 45XR	45-249
☐ M-GPIK	Falcon 50 EX	289
☐ M-GULF	Gulf IV	1082
☐ M-GYQM	Global Express	9189
☐ M-GZOO	Galaxy G200	224
☐ M-HAWK	125-800XP	258494
☐ M-HDAM	125-800	258037
☐ M-HOIL	Learjet 60	60-313
☐ M-HSNT	Challenger 300	20233
☐ M-ICRO	C525A CJ2+	0347
☐ M-IFES	Challenger 600	1067
☐ M-IIII	Falcon 2000	94
☐ M-INOR	125-900XP	HA-0054
☐ M-INXY	Phenom 100	00024
☐ M-IPHS	G550	5246
☐ M-ISLA	Challenger 850	8080
☐ M-ISLE	C680	680-0265
☐ M-JANP	Global 5000	9293
☐ M-JCPO	125-700	257004
☐ M-JETI	125-800	258056
☐ M-JETT	Falcon 200	490
☐ M-JMMM	Falcon 900B	159
☐ M-JOLY	125-900XP	HA-0121
☐ M-JSTA	Challenger 604	5639
☐ M-KARN	Challenger 604	5346
☐ M-KELY	Phenom 100	00040
☐ M-KENF	Horizon	RC-27
☐ M-LAOR	125-800XP	258384
☐ M-LCJP	125-900XP	HA-0072
☐ M-LEAR	Learjet 31	11
☐ M-LEFB	C550	550-0172
☐ M-LION	125-900XP	HA-0099
☐ M-LJGI	Falcon 2000LX	143
☐ M-MHBW	C510	510-0262
☐ M-MHDH	C510	510-0259
☐ M-MHMH	C525B CJ3	0311
☐ M-MIKE	C525B CJ3	0280
☐ M-MSGG	Galaxy G200	159
☐ M-NATH	Legacy	14501021
☐ M-NEWT	Challenger 300	20151
☐ M-NHOI	Challenger 605	5744
☐ M-NICO	125-900XP	HA-0083
☐ M-NOEL	Challenger 300	20206
☐ M-ODKZ	Falcon 900EX	86
☐ M-OLEG	Legacy	14500991
☐ M-ONAV	125-900XP	HA-0073
☐ M-ONEM	G550	5210
☐ M-OODY	C525B CJ3	0238
☐ M-OOUN	125-800XP	258514
☐ M-OSPB	Galaxy G200	205
☐ M-PARK	C525 CJ	525-0358
☐ M-PHNM	Phenom 100	00092
☐ M-PNRE	Falcon 2000LX	166
☐ M-PRVT	C750	750-0291
☐ M-RBUS	A319CJ	3856
☐ M-RLIV	Challenger 605	5731
☐ M-ROLL	Falcon 7X	40
☐ M-ROWL	Falcon 2000EX	95
☐ M-RURU	Falcon 900B	140
☐ M-SAIR	Falcon 900B	141
☐ M-SKSM	Global 5000	9227
☐ M-SKZL	Challenger 604	5404
☐ M-SSSV	Learjet 60XR	60-325
☐ M-STCO	Falcon 2000EX	110
☐ M-SVGN	C680	680-0198
☐ M-TEAM	C525 CJ1+	525-0609
☐ M-TOPI	Challenger 605	5780
☐ M-TRIX	Challenger 604	5608
☐ M-TSGP	C525A CJ2+	0309
☐ M-UPCO	C525B CJ3	0012
☐ M-URUS	B737 BBJ1	34622
☐ M-USTG	C510	510-0089
☐ M-VBBQ	Premier 1A	RB-181
☐ M-VBPO	Premier 1A	RB-138
☐ M-VRNY	G550	5225
☐ M-VSSK	Challenger 605	5781
☐ M-WMWM	C525A CJ2	0113
☐ M-WOOD	C550 Bravo	550-1042
☐ M-XONE	C525A CJ2	0031
☐ M-YAIR	Premier 1A	RB-146
☐ M-YBBJ	B737 BBJ1	36027
☐ M-YBST	Challenger 604	5620
☐ M-YEDT	Astra	141
☐ M-YGIV	Gulf IV	1080
☐ M-YJET	Falcon 2000EX	148
☐ M-YNJC	Legacy	14500961
☐ M-YONE	Challenger 601	5085
☐ M-YSKY	Premier 1A	RB-209

N USA

☐ N1	Gulf IV	1071
☐ N1AG	Be400	RJ-35
☐ N1AK	C560	560-0205
☐ N1AP	C750	750-0176
☐ N1AR	Gulf IV	1069
☐ N1BN	G550	5036
☐ N1BR	Learjet 31A	86
☐ N1BS	C750	750-0081
☐ N1BX	G450	4140

Reg	Type	S/N	Reg	Type	S/N	Reg	Type	S/N
☐ N1C	Falcon 2000	40	☐ N2	C560XL	560-5333	☐ N4ES	125	25243
☐ N1CA	125-800XP	258672	☐ N2BA	Learjet 35	51	☐ N4FE	Learjet 45	45-032
☐ N1CC	Gulf2B	257	☐ N2BD	Falcon 900EX	72	☐ N4FF	C510	510-0007
☐ N1CF	C560 Ultra	560-0473	☐ N2BG	Galaxy G200	64	☐ N4GA	C525B CJ3	0055
☐ N1CG	Falcon 50	147	☐ N2CC	Gulf IVSP	1343	☐ N4GX	Global Express	9048
☐ N1CH	C525B CJ3	0064	☐ N2DD	Learjet 24E	335	☐ N4J	Learjet 35A	110
☐ N1D	Falcon 200	495	☐ N2DF	Gulf2B	95	☐ N4JB	C560XL	560-5125
☐ N1DA	C500	500-0288	☐ N2FE	Challenger 601	5095	☐ N4JS	C560XL	560-5035
☐ N1DC	Gulf GV	651	☐ N2FQ	Falcon 50	167	☐ N4MB	Falcon 20-5	135
☐ N1DE	Learjet 31	16	☐ N2FU	Learjet 31	27	☐ N4MH	Westwind	232
☐ N1DG	Global 5000	9156	☐ N2G	Galaxy G200	106	☐ N4NR	Gulf2B	255
☐ N1DH	Challenger 601	5145	☐ N2GG	C550	550-0286	☐ N4NT	Sabre 60	306-48
☐ N1DM	C525B CJ3	0210	☐ N2HL	Galaxy G200	91	☐ N4PG	G550	5214
☐ N1EB	G550	5194	☐ N2HP	Learjet 45XR	45-330	☐ N4QB	125	25255
☐ N1ED	Learjet 31A	218	☐ N2HZ	Premier 1A	RB-186	☐ N4QG	Falcon 2000EX	28
☐ N1EG	Premier 1	RB-43	☐ N2JR	Gulf2B	131	☐ N4QN	C650 VII	650-7031
☐ N1EL	C510	510-0061	☐ N2JW	Challenger 604	5549	☐ N4QP	C525 CJ	525-0272
☐ N1FC	G150	274	☐ N2KZ	125-700	257177	☐ N4RP	C525B CJ3	0289
☐ N1FE	Global Express	9091	☐ N2MG	Challenger 605	5701	☐ N4SQ	Westwind	307
☐ N1FS	G150	277	☐ N2N	Gulf GV	586	☐ N4T	Global Express	9195
☐ N1GH	C550	550-0201	☐ N2NL	Sabre 65	465-63	☐ N4TL	C560 Encore	560-0587
☐ N1GM	Sabre 60	306-120	☐ N2PG	Gulf IVSP	1378	☐ N4UB	Gulf2B	207
☐ N1GN	G550	5023	☐ N2QG	125-800	258207	☐ N4UG	Gulf IVSP	1259
☐ N1HA	C550	551-0021	☐ N2RC	C560 Ultra	560-0319	☐ N4VF	Falcon 50	160
☐ N1HC	G550	5009	☐ N2RM	C500	500-0153	☐ N4WC	125	25278
☐ N1HF	Falcon 20-5	474	☐ N2SA	Gulf IV	1104	☐ N4WG	Westwind	200
☐ N1HP	Learjet 45	45-082	☐ N2T	Global Express	9162	☐ N4Y	C650 III	650-0137
☐ N1HS	C560XLS	560-5596	☐ N2TS	B737 BBJ1	29102	☐ N4ZL	C560 Ultra	560-0448
☐ N1HZ	Challenger 601	5030	☐ N2UJ	C680	680-0179	☐ N5CA	Falcon 10	187
☐ N1JB	Learjet 60XR	60-363	☐ N2UP	C650 VI	650-0227	☐ N5DA	G550	5021
☐ N1JC	Diamond	059SA	☐ N2WC	Diamond	047SA	☐ N5FE	Learjet 45	45-079
☐ N1JG	Learjet 55	55	☐ N2YU	Eclipse 500	160	☐ N5FF	C750	750-0192
☐ N1JK	Falcon 2000EX	130	☐ N2ZC	C560XL	560-5156	☐ N5GF	Gulf IVSP	1277
☐ N1JM	Learjet 31A	196	☐ N3	C560XL	560-5341	☐ N5GQ	C525B CJ3	0321
☐ N1JN	Gulf GV	538	☐ N3AS	Learjet 45XR	45-247	☐ N5GU	C525B CJ3	0009
☐ N1JW	Falcon 100	200	☐ N3AV	Westwind	361	☐ N5HQ	Westwind	266
☐ N1KA	C525B CJ3	0076	☐ N3BL	Learjet 23	3	☐ N5LK	C500	500-0274
☐ N1KE	Gulf GV	574	☐ N3CJ	C525B CJ3	711	☐ N5MC	Gulf IVSP	1218
☐ N1KT	Westwind	230	☐ N3CT	C525B CJ3	0041	☐ N5MV	Falcon 900EX	221
☐ N1NA	Challenger 604	5447	☐ N3DP	Gulf 3	334	☐ N5NG	Gulf IVSP	1485
☐ N1NC	Falcon 2000EX	48	☐ N3FA	C560	560-0023	☐ N5NR	C560XLS	560-5557
☐ N1NL	C550	550-0271	☐ N3FD	Astra	145	☐ N5PG	G550	5046
☐ N1PB	C560XL	560-5013	☐ N3FE	Challenger 601	5054	☐ N5RD	Gulf IV	1156
☐ N1PG	Gulf IVSP	1374	☐ N3GN	C500	501-0090	☐ N5SA	Gulf GV	527
☐ N1PR	Gulf 3	341	☐ N3HB	Falcon 900B	126	☐ N5T	C750	750-0104
☐ N1QH	125	25261	☐ N3JM	C525B CJ3	0102	☐ N5TR	C550	551-0351
☐ N1RB	Learjet 45	45-119	☐ N3K	Premier 1A	RB-218	☐ N5UD	C525 CJ1+	525-0620
☐ N1RD	C510	510-0120	☐ N3LH	Gulf2	5	☐ N5UU	Global Express	9029
☐ N1RF	C680	680-0163	☐ N3MB	Learjet 35A	335	☐ N5VF	Falcon 50	166
☐ N1RL	Challenger 870	10004	☐ N3MT	Eclipse 500	135	☐ N5VG	Learjet 31	14
☐ N1S	Falcon 900	28	☐ N3PC	Global Express	9059	☐ N5VJ	Falcon 900B	27
☐ N1SA	Global Express	9100	☐ N3PG	G550	5091	☐ N5VP	C500	501-0046
☐ N1SF	G550	5202	☐ N3QE	C510	510-0183	☐ N5VS	G550	5088
☐ N1SL	Gulf IV	1167	☐ N3QG	125-800	258127	☐ N5WF	C500	501-0082
☐ N1SN	Gulf IVSP	1433	☐ N3RC	125-800	258253	☐ N5WN	C525B CJ3	0204
☐ N1SV	C550	550-0150	☐ N3RP	Challenger 600S	1011	☐ N5WT	C550	551-0149
☐ N1TF	G550	5035	☐ N3SA	Gulf IV	1171	☐ N6D	Global Express	9191
☐ N1TG	C680	680-0147	☐ N3ST	C525A CJ2	0045	☐ N6DQ	Phenom 100	00012
☐ N1TM	Gulf IVSP	1490	☐ N3VF	Falcon 20F	363	☐ N6FE	Learjet 45	45-098
☐ N1TY	C550	550-0171	☐ N3VJ	Learjet 31A	35	☐ N6FR	C550 Bravo	550-0828
☐ N1UA	Astra	44	☐ N3WB	C525 CJ1	525-0524	☐ N6GD	Legacy	14500983
☐ N1UM	C500	501-0011	☐ N3WT	C500	501-0088	☐ N6GU	C680	680-0268
☐ N1UP	C650 VI	650-0224	☐ N4AS	Challenger 605	5721	☐ N6GV	Sabre 65	465-9
☐ N1VG	Learjet 25B	125	☐ N4AT	C550 Bravo	550-0805	☐ N6HF	C550	550-0260
☐ N1VV	C510	510-0013	☐ N4AZ	McD MD220	1	☐ N6JB	Challenger 601	5131
☐ N1WP	Gulf IV	1030	☐ N4CJ	C525C CJ4	714001	☐ N6JR	Premier 1A	RB-161
☐ N1XH	Premier 1	RB-76	☐ N4CP	G550	5005	☐ N6JW	Gulf2	138
☐ N1XL	Learjet 35A	392	☐ N4CR	125	25109	☐ N6M	C525B CJ3	0256
☐ N1XT	Premier 1	RB-36	☐ N4CS	Sabre 65	465-27	☐ N6MF	Be400A	RK-315
☐ N1Z	Galaxy G200	84	☐ N4DA	Learjet 45XR	45-283	☐ N6MW	Challenger 600S	1057
☐ N1ZC	C680	680-0085	☐ N4EA	Learjet 35A	458	☐ N6NR	125-800XP	258701

19

☐ N6NY	C560 Ultra	560-0439	☐ N9RA	Learjet 25D	277	☐ N12GS	C525B CJ3	0122
☐ N6PX	Falcon 900B	79	☐ N9RD	Westwind	220	☐ N12GY	C525 CJ1	525-0374
☐ N6SS	125	25100	☐ N9SC	G450	4174	☐ N12L	C560XL	560-5002
☐ N6TM	C550 Bravo	550-1063	☐ N9SS	C550	551-0214	☐ N12MG	Be400A	RK-331
☐ N6VB	Global Express	9144	☐ N9TE	Falcon 20-5	202	☐ N12MW	Falcon 2000	97
☐ N6VF	Falcon 20-5	486	☐ N9UD	C525A CJ2+	0317	☐ N12NV	Be400A	RK-186
☐ N6VG	Falcon 10	62	☐ N9WW	Be400A	RK-142	☐ N12NZ	Gulf IVSP	1376
☐ N6ZE	C525A CJ2	0141	☐ N9ZD	Learjet 35A	306	☐ N12PA	125-800XP	258642
☐ N7AB	C650 VII	650-7068	☐ N10AH	Learjet 35A	657	☐ N12RN	C560 Ultra	560-0316
☐ N7CC	C525B CJ3	0007	☐ N10AU	C525A CJ2+	0420	☐ N12RP	Learjet 35A	278
☐ N7CH	C525B CJ3	0202	☐ N10C	125-700	257050	☐ N12U	Falcon 7X	53
☐ N7CQ	C525 CJ	525-0004	☐ N10EG	C550	550-0055	☐ N12UM	Gulf IV	1112
☐ N7DJ	Westwind	265	☐ N10EH	Gulf 3	436	☐ N12VU	Learjet 45XR	45-324
☐ N7EJ	Learjet 24E	343	☐ N10EU	Falcon 2000EX	46	☐ N12WF	Be400A	RK-228
☐ N7EN	C500	501-0342	☐ N10F	Falcon 10	12	☐ N12WH	C500	501-0064
☐ N7FE	Learjet 45	45-099	☐ N10FE	Challenger 601	5188	☐ N13BK	Falcon 10	94
☐ N7FY	Eclipse 500	217	☐ N10FG	C500	500-0295	☐ N13JS	Global 5000	9212
☐ N7GF	Learjet 23	93	☐ N10FN	Learjet 36	15	☐ N13KD	C500	501-0119
☐ N7GJ	C500	500-0021	☐ N10HZ	Falcon 900EX	57	☐ N13ST	C500	501-0285
☐ N7GU	G450	4118	☐ N10J	Learjet 45XR	45-337	☐ N13SY	125-800	258103
☐ N7GX	Falcon 50	139	☐ N10JA	C550	551-0008	☐ N14CN	Westwind	359
☐ N7GZ	C525A CJ2	0145	☐ N10JP	Falcon 2000	23	☐ N14DG	C650 VII	650-7059
☐ N7HB	C560XLS	560-5607	☐ N10JY	Learjet 45	45-063	☐ N14DM	Learjet 24E	341
☐ N7JM	Gulf IV	1132	☐ N10LR	C550	551-0122	☐ N14EA	Premier 1	RB-119
☐ N7KC	Falcon 900EX	14	☐ N10LX	Sabre 60	306-59	☐ N14FX	Falcon 900DX	624
☐ N7KG	Sabre 40	282-111	☐ N10LY	C550	550-0466	☐ N14GD	Challenger 604	5490
☐ N7LA	Gulf IVSP	1286	☐ N10MB	Learjet 60	60-176	☐ N14NA	Falcon 900B	124
☐ N7MR	Falcon 7X	26	☐ N10MZ	G550	5141	☐ N14RM	C550	551-0169
☐ N7MZ	C500	501-0217	☐ N10NC	Falcon 10	172	☐ N14TU	Learjet 60	60-026
☐ N7NE	C525B CJ3	0025	☐ N10NL	Learjet 45	45-128	☐ N14VA	C500	501-0137
☐ N7PS	Challenger 601	5027	☐ N10QS	Horizon	RC-22	☐ N15AS	Falcon 2000	3
☐ N7PW	Diamond	027SA	☐ N10R	Learjet 45	45-042	☐ N15AX	125-800	258002
☐ N7QM	C525A CJ2	0214	☐ N10RU	C560 Ultra	560-0512	☐ N15BA	Astra	20
☐ N7RX	G450	4017	☐ N10RZ	G150	258	☐ N15C	C525B CJ3	0023
☐ N7SB	C750	750-0209	☐ N10SA	125-600	256065	☐ N15CV	C560 Encore +	560-0766
☐ N7SJ	SJ30	7	☐ N10SE	Learjet 40	45-2032	☐ N15CY	C500	501-0152
☐ N7SN	Learjet 31A	226	☐ N10SL	Global 5000	9221	☐ N15DF	C550	550-0578
☐ N7TK	C500	501-0116	☐ N10SN	G450	4147	☐ N15EH	Learjet 35A	126
☐ N7TM	C560XLS+	560-6028	☐ N10SV	Legacy	14500974	☐ N15ER	Learjet 25D	267
☐ N7UF	Gulf IVSP	1422	☐ N10TC	C550	550-0495	☐ N15FE	Learjet 45	45-039
☐ N7X	Falcon 7X	33	☐ N10TD	C560	560-0096	☐ N15FX	Falcon 50	157
☐ N7XE	C525 CJ1	525-0419	☐ N10TN	125-700	257085	☐ N15GJ	C510	510-0200
☐ N7YA	C550 Bravo	550-0880	☐ N10UC	125-700	257119	☐ N15GT	Challenger 300	20120
☐ N7ZG	C650 III	650-0031	☐ N10UF	Learjet 35A	166	☐ N15H	Falcon 20-5	368
☐ N7ZH	Learjet 35A	348	☐ N10UH	C550 Bravo	550-0925	☐ N15HE	Gulf 3	369
☐ N7ZU	C550	550-0433	☐ N10VT	C550	550-0364	☐ N15JA	C550	550-0035
☐ N8DX	C500	500-0303	☐ N10WZ	C525A CJ2+	0432	☐ N15JH	C500	500-0174
☐ N8HQ	Be400	RJ-50	☐ N10XQ	Galaxy G200	169	☐ N15LN	C650 VII	650-7013
☐ N8JC	C750	750-0154	☐ N10YJ	125-800	258099	☐ N15LV	C525 CJ	525-0191
☐ N8JQ	C750	750-0020	☐ N11A	Challenger 604	5354	☐ N15PG	C525B CJ3	0140
☐ N8JR	Learjet 60	60-084	☐ N11AM	Learjet 60	60-118	☐ N15QB	125-900XP	HA-0101
☐ N8LE	Diamond	042SA	☐ N11BV	Falcon 2000	21	☐ N15RL	C750	750-0165
☐ N8LT	Falcon 10	173	☐ N11HD	Falcon 7X	62	☐ N15SD	Global Express	9272
☐ N8MC	Gulf IV	1129	☐ N11LB	C525B CJ3	0019	☐ N15SK	C560 Ultra	560-0395
☐ N8MF	Galaxy G200	6	☐ N11LN	Westwind	261	☐ N15SL	C560 Ultra	560-0272
☐ N8SP	Challenger 604	5518	☐ N11LX	Sabre 60	306-75	☐ N15TF	C560XL	560-5255
☐ N8TG	Learjet 31A	190	☐ N11MN	C500	500-0266	☐ N15TT	C750	750-0127
☐ N8VB	Global Express	9021	☐ N11TM	C500	501-0060	☐ N15UB	Learjet 40XR	45-2072
☐ N8VF	Falcon 900B	12	☐ N11TS	Learjet 60	60-151	☐ N15UC	Gulf GV	589
☐ N8YM	Be200	RJ-4	☐ N11UB	Be400A	RK-212	☐ N15WH	Learjet 35A	85
☐ N9BX	G450	4145	☐ N11UD	C525B CJ3	0285	☐ N15XM	C550	550-0308
☐ N9CH	Premier 1A	RB-244	☐ N11UF	Learjet 35A	237	☐ N15Y	Gulf IVSP	1318
☐ N9CN	C560 Encore	560-0602	☐ N11UL	125-800XP	258498	☐ N15YD	C525A CJ2+	0336
☐ N9CR	C550	551-0500	☐ N11WF	Be400A	RK-236	☐ N15ZA	Gulf 3	329
☐ N9CU	Learjet 60	60-075	☐ N11WM	Falcon 900EX	58	☐ N15ZZ	C525B CJ3	0221
☐ N9DC	C550	550-0031	☐ N12CQ	C560	560-0231	☐ N16DK	Premier 1	RB-19
☐ N9FE	Learjet 45XR	45-240	☐ N12CV	C500	501-0081	☐ N16FN	Learjet 36A	27
☐ N9GU	Jetstar 731	5519	☐ N12EP	Falcon 10	175	☐ N16FX	Falcon 900DX	621
☐ N9GY	Cessna S550	0159	☐ N12F	125-800	258182	☐ N16GH	125-800	258065
☐ N9LV	Premier 1	RB-132	☐ N12FN	Learjet 36	16	☐ N16GS	C680	680-0096
☐ N9NG	C750	750-0213	☐ N12GP	Gulf2	63	☐ N16HD	Be400A	RK-16

Reg	Type	Serial	Reg	Type	Serial	Reg	Type	Serial
☐ N16HL	C500	501-0059	☐ N19DU	125-800XP	258448	☐ N22G	Learjet 60	60-022
☐ N16KB	Challenger 601	5066	☐ N19ER	C550	550-0048	☐ N22GA	125-800XP2	258327
☐ N16KK	Learjet 25B	174	☐ N19GE	Learjet 25D	322	☐ N22GM	Learjet 40	45-2038
☐ N16LJ	Learjet 55	126	☐ N19H	Gulf 3	416	☐ N22GR	C550 Bravo	550-0892
☐ N16MF	Be400	RJ-65	☐ N19HU	C560	560-0135	☐ N22HS	Falcon 200	507
☐ N16NK	Gulf GV	585	☐ N19KT	C525A CJ2+	0413	☐ N22LC	Falcon 900EX	136
☐ N16NL	C500	501-0043	☐ N19LJ	Learjet 24D	233	☐ N22LX	C525A CJ2	0109
☐ N16PC	Learjet 45XR	45-319	☐ N19MK	C680	680-0052	☐ N22MS	Learjet 35A	209
☐ N16PL	C550	550-0265	☐ N19QC	C650 VI	650-0238	☐ N22NB	Sabre 75A	380-56
☐ N16RP	Cessna S550	0047	☐ N19R	Diamond	043SA	☐ N22NF	125-800SP	258145
☐ N16RW	Challenger 600S	1013	☐ N19RP	Learjet 35A	363	☐ N22NG	C750	750-0204
☐ N16SM	125-900XP	HA-0040	☐ N19SV	C650 VII	650-7002	☐ N22PC	C550	550-0583
☐ N16SU	C650 III	650-0025	☐ N19VF	Falcon 900B	29	☐ N22RD	Westwind	203
☐ N16TS	C550	551-0077	☐ N19ZA	Cessna S550	0094	☐ N22RG	C750	750-0031
☐ N16VG	C500	501-0157	☐ N20AU	C525B CJ3	0304	☐ N22SF	Challenger 604	5589
☐ N16YD	Challenger 604	5367	☐ N20CC	C560 Ultra	560-0467	☐ N22SM	125-800XP	258655
☐ N17A	Learjet 36A	46	☐ N20CF	Falcon 10	106	☐ N22ST	G150	251
☐ N17AE	Eclipse 500	17	☐ N20CL	Falcon 200	497	☐ N22T	Falcon 900B	119
☐ N17AH	Learjet 25D	316	☐ N20CR	Learjet 55	97	☐ N22UL	Cessna S550	0039
☐ N17AN	C560XL	560-5030	☐ N20CZ	C500	501-0262	☐ N22VK	Premier 1A	RB-140
☐ N17AZ	Learjet 35A	80	☐ N20DA	MS760 Paris	102	☐ N22VS	125-900XP	HA-0047
☐ N17CJ	Premier 1A	RB-171	☐ N20FE	Learjet 45XR	45-366	☐ N23A	Learjet 35A	233
☐ N17CN	C525B CJ3	0128	☐ N20FJ	Falcon 20C	119	☐ N23AJ	C550 Bravo	550-1128
☐ N17CX	C750	750-0267	☐ N20FM	125-600	256058	☐ N23BV	C525B CJ3	0260
☐ N17DD	125-800	258161	☐ N20G	Challenger 601	5136	☐ N23CJ	125	25152
☐ N17DM	C550	550-0417	☐ N20GP	C525A CJ2	0131	☐ N23FK	Eclipse 500	166
☐ N17FX	Falcon 900EX	29	☐ N20H	Gulf2 SP	51	☐ N23FM	Falcon 50 EX	296
☐ N17GX	Global Express	9045	☐ N20HF	Falcon 20-5	191	☐ N23HD	Premier 1A	RB-272
☐ N17HA	C500	501-0072	☐ N20KS	Eclipse 500	244	☐ N23LM	C560XL	560-5062
☐ N17JK	Gulf IVSP	1235	☐ N20LW	Falcon 10	48	☐ N23M	Gulf GV	579
☐ N17KD	C500	500-0337	☐ N20NL	Premier 1	RB-106	☐ N23NG	C560XL	560-5133
☐ N17KJ	Gulf2 SP	200	☐ N20NW	Learjet 25B	96	☐ N23PJ	Eclipse 500	65
☐ N17KW	Gulf2	28	☐ N20NY	Falcon 20C	61	☐ N23RZ	Learjet 25B	164
☐ N17LJ	Learjet 36	17	☐ N20PA	Diamond	089SA	☐ N23SB	Challenger 601	5074
☐ N17LK	Gulf 3	431	☐ N20RM	C500	501-0025	☐ N23SP	Premier 1	RB-124
☐ N17ND	Gulf GV	518	☐ N20RZ	Learjet 25	24	☐ N23SR	Learjet 60	60-229
☐ N17PL	C560 Ultra	560-0412	☐ N20SM	C560 Ultra	560-0353	☐ N23TJ	Falcon 10	89
☐ N17RP	C510	510-0133	☐ N20TA	Learjet 23	62	☐ N23VA	Eclipse 500	242
☐ N17TE	Challenger 605	5724	☐ N20UA	Falcon 20-5	91	☐ N23VK	C500	501-0175
☐ N17TJ	Falcon 10	43	☐ N20VL	C525 CJ	525-0069	☐ N23VP	Falcon 10	91
☐ N17UC	Challenger 300	20011	☐ N20WN	Falcon 20F	370	☐ N23WA	Premier 1	RB-18
☐ N17UF	Learjet 35A	258	☐ N20XP	Learjet 31A	197	☐ N23YC	C550 Bravo	550-0923
☐ N17VB	C525 CJ	525-0206	☐ N20YL	Astra	76	☐ N23YZ	C560 Encore	560-0638
☐ N18AN	Gulf IVSP	1228	☐ N20ZC	Be400A	RK-86	☐ N24AJ	C500	500-0221
☐ N18BA	125-700	257167	☐ N21AC	Learjet 60	60-070	☐ N24BC	C525 CJ1+	525-0651
☐ N18BH	Jetstar 731	5099	☐ N21AX	Learjet 45XR	45-371	☐ N24E	C550	550-0651
☐ N18BM	Eclipse 500	220	☐ N21CV	C560 Ultra	560-0340	☐ N24EP	C560XL	560-5213
☐ N18CC	125-700	257030	☐ N21DX	Westwind	269	☐ N24ET	Learjet 24	148
☐ N18CG	Falcon 900EX	228	☐ N21EK	Eclipse 500	133	☐ N24FW	Learjet 24E	329
☐ N18CJ	G450	4141	☐ N21EL	125-800XP	258396	☐ N24G	Learjet 60	60-018
☐ N18DF	Falcon 900EX	158	☐ N21FM	Premier 1A	RB-273	☐ N24GF	C560 Encore	560-0639
☐ N18FM	C500	500-0014	☐ N21FN	Learjet 25	62	☐ N24HX	C560	560-0165
☐ N18FX	Falcon 900B	152	☐ N21HR	Westwind	335	☐ N24JD	C560	560-0140
☐ N18GA	C525B CJ3	0302	☐ N21LG	C560	560-0197	☐ N24JG	125-800	258170
☐ N18GB	C650 VII	650-7048	☐ N21LL	C650 III	650-0016	☐ N24JZ	Learjet 24B	213
☐ N18HC	C500	501-0223	☐ N21NR	C680	680-0237	☐ N24KL	Westwind	237
☐ N18HJ	C550	550-0587	☐ N21NW	Learjet 25D	351	☐ N24KT	C650 VII	650-7052
☐ N18HN	Falcon 20-5	257	☐ N21RA	C525A CJ2	0092	☐ N24LG	Learjet 24A	11
☐ N18MV	Falcon 2000	24	☐ N21SF	Westwind	214	☐ N24NG	C560XL	560-5124
☐ N18MX	Falcon 10	117	☐ N21SL	C550 Bravo	550-0877	☐ N24PH	C560XLS	560-5571
☐ N18MZ	Falcon 900	32	☐ N21VC	C525 CJ	525-0106	☐ N24PR	Astra	26
☐ N18NA	C550	550-0580	☐ N21XP	Premier 1	RB-9	☐ N24QT	C560 Encore +	560-0762
☐ N18QA	C525 CJ	525-0216	☐ N21YP	Eclipse 500	174	☐ N24S	Learjet 24D	297
☐ N18RF	Premier 1	RB-127	☐ N22	Gulf GV	501	☐ N24SA	Learjet 24	117
☐ N18SK	Falcon 10	34	☐ N22AF	C560	560-0129	☐ N24SM	125-800XP	258567
☐ N18TF	C525A CJ2	0014	☐ N22AX	Learjet 45	45-101	☐ N24TH	G450	4071
☐ N18TM	Global Express	9090	☐ N22CS	Sabre 65	465-24	☐ N24TK	Learjet 24D	268
☐ N18WF	Global 5000	9215	☐ N22EL	C500	501-0045	☐ N24UD	C560XL	560-5147
☐ N18ZL	Gulf 3	434	☐ N22EM	C510	510-0047	☐ N24WX	Learjet 24	101
☐ N19CP	C550	551-0004	☐ N22FM	C550	550-0461	☐ N24XP	Be400XP	RK-424
☐ N19DD	C750	750-0095	☐ N22FW	Falcon 20-5	485	☐ N24YP	Premier 1	RB-95

Reg	Type	Serial	Reg	Type	Serial	Reg	Type	Serial
☐ N24YS	Gulf2B	16	☐ N27TB	Cessna S550	0082	☐ N30XC	Challenger 300	20228
☐ N24ZD	Astra	73	☐ N27TT	Learjet 35A	122	☐ N30XL	Be400A	RK-5
☐ N25AM	Learjet 25D	321	☐ N27TZ	Westwind	213	☐ N31AA	Learjet 25	41
☐ N25AZ	B727-030	18370	☐ N27UB	C525B CJ3	0225	☐ N31CJ	C525 CJ1	525-0474
☐ N25BB	125-800	258189	☐ N27UM	125	25249	☐ N31D	Falcon 900C	191
☐ N25CU	Be400XP	RK-361	☐ N27VP	C750	750-0027	☐ N31DP	Learjet 35	62
☐ N25CY	Learjet 25D	272	☐ N27WP	Phenom 100	00058	☐ N31FF	Learjet 31A	53
☐ N25DY	Cessna S550	0076	☐ N27WW	C500	501-0264	☐ N31GA	C550	550-0221
☐ N25FJ	Falcon 2000	25	☐ N27X	Challenger 604	5319	☐ N31GQ	Learjet 31A	147
☐ N25FM	Learjet 25	63	☐ N27XP	Be400A	RK-266	☐ N31HD	C525 CJ	525-0261
☐ N25FS	C550 Bravo	550-0823	☐ N27YA	G450	4153	☐ N31HK	Learjet 35	16
☐ N25GJ	Gulf2 SP	97	☐ N27ZH	Learjet 60	60-187	☐ N31JB	C550 Bravo	550-1041
☐ N25GZ	Cessna S550	0011	☐ N28AR	C500	500-0044	☐ N31KH	Learjet 31A	173
☐ N25HF	Learjet 25D	367	☐ N28CK	C525 CJ	525-0210	☐ N31LJ	Learjet 31A	97
☐ N25LZ	C525A CJ2	0177	☐ N28DM	C525B CJ3	0142	☐ N31LW	C500	500-0083
☐ N25MB	C500	501-0078	☐ N28FM	Diamond	026SA	☐ N31MJ	Learjet 31A	185
☐ N25MC	Premier 1	RB-49	☐ N28GA	C525B CJ3	0293	☐ N31MW	Learjet 31A	171
☐ N25MD	Learjet 25	54	☐ N28GP	125-800XP	258489	☐ N31NS	C560 Ultra	560-0286
☐ N25MT	Learjet 25C	129	☐ N28KA	Challenger 601	5174	☐ N31PV	Learjet 31A	130
☐ N25NB	Learjet 25D	326	☐ N28MH	C525B CJ3	0110	☐ N31TK	Learjet 31A	59
☐ N25NY	Learjet 25D	304	☐ N28MJ	Learjet 35A	224	☐ N31UJ	Learjet 31A	116
☐ N25PJ	Learjet 25B	111	☐ N28NP	Astra	118	☐ N31V	Learjet 45	45-015
☐ N25PW	Learjet 25D	342	☐ N28PT	C525 CJ	525-0017	☐ N31WR	Learjet 35A	313
☐ N25QT	C560 Encore	560-0613	☐ N28QA	C525 CJ	525-0215	☐ N31WS	Learjet 35	27
☐ N25RE	Learjet 25D	227	☐ N28R	Falcon 2000	7	☐ N32AA	Learjet 45XR	45-399
☐ N25SB	Challenger 601	5115	☐ N28SP	C550 Bravo	550-1125	☐ N32BC	125-800XP	258321
☐ N25SJ	Falcon 50	186	☐ N28TS	125-600	256009	☐ N32BD	Gulf GV	548
☐ N25ST	Falcon 100	198	☐ N28TX	C650 VII	650-7007	☐ N32DD	Learjet 24E	331
☐ N25UJ	Learjet 25D	215	☐ N28VL	Falcon 900EX	213	☐ N32FJ	C650 VII	650-7032
☐ N25V	Challenger 600S	1015	☐ N28WE	C680	680-0238	☐ N32FM	C510	510-0212
☐ N25VC	Sabre 65	465-15	☐ N28WL	C500	500-0077	☐ N32GM	125	25198
☐ N25W	125-800XP	258626	☐ N28ZF	125-800	258195	☐ N32HH	Learjet 31A	201
☐ N25WJ	Learjet 25B	105	☐ N29B	125-800XP	258518	☐ N32HP	Diamond	074SA
☐ N25XP	Be400A	RK-247	☐ N29CL	Westwind	404	☐ N32KB	125	25280
☐ N25ZG	Challenger 604	5536	☐ N29ET	C525 CJ1+	525-0601	☐ N32KC	Phenom 100	00063
☐ N26AT	Learjet 25B	130	☐ N29GP	125-800XP	258344	☐ N32KJ	Learjet 55	93
☐ N26CB	C550 Bravo	550-1001	☐ N29KD	Learjet 31A	139	☐ N32KM	C560XLS	560-5715
☐ N26CV	C550 Bravo	550-0861	☐ N29LJ	Learjet 60	60-240	☐ N32MJ	Gulf 3	460
☐ N26DK	Premier 1A	RB-226	☐ N29MR	Eclipse 500	249	☐ N32NG	C750	750-0039
☐ N26FN	Learjet 36	11	☐ N29NW	Learjet 55	29	☐ N32PA	Learjet 36A	25
☐ N26GP	Learjet 35A	157	☐ N29QC	C560 Encore	560-0675	☐ N32PE	Learjet 35A	327
☐ N26HG	C550	551-0614	☐ N29RE	Learjet 40XR	45-2069	☐ N32SG	Premier 1	RB-90
☐ N26HH	C550	550-0316	☐ N29SM	Learjet 45	45-214	☐ N32SM	C550	550-0478
☐ N26ME	125-700	257165	☐ N29SN	Learjet 31A	194	☐ N32TK	C550	551-0345
☐ N26MJ	C750	750-0139	☐ N29WE	C680	680-0042	☐ N32TM	Galaxy G200	23
☐ N26PA	Be400A	RK-256	☐ N30AD	C525A CJ2	0165	☐ N32TX	Cessna S550	0026
☐ N26QB	C525 CJ	525-0117	☐ N30AF	C650 III	650-0049	☐ N33BC	125-800XP	258292
☐ N26QL	C560 Ultra	560-0498	☐ N30AV	C550	550-0026	☐ N33BV	Falcon 10	33
☐ N26QT	Learjet 45XR	45-402	☐ N30FT	Falcon 50 EX	271	☐ N33D	Falcon 2000	224
☐ N26RL	C525 CJ	525-0207	☐ N30GF	Westwind	401	☐ N33DT	C525 CJ	525-0080
☐ N26SC	125-700	257117	☐ N30GJ	Learjet 60	60-204	☐ N33EK	C550	550-0281
☐ N26SH	Phenom 100	00009	☐ N30GR	C550	550-0656	☐ N33EM	Premier 1A	RB-268
☐ N26T	C550 Bravo	550-1075	☐ N30GZ	SJ30	10	☐ N33EQ	Falcon 50 EX	326
☐ N26TN	Westwind	418	☐ N30HD	C525A CJ2	0062	☐ N33FW	C525 CJ	525-0203
☐ N26TZ	Westwind	293	☐ N30JD	C550	550-0205	☐ N33JW	Sabre 60	306-92
☐ N26WJ	Falcon 50	181	☐ N30LB	Falcon 900EX	8	☐ N33L	C650 VII	650-7118
☐ N26WP	Falcon 50 EX	312	☐ N30LF	Falcon 2000DX	602	☐ N33LC	Falcon 900EX	206
☐ N26XP	Be400A	RK-280	☐ N30LJ	Learjet 25D	209	☐ N33LX	C560XLS+	560-6010
☐ N27AJ	Falcon 10	31	☐ N30LX	Gulf 3	438	☐ N33M	Gulf GV	594
☐ N27AX	Learjet 35A	662	☐ N30MP	B727-021	18998	☐ N33NJ	Learjet 35A	305
☐ N27BH	125-700	257206	☐ N30MR	Westwind	225	☐ N33NL	125-800XP	258643
☐ N27BJ	Learjet 24B	227	☐ N30NF	C510	510-0254	☐ N33NP	C510	510-0037
☐ N27BL	Learjet 35A	163	☐ N30PA	Learjet 35A	245	☐ N33PJ	Premier 1A	RB-179
☐ N27CD	Gulf IV	1136	☐ N30PC	Learjet 45XR	45-235	☐ N33PT	Learjet 25D	240
☐ N27CJ	C525 CJ	525-0311	☐ N30PR	Gulf2	35	☐ N33RL	C650 VII	650-7106
☐ N27EW	C525B CJ3	0308	☐ N30RL	C550	550-0653	☐ N33RZ	Sabre 75A	380-47
☐ N27FL	125-800XP	258426	☐ N30SJ	SJ30	6	☐ N33SW	C525 CJ1	525-0387
☐ N27JJ	Be400A	RK-59	☐ N30TK	Westwind	374	☐ N33TR	Sabre 65	465-47
☐ N27L	C500	500-0038	☐ N30TL	Learjet 45	45-081	☐ N33TS	C560 Encore	560-0549
☐ N27R	Falcon 2000	5	☐ N30VP	125-900XP	HA-0093	☐ N33TW	Westwind	316
☐ N27SL	Gulf2	84	☐ N30WR	Gulf 3	380	☐ N33VC	125-800XP2	258310

Reg	Type	Serial	Reg	Type	Serial	Reg	Type	Serial
☐ N33WW	C500	501-0065	☐ N38CP	Learjet 60	60-108	☐ N41HV	Horizon	RC-41
☐ N33XE	Gulf GV	506	☐ N38DA	Eclipse 500	83	☐ N41LF	C525 CJ1	525-0501
☐ N34DZ	C525 CJ1+	525-0640	☐ N38DD	C550	550-0340	☐ N41MH	Falcon 20C	14
☐ N34FS	Westwind	417	☐ N38KW	C560XLS	560-5716	☐ N41ND	C525B CJ3	0134
☐ N34GG	125-700	257034	☐ N38M	C525B CJ3	0253	☐ N41NK	Learjet 25D	238
☐ N34GN	Premier 1	RB-58	☐ N38MG	Learjet 31	9	☐ N41NW	Learjet 35	41
☐ N34TC	C525 CJ	525-0083	☐ N38MR	C550	550-0650	☐ N41NY	MS760 Paris	41
☐ N34TJ	Falcon 10	41	☐ N38NA	C550	550-0729	☐ N41PC	Learjet 45XR	45-387
☐ N34TN	Learjet 25D	249	☐ N38NS	C560 Ultra	560-0411	☐ N41PG	C525 CJ	525-0175
☐ N34U	Global Express	9070	☐ N38PS	Learjet 35A	206	☐ N41PQ	Learjet 45	45-190
☐ N34VP	C750	750-0034	☐ N38SA	C500	500-0297	☐ N41RG	Sabre 60	306-119
☐ N34WP	C560XL	560-5232	☐ N38SC	C525 CJ	525-0330	☐ N41SM	C550	550-0231
☐ N34WR	Jetstar II	5207	☐ N38SK	Learjet 31A	50	☐ N41TF	Learjet 45	45-175
☐ N35AJ	Learjet 35	10	☐ N38TT	C550	551-0311	☐ N41VP	C560 Encore	560-0626
☐ N35BG	Learjet 35A	402	☐ N38VP	Do328JET	3174	☐ N41WJ	C550	550-0237
☐ N35BP	Galaxy G200	16	☐ N38WP	Falcon 50 EX	292	☐ N41YP	C525 CJ	525-0122
☐ N35CC	125-800XP2	258294	☐ N39CB	Sabre 60	306-116	☐ N42AA	C525 CJ	525-0275
☐ N35CD	Gulf GV	603	☐ N39CD	Challenger 601	3030	☐ N42AJ	Be400A	RK-55
☐ N35CQ	Sabre 65	465-59	☐ N39CJ	C525 CJ	525-0039	☐ N42AS	125	25150
☐ N35CR	Westwind	176	☐ N39CK	Learjet 25	5	☐ N42CM	Westwind	189
☐ N35CY	Learjet 35A	473	☐ N39DK	Learjet 35A	480	☐ N42DC	Sabre 65	465-25
☐ N35D	Westwind	156	☐ N39EL	Learjet 24D	251	☐ N42EE	Challenger 601	5008
☐ N35DL	Learjet 25D	317	☐ N39FN	Learjet 35	6	☐ N42EH	Falcon 10	28
☐ N35ED	Learjet 35A	215	☐ N39FS	Sabre CT-39A	276-33	☐ N42EL	Premier 1A	RB-145
☐ N35ET	C550 Bravo	550-0879	☐ N39GG	C525B CJ3	0271	☐ N42FB	125-800XP	258467
☐ N35GC	Learjet 35A	266	☐ N39H	125-800XP	258695	☐ N42FL	Westwind	429
☐ N35GZ	Gulf 3	465	☐ N39HF	Be400A	RK-65	☐ N42G	Falcon 10	20
☐ N35HS	C650 VII	650-7072	☐ N39HH	C500	501-0132	☐ N42GJ	Challenger 300	20085
☐ N35JN	Learjet 35A	469	☐ N39HJ	Learjet 35A	337	☐ N42HN	Learjet 35A	507
☐ N35LH	Westwind	413	☐ N39NP	Falcon 900EX	39	☐ N42JP	Learjet 60XR	60-368
☐ N35NA	Learjet 35A	381	☐ N39PJ	Learjet 35A	128	☐ N42LG	Premier 1A	RB-259
☐ N35NK	Learjet 35A	491	☐ N39RC	C560XL	560-5041	☐ N42LQ	Premier 1A	RB-263
☐ N35RT	Learjet 35A	320	☐ N39RE	Challenger 601	5020	☐ N42MJ	C550	551-0007
☐ N35RZ	Falcon 900B	137	☐ N39RG	Sabre 40	282-82	☐ N42NA	Falcon 50	128
☐ N35SA	Learjet 35A	326	☐ N39TW	Learjet 31A	47	☐ N42ND	C560 Ultra	560-0400
☐ N35SE	C560XLS	560-5656	☐ N39WP	Falcon 50 EX	294	☐ N42NF	Westwind	334
☐ N35TJ	Learjet 35A	137	☐ N39ZZ	Global Express	9342	☐ N42PH	C550	550-0304
☐ N35TK	C525 CJ1+	525-0610	☐ N40AJ	C500	501-0275	☐ N42SC	Premier 1A	RB-212
☐ N35WB	Learjet 35A	350	☐ N40BD	Learjet 35A	140	☐ N42SK	Falcon 50 EX	290
☐ N35WP	125-600	256029	☐ N40CJ	C525 CJ1	525-0540	☐ N42ST	Falcon 2000	39
☐ N35WR	Learjet 35A	234	☐ N40DK	Learjet 55	92	☐ N42TS	125-700	257067
☐ N36BL	Learjet 31A	94	☐ N40EP	C550	551-0617	☐ N42US	Falcon 10	171
☐ N36DA	Gulf 3	450	☐ N40FC	C650 III	650-0143	☐ N42WJ	Falcon 20F	427
☐ N36EP	Falcon 2000	172	☐ N40GA	Diamond	040SA	☐ N42WZ	C510	510-0175
☐ N36FD	Eclipse 500	137	☐ N40GG	Westwind	229	☐ N43BD	Be400XP	RK-441
☐ N36GV	Gulf GV	674	☐ N40GS	125-800SP	258128	☐ N43BH	C525 CJ1+	525-0633
☐ N36HA	Challenger 604	5441	☐ N40GT	Sabre 40	282-126	☐ N43DR	Learjet 25D	353
☐ N36LG	Global Express	9225	☐ N40HT	C560	560-0030	☐ N43EC	Falcon 10	168
☐ N36PJ	Learjet 36A	47	☐ N40KJ	Gulf IV	1070	☐ N43FC	C650 VII	650-7087
☐ N36PN	Gulf2B	42	☐ N40LX	Learjet 40	45-001	☐ N43HF	C560XLS	560-5519
☐ N36PT	C550 Bravo	550-0966	☐ N40MF	C550 Bravo	550-0921	☐ N43LD	C560	560-0175
☐ N36RG	C525 CJ	525-0139	☐ N40NB	Learjet 40XR	45-2087	☐ N43MF	Learjet 35A	284
☐ N36RR	Gulf2B	4	☐ N40ND	Falcon 10	21	☐ N43MH	Astra	43
☐ N36RZ	Sabre 60	306-2	☐ N40NJ	Sabre 40	282-134	☐ N43NR	Learjet 60	60-043
☐ N36SF	Westwind	233	☐ N40PC	Learjet 45XR	45-259	☐ N43NW	C525 CJ1	525-0543
☐ N36TH	Falcon 2000EX	53	☐ N40PD	Learjet 40XR	45-2111	☐ N43PR	B737 BBJ1	28581
☐ N36UP	Learjet 31A	238	☐ N40PK	Learjet 35A	260	☐ N43R	Challenger 604	5334
☐ N37BE	Westwind	396	☐ N40SC	Be400A	RK-311	☐ N43RC	C560	560-0245
☐ N37BG	C525A CJ2	0123	☐ N40TH	Falcon 2000EX	7	☐ N43RJ	Astra	136
☐ N37BM	Learjet 31A	96	☐ N40VK	Horizon	RC-40	☐ N43RP	Westwind	332
☐ N37CB	Diamond	035SA	☐ N40XR	Learjet 40XR	45-2028	☐ N43SA	C550	550-0086
☐ N37ER	Falcon 50	47	☐ N40ZZ	Global Express	9357	☐ N43SF	Challenger 604	5594
☐ N37FA	Learjet 35A	91	☐ N41AU	Astra	41	☐ N43SP	C500	501-0243
☐ N37JL	G450	4162	☐ N41AV	Gulf2 SP	61	☐ N43TS	125	25186
☐ N37MH	C550	550-0153	☐ N41C	Westwind	398	☐ N43VS	Cessna S550	0069
☐ N37NY	B737-4Y0	23976	☐ N41DP	Challenger 300	20010	☐ N43WL	Sabre 40	282-15
☐ N37TA	Learjet 35	34	☐ N41EA	C525 CJ	525-0131	☐ N44AS	C550	550-0047
☐ N37WH	Gulf IVSP	1243	☐ N41GA	C550	550-0042	☐ N44CE	Gulf IV	1125
☐ N37WX	Falcon 50 EX	309	☐ N41GT	C500	501-0297	☐ N44CK	C525 CJ1	525-0401
☐ N37ZZ	Global Express	9299	☐ N41HF	125-800	258274	☐ N44DD	Sabre 60	306-146
☐ N38AE	Westwind	318	☐ N41HL	C500	500-0338	☐ N44EG	Falcon 900B	14

Reg	Type	Serial	Reg	Type	Serial	Reg	Type	Serial
☐ N44EL	Learjet 60	60-036	☐ N45TE	C560 Ultra	560-0405	☐ N49KR	Falcon 50	104
☐ N44EV	Learjet 36A	22	☐ N45TK	Learjet 45XR	45-338	☐ N49KW	C550 Bravo	550-1021
☐ N44FG	C560 Ultra	560-0470	☐ N45TL	C500	501-0016	☐ N49LD	C560 Encore +	560-0803
☐ N44FJ	C525A CJ2	0178	☐ N45TP	C560 Encore	560-0668	☐ N49MN	Astra	19
☐ N44FM	C500	501-0156	☐ N45UG	Learjet 45	45-198	☐ N49MW	C510	510-0010
☐ N44FR	C550	550-0334	☐ N45VB	Learjet 45	45-043	☐ N49PL	Eclipse 500	255
☐ N44GT	C560	560-0252	☐ N45VG	Learjet 45XR	45-251	☐ N49RF	Gulf IVSP	1246
☐ N44GX	Global Express	9142	☐ N45VM	C550 Bravo	550-0918	☐ N49RJ	125-700	257007
☐ N44HH	125-800	258223	☐ N45VS	Learjet 45	45-170	☐ N49TH	C525 CJ	525-0342
☐ N44JC	Falcon 2000	164	☐ N45XP	Learjet 45XR	45-355	☐ N49U	C550	550-0082
☐ N44LC	Falcon 900EX	216	☐ N45XR	Learjet 45XR	45-381	☐ N49WA	Learjet 25B	142
☐ N44LG	Learjet 40XR	45-2125	☐ N46BE	C525A CJ2	0116	☐ N49WL	Learjet 35A	457
☐ N44LQ	C560 Ultra	560-0482	☐ N46E	Learjet 40	45-2010	☐ N50AE	125-800XP	258650
☐ N44LV	C560 Ultra	560-0397	☐ N46F	Challenger 604	5574	☐ N50AK	Learjet 35A	172
☐ N44M	C680	680-0083	☐ N46GA	C560	560-0061	☐ N50AM	C500	500-0041
☐ N44MK	C500	501-0272	☐ N46HA	Falcon 2000	91	☐ N50BH	Gulf 3	359
☐ N44MM	Diamond	080SA	☐ N46MF	Learjet 35A	377	☐ N50BL	Falcon 50	2
☐ N44MQ	C650 VII	650-7043	☐ N46MK	Falcon 100	206	☐ N50BV	Falcon 20F	365
☐ N44PR	Westwind	169	☐ N46MW	Learjet 40XR	45-2126	☐ N50CK	Learjet 25B	157
☐ N44QG	Learjet 45XR	45-361	☐ N46NT	C525A CJ2	0046	☐ N50CR	Sabre 50	287-1
☐ N44SF	Challenger 604	5601	☐ N46PJ	C550	551-0027	☐ N50DS	Global 5000	9140
☐ N44SH	C680	680-0023	☐ N46WC	125-1000	259028	☐ N50EE	G400	1500
☐ N44SW	C550	550-0733	☐ N46WY	G150	276	☐ N50EF	Diamond	081SA
☐ N44YS	Gulf2B	98	☐ N47	Global 5000	9160	☐ N50EJ	Eclipse 500	87
☐ N44ZF	Gulf IV	1029	☐ N47AN	C650 III	650-0054	☐ N50EL	C560	560-0036
☐ N45AC	Gulf IV	1036	☐ N47EG	Falcon 900EX	154	☐ N50FD	Westwind	381
☐ N45AE	Learjet 35A	422	☐ N47FH	C525 CJ	525-0047	☐ N50FF	Falcon 50	220
☐ N45AF	C500	501-0284	☐ N47HF	C560XL	560-5347	☐ N50FJ	Falcon 50	236
☐ N45AX	Learjet 45XR	45-377	☐ N47HW	125-800	258023	☐ N50FN	Learjet 35A	70
☐ N45BE	C550	550-0664	☐ N47LP	Falcon 20-5	457	☐ N50FX	Falcon 50	175
☐ N45BK	Learjet 25TF	36	☐ N47NM	C550 Bravo	550-1112	☐ N50GP	C560 Ultra	560-0477
☐ N45BZ	Learjet 45XR	45-290	☐ N47PW	C560	560-0186	☐ N50HA	G500	5067
☐ N45ED	Learjet 24	104	☐ N47SE	Sabre 65	465-34	☐ N50HC	Falcon 50	208
☐ N45EJ	Learjet 45	45-080	☐ N47SM	C550	550-0568	☐ N50HM	Falcon 50	153
☐ N45ET	Gulf IVSP	1405	☐ N47TL	C500	501-0200	☐ N50HT	Falcon 10	163
☐ N45FG	Learjet 36	10	☐ N47TR	Learjet 31A	136	☐ N50JP	C550	550-0143
☐ N45FJ	C525 CJ	525-0003	☐ N47VL	Sabre 40	282-48	☐ N50KC	Gulf GV	659
☐ N45GD	125-800	258142	☐ N48AL	125-800	258167	☐ N50KD	Falcon 50	145
☐ N45GP	Cessna S550	0110	☐ N48AM	125-800XP	258582	☐ N50KR	Falcon 50	58
☐ N45H	Astra	50	☐ N48BV	Cessna S550	0032	☐ N50LB	Falcon 900DX	608
☐ N45HC	Learjet 45	45-174	☐ N48CG	Falcon 900EX	212	☐ N50LK	Learjet 60	60-316
☐ N45HF	Learjet 45	45-121	☐ N48CT	Learjet 24D	274	☐ N50M	Westwind	327
☐ N45HG	Learjet 45XR	45-343	☐ N48DK	C550	551-0095	☐ N50MG	Falcon 50 EX	255
☐ N45HK	Learjet 45XR	45-349	☐ N48ES	Learjet 35A	87	☐ N50MJ	Learjet 35A	164
☐ N45JB	Falcon 200	505	☐ N48FB	Falcon 2000	11	☐ N50MW	Falcon 200	503
☐ N45JE	Global 5000	9222	☐ N48FN	Learjet 24D	238	☐ N50NF	C550	550-0636
☐ N45KB	C560	560-0191	☐ N48FW	C550 Bravo	550-0948	☐ N50NM	Falcon 50 EX	266
☐ N45KG	125-700	257189	☐ N48GL	Gulf IV	1052	☐ N50PM	Premier 1	RB-80
☐ N45KH	Learjet 45XR	45-313	☐ N48GR	Learjet 25	48	☐ N50PN	Premier 1	RB-11
☐ N45KR	Gulf 3	433	☐ N48GX	Galaxy G200	17	☐ N50QJ	125-800	258216
☐ N45KX	Learjet 45XR	45-233	☐ N48HF	C750	750-0220	☐ N50QN	C650 III	650-0197
☐ N45LJ	Learjet 45XR	45-392	☐ N48KH	C550	550-0295	☐ N50RW	Learjet 25B	135
☐ N45LR	Learjet 45	45-013	☐ N48KR	Falcon 50	127	☐ N50SF	Falcon 50	180
☐ N45ME	C550	550-0080	☐ N48L	Learjet 24A	107	☐ N50SJ	SJ30	5
☐ N45MH	C525A CJ2+	0344	☐ N48LB	125-700	257064	☐ N50SN	Falcon 50 EX	310
☐ N45ML	C550	550-0367	☐ N48MF	Be400A	RK-218	☐ N50TC	B737 BBJ1	29024
☐ N45MM	C500	501-0070	☐ N48NS	C550 Bravo	550-0939	☐ N50TG	Falcon 2000EX	49
☐ N45MR	Learjet 45XR	45-345	☐ N48PL	Be400A	RK-138	☐ N50TO	Astra	65
☐ N45MW	Learjet 45	45-115	☐ N48SD	Westwind	399	☐ N50UG	125-850XP	258749
☐ N45NB	Premier 1	RB-91	☐ N48SE	Be400A	RK-48	☐ N50US	C550	550-0181
☐ N45NC	Falcon 50 EX	302	☐ N48TC	Premier 1	RB-13	☐ N50VM	Premier 1A	RB-229
☐ N45NF	C560XLS	560-5563	☐ N48TE	Learjet 45XR	45-248	☐ N50XJ	Falcon 50	80
☐ N45NM	Learjet 45XR	45-253	☐ N48VE	C750	750-0248	☐ N50XY	Falcon 50	83
☐ N45NP	Learjet 45	45-204	☐ N48WA	Learjet 25B	136	☐ N50YP	Falcon 50 EX	344
☐ N45NS	C550 Bravo	550-0949	☐ N48WK	Falcon 2000	48	☐ N51B	Be400A	RK-261
☐ N45PH	Challenger 601	3004	☐ N48WS	Sabre 60	306-124	☐ N51C	C560	560-0084
☐ N45PK	C560XLS	560-5614	☐ N48Y	125-800	258009	☐ N51EB	Be400	RJ-28
☐ N45RC	C560	560-0071A	☐ N49CT	Westwind	314	☐ N51EF	C560 Ultra	560-0487
☐ N45RK	Be400A	RK-43	☐ N49FW	C750	750-0021	☐ N51EM	C650 III	650-0030
☐ N45SJ	Falcon 900	19	☐ N49GS	Learjet 24F	336	☐ N51FE	Falcon 50	121
☐ N45ST	G550	5196	☐ N49JN	Be400	RJ-3	☐ N51FK	C560 Ultra	560-0307

Reg	Type	Serial	Reg	Type	Serial	Reg	Type	Serial
☐ N51FL	Gulf GV	646	☐ N54JV	C500	500-0163	☐ N56PB	C500	501-0219
☐ N51FN	Learjet 35A	69	☐ N54KB	Gulf GV	627	☐ N56PT	Learjet 24D	276
☐ N51FT	C500	501-0317	☐ N54KJ	Eclipse 500	91	☐ N56TE	C560 Encore +	560-0755
☐ N51GS	C525 CJ	525-0317	☐ N54NG	C510	510-0210	☐ N56UH	G500	5158
☐ N51JJ	C525B CJ3	0068	☐ N54NW	Learjet 55	54	☐ N56WE	C500	501-0056
☐ N51JV	C650 III	650-0050	☐ N54PA	Learjet 36	4	☐ N57	Learjet 60	60-039
☐ N51LC	Learjet 35A	302	☐ N54PV	C510	510-0028	☐ N57AY	125-700	257156
☐ N51MF	G500	5100	☐ N54RM	C550	550-0562	☐ N57BE	Westwind	428
☐ N51MN	Falcon 2000	14	☐ N54SL	Global Express	9187	☐ N57BJ	Cessna S550	0052
☐ N51ND	C560 Ultra	560-0364	☐ N54TG	Gulf GV	523	☐ N57CJ	Cessna S550	0057
☐ N51SE	Global Express	9138	☐ N54VS	Challenger 601	5189	☐ N57EC	C525 CJ1	525-0460
☐ N51TV	Westwind	402	☐ N54XL	C560XLS+	560-6054	☐ N57EL	Falcon 2000EX	69
☐ N51V	Falcon 50	189	☐ N54YR	Falcon 50	158	☐ N57FC	C500	501-0229
☐ N51VL	Learjet 55	116	☐ N55	Learjet 60	60-013	☐ N57FL	C525A CJ2	0198
☐ N52AG	C525A CJ2	0075	☐ N55AL	G550	5229	☐ N57HA	Challenger 300	20115
☐ N52AL	Be400	RJ-38	☐ N55AR	Learjet 55	105	☐ N57HC	C525A CJ2	0098
☐ N52AW	Be400A	RK-115	☐ N55BA	125-800XP	258356	☐ N57HE	Gulf2	194
☐ N52CT	Learjet 55B	131	☐ N55BH	C650 III	650-0041	☐ N57HJ	Gulf IVSP	1261
☐ N52DC	Falcon 2000	116	☐ N55BX	Eclipse 500	29	☐ N57KW	C560XL	560-5214
☐ N52ET	C525B CJ3	0018	☐ N55CH	C560	560-0240	☐ N57LE	Global Express	9230
☐ N52FN	Learjet 35A	424	☐ N55CJ	C525 CJ	525-0298	☐ N57LL	C500	500-0025
☐ N52FT	Cessna S550	0056	☐ N55DG	Learjet 45	45-058	☐ N57MC	C550 Bravo	550-1053
☐ N52GA	125-700	257099	☐ N55EA	C560	560-0055	☐ N57MH	Challenger 601	3054
☐ N52JA	Falcon 10	59	☐ N55EP	Learjet 45XR	45-336	☐ N57MK	Falcon 50	197
☐ N52LT	C550	550-0355	☐ N55FG	Westwind	267	☐ N57MQ	Sabre 65	465-11
☐ N52MK	Gulf IVSP	1337	☐ N55FN	Learjet 35A	202	☐ N57MV	Learjet 55	113
☐ N52N	Falcon 100	197	☐ N55FT	C500	500-0009	☐ N57PT	Westwind	208
☐ N52PK	C525 CJ	525-0052	☐ N55G	125	25163	☐ N57SF	C550	551-0057
☐ N52PM	C500	500-0222	☐ N55GP	C525B CJ3	0113	☐ N57TP	C560XL	560-5261
☐ N52RF	C550	551-0001	☐ N55GV	Gulf GV	515	☐ N57TS	Learjet 31A	236
☐ N52SM	125-1000	259010	☐ N55HA	Challenger 300	20090	☐ N57TT	Do328JET	3205
☐ N52TL	C500	501-0053	☐ N55HF	Challenger 601	5183	☐ N57UH	G550	5163
☐ N52WC	C525B CJ3	0319	☐ N55HL	Jet Commander	95	☐ N57WP	C560XL	560-5317
☐ N52WF	C560 Ultra	560-0528	☐ N55KT	C525A CJ2	0065	☐ N58	Learjet 60	60-057
☐ N53DF	Challenger 604	5507	☐ N55LB	Challenger 604	5324	☐ N58AJ	Gulf 3	446
☐ N53FJ	Falcon 900EX	53	☐ N55LC	Falcon 7X	38	☐ N58BL	125-800	258236
☐ N53FL	Learjet 25	17	☐ N55NG	C560XLS	560-5671	☐ N58CG	Falcon 900EX	47
☐ N53FP	C550	550-0434	☐ N55NY	Learjet 55	20	☐ N58CW	Learjet 35A	116
☐ N53FT	C550	550-0276	☐ N55RF	125-800	258066	☐ N58EH	Eclipse 500	171
☐ N53G	Learjet 35A	274	☐ N55RG	Gulf2 SP	1	☐ N58EM	Learjet 35	46
☐ N53GH	125-700	257164	☐ N55RZ	125	25262	☐ N58FE	C560XL	560-5285
☐ N53GX	Global Express	9053	☐ N55SC	C650 VII	650-7060	☐ N58FN	Learjet 24B	184
☐ N53HJ	Learjet 55	37	☐ N55SK	C525 CJ	525-0063	☐ N58HA	Challenger 300	20146
☐ N53KV	C525 CJ	525-0030	☐ N55SQ	Be400A	RK-60	☐ N58HC	Learjet 25D	341
☐ N53LB	125-800XP2	258332	☐ N55TD	Gulf IV	1131	☐ N58HT	Sabre 65	465-70
☐ N53LM	Westwind	311	☐ N55TJ	Eclipse 500	208	☐ N58HX	C560XL	560-5099
☐ N53MS	Be400A	RK-64	☐ N55UJ	Learjet 55	90	☐ N58JF	Gulf2	65
☐ N53NA	Legacy	145770	☐ N55VC	Learjet 55B	130	☐ N58JN	C525 CJ1+	525-0607
☐ N53NW	C525B CJ3	0053	☐ N55VR	Learjet 31	033C	☐ N58JV	C525B CJ3	0270
☐ N53PE	C560 Ultra	560-0464	☐ N55VY	Learjet 31A	40	☐ N58LC	Challenger 300	20163
☐ N53PJ	MS760 Paris	53	☐ N55WL	C550	550-0140	☐ N58LQ	C560XL	560-5109
☐ N53RD	C500	500-0415	☐ N56	Learjet 60	60-033	☐ N58MM	Learjet 35A	261
☐ N53SF	C525B CJ3	0001	☐ N56BE	125-800XP	258527	☐ N58SR	Learjet 55	58
☐ N53WF	C560XL	560-5057	☐ N56BP	Westwind	268	☐ N58ST	Learjet 60	60-186
☐ N54	Learjet 60	60-009	☐ N56D	Gulf IVSP	1309	☐ N58TC	C500	500-0261
☐ N54AP	Learjet 31A	220	☐ N56EL	Falcon 2000EX	71	☐ N58WV	C550 Bravo	550-0896
☐ N54BP	C525 CJ	525-0002	☐ N56EM	Learjet 35A	144	☐ N58XL	C560XLS+	560-6058
☐ N54CF	C510	510-0253	☐ N56FE	C560XL	560-5250	☐ N59	Learjet 60	60-080
☐ N54CG	C525 CJ1	525-0439	☐ N56GA	C560	560-0259	☐ N59AL	Learjet 24D	236
☐ N54DC	Falcon 2000	117	☐ N56HX	C560XL	560-5063	☐ N59AP	Gulf IVSP	1476
☐ N54DD	C560	560-0089	☐ N56KP	C525 CJ1+	525-0629	☐ N59BR	125-800XP	258599
☐ N54FN	Learjet 25C	83	☐ N56L	Gulf IV	1213	☐ N59CF	G450	4097
☐ N54FT	C500	501-0100	☐ N56LF	Learjet 31A	56	☐ N59CJ	C525A CJ2	0059
☐ N54HA	Challenger 300	20076	☐ N56LN	Falcon 50	79	☐ N59DF	C560	560-0098
☐ N54HC	C525 CJ	525-0157	☐ N56LP	C560XL	560-5068	☐ N59DY	C550	551-0059
☐ N54HD	Be400A	RK-49	☐ N56LT	Falcon 50	21	☐ N59EC	C560XL	560-5123
☐ N54HG	Falcon 900EX	140	☐ N56LW	C500	501-0314	☐ N59FT	C650 III	650-0123
☐ N54HP	Be400A	RK-160	☐ N56MD	Learjet 25D	214	☐ N59GB	C550	551-0060
☐ N54HT	Learjet 31A	127	☐ N56MK	C500	501-0023	☐ N59HJ	Learjet 55	27
☐ N54J	Falcon 2000	141	☐ N56MM	Learjet 24F	332	☐ N59JN	C525A CJ2+	0407
☐ N54JC	Challenger 604	5347	☐ N56PA	Learjet 36A	23	☐ N59K	Sabre 60	306-82

Reg	Type	Serial	Reg	Type	Serial	Reg	Type	Serial
☐ N59KC	C560 Ultra	560-0363	☐ N62TL	C550	550-0462	☐ N65VM	C525B CJ3	0034
☐ N59KG	C560 Encore	560-0563	☐ N62WA	C560 Encore +	560-0758	☐ N65WH	Learjet 25B	86
☐ N59LW	C510	510-0213	☐ N62WD	C560 Ultra	560-0360	☐ N65WW	C500	501-0194
☐ N59MA	C500	501-0050	☐ N62XR	Learjet 60XR	60-362	☐ N65ZZ	Global Express	9361
☐ N59NH	C560	560-0139	☐ N62YC	Falcon 2000EX	119	☐ N66AM	C525 CJ	525-0160
☐ N59PT	Westwind	391	☐ N63AD	Eclipse 500	163	☐ N66BE	C525 CJ	525-0174
☐ N59PW	Phenom 100	00081	☐ N63AG	Legacy	14501061	☐ N66BK	C500	501-0254
☐ N59TF	C560 Ultra	560-0422	☐ N63AX	Learjet 55	63	☐ N66BX	Eclipse 500	154
☐ N59VM	C510	510-0181	☐ N63CR	C680	680-0122	☐ N66BD	Gulf IVSP	1355
☐ N59ZZ	Global 5000	9366	☐ N63EM	125	25272	☐ N66ES	C510	510-0110
☐ N60BC	Learjet 60	60-105	☐ N63FF	C560	560-0063	☐ N66FJ	Falcon 900EX	66
☐ N60BT	Westwind	432	☐ N63FT	C560XLS	560-5541	☐ N66GE	Sabre 65	465-28
☐ N60CP	C510	510-0064	☐ N63GA	Learjet 24D	241	☐ N66KK	Learjet 35A	95
☐ N60DK	Learjet 35A	505	☐ N63HA	Cessna S550	0119	☐ N66LE	C500	500-0170
☐ N60EF	Diamond	070SA	☐ N63HS	G550	5013	☐ N66LM	C560XL	560-5074
☐ N60EW	C500	501-0319	☐ N63JG	C560	560-0189	☐ N66MC	C550	550-0239
☐ N60FE	Learjet 60	60-003	☐ N63JT	Cessna S550	0156	☐ N66MT	C550 Bravo	550-0913
☐ N60FK	Falcon 2000EX	158	☐ N63LF	C525 CJ	525-0127	☐ N66NJ	Learjet 35A	296
☐ N60FT	C550	550-0470	☐ N63MU	Gulf IV	1152	☐ N66SG	Learjet 45	45-073
☐ N60GF	Learjet 60	60-077	☐ N63NW	C550 Bravo	550-1119	☐ N66U	C560 Ultra	560-0489
☐ N60GS	C510	510-0247	☐ N63TM	C680	680-0019	☐ N66VA	Westwind	375
☐ N60GT	MS760 Paris	8	☐ N63WR	Learjet 45XR	45-278	☐ N66ZC	Challenger 604	5411
☐ N60HD	125-800XP2	258334	☐ N63XG	Falcon 10	103	☐ N67BE	C500	501-0142
☐ N60HM	Learjet 60	60-067	☐ N63XP	Be400XP	RK-563	☐ N67BK	C550 Bravo	550-0997
☐ N60KJ	Learjet 60	60-005	☐ N64AH	Jet Commander	94	☐ N67CC	C525A CJ2	0225
☐ N60KM	C560 Ultra	560-0453	☐ N64BH	C500	501-0325	☐ N67DT	Westwind	364
☐ N60LW	C550 Bravo	550-1129	☐ N64CF	Learjet 35A	461	☐ N67EL	Falcon 900B	153
☐ N60MG	Learjet 60	60-042	☐ N64CP	Learjet 35A	264	☐ N67GH	C525A CJ2	0217
☐ N60MN	Learjet 60	60-100	☐ N64DH	Sabre 40	282-52	☐ N67GW	C560 Encore	560-0641
☐ N60ND	Learjet 55	88	☐ N64FT	C560	560-0142	☐ N67JB	C550 Bravo	550-0980
☐ N60PC	Learjet 45XR	45-351	☐ N64HH	Learjet 45	45-087	☐ N67JF	Falcon 50	73
☐ N60QB	C560	560-0087	☐ N64JP	Learjet 60	60-246	☐ N67KP	G150	249
☐ N60RL	Learjet 60	60-278	☐ N64LE	Challenger 601	5031	☐ N67LC	Falcon 10	49
☐ N60RU	Learjet 60	60-136	☐ N64LV	C560 Ultra	560-0345	☐ N67LP	Eclipse 500	236
☐ N60SB	Challenger 300	20019	☐ N64LX	C560XLS	560-5638	☐ N67NV	Eclipse 500	131
☐ N60SN	Learjet 60	60-267	☐ N64MA	Sabre 40	282-44	☐ N67PA	Learjet 35A	208
☐ N60SQ	Sabre 60	306-109	☐ N64MG	Learjet 60	60-224	☐ N67PC	C560XLS	560-5806
☐ N60SR	Learjet 60	60-023	☐ N64NB	Learjet 31A	65	☐ N67PV	C550 Bravo	550-1007
☐ N60TC	Falcon 2000	80	☐ N64PM	Premier 1A	RB-168	☐ N67PW	Falcon 50	248
☐ N60TL	Falcon 900	75	☐ N64RT	C500	501-0191	☐ N67RX	Global Express	9067
☐ N60WA	Learjet 55B	129	☐ N64SL	Learjet 60	60-029	☐ N67SF	C550	550-0243
☐ N60WL	Learjet 35A	382	☐ N64TF	C550	550-0064	☐ N67TJ	Westwind	299
☐ N60XR	Learjet 60XR	60-358	☐ N64UC	Challenger 604	5587	☐ N67TM	Gulf IVSP	1409
☐ N61CK	C650 III	650-0150	☐ N64VM	Be400	RJ-1	☐ N67TW	C560XL	560-5122
☐ N61DF	C680	680-0012	☐ N65A	Learjet 25B	134	☐ N67WB	Falcon 900EX	16
☐ N61DT	Eclipse 500	192	☐ N65AK	Sabre 65	465-35	☐ N67WG	Phenom 100	00105
☐ N61GB	Be400A	RK-341	☐ N65BK	C525 CJ1+	525-0657	☐ N68BP	Falcon 20C	155
☐ N61HT	C550	550-0157	☐ N65BT	Sabre 65	465-3	☐ N68CB	125-800XP	258453
☐ N61JE	Astra	112	☐ N65CC	Sabre 65	465-46	☐ N68ED	C650 VI	650-0239
☐ N61KM	C560	560-0255	☐ N65CE	125-800	258234	☐ N68ER	Phenom 100	00011
☐ N61KT	C680	680-0229	☐ N65CK	C525A CJ2+	0323	☐ N68EU	C680	680-0208
☐ N61MA	C550	550-0176	☐ N65DL	125-800	258224	☐ N68GW	C560XLS	560-5626
☐ N61SH	C525 CJ	525-0095	☐ N65DV	C550	550-0624	☐ N68HC	C560XLS+	560-6011
☐ N61SJ	Learjet 55	81	☐ N65EM	C525 CJ1+	525-0615	☐ N68HG	C560XL	560-5103
☐ N61TL	C560 Ultra	560-0461	☐ N65FF	Challenger 601	5122	☐ N68JV	Be400A	RK-296
☐ N61VC	Be400XP	RK-450	☐ N65HH	Sabre 65	465-1	☐ N68ML	Sabre 40	282-136
☐ N61WH	Gulf IV	1075	☐ N65HU	Learjet 60	60-228	☐ N68PC	Learjet 45XR	45-289
☐ N61YP	C525 CJ	525-0237	☐ N65JT	Jetstar II	5213	☐ N68PT	Westwind	325
☐ N62CR	C560	560-0188	☐ N65LR	Learjet 60XR	60-365	☐ N68QB	Learjet 35A	79
☐ N62DK	Learjet 25D	356	☐ N65MC	Sabre 65	465-36	☐ N68SL	C680	680-0264
☐ N62DM	Learjet 25B	82	☐ N65ML	Sabre 65	465-69	☐ N68TS	C550	550-0479
☐ N62GB	Galaxy G200	175	☐ N65PX	Challenger 605	5812	☐ N68UP	Falcon 20F	258
☐ N62GX	Galaxy G200	31	☐ N65PZ	C525A CJ2	0072	☐ N68VP	Learjet 31A	232
☐ N62HM	Falcon 50	243	☐ N65RA	Be400	RJ-9	☐ N69AY	C510	510-0115
☐ N62MB	Learjet 35A	282	☐ N65RL	C560	560-0179	☐ N69BH	Learjet 35A	276
☐ N62MS	G550	5017	☐ N65RZ	Learjet 35A	236	☐ N69EC	Falcon 200	498
☐ N62MW	Gulf 3	484	☐ N65SA	C500	500-0114	☐ N69FH	C525B CJ3	0042
☐ N62NW	Falcon 900B	157	☐ N65SR	Sabre 65	465-54	☐ N69GB	Falcon 10	24
☐ N62PG	Learjet 36A	31	☐ N65ST	C750	750-0211	☐ N69LJ	Learjet 60	60-027
☐ N62RC	Eclipse 500	43	☐ N65T	Sabre 65	465-43	☐ N69SB	Premier 1A	RB-242
☐ N62SH	C525B CJ3	0002	☐ N65TP	Learjet 40XR	45-2084	☐ N69VH	Learjet 55	62

Reg	Type	Serial	Reg	Type	Serial	Reg	Type	Serial
☐ N69WU	Sabre 65	465-51	☐ N72NP	Challenger 604	5385	☐ N75RJ	C550	550-0692
☐ N69X	MS760 Paris	90	☐ N72PS	Falcon 2000EX	116	☐ N75RL	Be400A	RK-312
☐ N69XW	C500	500-0142	☐ N72PX	Falcon 900	18	☐ N75RP	Gulf GV	528
☐ N69YM	Premier 1A	RB-255	☐ N72SG	C560XLS	560-5508	☐ N75SJ	C680	680-0166
☐ N70AE	Learjet 45	45-227	☐ N72SJ	Premier 1	RB-115	☐ N75TP	C560XLS	560-5768
☐ N70AG	Gulf GV	522	☐ N72VJ	C500	501-0149	☐ N75VC	Sabre 65	465-71
☐ N70AX	Learjet 35A	155	☐ N72WY	Challenger 604	5394	☐ N75WP	C560 Ultra	560-0449
☐ N70AY	Learjet 31A	188	☐ N73AH	C510	510-0226	☐ N75XL	C560XLS	560-5575
☐ N70BG	C500	501-0024	☐ N73CE	Learjet 23	68	☐ N75XP	Learjet 45	45-118
☐ N70CA	C500	500-0234	☐ N73CK	Learjet 35A	92	☐ N75ZZ	Global Express	9365
☐ N70CG	C500	501-0187	☐ N73CL	Westwind	365	☐ N76AM	Falcon 10	157
☐ N70CK	Falcon 20C	128	☐ N73DB	Phenom 100	00020	☐ N76AS	C550	550-0432
☐ N70CR	Challenger 300	20048	☐ N73DJ	Learjet 25D	273	☐ N76AX	Learjet 25D	254
☐ N70DE	Be400	RJ-56	☐ N73EM	C525B CJ3	0123	☐ N76BF	C510	510-0276
☐ N70EJ	Eclipse 500	194	☐ N73FJ	Falcon 2000	73	☐ N76CK	Learjet 25	20
☐ N70EW	Global Express	9026	☐ N73GH	Falcon 50 EX	261	☐ N76CS	125-800XP	258595
☐ N70FL	Falcon 7X	7	☐ N73GP	Learjet 55B	127	☐ N76EJ	Gulf IV	1033
☐ N70HL	Sabre 60	306-102	☐ N73HH	C550	550-0682	☐ N76EM	Phenom 100	00013
☐ N70KW	C525A CJ2	0135	☐ N73HM	C650 III	650-0169	☐ N76ER	Westwind	369
☐ N70LF	Falcon 900EX	9	☐ N73KH	C560	560-0220	☐ N76FC	125-850XP	258784
☐ N70LJ	Learjet 36A	44	☐ N73LR	Falcon 10	35	☐ N76FD	Falcon 900	41
☐ N70MG	C500	500-0063	☐ N73M	Gulf GV	547	☐ N76GP	C510	510-0203
☐ N70NB	C500	501-0209	☐ N73ME	C750	750-0155	☐ N76HL	Premier 1	RB-112
☐ N70NE	125-800	258107	☐ N73MP	C500	500-0164	☐ N76SF	Challenger 604	5603
☐ N70NF	C525B CJ3	0276	☐ N73MR	Falcon 20F	449	☐ N76TF	C560 Ultra	560-0431
☐ N70PC	Learjet 45	45-172	☐ N73PJ	Premier 1	RB-101	☐ N76UM	Learjet 25	51
☐ N70PL	Falcon 20-5	436	☐ N73RP	Gulf GV	529	☐ N76VE	C560XL	560-5077
☐ N70PS	Global Express	9012	☐ N73SK	C500	501-0679	☐ N76WR	C560 Ultra	560-0459
☐ N70QB	125-700	257125	☐ N73ST	C550	551-0022	☐ N76ZZ	Global Express	9266
☐ N70SK	Learjet 25	49	☐ N73TJ	Sabre 65	465-12	☐ N77BT	Gulf 3	429
☐ N70SW	C500	500-0236	☐ N73UC	C650 VII	650-7049	☐ N77C	Jetstar II	5232
☐ N70TS	C500	500-0281	☐ N73UP	125-800XP	258473	☐ N77CP	Gulf GV	565
☐ N70TT	Galaxy G200	45	☐ N73ZZ	Global Express	9251	☐ N77CS	125-800XP	258620
☐ N70X	Challenger 600S	1032	☐ N74A	Gulf2B	36	☐ N77D	Gulf IVSP	1340
☐ N70XL	C560XLS	560-5566	☐ N74BJ	Sabre 65	465-44	☐ N77DB	C525 CJ1	525-0443
☐ N71AL	Learjet 31A	39	☐ N74FH	C500	501-0138	☐ N77FD	C500	501-0250
☐ N71BD	Gulf IVSP	1415	☐ N74FS	Falcon 900	85	☐ N77FK	Gulf IVSP	1357
☐ N71CC	Sabre 60	306-71	☐ N74GG	Gulf IVSP	1331	☐ N77HF	C650 VII	650-7036
☐ N71CK	Learjet 36A	35	☐ N74GR	Challenger 601	3001	☐ N77HN	Learjet 40XR	45-2070
☐ N71FB	Learjet 31A	205	☐ N74GW	125-800XP2	258706	☐ N77JW	Falcon 10	6
☐ N71FE	Falcon 2000EX	13	☐ N74GZ	Cessna S550	0074	☐ N77LA	125-800	258029
☐ N71FS	Astra	71	☐ N74HH	Gulf2 SP	74	☐ N77LX	C650 VII	650-7051
☐ N71GH	Diamond	071SA	☐ N74HR	C500	501-0677	☐ N77M	C525B CJ3	0100
☐ N71GK	Falcon 900B	107	☐ N74JA	Challenger 600	1060	☐ N77NJ	Learjet 35A	658
☐ N71KV	Premier 1	RB-71	☐ N74LL	C500	500-0212	☐ N77NR	Learjet 40XR	45-2109
☐ N71L	C500	501-0242	☐ N74NP	125-800XP	258631	☐ N77PR	C550	550-0211
☐ N71LP	C500	501-0120	☐ N74PT	Learjet 45XR	45-314	☐ N77PY	Learjet 31A	89
☐ N71M	Falcon 10	88	☐ N74RP	G550	5058	☐ N77SF	Falcon 10	141
☐ N71MT	Eclipse 500	69	☐ N74RT	Gulf2B	219	☐ N77TC	125-900XP	HA-0007
☐ N71NF	Learjet 40XR	45-2058	☐ N74SG	Learjet 45	45-016	☐ N77UF	Global Express	9284
☐ N71NP	Challenger 604	5504	☐ N74TS	Falcon 50	106	☐ N77UW	C560XL	560-5005
☐ N71PG	Learjet 36	13	☐ N74VC	Sabre 65	465-17	☐ N77VR	C525A CJ2	0240
☐ N71TV	Gulf IVSP	1430	☐ N74VF	C750	750-0057	☐ N77VZ	C525 CJ	525-0344
☐ N71WJ	Gulf2 SP	248	☐ N74ZC	Challenger 300	20018	☐ N77WL	Gulf IV	1140
☐ N72AX	Learjet 35A	419	☐ N75B	C560	560-0156	☐ N78AP	C650 III	650-0056
☐ N72BD	Gulf IVSP	1420	☐ N75BC	Westwind	426	☐ N78CK	C550	550-0319
☐ N72BP	Gulf2 TT	238	☐ N75CC	Gulf IV	1182	☐ N78FJ	Falcon 2000	78
☐ N72CE	Learjet 60	60-285	☐ N75CK	Learjet 25D	256	☐ N78GJ	Westwind	310
☐ N72CK	Learjet 35A	165	☐ N75CT	Learjet 60	60-299	☐ N78KN	Horizon	RC-31
☐ N72DA	Learjet 35A	98	☐ N75EA	Eclipse 500	116	☐ N78LF	Falcon 50	77
☐ N72EL	Astra	18	☐ N75ES	C510	510-0024	☐ N78LT	Falcon 50	75
☐ N72EP	C650 III	650-0058	☐ N75FC	C525 CJ1	525-0455	☐ N78MC	Learjet 35A	117
☐ N72FC	125-800XP	258519	☐ N75FJ	Falcon 50 EX	275	☐ N78MD	C550 Bravo	550-0970
☐ N72FD	C750	750-0072	☐ N75GA	125-600	256070	☐ N78NT	Falcon 2000	121
☐ N72GD	Premier 1A	RB-163	☐ N75HL	Sabre 65	465-16	☐ N78PR	Learjet 31A	90
☐ N72GH	Be400XP	RK-370	☐ N75HS	C750	750-0037	☐ N78PT	Westwind	304
☐ N72GW	Jetstar II	5205	☐ N75HU	C560XL	560-5119	☐ N78SD	Challenger 604	5469
☐ N72HG	Be400	RJ-11	☐ N75JK	C525B CJ3	0240	☐ N78SL	C750	750-0238
☐ N72JF	Learjet 35A	88	☐ N75LJ	Learjet 55	65	☐ N78TC	Challenger 300	20070
☐ N72JW	C525 CJ1	525-0406	☐ N75MC	Cessna S550	0109	☐ N78ZZ	Global Express	9267
☐ N72LN	G450	4144	☐ N75NE	Learjet 24E	351	☐ N79AD	Global Express	9058

Tail	Type	Serial	Tail	Type	Serial	Tail	Type	Serial
☐ N79BK	C500	501-0111	☐ N82DU	Phenom 100	00008	☐ N85M	Falcon 2000EX	73
☐ N79CB	Premier 1A	RB-264	☐ N82GG	Learjet 36A	40	☐ N85MG	125-800SP	258035
☐ N79EH	125-700	257047	☐ N82GM	C650 VII	650-7064	☐ N85MS	C650 III	650-0075
☐ N79EL	Be400A	RK-214	☐ N82KK	Learjet 60	60-095	☐ N85NC	Learjet 60	60-090
☐ N79EV	Learjet 25C	97	☐ N82KW	C560XL	560-5202	☐ N85PK	125-800XP	258460
☐ N79FJ	Falcon 2000	79	☐ N82P	C500	501-0208	☐ N85PL	Premier 1	RB-55
☐ N79FT	C500	501-0079	☐ N82PJ	Falcon 20D	177	☐ N85PT	Westwind	285
☐ N79JS	C525B CJ3	0273	☐ N82QD	Be400A	RK-72	☐ N85SM	Eclipse 500	151
☐ N79KF	C650 III	650-0118	☐ N82RP	Falcon 900B	116	☐ N85SV	Learjet 35A	347
☐ N79MX	C525 CJ	525-0190	☐ N82SR	125-800	258026	☐ N85TN	Falcon 50	237
☐ N79PG	C680	680-0018	☐ N82ST	Falcon 50	85	☐ N85TW	Learjet 25D	251
☐ N79RS	C500	500-0107	☐ N82SV	Falcon 900B	163	☐ N85V	Gulf GV	595
☐ N79SE	Learjet 31A	206	☐ N83BG	Diamond	018SA	☐ N85WD	Gulf IV	1008
☐ N79TJ	Falcon 10	148	☐ N83CG	Diamond	032SA	☐ N86	Challenger 601	5167
☐ N80A	Gulf IVSP	1348	☐ N83CK	Learjet 25B	183	☐ N86BA	Cessna S550	0001
☐ N80AB	C560	560-0169	☐ N83CP	Gulf GV	635	☐ N86BL	Learjet 36A	26
☐ N80AJ	C500	500-0100	☐ N83CW	Gulf GV	649	☐ N86CP	Sabre 60	306-76
☐ N80AP	Learjet 24D	312	☐ N83DM	C500	501-0227	☐ N86CV	C560 Ultra	560-0342
☐ N80AR	Learjet 35A	454	☐ N83EM	C510	510-0026	☐ N86CW	Galaxy G200	81
☐ N80AT	Gulf IVSP	1410	☐ N83EP	C560	560-0021	☐ N86LA	C525 CJ	525-0012
☐ N80AW	C550	550-0186	☐ N83FJ	Falcon 50	74	☐ N86MN	125-800XP2	258330
☐ N80C	C525A CJ2	0104	☐ N83FN	Learjet 36	7	☐ N86PC	C550 Bravo	550-0891
☐ N80CJ	C500	501-0159	☐ N83GG	C560XL	560-5046	☐ N86SG	C550	550-0350
☐ N80CK	Challenger 600	1069	☐ N83HF	125-700	257145	☐ N86SK	C560 Encore	560-0551
☐ N80DX	Learjet 60	60-012	☐ N83JJ	Challenger 300	20259	☐ N86TN	Falcon 50	241
☐ N80EH	125-800XP	258680	☐ N83LJ	Learjet 23	76	☐ N86TW	Global Express	9218
☐ N80EL	Learjet 25B	92	☐ N83M	Gulf GV	557	☐ N86VP	C650 III	650-0089
☐ N80GJ	125-800	258136	☐ N83MD	125-700	257121	☐ N87	Challenger 601	5190
☐ N80GK	Galaxy G200	161	☐ N83NW	C500	500-0309	☐ N87BA	Cessna S550	0131
☐ N80GM	C550	550-0147	☐ N83PP	Gulf 3	464	☐ N87DY	Diamond	085SA
☐ N80GP	Falcon 50 EX	274	☐ N83SA	Diamond	030SA	☐ N87EB	Be400A	RK-87
☐ N80GR	C560 Encore	560-0616	☐ N83SD	C680	680-0106	☐ N87GJ	Westwind	422
☐ N80HB	C525B CJ3	0163	☐ N83SG	Westwind	368	☐ N87GS	C550 Bravo	550-0895
☐ N80HD	125-800XP	258609	☐ N83SV	Falcon 900EX	77	☐ N87JK	C560	560-0115
☐ N80HQ	C510	510-0021	☐ N83TF	C525B CJ3	0094	☐ N87NY	MS760 Paris	87
☐ N80J	125-800XP	258681	☐ N83TR	Learjet 60XR	60-374	☐ N87PK	125-900XP	HA-0043
☐ N80LP	C560XL	560-5249	☐ N83TY	Falcon 50 EX	288	☐ N87PT	C550	550-0174
☐ N80PG	Learjet 35	63	☐ N83WM	Learjet 55	43	☐ N87SF	C550	550-0194
☐ N80PJ	Learjet 25D	260	☐ N83ZA	C560	560-0176	☐ N87SL	C750	750-0174
☐ N80PK	125-800XP	258442	☐ N84EA	C750	750-0094	☐ N87TH	Falcon 10	178
☐ N80RP	Learjet 45	45-008	☐ N84EC	Cessna S550	0014	☐ N87TN	Falcon 50	224
☐ N80SL	C500	501-0294	☐ N84EE	C680	680-0262	☐ N87TR	Challenger 600S	1076
☐ N80TF	Eclipse 500	32	☐ N84FG	C525 CJ	525-0192	☐ N87VM	C525B CJ3	0098
☐ N80TS	Be400	RJ-34	☐ N84FM	Premier 1	RB-30	☐ N87WU	C560XL	560-5039
☐ N80UT	Learjet 35A	200	☐ N84FN	Learjet 36	2	☐ N88	Challenger 604	5588
☐ N80X	C560XL	560-5054	☐ N84GC	C550	550-0493	☐ N88AD	C525 CJ1	525-0404
☐ N81AX	Learjet 25D	279	☐ N84GV	Gulf GV	584	☐ N88AF	Learjet 45	45-205
☐ N81EB	C500	501-0003	☐ N84HD	Gulf IVSP	1440	☐ N88AJ	C550 Bravo	550-0885
☐ N81ER	C525B CJ3	0190	☐ N84LG	Cessna S550	0013	☐ N88AY	Galaxy G200	134
☐ N81FR	Learjet 35A	81	☐ N84LX	C560XL	560-5164	☐ N88BF	Sabre 65	465-60
☐ N81HR	Premier 1A	RB-200	☐ N84MJ	Falcon 200	510	☐ N88BG	Learjet 35A	90
☐ N81KA	125-700	257038	☐ N84NG	C650 VII	650-7078	☐ N88D	G550	5183
☐ N81MR	Learjet 35A	622	☐ N84PH	C650 III	650-0062	☐ N88DD	Falcon 2000	204
☐ N81P	Falcon 20-5	446	☐ N84PJ	C750	750-0048	☐ N88DJ	C650 III	650-0167
☐ N81PJ	MS760 Paris	81	☐ N84TJ	Falcon 10	188	☐ N88DU	125	25153
☐ N81RR	Gulf2 TT	246	☐ N84TN	Falcon 50	110	☐ N88DZ	Gulf GV	612
☐ N81SF	C650 III	650-0074	☐ N84UP	125-800XP	258484	☐ N88EJ	C750	750-0088
☐ N81SH	C560XL	560-5101	☐ N84UR	Eclipse 500	259	☐ N88EL	Premier 1A	RB-157
☐ N81SN	Falcon 900EX	41	☐ N84VA	Premier 1	RB-134	☐ N88ER	Premier 1	RB-17
☐ N81TX	Falcon 10	81	☐ N85	Challenger 601	5138	☐ N88HD	125-800XP	258616
☐ N81WL	C510	510-0165	☐ N85CC	125-800XP	258307	☐ N88HE	Falcon 2000EX	79
☐ N81ZZ	Global Express	9020	☐ N85CL	Falcon 900EX	167	☐ N88HP	C560XL	560-5050
☐ N82A	G450	4032	☐ N85D	Global Express	9078	☐ N88JJ	C680	680-0277
☐ N82AE	C525 CJ1	525-0412	☐ N85EB	C560 Ultra	560-0492	☐ N88LC	Falcon 900EX	137
☐ N82AJ	C500	501-0282	☐ N85ER	C525A CJ2+	0404	☐ N88LN	Gulf2	20
☐ N82AX	Learjet 25D	301	☐ N85F	Falcon 50 EX	253	☐ N88MF	Astra	48
☐ N82BE	Astra	113	☐ N85HD	C550	550-0162	☐ N88MM	Premier 1	RB-44
☐ N82CA	125	25201	☐ N85HH	125-850XP	258817	☐ N88ND	Falcon 900EX	19
☐ N82CR	Gulf2	80	☐ N85JV	C525A CJ2	0085	☐ N88NJ	Learjet 35A	170
☐ N82CW	Challenger 604	5395	☐ N85KH	Learjet 31A	123	☐ N88NW	Cessna S550	0151
☐ N82DT	C500	501-0289	☐ N85KV	Gulf IV	1135	☐ N88QC	C525 CJ1+	525-0664

Reg	Type	Serial	Reg	Type	Serial	Reg	Type	Serial
☐ N88SF	C560XLS	560-5645	☐ N91TQ	Phenom 100	00090	☐ N95GK	Be400A	RK-27
☐ N88TB	C500	501-0002	☐ N91VB	C550	551-0014	☐ N95HC	Falcon 50	244
☐ N88UA	Be400	RJ-49	☐ N92AE	Gulf IVSP	1301	☐ N95JK	Westwind	283
☐ N88V	Learjet 60	60-155	☐ N92BE	C500	501-0098	☐ N95JN	Learjet 35A	595
☐ N88WR	B737 BBJ1	29441	☐ N92BL	C500	501-0026	☐ N95SJ	C680	680-0248
☐ N88WU	Galaxy G200	111	☐ N92CX	C750	750-0301	☐ N95TD	C560	560-0110
☐ N88WV	Learjet 45XR	45-276	☐ N92DE	C560 Ultra	560-0391	☐ N95TX	C650 VII	650-7037
☐ N88ZL	B707-330B	18928	☐ N92FG	Learjet 60	60-056	☐ N95UP	125-800XP	258639
☐ N89AM	Westwind	389	☐ N92HL	G450	4154	☐ N95VE	C500	500-0197
☐ N89CE	Falcon 2000EX	81	☐ N92JC	Cessna S550	0115	☐ N95WK	Learjet 55	99
☐ N89D	C550	550-0056	☐ N92LA	G550	5002	☐ N95XL	C560XL	560-5095
☐ N89ES	Learjet 24B	197	☐ N92MA	C525B CJ3	0048	☐ N96AD	G150	246
☐ N89FE	Legacy	14501058	☐ N92ME	Cessna S550	0044	☐ N96CP	C650 III	650-0139
☐ N89GA	C550	550-0122	☐ N92MG	Learjet 55	25	☐ N96DA	C500	501-0176
☐ N89HB	Learjet 31	10	☐ N92MS	C525B CJ3	0214	☐ N96DK	C750	750-0035
☐ N89HE	Gulf GV	568	☐ N92ND	C525 CJ	525-0186	☐ N96DS	Challenger 601	5146
☐ N89HS	Astra	89	☐ N92NS	Learjet 60	60-092	☐ N96FB	C500	500-0094
☐ N89LD	ERJ-135SE	145648	☐ N92RB	Westwind	174	☐ N96FN	Learjet 35A	186
☐ N89LS	C550	550-0623	☐ N92RP	C650 III	650-0148	☐ N96FT	125-800XP	258568
☐ N89MD	C560 Encore	560-0612	☐ N92SM	C500	500-0124	☐ N96G	C525B CJ3	0114
☐ N89MX	Global Express	9304	☐ N92SS	C560 Ultra	560-0388	☐ N96GA	Be400A	RK-238
☐ N89RP	Learjet 45	45-011	☐ N92TE	C560	560-0123	☐ N96GS	Learjet 35A	606
☐ N89TC	Learjet 35	26	☐ N92TS	Learjet 35	35	☐ N96JA	Gulf IV	1226
☐ N90AH	Learjet 35	36	☐ N92UP	125-800XP	258309	☐ N96MB	C500	501-0161
☐ N90AJ	Astra	52	☐ N92ZZ	Global Express	9354	☐ N96MT	C650 VII	650-7065
☐ N90AM	Gulf GV	592	☐ N93AJ	C550	550-0337	☐ N96NA	C525A CJ2	0096
☐ N90AR	Challenger 601	5137	☐ N93AK	C525A CJ2+	0368	☐ N96NB	C560 Encore	560-0673
☐ N90BA	Learjet 31	18	☐ N93AT	Gulf IV	1020	☐ N96NC	Premier 1	RB-86
☐ N90BL	C560XLS	560-5609	☐ N93CV	C560	560-0239	☐ N96NJ	C525A CJ2	0018
☐ N90CF	C560XL	560-5080	☐ N93CW	C525B CJ3	0139	☐ N96PD	C525B CJ3	0111
☐ N90CJ	C525A CJ2	0149	☐ N93EA	C560	560-0093	☐ N96RE	Sabre 65	465-52
☐ N90EW	Global Express	9039	☐ N93FT	Be400A	RK-166	☐ N96RX	C750	750-0044
☐ N90FB	125-800XP	258613	☐ N93JW	C525B CJ3	0035	☐ N96SK	125-900XP	HA-0006
☐ N90FT	Galaxy G200	209	☐ N93KD	Falcon 900EX	182	☐ N96SW	C525A CJ2+	0425
☐ N90GS	Learjet 45	45-225	☐ N93LA	C750	750-0121	☐ N96TM	Westwind	275
☐ N90JJ	C550	550-0571	☐ N93LE	Learjet 35A	592	☐ N96TX	C750	750-0069
☐ N90LJ	Learjet 25D	226	☐ N93LS	C525 CJ1	525-0556	☐ N96UT	Falcon 50	192
☐ N90MA	C550	550-0103	☐ N93M	Gulf GV	567	☐ N97AL	C650 III	650-0155
☐ N90ML	Gulf 3	315	☐ N93NB	C560 Encore	560-0644	☐ N97BH	C560 Ultra	560-0290
☐ N90NB	C560 Encore	560-0634	☐ N93PE	C525B CJ3	0093	☐ N97CC	Cessna S550	0045
☐ N90NF	C750	750-0170	☐ N93S	C750	750-0189	☐ N97CE	Learjet 35A	203
☐ N90PT	C550	550-0465	☐ N93SK	Learjet 31	31	☐ N97CJ	C525A CJ2	0097
☐ N90R	B737 BBJ1	32775	☐ N93TX	C750	750-0099	☐ N97DD	C650 III	650-0071
☐ N90TH	Falcon 900C	180	☐ N93XP	Be400A	RK-74	☐ N97DK	Challenger 300	20216
☐ N90WA	Learjet 31	28	☐ N93XR	Learjet 45XR	45-393	☐ N97DQ	Global Express	9095
☐ N90WR	Learjet 35	22	☐ N94AF	Learjet 35A	94	☐ N97EM	C550	551-0481
☐ N90XR	Learjet 40XR	45-2090	☐ N94AJ	C500	500-0024	☐ N97FN	Learjet 25	3
☐ N90Z	C550	550-0336	☐ N94AL	C525 CJ1	525-0432	☐ N97FT	G450	4008
☐ N91A	C525A CJ2	0105	☐ N94AN	Gulf IVSP	1307	☐ N97LE	Learjet 35A	648
☐ N91AP	C500	501-0117	☐ N94FL	Gulf 3	424	☐ N97NX	Falcon 900EX	32
☐ N91B	C550	550-0194	☐ N94FT	Galaxy G200	208	☐ N97SG	Challenger 601	3051
☐ N91BB	Premier 1A	RB-192	☐ N94GP	Learjet 35A	411	☐ N97SJ	Falcon 20-5	378
☐ N91BZ	Sabre 65	465-19	☐ N94HE	Be400A	RK-89	☐ N97TE	C560 Ultra	560-0436
☐ N91CH	C510	510-0201	☐ N94HL	C525 CJ1+	525-0654	☐ N97VF	C525 CJ	525-0171
☐ N91CV	C560	560-0009	☐ N94JT	125-800	258071	☐ N97WJ	Falcon 20C	101
☐ N91CW	Gulf GV	543	☐ N94LA	C560XL	560-5129	☐ N98AC	Falcon 50 EX	329
☐ N91DP	Learjet 31A	79	☐ N94LD	Diamond	073SA	☐ N98AV	C500	501-0177
☐ N91FP	C510	510-0001	☐ N94LH	Be400XP	RK-405	☐ N98BM	Westwind	193
☐ N91GT	C525B CJ3	0332	☐ N94MZ	C525 CJ	525-0094	☐ N98CG	Learjet 24D	289
☐ N91HG	C500	501-0199	☐ N94PC	Falcon 50 EX	254	☐ N98E	C560	560-0103
☐ N91HK	125-800XP	258578	☐ N94RL	Learjet 35A	96	☐ N98FT	125-700	257016
☐ N91KC	C650 VII	650-7082	☐ N94TX	C560	560-0247	☐ N98HG	Westwind	394
☐ N91KH	Challenger 601	5038	☐ N94VP	C560	560-0094	☐ N98JV	Learjet 60	60-135
☐ N91KK	C650 III	650-0193	☐ N95AE	Gulf GV	562	☐ N98LC	Learjet 35A	77
☐ N91KP	125-600	256003	☐ N95AG	Learjet 60	60-079	☐ N98LT	Gulf IVSP	1278
☐ N91LA	G550	5027	☐ N95AN	C550 Bravo	550-0978	☐ N98NX	Falcon 900B	128
☐ N91MG	Challenger 604	5423	☐ N95BD	Learjet 60	60-232	☐ N98Q	C500	500-0040
☐ N91NA	Gulf2B	198	☐ N95BK	Jetstar II	5208	☐ N98RP	Falcon 2000	186
☐ N91PE	C500	501-0033	☐ N95BS	C525 CJ	525-0283	☐ N98RS	Learjet 25B	148
☐ N91PN	Learjet 25B	91	☐ N95CC	C560XL	560-5278	☐ N98SP	Galaxy G200	203
☐ N91TE	C500	501-0173	☐ N95CK	C525 CJ1	525-0493	☐ N98WJ	Gulf2 SP	89

Reg	Type	Serial
N98XR	Learjet 45XR	45-292
N98XS	C650 VII	650-7058
N99BB	C750	750-0005
N99CJ	C525 CJ	525-0333
N99CK	C500	501-0153
N99CN	C550	551-0065
N99DY	C550	550-0482
N99GA	Gulf IV	1198
N99GK	Learjet 40	45-2008
N99KP	Eclipse 500	181
N99KW	Challenger 604	5564
N99MC	Learjet 25B	182
N99NJ	Learjet 35A	481
N99PD	Gulf 3	314
N99RS	Learjet 36A	39
N99SC	Gulf IVSP	1236
N99TK	C550	550-0621
N99WJ	Gulf 3	394
N99ZB	Be400A	RK-344
N99ZC	Learjet 60	60-162
N100A	Global Express	9205
N100AC	Falcon 20F	366
N100AG	125-800SP	258238
N100AM	C500	500-0305
N100AR	C560XL	560-5241
N100AS	Falcon 20F	274
N100AT	Learjet 35A	436
N100AW	Be400A	RK-150
N100BC	Westwind	438
N100BL	Learjet 31A	126
N100CH	C550	550-0438
N100CJ	C560XL	560-5100
N100CU	Falcon 10	104
N100DS	C550	550-0639
N100DW	C525B CJ3	0261
N100EJ	Sabre 75A	380-1
N100EQ	Phenom 100	00082
N100ES	Global Express	9108
N100GV	Gulf GV	600
N100GY	Astra	120
N100HB	C550	550-0058
N100HF	Gulf IVSP	1338
N100HG	Gulf IV	1026
N100HW	Learjet 40	45-2036
N100JF	Gulf IV	1093
N100JS	C525B CJ3	0095
N100KK	Learjet 45	45-065
N100KP	Falcon 2000EX	142
N100KU	C550 Bravo	550-0813
N100LA	125-800XP	258280
N100LR	Challenger 600S	1064
N100LX	C500	501-0220
N100MB	Falcon 2000EX	60
N100MZ	Eclipse 500	140
N100NB	Learjet 25C	181
N100NG	Falcon 900EX	30
N100PF	C525 CJ1	525-0390
N100PZ	Phenom 100	00015
N100QR	Challenger 600S	1043
N100R	125-900XP	HA-0076
N100RC	C525B CJ3	0038
N100RS	Diamond	029SA
N100SR	Astra	37
N100SY	C560	560-0054
N100U	C560XLS+	560-6041
N100UP	Falcon 900B	44
N100VA	Eclipse 500	138
N100VR	Global Express	9098
N100WE	Premier 1	RB-45
N100WP	C560	560-0073
N100WT	C550 Bravo	550-0858
N100WX	Phenom 100	00037
N100Y	C550 Bravo	550-0919
N100YB	C560XL	560-5136
N100YP	Falcon 100	222
N101AJ	Learjet 36	8
N101AR	Be400XP	RK-461
N101CC	Be400A	RK-277
N101CP	G550	5207
N101CV	Gulf IVSP	1230
N101ET	Falcon 50	95
N101FC	125-800XP2	258380
N101FG	C550 Bravo	550-0839
N101FU	C510	510-0207
N101HS	Falcon 10	82
N101HW	Learjet 60	60-037
N101JL	C550 Bravo	550-1002
N101KP	C560 Ultra	560-0520
N101L	Galaxy G200	156
N101LD	C525 CJ1+	525-0689
N101LT	125-700	257114
N101MH	Gulf GV	609
N101NY	Falcon 2000	178
N101PG	C650 III	650-0126
N101PV	Falcon 2000EX	23
N101QS	Be400XP	RK-484
N101RR	C500	501-0241
N101U	C525 CJ1	525-0454
N101UD	Challenger 300	20220
N101VJ	Falcon 10	177
N101VS	Learjet 24B	218
N101WY	C560 Encore	560-0620
N102BG	G550	5038
N102BP	125-700	257036
N102BQ	Gulf IVSP	1273
N102CE	C650 VII	650-7061
N102CL	Premier 1A	RB-178
N102CX	Gulf2B	102
N102DR	C550	551-0436
N102DS	C510	510-0095
N102EP	Phenom 100	00102
N102FD	Galaxy G200	128
N102HB	C550	550-0409
N102KP	C560 Ultra	560-0527
N102LJ	Learjet 60	60-102
N102PA	Phenom 100	00030
N102QS	Be400XP	RK-380
N102TF	Falcon 50	125
N102VP	C500	500-0200
N102VS	Learjet 25B	180
N102WY	C560 Encore	560-0621
N103AL	125-850XP	258822
N103BG	C560	560-0091
N103CD	Gulf 3	418
N103CX	C550 Bravo	550-0856
N103HC	Diamond	068SA
N103LS	Learjet 60	60-288
N103PG	C560XLS	560-5590
N103SK	Premier 1A	RB-151
N103TA	Sabre 60	306-27
N103VF	Cessna S550	0046
N103ZZ	Global 5000	9308
N104AD	Gulf IVSP	1406
N104AR	Gulf IVSP	1346
N104CT	C750	750-0275
N104FL	C550 Bravo	550-1071
N104FT	Challenger 300	20121
N104GB	Diamond	041SA
N104HW	C550	551-0555
N104LR	C560	560-0163
N104LV	C560XL	560-5190
N104PC	C525A CJ2	0212
N104RS	Westwind	273
N104VV	Gulf2 SP	53
N104WJ	Learjet 25C	104
N105AX	Be400A	RK-105
N105BG	Cessna S550	0105
N105BK	Falcon 900B	70
N105CJ	C525B CJ3	0005
N105FN	Astra	105
N105HD	Sabre 75A	380-39
N105HS	125	25031
N105J	C510	510-0277
N105LB	Eclipse 500	118
N105P	C525 CJ	525-0336
N105ST	G550	5170
N105TB	Gulf2	31
N105UP	Challenger 601	3066
N105VS	Gulf 3	370
N105WC	Falcon 50	60
N105XP	125-900XP	HA-0105
N105ZZ	Global Express	9327
N106CG	Be400	RJ-12
N106CJ	C525 CJ	525-0006
N106CX	C750	750-0106
N106FT	C550 Bravo	550-1123
N106JT	C525B CJ3	0106
N106KC	Be400A	RK-132
N106KM	Gulf 3	305
N106QS	Be400XP	RK-381
N106RW	Falcon 900EX	120
N106SP	C560 Ultra	560-0347
N106SR	C550	550-0346
N106TW	Falcon 10	84
N107EE	C550	550-0667
N107J	Falcon 20C	107
N107LT	125-700	257146
N107PT	C525B CJ3	0127
N107RC	Cessna S550	0150
N107RM	Learjet 25D	362
N107VP	C550 Bravo	550-1077
N107VS	G550	5043
N107WR	Premier 1	RB-73
N107XP	125-900XP	HA-0107
N108AR	Gulf 3	461
N108CG	Astra	108
N108CJ	C525 CJ	525-0108
N108DB	G550	5180
N108DD	125-800XP	258700
N108DU	Gulf IV	1149
N108EK	C560XL	560-5032
N108FJ	Falcon 900B	108
N108FL	Learjet 25D	300
N108JA	Phenom 100	00023
N108JN	Learjet 35A	358
N108KC	Falcon 20	8
N108KJ	C525A CJ2+	0416
N108LJ	C560 Ultra	560-0337
N108MC	C500	500-0322
N108MS	B737 BBJ1	33102
N108PJ	125-900XP	HA-0024
N108QS	Be400XP	RK-382
N108R	Falcon 20DC	108
N108RB	Learjet 35A	97
N108WV	C650 III	650-0204
N109BG	125-700	257157
N109CP	Be400A	RK-47
N109CQ	Falcon 50 EX	340
N109DD	Gulf 3	415
N109DJ	Eclipse 500	6
N109GA	C550	550-0124
N109GX	Astra	142

Registration	Type	Serial	Registration	Type	Serial	Registration	Type	Serial
☐ N109HV	Learjet 31A	105	☐ N112EA	Eclipse 500	38	☐ N117MA	C500	501-0249
☐ N109JC	C550	550-0099	☐ N112EJ	Eclipse 500	112	☐ N117MS	Gulf IVSP	1241
☐ N109NT	Be400XP	RK-374	☐ N112GS	C525A CJ2	0127	☐ N117QS	Be400XP	RK-391
☐ N109SB	Sabre 75A	380-20	☐ N112MV	C680	680-0148	☐ N117RY	Challenger 601	5162
☐ N109ST	G550	5049	☐ N112PR	Astra	13	☐ N117SF	Falcon 900B	55
☐ N109WS	C560 Encore	560-0632	☐ N112SH	C550	550-0043	☐ N117TF	Global Express	9175
☐ N109ZZ	Global Express	9337	☐ N112WC	Be400XP	RK-575	☐ N117UH	Eclipse 500	117
☐ N110AJ	Sabre 75A	380-70	☐ N112WQ	Learjet 55	101	☐ N117W	C525A CJ2+	0350
☐ N110DJ	Eclipse 500	7	☐ N112ZZ	Global Express	9339	☐ N117WR	G350	4015
☐ N110DS	Diamond	005SA	☐ N113AR	Gulf IV	1018	☐ N118AD	Falcon 10	118
☐ N110ED	G550	5136	☐ N113BG	C525A CJ2	0078	☐ N118CJ	C525A CJ2+	0384
☐ N110EJ	125-700	257104	☐ N113CS	Gulf IV	1049	☐ N118DA	125	25118
☐ N110ET	Learjet 55	23	☐ N113EA	Eclipse 500	152	☐ N118EA	Eclipse 500	184
☐ N110EX	Falcon 900EX	71	☐ N113GH	Westwind	286	☐ N118FN	Learjet 35A	118
☐ N110FD	C525A CJ2+	0308	☐ N113US	C560 Encore	560-0701	☐ N118GA	125-800	258108
☐ N110FS	G150	247	☐ N113YS	Learjet 55	71	☐ N118KL	125-800SP	258218
☐ N110GA	G650	6010	☐ N113ZZ	Global Express	9345	☐ N118MM	C650 VII	650-7105
☐ N110HA	Galaxy G200	35	☐ N114BD	Learjet 60	60-166	☐ N118MT	Challenger 601	5077
☐ N110J	Falcon 10	139	☐ N114EA	Eclipse 500	155	☐ N118RH	Challenger 604	5516
☐ N110JB	C500	501-0172	☐ N114EB	C560 Encore +	560-0795	☐ N118RJ	Westwind	188
☐ N110JC	C525B CJ3	0301	☐ N114FW	C525 CJ	525-0307	☐ N118RK	C560 Ultra	560-0389
☐ N110JG	Sabre 60	306-122	☐ N114LJ	Learjet 60	60-157	☐ N118ST	C560XL	560-5287
☐ N110JJ	G150	270	☐ N114M	BAe 146-100	E1068	☐ N118VP	C550 Bravo	550-1029
☐ N110LD	C550	550-0366	☐ N114QS	Be400XP	RK-469	☐ N119AD	G450	4035
☐ N110MG	Astra	122	☐ N114RA	Westwind	179	☐ N119AF	Gulf IVSP	1489
☐ N110PK	C750	750-0040	☐ N114SN	Astra	114	☐ N119AK	Horizon	RC-9
☐ N110PR	Premier 1	RB-29	☐ N114TD	Falcon 50	17	☐ N119BA	Learjet 23	84
☐ N110RA	Learjet 25	25	☐ N114TM	C550 Bravo	550-1067	☐ N119DJ	Eclipse 500	22
☐ N110SE	Learjet 31A	217	☐ N114VW	C750	750-0093	☐ N119EA	Eclipse 500	200
☐ N110SJ	SJ30	3	☐ N114WD	125	25114	☐ N119EM	Falcon 2000EX	137
☐ N110TP	C550 Bravo	550-1131	☐ N115AN	Learjet 60	60-308	☐ N119ES	C650 III	650-0206
☐ N110UN	Learjet 35	7	☐ N115BB	C525 CJ	525-0325	☐ N119FM	Gulf IVSP	1464
☐ N110WA	C550	550-0408	☐ N115BR	Astra	99	☐ N119KW	G150	267
☐ N111	Falcon 900B	144	☐ N115BX	Learjet 31A	129	☐ N119LC	C550 Bravo	550-0969
☐ N111AF	C550	550-0256	☐ N115CJ	C525A CJ2	0115	☐ N119NJ	Learjet 40XR	45-2119
☐ N111BB	C500	500-0248	☐ N115CR	Sabre 60	306-43	☐ N119QS	Be400XP	RK-394
☐ N111BF	C525 CJ	525-0140	☐ N115DJ	Eclipse 500	20	☐ N119RM	C750	750-0051
☐ N111BP	Falcon 20C	111	☐ N115K	C560	560-0148	☐ N119SJ	Falcon 10	119
☐ N111CQ	G450	4006	☐ N115QS	Be400XP	RK-383	☐ N119U	125-1000	259007
☐ N111CX	Be400A	RK-210	☐ N115SK	Falcon 50 EX	330	☐ N119VP	C550 Bravo	550-1036
☐ N111EL	Astra	55	☐ N115TD	Falcon 10	96	☐ N120AK	Global Express	9153
☐ N111FA	Gulf 3	307	☐ N115WF	Challenger 601	5153	☐ N120AP	125-800SP	258120
☐ N111FK	Challenger 601	5104	☐ N115WZ	Premier 1A	RB-197	☐ N120CS	C525 CJ1	525-0490
☐ N111FW	Be400A	RK-102	☐ N115ZZ	Global Express	9347	☐ N120EA	Eclipse 500	199
☐ N111GD	Gulf2	170	☐ N116AD	Be400A	RK-338	☐ N120GA	G450	4210
☐ N111GJ	C525 CJ1	525-0500	☐ N116AP	Be400A	RK-192	☐ N120JC	125-700	257065
☐ N111GU	C560XLS	560-5504	☐ N116AS	Learjet 45	45-078	☐ N120JJ	Gulf IVSP	1264
☐ N111HC	Gulf 3	482	☐ N116DD	Jetstar II	5224	☐ N120JP	C550	550-0468
☐ N111HZ	Falcon 2000	86	☐ N116DJ	Eclipse 500	21	☐ N120QS	Be400XP	RK-409
☐ N111JL	Challenger 600S	1027	☐ N116FE	Galaxy G200	197	☐ N120RA	Falcon 20DC	211
☐ N111JW	C525B CJ3	0186	☐ N116GB	Falcon 20F	281	☐ N120SB	C680	680-0206
☐ N111JX	BAC 111	163	☐ N116HW	G150	275	☐ N120YB	125-700	257116
☐ N111KK	Learjet 45	45-061	☐ N116JC	Astra	14	☐ N121AT	Falcon 100	226
☐ N111KR	Learjet 35A	464	☐ N116K	C550	550-0149	☐ N121CG	Cessna S550	0123
☐ N111LQ	Premier 1A	RB-243	☐ N116LA	C550	550-0016	☐ N121CK	Learjet 23	39
☐ N111ME	C500	500-0146	☐ N116LM	Learjet 60	60-142	☐ N121CN	C550 Bravo	550-1000
☐ N111MP	Learjet 25B	139	☐ N116LS	Challenger 601	5013	☐ N121CP	C525A CJ2	0010
☐ N111QS	Cessna S550	0111	☐ N116MA	Learjet 36A	29	☐ N121DF	Falcon 900EX	113
☐ N111VG	125-800XP	258403	☐ N116PB	Astra	32	☐ N121G	Eclipse 500	243
☐ N111VM	B737 BBJ1	36090	☐ N116QS	Be400XP	RK-385	☐ N121GV	Galaxy G200	94
☐ N111WB	Learjet 35	3	☐ N116SC	Sabre 40	282-1	☐ N121HL	C550	550-0121
☐ N111WW	Falcon 10	167	☐ N116SS	Be400A	RK-111	☐ N121JJ	Gulf IVSP	1482
☐ N111Y	C680	680-0127	☐ N117AH	Westwind	352	☐ N121JM	Gulf IVSP	1399
☐ N111YW	C650 VI	650-0223	☐ N117AJ	Falcon 50	154	☐ N121KL	C560XLS	560-5720
☐ N111ZN	125-850XP	258830	☐ N117DJ	C500	501-0127	☐ N121KM	C550	550-0273
☐ N111ZS	125-700	257076	☐ N117EA	Eclipse 500	104	☐ N121LJ	Learjet 31A	121
☐ N112AB	C560XL	560-5361	☐ N117JJ	Gulf2 SP	163	☐ N121LS	C680	680-0076
☐ N112BJ	Be400A	RK-112	☐ N117JW	Sabre 65	465-61	☐ N121ZZ	Global Express	9375
☐ N112CF	Challenger 604	5509	☐ N117K	Learjet 24D	272	☐ N122BN	Global Express	9103
☐ N112CM	Premier 1	RB-123	☐ N117LM	Do328JET	3167	☐ N122BX	Learjet 31A	143
☐ N112CW	C560XL	560-5065	☐ N117LR	Learjet 55	75	☐ N122DS	Premier 1	RB-100

☐	N122EJ	C650 III	650-0122	☐ N125SJ	Gulf IVSP	1368	☐ N130TM	Gulf GV	660
☐	N122GV	G450	4034	☐ N125ST	Challenger 601	5052	☐ N130WW	Be400A	RK-136
☐	N122JW	Learjet 35A	217	☐ N125TM	Challenger 300	20104	☐ N130YB	125-700	257120
☐	N122LM	C525 CJ1+	525-0604	☐ N125WT	C525A CJ2+	0439	☐ N131AG	Falcon 2000EX	131
☐	N122LX	Learjet 55	30	☐ N125XP	125-800XP	258485	☐ N131AP	Be400	RJ-10
☐	N122MP	Westwind	390	☐ N126DJ	Eclipse 500	2	☐ N131BC	Do328JET	3168
☐	N122NC	C550 Bravo	550-0836	☐ N126HY	125-850XP	258782	☐ N131BR	Learjet 31A	74
☐	N122QS	Be400XP	RK-467	☐ N126KC	125-800SP	258276	☐ N131DJ	Eclipse 500	33
☐	N122SP	C550	551-0393	☐ N126KD	Learjet 60	60-262	☐ N131EP	Falcon 2000	10
☐	N122ST	Jet Commander	122	☐ N126KL	Learjet 55	96	☐ N131GG	Learjet 31A	113
☐	N122WS	Cessna S550	0122	☐ N126MT	C650 III	650-0044	☐ N131GR	Learjet 31A	68
☐	N122WW	C550	550-0365	☐ N126TF	C550 Bravo	550-0815	☐ N131LA	125	25226
☐	N122XP	125-900XP	HA-0122	☐ N126WC	C560 Ultra	560-0344	☐ N131LJ	Learjet 31A	63
☐	N123AD	C510	510-0184	☐ N126ZZ	Horizon	RC-10	☐ N131ML	Phenom 100	00006
☐	N123CJ	C525B CJ3	0149	☐ N127BH	Learjet 25D	250	☐ N131QS	Be400XP	RK-431
☐	N123CZ	C525B CJ3	0313	☐ N127BU	C550	551-0179	☐ N131SW	Gulf IVSP	1294
☐	N123DG	Learjet 24F	342	☐ N127BW	Be400XP	RK-449	☐ N131TR	Learjet 60	60-216
☐	N123EB	C500	501-0020	☐ N127FJ	C510	510-0279	☐ N131TT	Learjet 31A	49
☐	N123FF	Cessna S550	0005	☐ N127GB	Learjet 25B	175	☐ N131VP	C560XL	560-5131
☐	N123FT	Gulf GV	549	☐ N127GG	Gulf GV	534	☐ N132AH	C525 CJ	525-0132
☐	N123GF	C550 Bravo	550-0817	☐ N127GK	Gulf 3	311	☐ N132DJ	Eclipse 500	34
☐	N123GV	Galaxy G200	43	☐ N127JJ	C550	550-0007	☐ N132EP	Falcon 20-5	463
☐	N123HK	125-800	258208	☐ N127JM	C550	551-0308	☐ N132FP	Gulf2	153
☐	N123KD	C500	501-0195	☐ N127PM	C550	550-0027	☐ N132JC	Galaxy G200	39
☐	N123MJ	Learjet 23	36	☐ N127PT	Westwind	337	☐ N132LA	Jet Commander	133
☐	N123PL	C500	501-0234	☐ N127QS	B737 BBJ1	30327	☐ N132MT	C550 Bravo	550-1080
☐	N123QS	Be400XP	RK-486	☐ N127RC	Cessna S550	0088	☐ N132QS	Be400XP	RK-427
☐	N123RA	Falcon 20DC	30	☐ N127SF	Falcon 900EX	13	☐ N132SD	Gulf GV	537
☐	N123RC	Westwind	349	☐ N127SG	C525 CJ	525-0046	☐ N132WE	Be400A	RK-90
☐	N123S	C525 CJ1	525-0525	☐ N127SR	Challenger 604	5358	☐ N132XP	125-900XP	HA-0132
☐	N123SL	C750	750-0168	☐ N127VL	Learjet 31A	36	☐ N133B	Premier 1	RB-68
☐	N123TF	C510	510-0191	☐ N127WL	Falcon 10	16	☐ N133EJ	Learjet 35A	133
☐	N123VP	C550	550-0111	☐ N128AB	G400	1501	☐ N133EP	Falcon 10	131
☐	N124BC	Westwind	351	☐ N128BG	Learjet 31A	212	☐ N133JM	C500	500-0028
☐	N124BP	Learjet 45	45-113	☐ N128CA	Learjet 35A	248	☐ N133RL	Falcon 2000EX	50
☐	N124DC	Sabre 60	306-95	☐ N128CS	C525 CJ1	525-0361	☐ N133SC	C500	501-0131
☐	N124DT	Gulf 3	390	☐ N128GB	Challenger 601	5113	☐ N133SN	Astra	153
☐	N124EK	Premier 1A	RB-270	☐ N128GV	Gulf GV	665	☐ N133VP	Cessna S550	0133
☐	N124EP	Gulf 3	440	☐ N128JL	Premier 1	RB-28	☐ N133WA	C550	550-0356
☐	N124HS	Westwind	329	☐ N128JW	C525A CJ2	0152	☐ N134CG	Learjet 31A	195
☐	N124JL	Learjet 24	127	☐ N128KG	Gulf2	62	☐ N134CM	Be400A	RK-144
☐	N124LS	Legacy	14500948	☐ N128LR	Learjet 28	28-001	☐ N134DJ	Eclipse 500	35
☐	N124PP	Be400A	RK-92	☐ N128TS	Gulf IVSP	1263	☐ N134LJ	Learjet 31A	134
☐	N124SD	Sabre 65	465-2	☐ N128V	Learjet 60	60-226	☐ N134N	Jet Commander	134
☐	N124TF	Gulf IV	1004	☐ N129BT	Be400	RJ-29	☐ N134NW	125-700	257134
☐	N124WW	Westwind	201	☐ N129CK	C525A CJ2+	0382	☐ N134SW	Premier 1	RB-81
☐	N124ZT	Learjet 35A	138	☐ N129ED	C550	550-0718	☐ N134VS	Challenger 600	1034
☐	N125BJ	C525A CJ2	0101	☐ N129GB	C650 III	650-0006	☐ N134WM	Challenger 604	5340
☐	N125BW	Learjet 45XR	45-323	☐ N129JD	Learjet 31A	193	☐ N135AG	Learjet 35A	132
☐	N125CH	Global Express	9080	☐ N129JE	Falcon 20E	267	☐ N135BC	CRJ800	7075
☐	N125CK	125	25266	☐ N129MC	C560	560-0120	☐ N135BJ	Be400A	RK-135
☐	N125CS	C525 CJ1	525-0522	☐ N129ME	Learjet 24F	357	☐ N135CG	Learjet 45XR	45-354
☐	N125DC	Gulf2	55	☐ N129MH	G300	1517	☐ N135DA	Learjet 35A	405
☐	N125DG	C525B CJ3	0060	☐ N129NS	Gulf IVSP	1281	☐ N135DE	Learjet 35A	667
☐	N125DH	125	25245	☐ N129PB	C550 Bravo	550-0973	☐ N135DJ	Eclipse 500	36
☐	N125DS	C500	500-0258	☐ N129QS	B737 BBJ1	30329	☐ N135FA	Learjet 35A	67
☐	N125EA	C500	501-0125	☐ N129RP	C525 CJ	525-0173	☐ N135FT	Galaxy G200	155
☐	N125EK	125-700	257089	☐ N129SG	C525A CJ2	0129	☐ N135LR	Learjet 55	68
☐	N125FS	Learjet 31A	125	☐ N129TS	Learjet 35A	253	☐ N135SG	Legacy	145706
☐	N125GB	125-800SP	258217	☐ N129WA	Gulf2B	9	☐ N135SK	Legacy	14500989
☐	N125GR	Astra	116	☐ N129WH	Be400A	RK-129	☐ N135SL	Legacy	145711
☐	N125HF	Westwind	408	☐ N130CE	C500	500-0130	☐ N135SZ	ERJ-135LR	145728
☐	N125HH	125-800	258034	☐ N130CH	Challenger 300	20088	☐ N135WC	C560 Ultra	560-0261
☐	N125JG	Be400A	RK-75	☐ N130CK	Learjet 25	38	☐ N135WE	Learjet 35A	240
☐	N125JW	Learjet 25G	352	☐ N130DJ	Eclipse 500	23	☐ N136DH	Learjet 36A	36
☐	N125LR	Learjet 55	32	☐ N130DW	C500	500-0187	☐ N136DJ	Eclipse 500	37
☐	N125PL	C525B CJ3	0290	☐ N130F	Learjet 35	44	☐ N136EA	Eclipse 500	136
☐	N125PS	Challenger 601	3058	☐ N130GV	Gulf GV	630	☐ N136JD	C560 Ultra	560-0293
☐	N125QA	Cessna S550	0125	☐ N130LC	125-800	258228	☐ N136JP	Learjet 35A	359
☐	N125QS	Be400XP	RK-433	☐ N130LM	C525 CJ	525-0214	☐ N136QS	Be400XP	RK-414
☐	N125SB	125-800	258046	☐ N130RS	Learjet 24	138	☐ N136WE	Learjet 35A	201

Reg	Type	Serial
☐ N137BG	C525B CJ3	0032
☐ N137FA	Falcon 50	137
☐ N137JC	C560	560-0137
☐ N137LA	125-800XP	258697
☐ N137PA	C550	550-0658
☐ N137TA	Falcon 200	487
☐ N137WB	Galaxy G200	137
☐ N137WH	C680	680-0084
☐ N137WR	125-700	257035
☐ N138BG	C680	680-0135
☐ N138CA	C550 Bravo	550-0900
☐ N138CH	Challenger 300	20249
☐ N138DE	ERJ-145LR	145129
☐ N138DM	Falcon 10	181
☐ N138F	Falcon 900B	174
☐ N138FJ	Falcon 20F	369
☐ N138QS	Be400XP	RK-492
☐ N138SA	C500	500-0138
☐ N138SP	C750	750-0138
☐ N139AL	Falcon 900	35
☐ N139CF	Gulf2B	139
☐ N139DJ	Eclipse 500	54
☐ N139MY	C650 III	650-0072
☐ N139QS	Be400XP	RK-483
☐ N139RN	C550 Bravo	550-0886
☐ N139SK	Learjet 55	82
☐ N140CA	Learjet 25B	140
☐ N140DA	C525A CJ2	0140
☐ N140HM	Learjet 40XR	45-2103
☐ N140JC	Learjet 60	60-106
☐ N140LJ	Learjet 40XR	45-2044
☐ N140QS	Be400XP	RK-406
☐ N140RF	Sabre 40	282-67
☐ N140TS	C650 III	650-0141
☐ N140U	C560	560-0024
☐ N140WH	C650 III	650-0195
☐ N140WW	Learjet 40XR	45-2049
☐ N141AB	C550 Bravo	550-1044
☐ N141AL	125-700	257152
☐ N141AQ	C560	560-0141
☐ N141DJ	Eclipse 500	55
☐ N141DR	Be400A	RK-184
☐ N141EA	Eclipse 500	223
☐ N141FM	Learjet 55	41
☐ N141JC	C550	550-0341
☐ N141JF	Gulf2	106
☐ N141M	C500	501-0039
☐ N141MR	125-800	258141
☐ N141QS	Be400XP	RK-498
☐ N141RD	Challenger 600	1041
☐ N141SA	C500	500-0185
☐ N141SL	Sabre 60	306-141
☐ N142AA	C560XL	560-5281
☐ N142DA	C500	501-0004
☐ N142DJ	Eclipse 500	56
☐ N142GA	C560	560-0042
☐ N142HC	G450	4007
☐ N142LM	Learjet 35A	280
☐ N142QS	Be400XP	RK-432
☐ N143AA	Learjet 60	60-143
☐ N143BP	C550 Bravo	550-1072
☐ N143CK	Learjet 25B	143
☐ N143CM	Premier 1	RB-114
☐ N143DH	C560XLS	560-5514
☐ N143DZ	Sabre 60	306-142
☐ N143EA	Eclipse 500	266
☐ N143G	G550	5060
☐ N143GA	Galaxy G200	143
☐ N143HM	Be400A	RK-205
☐ N143JT	C525B CJ3	0181
☐ N143KS	Gulf IVSP	1364
☐ N143LG	Learjet 35A	426
☐ N143RL	125-800XPi	258774
☐ N144AL	C525B CJ3	0044
☐ N144BS	Challenger 601	5033
☐ N144EA	Eclipse 500	246
☐ N144FH	Falcon 900C	189
☐ N144GA	C550	550-0065
☐ N144KK	Gulf GV	559
☐ N144LG	Learjet 35A	500
☐ N144MH	Challenger 601	5135
☐ N144PK	Gulf IV	1210
☐ N144YD	C525A CJ2	0144
☐ N144Z	C550 Bravo	550-0926
☐ N145AM	Learjet 35A	78
☐ N145AP	Learjet 45XR	45-300
☐ N145AR	Learjet 45	45-203
☐ N145BL	C680	680-0045
☐ N145CM	Learjet 45XR	45-297
☐ N145DJ	Eclipse 500	57
☐ N145EA	Eclipse 500	145
☐ N145GL	125	25230
☐ N145GM	Learjet 45XR	45-376
☐ N145HC	Learjet 45	45-231
☐ N145JF	Premier 1A	RB-159
☐ N145K	Learjet 45XR	45-268
☐ N145KK	C560 Ultra	560-0276
☐ N145MN	Learjet 45	45-125
☐ N145MW	Learjet 45XR	45-400
☐ N145PK	C560XLS	560-5809
☐ N145QS	Be400XP	RK-421
☐ N145SB	Learjet 45	45-142
☐ N145SF	C525A CJ2+	0445
☐ N145SH	Learjet 25B	145
☐ N145TA	C500	500-0145
☐ N145XL	Learjet 45	45-106
☐ N146AS	Falcon 50 EX	325
☐ N146BA	Challenger 604	5327
☐ N146DJ	Eclipse 500	58
☐ N146EA	Eclipse 500	146
☐ N146EX	Falcon 900EX	146
☐ N146JF	Premier 1A	RB-206
☐ N146XL	Learjet 45	45-187
☐ N146XP	125-900XP	HA-0146
☐ N147A	Westwind	294
☐ N147AG	Challenger 300	20229
☐ N147BJ	Be400A	RK-147
☐ N147CX	C750	750-0147
☐ N147DJ	Eclipse 500	59
☐ N147EA	Eclipse 500	251
☐ N147FM	Premier 1A	RB-147
☐ N147G	Falcon 2000EX	122
☐ N147GX	Falcon 100	214
☐ N147HH	Challenger 601	5123
☐ N147QS	Be400XP	RK-436
☐ N147SB	C560 Ultra	560-0380
☐ N147SW	Astra	147
☐ N147TW	Learjet 25	23
☐ N147XP	125-900XP	HA-0147
☐ N148DJ	Eclipse 500	61
☐ N148FB	C525A CJ2	0148
☐ N148FJ	Falcon 900B	148
☐ N148GB	Be400A	RK-185
☐ N148H	Westwind	206
☐ N148J	Diamond	033SA
☐ N148LG	Eclipse 500	148
☐ N148MC	Falcon 20-5	428
☐ N148TW	Falcon 20C	148
☐ N148V	Gulf2B	54
☐ N149EA	Eclipse 500	149
☐ N149GK	Phenom 100	00087
☐ N149JS	C680	680-0281
☐ N149QS	Be400XP	RK-473
☐ N149SB	125-800XP	258654
☐ N149VB	Falcon 2000	53
☐ N149WW	C525B CJ3	0175
☐ N150BB	Challenger 604	5470
☐ N150BC	Falcon 2000	67
☐ N150BV	C525 CJ	525-0320
☐ N150CK	Learjet 25B	150
☐ N150CT	G150	208
☐ N150DJ	Eclipse 500	62
☐ N150EX	Westwind	262
☐ N150GD	G150	256
☐ N150GF	125-850XP	258823
☐ N150GV	G150	260
☐ N150JP	C650 VII	650-7010
☐ N150K	Falcon 50	108
☐ N150LR	125-1000	259050
☐ N150MH	Challenger 601	3021
☐ N150MS	Learjet 55	49
☐ N150NC	125-800XP	258293
☐ N150PU	G150	225
☐ N150RJ	Falcon 50 EX	324
☐ N150RM	C500	501-0076
☐ N150RS	Learjet 25B	162
☐ N150RT	G150	201
☐ N150SB	125-800	258197
☐ N150TT	C500	500-0176
☐ N150TX	Falcon 50	13
☐ N150WC	C560XL	560-5150
☐ N151DR	C650 II	650-0147
☐ N151EW	C525 CJ1	525-0529
☐ N151EX	Falcon 2000LX	151
☐ N151FD	C550 Bravo	550-1087
☐ N151GR	Falcon 2000	151
☐ N151KD	C525B CJ3	0268
☐ N151KV	C560XL	560-5320
☐ N151QS	Be400XP	RK-422
☐ N151SD	Gulf IVSP	1249
☐ N151SG	125	25035
☐ N151SP	C500	501-0021
☐ N151ST	Gulf IV	1151
☐ N151WW	Learjet 24	170
☐ N152DJ	Eclipse 500	71
☐ N152FJ	Falcon 50	152
☐ N152JH	C560 Encore	560-0615
☐ N152KV	C525 CJ	525-0152
☐ N152VP	C550 Bravo	550-1052
☐ N153AG	Learjet 23	58
☐ N153DJ	Eclipse 500	72
☐ N153QS	Be400XP	RK-490
☐ N153SG	C560XL	560-5231
☐ N153TH	C550	550-0695
☐ N153XP	125-900XP	HA-0153
☐ N154AK	Learjet 60	60-114
☐ N154C	Gulf IVSP	1493
☐ N154FJ	125-700	257110
☐ N154G	Gulf IV	1044
☐ N154JH	C560 Encore	560-0555
☐ N154NS	Challenger 601	5169
☐ N154QS	Be400XP	RK-509
☐ N154RR	125-800XP	258375
☐ N154RT	Learjet 31A	154
☐ N154SC	C500	501-0154
☐ N154VP	C560	560-0154
☐ N154XP	125-900XP	HA-0154
☐ N155AC	C550	550-0573
☐ N155AM	Learjet 35A	131
☐ N155AN	G550	5029
☐ N155BC	Learjet 55	115
☐ N155DB	Learjet 55C	141
☐ N155DH	Be400A	RK-36

Reg	Type	Serial	Reg	Type	Serial	Reg	Type	Serial
☐ N155ER	Learjet 55	98	☐ N160XP	125-900XP	HA-0160	☐ N168W	Sabre 40	282-33
☐ N155GM	Learjet 55	22	☐ N161BB	Eclipse 500	222	☐ N168WM	Gulf IV	1002
☐ N155JH	C560 Encore	560-0568	☐ N161DJ	Eclipse 500	78	☐ N168WU	125-1000	259009
☐ N155MK	C500	500-0155	☐ N161MM	G400	1511	☐ N169HM	Gulf2	13
☐ N155MM	Gulf 3	325	☐ N161QS	Be400XP	RK-435	☐ N169KT	B727-269	22359
☐ N155MW	CRJ200	7021	☐ N161SM	C525 CJ1	525-0369	☐ N169LS	Falcon 10	115
☐ N155NS	125-800XP	258549	☐ N161TM	C550 Bravo	550-0867	☐ N169SD	G550	5206
☐ N155PT	C560	560-0257	☐ N161VP	C550 Bravo	550-1061	☐ N169TA	Challenger 605	5790
☐ N155PX	Falcon 10	189	☐ N161WC	Global Express	9006	☐ N169TD	Challenger 601	3041
☐ N155RJ	Gulf IVSP	1347	☐ N161X	Westwind	234	☐ N169US	Learjet 24D	298
☐ N155RM	Premier 1	RB-6	☐ N162DJ	Eclipse 500	79	☐ N170DC	125-900XP	HA-0001
☐ N155RW	C560XLS	560-5570	☐ N162DS	C650 III	650-0164	☐ N170EA	Eclipse 500	170
☐ N155SB	Learjet 55	13	☐ N162EC	C525B CJ3	0026	☐ N170HL	C750	750-0100
☐ N155TS	Learjet 55	102	☐ N162GB	Galaxy G200	117	☐ N170LD	Learjet 35A	287
☐ N155VP	C560	560-0155	☐ N162JB	125-800XP	258509	☐ N170LS	Learjet 45	45-029
☐ N155XP	125-900XP	HA-0155	☐ N162JC	Gulf GV	539	☐ N170MK	Learjet 60	60-002
☐ N156BF	Learjet 60	60-266	☐ N162TJ	C550 Bravo	550-0888	☐ N170MU	C525 CJ	525-0170
☐ N156DB	Falcon 50	40	☐ N163BB	Eclipse 500	250	☐ N170SD	C560XL	560-5091
☐ N156DH	Learjet 60	60-091	☐ N163DE	Horizon	RC-18	☐ N170SW	Global Express	9042
☐ N156DJ	Eclipse 500	73	☐ N163DJ	Eclipse 500	81	☐ N170TM	C525A CJ2	0100
☐ N156JH	C560 Encore	560-0575	☐ N163DK	Horizon	RC-19	☐ N171AM	Gulf 3	437
☐ N156ML	C525 CJ	525-0156	☐ N163EB	Falcon 2000EX	36	☐ N171EX	Falcon 7X	24
☐ N156NS	125-800XP	258668	☐ N163EG	Challenger 600S	1035	☐ N171JC	Gulf IV	1222
☐ N156PH	C680	680-0031	☐ N163JM	C650 III	650-0163	☐ N171JJ	Global 5000	9209
☐ N156XP	125-900XP	HA-0156	☐ N163PA	Gulf 3	249	☐ N171TG	Falcon 50 EX	251
☐ N157AG	Learjet 24D	252	☐ N163WC	Westwind	217	☐ N171TV	Gulf 3	422
☐ N157GA	Astra	15	☐ N163WG	Challenger 601	3057	☐ N171WH	Learjet 35A	171
☐ N157JH	C560 Encore	560-0581	☐ N163XP	125-900XP	HA-0163	☐ N171WJ	C500	501-0171
☐ N157JL	C525B CJ3	0157	☐ N164AS	C560XL	560-5192	☐ N172EX	Galaxy G200	172
☐ N157PB	Learjet 45	45-030	☐ N164GB	Falcon 50	164	☐ N173A	Sabre 65	465-20
☐ N157PH	C680	680-0035	☐ N164MW	Eclipse 500	122	☐ N173AA	C550	550-0234
☐ N157QS	Be400XP	RK-520	☐ N164RJ	B737 BBJ1	30328	☐ N173DS	Learjet 40XR	45-2092
☐ N157TF	C560	560-0157	☐ N164SB	Learjet 31A	164	☐ N173JM	Galaxy G200	122
☐ N157TW	Learjet 24	157	☐ N164TC	C560	560-0174	☐ N173KR	Learjet 60	60-099
☐ N157WH	Be400A	RK-157	☐ N164WC	125-800SP	258072	☐ N173PA	Gulf 3	313
☐ N157XP	125-900XP	HA-0157	☐ N165AA	Learjet 25B	152	☐ N173PD	Eclipse 500	173
☐ N158DJ	Eclipse 500	74	☐ N165CA	C525 CJ1	525-0451	☐ N173TR	125-800	258039
☐ N158EC	Learjet 45	45-186	☐ N165CM	Learjet 24E	355	☐ N173VP	C650 III	650-0173
☐ N158JS	C560 Encore	560-0540	☐ N165DL	Eclipse 500	218	☐ N174B	Falcon 10	142
☐ N158M	Falcon 50 EX	351	☐ N165G	Gulf 3	414	☐ N174DR	C550	551-0109
☐ N158PH	C680	680-0049	☐ N165GD	Gulf IVSP	1265	☐ N174GA	G550	5274
☐ N158R	Learjet 31A	189	☐ N165JB	Cessna S550	0009	☐ N174JS	C560 Encore	560-0572
☐ N158SG	C550 Bravo	550-1088	☐ N165JF	Gulf IVSP	1251	☐ N174SJ	C525B CJ3	0174
☐ N158TW	Falcon 20C	158	☐ N165PA	Gulf2B	775	☐ N174VP	C650 VII	650-7004
☐ N158XP	125-900XP	HA-0158	☐ N165RD	C550	551-0053	☐ N175BC	Falcon 2000	32
☐ N159AK	Be400XP	RK-439	☐ N166AN	Premier 1A	RB-227	☐ N175BG	Gulf 3	396
☐ N159EA	Eclipse 500	261	☐ N166EA	Eclipse 500	169	☐ N175BJ	Be400A	RK-175
☐ N159EC	Learjet 45	45-229	☐ N166FA	C500	501-0166	☐ N175DP	C650 VII	650-7116
☐ N159FM	125-850XP	258651	☐ N166FB	Falcon 900EX	18	☐ N175EM	Phenom 100	00106
☐ N159JA	G550	5062	☐ N166HL	Learjet 60	60-041	☐ N175FJ	Falcon 10	97
☐ N159KC	C500	500-0159	☐ N166PC	Learjet 25B	166	☐ N175FS	Learjet 24A	31
☐ N159M	125-900XP	HA-0082	☐ N166RD	C560XLS	560-5740	☐ N175J	C650 III	650-0168
☐ N159NB	Gulf2B	140	☐ N166RM	Astra	47	☐ N175JE	Eclipse 500	111
☐ N160AN	Learjet 60	60-126	☐ N166ST	C560 Encore	560-0606	☐ N175MC	125-700	257178
☐ N160BL	Learjet 60	60-104	☐ N166WC	125-800SP	258119	☐ N175MD	Jetstar II	5215
☐ N160BP	Learjet 60	60-138	☐ N167AA	Gulf IV	1096	☐ N175QS	Be400XP	RK-574
☐ N160CF	Learjet 31A	160	☐ N167DD	125-800	258068	☐ N175SR	C650 III	650-0175
☐ N160CT	Astra	152	☐ N167DP	Premier 1	RB-67	☐ N175WS	C560XL	560-5327
☐ N160DJ	Eclipse 500	77	☐ N168AM	Falcon 2000EX	138	☐ N176CA	Learjet 40XR	45-2045
☐ N160EE	Learjet 60	60-093	☐ N168BF	125-800XP	258373	☐ N176CG	Falcon 2000EX	92
☐ N160FF	Eclipse 500	210	☐ N168BG	C560XL	560-5162	☐ N176CL	Falcon 900EX	110
☐ N160FJ	Falcon 10	160	☐ N168CF	MD87	49670	☐ N176DT	Westwind	154
☐ N160GC	Learjet 36A	30	☐ N168DJ	Falcon 20-5	168	☐ N176KS	Learjet 60	60-066
☐ N160GG	Learjet 60	60-113	☐ N168EA	C560	560-0168	☐ N176MG	Learjet 45XR	45-383
☐ N160GH	Learjet 60	60-129	☐ N168NJ	Gulf GV	667	☐ N177AM	Learjet 55C	147
☐ N160JD	Learjet 60	60-068	☐ N168NQ	Challenger 604	5531	☐ N177BB	Gulf IV	1073
☐ N160MG	Learjet 60	60-244	☐ N168PK	Gulf IV	1053	☐ N177CK	Eclipse 500	182
☐ N160TG	Learjet 60XR	60-339	☐ N168RR	Galaxy G200	217	☐ N177EA	Eclipse 500	177
☐ N160TM	G300	1526	☐ N168TR	Learjet 35A	68	☐ N177EL	C750	750-0177
☐ N160W	Sabre 40	282-101	☐ N168TT	Eclipse 500	42	☐ N177JB	Learjet 31A	161
☐ N160WC	125-800SP	258069	☐ N168VA	Gulf2 SP	112	☐ N177JC	Jet Commander	77

Reg	Type	Serial	Reg	Type	Serial	Reg	Type	Serial
☐ N177JE	C560 Encore	560-0678	☐ N188DC	Gulf2	188	☐ N196KC	Falcon 2000	195
☐ N177JF	C525 CJ	525-0182	☐ N188DM	Falcon 50 EX	327	☐ N196MG	125-800	258081
☐ N177RJ	C550	550-0550	☐ N188FJ	Falcon 50	188	☐ N196PH	Learjet 45	45-056
☐ N178AM	Learjet 55C	144	☐ N188GA	G450	4188	☐ N196RG	Falcon 2000	135
☐ N178B	Gulf2B	125	☐ N188JF	Be400XP	RK-446	☐ N196RJ	C550	550-0207
☐ N178BR	C560XL	560-5354	☐ N188JS	Gulf2 SP	29	☐ N196SB	C560XLS	560-5513
☐ N178CP	Learjet 35	5	☐ N188KA	125-700	257132	☐ N196SD	C650 III	650-0093
☐ N178DA	Cessna S550	0004	☐ N188ML	Galaxy G200	24	☐ N196TB	Learjet 24B	196
☐ N178GA	G450	4176	☐ N188PR	Learjet 25G	371	☐ N196TS	Falcon 20D	196
☐ N178HL	C650 III	650-0125	☐ N188SW	Falcon 7X	23	☐ N197AR	Eclipse 500	114
☐ N178MM	Learjet 60	60-178	☐ N188TG	Learjet 60	60-078	☐ N197BE	Be400A	RK-33
☐ N178PC	125	25264	☐ N188TL	C680	680-0257	☐ N197CF	Learjet 25B	197
☐ N178SD	G450	4111	☐ N188TW	C525 CJ	525-0326	☐ N197HF	G150	220
☐ N178SF	C510	510-0128	☐ N188WS	C560XL	560-5179	☐ N197PH	Learjet 31A	169
☐ N178TM	Galaxy G200	167	☐ N189CM	C525 CJ	525-0189	☐ N197PR	C550	550-0704
☐ N178WG	C525A CJ2+	0342	☐ N189H	C560	560-0004	☐ N198DL	Jetstar 731	5083
☐ N179AE	Galaxy G200	68	☐ N189J	Gulf IV	1068	☐ N198GJ	Learjet 35A	198
☐ N179LF	Learjet 60	60-101	☐ N189K	Challenger 601	5083	☐ N198GS	Gulf IV	1098
☐ N179MR	Learjet 45	45-179	☐ N189RB	Falcon 20-5	262	☐ N198GT	125-700	257123
☐ N179QS	Be400XP	RK-578	☐ N189RR	125	25248	☐ N198HB	Learjet 60	60-198
☐ N179T	Gulf2B	86	☐ N189SC	Gulf GV	552	☐ N198JA	Learjet 25B	198
☐ N180AR	Gulf2B	148	☐ N189TM	125-800	258196	☐ N198JH	C525 CJ	525-0265
☐ N180CH	Gulf IV	1192	☐ N189WS	Gulf2 SP	228	☐ N198M	Falcon 50 EX	273
☐ N180CP	Learjet 60	60-081	☐ N189WW	C560XL	560-5069	☐ N198MA	Learjet 25B	110
☐ N180EG	125-800	258188	☐ N190BW	Phenom 100	00028	☐ N198MR	Falcon 50	149
☐ N180FW	C560 Ultra	560-0260	☐ N190CK	Eclipse 500	190	☐ N198ND	C550	550-0630
☐ N180NE	125-800	258100	☐ N190HL	Phenom 100	00124	☐ N198NS	C550	550-0133
☐ N180QS	Be400XP	RK-569	☐ N190JK	C560 Ultra	560-0303	☐ N198RG	C525 CJ	525-0198
☐ N181CA	Learjet 35A	420	☐ N190K	C500	501-0192	☐ N199BT	Learjet 25D	311
☐ N181CR	Gulf IV	1001	☐ N190MC	Falcon 2000	45	☐ N199DJ	C500	501-0193
☐ N181EF	Learjet 35A	190	☐ N190MP	Challenger 601	5161	☐ N199FG	Falcon 50	231
☐ N181FH	125-800	258098	☐ N190MQ	Falcon 50	26	☐ N199HE	Astra	27
☐ N181G	Cessna S550	0006	☐ N190RP	Gulf2 SP	136	☐ N199HF	Galaxy G200	28
☐ N181GA	G450	4181	☐ N190SW	125-900XP	HA-0079	☐ N199ML	C510	510-0002
☐ N181J	Challenger 604	5433	☐ N191AE	Falcon 900EX	191	☐ N199RM	Premier 1	RB-99
☐ N181PA	Learjet 31A	156	☐ N191LJ	Learjet 45	45-191	☐ N199WT	C750	750-0018
☐ N181RK	Falcon 200	515	☐ N191MC	Falcon 50 EX	282	☐ N199XP	C750	750-0019
☐ N181SG	C560	560-0181	☐ N191PP	C525 CJ1	525-0487	☐ N200A	Global Express	9203
☐ N181VP	C550 Bravo	550-1081	☐ N191TD	Learjet 45XR	45-298	☐ N200AB	Gulf2	71
☐ N183CM	Learjet 45	45-133	☐ N191VE	C560	560-0150	☐ N200AP	C750	750-0003
☐ N183JS	C560XL	560-5322	☐ N191VF	C560 Encore	560-0627	☐ N200AQ	Gulf2B	32
☐ N183PA	Gulf2 SP	108	☐ N192CK	Falcon 20DC	192	☐ N200AS	C550 Bravo	550-0934
☐ N183TS	Learjet 45XR	45-273	☐ N192CN	C680	680-0137	☐ N200AX	Galaxy G200	9
☐ N183TX	C525A CJ2	0183	☐ N192DW	C550	550-0192	☐ N200BA	Galaxy G200	76
☐ N183WW	Falcon 900B	165	☐ N192JS	125-800	258251	☐ N200BH	Galaxy G200	13
☐ N184AR	Be400A	RK-34	☐ N192NC	G450	4126	☐ N200BN	Galaxy G200	221
☐ N184BK	Challenger 300	20209	☐ N192SJ	125-800	258192	☐ N200CG	C500	500-0230
☐ N184FJ	Falcon 900C	184	☐ N192SW	G150	216	☐ N200CH	Falcon 2000EX	4
☐ N184GP	C650 VI	650-0236	☐ N192WF	Gulf2 SP	192	☐ N200CK	Astra	21
☐ N184PA	Gulf 3	318	☐ N193BJ	Be400A	RK-193	☐ N200CP	Falcon 20-5	275
☐ N184PC	Sabre 75A	380-6	☐ N193DB	Learjet 24B	193	☐ N200CQ	C750	750-0245
☐ N184R	Challenger 300	20024	☐ N193EA	Eclipse 500	193	☐ N200CU	Falcon 20200	499
☐ N184TB	Galaxy G200	211	☐ N193F	Falcon 900EX	147	☐ N200DE	Challenger 604	5390
☐ N184TR	125-800XP	258671	☐ N193LA	Global 5000	9255	☐ N200DV	SJ30	8
☐ N184WW	Falcon 20-5	352	☐ N193PP	C525A CJ2	0192	☐ N200EE	BAC 111	83
☐ N185GA	G550	5185	☐ N193SB	C560XLS+	560-6019	☐ N200EL	Gulf 3	393
☐ N186CP	C500	500-0186	☐ N193SE	C560	560-0229	☐ N200ES	Global 5000	9245
☐ N186DS	Gulf IV	1154	☐ N194K	Falcon 50	194	☐ N200FJ	Falcon 200	494
☐ N186PA	Gulf 3	317	☐ N194LE	Challenger 300	20194	☐ N200GA	Galaxy G200	173
☐ N186TW	C525 CJ1	525-0416	☐ N194MG	C525 CJ	525-0357	☐ N200GF	C550	551-0556
☐ N186XL	C560XL	560-5186	☐ N194SA	C560	560-0238	☐ N200GN	Falcon 2000	68
☐ N187CA	Learjet 25B	187	☐ N194SJ	C525A CJ2	0194	☐ N200GP	Be400A	RK-172
☐ N187EA	Eclipse 500	187	☐ N194WM	Global Express	9277	☐ N200JB	Galaxy G200	164
☐ N187GA	G450	4187	☐ N195ME	C525 CJ	525-0110	☐ N200JR	C560XLS	560-5550
☐ N187JN	C550	550-0335	☐ N195SV	Falcon 50 EX	293	☐ N200JX	BAC 111	15
☐ N187MC	C525 CJ	525-0276	☐ N195WS	Gulf IV	1050	☐ N200KB	Learjet 31A	98
☐ N187MG	C525A CJ2	0187	☐ N196CC	Gulf 3	463	☐ N200LB	Premier 1	RB-116
☐ N187PN	Falcon 50	187	☐ N196CT	Learjet 45XR	45-318	☐ N200LC	Gulf IV	1067
☐ N187TJ	Westwind	187	☐ N196FJ	Falcon 50	196	☐ N200LH	C650 VII	650-7005
☐ N188AK	Astra	121	☐ N196HA	C525 CJ	525-0256	☐ N200LP	Diamond	006SA
☐ N188CA	Learjet 25D	208	☐ N196JS	C550	550-0196	☐ N200LV	Galaxy G200	115

Reg	Type	Serial
☐ N200MT	Learjet 60	60-150
☐ N200NC	C550	550-0184
☐ N200NG	C560	560-0190
☐ N200RG	125-750	HB-31
☐ N200RT	Falcon 50	126
☐ N200SC	C560XL	560-5148
☐ N200SG	Falcon 50	239
☐ N200SK	Gulf 3	319
☐ N200SL	C525 CJ1	525-0461
☐ N200ST	Astra	61
☐ N200TW	Learjet 35A	397
☐ N200UP	Falcon 50	55
☐ N200VR	Galaxy G200	133
☐ N200VT	C550	550-0083
☐ N200WK	Falcon 20-5	261
☐ N200XT	Phenom 100	00029
☐ N200Y	C680	680-0030
☐ N201BR	Falcon 20-5	166
☐ N201CR	Falcon 2000	2
☐ N201EA	Eclipse 500	201
☐ N201GA	Galaxy G200	101
☐ N201GF	Falcon 20E	284
☐ N201SU	C560 Encore	560-0586
☐ N201WR	Falcon 2000	201
☐ N202AR	Falcon 200	496
☐ N202AT	Falcon 200	509
☐ N202AV	C650 VII	650-7108
☐ N202CE	Falcon 2000	22
☐ N202DF	C680	680-0098
☐ N202DH	Challenger 300	20117
☐ N202EA	Eclipse 500	202
☐ N202EX	Falcon 2000EX	2
☐ N202GA	G450	4202
☐ N202HM	C500	500-0260
☐ N202JK	C650 III	650-0100
☐ N202JS	Learjet 24D	278
☐ N202LJ	Learjet 60	60-202
☐ N202N	Learjet 60	60-258
☐ N202PX	Gulf2 SP	17
☐ N202RL	C560XL	560-5117
☐ N202TT	Be400XP	RK-504
☐ N202VZ	G450	4158
☐ N202WR	Falcon 900B	24
☐ N202XT	Challenger 300	20198
☐ N203	Challenger 604	5374
☐ N203A	G550	5169
☐ N203BG	C525 CJ1	525-0378
☐ N203BP	Premier 1A	RB-203
☐ N203DN	C680	680-0203
☐ N203FL	Be400A	RK-123
☐ N203JD	Challenger 601	5099
☐ N203JE	Global Express	9019
☐ N203JL	Learjet 24B	203
☐ N203LX	Falcon 2000LX	203
☐ N203NC	Falcon 50	203
☐ N203QS	Falcon 2000	198
☐ N203R	Challenger 604	5386
☐ N203TM	125-800XP	258653
☐ N203VS	Learjet 25D	347
☐ N203WB	Falcon 2000	144
☐ N203WS	C560 Encore +	560-0785
☐ N204AM	MD87	49304
☐ N204AN	Falcon 20C	102
☐ N204BG	C560 Ultra	560-0503
☐ N204CA	C500	501-0283
☐ N204CE	Falcon 2000LX	165
☐ N204CF	C550	550-0238
☐ N204CW	Falcon 2000EX	101
☐ N204DD	Galaxy G200	139
☐ N204DH	Be400A	RK-290
☐ N204J	C525 CJ	525-0164
☐ N204JK	Challenger 601	5015
☐ N204PM	C550	550-0320
☐ N204QS	Falcon 2000	104
☐ N204RT	Learjet 31A	204
☐ N204TM	Westwind	320
☐ N204TW	Falcon 20DC	204
☐ N204ZQ	Eclipse 500	186
☐ N205BC	Premier 1	RB-69
☐ N205BN	C525 CJ	525-0050
☐ N205CM	C560	560-0250
☐ N205CW	Falcon 2000EX	45
☐ N205EL	Global 5000	9201
☐ N205JC	Falcon 20-5	440
☐ N205LX	Falcon 2000LX	205
☐ N205TW	125-700	257025
☐ N205WP	Falcon 20E	306
☐ N205YY	C525A CJ2	0205
☐ N206CK	Learjet 45	45-047
☐ N206HY	Learjet 60	60-028
☐ N207AH	Premier 1A	RB-207
☐ N207BC	Astra	93
☐ N207BG	C525A CJ2+	0326
☐ N207BS	C525 CJ1	525-0445
☐ N207CA	Falcon 20C	153
☐ N207EA	Eclipse 500	207
☐ N207JS	Falcon 20-5	117
☐ N207MJ	MS760 Paris	2
☐ N207R	125-1000	259045
☐ N207RG	Learjet 24E	339
☐ N207TR	Falcon 7X	35
☐ N207TT	125-1000	259008
☐ N207WM	Eclipse 500	247
☐ N208BG	C525A CJ2+	0414
☐ N208BH	Learjet 60	60-208
☐ N208GA	G150	288
☐ N208HP	Premier 1A	RB-232
☐ N208L	125-1000	259011
☐ N208LT	Challenger 604	5440
☐ N208MF	C680	680-0233
☐ N208R	Challenger 604	5316
☐ N208VP	C560	560-0209
☐ N209CA	Falcon 20C	71
☐ N209CQ	Falcon 900EX	98
☐ N209CV	C560	560-0209
☐ N209EA	Eclipse 500	209
☐ N209EX	Falcon 900EX	209
☐ N209FJ	Falcon 900EX	2
☐ N209HP	125-750	HB-26
☐ N209SU	Falcon 2000LX	163
☐ N209TS	125-700	257014
☐ N210CM	C560 Ultra	560-0369
☐ N210FF	Phenom 100	00088
☐ N210FJ	Falcon 900EX	210
☐ N210QS	Falcon 2000	211
☐ N210RK	125-700	257073
☐ N211BC	Learjet 55C	145
☐ N211CC	C680	680-0034
☐ N211CQ	C650 VI	650-0211
☐ N211DH	Gulf IVSP	1432
☐ N211DK	Gulf IV	1078
☐ N211EC	Falcon 10	166
☐ N211GA	Diamond	011SA
☐ N211GM	C525 CJ	525-0208
☐ N211JC	Learjet 25D	310
☐ N211JL	Falcon 10	180
☐ N211JN	125-800	258104
☐ N211JS	C550	551-0140
☐ N211MA	Gulf IVSP	1247
☐ N211RN	Learjet 31A	72
☐ N211ST	Westwind	303
☐ N212BA	Gulf 3	353
☐ N212BW	C560	560-0038
☐ N212EA	Eclipse 500	212
☐ N212FJ	Falcon 10	147
☐ N212LF	G450	4139
☐ N212M	C500	501-0280
☐ N212MP	Galaxy G200	33
☐ N212R	Falcon 20DC	212
☐ N212RG	125-800SP	258073
☐ N212RR	Challenger 604	5336
☐ N212SL	Galaxy G200	55
☐ N212T	Astra	110
☐ N212VZ	G400	1531
☐ N213BA	Gulf 3	453
☐ N213BK	Be400A	RK-216
☐ N213CA	Learjet 25D	241
☐ N213CC	C550	550-0213
☐ N213GS	Challenger 601	5101
☐ N213HP	C650 III	650-0133
☐ N213JS	C550	550-0597
☐ N213PC	Premier 1A	RB-173
☐ N213PQ	Premier 1	RB-75
☐ N213QS	Falcon 2000	113
☐ N213TS	Challenger 601	3013
☐ N213X	Gulf2 SP	213
☐ N214AS	Falcon 200	501
☐ N214DV	Falcon 50 EX	350
☐ N214GA	G450	4214
☐ N214HT	C510	510-0097
☐ N214JT	C550	550-0418
☐ N214LD	Falcon 2000	41
☐ N214MS	Eclipse 500	252
☐ N214PG	Diamond	082SA
☐ N214RV	Falcon 100	217
☐ N214RW	Challenger 300	20119
☐ N214WY	Gulf 3	441
☐ N215KM	Learjet 60	60-109
☐ N215NA	C500	501-0215
☐ N215QS	Falcon 2000	214
☐ N215RE	Falcon 2000	215
☐ N215RS	125-700	257023
☐ N215RX	C750	750-0225
☐ N215TP	Be400	RJ-64
☐ N215TT	Learjet 31A	76
☐ N216CA	Falcon 20DC	11
☐ N216GA	G450	4216
☐ N216RR	Gulf2 SP	22
☐ N216WD	Falcon 50	112
☐ N217AJ	Learjet 24E	345
☐ N217AL	C750	750-0217
☐ N217BA	Galaxy G200	144
☐ N217CA	Falcon 20C	75
☐ N217EC	Be400XP	RK-356
☐ N217GH	Challenger 300	20248
☐ N217GL	C560	560-0076
☐ N217MJ	Learjet 45	45-217
☐ N217MS	G150	217
☐ N217RM	Challenger 600S	1054
☐ N217SA	C550	550-0217
☐ N217TA	Learjet 35A	289
☐ N217TH	C560 Ultra	560-0390
☐ N217WC	C560 Ultra	560-0317
☐ N217WM	Learjet 25D	217
☐ N218AD	125-800	258139
☐ N218CA	Falcon 20DC	218
☐ N218EC	Gulf GV	656
☐ N218G	Eclipse 500	197
☐ N218GA	G450	4218
☐ N218JG	C500	501-0218
☐ N218JT	Eclipse 500	47
☐ N218NB	Learjet 31A	146
☐ N218PH	Falcon 2000	218

Reg	Type	S/N	Reg	Type	S/N	Reg	Type	S/N
☐ N218QS	Falcon 2000	118	☐ N224BA	C525 CJ1+	525-0669	☐ N228MD	125-600	256037
☐ N218SE	Gulf2	116	☐ N224CJ	C525 CJ	525-0224	☐ N228MH	C550	551-0050
☐ N218WW	G450	4058	☐ N224EA	125-700	257088	☐ N228N	Challenger 300	20060
☐ N219AX	Galaxy G200	19	☐ N224F	Challenger 601	5163	☐ N228PC	C560 Ultra	560-0310
☐ N219CA	Falcon 20DC	193	☐ N224FD	Be400A	RK-324	☐ N228PK	125-850XP	258808
☐ N219CJ	C525 CJ	525-0219	☐ N224GP	C500	501-0112	☐ N228RE	Gulf IVSP	1438
☐ N219DC	Be400XP	RK-518	☐ N224HD	Falcon 50 EX	336	☐ N228RH	C680	680-0128
☐ N219EA	Eclipse 500	219	☐ N224KC	Cessna S550	0104	☐ N228TM	125-800XP	258458
☐ N219L	C525B CJ3	0091	☐ N224MC	Be400A	RK-165	☐ N228Y	C560XL	560-5342
☐ N219LC	C680	680-0249	☐ N224N	Challenger 604	5661	☐ N229BP	Challenger 300	20223
☐ N219MS	C550	550-0180	☐ N224PA	Westwind	411	☐ N229BW	Eclipse 500	4
☐ N219RB	Learjet 25D	255	☐ N224QS	Falcon 2000	124	☐ N229CE	C750	750-0229
☐ N220AB	Falcon 2000	170	☐ N224WD	C525A CJ2	0122	☐ N229CK	Falcon 20DC	229
☐ N220BP	Cessna S550	0034	☐ N224WE	Falcon 20F	272	☐ N229CN	C525B CJ3	0223
☐ N220BW	Eclipse 500	179	☐ N224ZQ	Eclipse 500	162	☐ N229D	Westwind	427
☐ N220CA	Falcon 20DC	220	☐ N225AR	Challenger 300	20166	☐ N229DK	Falcon 900EX	229
☐ N220CM	C650 III	650-0160	☐ N225BJ	125-700	257044	☐ N229EA	Eclipse 500	229
☐ N220DF	Falcon 2000	69	☐ N225CC	Falcon 100	225	☐ N229LJ	Learjet 31A	229
☐ N220DH	Westwind	440	☐ N225CF	Learjet 35A	225	☐ N229MC	C550	550-0229
☐ N220DK	C510	510-0150	☐ N225CX	G450	4171	☐ N229QS	Falcon 2000	129
☐ N220GS	Learjet 35A	220	☐ N225DC	Gulf IVSP	1253	☐ N229RP	Learjet 60XR	60-320
☐ N220HM	C500	501-0182	☐ N225EE	Gulf GV	563	☐ N230BF	C510	510-0230
☐ N220JD	C525A CJ2	0120	☐ N225HD	Falcon 50 EX	313	☐ N230BT	Falcon 50	62
☐ N220KS	Falcon 10	71	☐ N225KA	Learjet 25	4	☐ N230LC	Challenger 604	5489
☐ N220LA	Falcon 20-5	296	☐ N225LC	Learjet 25B	127	☐ N230LL	C525 CJ	525-0169
☐ N220LE	C550	550-0722	☐ N225MD	Learjet 55	85	☐ N230QS	Falcon 2000EX	59
☐ N220LH	Gulf IV	1054	☐ N225MS	Gulf2 SP	8	☐ N230RA	Falcon 20DC	230
☐ N220NJ	Learjet 35A	21	☐ N225N	Challenger 604	5652	☐ N231JH	Falcon 10	176
☐ N220PA	Falcon 10	113	☐ N225PB	125-800XP	258558	☐ N231WC	C560 Ultra	560-0331
☐ N220SC	C560 Ultra	560-0326	☐ N225RD	C500	500-0194	☐ N232CE	C650 III	650-0067
☐ N220WE	Falcon 20F	349	☐ N225SB	Be400XP	RK-510	☐ N232CF	C750	750-0161
☐ N221BR	Falcon 20-5	74	☐ N225WT	C550 Bravo	550-0821	☐ N232CL	Falcon 900	9
☐ N221CM	Gulf 3	343	☐ N226B	C525 CJ	525-0200	☐ N232CW	C550	550-0032
☐ N221DA	C500	500-0201	☐ N226BR	Eclipse 500	226	☐ N232DM	C550	550-0079
☐ N221DG	G550	5020	☐ N226CP	Phenom 100	00071	☐ N232F	Premier 1	RB-22
☐ N221H	Falcon 20F	461	☐ N226CV	C560	560-0226	☐ N232JR	C550 Bravo	550-0855
☐ N221LC	C680	680-0228	☐ N226CX	Gulf IVSP	1467	☐ N232K	Gulf IVSP	1232
☐ N221PA	Astra	16	☐ N226EC	Challenger 601	5090	☐ N232QS	Falcon 2000EX	115
☐ N221PB	125-800XP	258623	☐ N226HY	Legacy	14501014	☐ N232TN	125-700	257043
☐ N221QS	Falcon 2000EX	54	☐ N226JT	C560XLS	560-5652	☐ N232TW	Falcon 20DC	32
☐ N221SG	Learjet 35A	182	☐ N226MP	Gulf IVSP	1300	☐ N233CA	Learjet 25B	133
☐ N221TR	Learjet 35A	221	☐ N226PC	C550 Bravo	550-0835	☐ N233CC	Learjet 35	31
☐ N221TW	Falcon 20DC	221	☐ N226QS	Falcon 2000	126	☐ N233DB	C500	500-0158
☐ N221WR	Gulf 3	381	☐ N226R	Falcon 20DC	226	☐ N233JJ	C500	500-0233
☐ N222B	Learjet 25	47	☐ N226RM	Gulf2 SP	145	☐ N233KC	Falcon 900B	48
☐ N222BE	Learjet 35A	489	☐ N226RS	Gulf IVSP	1479	☐ N233MM	C525B CJ3	0133
☐ N222BR	Learjet 60	60-310	☐ N227BA	Gulf2 SP	27	☐ N233MT	Eclipse 500	93
☐ N222GY	Gulf IV	1142	☐ N227CK	Falcon 20DC	227	☐ N233MW	Be400A	RK-233
☐ N222JE	Be400A	RK-4	☐ N227CP	Challenger 601	5097	☐ N233QS	Falcon 2000EX	91
☐ N222LM	Challenger 600S	1052	☐ N227DH	C680	680-0086	☐ N233ST	C550	550-0248
☐ N222LR	G150	238	☐ N227FH	Premier 1A	RB-102	☐ N233TW	Learjet 24B	221
☐ N222LX	Gulf GV	633	☐ N227G	Eclipse 500	124	☐ N233XL	C560XL	560-5233
☐ N222MC	Challenger 604	5329	☐ N227HD	Falcon 900EX	157	☐ N234AQ	C560	560-0234
☐ N222MS	125-800	258132	☐ N227JP	C525B CJ3	0265	☐ N234AT	C500	500-0240
☐ N222MU	Falcon 10	164	☐ N227KT	Learjet 31A	208	☐ N234CA	Falcon 20C	17
☐ N222MW	Learjet 45	45-110	☐ N227LA	Gulf2 SP	193	☐ N234CJ	C525A CJ2+	0454
☐ N222NB	G450	4059	☐ N227LS	Eclipse 500	195	☐ N234DB	G550	5106
☐ N222NF	C525A CJ2	0074	☐ N227LT	125	25232	☐ N234DC	Sabre 60	306-103
☐ N222NG	125	25016	☐ N227MC	C560XL	560-5064	☐ N234DK	Be400A	RK-182
☐ N222QS	Falcon 2000	122	☐ N227MK	C500	500-0070	☐ N234DP	Challenger 300	20040
☐ N222TW	Learjet 24	161	☐ N227MM	125-700	257081	☐ N234EA	Eclipse 500	156
☐ N222WA	C500	501-0007	☐ N227QS	Falcon 2000	127	☐ N234FJ	Falcon 2000	34
☐ N223BG	Falcon 20F	250	☐ N227RH	G450	4108	☐ N234G	Jet Commander	28
☐ N223F	Falcon 50 EX	328	☐ N227SV	Gulf IV	1172	☐ N234GF	125-800SP	258096
☐ N223FA	125-800XP	258559	☐ N227WE	Legacy	14501018	☐ N234GX	Global Express	9234
☐ N223HD	Falcon 50 EX	283	☐ N227WL	Falcon 20-5	344	☐ N235CA	Falcon 20C	139
☐ N223JV	C560	560-0131	☐ N228AM	C550	551-0054	☐ N235DX	G550	5085
☐ N223LB	Sabre 65	465-23	☐ N228DB	C750	750-0228	☐ N235EA	Learjet 35	61
☐ N223QS	Falcon 2000EX	86	☐ N228FJ	Falcon 50	228	☐ N235FJ	Falcon 900EX	235
☐ N223RR	125	25282	☐ N228H	Global Express	9040	☐ N235HR	Learjet 55	94
☐ N223TW	Falcon 20C	123	☐ N228KT	Challenger 300	20142	☐ N235JS	Learjet 35A	199

Reg	Type	Serial	Reg	Type	Serial	Reg	Type	Serial
☐ N235KK	Gulf IVSP	1458	☐ N244DS	G450	4050	☐ N252CH	Gulf IV	1204
☐ N235LP	Gulf IVSP	1336	☐ N244J	Gulf IVSP	1451	☐ N252DH	Challenger 604	5419
☐ N235MC	Learjet 35A	334	☐ N244LJ	Learjet 35A	244	☐ N252FX	Learjet 60	60-196
☐ N235SV	C650 VI	650-0235	☐ N244RG	Learjet 35A	154	☐ N252JK	C525 CJ	525-0166
☐ N236CA	Learjet 25B	161	☐ N245BD	G550	5165	☐ N252RP	Learjet 60	60-235
☐ N236LB	C560XL	560-5023	☐ N245CC	C550	550-0212	☐ N252RV	C525 CJ	525-0252
☐ N236LC	Galaxy G200	154	☐ N245CM	Learjet 45XR	45-403	☐ N253CM	Gulf GV	610
☐ N236MJ	Gulf IV	1177	☐ N245DR	C510	510-0105	☐ N253CW	C525 CJ	525-0253
☐ N236N	Challenger 601	5108	☐ N245J	C560XL	560-5245	☐ N253CX	C750	750-0253
☐ N236QS	Falcon 2000	136	☐ N245K	Learjet 45XR	45-269	☐ N253FX	Learjet 60	60-241
☐ N236TW	Falcon 20D	236	☐ N245MS	Learjet 55	77	☐ N253QS	Falcon 2000	153
☐ N237AF	Learjet 35A	262	☐ N245MU	C510	510-0006	☐ N254AD	C560 Encore	560-0688
☐ N237BG	C560 Encore +	560-0771	☐ N245QS	Falcon 2000	145	☐ N254AM	Challenger 604	5361
☐ N237DX	125-700	257148	☐ N245RA	C525A CJ2+	0374	☐ N254CL	Learjet 25D	275
☐ N237GA	G450	4055	☐ N245RS	125-600	256027	☐ N254CX	C750	750-0254
☐ N237TW	Learjet 24D	237	☐ N245SP	C525A CJ2	0006	☐ N254DV	Challenger 300	20262
☐ N237VP	C560	560-0237	☐ N245TT	G550	5003	☐ N254FX	Learjet 60	60-247
☐ N237WC	C550	550-0129	☐ N246AG	Falcon 900EX	135	☐ N254GA	Gulf IV	1032
☐ N237WR	125-700	257072	☐ N246CZ	C525B CJ3	0246	☐ N255AR	Learjet 24D	255
☐ N238BG	C500	501-0240	☐ N246GS	C525 CJ1	525-0446	☐ N255CC	Challenger 604	5302
☐ N238CA	Learjet 25	40	☐ N246JL	Challenger 600S	1046	☐ N255DG	Diamond	056SA
☐ N238DB	Westwind	215	☐ N246V	G450	4149	☐ N255DX	125-800XP	258535
☐ N238PR	Learjet 35A	394	☐ N247AB	Gulf2 SP	208	☐ N255FX	Learjet 60	60-220
☐ N238RM	C525A CJ2+	0453	☐ N247CJ	Falcon 900B	122	☐ N255GA	Gulf IV	1055
☐ N238SM	C560XL	560-5238	☐ N247CK	Challenger 600	1045	☐ N255QS	Falcon 2000	155
☐ N238SW	C525B CJ3	0141	☐ N247CN	C560	560-0173	☐ N255RB	125-850XP	258791
☐ N239AX	Falcon 900B	39	☐ N247DG	C560	560-0082	☐ N255RM	C560	560-0201
☐ N239CD	Falcon 20-5	339	☐ N247DR	C510	510-0177	☐ N255SL	Learjet 60	60-188
☐ N239RF	Premier 1A	RB-139	☐ N247EM	Gulf IV	1045	☐ N255TC	C550	550-0638
☐ N239RT	125-900XP	HA-0120	☐ N247MV	C525B CJ3	0105	☐ N256A	Falcon 50	172
☐ N240B	Learjet 31A	175	☐ N247PL	Falcon 20F	247	☐ N256AH	Learjet 40XR	45-2042
☐ N240CK	Falcon 20-5	24	☐ N247PS	Astra	69	☐ N256BC	125-800SP	258256
☐ N240CM	C560	560-0048	☐ N247RG	Gulf 3	252	☐ N256CC	C550 Bravo	550-0965
☐ N240CX	Gulf IVSP	1370	☐ N247VA	Vantage	1	☐ N256DP	Eclipse 500	230
☐ N240LG	Falcon 900EX	61	☐ N247WE	Challenger 604	5369	☐ N256FX	Learjet 60	60-257
☐ N240RP	Learjet 40	45-2025	☐ N248CJ	C525 CJ	525-0248	☐ N256JB	C525 CJ	525-0284
☐ N240TW	Falcon 20DC	40	☐ N248CK	Learjet 25D	248	☐ N256LK	Gulf GV	514
☐ N240V	125-800XP	258417	☐ N248HA	C550	550-0423	☐ N256P	C500	501-0256
☐ N240Z	125-800XP	258565	☐ N248RF	C525A CJ2	0199	☐ N256W	C750	750-0221
☐ N241BF	C500	501-0214	☐ N248SL	G150	211	☐ N256WJ	125-600	256008
☐ N241BJ	Be400	RJ-41	☐ N249AJ	Challenger 600S	1047	☐ N257AK	Eclipse 500	258
☐ N241CA	Learjet 35A	142	☐ N249HP	Learjet 24D	301	☐ N257AL	C750	750-0226
☐ N241CJ	C525B CJ3	0241	☐ N249RM	Be400A	RK-285	☐ N257CB	Be400A	RK-207
☐ N241CT	Westwind	355	☐ N249SR	125-800	258249	☐ N257CM	C510	510-0257
☐ N241DE	Phenom 100	00070	☐ N250AJ	Be400A	RK-23	☐ N257DW	C550	550-0283
☐ N241DS	Cessna S550	0042	☐ N250AL	C560 Encore	560-0605	☐ N257H	Gulf IV	1223
☐ N241FB	125-700	257129	☐ N250BL	C525A CJ2+	0403	☐ N257K	Eclipse 500	257
☐ N241FR	Challenger 601	5102	☐ N250DV	G550	5066	☐ N257MV	C525 CJ1	525-0548
☐ N241FT	C550	550-0241	☐ N250GP	Diamond	069SA	☐ N257QS	Falcon 2000LX	191
☐ N241JS	125-800XP	258652	☐ N250HP	Be400A	RK-250	☐ N257SJ	Learjet 55	118
☐ N241LJ	Learjet 45XR	45-241	☐ N250MB	125-800	258237	☐ N258A	Falcon 20-5	438
☐ N241MH	Gulf2 SP	160	☐ N250MS	Gulf2 SP	45	☐ N258MR	125-800	258258
☐ N241N	Challenger 601	5100	☐ N250QS	Falcon 2000LX	174	☐ N258QS	Falcon 2000	158
☐ N241RT	125-700	257057	☐ N250RG	Gulf IV	1003	☐ N259DH	C500	500-0259
☐ N241TR	Be400	RJ-45	☐ N250SG	Learjet 60	60-194	☐ N259FX	Learjet 60	60-295
☐ N242AC	C560 Encore	560-0609	☐ N250SP	125-850XP	258600	☐ N259QS	Falcon 2000	159
☐ N242DR	Learjet 35A	242	☐ N250SR	C560	560-0211	☐ N259RH	125-800XP	258529
☐ N242GB	C525 CJ	525-0151	☐ N250VP	C550	550-0250	☐ N259SK	Gulf 3	327
☐ N242GS	Learjet 25D	242	☐ N251AL	Learjet 25D	313	☐ N259SP	125-800XP	258531
☐ N242LJ	C525 CJ	525-0242	☐ N251CB	C500	501-0097	☐ N260AM	C525 CJ	525-0260
☐ N242ML	C525 CJ1	525-0506	☐ N251CF	C550 Bravo	550-0803	☐ N260FX	Learjet 60XR	60-307
☐ N242PF	Learjet 25D	298	☐ N251DD	C500	500-0088	☐ N260LF	Learjet 31	15
☐ N242SW	C550 Bravo	550-0908	☐ N251DV	G400	1522	☐ N260V	Challenger 600S	1022
☐ N243BA	125-800XP2	258365	☐ N251KD	C525A CJ2	0133	☐ N261AH	C680	680-0261
☐ N243FJ	Falcon 20-5	430	☐ N251MC	C510	510-0164	☐ N261DC	Eclipse 500	127
☐ N243MS	C510	510-0243	☐ N251MG	C500	500-0250	☐ N261FX	Learjet 60XR	60-319
☐ N243SH	C500	500-0243	☐ N251MM	Gulf IVSP	1495	☐ N261JP	Be400A	RK-76
☐ N243V	Falcon 2000	152	☐ N251QS	Falcon 2000	202	☐ N261PA	125-1000	259003
☐ N244A	Falcon 10	145	☐ N251SD	Learjet 60	60-195	☐ N261PG	Learjet 35A	329
☐ N244AL	Challenger 600S	1005	☐ N251TS	Learjet 25B	201	☐ N261SC	Learjet 31A	61
☐ N244CJ	C525A CJ2	708	☐ N251VP	G450	4083	☐ N261WC	Learjet 25D	261

Reg	Model	Serial	Reg	Model	Serial	Reg	Model	Serial
☐ N261WR	C560 Ultra	560-0447	☐ N272DN	Falcon 10	135	☐ N285JE	C525A CJ2+	0424
☐ N262BK	C525 CJ	525-0262	☐ N272JC	Galaxy G200	54	☐ N285MC	Cessna S550	0102
☐ N262FX	Learjet 60XR	60-323	☐ N272MH	C680	680-0015	☐ N285TW	Falcon 20EC	285
☐ N262G	125-800XP	258354	☐ N273JC	Falcon 7X	18	☐ N285XP	125-800XP2	258285
☐ N262GA	Galaxy G200	232	☐ N273LJ	Learjet 35A	273	☐ N286CX	Falcon 2000	102
☐ N262PA	Be400A	RK-203	☐ N273LP	Learjet 45	45-185	☐ N286MC	C650 VII	650-7076
☐ N262QS	Falcon 2000	162	☐ N273MC	Learjet 60	60-181	☐ N286MJ	Falcon 900EX	208
☐ N262Y	C550	550-0291	☐ N273MG	Learjet 55	119	☐ N286PC	C500	501-0164
☐ N263CT	C525 CJ	525-0263	☐ N274CA	Sabre 60	306-31	☐ N286SD	Learjet 35A	286
☐ N263FX	Learjet 60XR	60-334	☐ N274CZ	Learjet 45XR	45-274	☐ N287CD	C650 III	650-0179
☐ N263GA	G550	5263	☐ N274HM	Westwind	342	☐ N287DL	Challenger 600	1065
☐ N263MR	Learjet 45XR	45-263	☐ N274JC	Galaxy G200	34	☐ N287KB	MD87	49768
☐ N263PA	Be400XP	RK-429	☐ N274K	Westwind	274	☐ N287MC	C650 VII	650-7096
☐ N264A	Global Express	9064	☐ N274MA	Jet Commander	74	☐ N288AS	Learjet 40XR	45-2088
☐ N264CL	Gulf2 SP	227	☐ N275E	Learjet 24D	245	☐ N288CB	Learjet 45XR	45-272
☐ N264FX	Learjet 60XR	60-340	☐ N275HH	Falcon 50	207	☐ N288CX	C750	750-0219
☐ N264TW	Learjet 25D	232	☐ N275MD	Jetstar II	5230	☐ N288FF	Learjet 31A	108
☐ N265CP	Sabre 65	465-48	☐ N275QS	Falcon 2000	75	☐ N288G	C525A CJ2	0035
☐ N265DS	Sabre 65	465-45	☐ N276A	C560XL	560-5276	☐ N288HL	C560 Encore	560-0599
☐ N265FX	Learjet 60XR	60-345	☐ N276GA	G550	5276	☐ N288JA	C680	680-0288
☐ N265G	Falcon 50	214	☐ N276GC	Challenger 604	5431	☐ N288JP	Learjet 35A	288
☐ N265H	Falcon 900EX	139	☐ N276PS	Learjet 31A	211	☐ N288KA	Gulf 3	391
☐ N265K	Challenger 300	20265	☐ N276RS	Premier 1A	RB-194	☐ N288MB	125-900XP	HA-0063
☐ N265KC	Sabre 75A	380-49	☐ N277AL	Learjet 55	104	☐ N288Z	Global Express	9228
☐ N265M	Sabre 65	465-31	☐ N277G	Eclipse 500	102	☐ N289CA	Falcon 10	111
☐ N265MP	Falcon 20F	265	☐ N277JM	C550	551-0035	☐ N289JP	Learjet 40XR	45-2118
☐ N265QS	Falcon 2000	165	☐ N277QS	Falcon 2000	177	☐ N289K	Challenger 601	5132
☐ N265RX	C750	750-0249	☐ N277RA	Falcon 20C	8	☐ N289MU	Gulf IVSP	1289
☐ N265SC	Sabre 40	282-117	☐ N277RC	C560	560-0210	☐ N290CP	Westwind	219
☐ N265SJ	Gulf IVSP	1351	☐ N277SS	125-800	258028	☐ N290GA	G550	5290
☐ N265TS	C550 Bravo	550-0942	☐ N277TW	Learjet 24D	277	☐ N290MX	Falcon 50	199
☐ N265TW	Learjet 25D	265	☐ N278GA	Galaxy G200	78	☐ N290QS	Falcon 2000	190
☐ N265WS	Sabre 65	465-62	☐ N278GS	Falcon 2000	193	☐ N290VP	C550	550-0090
☐ N266CJ	C525 CJ	525-0266	☐ N278JC	Eclipse 500	278	☐ N291DV	C560XL	560-5146
☐ N266FX	Learjet 60XR	60-348	☐ N278JM	Learjet 31A	221	☐ N292ME	Learjet 35A	292
☐ N266TW	Learjet 24D	266	☐ N278MS	C510	510-0278	☐ N292PC	Falcon 50	99
☐ N267BW	C550	550-0067	☐ N278QS	Falcon 2000	77	☐ N292QS	Falcon 2000	93
☐ N267BW	Falcon 2000EX	107	☐ N278SV	C680	680-0278	☐ N293BC	Falcon 50	135
☐ N267DW	Challenger 604	5391	☐ N279AK	Be400XP	RK-419	☐ N293MC	Learjet 24D	293
☐ N267FX	Learjet 60XR	60-356	☐ N279CJ	C525B CJ3	0279	☐ N293P	Astra	49
☐ N267JE	125-700	257095	☐ N279DV	C525B CJ3	0070	☐ N293S	125-800XP	258572
☐ N267WG	C560 Ultra	560-0267	☐ N279E	Eclipse 500	241	☐ N294AT	C525 CJ	525-0294
☐ N268PA	Be400A	RK-323	☐ N279LE	Learjet 25B	112	☐ N294CC	C525B CJ3	0294
☐ N268QS	Falcon 2000	168	☐ N280AJ	Be400A	RK-164	☐ N294CV	125-800XP2	258339
☐ N268WC	Learjet 25D	268	☐ N280BC	Falcon 50 EX	332	☐ N294CW	C525 CJ	525-0114
☐ N268WS	Learjet 60	60-268	☐ N280CJ	SJ50 Vision	1	☐ N294NW	Learjet 25	31
☐ N269HM	Gulf IV	1118	☐ N280K	Challenger 604	5365	☐ N294S	C560 Ultra	560-0264
☐ N269JH	Learjet 60	60-201	☐ N280PM	C550	550-0188	☐ N294S	Astra	94
☐ N269MJ	Challenger 300	20180	☐ N280QS	Falcon 2000	181	☐ N295DS	C525 CJ	525-0091
☐ N269QS	Falcon 2000	169	☐ N280TA	C550	550-0206	☐ N295GA	G550	5295
☐ N269RC	C500	500-0078	☐ N281QS	Falcon 2000	81	☐ N295JR	125-800	258168
☐ N269SW	Falcon 10	125	☐ N282CM	Galaxy G200	182	☐ N295NW	Learjet 24D	295
☐ N269TA	C650 VII	650-7112	☐ N282DR	C680	680-0111	☐ N295SG	Challenger 300	20269
☐ N270CW	C550	550-0570	☐ N282GA	G550	5282	☐ N295TW	Falcon 20DC	5
☐ N270HC	125-800XPi	258020	☐ N282Q	G550	5090	☐ N296DC	C525 CJ	525-0296
☐ N270KA	125-700	257154	☐ N282T	Falcon 10	42	☐ N296L	Learjet 60	60-296
☐ N270LC	Westwind	245	☐ N282WW	Sabre 60	306-134	☐ N296PM	C525B CJ3	0296
☐ N270MC	Gulf 3	374	☐ N283DF	C550	550-0456	☐ N296QS	Falcon 2000	196
☐ N270MK	C510	510-0241	☐ N283GA	G550	5283	☐ N296RG	Falcon 2000	222
☐ N270PM	C500	500-0196	☐ N283RA	C525B CJ3	0283	☐ N296SB	Challenger 300	20157
☐ N270SC	Gulf IV	1229	☐ N283SA	Falcon 20DC	83	☐ N296SG	Learjet 40XR	45-2105
☐ N270V	Challenger 600S	1017	☐ N283SL	Falcon 2000EX	83	☐ N297AP	Falcon 900	13
☐ N270WS	Learjet 55C	138	☐ N284CP	C560 Ultra	560-0358	☐ N297GB	Gulf IV	1208
☐ N271AC	C500	500-0218	☐ N284QS	Falcon 2000	185	☐ N297MC	Challenger 300	20127
☐ N271CA	C560	560-0071	☐ N284PP	C680	680-0284	☐ N297PF	Falcon 10	56
☐ N271CS	C510	510-0158	☐ N284SD	G550	5120	☐ N298AG	125-800	258014
☐ N271DV	Falcon 900EX	68	☐ N284TJ	Learjet 25D	284	☐ N298EF	Learjet 60	60-103
☐ N271PS	Gulf IV	1059	☐ N285CC	C560 Ultra	560-0285	☐ N298HM	Westwind	240
☐ N271RA	Galaxy G200	104	☐ N285CG	G450	4030	☐ N298NW	Learjet 35A	298
☐ N271SC	Learjet 31A	71	☐ N285DH	Learjet 55	26	☐ N298QS	Falcon 2000	98
☐ N272CB	G150	262	☐ N285GA	G550	5285	☐ N298W	Falcon 900B	45

Reg	Type	Serial
N299CS	C525B CJ3	0299
N299CW	C525 CJ	525-0199
N299CX	C750	750-0299
N299DB	Falcon 10	50
N299DH	C560 Encore	560-0645
N299GS	125-600	256046
N299JC	Falcon 20F	299
N299MW	Learjet 25D	299
N299RA	Falcon 20DC	146
N299TW	Learjet 24D	299
N299WB	125-700	257092
N300AA	Learjet 45XR	45-285
N300AK	C560 Encore	560-0593
N300AQ	Learjet 45	45-211
N300BA	Falcon 20-5	142
N300BC	Challenger 300	20067
N300BP	Falcon 20F	239
N300BV	C525 CJ1	525-0418
N300BZ	Challenger 300	20030
N300CH	C560	560-0080
N300CQ	125-800XP	258555
N300CR	Gulf IVSP	1401
N300CS	C550 Bravo	550-0818
N300CV	Falcon 20F	322
N300DA	C560XL	560-5270
N300DG	Challenger 300	20058
N300DL	C525 CJ	525-0148
N300ES	Challenger 604	5439
N300ET	C525B CJ3	0014
N300FS	Challenger 300	20143
N300GA	G550	5300
N300GB	Be400A	RK-262
N300GC	C550	550-0311
N300GF	C550 Bravo	550-1046
N300GM	Challenger 300	20186
N300JA	Gulf IV	1023
N300JC	Learjet 45XR	45-340
N300JD	C750	750-0202
N300JZ	Gulf 3	875
N300K	Gulf GV	587
N300KH	Challenger 300	20130
N300L	Gulf GV	507
N300LJ	Phenom 100	00021
N300MY	Challenger 300	20062
N300PY	C550 Bravo	550-0806
N300QS	C680	680-0164
N300R	Be400XP	RK-386
N300RC	Be400XP	RK-539
N300RD	Gulf2	3
N300SC	Learjet 35A	440
N300SJ	C560XL	560-5107
N300SL	Premier 1	RB-110
N300TC	Westwind	241
N300TJ	Learjet 24D	285
N300TK	Challenger 600S	1077
N300TS	Diamond	003SA
N300TW	Challenger 604	5428
N300UO	Gulf 3	316
N300WC	C560XL	560-5137
N300WY	Gulf 3	427
N300XL	Westwind	276
N301AJ	C510	510-0233
N301DN	C510	510-0301
N301DR	C500	501-0273
N301K	Gulf GV	591
N301MK	Eclipse 500	214
N301ML	125-900XP	HA-0094
N301PB	125-1000	259031
N301PC	Westwind	377
N301PE	Challenger 300	20244
N301QS	C680	680-0010
N301R	Falcon 20DC	3
N301RJ	Learjet 60	60-054
N301SG	G150	205
N301TT	Falcon 20C	160
N301WC	C560 Ultra	560-0335
N302AK	Global Express	9181
N302CJ	C525A CJ2+	0302
N302CS	C550 Bravo	550-0820
N302DP	Gulf2B	237
N302EM	Challenger 300	20054
N302JC	Falcon 2000	63
N302K	Challenger 300	20267
N302MB	Cessna S550	0097
N302PC	Challenger 600S	1072
N302PE	Challenger 300	20144
N302QS	C560 Ultra	560-0402
N302S	125-800	258269
N302SE	125-800	258269
N302SG	G150	244
N302SJ	C550	550-0052
N302ST	Gulf 3	302
N302TB	Be400XP	RK-384
N302WC	C560 Ultra	560-0329
N303A	C500	501-0092
N303BC	125-800XP	258324
N303CJ	C525B CJ3	0031
N303CP	C560 Encore	560-0539
N303CS	C550 Bravo	550-0814
N303CZ	Challenger 300	20003
N303DT	125-800XP2	258303
N303EM	Challenger 300	20068
N303FZ	Falcon 100	218
N303PC	C650 III	650-0110
N303PM	Learjet 55	14
N303RH	C500	501-0303
N303SE	125-800	258060
N303TP	Gulf IVSP	1411
N304AT	125-800	258257
N304CS	C550 Bravo	550-0847
N304EM	Challenger 300	20077
N304JR	Be400A	RK-63
N304RJ	125-800XP	258286
N304SE	Be400A	RK-304
N304TS	Gulf 3	304
N304TT	Challenger 600S	1033
N305AR	Learjet 25D	314
N305BP	Premier 1A	RB-305
N305CC	Global Express	9027
N305CF	Gulf IVSP	1457
N305CS	C550 Bravo	550-0825
N305EJ	C680	680-0105
N305EM	Challenger 300	20098
N305LM	Gulf IVSP	1443
N305MD	Be400A	RK-131
N305QS	C680	680-0088
N305S	C500	500-0301
N305SC	125-800XP	258662
N305TC	Gulf IV	1116
N306CJ	C525A CJ2	0016
N306CS	C550 Bravo	550-0881
N306EM	Challenger 300	20101
N306JA	Learjet 24D	306
N306JR	C525A CJ2+	0306
N306MF	Challenger 300	20009
N306PA	C650 III	650-0053
N306PT	Westwind	306
N306QS	C680	680-0207
N306TT	Gulf IV	1148
N307BS	C525 CJ	525-0241
N307D	C500	501-0032
N307JW	Astra	123
N307PE	C525B CJ3	0254
N307QS	C680	680-0130
N307RM	125-800XP2	258322
N307RX	C750	750-0107
N307SC	Challenger 601	3026
N307SH	C510	510-0307
N308A	C550	550-0703
N308AB	Gulf IVSP	1496
N308BW	Learjet 35A	438
N308CR	Challenger 601	5092
N308DT	C550 Bravo	550-1094
N308GT	C525B CJ3	0236
N308HG	Gulf 3	308
N308QS	C680	680-0116
N308SM	Learjet 24D	290
N308TW	C550	551-0092
N308U	Falcon 2000EX	37
N309AK	Be400A	RK-348
N309MG	Learjet 60	60-223
N309MT	C510	510-0138
N309QS	C560 Ultra	560-0509
N309SG	Gulf IVSP	1449
N309TC	Learjet 24D	309
N310BN	C560XLS+	560-6020
N310EL	Gulf IV	1021
N310GJ	G450	4078
N310LJ	Learjet 45	45-031
N310ME	Learjet 35A	310
N310TK	Challenger 604	5606
N310U	Falcon 2000EX	100
N311AF	Cessna S550	0051
N311AG	B727-017	20512
N311BD	Gulf2 TT	236
N311BP	Falcon 50 EX	314
N311CG	G550	5108
N311CS	C550 Bravo	550-0979
N311EL	Gulf IV	1095
N311JA	Falcon 900B	63
N311JV	Be400A	RK-281
N311LJ	Learjet 24D	311
N311MG	Gulf2 SP	41
N311QS	C680	680-0196
N311RS	Jetstar II	5222
N311TP	C500	501-0196
N311VP	C500	501-0311
N312AL	Learjet 60	60-225
N312AM	Challenger 604	5312
N312CC	Learjet 31A	172
N312EL	Gulf IV	1105
N312NC	C550	550-0290
N312P	Falcon 900EX	67
N312SB	C525A CJ2+	0447
N312SE	C525 CJ	525-0355
N313BH	Learjet 45	45-108
N313BW	Learjet 45XR	45-322
N313CC	Falcon 2000EX	12
N313CR	C525A CJ2	0234
N313CV	C560 Ultra	560-0313
N313DS	Challenger 300	20183
N313HC	C560 Encore	560-0603
N313JS	Jetstar 731	5086
N313K	Falcon 20F	404
N313QS	C680	680-0140
N313RF	Global Express	9194
N313RG	Gulf GV	504
N314AD	Astra	128
N314QS	C560 Ultra	560-0441
N314RC	125-700	257155
N314RW	C560	560-0051
N314SG	Learjet 31A	133
N314SL	C650 VII	650-7115
N314TC	125-800XP	258400

Registration	Type	Serial	Registration	Type	Serial	Registration	Type	Serial
☐ N314TL	Be400A	RK-181	☐ N323G	C525 CJ1	525-0532	☐ N330WR	Gulf 3	337
☐ N314TW	Falcon 20EC	314	☐ N323JA	C525 CJ	525-0116	☐ N331BN	Galaxy G200	95
☐ N315CJ	C525B CJ3	0315	☐ N323JK	125-700	257048	☐ N331DC	Falcon 2000DX	601
☐ N315CS	C560 Ultra	560-0371	☐ N323MR	Westwind	324	☐ N331DM	Falcon 20-5	429
☐ N315EJ	C560	560-0215	☐ N323NE	C560 Ultra	560-0442	☐ N331EX	Falcon 50 EX	331
☐ N315JL	125-850XP	258891	☐ N323P	Astra	96	☐ N331MC	Falcon 900EX	22
☐ N315MC	C525A CJ2	0068	☐ N323QS	C680	680-0134	☐ N331MW	C560 Ultra	560-0384
☐ N315MK	Gulf IV	1206	☐ N323SK	C525A CJ2	0134	☐ N331N	Learjet 31	22
☐ N315QS	C680	680-0220	☐ N323SL	125-800	258084	☐ N331PR	C550 Bravo	550-0831
☐ N315R	Be400A	RK-9	☐ N324AM	Premier 1	RB-42	☐ N331PS	Challenger 604	5491
☐ N315TS	B737 BBJ1	30772	☐ N324B	Challenger 601	5069	☐ N331SK	Astra	63
☐ N316BD	C525B CJ3	0316	☐ N324BD	C525 CJ1+	525-0674	☐ N331TP	Challenger 604	5350
☐ N316CP	Eclipse 500	89	☐ N324BG	125-800	258165	☐ N332AR	C560 Ultra	560-0332
☐ N316EC	125-800	258102	☐ N324DR	C510	510-0271	☐ N332BN	C560XLS+	560-6052
☐ N316EQ	Sabre 75A	380-38	☐ N324FP	Gulf IVSP	1475	☐ N332FX	Challenger 604	5543
☐ N316GS	Global Express	9075	☐ N324JC	C500	500-0324	☐ N332K	Learjet 45	45-169
☐ N316LP	Diamond	012SA	☐ N324JT	C550 Bravo	550-0819	☐ N332MT	C550 Bravo	550-1105
☐ N316MH	Cessna S550	0108	☐ N324K	Fokker 70	11545	☐ N332QS	C560 Ultra	560-0523
☐ N316QS	C560 Ultra	560-0516	☐ N324L	C500	501-0197	☐ N332SB	C525B CJ3	0145
☐ N316SS	Falcon 900B	8	☐ N324MM	Be400	RJ-52	☐ N332SE	C500	500-0332
☐ N316TD	Westwind	312	☐ N324QS	C680	680-0242	☐ N332TM	Galaxy G200	201
☐ N317BH	Eclipse 500	13	☐ N324SM	Global Express	9023	☐ N333BD	C525A CJ2	0237
☐ N317CC	125-800XP	258532	☐ N324TW	Learjet 24D	324	☐ N333EB	C550 Bravo	550-0893
☐ N317DJ	Eclipse 500	95	☐ N325JF	ERJ-135SE	145499	☐ N333EC	Gulf IVSP	1414
☐ N317HC	C550	550-0185	☐ N325NW	Learjet 35A	325	☐ N333FJ	Falcon 10	1
☐ N317JS	Westwind	385	☐ N325QS	C560 Ultra	560-0425	☐ N333KC	Learjet 35	37
☐ N317M	Falcon 2000	188	☐ N325RC	C525B CJ3	0021	☐ N333KE	Falcon 10	14
☐ N317MJ	Gulf IV	1122	☐ N325SJ	Learjet 25B	102	☐ N333KK	Challenger 600S	1082
☐ N317ML	C560XL	560-5036	☐ N325WC	C560 Ultra	560-0343	☐ N333MX	Falcon 2000EX	120
☐ N317PC	Be400XP	RK-357	☐ N325WP	C550 Bravo	550-0933	☐ N333PC	125-800XP	258669
☐ N317QS	C680	680-0160	☐ N326AZ	Gulf IVSP	1262	☐ N333PY	Gulf IVSP	1317
☐ N317TT	Learjet 35A	317	☐ N326B	C525 CJ	525-0302	☐ N333QS	C560 Ultra	560-0333
☐ N318CT	C560	560-0081	☐ N326DD	Learjet 35A	173	☐ N333RL	125-1000	259027
☐ N318DN	C500	501-0184	☐ N326EW	Falcon 2000EX	55	☐ N333TW	Learjet 24	168
☐ N318GA	Falcon 50	233	☐ N326HG	Learjet 60	60-163	☐ N333VS	C525 CJ	525-0034
☐ N318MM	C560XL	560-5220	☐ N326JD	Gulf IVSP	1460	☐ N333WM	C560 Ultra	560-0385
☐ N318NW	Learjet 35A	318	☐ N326JK	C525 CJ1	525-0511	☐ N334AF	Learjet 45	45-143
☐ N318QS	C560 Ultra	560-0418	☐ N326MA	C560XL	560-5159	☐ N334CS	C550 Bravo	550-1089
☐ N318SA	Learjet 45	45-114	☐ N326N	125-800	258140	☐ N334FX	Challenger 604	5586
☐ N319QS	C560 Ultra	560-0519	☐ N326QS	C560 Ultra	560-0526	☐ N334KC	Diamond	034SA
☐ N319SC	Learjet 31A	131	☐ N327FX	Challenger 604	5466	☐ N334PS	125-600	256032
☐ N320BP	C525B CJ3	0143	☐ N327GA	Astra	157	☐ N334QS	C560 Ultra	560-0434
☐ N320GX	Global Express	9116	☐ N327LJ	125-800XP	258490	☐ N334RC	C500	500-0062
☐ N320LA	Eclipse 500	16	☐ N327QS	C560 Ultra	560-0327	☐ N334RJ	C550	551-0052
☐ N320MD	Westwind	366	☐ N327TL	Gulf IVSP	1339	☐ N335AF	Challenger 300	20190
☐ N320QS	C680	680-0169	☐ N328CC	Challenger 300	20028	☐ N335AT	Learjet 35	9
☐ N320TM	C680	680-0136	☐ N328CJ	C525 CJ	525-0328	☐ N335CJ	C525B CJ3	0335
☐ N321AN	Learjet 35A	272	☐ N328CK	Do328JET	3137	☐ N335CS	C550 Bravo	550-1091
☐ N321AR	C650 III	650-0151	☐ N328CS	C550 Bravo	550-1074	☐ N335FX	Challenger 604	5619
☐ N321CL	C560XLS	560-5327	☐ N328JT	Do328JET	3129	☐ N335JJ	C525A CJ2	0162
☐ N321GG	C560 Ultra	560-0474	☐ N328NA	C500	501-0168	☐ N335LL	Gulf IVSP	1367
☐ N321GL	Learjet 31A	216	☐ N328PC	Westwind	328	☐ N335MG	Learjet 35A	626
☐ N321MS	125-800XP	258515	☐ N328QS	C560 Ultra	560-0428	☐ N335MR	Learjet 35A	443
☐ N321SF	Galaxy G200	21	☐ N328RC	C525B CJ3	0203	☐ N335PR	Learjet 35A	647
☐ N322AD	Galaxy G200	22	☐ N328SA	Westwind	425	☐ N335RC	Learjet 35A	256
☐ N322AU	Learjet 24D	326	☐ N328WW	Do328JET	3116	☐ N335TW	Falcon 20F	335
☐ N322BC	125-700	257176	☐ N329BH	C525B CJ3	0292	☐ N335VB	Westwind	297
☐ N322BJ	Premier 1	RB-93	☐ N329CH	Challenger 300	20185	☐ N336CJ	C525B CJ3	0336
☐ N322CP	Falcon 900B	134	☐ N329CJ	C525B CJ3	0130	☐ N336CS	C550 Bravo	550-1095
☐ N322GC	Learjet 55	8	☐ N329FX	Challenger 604	5541	☐ N336FX	Challenger 604	5634
☐ N322GT	C550 Bravo	550-1030	☐ N329TJ	Learjet 55	120	☐ N336MA	C550	550-0036
☐ N322JG	Eclipse 500	130	☐ N330AM	125	25235	☐ N336QS	C560 Ultra	560-0336
☐ N322K	Fokker 70	11521	☐ N330DK	C500	551-0309	☐ N336RJ	Sabre 65	465-10
☐ N322MA	C550	551-0378	☐ N330FX	Challenger 604	5487	☐ N336XL	C560XL	560-5336
☐ N322PE	125-800XP	258693	☐ N330G	125	25087	☐ N337BG	Learjet 60XR	60-337
☐ N322QS	C560 Ultra	560-0421	☐ N330K	Falcon 2000	189	☐ N337CC	C560 Encore +	560-0810
☐ N322RR	Falcon 200	514	☐ N330L	Learjet 25D	330	☐ N337CS	C550 Bravo	550-1097
☐ N322RS	Learjet 24D	322	☐ N330MB	C650 III	650-0129	☐ N337FX	Challenger 604	5647
☐ N322ST	C500	501-0278	☐ N330TS	Be400A	RK-330	☐ N337QS	C560 Ultra	560-0437
☐ N322TS	Learjet 31	2	☐ N330TW	Learjet 24F	330	☐ N337RE	125-800	258024
☐ N323BD	G550	5192	☐ N330VP	C560 Ultra	560-0330	☐ N337WR	125-800	258273

Registration	Type	Serial
N338B	C550 Bravo	550-1132
N338CL	Gulf2B	199
N338CS	C550 Bravo	550-1084
N338FX	Challenger 604	5656
N338MC	C560 Encore	560-0662
N338MM	Gulf IV	1076
N338QS	C680	680-0011
N338R	C560 Ultra	560-0338
N338TM	C680	680-0177
N338TP	Global Express	9073
N338TZ	G450	4064
N339CA	125-700	257019
N339CC	125-800XP	258277
N339CS	C550 Bravo	550-1085
N339FX	Challenger 605	5719
N339HP	C500	501-0292
N339PM	Sabre 40	282-38
N339QS	C680	680-0191
N339RK	Falcon 20-5	313
N339SM	Be400XP	RK-458
N340AK	Challenger 604	5405
N340FX	Challenger 605	5723
N340GF	Global 5000	9340
N340QS	C560 Ultra	560-0514
N341AP	Falcon 2000EX	24
N341AR	C525 CJ	525-0341
N341CS	C550 Bravo	550-1106
N341K	Learjet 45	45-157
N341QS	C680	680-0225
N342AJ	C550	550-0050
N342AP	G400	1515
N342CS	C550 Bravo	550-1101
N342FX	Challenger 605	5752
N342K	Learjet 45	45-171
N342QS	C680	680-0214
N343CC	C560XLS+	560-6004
N343CM	C550	550-0195
N343DF	Global 5000	9206
N343FX	Challenger 605	5761
N343MG	Falcon 900EX	193
N343PM	Falcon 50	159
N343PR	Premier 1	RB-7
N343QS	C560 Ultra	560-0444
N344AA	Gulf IV	1207
N344GW	Gulf 3	344
N344RJ	C500	500-0340
N345AA	Gulf IV	1186
N345AW	Learjet 45	45-182
N345BH	Learjet 45	45-100
N345BS	Westwind	181
N345CJ	C525A CJ2	0136
N345FM	Learjet 45	45-151
N345GC	Astra	23
N345GL	Gulf2 SP	205
N345K	Learjet 45XR	45-310
N345LC	G550	5145
N345MA	Learjet 45	45-054
N345MC	Learjet 25	46
N345MG	C525 CJ1	525-0372
N345PF	C680	680-0080
N345QS	C560 Ultra	560-0445
N345RJ	Learjet 55	78
N345RL	Learjet 45	45-180
N345SK	C650 III	650-0001
N345SV	Learjet 45	45-140
N345TR	Westwind	345
N346CM	Learjet 40XR	45-2098
N346PC	Falcon 2000EX	62
N346QS	C680	680-0013
N346XL	C560XL	560-5346
N347GA	Westwind	347
N347K	Challenger 300	20240
N347MH	C500	501-0155
N347TC	125-700	257055
N348CC	C560 Ultra	560-0368
N348CM	C550 Bravo	550-0915
N348K	Learjet 45	45-150
N348MC	125-800XP	258290
N348QS	C560 Ultra	560-0348
N348W	Sabre 60	306-94
N349BA	B737 BBJ1	30789
N349H	Falcon 900B	10
N349HP	Learjet 31A	153
N349JC	Falcon 10	70
N349JR	Challenger 601	5130
N349K	G300	1510
N349MC	Westwind	224
N349MR	Falcon 20F	360
N349QS	C680	680-0029
N349RR	C750	750-0236
N349SF	C525 CJ	525-0049
N350BN	G150	223
N350BV	C525A CJ2	0186
N350EF	Learjet 35A	385
N350FK	G350	4040
N350JS	Falcon 50	15
N350M	Falcon 2000	128
N350PL	125-700	257193
N350QS	C680	680-0036
N350WB	Falcon 50	102
N350WC	C560 Ultra	560-0266
N351AC	Learjet 31A	51
N351AM	Learjet 35A	409
N351AS	Learjet 35A	146
N351BC	C525 CJ	525-0159
N351CG	C560XL	560-5225
N351CW	Premier 1	RB-53
N351EF	Learjet 35A	125
N351MH	Learjet 24D	321
N351PJ	Learjet 35A	74
N351QS	C560 Ultra	560-0451
N351SE	Gulf2B	64
N351SP	125-900XP	HA-0004
N351TC	125-800XP	258675
N351TV	Learjet 35A	368
N351TX	Learjet 35A	127
N352AE	Falcon 900B	172
N352AF	Global 5000	9302
N352BH	Gulf IVSP	1393
N352DA	C550	550-0352
N352EF	Learjet 31A	46
N352HS	Learjet 35A	596
N352K	Learjet 45	45-215
N352MD	Learjet 24F	352
N352QS	C560 Ultra	560-0352
N352TV	Learjet 35A	410
N352WB	Falcon 50	71
N353EF	Learjet 35A	364
N353FT	C550	551-0398
N353MA	Gulf 3	472
N353PC	Challenger 300	20053
N353PJ	C500	500-0104
N353QS	C560 Ultra	560-0530
N353SB	Phenom 100	00038
N353VA	Gulf 3	371
N353WC	C750	750-0180
N354AS	MS760 Paris	54
N354CL	Learjet 35A	493
N354EF	Learjet 35A	378
N354LQ	Learjet 35	55
N354PM	Learjet 35	15
N354QS	C560 Ultra	560-0356
N354RB	Premier 1	RB-54
N354RX	Phenom 100	00089
N354SS	Learjet 35A	112
N354WC	C750	750-0191
N355BM	Eclipse 500	92
N355CD	Sabre 65	465-57
N355DF	C550 Bravo	550-1004
N355DG	Falcon 20-5	432
N355FA	125-800	258156
N355PC	Learjet 35A	431
N355RM	Learjet 55	33
N355UA	Learjet 55	114
N355WC	C750	750-0266
N356BR	Gulf 3	356
N356JW	Learjet 35A	656
N356MR	C525B CJ3	0138
N356SA	C560	560-0256
N356SR	125-700	257170
N356WA	Learjet 60	60-123
N357BE	C560 Encore	560-0663
N357EC	C560XLS	560-5510
N357EF	Learjet 35A	323
N357J	C525A CJ2	0184
N357KM	Gulf 3	435
N357LJ	Learjet 35A	357
N357MP	C560XLS	560-5774
N357PR	Gulf 3	348
N357PT	Premier 1A	RB-250
N357QS	C680	680-0155
N357TE	Legacy	14501079
N357TW	C560XLS	560-5669
N358CY	Gulf 3	358
N358K	C525 CJ1	525-0527
N358MH	Falcon 20	209
N358P	Learjet 60	60-205
N358QS	C560 Ultra	560-0455
N359CF	125-800	258154
N359CW	C650 III	650-0159
N359EF	Learjet 35A	193
N359K	Learjet 45	45-216
N359QS	C680	680-0126
N359SK	Do328JET	3202
N359V	Challenger 604	5349
N360AN	Learjet 60	60-137
N360AV	G150	240
N360AX	Learjet 35A	367
N360CK	C525B CJ3	0180
N360HS	C560 Encore +	560-0808
N360JG	Learjet 25G	360
N360LA	Global Express	9087
N360LJ	Learjet 35A	360
N360MB	Gulf 3	306
N360PJ	PiperJet	48980
N360PL	Challenger 604	5303
N360QS	C560 Ultra	560-0460
N360RP	C550	550-0066
N360SL	Challenger 601	5089
N361AS	Be400A	RK-287
N361DE	C500	501-0687
N361EC	C560XLS	560-5515
N361JR	C525A CJ2+	0361
N361K	Falcon 900B	83
N361PJ	Learjet 36	3
N361QS	C680	680-0235
N361TL	C525B CJ3	0061
N362B	C510	510-0263
N362FL	C525 CJ1	525-0362
N362FW	Learjet 35A	362
N362PT	Falcon 10	73
N362QS	C680	680-0051
N362TW	C650 III	650-0011

Registration	Type	Serial		Registration	Type	Serial		Registration	Type	Serial
☐ N363CL	Challenger 300	20063		☐ N373G	Challenger 604	5556		☐ N383JA	Gulf GV	596
☐ N363NH	Astra	97		☐ N373ML	G150	204		☐ N383LS	Gulf GV	544
☐ N363PJ	Learjet 36A	38		☐ N373QS	C560 Ultra	560-0373		☐ N383MB	Challenger 604	5568
☐ N363QS	C560 Ultra	560-0536		☐ N373RB	Legacy	14500957		☐ N383MR	125-850XP	258915
☐ N363TD	C500	501-0068		☐ N373RS	Falcon 50 EX	259		☐ N383QS	C560 Ultra	560-0483
☐ N364CL	Learjet 35A	383		☐ N373SB	Global Express	9047		☐ N383SF	Astra	83
☐ N364QS	C680	680-0062		☐ N374AS	MS760 Paris	38		☐ N384BB	Gulf 3	496
☐ N365AT	125-800XP	258449		☐ N374G	Challenger 604	5368		☐ N384CF	Learjet 35A	384
☐ N365CX	Galaxy G200	75		☐ N374WC	C560 Ultra	560-0475		☐ N384EM	C650 III	650-0144
☐ N365EA	C560	560-0107		☐ N375AS	MS760 Paris	44		☐ N384JW	Learjet 60	60-130
☐ N365GA	Astra	72		☐ N375BJ	B737 BBJ3	37546		☐ N384K	Falcon 20-5	387
☐ N365GL	Learjet 31A	128		☐ N375DT	Be400XP	RK-372		☐ N384MP	Challenger 601	5047
☐ N365N	Learjet 35A	300		☐ N375E	C650 VII	650-7014		☐ N384PS	Falcon 20-5	384
☐ N365QS	C680	680-0057		☐ N375ET	Eclipse 500	216		☐ N384QS	C680	680-0110
☐ N365SC	G150	268		☐ N375G	Global Express	9242		☐ N384RV	Challenger 300	20184
☐ N365WA	C550	550-0333		☐ N375LT	Gulf 3	375		☐ N384WC	C560XL	560-5084
☐ N366JA	Gulf 3	366		☐ N375MD	Jetstar II	5227		☐ N385CT	Challenger 604	5592
☐ N366QS	C560 Ultra	560-0466		☐ N375QS	C680	680-0230		☐ N385MG	C560XLS	560-5556
☐ N366TT	Learjet 35A	227		☐ N375SC	Falcon 900EX	215		☐ N385PB	Be400A	RK-217
☐ N367DA	Learjet 35A	599		☐ N375SH	Eclipse 500	256		☐ N385PD	Gulf IV	1088
☐ N367GA	Galaxy G200	227		☐ N375WB	Global 5000	9288		☐ N385QS	C680	680-0115
☐ N367HB	C500	501-0204		☐ N376D	Sabre 65	465-76		☐ N385RC	Learjet 55	117
☐ N367JC	C560	560-0069		☐ N376G	Global 5000	9164		☐ N386CH	ERJ-135SE	145467
☐ N367WW	Westwind	367		☐ N376HA	Learjet 35A	477		☐ N386CM	Learjet 35A	283
☐ N368AG	Gulf IV	1087		☐ N376PJ	Gulf 3	376		☐ N386QS	C560 Ultra	560-0486
☐ N368BE	C560 Encore	560-0546		☐ N376QS	C680	680-0180		☐ N386RF	C525 CJ1	525-0386
☐ N368CS	Premier 1A	RB-234		☐ N376SC	Falcon 2000EX	57		☐ N386RL	Westwind	386
☐ N368D	Learjet 25D	368		☐ N377AC	Astra	109		☐ N386SC	C500	500-0323
☐ N368EA	Be400A	RK-57		☐ N377GM	Falcon 2000EX	32		☐ N387HA	Learjet 35A	251
☐ N368HS	C550 Bravo	550-0889		☐ N377GS	C525A CJ2	0077		☐ N387MM	C560	560-0109A
☐ N368QS	C680	680-0073		☐ N377JC	125-800XP2	258349		☐ N387PC	Challenger 300	20087
☐ N369BA	Learjet 35A	312		☐ N377QS	C680	680-0187		☐ N387QS	C680	680-0119
☐ N369EA	Be400	RJ-2		☐ N377RV	C510	510-0227		☐ N387RE	C550	550-0575
☐ N369GA	G550	5269		☐ N377RX	Gulf 3	377		☐ N387SC	C550	550-0142
☐ N369GC	C510	510-0248		☐ N377SF	C750	750-0068		☐ N387SV	C560 Encore +	560-0579
☐ N369JK	Galaxy G200	190		☐ N378AS	MS760 Paris	45		☐ N387WM	Global Express	9041
☐ N369QS	C680	680-0081		☐ N378D	Sabre 60	306-101		☐ N388AC	G550	5125
☐ N370BA	C560XLS	560-5525		☐ N378L	G550	5008		☐ N388BS	125-800XP	258423
☐ N370BC	B737-205	23468		☐ N378MB	Gulf 3	336		☐ N388CA	Gulf IV	1034
☐ N370DE	125-800XP	258441		☐ N378QS	C680	680-0103		☐ N388DB	Challenger 601	3016
☐ N370EA	Eclipse 500	125		☐ N378SE	Gulf 3	378		☐ N388FW	C525 CJ1+	525-0656
☐ N370EJ	Epic Victory Jet	1		☐ N379DB	C525B CJ3	0191		☐ N388GS	Falcon 900EX	55
☐ N370FC	Be400XP	RK-378		☐ N379G	Global Express	9199		☐ N388LS	Tristar 500	1249
☐ N370GA	G550	5270		☐ N379LJ	Learjet 45XR	45-379		☐ N388MM	Gulf 3	490
☐ N370JJ	C525A CJ2+	0370		☐ N379R	C525A CJ2+	0421		☐ N388PD	Learjet 35A	630
☐ N370JL	Gulf 3	401		☐ N380AC	Gulf2 SP	241		☐ N388QS	C680	680-0113
☐ N370KP	Falcon 50	103		☐ N380AK	C550 Bravo	550-0809		☐ N388RF	Global 5000	9154
☐ N370LN	C500	500-0101		☐ N380BA	Learjet 60	60-292		☐ N388SB	C550	550-0245
☐ N370M	C560XLS	560-5565		☐ N380CF	Sabre 75A	380-51		☐ N388WS	Challenger 300	20108
☐ N370P	Eclipse 500	66		☐ N380CR	C525 CJ1+	525-0643		☐ N388WW	Westwind	388
☐ N370QS	C680	680-0099		☐ N380FP	Sabre 75A	380-54		☐ N389AT	Learjet 25D	297
☐ N370SC	Learjet 31A	70		☐ N380GP	125-800XP2	258591		☐ N389KA	Learjet 35A	389
☐ N370TC	C560 Encore	560-0684		☐ N380JR	Be400XP	RK-411		☐ N389LS	Tristar 500	1250
☐ N370TP	C650 III	650-0059		☐ N380M	C560XL	560-5111		☐ N389MW	Phenom 100	00022
☐ N370TS	Challenger 604	5370		☐ N380MS	Sabre 75A	380-21		☐ N389QS	C680	680-0149
☐ N371AS	MS760 Paris	34		☐ N380QS	C680	680-0089		☐ N390AJ	C550	550-0326
☐ N371BC	B737 BBJ2	32971		☐ N380RD	C560	560-0026		☐ N390BR	Premier 1	RB-118
☐ N371CF	Be400A	RK-351		☐ N381AL	Learjet 31A	150		☐ N390CE	Premier 1	RB-40
☐ N371FP	Gulf IVSP	1371		☐ N381BJ	C500	501-0286		☐ N390DB	Challenger 300	20131
☐ N371JC	Gulf GV	505		☐ N381CW	C650 III	650-0111		☐ N390DP	Premier 1	RB-34
☐ N371QS	C560 Ultra	560-0471		☐ N381MF	Falcon 10	121		☐ N390GG	Learjet 45XR	45-325
☐ N372AS	G150	281		☐ N381QS	C680	680-0097		☐ N390GS	Premier 1A	RB-231
☐ N372BG	G550	5164		☐ N381VP	C550	551-0049		☐ N390JK	Premier 1	RB-39
☐ N372G	Challenger 604	5351		☐ N382AA	Jet Commander	56		☐ N390JV	Premier 1	RB-129
☐ N372QS	C680	680-0201		☐ N382AL	Learjet 31A	142		☐ N390JW	Premier 1	RB-78
☐ N372WC	C560 Ultra	560-0372		☐ N382EA	Eclipse 500	82		☐ N390MM	Premier 1A	RB-266
☐ N373AB	C750	750-0243		☐ N382EM	C525 CJ1	525-0496		☐ N390P	Premier 1A	RB-275
☐ N373AF	C525 CJ	525-0308		☐ N382G	Galaxy G200	79		☐ N390PR	Premier 1	RB-113
☐ N373AS	MS760 Paris	36		☐ N382GA	G150	282		☐ N390QT	Premier 1	RB-135
☐ N373DJ	C650 III	650-0038		☐ N382QS	C680	680-0245		☐ N391BC	C550 Bravo	550-0909
☐ N373DN	Falcon 20-5	324		☐ N382TC	Learjet 35	39		☐ N391DT	C550	550-0620

Reg	Type	Serial	Reg	Type	Serial	Reg	Type	Serial
☐ N391KK	C680	680-0074	☐ N399W	C750	750-0171	☐ N401TM	125-800XP2	258602
☐ N391QS	C560 Ultra	560-0493	☐ N399WB	Challenger 600S	1025	☐ N401WT	Astra	68
☐ N391TC	125-800	258063	☐ N400AJ	Be400A	RK-137	☐ N402AC	125	25103
☐ N391W	Challenger 300	20091	☐ N400CP	Astra	131	☐ N402CB	Be400XP	RK-399
☐ N392FV	Challenger 601	3032	☐ N400CT	Be400A	RK-179	☐ N402EF	Challenger 300	20247
☐ N392QS	C560 Ultra	560-0429	☐ N400CV	C525A CJ2+	0396	☐ N402FB	Be400A	RK-255
☐ N392RG	C525 CJ	525-0340	☐ N400DW	Be400	RJ-40	☐ N402FG	Falcon 900B	87
☐ N392SM	C525 CJ1	525-0392	☐ N400EC	C550	550-0713	☐ N402FL	Be400A	RK-201
☐ N392X	Premier 2	RD-1	☐ N400EP	Learjet 24B	215	☐ N402FT	G400	1527
☐ N393BB	Be400XP	RK-542	☐ N400ES	Challenger 605	5727	☐ N402GS	Be400A	RK-71
☐ N393BZ	Global Express	9022	☐ N400FJ	Gulf IVSP	1494	☐ N402LM	Galaxy G200	82
☐ N393E	Cessna S550	0053	☐ N400FR	125	25228	☐ N403CM	C510	510-0003
☐ N393GH	Be400A	RK-240	☐ N400GG	C525B CJ3	0195	☐ N403CT	125-850XP	258818
☐ N393JC	C650 III	650-0113	☐ N400GJ	Be400	RJ-23	☐ N403DP	Learjet 35A	446
☐ N393QS	C560 Ultra	560-0393	☐ N400GK	Diamond	019SA	☐ N403ET	C560 Ultra	560-0535
☐ N394AJ	C560	560-0230	☐ N400GR	Be400A	RK-335	☐ N403FF	125-1000	259038
☐ N394AK	Gulf IVSP	1470	☐ N400GX	Global Express	9037	☐ N403GA	G450	4203
☐ N394AM	C550	550-0081	☐ N400HD	Be400A	RK-191	☐ N403JP	Be400	RJ-7
☐ N394BB	Be400XP	RK-364	☐ N400HH	Diamond	025SA	☐ N403KT	Stratos 714	1
☐ N394CK	C560 Ultra	560-0270	☐ N400HS	Be400A	RK-314	☐ N403LM	Galaxy G200	83
☐ N394HA	Cessna S550	0132	☐ N400HT	C525A CJ2	0208	☐ N403LS	Learjet 40XR	45-2124
☐ N394QS	C560 Ultra	560-0394	☐ N400J	Gulf IVSP	1330	☐ N403ND	C525B CJ3	0250
☐ N394TR	Gulf IVSP	1252	☐ N400JD	C750	750-0235	☐ N403QS	Gulf IVSP	1403
☐ N394WJ	Falcon 900B	37	☐ N400JE	Learjet 35A	120	☐ N403TB	Gulf IV	1191
☐ N395BC	Learjet 45XR	45-258	☐ N400KE	Falcon 50	54	☐ N403W	Westwind	403
☐ N395GA	Sabre 65	465-65	☐ N400KP	Be400A	RK-308	☐ N403WC	Be400A	RK-198
☐ N395HE	125-800	258206	☐ N400KS	C560	560-0041	☐ N404AC	Gulf IVSP	1384
☐ N395LJ	Learjet 31A	95	☐ N400M	Gulf2 SP	132	☐ N404BL	Be400XP	RK-367
☐ N395MY	Learjet 35A	395	☐ N400MC	C560 Ultra	560-0440	☐ N404BS	C550	551-0058
☐ N395QS	C560 Ultra	560-0496	☐ N400MP	Gulf IVSP	1369	☐ N404CM	C510	510-0004
☐ N395TJ	Westwind	395	☐ N400MS	Learjet 24D	246	☐ N404CS	C525B CJ3	0033
☐ N395WB	Diamond	045SA	☐ N400MV	Be400A	RK-286	☐ N404EL	Learjet 40	45-2033
☐ N395WC	C560 Ultra	560-0367	☐ N400NF	Diamond	091SA	☐ N404F	Falcon 900EX	49
☐ N395WJ	C560XL	560-5330	☐ N400NR	Sabre 75A	380-41	☐ N404FZ	Falcon 20F	473
☐ N396BB	C680	680-0123	☐ N400NS	Be400A	RK-28	☐ N404G	C560	560-0095
☐ N396CF	Gulf2 SP	96	☐ N400PR	125	25203	☐ N404HG	Challenger 601	5017
☐ N396DM	C510	510-0008	☐ N400PU	Be400A	RK-156	☐ N404HR	Falcon 20-5	455
☐ N396KM	Challenger 600S	1059	☐ N400RE	C650 III	650-0199	☐ N404JM	Premier 1A	RB-167
☐ N396M	C550	550-0362	☐ N400RG	B727-022/W	19149	☐ N404JW	Falcon 10	29
☐ N396NS	Gulf IVSP	1395	☐ N400RM	C500	500-0290	☐ N404KK	Cessna S550	0081
☐ N396QS	C680	680-0240	☐ N400RS	Sabre 75A	380-25	☐ N404MM	C560XLS	560-5737
☐ N396U	Gulf IVSP	1350	☐ N400RY	Be400XP	RK-355	☐ N404MS	Be400A	RK-283
☐ N396V	Challenger 600S	1009	☐ N400SF	Be400A	RK-221	☐ N404PG	Westwind	358
☐ N397AT	Learjet 45	45-105	☐ N400SH	Be400A	RK-100	☐ N404PX	G450	4033
☐ N397BC	C560XL	560-5291	☐ N400TB	Challenger 601	5120	☐ N404QS	Gulf IVSP	1304
☐ N397DR	C650 III	650-0107	☐ N400TE	Be400A	RK-187	☐ N404RP	C550	550-0024
☐ N397GA	G450	4197	☐ N400TL	Be400A	RK-339	☐ N404SJ	SJ30	4
☐ N397JJ	Gulf IVSP	1354	☐ N400UF	Diamond	022SA	☐ N404ST	Falcon 900C	200
☐ N397QS	C680	680-0144	☐ N400VK	Be400XP	RK-420	☐ N404VL	Global Express	9085
☐ N397RJ	C525 CJ1+	525-0683	☐ N400WD	C525A CJ2	0002	☐ N404WC	Jet Commander	128
☐ N397SC	C500	500-0019	☐ N400WK	C650 VI	650-0231	☐ N404XT	Gulf IVSP	1366
☐ N398AC	Falcon 50	240	☐ N400WY	Gulf 3	467	☐ N405CS	C525B CJ3	0036
☐ N398BB	Be400	RJ-39	☐ N401AB	125	25222	☐ N405DC	Falcon 50	42
☐ N398DL	C650 III	650-0098	☐ N401AJ	Learjet 25B	171	☐ N405DW	125-700	257130
☐ N398GA	G450	4198	☐ N401CS	C525B CJ3	0030	☐ N405GA	G500	5205
☐ N398LS	C550 Bravo	550-0853	☐ N401DP	Learjet 25D	329	☐ N405GJ	Learjet 35A	354
☐ N398QS	C560 Ultra	560-0522	☐ N401EG	Learjet 40	45-2021	☐ N405HG	Gulf GV	661
☐ N398RS	C560XL	560-5009	☐ N401FT	G400	1523	☐ N405LA	125-800XP2	258726
☐ N399AP	Gulf 3	399	☐ N401GA	G450	4201	☐ N405LM	Gulf GV	541
☐ N399BA	Learjet 35A	371	☐ N401GJ	Be400	RJ-26	☐ N405MG	Diamond	021SA
☐ N399DM	Diamond	008SA	☐ N401HB	G550	5173	☐ N405PC	Learjet 35A	651
☐ N399EX	Falcon 900EX	222	☐ N401HF	G550	5039	☐ N405QS	G450	4054
☐ N399FL	Challenger 600S	1083	☐ N401JW	Falcon 10	46	☐ N405TM	125-800XP	258667
☐ N399G	C525 CJ	525-0183	☐ N401LG	C525A CJ2	0037	☐ N406CM	C510	510-0015
☐ N399GS	Global Express	9074	☐ N401LJ	Learjet 40	45-2001	☐ N406CS	C525B CJ3	0043
☐ N399MM	Diamond	017SA	☐ N401NK	Challenger 604	5409	☐ N406CT	Cessna S550	0038
☐ N399QS	C560 Ultra	560-0510	☐ N401PG	C680	680-0221	☐ N406FJ	Do328JET	3156
☐ N399RA	Be400A	RK-200	☐ N401PP	Premier 1	RB-130	☐ N406J	125-700	257131
☐ N399RW	Learjet 31A	182	☐ N401QS	Gulf IVSP	1408	☐ N406LX	Be400A	RK-118
☐ N399SC	G150	272	☐ N401RJ	Challenger 601	5155	☐ N406TS	Be400	RJ-6
☐ N399SF	C560XLS	560-5718	☐ N401SR	G450	4001	☐ N406VJ	C560	560-0056

Reg	Type	Serial	Reg	Type	Serial	Reg	Type	Serial
☐ N407BS	Learjet 31	33	☐ N413LC	C560	560-0003	☐ N420EH	C525A CJ2	0027
☐ N407GC	Gulf IVSP	1242	☐ N413LX	Be400A	RK-209	☐ N420GT	C650 III	650-0020
☐ N407NS	Gulf IVSP	1407	☐ N413QS	G400	1521	☐ N420HA	Hondajet	P001
☐ N407W	Westwind	407	☐ N413ST	C550 Bravo	550-0894	☐ N420HB	Horizon	RC-20
☐ N408CS	C525B CJ3	0045	☐ N414DH	Challenger 300	20188	☐ N420JC	Gulf 3	326
☐ N408CT	Cessna S550	0055	☐ N414FW	C525A CJ2	0081	☐ N420JM	Westwind	363
☐ N408CW	Be400A	RK-108	☐ N414KD	C525B CJ3	0208	☐ N420PC	C500	501-0237
☐ N408J	Premier 1A	RB-193	☐ N414PE	125-800SP	258090	☐ N420PD	Falcon 900EX	84
☐ N408MG	Learjet 35A	328	☐ N414RF	125-700	257060	☐ N420QS	Gulf IVSP	1320
☐ N408PC	Be400A	RK-325	☐ N414TE	Premier 1	RB-4	☐ N421AL	Global Express	9051
☐ N408QS	Gulf IVSP	1308	☐ N414TR	Falcon 2000EX	135	☐ N421LT	C560 Ultra	560-0311
☐ N408RT	125-800XP	258440	☐ N414TW	Eclipse 500	147	☐ N421MP	C525B CJ3	0328
☐ N408U	Horizon	RC-17	☐ N415AJ	C550	550-0600	☐ N421QS	G450	4114
☐ N409AV	125-800XP	258347	☐ N415CS	C525 CJ1	525-0373	☐ N421SV	Learjet 35A	660
☐ N409CC	C750	750-0246	☐ N415CT	Be400	RJ-15	☐ N421SZ	Global Express	9239
☐ N409CS	C525B CJ3	0050	☐ N415JA	125-800XP	258516	☐ N422BC	C650 III	650-0024
☐ N409CT	Cessna S550	0095	☐ N415LX	Be400A	RK-225	☐ N422CP	Challenger 300	20061
☐ N409GB	C680	680-0006	☐ N415NP	Learjet 60	60-024	☐ N422DA	C500	501-0051
☐ N409LM	Galaxy G200	59	☐ N415QS	G450	4014	☐ N422FL	Be400A	RK-346
☐ N409S	C500	500-0238	☐ N415TH	Westwind	415	☐ N422GA	G450	4222
☐ N409SF	C650 III	650-0029	☐ N416BA	C560 Ultra	560-0359	☐ N422JT	C560 Encore +	560-0774
☐ N409ST	C550	551-0559	☐ N416BD	Global Express	9043	☐ N422QS	Gulf IVSP	1322
☐ N409WT	Jet Commander	3	☐ N416CC	C550	550-0416	☐ N422TK	Gulf 3	395
☐ N410AZ	Falcon 20-5	410	☐ N416CM	C510	510-0016	☐ N422X	125-700	257074
☐ N410BN	B727-223	21387	☐ N416CT	Be400	RJ-43	☐ N423AK	Be400A	RK-328
☐ N410DM	C560	560-0184	☐ N416HF	C560	560-0037	☐ N423CS	C525B CJ3	0121
☐ N410GS	Falcon 2000	112	☐ N416KC	Falcon 900DX	618	☐ N423FA	Learjet 45	45-134
☐ N410KD	Be400XP	RK-496	☐ N416KD	Gulf2B	231	☐ N423GA	G450	4223
☐ N410LM	Gulf GV	578	☐ N416QS	Gulf IVSP	1316	☐ N423SJ	125-800	258135
☐ N410M	Gulf GV	575	☐ N416RX	Be400XP	RK-514	☐ N423TT	Gulf IV	1085
☐ N410MT	C560XL	560-5018	☐ N416SJ	Jetstar 731	5153	☐ N424BT	Be400	RJ-62
☐ N410SG	Falcon 2000LX	210	☐ N416WM	Gulf 3	487	☐ N424CS	Westwind	255
☐ N410UJ	Gulf 3	320	☐ N417BA	Learjet 35A	257	☐ N424DA	C500	500-0029
☐ N411AJ	Learjet 40	45-2011	☐ N417C	C525B CJ3	0006	☐ N424HH	C560XLS	560-5534
☐ N411BA	Learjet 35	24	☐ N417CG	Eclipse 500	94	☐ N424JR	Westwind	405
☐ N411DJ	Learjet 31A	224	☐ N417CS	C525B CJ3	0090	☐ N424KW	Learjet 60	60-153
☐ N411EC	C560XLS	560-5734	☐ N417EK	Gulf2 SP	110	☐ N424MP	Astra	129
☐ N411FB	125	25074	☐ N417GR	C510	510-0176	☐ N424MW	Learjet 60	60-171
☐ N411GC	Falcon 50	210	☐ N417JD	C550 Bravo	550-1124	☐ N424PX	G450	4101
☐ N411HC	Learjet 40XR	45-2056	☐ N417KT	Diamond	083SA	☐ N424QS	Gulf IVSP	1324
☐ N411KQ	C560XL	560-5226	☐ N417LX	Be400A	RK-230	☐ N424R	Sabre 75A	380-15
☐ N411LL	Gulf IVSP	1344	☐ N417Q	C525 CJ1	525-0385	☐ N424RS	Learjet 24D	258
☐ N411MM	Astra	80	☐ N417TM	125-800XP	258657	☐ N424TM	Challenger 300	20051
☐ N411MY	C525 CJ1	525-0512	☐ N417WW	Learjet 24	171	☐ N424TV	C525 CJ	525-0145
☐ N411PA	125-700	257017	☐ N418CS	C525B CJ3	0108	☐ N424XT	Falcon 20-5	316
☐ N411QS	Gulf IVSP	1311	☐ N418CT	Be400	RJ-42	☐ N425AS	Learjet 35A	281
☐ N411RE	Diamond	016SA	☐ N418DL	Learjet 31A	181	☐ N425BJ	Be400	RJ-25
☐ N411SF	Challenger 300	20031	☐ N418DM	125-700	257069	☐ N425CS	C525B CJ3	0132
☐ N411SL	C650 III	650-0003	☐ N418FA	Learjet 45	45-120	☐ N425CT	Be400XP	RK-523
☐ N411SP	Diamond	049SA	☐ N418GA	G450	4180	☐ N425G	Learjet 45XR	45-307
☐ N411ST	Challenger 300	20266	☐ N418GJ	Be400XP	RK-418	☐ N425GA	G450	4215
☐ N411TJ	Challenger 601	3010	☐ N418KC	C525 CJ	525-0130	☐ N425JF	Falcon 20C	64
☐ N411TN	C500	500-0275	☐ N418KW	C550 Bravo	550-0959	☐ N425JR	Falcon 10	162
☐ N411VZ	125-800XP	258313	☐ N418LX	Be400A	RK-234	☐ N425KG	125-700	257001
☐ N411WW	G550	5063	☐ N418MG	Be400	RJ-54	☐ N425LW	Learjet 45	45-147
☐ N412AB	C560XLS	560-5752	☐ N418MN	Learjet 45	45-130	☐ N425M	Learjet 31A	55
☐ N412BT	C550 Bravo	550-1134	☐ N418RD	125-700	257015	☐ N425QS	G450	4010
☐ N412CS	C525B CJ3	0059	☐ N418RM	Be400	RJ-18	☐ N425RJ	Falcon 200	484
☐ N412DA	125-800	258061	☐ N418WA	Westwind	250	☐ N425SA	Learjet 35A	425
☐ N412ET	Learjet 40XR	45-2083	☐ N419MB	Be400A	RK-85	☐ N425SD	125-700	257018
☐ N412GJ	Be400XP	RK-412	☐ N419MS	Gulf2 SP	81	☐ N425SV	Gulf 3	360
☐ N412JT	Gulf2 SP	101	☐ N419TM	Be400XP	RK-495	☐ N425WN	Challenger 601	3052
☐ N412PG	Falcon 20	97	☐ N419WC	Astra	53	☐ N426CF	Challenger 604	5338
☐ N412WW	Gulf IVSP	1203	☐ N420BG	Learjet 55	123	☐ N426CH	C560XL	560-5222
☐ N413CK	C560XL	560-5042	☐ N420CC	Gulf IV	1164	☐ N426CM	C750	750-0117
☐ N413CQ	C525 CJ1+	525-0677	☐ N420CE	Astra	139	☐ N426EA	Be400A	RK-275
☐ N413CS	C525B CJ3	0082	☐ N420CH	C525B CJ3	0151	☐ N426ED	C525 CJ1	525-0426
☐ N413CT	Cessna S550	0017	☐ N420CL	Falcon 50	10	☐ N426LW	Learjet 45	45-162
☐ N413FC	C525A CJ2+	0405	☐ N420CS	C525B CJ3	0115	☐ N426MJ	125-850XP	258759
☐ N413GA	G450	4213	☐ N420CT	Be400XP	RK-517	☐ N426PE	Challenger 601	5046
☐ N413JG	B737-2Q8	23148	☐ N420DH	Be400A	RK-326	☐ N426PF	Challenger 604	5547

45

Reg	Type	Serial
N426QS	Gulf IVSP	1426
N426RJ	Westwind	218
N426ST	Falcon 20-5	426
N426TA	Learjet 24B	181
N427CS	C525B CJ3	0152
N427DB	Premier 1A	RB-223
N427DJ	Be400A	RK-276
N427FL	Be400XP	RK-368
N427GA	G450	4217
N427GW	Falcon 2000	20
N427SA	Gulf IVSP	1314
N427SS	C500	501-0681
N427X	Eclipse 500	253
N428BB	Learjet 31A	209
N428BR	C525B CJ3	0205
N428CC	Falcon 50	225
N428CS	C525B CJ3	0165
N428FX	Learjet 45	45-164
N428JD	Be400	RJ-13
N428LX	Be400A	RK-264
N428M	Gulf IVSP	1382
N428QS	Gulf IVSP	1328
N428SJ	C560 Encore	560-0584
N429CC	Eclipse 500	60
N429CS	C525B CJ3	0177
N429DD	Gulf IVSP	1293
N429FC	Learjet 55	91
N429FX	Learjet 45	45-165
N429GA	G450	4219
N429LX	Be400A	RK-265
N429SA	Falcon 2000EX	178
N429SJ	Falcon 2000	66
N429WG	Challenger 601	5010
N430BB	125-800	258178
N430CS	C525B CJ3	0185
N430FX	Learjet 45	45-166
N430GR	C525 CJ1	525-0430
N430GW	Premier 1A	RB-208
N430JH	C525 CJ1	525-0530
N430MP	Sabre 40	282-113
N430PT	Westwind	430
N430QS	G450	4021
N430SA	C650 VII	650-7041
N430TB	Phenom 100	00052
N431CB	Challenger 601	5164
N431CS	C525B CJ3	0228
N431DA	Learjet 31A	163
N431FX	Learjet 45	45-177
N431JT	Gulf 3	417
N431LC	C500	500-0177
N431MC	C525A CJ2	0091
N431MS	Cessna S550	0127
N431WA	Westwind	431
N432AC	C750	750-0231
N432AQ	125-800	258150
N432AS	G450	4142
N432CC	Sabre 65	465-6
N432CS	C525B CJ3	0244
N432FJ	Falcon 900EX	234
N432FX	Learjet 45	45-197
N432LW	C525B CJ3	0003
N432MA	C525A CJ2+	0300
N432NM	C550	550-0078
N432RJ	C550 Bravo	550-0967
N433CS	C525B CJ3	0257
N433DD	Learjet 35A	161
N433FX	Learjet 45	45-192
N433GM	Westwind	433
N434FX	Learjet 45	45-212
N434HB	125-750	HB-34
N434LX	Be400A	RK-274
N434SB	C550	550-0426
N435CT	Be400XP	RK-531
N435FX	Learjet 45XR	45-271
N435HC	Gulf IVSP	1450
N435HH	Learjet 45XR	45-335
N435JF	Falcon 2000	47
N435MS	Learjet 35	54
N435NF	Eclipse 500	189
N435QS	G450	4068
N435T	Falcon 900EX	63
N435UM	C550	550-0424
N436CS	C525B CJ3	0274
N436FL	Be400A	RK-279
N436FX	Learjet 45XR	45-309
N436JW	Gulf2B	73
N436QS	Gulf IVSP	1436
N437FX	Learjet 45XR	45-315
N437GA	Gulf IVSP	1437
N437JD	125-900XP	HA-0117
N437JR	125-850XP	258757
N437MC	Challenger 604	5537
N437SJ	Westwind	437
N437WR	125-850XP	258963
N438BC	Be400XP	RK-438
N438FX	Learjet 45XR	45-333
N438HB	Horizon	RC-38
N438LX	Be400A	RK-202
N438MC	C560 Ultra	560-0438
N438PM	125-800XP	258636
N438SP	C550 Bravo	550-1026
N438WR	125-850XP	258983
N439FX	Learjet 45XR	45-341
N439HB	Horizon	RC-39
N439LX	Be400A	RK-284
N439WW	Westwind	439
N440BC	125	25218
N440CE	C550 Bravo	550-0937
N440CJ	C525A CJ2+	0441
N440CT	Be400XP	RK-534
N440CW	Be400A	RK-40
N440DM	Learjet 55	5
N440DS	Be400A	RK-8
N440FX	Learjet 45XR	45-346
N440HB	Horizon	RC-13
N440KM	Challenger 601	5053
N440KT	Learjet 24D	249
N440LX	Be400A	RK-289
N440MB	Horizon	RC-33
N440MC	Learjet 35A	495
N440PC	C650 III	650-0061
N440QS	G450	4025
N440RC	Be400A	RK-269
N440RD	125	25270
N440SC	Learjet 31A	240
N440TC	Gulf IV	1115
N440WF	Be400XP	RK-440
N441BC	Astra	33
N441BP	C560XLS	560-5612
N441FX	Learjet 45XR	45-357
N441LX	Be400A	RK-292
N441PC	Learjet 35A	668
N441QS	Gulf IVSP	1341
N442EA	Diamond	058SA
N442FL	Be400A	RK-334
N442FX	Learjet 45XR	45-364
N442GJ	Be400XP	RK-442
N442JB	C500	500-0117
N442KM	Cessna S550	0060
N442LV	C510	510-0153
N442LW	C680	680-0168
N442MA	125-800XP	258378
N442NR	C550 Bravo	550-1078
N442RM	Sabre 60	306-73
N442WP	C750	750-0233
N442WT	C750	750-0303
N443C	Be400A	RK-42
N443HC	C510	510-0012
N443LX	Be400A	RK-237
N443M	G550	5199
N443PW	C525B CJ3	0103
N444A	C680	680-0218
N444CW	C650 III	650-0064
N444EA	C550 Bravo	550-1079
N444EP	Westwind	436
N444ET	Challenger 600	1062
N444EX	C650 VII	650-7056
N444FX	Learjet 45XR	45-378
N444G	C550	550-0209
N444GG	C560 Ultra	560-0262
N444HC	Learjet 31A	64
N444HE	B737-39A/W	23800
N444MG	125-800XP	258415
N444MK	Learjet 25D	252
N444MW	Learjet 45	45-131
N444PE	Falcon 50	143
N444QG	Gulf IVSP	1453
N444RF	C560 Encore	560-0559
N444RL	Eclipse 500	40
N444TG	Learjet 25D	327
N444WB	Learjet 35A	105
N444WW	Learjet 25D	283
N445AK	Astra	155
N445CT	Be400XP	RK-535
N445FL	Be400A	RK-345
N445LX	Be400A	RK-298
N445N	Learjet 45	45-202
N445PK	Be400XP	RK-45
N445QS	G450	4037
N445RM	Learjet 45	45-206
N445SE	Learjet 45XR	45-334
N445TG	Learjet 45XR	45-332
N446CJ	C525A CJ2+	0446
N446HB	Horizon	RC-46
N446M	Be400A	RK-199
N446RT	C680	680-0017
N447HB	Horizon	RC-47
N447LX	Be400A	RK-248
N448AS	Challenger 300	20027
N448CC	125-1000	259019
N448GR	Astra	70
N448H	125-850XP	258907
N448HC	Eclipse 500	161
N448JM	125-800XP	258404
N448LX	Be400A	RK-305
N448PC	Gulf2 SP	226
N448QS	G450	4100
N448RL	C550 Bravo	550-0990
N448TB	Falcon 20	439
N449W	Sabre 75A	380-63
N449DT	C500	501-0012
N449LX	Be400A	RK-257
N449ML	Global Express	9055
N449SA	Falcon 2000EX	171
N449TM	Be400XP	RK-573
N450AB	G450	4043
N450AJ	Challenger 600S	1075
N450AK	Falcon 50	100
N450BC	Learjet 45	45-075
N450BD	Gulf 3	412
N450BF	Gulf IV	1015
N450BV	C525B CJ3	0167
N450CL	Falcon 50	76

☐ N450CP	Falcon 20-5	289	☐ N454N	Learjet 45XR	45-339	☐ N464AM	Diamond	090SA
☐ N450CW	Be400A	RK-50	☐ N454QS	Gulf IVSP	1454	☐ N464LX	Be400XP	RK-453
☐ N450GD	G450	4163	☐ N455BK	125-700	257078	☐ N464PG	Eclipse 500	96
☐ N450JC	Learjet 45	45-070	☐ N455DG	Learjet 45	45-129	☐ N464ST	G450	4022
☐ N450JE	Gulf IVSP	1233	☐ N455DW	Be400	RJ-20	☐ N464TF	Learjet 60	60-185
☐ N450JG	Learjet 45	45-096	☐ N455DX	Falcon 2000	146	☐ N465BC	Sabre 65	465-53
☐ N450KD	C550	550-0412	☐ N455FD	C500	501-0005	☐ N465LX	Be400XP	RK-454
☐ N450LC	G450	4127	☐ N455JD	C650 III	650-0069	☐ N465NW	Learjet 35A	465
☐ N450LV	G450	4061	☐ N455QS	G450	4074	☐ N465QS	Gulf IVSP	1463
☐ N450MH	Gulf2 SP	225	☐ N455RH	Learjet 55	110	☐ N465SC	Sabre 65	465-30
☐ N450MM	C560	560-0119	☐ N455SH	Astra	17	☐ N465TM	Be400XP	RK-554
☐ N450MQ	C560 Encore	560-0657	☐ N456AL	Gulf 3	405	☐ N466AE	C525 CJ1+	525-0642
☐ N450PG	G450	4072	☐ N456BE	Gulf 3	335	☐ N466JB	Gulf2 SP	57
☐ N450PU	G450	4095	☐ N456CG	Learjet 25D	343	☐ N466SS	C550	550-0626
☐ N450QS	G450	4046	☐ N456CL	Learjet 35A	456	☐ N467AM	Gulf2 SP	169
☐ N450RG	G350	4038	☐ N456JG	Be400A	RK-119	☐ N467F	C525 CJ	525-0335
☐ N450T	G450	4105	☐ N456MF	Eclipse 500	50	☐ N467LX	Be400XP	RK-447
☐ N450TJ	Learjet 45	45-012	☐ N456Q	Learjet 45XR	45-282	☐ N467MW	Galaxy G200	14
☐ N450WB	G450	4110	☐ N456SM	C680	680-0038	☐ N467QS	G400	1533
☐ N450XX	G450	4062	☐ N456SW	C560	560-0222	☐ N467RG	Be400A	RK-67
☐ N450Z	G450	4012	☐ N456TM	Be400XP	RK-585	☐ N468AB	Gulf IVSP	1477
☐ N451AJ	C525A CJ2	0110	☐ N456TX	C550	551-0236	☐ N468AM	Falcon 50	31
☐ N451BH	G450	4077	☐ N457DS	Gulf IV	1077	☐ N468CE	C560 Encore +	560-0788
☐ N451BW	Learjet 45XR	45-261	☐ N457H	Gulf IVSP	1462	☐ N468ES	C650 III	650-0185
☐ N451C	G450	4159	☐ N457HL	Challenger 600S	1063	☐ N468GH	Falcon 900C	190
☐ N451CL	Falcon 50	223	☐ N457J	125-800	258085	☐ N468HW	Gulf2	157
☐ N451CM	G450	4024	☐ N457JC	Gulf 3	457	☐ N468KE	Challenger 601	5036
☐ N451CS	Global Express	9134	☐ N457TB	Eclipse 500	88	☐ N468KL	Global 5000	9279
☐ N451DA	C550	551-0141	☐ N458A	Learjet 45XR	45-397	☐ N468LX	Be400XP	RK-468
☐ N451DC	G450	4041	☐ N458BN	Galaxy G200	71	☐ N468QS	G450	4146
☐ N451DJ	Legacy	145789	☐ N458CK	C560	560-0160	☐ N468RB	Sabre 60	306-133
☐ N451DP	Falcon 20F	249	☐ N458DA	C560 Ultra	560-0458	☐ N468RW	C525 CJ1	525-0468
☐ N451FP	C525A CJ2+	0451	☐ N458F	C550 Bravo	550-0986	☐ N469AL	125-800	258067
☐ N451GA	Gulf IV	1221	☐ N458HC	Be400	RJ-58	☐ N469BB	Learjet 35A	434
☐ N451GP	C525B CJ3	0080	☐ N458LM	Phenom 100	00019	☐ N469BT	Gulf 3	432
☐ N451HC	Learjet 45XR	45-267	☐ N458MT	C525 CJ	525-0316	☐ N469DE	C550 Bravo	550-0883
☐ N451JC	G450	4152	☐ N458N	C550	550-0061	☐ N469DN	C560 Ultra	560-0469
☐ N451LX	Be400A	RK-310	☐ N458NC	C560 Ultra	560-0478	☐ N469LX	Be400XP	RK-463
☐ N451N	Learjet 45	45-230	☐ N458SB	Falcon 20F	308	☐ N469RS	C560XL	560-5082
☐ N451NS	G450	4082	☐ N458X	G450	4138	☐ N469TB	Gulf 3	469
☐ N451R	G150	227	☐ N459A	Learjet 31A	137	☐ N469WC	Westwind	202
☐ N451ST	Learjet 45	45-200	☐ N459BN	Galaxy G200	195	☐ N470CT	Be400XP	RK-536
☐ N451TM	Be400XP	RK-576	☐ N459CS	Challenger 604	5546	☐ N470DP	C560 Ultra	560-0291
☐ N451WM	Learjet 45	45-091	☐ N459LC	Learjet 45	45-060	☐ N470LX	Be400XP	RK-478
☐ N452AJ	C560 Ultra	560-0494	☐ N459LX	Be400XP	RK-365	☐ N470QS	G450	4084
☐ N452AS	Premier 1A	RB-252	☐ N459NA	C525 CJ1	525-0459	☐ N470SK	C560XL	560-5348
☐ N452CJ	Learjet 45	45-090	☐ N459SF	Learjet 60	60-049	☐ N471FL	Falcon 20C	163
☐ N452DA	Learjet 35A	452	☐ N460AN	Learjet 60	60-127	☐ N471LX	Be400XP	RK-506
☐ N452GA	G450	4205	☐ N460AS	Premier 1	RB-8	☐ N471XP	Be400XP	RK-471
☐ N452LJ	Learjet 45	45-002	☐ N460CP	C650 III	650-0021	☐ N472LX	Be400XP	RK-481
☐ N452NS	G450	4094	☐ N460D	Falcon 900EX	188	☐ N472MM	Gulf IV	1072
☐ N452QS	Gulf IVSP	1352	☐ N460DC	Learjet 45	45-146	☐ N472QS	Gulf IVSP	1372
☐ N452SB	Be400A	RK-317	☐ N460F	Challenger 601	5055	☐ N473CW	Gulf IV	1194
☐ N452ST	Learjet 45	45-201	☐ N460KG	Be400XP	RK-460	☐ N473FL	Be400XP	RK-397
☐ N452TM	Be400XP	RK-577	☐ N460L	Premier 1	RB-46	☐ N473JE	Be400A	RK-121
☐ N453A	Learjet 45XR	45-363	☐ N460M	Cessna S550	0022	☐ N473TC	Learjet 25	43
☐ N453AM	Learjet 35A	453	☐ N460MC	Learjet 60	60-309	☐ N474AN	Learjet 35A	295
☐ N453DW	C510	510-0187	☐ N460QS	Gulf IVSP	1360	☐ N474D	Gulf IVSP	1445
☐ N453GS	Challenger 601	3011	☐ N460SB	Learjet 35A	670	☐ N474LX	Be400XP	RK-541
☐ N453JS	Falcon 900DX	605	☐ N461CJ	C525A CJ2+	0461	☐ N474M	G450	4073
☐ N453MA	Learjet 25D	291	☐ N461EA	Be400	RJ-61	☐ N474ME	Be400XP	RK-474
☐ N453S	C550	551-0445	☐ N461FL	Falcon 20C	94	☐ N474PC	C525A CJ2	0087
☐ N453SB	Falcon 20-5	382	☐ N461GT	Gulf 3	411	☐ N474TC	Learjet 45XR	45-405
☐ N453ST	Learjet 45XR	45-299	☐ N461MC	Learjet 60	60-284	☐ N475DH	C525A CJ2	0090
☐ N453TM	Be400XP	RK-581	☐ N461N	Eclipse 500	234	☐ N475GA	G450	4175
☐ N454AC	C500	501-0015	☐ N461QS	G450	4125	☐ N475HC	C550	551-0475
☐ N454AN	Learjet 60	60-045	☐ N462B	C560	560-0016	☐ N475HM	125-800XP	258451
☐ N454DP	Falcon 10	130	☐ N462CB	Premier 1A	RB-136	☐ N475JC	C560XLS	560-5517
☐ N454DR	Phenom 300	50005	☐ N462LX	Be400XP	RK-423	☐ N475LC	Gulf IVSP	1472
☐ N454LC	Learjet 45XR	45-296	☐ N463LX	Be400XP	RK-426	☐ N475M	G450	4067
☐ N454LX	Be400A	RK-327	☐ N463MA	Gulf IV	1108	☐ N475MD	Jetstar 731	5112

Reg	Type	Serial	Reg	Type	Serial	Reg	Type	Serial
☐ N475TM	Be400XP	RK-560	☐ N488CC	Cessna S550	0129	☐ N499BS	Learjet 25D	239
☐ N476BJ	Be400A	RK-176	☐ N488CH	Global Express	9150	☐ N499GA	G450	4199
☐ N476JD	C525A CJ2+	0426	☐ N488CP	C560XL	560-5055	☐ N499HS	C560XLS	560-5602
☐ N476LC	Cessna S550	0091	☐ N488JD	C560XLS+	560-6015	☐ N499LX	Be400A	RK-149
☐ N476LX	Be400XP	RK-376	☐ N488KF	Falcon 200	488	☐ N499NH	Sabre 65	465-56
☐ N477A	C550	551-0020	☐ N488LX	Be400A	RK-183	☐ N499P	Be400	RJ-31
☐ N477FL	Be400XP	RK-377	☐ N488RC	Galaxy G200	228	☐ N499PA	125-800XPi	258739
☐ N477GG	Gulf2B	155	☐ N488SR	C525 CJ1	525-0488	☐ N499QS	Gulf IVSP	1299
☐ N477GJ	Be400XP	RK-477	☐ N488VC	125-800XP	258546	☐ N499RC	Cessna S550	0090
☐ N477JB	Gulf IV	1214	☐ N489B	Be400XP	RK-489	☐ N499SC	G450	4135
☐ N477LC	Cessna S550	0153	☐ N489CB	C525 CJ1	525-0489	☐ N499WM	C550 Bravo	550-0869
☐ N477QS	Gulf IVSP	1377	☐ N489GM	Cessna S550	0092	☐ N500AD	C500	500-0091
☐ N477SA	G400	1529	☐ N489JC	Eclipse 500	44	☐ N500AF	Falcon 50 EX	320
☐ N477WG	Gulf 3	477	☐ N489QS	Gulf IVSP	1389	☐ N500AL	Challenger 300	20092
☐ N477XR	Learjet 40XR	45-2113	☐ N489SA	125-800	258053	☐ N500AS	C525B CJ3	0164
☐ N478DR	Be400A	RK-61	☐ N489SS	C550	550-0489	☐ N500BJ	Westwind	242
☐ N478F	Eclipse 500	228	☐ N489VC	125-800XP	258443	☐ N500CD	Eclipse 500	45
☐ N478GA	G450	4178	☐ N490AM	Be400A	RK-101	☐ N500CE	Eclipse 500	157
☐ N478GS	Gulf IVSP	1478	☐ N490CC	C550	551-0491	☐ N500CG	Learjet 45	45-009
☐ N478LX	Be400XP	RK-387	☐ N490CT	Be400XP	RK-546	☐ N500CZ	Premier 1	RB-98
☐ N478PM	C750	750-0014	☐ N490DC	C550	550-0117	☐ N500DB	C500	500-0148
☐ N479GA	G450	4179	☐ N490JC	Be400XP	RK-373	☐ N500DE	ERJ-145EP	145084
☐ N479PR	Galaxy G200	8	☐ N490QS	Gulf IVSP	1488	☐ N500DG	Eclipse 500	129
☐ N480BA	Challenger 300	20197	☐ N491AN	Westwind	393	☐ N500DW	C560	560-0199
☐ N480CB	Challenger 300	20147	☐ N491BT	Diamond	054SA	☐ N500E	Global Express	9105
☐ N480CC	C525B CJ3	0326	☐ N491EC	Gulf IVSP	1491	☐ N500ED	Learjet 35A	241
☐ N480CT	Be400XP	RK-544	☐ N491GA	G450	4191	☐ N500EF	Gulf 3	400
☐ N480DG	C560	560-0015	☐ N491HR	Be400XP	RK-491	☐ N500ET	C500	500-0180
☐ N480JJ	G150	241	☐ N491JB	C650 III	650-0182	☐ N500FA	Astra	11
☐ N480LX	Be400XP	RK-398	☐ N491N	C560XLS	560-5530	☐ N500FB	Eclipse 500	185
☐ N480M	Be400XP	RK-586	☐ N491PT	C500	500-0102	☐ N500FM	125-700	257102
☐ N480ME	Learjet 31A	85	☐ N491TM	Be400XP	RK-564	☐ N500FR	C650 VI	650-0208
☐ N480QS	Gulf IVSP	1380	☐ N492A	Gulf 3	425	☐ N500FZ	C560	560-0018
☐ N480RL	C560	560-0109	☐ N492AM	Be400A	RK-35	☐ N500GB	C500	500-0098
☐ N481CW	Be400A	RK-1	☐ N492CC	Falcon 200	492	☐ N500GF	Gulf 3	488
☐ N481FL	Falcon 20-5	27	☐ N492GA	G450	4192	☐ N500HY	Be400A	RK-153
☐ N481NS	Westwind	378	☐ N492JT	Gulf2 SP	82	☐ N500J	G450	4052
☐ N482DM	Diamond	088SA	☐ N492P	Be400A	RK-39	☐ N500JD	Falcon 50	84
☐ N482GA	G450	4182	☐ N492QS	Gulf IVSP	1392	☐ N500JE	Learjet 31A	88
☐ N482GS	Be400XP	RK-482	☐ N492RM	Learjet 35A	492	☐ N500JW	Gulf2 TT	234
☐ N482LX	Be400XP	RK-413	☐ N492TM	Be400XP	RK-580	☐ N500KE	Westwind	360
☐ N483CC	Challenger 604	5483	☐ N493AG	B737 BBJ1	36493	☐ N500LG	Learjet 28	28-005
☐ N483DM	Learjet 24D	291	☐ N493CW	Be400A	RK-93	☐ N500LJ	Be400A	RK-340
☐ N483FG	125-700	257094	☐ N493LX	Be400A	RK-244	☐ N500LR	Challenger 601	5012
☐ N483GA	G450	4183	☐ N493S	Falcon 2000EX	64	☐ N500LS	B737 BBJ1	29054
☐ N484CH	Learjet 40XR	45-2075	☐ N493TM	Be400XP	RK-582	☐ N500M	Challenger 604	5480
☐ N484GA	G450	284	☐ N494CC	Be400A	RK-30	☐ N500MA	Westwind	435
☐ N484J	C525 CJ	525-0048	☐ N494GA	G450	4194	☐ N500MG	C560 Encore	560-0624
☐ N484JC	125-850XP	258644	☐ N494TB	C525A CJ2+	0442	☐ N500ML	C500	500-0074
☐ N484JH	Phenom 100	00016	☐ N494TG	Legacy	145678	☐ N500MM	Eclipse 500	139
☐ N484MM	C560 Ultra	560-0491	☐ N495AS	Be400A	RK-251	☐ N500MP	Learjet 31A	198
☐ N484T	C750	750-0199	☐ N495CE	Challenger 604	5495	☐ N500N	G450	4056
☐ N485AC	Learjet 35A	485	☐ N495CM	C550	550-0151	☐ N500NB	C525A CJ2+	0339
☐ N485AK	C550	550-0193	☐ N495CT	Be400XP	RK-547	☐ N500NH	Falcon 20-5	470
☐ N485AS	Falcon 100	219	☐ N495GA	G450	4195	☐ N500PC	Gulf IVSP	1492
☐ N485CT	Be400XP	RK-545	☐ N495MH	C550 Bravo	550-1020	☐ N500PG	Challenger 601	3039
☐ N485FL	Be400A	RK-239	☐ N495QS	Gulf IVSP	1295	☐ N500PP	Diamond	061SA
☐ N485GA	G150	285	☐ N495RS	Gulf IV	1161	☐ N500PR	CRJ800	7846
☐ N485GM	Gulf 3	387	☐ N496AS	Be400A	RK-117	☐ N500PX	C560XLS	560-5589
☐ N485XP	Be400XP	RK-485	☐ N496WH	Learjet 60	60-063	☐ N500R	Falcon 50 EX	323
☐ N486BG	Challenger 601	5133	☐ N497AS	Be400A	RK-227	☐ N500RD	G500	5105
☐ N486GA	G150	286	☐ N497EC	Challenger 300	20025	☐ N500RE	Falcon 50	156
☐ N486QS	Gulf IVSP	1386	☐ N497KK	C680	680-0093	☐ N500RH	Gulf GV	558
☐ N486TM	ERJ-135SE	145364	☐ N497RC	Be400A	RK-297	☐ N500RL	G400	1513
☐ N486TT	C525 CJ	525-0213	☐ N497XP	Be400XP	RK-497	☐ N500RP	G450	4057
☐ N487DT	Premier 1	RB-85	☐ N498AB	C560XL	560-5116	☐ N500RQ	Gulf2	122
☐ N487F	Challenger 300	20152	☐ N498AS	Be400A	RK-347	☐ N500RR	Falcon 200	491
☐ N487GA	G150	287	☐ N498CS	C650 III	650-0180	☐ N500SK	C500	500-0129
☐ N487LP	Learjet 60XR	60-361	☐ N498QS	Gulf IVSP	1398	☐ N500SV	C525A CJ2	0153
☐ N487QS	Gulf IVSP	1287	☐ N498YY	C525 CJ1	525-0498	☐ N500SW	Learjet 60	60-017
☐ N488CA	CRJ200	7730	☐ N499AS	Be400A	RK-220	☐ N500TH	Be400A	RK-246

Reg	Type	Serial	Reg	Type	Serial	Reg	Type	Serial
☐ N500TM	C500	500-0112	☐ N501Q	C500	501-0233	☐ N505BB	C500	501-0323
☐ N500TS	Falcon 50	179	☐ N501RC	C500	501-0165	☐ N505BG	C500	501-0185
☐ N500UB	C560	560-0052	☐ N501RG	C500	501-0260	☐ N505CF	C500	501-0130
☐ N500UJ	C560	560-0062	☐ N501RL	C550	550-0601	☐ N505CL	Falcon 50	38
☐ N500UK	Eclipse 500	51	☐ N501RP	G150	209	☐ N505CS	C560XL	560-5252
☐ N500VC	C560	560-0144	☐ N501RS	Learjet 31A	223	☐ N505EH	Learjet 55	67
☐ N500VH	Eclipse 500	211	☐ N501SE	C500	500-0010	☐ N505FX	Challenger 300	20006
☐ N500VK	Eclipse 500	10	☐ N501SS	C500	500-0374	☐ N505GA	Galaxy G200	5
☐ N500VP	B737-2H4	22062	☐ N501ST	C500	501-0270	☐ N505GF	Gulf IVSP	1275
☐ N500WD	C525B CJ3	0267	☐ N501T	C500	501-0244	☐ N505HG	Learjet 36	9
☐ N500WN	Fokker F28	11016	☐ N501TJ	C500	501-0013	☐ N505JH	C500	501-0126
☐ N500WR	Learjet 31A	38	☐ N501TL	C500	500-0207	☐ N505LR	125-1000	259005
☐ N500XY	125	25119	☐ N501TP	C500	501-0684	☐ N505PM	Challenger 600S	1051
☐ N500ZA	Learjet 24F	350	☐ N501U	C500	501-0037	☐ N505RJ	C500	501-0009
☐ N500ZB	Cessna S550	0023	☐ N501WB	C500	501-0158	☐ N505RP	C550	551-0450
☐ N500ZH	Eclipse 500	158	☐ N501WD	C500	501-0251	☐ N505RR	Falcon 2000	46
☐ N501AD	C500	501-0093	☐ N501WJ	C500	501-0143	☐ N505TC	Falcon 50	57
☐ N501AF	C500	501-0139	☐ N501WL	C500	501-0135	☐ N505XP	Be400XP	RK-505
☐ N501AT	C500	501-0017	☐ N501WX	C500	501-0257	☐ N506BA	Falcon 900B	160
☐ N501BB	C500	501-0087	☐ N501X	C500	501-0255	☐ N506CS	C560XL	560-5267
☐ N501BE	C500	501-0263	☐ N501ZK	G500	5001	☐ N506KS	Learjet 40XR	45-2055
☐ N501BW	Be400A	RK-167	☐ N502BC	C560XL	560-5098	☐ N506QS	Gulf GV	623
☐ N501CB	C500	501-0281	☐ N502BG	Falcon 20-5	388	☐ N506TF	C500	501-0001
☐ N501CD	C500	501-0066	☐ N502CA	Be400XP	RK-525	☐ N506TS	Challenger 601	5006
☐ N501CF	C500	501-0128	☐ N502CC	C500	501-0113	☐ N507CR	C560 Encore +	560-0791
☐ N501CG	Learjet 45	45-044	☐ N502CL	C550	551-0002	☐ N507FG	Learjet 45XR	45-326
☐ N501CP	C500	501-0034	☐ N502E	C560	560-0232	☐ N507FX	Challenger 300	20008
☐ N501CT	125-800XP	258512	☐ N502EG	C560XLS	560-5502	☐ N507HB	Be400XP	RK-507
☐ N501CV	Gulf GV	639	☐ N502ET	Eclipse 500	52	☐ N507HP	C525 CJ1	525-0395
☐ N501CW	C560	560-0050	☐ N502GF	125-700	257210	☐ N507QS	Gulf GV	625
☐ N501D	C500	501-0298	☐ N502GM	G350	4011	☐ N507SA	Gulf IVSP	1456
☐ N501DA	C500	500-0349	☐ N502HE	Challenger 601	5111	☐ N508BP	125-800XP	258419
☐ N501DB	Falcon 900C	196	☐ N502HR	125-800XP2	258502	☐ N508CP	Eclipse 500	196
☐ N501DD	C500	501-0035	☐ N502JF	Learjet 35A	490	☐ N508CS	C560XL	560-5294
☐ N501DP	C500	501-0162	☐ N502JL	Global Express	9050	☐ N508GA	G550	5280
☐ N501DR	C500	501-0141	☐ N502JT	Gulf IV	1212	☐ N508JA	Eclipse 500	1
☐ N501DV	Galaxy G200	192	☐ N502KA	Gulf GV	502	☐ N508KD	C560	560-0147
☐ N501DX	Eclipse 500	110	☐ N502LT	Eclipse 500	27	☐ N508MV	C560XLS+	560-6006
☐ N501DZ	C500	500-0059	☐ N502MG	B727-191	19391	☐ N508P	Gulf GV	693
☐ N501EA	C500	501-0054	☐ N502PG	Gulf IVSP	1435	☐ N508PC	Challenger 604	5558
☐ N501EJ	C500	500-0119	☐ N502PG	Falcon 10	144	☐ N508QS	Gulf GV	631
☐ N501FJ	C500	501-0167	☐ N502PM	Premier 1A	RB-185	☐ N508RN	Premier 1A	RB-156
☐ N501G	C500	501-0202	☐ N502QS	Gulf GV	601	☐ N508SR	Learjet 24E	347
☐ N501GB	C500	500-0231	☐ N502RG	Gulf2 SP	178	☐ N508VM	125-600	256045
☐ N501GF	125-700	257208	☐ N502RP	G150	212	☐ N509CS	C560XL	560-5310
☐ N501GG	C550	550-0484	☐ N502TN	C525 CJ1	525-0505	☐ N509GE	Challenger 604	5573
☐ N501GR	C500	501-0006	☐ N502TS	Eclipse 500	97	☐ N509JA	Eclipse 500	84
☐ N501HG	C500	501-0221	☐ N503BC	Learjet 60	60-239	☐ N509QS	Gulf GV	637
☐ N501HS	C500	501-0096	☐ N503CC	C500	500-0003	☐ N510AZ	C510	510-0124
☐ N501JD	C500	501-0129	☐ N503CS	C560XL	560-5205	☐ N510BA	C510	510-0143
☐ N501JE	C500	501-0253	☐ N503LC	C525B CJ3	0162	☐ N510BC	Diamond	057SA
☐ N501JF	C500	500-0343	☐ N503MG	B727-191	19392	☐ N510BD	C510	510-0249
☐ N501JG	C500	501-0038	☐ N503PC	Challenger 604	5503	☐ N510BW	C510	510-0098
☐ N501JJ	C500	501-0240	☐ N503PQ	Falcon 50 EX	263	☐ N510CJ	C510	510-0173
☐ N501JM	C500	501-0226	☐ N503RE	Learjet 60	60-227	☐ N510CL	Falcon 10	9
☐ N501JS	C560	560-0066	☐ N503RP	G150	215	☐ N510DH	C510	510-0208
☐ N501JT	Global 5000	9265	☐ N504BW	C560	560-0128	☐ N510DP	C510	510-0220
☐ N501JV	Gulf2 SP	168	☐ N504CC	C560 Ultra	560-0504	☐ N510EE	C510	510-0275
☐ N501KC	Falcon 200	401	☐ N504CX	Falcon 50 -4	81	☐ N510EG	C510	510-0246
☐ N501KE	C525A CJ2+	0290	☐ N504D	C500	500-0387	☐ N510GG	C510	510-0168
☐ N501KK	C500	501-0181	☐ N504FJ	Falcon 200	504	☐ N510GJ	C510	510-0083
☐ N501KM	C500	501-0101	☐ N504LV	C560XL	560-5369	☐ N510GP	C550	550-0421
☐ N501KR	C525 CJ	525-0033	☐ N504MK	Falcon 50	205	☐ N510GT	Westwind	190
☐ N501LC	C550	550-0146	☐ N504MS	Falcon 50 EX	301	☐ N510HF	C560XL	560-5331
☐ N501LH	C500	500-0342	☐ N504RP	C650 III	650-0176	☐ N510JC	C550	550-0197
☐ N501LR	125-1000	259025	☐ N504RS	Eclipse 500	5	☐ N510JH	C510	510-0051
☐ N501LS	CRJ200	7584	☐ N504T	C650 VII	650-7040	☐ N510JL	C510	510-0250
☐ N501MB	C500	501-0122	☐ N504TC	Eclipse 500	141	☐ N510K	C510	510-0121
☐ N501MK	Falcon 900EX	108	☐ N504YP	Falcon 50 -4	170	☐ N510KB	C510	510-0155
☐ N501PC	Challenger 604	5551	☐ N505AG	C550 Bravo	550-0905	☐ N510KZ	C510	510-0251
☐ N501PV	C500	501-0028	☐ N505AZ	C500	500-0188	☐ N510LF	C510	510-0159

Reg	Type	Serial	Reg	Type	Serial	Reg	Type	Serial
☐ N510LL	C510	510-0074	☐ N515LP	Falcon 10	87	☐ N521HN	Gulf GV	570
☐ N510MB	C510	510-0118	☐ N515LR	125-1000	259015	☐ N521JK	125-800	258262
☐ N510MD	C510	510-0202	☐ N515MP	Eclipse 500	15	☐ N521LF	C560	560-0132
☐ N510MG	Gulf IVSP	1349	☐ N515PL	G500	5144	☐ N521LL	C560 Ultra	560-0273
☐ N510MW	C510	510-0109	☐ N515PV	Falcon 2000	192	☐ N521PF	C525 CJ	525-0005
☐ N510PS	C510	510-0171	☐ N515RW	C560	560-0219	☐ N521RA	C560XL	560-5076
☐ N510PT	C510	510-0114	☐ N515RY	Be400A	RK-46	☐ N521TM	C550	550-0705
☐ N510RC	C525B CJ3	0325	☐ N515TC	Learjet 25D	354	☐ N521VP	C560 Ultra	560-0312
☐ N510RR	Falcon 2000	137	☐ N515TJ	Be400A	RK-229	☐ N521XP	Be400XP	RK-521
☐ N510SA	C510	510-0094	☐ N515VP	C560 Ultra	560-0315	☐ N522AA	Adam A700	5
☐ N510SD	C650 III	650-0161	☐ N515WA	Be400A	RK-215	☐ N522AC	G400	1524
☐ N510SR	Gulf IVSP	1183	☐ N516CC	Galaxy G200	20	☐ N522BD	Falcon 2000EX	84
☐ N510SV	C510	510-0154	☐ N516EA	Eclipse 500	106	☐ N522BP	G550	5135
☐ N510TW	C510	510-0240	☐ N516FX	Challenger 300	20036	☐ N522CS	C560XL	560-5364
☐ N510TX	C510	510-0131	☐ N516GH	Gulf GV	553	☐ N522DK	Eclipse 500	105
☐ N510VV	C510	510-0014	☐ N516QS	Gulf GV	658	☐ N522EA	Eclipse 500	263
☐ N510WC	C510	510-0017	☐ N516TH	125-800XP	258418	☐ N522EE	125-850XP	258764
☐ N510WP	C510	510-0172	☐ N516VE	G450	4116	☐ N522EF	125-800XP	258621
☐ N511AB	C550	551-0339	☐ N517AF	C550 Bravo	550-0846	☐ N522EL	Be400A	RK-342
☐ N511AC	C525 CJ	525-0098	☐ N517CC	Learjet 31A	117	☐ N522FX	Challenger 300	20064
☐ N511AT	C500	500-0166	☐ N517FX	Challenger 300	20038	☐ N522JA	C560 Ultra	560-0288
☐ N511BA	Gulf2	49	☐ N517GP	Learjet 31A	152	☐ N522MB	Be400XP	RK-522
☐ N511BP	C525 CJ	525-0332	☐ N517LR	125-1000	259017	☐ N523AM	Gulf 3	372
☐ N511CS	C560XL	560-5324	☐ N517MD	Be400XP	RK-459	☐ N523BT	C525A CJ2	0124
☐ N511CT	G150	234	☐ N517QS	G550	5209	☐ N523CS	C560XLS	560-5507
☐ N511DD	Challenger 601	5187	☐ N517TT	Global Express	9046	☐ N523DR	Premier 1	RB-50
☐ N511ED	Eclipse 500	262	☐ N518CL	Challenger 601	5180	☐ N523FX	Challenger 300	20074
☐ N511FL	Falcon 20-5	122	☐ N518FX	Challenger 300	20046	☐ N523GA	G550	5253
☐ N511FX	Challenger 300	20021	☐ N518GS	Challenger 300	20132	☐ N523JM	Challenger 601	5106
☐ N511HC	C500	501-0136	☐ N518JG	Learjet 31A	219	☐ N523KW	C560XL	560-5015
☐ N511KA	125-700	257052	☐ N518M	125-800XPi	258737	☐ N523LR	125-1000	259023
☐ N511LD	125-700	257188	☐ N518MV	C550	551-0046	☐ N523PB	Falcon 50	23
☐ N511PA	Gulf IV	1111	☐ N518N	C550	550-0563	☐ N523TS	C525 CJ1	525-0363
☐ N511QS	Gulf GV	647	☐ N518PR	Learjet 35A	497	☐ N523WC	Falcon 2000	212
☐ N511TC	C525 CJ	525-0074	☐ N518QS	G550	5075	☐ N523WG	125-800	258086
☐ N511TH	C560 Encore	560-0561	☐ N518RR	125-700	257108	☐ N524AC	Gulf GV	686
☐ N511WB	Be400A	RK-91	☐ N518S	125-800	258074	☐ N524AN	Gulf IV	1119
☐ N511WK	Phenom 100	00103	☐ N518SB	Learjet 55C	139A	☐ N524DW	Learjet 25B	81
☐ N511WV	C560	560-0138	☐ N518WA	Westwind	223	☐ N524FX	Challenger 300	20095
☐ N512CS	C560XL	560-5326	☐ N519AA	C550	550-0053	☐ N524HC	Learjet 31A	114
☐ N512FX	Challenger 300	20022	☐ N519EJ	Eclipse 500	19	☐ N524MA	C550	550-0029
☐ N512JB	Falcon 50	202	☐ N519EM	Falcon 50	19	☐ N524PA	Learjet 35	33
☐ N512JT	G450	4005	☐ N519FX	Challenger 300	20055	☐ N524S	Falcon 50	51
☐ N512MB	Eclipse 500	175	☐ N519M	125-850XP	258747	☐ N524SF	C525 CJ	525-0240
☐ N512RJ	G450	4124	☐ N519RW	Be400A	RK-3	☐ N525AC	Gulf GV	691
☐ N512TB	C525A CJ2	0084	☐ N520AF	Falcon 50	247	☐ N525AG	Galaxy G200	226
☐ N513AC	Falcon 20F	242	☐ N520AW	Falcon 20-5	453	☐ N525AJ	C525 CJ1+	525-0673
☐ N513EA	Eclipse 500	9	☐ N520BE	C510	510-0284	☐ N525AK	Westwind	260
☐ N513HS	Falcon 900EX	175	☐ N520CH	G150	269	☐ N525AL	C525 CJ	525-0011
☐ N513LR	125-1000	259013	☐ N520CJ	C525 CJ1	525-0520	☐ N525AM	C525 CJ1	525-0538
☐ N513ML	125-800XP	258641	☐ N520DB	MS760 Paris	101	☐ N525AP	C525A CJ2+	0460
☐ N513RV	C525 CJ1	525-0513	☐ N520DF	C525 CJ	525-0154	☐ N525BP	C525 CJ1	525-0479
☐ N513SK	C560XLS	560-5678	☐ N520E	Global Express	9077	☐ N525BR	C525 CJ1	525-0444
☐ N513XP	Be400XP	RK-513	☐ N520FX	Challenger 300	20056	☐ N525BT	C525 CJ	525-0161
☐ N514AF	Phenom 100	00039	☐ N520G	C680	680-0243	☐ N525BW	C525 CJ1	525-0409
☐ N514AJ	125-600	256033	☐ N520GB	C525 CJ1	525-0388	☐ N525CC	C525A CJ2	0007
☐ N514BC	C550 Bravo	550-0947	☐ N520JF	125-800XP	258317	☐ N525CD	C525 CJ1	525-0360
☐ N514CS	C560XL	560-5328	☐ N520JM	C510	510-0179	☐ N525CE	C525A CJ2	0181
☐ N514DS	C525 CJ	525-0255	☐ N520KC	C510	510-0223	☐ N525CF	C525B CJ3	0189
☐ N514EA	Eclipse 500	53	☐ N520LR	125-1000	259020	☐ N525CH	C525 CJ	525-0078
☐ N514FX	Challenger 300	20023	☐ N520MP	Westwind	421	☐ N525CJ	C525B CJ3	0333
☐ N514LR	125-1000	259014	☐ N520Q	C560XL	560-5083	☐ N525CK	C525A CJ2	0128
☐ N514MB	Falcon 50	168	☐ N520RM	C525 CJ1	525-0469	☐ N525CM	C525 CJ	525-0093
☐ N514MM	Astra	115	☐ N520SC	Learjet 60	60-233	☐ N525CP	C525 CJ	525-0228
☐ N514TS	Challenger 601	5014	☐ N520WS	Be400	RJ-53	☐ N525CZ	C525C CJ4	0004
☐ N515BP	Challenger 600S	1006	☐ N521CH	Learjet 40	45-2023	☐ N525DC	C525 CJ	525-0195
☐ N515CS	C560XL	560-5335	☐ N521CS	C560XL	560-5362	☐ N525DG	C525B CJ3	0039
☐ N515EV	C525A CJ2	0211	☐ N521DC	Falcon 50	163	☐ N525DL	C525A CJ2	0050
☐ N515FX	Challenger 300	20032	☐ N521FL	Falcon 20-5	68	☐ N525DM	C525 CJ	525-0314
☐ N515JT	Legacy	14500950	☐ N521FP	C750	750-0016	☐ N525DP	C525 CJ	525-0318
☐ N515KK	Diamond	086SA	☐ N521FX	Challenger 300	20057	☐ N525DT	C525A CJ2	0003

Registration	Type	Serial	Registration	Type	Serial	Registration	Type	Serial
☐ N525DU	C525 CJ	525-0205	☐ N525PT	C525 CJ	525-0125	☐ N529BC	Learjet 35A	471
☐ N525DV	C525A CJ2	0119	☐ N525PV	C500	501-0188	☐ N529DB	CRJ800	7152
☐ N525DY	C525 CJ	525-0306	☐ N525RA	C525 CJ	525-0167	☐ N529DM	Challenger 605	5711
☐ N525EG	C525A CJ2+	0449	☐ N525RC	C525 CJ	525-0178	☐ N529FX	Challenger 300	20128
☐ N525EP	C525A CJ2+	0346	☐ N525RD	C560	560-0106	☐ N529GA	G550	5299
☐ N525ET	C525 CJ	525-0244	☐ N525RF	C525A CJ2+	0327	☐ N529KF	Learjet 60	60-064
☐ N525EZ	C525B CJ3	0295	☐ N525RG	C525A CJ2+	0387	☐ N529PC	C525A CJ2	0001
☐ N525F	C525 CJ	525-0058	☐ N525RK	C525 CJ1	525-0413	☐ N529QS	G550	5156
☐ N525FC	C525 CJ1	525-0531	☐ N525RM	C525 CJ	525-0225	☐ N529VP	C560XL	560-5229
☐ N525FD	C525 CJ	525-0008	☐ N525RP	C525 CJ	525-0023	☐ N530AG	C510	510-0193
☐ N525FF	C525A CJ2	0161	☐ N525RW	C525A CJ2	0060	☐ N530AJ	C510	510-0234
☐ N525FN	C525 CJ1	525-0368	☐ N525RY	C525 CJ1	525-0438	☐ N530BL	125-700	257002
☐ N525FT	C525 CJ1	525-0367	☐ N525RZ	C525 CJ1+	525-0612	☐ N530DL	Westwind	287
☐ N525FX	Challenger 300	20112	☐ N525SD	Challenger 601	5056	☐ N530FX	Challenger 300	20148
☐ N525GB	C525 CJ	525-0232	☐ N525SM	C525A CJ2	0175	☐ N530GA	Gulf2 SP	247
☐ N525GC	C525 CJ	525-0065	☐ N525TF	C525 CJ	525-0067	☐ N530GP	G150	203
☐ N525GE	C525 CJ1+	525-0679	☐ N525TG	C525A CJ2	0021	☐ N530P	C550	550-0310
☐ N525GM	C525B CJ3	0024	☐ N525TW	Learjet 25	11	☐ N530PT	Premier 1	RB-51
☐ N525GT	C525B CJ3	0104	☐ N525TX	C525 CJ	525-0304	☐ N530RM	C510	510-0242
☐ N525GV	C525 CJ	525-0001	☐ N525VG	C525 CJ	525-0239	☐ N530TC	Falcon 10	69
☐ N525HA	C525 CJ	525-0081	☐ N525WB	C525 CJ	525-0079	☐ N531AC	Learjet 45	45-196
☐ N525HB	C525A CJ2	0040	☐ N525WC	C525 CJ	525-0107	☐ N531AF	Gulf GV	531
☐ N525HC	C525 CJ	525-0270	☐ N525WD	C525A CJ2	0107	☐ N531CM	C525B CJ3	0071
☐ N525HD	C525A CJ2+	0301	☐ N525WF	C525 CJ	525-0246	☐ N531CW	Learjet 25D	231
☐ N525HG	C525A CJ2+	0352	☐ N525WH	C525 CJ	525-0028	☐ N531EA	Eclipse 500	31
☐ N525HS	C525 CJ	525-0035	☐ N525WL	C525B CJ3	0237	☐ N531FL	Falcon 20-5	113
☐ N525HV	C525 CJ	525-0201	☐ N525WW	C525 CJ	525-0060	☐ N531FX	Challenger 300	20150
☐ N525J	C525 CJ	525-0184	☐ N525XD	C525A CJ2+	0337	☐ N531GP	G150	207
☐ N525JA	C550	550-0252	☐ N525XL	Gulf2 SP	135	☐ N531K	Learjet 55	53
☐ N525JJ	C525 CJ1	525-0497	☐ N525XX	Westwind	336	☐ N531MB	C560XL	560-5014
☐ N525JL	C525 CJ1	525-0407	☐ N525ZZ	C525A CJ2	0055	☐ N531PM	Cessna S550	0059
☐ N525JM	C525 CJ	525-0134	☐ N526AC	Challenger 300	20263	☐ N531QS	G550	5133
☐ N525JV	C525 CJ	525-0010	☐ N526CP	C525 CJ	525-0099	☐ N531RA	Learjet 31A	192
☐ N525JW	C525 CJ	525-0162	☐ N526EE	Gulf GV	519	☐ N531RC	C680	680-0107
☐ N525KA	C525 CJ	525-0019	☐ N526EL	Learjet 45XR	45-327	☐ N531RQ	C560XL	560-5184
☐ N525KK	C525 CJ	525-0056	☐ N526FX	Challenger 300	20118	☐ N531SK	Learjet 31A	43
☐ N525KM	C525 CJ1	525-0472	☐ N526GA	G550	5286	☐ N531TS	Learjet 31A	106
☐ N525KN	C525 CJ	525-0007	☐ N526HV	C525A CJ2	0139	☐ N532CC	Falcon 2000	230
☐ N525KR	C525A CJ2	0160	☐ N527DV	C525B CJ3	0327	☐ N532FX	Challenger 300	20154
☐ N525KS	C525C CJ4	000002	☐ N527EW	C500	501-0322	☐ N532GP	G150	221
☐ N525KT	C525A CJ2	0058	☐ N527FX	Challenger 300	20124	☐ N532GP	Gulf GV-SP	632
☐ N525L	C525B CJ3	0051	☐ N527GA	G550	5277	☐ N533CC	C560XLS	560-5687
☐ N525LC	C550	550-0349	☐ N527HV	C525B CJ3	0213	☐ N533DK	Eclipse 500	143
☐ N525LD	C525A CJ2+	0335	☐ N527JA	Challenger 601	5058	☐ N533FX	Challenger 300	20160
☐ N525LE	C525 CJ1	525-0447	☐ N527JC	Gulf IV	1179	☐ N533GA	Galaxy G200	233
☐ N525LF	C525 CJ1	525-0382	☐ N527JG	G400	1519	☐ N533GT	Eclipse 500	267
☐ N525LM	C525 CJ1	525-0427	☐ N527M	125-800	258054	☐ N533LR	125-1000	259033
☐ N525LP	C525 CJ	525-0196	☐ N527PA	Learjet 36A	19	☐ N534CC	C560XLS	560-5707
☐ N525LR	125-1000	259035	☐ N527PM	Premier 1A	RB-177	☐ N534FX	Challenger 300	20161
☐ N525LW	C525 CJ	525-0082	☐ N527XP	Be400XP	RK-527	☐ N534GA	Galaxy G200	234
☐ N525M	C525 CJ	525-0334	☐ N528AP	G550	5168	☐ N534H	C650 III	650-0196
☐ N525MA	C525A CJ2	0012	☐ N528BP	125-800XP	258646	☐ N534NA	C525 CJ1	525-0534
☐ N525MB	C525 CJ	525-0036	☐ N528CB	C525 CJ1+	525-0678	☐ N534QS	G550	5103
☐ N525MC	C525 CJ	525-0018	☐ N528CE	C525B CJ3	0022	☐ N535AF	Learjet 35A	191
☐ N525MF	C525 CJ	525-0313	☐ N528DM	C510	510-0031	☐ N535BP	C560 Encore	560-0646
☐ N525MH	Falcon 900B	113	☐ N528DS	C500	501-0206	☐ N535CD	Premier 1	RB-96
☐ N525ML	C525 CJ1	525-0402	☐ N528DV	C525B CJ3	0329	☐ N535CE	C560 Encore	560-0635
☐ N525MP	C525B CJ3	0088	☐ N528EA	Eclipse 500	128	☐ N535CM	C525B CJ3	0182
☐ N525MR	C525A CJ2	0173	☐ N528FX	Challenger 300	20125	☐ N535DL	C525B CJ3	0172
☐ N525MW	C525 CJ1	525-0370	☐ N528GA	G550	5278	☐ N535DT	C525B CJ3	0069
☐ N525NB	C525C CJ4	0003	☐ N528JD	Falcon 10	76	☐ N535FX	Challenger 300	20167
☐ N525NG	C525C CJ4	000001	☐ N528JR	Global Express	9177	☐ N535GH	C525B CJ3	0054
☐ N525NT	C525 CJ1	525-0440	☐ N528KW	C560	560-0224	☐ N535JF	C525A CJ2+	0349
☐ N525P	C525 CJ	525-0165	☐ N528LG	Diamond	050SA	☐ N535JM	Learjet 35A	401
☐ N525PB	C525A CJ2	0172	☐ N528M	G550	5072	☐ N535LR	C525 CJ	525-0128
☐ N525PE	C550 Bravo	550-1031	☐ N528MP	Global Express	9307	☐ N535PS	Learjet 31A	87
☐ N525PF	C525A CJ2	0023	☐ N528QS	G550	5042	☐ N535SW	C550 Bravo	550-0899
☐ N525PH	C525A CJ2+	0329	☐ N528RM	C500	501-0205	☐ N535V	Gulf GV	535
☐ N525PL	C525 CJ	525-0043	☐ N528RR	Astra	42	☐ N535WT	C525 CJ1+	525-0687
☐ N525PM	C525A CJ2	0067	☐ N528VM	C560 Ultra	560-0423	☐ N536FX	Challenger 300	20171
☐ N525PS	C525 CJ	525-0061	☐ N528VP	C560XL	560-5282	☐ N536V	Be400XP	RK-445

☐ N537DF	Be400XP	RK-537	☐ N546QS	G550	5190	☐ N550PF	C550	550-0428
☐ N537FX	Challenger 300	20187	☐ N547CS	C560XLS	560-5542	☐ N550PG	C550	550-0216
☐ N537RB	Premier 1A	RB-190	☐ N547JG	Learjet 25D	264	☐ N550PP	Gulf 3	345
☐ N537VP	C560 Ultra	560-0377	☐ N547LR	125-1000	259047	☐ N550PR	G550	5121
☐ N537XJ	Challenger 300	20213	☐ N547PA	Learjet 36	12	☐ N550PW	C550	550-0159
☐ N538FX	Challenger 300	20201	☐ N547TW	C525 CJ1	525-0547	☐ N550RM	Gulf 3	373
☐ N538TS	Challenger 605	5738	☐ N548BA	Challenger 605	5771	☐ N550RP	G550	5184
☐ N538XJ	Challenger 300	20224	☐ N548KK	Be400A	RK-151	☐ N550RS	C500	500-0202
☐ N539BA	Learjet 31	033D	☐ N548LR	125-1000	259048	☐ N550SF	C550	550-0110
☐ N539FX	Challenger 300	20202	☐ N549AF	Eclipse 500	49	☐ N550SG	G550	5223
☐ N539JM	Learjet 55	39	☐ N549BA	Challenger 605	5775	☐ N550SJ	Cessna S550	0100
☐ N539LB	Learjet 31A	78	☐ N549CS	C560XLS	560-5546	☐ N550SN	G550	5195
☐ N539LR	125-1000	259039	☐ N549LR	125-1000	259049	☐ N550SS	C550	551-0129
☐ N539RM	Eclipse 500	101	☐ N549PA	Learjet 35A	119	☐ N550T	C525B CJ3	0040
☐ N539VE	G450	4029	☐ N550AB	C550	550-0633	☐ N550TB	C525A CJ2	0025
☐ N539VP	C560 Ultra	560-0339	☐ N550AJ	Cessna S550	0141	☐ N550TC	Learjet 55	34
☐ N539WA	C560 Encore	560-0556	☐ N550AK	Learjet 55	45	☐ N550TF	C525 CJ	525-0013
☐ N539XJ	Challenger 300	20230	☐ N550AS	Cessna S550	0020	☐ N550TH	Falcon 900EX	100
☐ N540BA	Challenger 605	5729	☐ N550BB	C550 Bravo	550-0734	☐ N550TL	C550	550-0716
☐ N540CS	C560XLS	560-5516	☐ N550BC	C550 Bravo	550-0804	☐ N550TM	C550 Bravo	550-0936
☐ N540EA	Gulf2 SP	174	☐ N550BG	Cessna S550	0148	☐ N550TW	C550	550-0603
☐ N540FX	Challenger 300	20205	☐ N550BM	G550	5171	☐ N550U	C500	501-0047
☐ N540LR	125-1000	259040	☐ N550BT	Cessna S550	0085	☐ N550VW	C550	551-0048
☐ N540M	Gulf GV	597	☐ N550CA	C550	550-0152	☐ N550WB	C550	550-0230
☐ N541CS	C560XLS	560-5521	☐ N550CG	C550	550-0095	☐ N550WL	C550	550-0223
☐ N541FL	Falcon 20-5	48	☐ N550CL	Falcon 50	8	☐ N550WM	Falcon 50	229
☐ N541FX	Challenger 300	20211	☐ N550CP	Premier 1	RB-121	☐ N550WP	Gulf2 SP	176
☐ N541LB	Eclipse 500	41	☐ N550CS	C560XLS	560-5551	☐ N550WS	C550 Bravo	550-0845
☐ N541LR	125-1000	259041	☐ N550CU	C550	550-0175	☐ N550WW	C560	560-0180
☐ N541PA	Learjet 35	53	☐ N550CW	Challenger 600S	1084	☐ N551BC	C550	551-0012
☐ N541RL	Astra	34	☐ N550CZ	Cessna S550	0128	☐ N551BD	Learjet 60	60-062
☐ N541RS	Premier 1A	RB-144	☐ N550DA	C550	550-0170	☐ N551CL	C550	551-0215
☐ N541S	C650 III	650-0115	☐ N550DC	C560	560-0198	☐ N551CZ	C550	550-0028
☐ N541VP	C560 Ultra	560-0341	☐ N550DL	Cessna S550	0155	☐ N551DA	C550	550-0025
☐ N541WG	C525B CJ3	0188	☐ N550DS	Cessna S550	0154	☐ N551EA	C550	551-0360
☐ N541XP	125-800XP2	258541	☐ N550DW	C550	550-0487	☐ N551FP	C525 CJ1	525-0515
☐ N542BA	Challenger 605	5737	☐ N550EZ	Cessna S550	0158	☐ N551G	C550 Bravo	550-0968
☐ N542CS	C560XLS	560-5523	☐ N550F	Cessna S550	0010	☐ N551GA	Gulf GV	606
☐ N542FX	Challenger 300	20217	☐ N550FP	C550 Bravo	550-1024	☐ N551GE	C550	551-0181
☐ N542HB	Horizon	RC-42	☐ N550G	C550	550-0236	☐ N551GF	C550	551-0039
☐ N542LR	125-1000	259042	☐ N550GA	G550	5211	☐ N551GS	C550	551-0431
☐ N542M	125-850XP	258766	☐ N550GH	C550 Bravo	550-0898	☐ N551HH	C550	551-0071
☐ N542PA	Learjet 35	30	☐ N550GT	C550	550-0469	☐ N551MF	Learjet 55	15
☐ N542SA	Learjet 35A	503	☐ N550GW	G550	5006	☐ N551MS	C500	501-0147
☐ N543CM	Learjet 45	45-062	☐ N550GX	C550	551-0560	☐ N551NH	C550	551-0304
☐ N543H	Gulf GV	688	☐ N550HB	Westwind	414	☐ N551SD	Challenger 601	5016
☐ N543LE	C560 Encore	560-0543	☐ N550HC	Cessna S550	0116	☐ N551ST	Learjet 60	60-048
☐ N543SC	Cessna S550	0144	☐ N550HG	Learjet 55	83	☐ N551V	C550 Bravo	550-0850
☐ N544CM	Falcon 50	173	☐ N550HH	C550 Bravo	550-0802	☐ N551WH	C510	510-0055
☐ N544KB	C680	680-0047	☐ N550HJ	C550	550-0269	☐ N551WL	C550	550-0261
☐ N544LR	125-1000	259044	☐ N550J	C550 Bravo	550-0848	☐ N551WM	C525A CJ2	0243
☐ N544PA	Learjet 35A	247	☐ N550JC	C550	550-0038	☐ N551XP	Be400XP	RK-551
☐ N544PS	C550 Bravo	550-1010	☐ N550KA	C550	551-0028	☐ N552AJ	C500	501-0074
☐ N544XL	C560XL	560-5044	☐ N550KD	C550	550-0113	☐ N552CN	C560 Encore	560-0674
☐ N545BP	C560 Encore +	560-0756	☐ N550KF	G550	5095	☐ N552FJ	C550	550-0619
☐ N545CC	Gulf GV	545	☐ N550KJ	C550 Bravo	550-0854	☐ N552GA	G550	5252
☐ N545CG	Learjet 45XR	45-386	☐ N550KL	C550 Bravo	550-0844	☐ N552HV	C560 Encore	560-0552
☐ N545CS	Gulf IVSP	1361	☐ N550KR	C525A CJ2	0130	☐ N552KF	Challenger 300	20204
☐ N545GM	125-700	257039	☐ N550KT	C550	551-0066	☐ N552SC	C560XL	560-5144
☐ N545K	Learjet 45XR	45-244	☐ N550KW	C550	550-0411	☐ N552SD	Cessna S550	0130
☐ N545MA	Eclipse 500	144	☐ N550LA	C550	550-0006	☐ N552SK	Learjet 60	60-219
☐ N545PA	Learjet 36A	28	☐ N550LD	C550	550-0323	☐ N552SM	C550 Bravo	550-0929
☐ N545RW	C525 CJ	525-0141	☐ N550LH	C550	550-0105	☐ N552TL	Learjet 55C	139
☐ N545TC	Be400A	RK-213	☐ N550LS	C550	551-0019	☐ N552WF	Gulf IV	1000
☐ N545TG	C525 CJ1	525-0545	☐ N550LT	C500	500-0184	☐ N553M	Falcon 50	201
☐ N545XJ	Challenger 300	20253	☐ N550M	G550	5101	☐ N553MC	Westwind	252
☐ N546BW	Eclipse 500	25	☐ N550MJ	C550	550-0215	☐ N553MJ	C550	550-0553
☐ N546BZ	Be400A	RK-41	☐ N550MT	G550	5026	☐ N553SC	C560	550-0057
☐ N546CS	C560XLS	560-5524	☐ N550MW	C550	550-0720	☐ N553SD	Cessna S550	0107
☐ N546LR	125-1000	259046	☐ N550MX	C525B CJ3	0137	☐ N553V	Learjet 35A	141
☐ N546MG	125-850XP	258753	☐ N550PA	C550	550-0191	☐ N554CE	G550	5188

Reg	Type	Serial
N554CL	Learjet 55	40
N554CS	C560XLS	560-5572
N554HD	Gulf 3	444
N554MB	C550	551-0085
N554T	C560 Ultra	560-0376
N555BK	C560 Bravo	550-0916
N555DS	C550	550-0275
N555DW	Gulf 3	459
N555DZ	Falcon 10	186
N555EJ	Eclipse 500	183
N555FD	C560	560-0113
N555GL	Gulf 3	403
N555HD	Global 5000	9328
N555HM	C550 Bravo	550-0950
N555KT	C550	551-0419
N555KW	C500	501-0063
N555LG	Challenger 601	5127
N555LJ	Learjet 24B	195
N555NN	Challenger 605	5718
N555PG	C560	560-0102
N555RE	Gulf 3	409
N555RT	C550	551-0323
N555SD	Learjet 25D	333
N555TF	G450	4080
N555VR	Learjet 45XR	45-257
N555WD	Challenger 604	5355
N555WL	C560 Ultra	560-0488
N555WV	Cessna S550	0124
N555WZ	C560XL	560-5366
N555XS	Gulf 3	342
N556AF	Gulf 3	479
N556BG	C560 Ultra	560-0499
N556CS	C560XLS	560-5577
N556HD	Learjet 40XR	45-2110
N556HJ	Learjet 55	28
N556RA	C650 VII	650-7070
N556TT	G550	5056
N557CS	Cessna S550	0016
N557GA	G550	5154
N557HP	C525 CJ1+	525-0668
N557JK	Gulf 3	340
N557PG	C560 Encore	560-0557
N557WY	Gulf IVSP	1276
N557XP	Be400XP	RK-557
N558AK	C560 Encore	560-0558
N558GA	G550	5258
N558HD	Learjet 31A	230
N558R	C560XL	560-5075
N558XP	Be400XP	RK-558
N559LC	Gulf2	152
N560AF	C560	560-0100
N560AT	C560 Ultra	560-0521
N560AV	C560 Ultra	560-0321
N560AW	C560XL	560-5351
N560BA	C560XLS	560-5585
N560BC	C560	560-0032
N560BG	C560 Ultra	560-0277
N560BP	C560	560-0172
N560BT	C560XL	560-5031
N560CE	C560XL	560-5012
N560CF	C560	560-0040
N560CG	C560XL	560-5121
N560CH	C560 Encore +	560-0783
N560CJ	C560	560-0086
N560CK	C560	560-0207
N560CL	C560 Encore +	560-0780
N560CM	C560XL	560-5277
N560CR	C560XLS	560-5560
N560CX	C560 Encore	560-0582
N560CZ	C560	560-0002
N560DG	C560XLS+	560-6009
N560DL	C560 Encore +	560-0761
N560DM	G550	5045
N560DP	C560XL	560-5212
N560DR	C560XL	560-5073
N560EL	C560	560-0049
N560EM	C560 Ultra	560-0278
N560EP	C560	560-0101
N560ES	C560XLS	560-5800
N560FP	C560 Encore	560-0566
N560G	C560	560-0112
N560GB	C560XLS+	560-6030
N560GC	C560XL	560-5089
N560GL	C560	560-0079
N560GP	C560XL	560-5027
N560GS	C560 Ultra	560-0263
N560HC	C560 Encore	560-0631
N560HD	C560 Ultra	560-0274
N560HG	C560	560-0020
N560HJ	C560XL	560-5078
N560HM	C560 Encore	560-0699
N560HX	C560XL	560-5139
N560JF	C560XL	560-5173
N560JG	C560XLS	560-5531
N560JL	C560	560-0044
N560JM	C560	560-0010
N560JT	C560 Encore	560-0670
N560JW	C560 Encore	560-0560
N560KL	C560 Encore	560-0622
N560KT	C560XL	560-5127
N560KW	C560 Encore +	560-0751
N560L	C560XL	560-5011
N560LC	C560 Ultra	560-0296
N560LM	C560	560-0068
N560MG	C560	560-0223
N560MH	C560	560-0105
N560MM	C560	560-0228
N560MR	C560 Encore	560-0594
N560NY	C560XL	560-5198
N560PA	C560	560-0136
N560PD	C560XL	560-5311
N560PK	C560	560-0133
N560PL	C560XLS	560-5600
N560PY	C560	560-0034
N560RC	Horizon	RC-56
N560RF	C560 Ultra	560-0379
N560RH	C560 Encore +	560-0773
N560RK	C560 Ultra	560-0407
N560RM	C560 Encore	560-0658
N560RP	C560	560-0158
N560RR	C560	560-0012
N560RV	C560 Ultra	560-0417
N560RW	C560	560-0196
N560SH	Gulf 3	404
N560TA	C560 Ultra	560-0430
N560TD	C560XLS	560-5711
N560TE	C560 Encore	560-0595
N560TH	C560XL	560-5215
N560TV	C560XLS	560-5545
N560VP	C560 Ultra	560-0361
N560VR	C560XL	560-5049
N560VU	C560 Encore	560-707
N560WH	C560	560-0013
N560WW	C560	560-0047
N560XL	C560XL	706
N561AC	C560	560-0218
N561AS	C550	551-0030
N561B	C560	560-0008
N561BC	C525 CJ	525-0257
N561CC	C560 Ultra	560-0416
N561CE	C560XL	560-5206
N561CM	C560 Ultra	560-0443
N561DA	C560 Ultra	560-0314
N561EA	Eclipse 500	24
N561EJ	C560	560-0035
N561GA	G550	5261
N561JS	C560 Ultra	560-0413
N561MK	C560XLS	560-5622
N561MT	C560	560-0122
N561PA	C560	560-0116
N561PS	125-700	257087
N561RW	C560XL	560-5323
N561VP	C560	560-0001
N561XL	C560XL	560-5001
N562DB	C560XLS+	560-6005
N562DD	C560XL	560-5108
N562DL	C560XLS	560-5604
N562GA	G550	5262
N562LD	C560XLS	560-5532
N562RM	C550	550-0646
N562TS	C560XL	560-5178
N563BA	C750	750-0169
N563CH	C560XL	560-5182
N563WD	C560XLS+	560-6038
N563XL	C560XLS+	560-6003
N563XP	C560XLS+	560-5617
N564BR	125-700	257122
N564CL	Learjet 25	60
N564GA	G550	5264
N564RM	Westwind	434
N564TJ	C560 Ultra	560-0432
N565A	C680	680-0024
N565AP	C560XLS+	560-6050
N565BA	C560XL	560-5072
N565CC	C500	500-0065
N565EJ	C560	560-0099
N565EU	Be400XP	RK-565
N565GA	G450	4165
N565GB	Galaxy G200	130
N565GG	Learjet 35A	501
N565JF	C525 CJ	525-0041
N565JP	C525B CJ3	0159
N565JW	C560	560-0149
N565NC	C560 Ultra	560-0490
N565QS	C560XLS	560-5818
N565RV	Gulf IVSP	1323
N565ST	G550	5015
N565V	C500	501-0267
N566F	C560XLS	560-5606
N566HB	C560 Ultra	560-0325
N566QS	C560XLS	560-5825
N566VR	C560 Ultra	560-0480
N567BA	Be400	RJ-22
N567CA	C550	551-0146
N567EA	C500	500-0067
N567F	C560	560-0171
N567HB	C525B CJ3	0298
N567JK	Diamond	007SA
N567MC	C560XL	560-5357
N567RA	Falcon 10	80
N567T	Premier 1	RB-37
N567XP	Be400XP	RK-567
N568CS	C560XLS	560-5637
N568DM	C560XL	560-5325
N568EA	Eclipse 500	168
N568GA	G550	5268
N568JC	C560 Ultra	560-0283
N568PA	Learjet 35A	205
N568PB	Eclipse 500	67
N568QS	C560XLS	560-5829
N568ST	C570	550-0565
N569BW	Falcon 50	45
N569D	Falcon 20F	259

Reg	Type	Serial
☐ N569DM	C525A CJ2	0088
☐ N569DW	Falcon 100	220
☐ N569SC	Learjet 31A	177
☐ N569TA	C560	560-0006
☐ N570AM	Learjet 45XR	45-238
☐ N570DC	Gulf IVSP	1185
☐ N570DM	C525 CJ	525-0055
☐ N570EA	Eclipse 500	70
☐ N570EJ	C560	560-0164
☐ N570R	Sabre 65	465-75
☐ N570RG	Eclipse 500	48
☐ N570RZ	C680	680-0231
☐ N570VP	C560	560-0070
☐ N571BA	Challenger 604	5571
☐ N571BC	C550	550-0599
☐ N571CS	C560XLS	560-5680
☐ N571P	MS760 Paris	71
☐ N572EC	Gulf IV	1139
☐ N573AB	C560XLS	560-5635
☐ N573BB	C560	560-0108
☐ N573CM	C525 CJ	525-0352
☐ N573LR	Learjet 35A	153
☐ N573M	C550 Bravo	550-1066
☐ N573QS	C560XLS	560-5827
☐ N573TR	Falcon 50	217
☐ N574BB	C525A CJ2+	0371
☐ N574BP	C560	560-0022
☐ N574CS	C560XLS	560-5705
☐ N574DA	Learjet 60	60-055
☐ N574JS	Phenom 100	00046
☐ N574M	C550 Bravo	550-0910
☐ N574QS	C560XLS	560-5820
☐ N575AG	Learjet 45XR	45-312
☐ N575BW	C550	550-0116
☐ N575CC	Eclipse 500	75
☐ N575E	Gulf IV	1007
☐ N575EW	Cessna S550	0140
☐ N575GA	G550	5275
☐ N575GH	Learjet 55	42
☐ N575JC	Falcon 50 EX	349
☐ N575JR	125-850XP	258755
☐ N575JS	Phenom 100	00051
☐ N575M	C550 Bravo	550-0911
☐ N575MA	125-900XP	HA-0016
☐ N575MR	125-800SP	258255
☐ N575NR	C560XLS	560-5759
☐ N575QS	C560XLS	560-5730
☐ N575RB	Be400A	RK-99
☐ N575SG	Cessna S550	0064
☐ N575VP	C560 Ultra	560-0375
☐ N575WB	Challenger 300	20075
☐ N576CS	C560XLS	560-5794
☐ N576EA	Eclipse 500	76
☐ N576JS	Phenom 100	00057
☐ N576LC	Westwind	257
☐ N576QS	C560XLS	560-5708
☐ N576SC	C525A CJ2	0224
☐ N577CS	C560XLS	560-5726
☐ N577DA	Challenger 604	5398
☐ N577GA	G450	4177
☐ N577JC	C750	750-0122
☐ N577JT	C500	501-0057
☐ N577PS	C560XLS	560-5581
☐ N577QS	C560XLS	560-5735
☐ N577VM	C550 Bravo	550-0863
☐ N577XW	C560	560-0083
☐ N578BB	Cessna S550	0037
☐ N578CJ	C525B CJ3	0282
☐ N578CM	C510	510-0292
☐ N578M	C550	550-0612
☐ N579BJ	C560 Ultra	560-0383
☐ N579CE	C560 Encore	560-0579
☐ N579GA	G550	5279
☐ N579JS	Phenom 100	00064
☐ N579M	C550 Bravo	550-1133
☐ N579QS	C560XLS	560-5773
☐ N580AW	C560XL	560-5017
☐ N580BC	C560XL	560-5059
☐ N580JS	Phenom 100	00079
☐ N580JT	C560	560-0167
☐ N580ML	Legacy	14500990
☐ N580QS	C560XLS	560-5741
☐ N580R	C500	500-0127
☐ N580RC	C560XL	560-5166
☐ N580RJ	125-900XP	HA-0039
☐ N580RK	Be400A	RK-329
☐ N580WC	Eclipse 500	80
☐ N581CM	Cessna S550	0033
☐ N581CS	C560XLS	560-5817
☐ N581GA	G550	5281
☐ N581MB	Gulf2 SP	109
☐ N581PH	Learjet 35A	83
☐ N581SF	Premier 1	RB-47
☐ N581TS	Challenger 604	5482
☐ N582EJ	Falcon 50	82
☐ N582VP	C560 Ultra	560-0382
☐ N583AJ	Gulf IV	1184
☐ N583CC	B737-291	21069
☐ N583CE	C560 Encore	560-0583
☐ N583PS	Learjet 45XR	45-331
☐ N583QS	C560XLS	560-5812
☐ N584D	Challenger 300	20239
☐ N584GA	G550	5284
☐ N585A	G550	5110
☐ N585BP	Falcon 900EX	170
☐ N585D	Gulf IVSP	1258
☐ N585DG	C525 CJ	525-0057
☐ N585JC	Gulf GV	618
☐ N585KS	C550 Bravo	550-0945
☐ N585M	C750	750-0096
☐ N585MC	C525 CJ1	525-0452
☐ N585T	C750	750-0197
☐ N585TH	C550 Bravo	550-1035
☐ N585TV	Phenom 300	50006
☐ N585VC	125-800XP2	258585
☐ N586CP	C550	550-0012
☐ N586CS	Falcon 50 EX	260
☐ N586D	Gulf IVSP	1439
☐ N586ED	C525A CJ2+	0324
☐ N586RE	C550	550-0199
☐ N586SF	C560XLS	560-5592
☐ N587GA	G550	5287
☐ N587QS	C560XLS	560-5805
☐ N588AC	C550 Bravo	550-0912
☐ N588AT	G450	4020
☐ N588GA	G550	5288
☐ N588GS	Falcon 900EX	104
☐ N588LS	Gulf IVSP	1245
☐ N588QS	C560XLS	560-5721
☐ N588SS	Gulf2	142
☐ N589GA	G550	5289
☐ N589HM	Gulf IV	1153
☐ N589K	G550	5235
☐ N589QS	C560XLS	560-5810
☐ N589SJ	C550	550-0589
☐ N590A	C560	560-0029
☐ N590AK	C560XL	560-5038
☐ N590F	Falcon 900B	98
☐ N590FA	G150	224
☐ N590QS	C560XLS	560-5738
☐ N590RA	Falcon 50	20
☐ N590VP	C560XL	560-5090
☐ N591CF	C560 Encore	560-0661
☐ N591DK	C560 Encore	560-0591
☐ N591GA	G550	5291
☐ N591MA	C560XL	560-5163
☐ N592CF	C560XL	560-5207
☐ N592DR	C525A CJ2	0028
☐ N592GA	G550	5292
☐ N592HC	Premier 1	RB-92
☐ N592QS	C560XLS	560-5706
☐ N592VP	C560	560-0092A
☐ N592WP	C500	500-0253
☐ N592XP	Be400XP	RK-592
☐ N593BW	C500	501-0675
☐ N593HR	125-800	258089
☐ N593XP	Be400XP	RK-593
☐ N594CA	Challenger 300	20082
☐ N594GA	G550	5294
☐ N594M	C560 Ultra	560-0279
☐ N594QS	C560XLS	560-5697
☐ N594RJ	Challenger 601	5029
☐ N594WP	C550	550-0693
☐ N594XP	Be400XP	RK-594
☐ N595A	G550	5117
☐ N595BA	Learjet 35A	230
☐ N595DC	C500	500-0265
☐ N595DM	C525 CJ1+	525-0697
☐ N595E	Gulf IV	1025
☐ N595G	C560XL	560-5224
☐ N595JJ	C560 Encore	560-0680
☐ N595PC	C550 Bravo	550-0826
☐ N595PE	Gulf IVSP	1373
☐ N595PL	Learjet 35A	448
☐ N595QS	C560XLS	560-5712
☐ N595S	C560XLS+	560-6012
☐ N595SY	C680	680-0091
☐ N596DC	G450	4129
☐ N596XP	Be400XP	RK-596
☐ N597CS	C500	501-0293
☐ N597DA	Challenger 604	5359
☐ N597DC	G450	4167
☐ N598AW	C650 III	650-0112
☐ N598CA	C550	550-0187
☐ N598EA	Eclipse 500	98
☐ N598F	Gulf GV	598
☐ N598GA	G550	5298
☐ N598JL	Be400	RJ-19
☐ N598JM	Westwind	222
☐ N598KW	Cessna S550	0098
☐ N599AK	125-800XP	258630
☐ N599BR	C500	501-0258
☐ N599DA	Challenger 604	5498
☐ N599GB	C680	680-0146
☐ N599JL	Be400	RJ-14
☐ N599LP	C560	560-0085
☐ N599QS	C560XLS	560-5714
☐ N599ZM	Falcon 20-5	481
☐ N600AE	125-600	256068
☐ N600AJ	Learjet 60	60-199
☐ N600AK	Global Express	9033
☐ N600AL	C525 CJ1	525-0383
☐ N600AM	Challenger 604	5345
☐ N600AR	Gulf IVSP	1419
☐ N600AS	Phenom 100	00018
☐ N600AT	C550	551-0551
☐ N600AW	C750	750-0181
☐ N600BW	C560 Encore	560-0671
☐ N600C	Learjet 55	47
☐ N600CD	Falcon 20-5	377
☐ N600CK	Gulf IV	1169
☐ N600CL	Learjet 60	60-110

Reg	Type	Serial	Reg	Type	Serial	Reg	Type	Serial
☐ N600CN	Learjet 60	60-040	☐ N601RL	Challenger 601	5028	☐ N604QS	C560XL	560-5204
☐ N600DE	C510	510-0005	☐ N601S	Challenger 601	3060	☐ N604RB	Challenger 604	5377
☐ N600DR	Gulf IVSP	1356	☐ N601ST	Challenger 601	5081	☐ N604RF	Challenger 300	20026
☐ N600DT	Learjet 35	17	☐ N601TP	Challenger 601	5156	☐ N604RP	Challenger 604	5473
☐ N600EA	Cessna S550	0015	☐ N601TX	Challenger 601	3005	☐ N604RT	Challenger 604	5497
☐ N600EF	Learjet 60	60-182	☐ N601VH	Challenger 601	5043	☐ N604S	Learjet 35A	597
☐ N600G	125-600	256066	☐ N601WM	Challenger 601	5026	☐ N604SA	Challenger 604	5341
☐ N600GA	Challenger 601	3046	☐ N602AB	Galaxy G200	48	☐ N604SB	Challenger 604	5569
☐ N600GG	Learjet 60	60-115	☐ N602AJ	Challenger 600S	1020	☐ N604SH	Challenger 600S	1008
☐ N600GL	Sabre 60	306-24	☐ N602AT	C550	550-0606	☐ N604SJ	Challenger 600S	1042
☐ N600GM	Learjet 25D	290	☐ N602CA	C525 CJ	525-0026	☐ N604ST	Challenger 604	5479
☐ N600GW	Diamond	044SA	☐ N602CS	C680	680-0003	☐ N604SX	Challenger 604	5492
☐ N600HA	Challenger 600S	1071	☐ N602JR	125	25229	☐ N604TB	Challenger 604	5663
☐ N600HL	Falcon 10	19	☐ N602LP	Falcon 2000	36	☐ N604TC	Challenger 604	5323
☐ N600HR	C525 CJ	525-0038	☐ N602MJ	C525B CJ3	0066	☐ N604TF	Challenger 604	5655
☐ N600HT	Phenom 100	00036	☐ N602QS	C560XLS	560-5518	☐ N604W	Challenger 604	5421
☐ N600J	G550	5138	☐ N602RF	Galaxy G200	146	☐ N604WB	Challenger 604	5306
☐ N600JB	C550	550-0691	☐ N602TS	Challenger 601	5002	☐ N604Z	Challenger 604	5496
☐ N600JD	Gulf GV	640	☐ N603CS	Gulf IVSP	1257	☐ N604ZH	Challenger 604	5376
☐ N600JM	Falcon 900EX	5	☐ N603HC	C650 VII	650-7077	☐ N605AB	Challenger 605	5792
☐ N600KE	Westwind	416	☐ N603KE	Gulf IVSP	1452	☐ N605AS	Phenom 300	00025
☐ N600KM	Cessna S550	0008	☐ N603QS	C560XL	560-5203	☐ N605BT	Challenger 605	5789
☐ N600L	Learjet 60	60-259	☐ N603RF	Galaxy G200	147	☐ N605BX	Challenger 605	5815
☐ N600LC	Learjet 60	60-265	☐ N603SC	Learjet 60	60-096	☐ N605CB	Challenger 605	5708
☐ N600LG	Learjet 60	60-230	☐ N603TS	125-600	256041	☐ N605CK	Challenger 601	5112
☐ N600LN	Learjet 60	60-082	☐ N603WS	C510	510-0215	☐ N605CS	C680	680-0001
☐ N600LS	Challenger 300	20134	☐ N604AC	Challenger 600S	1012	☐ N605FX	Learjet 40	45-2004
☐ N600MK	125-600	256004	☐ N604AF	Challenger 604	5444	☐ N605GB	Challenger 605	5755
☐ N600MV	125-1000	259036	☐ N604AS	Learjet 25D	292	☐ N605GF	Challenger 605	5766
☐ N600N	Falcon 50 EX	256	☐ N604AU	Challenger 604	5434	☐ N605GG	Challenger 605	5728
☐ N600NP	Challenger 601	3002	☐ N604AV	Challenger 604	5437	☐ N605HC	Challenger 605	5720
☐ N600NY	Westwind	231	☐ N604B	Challenger 604	5335	☐ N605NA	Learjet 23	49
☐ N600PH	Learjet 60	60-074	☐ N604BB	Challenger 604	5582	☐ N605PA	Challenger 605	5753
☐ N600QS	C560XLS	560-5664	☐ N604BC	Challenger 604	5563	☐ N605PS	Challenger 605	5795
☐ N600RM	C500	501-0044	☐ N604BL	Challenger 604	5301	☐ N605QS	C560XL	560-5321
☐ N600TW	Falcon 10	153	☐ N604BS	Challenger 604	5560	☐ N605RC	Challenger 605	5800
☐ N600VC	Gulf IV	1227	☐ N604CA	Challenger 604	5304	☐ N605RF	Challenger 300	20089
☐ N600WD	Falcon 20-5	300	☐ N604CC	Challenger 604	5633	☐ N605RP	Challenger 605	5801
☐ N600WG	Falcon 50	98	☐ N604CE	Challenger 604	5446	☐ N605RZ	Challenger 605	5798
☐ N600WJ	Challenger 600S	1007	☐ N604CL	Challenger 604	4570	☐ N605S	Challenger 605	5788
☐ N600YB	Galaxy G200	96	☐ N604CP	Challenger 604	5321	☐ N605SA	C650 III	650-0152
☐ N601AA	Challenger 601	3061	☐ N604CR	Challenger 604	5418	☐ N605SB	Learjet 60	60-156
☐ N601AD	Challenger 601	5186	☐ N604CS	C680	680-0007	☐ N605SE	Learjet 45XR	45-317
☐ N601AF	Challenger 601	5045	☐ N604CW	Challenger 604	5455	☐ N605T	Challenger 601	5191
☐ N601BC	C550	550-0091	☐ N604DE	Challenger 604	5471	☐ N605TC	Premier 1	RB-52
☐ N601BE	Challenger 601	5103	☐ N604DH	Challenger 604	5344	☐ N605VF	Global 5000	9152
☐ N601BW	Challenger 601	5150	☐ N604DS	C550	550-0647	☐ N605WG	Legacy	14500980
☐ N601CM	Challenger 600	1079	☐ N604DT	Challenger 604	5627	☐ N606AM	Falcon 100	205
☐ N601CN	Learjet 60	60-087	☐ N604EF	Challenger 600S	1068	☐ N606AT	C650 VI	650-0225
☐ N601CT	Challenger 600	1049	☐ N604EG	Challenger 604	5635	☐ N606CH	G450	4089
☐ N601CV	Challenger 601	5144	☐ N604FJ	Challenger 601	5001	☐ N606CS	C680	680-0061
☐ N601DR	125-800XP	258299	☐ N604FS	Challenger 604	5465	☐ N606DH	B727-030	18365
☐ N601DS	Challenger 601	5148	☐ N604GM	Challenger 604	5399	☐ N606FX	Learjet 40	45-2005
☐ N601DT	Challenger 601	5024	☐ N604GR	Challenger 604	5478	☐ N606GB	Learjet 25D	245
☐ N601EC	Challenger 601	5064	☐ N604GS	Learjet 35A	604	☐ N606GD	G650	6006
☐ N601ER	Challenger 601	5062	☐ N604GW	Challenger 604	5424	☐ N606GG	Challenger 604	5500
☐ N601FR	Challenger 601	5003	☐ N604HC	Challenger 604	5555	☐ N606HC	C525 CJ	525-0087
☐ N601GG	Learjet 60	60-192	☐ N604HJ	Challenger 604	5382	☐ N606JL	Challenger 604	5332
☐ N601GN	C500	500-0214	☐ N604HT	Challenger 604	5638	☐ N606KK	C550	550-0200
☐ N601GT	Challenger 604	5524	☐ N604JS	Challenger 604	5311	☐ N606KR	C500	500-0306
☐ N601HW	Challenger 601	5154	☐ N604JW	Challenger 604	5325	☐ N606L	Learjet 60	60-020
☐ N601JG	Challenger 601	3006	☐ N604KJ	Challenger 604	5554	☐ N606MA	Westwind	196
☐ N601JM	Challenger 601	3048	☐ N604KT	Learjet 60	60-315	☐ N606MG	C525 CJ	525-0231
☐ N601JP	Challenger 601	5141	☐ N604LC	Challenger 604	5373	☐ N606PM	G300	1512
☐ N601KK	Challenger 600S	1061	☐ N604LJ	C525A CJ2	0180	☐ N606QS	C560XL	560-5338
☐ N601LJ	Learjet 60	60-001	☐ N604LL	Challenger 604	5548	☐ N606RP	Challenger 604	5578
☐ N601LS	CRJ800	7008	☐ N604MC	Challenger 604	5581	☐ N606SB	Learjet 60	60-184
☐ N601MU	Challenger 601	5160	☐ N604MM	Challenger 604	5381	☐ N606SG	Falcon 900EX	202
☐ N601PR	Challenger 601	3045	☐ N604MU	Challenger 604	5406	☐ N606SM	Learjet 25B	185
☐ N601QS	C560XL	560-5301	☐ N604PA	Challenger 604	5566	☐ N606TJ	Falcon 2000EX	155
☐ N601RC	Challenger 601	3055	☐ N604PJ	C550	551-0459	☐ N606XT	Challenger 300	20052

Reg	Type	Serial	Reg	Type	Serial	Reg	Type	Serial
☐ N607AX	Challenger 601	5075	☐ N611JM	Gulf IV	1178	☐ N618FX	Learjet 40XR	45-2076
☐ N607BF	Learjet 55	56	☐ N611JW	Falcon 900B	162	☐ N618GH	Falcon 200	513
☐ N607CF	Sabre 60	306-118	☐ N611MC	125-700	257080	☐ N618KA	C525 CJ1+	525-0618
☐ N607CH	G550	5159	☐ N611MR	C560 Encore	560-0611	☐ N618KR	125-700	257008
☐ N607CV	Falcon 900EX	25	☐ N611NM	C550	550-0616	☐ N618QS	C560XLS	560-5506
☐ N607DB	C525 CJ	525-0269	☐ N611QS	C560XLS	560-5548	☐ N618R	Challenger 300	20045
☐ N607FG	Learjet 45XR	45-344	☐ N611TA	Learjet 35A	439	☐ N618RL	Challenger 600S	1018
☐ N607FX	Learjet 40	45-2012	☐ N611TG	Be400	RJ-27	☐ N618RR	Challenger 601	5022
☐ N607GD	G650	6007	☐ N612AC	C560XLS	560-5676	☐ N618SR	Eclipse 500	254
☐ N607HB	Horizon	RC-6	☐ N612AF	G450	4069	☐ N618WA	Westwind	236
☐ N607HM	C560 Ultra	560-0322	☐ N612EQ	Learjet 55	3	☐ N618WF	Global Express	9005
☐ N607LM	Eclipse 500	204	☐ N612FX	Learjet 40XR	45-2039	☐ N619A	Gulf IV	1123
☐ N607PM	G550	5146	☐ N612GA	Galaxy G200	212	☐ N619FX	Learjet 40XR	45-2082
☐ N607QS	C560XL	560-5340	☐ N612GD	G650	6012	☐ N619G	Be400A	RK-196
☐ N607RP	Challenger 601	5184	☐ N612KB	Eclipse 500	26	☐ N619KK	Gulf IV	1062
☐ N607SB	Learjet 60	60-086	☐ N612QS	C560XL	560-5312	☐ N619KS	Galaxy G200	151
☐ N607SG	Falcon 50 EX	317	☐ N612SQ	Learjet 35A	472	☐ N619MC	Gulf2	196
☐ N607TC	Falcon 10	77	☐ N612VR	C550	551-0026	☐ N619MJ	Learjet 55	21
☐ N607TN	C525 CJ1+	525-0662	☐ N613BS	Falcon 200	489	☐ N619QS	C560XLS	560-5562
☐ N608BG	Gulf 3	430	☐ N613GD	G650	6013	☐ N619RJ	Eclipse 500	231
☐ N608CE	C560 Encore	560-0608	☐ N613KS	C560XL	560-5300	☐ N619SM	Falcon 2000EX	112
☐ N608CH	G450	4098	☐ N613QS	C560XLS	560-5599	☐ N619TS	Challenger 600S	1019
☐ N608CL	Gulf IV	1193	☐ N613SB	Challenger 601	5088	☐ N620A	Falcon 20-5	412
☐ N608CS	C680	680-0063	☐ N613WF	Global Express	9128	☐ N620AS	Phenom 100	00045
☐ N608CT	C560	560-0065	☐ N614AF	Challenger 601	5171	☐ N620BA	Falcon 2000	220
☐ N608CW	Premier 1A	RB-162	☐ N614AJ	125-800	258019	☐ N620BB	C525 CJ1	525-0467
☐ N608DB	C525 CJ	525-0179	☐ N614AP	125-800	258057	☐ N620CM	C510	510-0206
☐ N608DC	Astra	95	☐ N614B	C525B CJ3	0017	☐ N620DX	Falcon 900DX	620
☐ N608FX	Learjet 40	45-2014	☐ N614BA	Challenger 604	5614	☐ N620EM	Learjet 35A	620
☐ N608GA	G450	4208	☐ N614BG	125-800XP	258704	☐ N620FX	Learjet 40XR	45-2085
☐ N608GD	G650	6008	☐ N614CM	Gulf GV	614	☐ N620GB	C525A CJ2	0112
☐ N608JR	C550	551-0591	☐ N614EP	C560XLS	560-5713	☐ N620JF	Challenger 300	20059
☐ N608MD	Gulf2	197	☐ N614FX	Learjet 40XR	45-2041	☐ N620JH	Gulf IVSP	1272
☐ N608MM	C525 CJ	525-0104	☐ N614GA	Galaxy G200	214	☐ N620K	Global Express	9052
☐ N608PM	Gulf IVSP	1486	☐ N614GD	G650	6014	☐ N620KE	Astra	137
☐ N608QS	C560XL	560-5308	☐ N614QS	C560XLS	560-5580	☐ N620M	Gulf IVSP	1473
☐ N608SG	C525B CJ3	0249	☐ N614RD	Gulf IV	1006	☐ N620MJ	Learjet 35A	676
☐ N608WB	Gulf GV	608	☐ N614SJ	C550	550-0220	☐ N620MS	Falcon 2000EX	31
☐ N609FX	Learjet 40	45-2022	☐ N615EC	C560XL	560-5158	☐ N620RB	Falcon 20-5	161
☐ N609GD	G650	6009	☐ N615FX	Learjet 40XR	45-2051	☐ N620RM	125-800	258124
☐ N609PM	G550	5086	☐ N615GD	G650	6015	☐ N620S	Challenger 600S	1031
☐ N609QS	C560XLS	560-5522	☐ N615HB	Learjet 35A	444	☐ N620TC	C525 CJ	525-0014
☐ N609SG	Falcon 900B	136	☐ N615HP	Be400A	RK-231	☐ N620WB	C510	510-0162
☐ N609SM	C525 CJ	525-0247	☐ N615HR	C560 Ultra	560-0309	☐ N621AD	C525 CJ1+	525-0621
☐ N609TC	C510	510-0142	☐ N615MS	Falcon 900B	25	☐ N621CS	C680	680-0120
☐ N609TS	Challenger 604	5309	☐ N615PA	B727-243	21266	☐ N621FP	C750	750-0045
☐ N610AB	Gulf 3	398	☐ N615PG	Legacy	14501004	☐ N621FX	Learjet 40XR	45-2089
☐ N610AS	Phenom 100	00044	☐ N615QS	C560XL	560-5360	☐ N621GA	C525B CJ3	0126
☐ N610BK	C560 Encore +	560-0809	☐ N615RG	C560XL	560-5016	☐ N621JH	Gulf IVSP	1423
☐ N610CB	C550 Bravo	550-1014	☐ N615RH	Eclipse 500	68	☐ N621JS	Falcon 20F	356
☐ N610CS	C680	680-0092	☐ N615SR	Falcon 50 EX	298	☐ N621QS	C560XL	560-5280
☐ N610ED	C500	500-0241	☐ N615TL	Challenger 604	5393	☐ N621RB	Learjet 35A	211
☐ N610EG	Be400A	RK-13	☐ N616CC	Gulf IVSP	1455	☐ N621WP	125-800	258033
☐ N610FX	Learjet 40XR	45-2027	☐ N616DC	Global Express	9296	☐ N622AT	C500	500-0252
☐ N610GD	C560 Encore	560-0547	☐ N616EA	Horizon	RC-36	☐ N622CS	C680	680-0124
☐ N610GG	C500	501-0170	☐ N616FX	Learjet 40XR	45-2057	☐ N622FX	Learjet 40XR	45-2095
☐ N610GR	C750	750-0163	☐ N616KG	G400	1534	☐ N622JK	Premier 1	RB-59
☐ N610HC	C750	750-0054	☐ N616NA	Learjet 25	35	☐ N622PC	C560XL	560-5024
☐ N610JB	C550	550-0610	☐ N616QS	C560XL	560-5345	☐ N622PG	C550	551-0013
☐ N610JC	C550	550-0264	☐ N616TR	Sabre 60	306-23	☐ N622PM	C650 VII	650-7027
☐ N610JR	Learjet 55	125	☐ N616WG	125-800	258030	☐ N622QS	C560XL	560-5286
☐ N610LJ	Learjet 35A	610	☐ N617CB	C525A CJ2+	0356	☐ N622QW	Falcon 2000	134
☐ N610LS	Challenger 300	20139	☐ N617CS	C680	680-0102	☐ N622RB	Learjet 35	64
☐ N610QS	C560XL	560-5210	☐ N617FX	Learjet 40XR	45-2065	☐ N622RR	Gulf2 SP	12
☐ N610RA	Sabre 60	306-54	☐ N617JN	Global Express	9004	☐ N622SL	C525 CJ1+	525-0622
☐ N610SE	Westwind	346	☐ N617PD	C560XL	560-5273	☐ N622SV	Galaxy G200	15
☐ N610SM	Astra	101	☐ N617QS	C560XLS	560-5509	☐ N622WM	Challenger 601	5084
☐ N611CS	C525B CJ3	0063	☐ N617TM	125-800XP	258411	☐ N623BM	Challenger 601	5159
☐ N611DB	Learjet 24D	318	☐ N617WA	Legacy	14500884	☐ N623FX	Learjet 40XR	45-2099
☐ N611FX	Learjet 40	45-2037	☐ N618BR	Learjet 23	082A	☐ N623KM	Learjet 35A	307
☐ N611GD	G650	6011	☐ N618CF	Learjet 35A	618	☐ N623MS	Gulf 3	351

Reg	Type	Serial	Reg	Type	Serial	Reg	Type	Serial
☐ N623N	C550 Bravo	550-0849	☐ N630JS	125-900XP	HA-0030	☐ N650BW	C650 III	650-0028
☐ N623NP	Gulf 3	357	☐ N630QS	C560XL	560-5130	☐ N650CB	C650 III	650-0084
☐ N623PM	C650 VII	650-7018	☐ N630S	Astra	46	☐ N650CC	C650 III	650-0156
☐ N623QS	C560XL	560-5299	☐ N630SJ	Learjet 35A	344	☐ N650CD	C650 III	650-0066
☐ N623QW	Falcon 2000	44	☐ N630TF	C525A CJ2	0022	☐ N650CG	C650 III	650-0023
☐ N624AT	C560XL	560-5174	☐ N631CB	C680	680-0227	☐ N650CH	C650 III	650-0154
☐ N624B	Be400XP	RK-369	☐ N631CC	Learjet 31A	104	☐ N650CJ	C650 VII	650-7044
☐ N624BP	Global Express	9236	☐ N631CS	C680	680-0197	☐ N650CM	C560	560-0177
☐ N624CS	C680	680-0131	☐ N631DV	Galaxy G200	166	☐ N650CP	C650 VII	650-7016
☐ N624FX	Learjet 40XR	45-2104	☐ N631GA	Galaxy G200	231	☐ N650CZ	C650 VII	650-7050
☐ N624GJ	Gulf IVSP	1267	☐ N631RP	C680	680-0256	☐ N650DA	C650 III	650-0114
☐ N624KM	Westwind	227	☐ N631SF	Learjet 31A	75	☐ N650FC	C650 III	650-0146
☐ N624N	Gulf GV	681	☐ N631TS	C550	550-0631	☐ N650FP	C650 III	650-0188
☐ N624PD	125	25234	☐ N632BL	C560XL	560-5171	☐ N650G	G650	6001
☐ N624PL	C525A CJ2+	0357	☐ N632FW	Challenger 300	20195	☐ N650GC	C650 VI	650-0215
☐ N624QS	C560XL	560-5302	☐ N632PB	Falcon 20-5	355	☐ N650GD	G650	6004
☐ N625AC	C560	560-0251	☐ N632XL	C560XLS	560-5632	☐ N650GE	G150	210
☐ N625AT	C560XL	560-5175	☐ N633AT	C500	500-0087	☐ N650GF	Astra	64
☐ N625BL	Learjet 35A	625	☐ N633EE	Cessna S550	0058	☐ N650GH	C650 III	650-0034
☐ N625FX	Learjet 40XR	45-2116	☐ N633QS	C560XLS	560-5526	☐ N650HG	C650 III	650-0083
☐ N625MM	Astra	125	☐ N633RP	C680	680-0172	☐ N650J	C650 III	650-0022
☐ N625PG	C525 CJ	525-0282	☐ N633RT	C550	550-0588	☐ N650JL	C650 VII	650-7101
☐ N625QS	C560XL	560-5319	☐ N633SA	C560	560-0235	☐ N650JS	125-800XP2	258537
☐ N625TX	C510	510-0219	☐ N633SF	Learjet 31A	241	☐ N650K	C650 VII	650-7034
☐ N625W	Be400A	RK-106	☐ N633W	Falcon 50	184	☐ N650KA	Gulf2	50
☐ N625WA	C560	560-0027	☐ N634H	Falcon 50	178	☐ N650KB	C650 III	650-0078
☐ N626AT	C560XL	560-5239	☐ N634QS	C560XLS	560-5558	☐ N650KD	C650 VII	650-7047
☐ N626BM	Learjet 35A	634	☐ N635BR	CRJ200	7295	☐ N650LA	C650 III	650-0004
☐ N626CG	125-800	258041	☐ N635CS	C680	680-0275	☐ N650LG	Challenger 601	5126
☐ N626CS	C680	680-0188	☐ N635E	Falcon 2000	106	☐ N650LW	Learjet 35A	650
☐ N626CV	C525 CJ1+	525-0626	☐ N635QS	C560XL	560-5358	☐ N650LX	C650 III	650-0010
☐ N626FX	Learjet 40XR	45-2120	☐ N636BC	Astra	39	☐ N650PL	G550	5148
☐ N626JS	Gulf GV	642	☐ N636EJ	C560XL	560-5304	☐ N650PW	G400	1530
☐ N626LJ	Gulf IVSP	1334	☐ N636MF	G550	5112	☐ N650RB	C650 III	650-0079
☐ N626QS	C560XL	560-5126	☐ N636N	C500	501-0069	☐ N650RP	C650 III	650-0157
☐ N626RB	C560	560-0221	☐ N636VP	C525 CJ1+	525-0636	☐ N650SB	C650 III	650-0018
☐ N626TN	C560XL	560-5254	☐ N637SF	G150	248	☐ N650SG	C650 III	650-0191
☐ N627AF	Learjet 60	60-193	☐ N637TF	Challenger 604	5637	☐ N650TA	C650 III	650-0088
☐ N627AK	125-850XP	258723	☐ N638AH	C510	510-0167	☐ N650TS	C650 VI	650-0219
☐ N627BC	C550 Bravo	550-0868	☐ N638QS	C560XL	560-5363	☐ N650W	C650 VI	650-0237
☐ N627E	C500	501-0123	☐ N639AS	Phenom 100	00075	☐ N650WE	C650 III	650-0040
☐ N627HS	Cessna S550	0072	☐ N639AT	Westwind	308	☐ N650Z	C650 III	650-0108
☐ N627JJ	Learjet 24E	340	☐ N639TS	Challenger 601	5139	☐ N651AT	C650 III	650-0063
☐ N627MW	C525 CJ1+	525-0627	☐ N640BA	Learjet 35A	664	☐ N651BP	C650 III	650-0017
☐ N627QS	C560XL	560-5227	☐ N640QS	C560XL	560-5240	☐ N651CC	C650 VII	650-7119
☐ N627R	C750	750-0132	☐ N641QS	C560XL	560-5295	☐ N651CJ	C525 CJ1	525-0365
☐ N627X	Cessna S550	0018	☐ N642AC	Be400A	RK-224	☐ N651CV	C650 III	650-0036
☐ N627XL	C560XL	560-5149	☐ N642AG	Legacy	145642	☐ N651EJ	C650 VI	650-0241
☐ N628BD	Gulf GV	628	☐ N642JC	Falcon 900B	71	☐ N651FC	Eclipse 500	12
☐ N628BS	C500	500-0045	☐ N642LF	C560 Encore	560-0642	☐ N651GA	G450	4151
☐ N628CB	C525B CJ3	0049	☐ N642QS	C560XLS	560-5561	☐ N651LJ	Learjet 24A	125
☐ N628CC	Falcon 2000	95	☐ N642RP	Sabre 60	306-46	☐ N651MK	Sabre 65	465-73
☐ N628CK	C560	560-0194	☐ N643CR	Challenger 600	1055	☐ N651PW	C650 III	650-0090
☐ N628CM	Challenger 601	3062	☐ N643QS	C560XLS	560-5588	☐ N651QS	C560XL	560-5251
☐ N628DB	Learjet 35A	246	☐ N643RT	C560	560-0019	☐ N651SD	Falcon 20F	256
☐ N628GB	C550 Bravo	550-0991	☐ N644QS	C560XLS	560-5582	☐ N652CC	C650 VII	650-7107
☐ N628HC	Gulf2	134	☐ N644RM	Phenom 100	00061	☐ N652CV	C650 III	650-0055
☐ N628QS	C560XL	560-5305	☐ N645AM	Learjet 35A	645	☐ N652FC	Eclipse 500	188
☐ N629AS	Phenom 100	00067	☐ N645AS	Phenom 100	00114	☐ N652GD	G650	6002
☐ N629CS	C680	680-0165	☐ N645G	Learjet 35	56	☐ N652KZ	Learjet 35A	652
☐ N629DR	C525 CJ1+	525-0667	☐ N645QS	C560XL	560-5145	☐ N652QS	C560XL	560-5152
☐ N629GA	Galaxy G200	229	☐ N646QS	C560XL	560-5246	☐ N653FC	Eclipse 500	205
☐ N629MD	C650 III	650-0096	☐ N646VP	C525 CJ1+	525-0646	☐ N653FJ	Falcon 10	110
☐ N629QS	C560XL	560-5306	☐ N647EF	Learjet 60	60-047	☐ N653GD	G550	6003
☐ N629RA	Cessna S550	0093	☐ N647JC	Falcon 20-5	120	☐ N653MF	Falcon 20-5	185
☐ N629TS	Challenger 601	3029	☐ N647QS	C560XLS	560-5547	☐ N654AN	Learjet 60	60-065
☐ N629WH	Westwind	409	☐ N648QS	C560XLS	560-5574	☐ N654AP	Be400A	RK-88
☐ N630AR	Challenger 601	5140	☐ N649TT	Falcon 50 EX	342	☐ N654AT	Learjet 45	45-136
☐ N630CS	C550	550-0130	☐ N650AS	C650 III	650-0002	☐ N654CE	C560 Encore	560-0654
☐ N630CS	C680	680-0170	☐ N650AT	C650 VII	650-7053	☐ N654CM	Challenger 601	5009
☐ N630GA	Galaxy G200	230	☐ N650BP	C550	551-0162	☐ N654FC	Eclipse 500	227

57

☐ N654QS	C560XLS	560-5611	☐ N666TV	Learjet 55	12	☐ N678PS	Eclipse 500	191
☐ N654WW	C525 CJ	525-0053	☐ N667HS	G450	4131	☐ N678QS	C560XLS	560-5616
☐ N655CM	Be400	RJ-17	☐ N667LC	Challenger 605	5740	☐ N678RC	Legacy	14501064
☐ N655GD	G650	6005	☐ N667MB	Learjet 55	73	☐ N678RF	C525 CJ1	525-0537
☐ N655PE	Falcon 100	199	☐ N667QS	C560XL	560-5365	☐ N678SC	G550	5224
☐ N655QS	C560XLS	560-5655	☐ N668AJ	C550	550-0442	☐ N679QS	C560XL	560-5279
☐ N655TR	Learjet 55	6	☐ N668CB	C550 Bravo	550-1068	☐ N679SJ	Be400A	RK-168
☐ N656JG	C560 Ultra	560-0298	☐ N668JT	Gulf2	162	☐ N680AK	C680	680-0283
☐ N656PS	C550	550-0009	☐ N668QS	C560XL	560-5268	☐ N680AR	C680	680-0025
☐ N656QS	C560XLS	560-5732	☐ N668RC	Learjet 60	60-044	☐ N680CG	C680	680-0044
☐ N656Z	C560 Encore	560-0656	☐ N668S	C500	500-0314	☐ N680CJ	Learjet 24B	211
☐ N657BM	Learjet 25D	331	☐ N668Z	Premier 1A	RB-247	☐ N680CM	C680	680-0194
☐ N657CT	Challenger 604	5665	☐ N669B	C550 Bravo	550-1060	☐ N680CS	C680	680-709
☐ N657P	MS760 Paris	57	☐ N669BJ	Gulf IVSP	1397	☐ N680DF	Falcon 2000	180
☐ N657QS	C560XLS	560-5636	☐ N669CM	Eclipse 500	165	☐ N680FD	C680	680-0289
☐ N657T	C650 VII	650-7042	☐ N669QS	C560XLS	560-5689	☐ N680GA	Gulf GV	680
☐ N658CF	Challenger 600S	1058	☐ N669TT	C560XLS	560-5684	☐ N680GR	C680	680-0210
☐ N658KS	Learjet 60	60-071	☐ N669W	C650 VII	650-7066	☐ N680HC	C680	680-0079
☐ N658QS	C560XLS	560-5665	☐ N670C	Sabre 75	370-7	☐ N680KH	C525 CJ1+	525-0680
☐ N659FM	Falcon 2000	17	☐ N670CM	Challenger 604	5488	☐ N680LN	C680	680-0236
☐ N659QS	C560XL	560-5359	☐ N670H	Sabre 65	465-58	☐ N680ME	Westwind	423
☐ N659WL	Gulf2 SP	204	☐ N670JD	Cessna S550	0019	☐ N680PA	C680	680-0255
☐ N660AF	Gulf2B	70	☐ N670MW	C560XLS	560-5511	☐ N680RC	C680	680-0192
☐ N660AL	Challenger 300	20129	☐ N670QS	C560XL	560-5170	☐ N680RP	C680	680-0239
☐ N660AS	Learjet 60	60-191	☐ N670RW	Galaxy G200	160	☐ N680SE	C680	680-0078
☐ N660CC	Be400A	RK-319	☐ N671AF	Gulf IVSP	1205	☐ N680SW	Learjet 31A	242
☐ N660HC	125-800XP	258624	☐ N671LE	G550	5130	☐ N680VR	C680	680-0108
☐ N660PA	C650 VI	650-0230	☐ N671LW	Gulf2	90	☐ N681CE	C560 Encore	560-0681
☐ N660Q	C650 III	650-0162	☐ N671QS	C560XL	560-5071	☐ N681HS	C680	680-0287
☐ N660QS	C560XLS	560-5647	☐ N671RW	G550	5131	☐ N681LF	C680	680-0151
☐ N660S	C525A CJ2+	0305	☐ N671WB	Falcon 7X	29	☐ N681QS	C560XL	560-5181
☐ N661AC	C500	500-0121	☐ N671WM	Falcon 2000	194	☐ N681RP	C680	680-0037
☐ N661CP	G550	5104	☐ N672BP	Challenger 300	20258	☐ N682B	125-800	258144
☐ N661EP	Phenom 100	00123	☐ N672JM	C525 CJ1	525-0485	☐ N682BF	C500	501-0682
☐ N661GA	Gulf GV	561	☐ N672PS	Galaxy G200	10	☐ N682DB	C680	680-0009
☐ N661QS	C560XLS	560-5677	☐ N672QS	C560XLS	560-5663	☐ N682GA	Galaxy G200	202
☐ N661WD	Be400A	RK-94	☐ N673DC	Phenom 100	00010	☐ N682QS	C560XLS	560-5654
☐ N662CB	C550 Bravo	550-1062	☐ N673LR	C550	550-0179	☐ N683E	125-800	258113
☐ N662CC	C510	510-0178	☐ N673MG	C560XLS	560-5821	☐ N683EF	Learjet 35A	614
☐ N662CG	C500	500-0277	☐ N673P	Gulf GV	673	☐ N683GA	G150	283
☐ N662CP	G550	5107	☐ N673QS	C560XLS	560-5651	☐ N683PF	Cessna S550	0083
☐ N662JN	125-850XP	258837	☐ N673YS	Challenger 600S	1073	☐ N683QS	C560XLS	560-5643
☐ N662QS	C560XL	560-5262	☐ N674AS	C525A CJ2+	0307	☐ N684DK	125-850XP	258684
☐ N663CP	G450	4044	☐ N674CW	Challenger 600	1074	☐ N684HA	Learjet 35A	113
☐ N663LB	Learjet 40XR	45-2114	☐ N674DJ	Be400A	RK-232	☐ N684KF	Falcon 2000	213
☐ N663MK	Falcon 900EX	94	☐ N674G	C550	551-0434	☐ N684TS	Challenger 604	5384
☐ N663P	Gulf IVSP	1434	☐ N674RW	G550	5234	☐ N685CS	C680	680-0142
☐ N663PD	Gulf IV	1022	☐ N675BP	Learjet 60XR	60-321	☐ N685QS	C560XLS	560-5650
☐ N663QS	C560XL	560-5263	☐ N675QS	C560XL	560-5275	☐ N685SF	Gulf2 SP	94
☐ N664AC	125-800XP	258566	☐ N675RW	Gulf GV	526	☐ N685TA	Gulf GV	685
☐ N664AJ	C550	550-0613	☐ N675SS	C550	550-0576	☐ N686AB	Learjet 31A	239
☐ N664CE	C560 Encore	560-0664	☐ N676AH	125-850XP	258831	☐ N686CP	125-800SP	258059
☐ N664CL	Learjet 24	167	☐ N676BA	Falcon 2000	176	☐ N686HC	C680	680-0101
☐ N664CP	G450	4047	☐ N676BB	C560XL	560-5349	☐ N686QS	C560XLS	560-5661
☐ N664CW	Challenger 601	3064	☐ N676CC	C500	501-0676	☐ N686SC	Be400A	RK-211
☐ N664D	Challenger 604	5505	☐ N676DG	C500	500-0256	☐ N686TR	Be400A	RK-127
☐ N664JN	Gulf IVSP	1396	☐ N676GH	125-800XP	258676	☐ N687DS	C525B CJ3	0087
☐ N664QS	C560XL	560-5264	☐ N676JB	125-800XP	258619	☐ N687QS	C560XL	560-5187
☐ N665CH	C525 CJ1	525-0504	☐ N676QS	C560XL	560-5176	☐ N688DB	Learjet 60	60-097
☐ N665CP	G450	4049	☐ N676RW	G550	5126	☐ N688GS	Learjet 25B	123
☐ N665MM	C500	501-0228	☐ N676TC	Legacy	145699	☐ N688JD	C550 Bravo	550-0902
☐ N665QS	C560XL	560-5165	☐ N677AS	Premier 1	RB-33	☐ N688LS	Gulf IVSP	1280
☐ N666CT	Challenger 601	5007	☐ N677F	Gulf GV	677	☐ N688QS	C560XL	560-5188
☐ N666K	Astra	40	☐ N677JM	C500	501-0052	☐ N688TT	Gulf IV	1220
☐ N666MX	C560XL	560-5292	☐ N677LM	Challenger 600S	1080	☐ N688TY	Gulf GV	536
☐ N666NF	125-750	HB-27	☐ N677QS	C560XL	560-5367	☐ N689AK	Be400XP	RK-462
☐ N666SA	Gulf2 SP	130	☐ N677SL	C525A CJ2+	0418	☐ N689AM	125-800XP	258665
☐ N666TK	Learjet 55	38	☐ N678CH	Falcon 900	47	☐ N689JE	Gulf2 SP	258
☐ N666TM	Eclipse 500	221	☐ N678EQ	C650 VII	650-7008	☐ N689QS	C560XLS	560-5659
☐ N666TR	Falcon 900C	195	☐ N678GS	C550	550-0710	☐ N689VP	C550	550-0689
☐ N666TS	C500	501-0071	☐ N678MA	Falcon 50	116	☐ N689W	C650 III	650-0045

Reg	Type	Serial	Reg	Type	Serial	Reg	Type	Serial
☐ N689WC	Falcon 10	123	☐ N700LJ	Adam A700	2	☐ N704DA	C550	550-0202
☐ N690AN	C550	550-0674	☐ N700LK	Global 5000	9192	☐ N704JM	125-800XP	258367
☐ N690EW	C550	550-0108	☐ N700LS	Global Express	9217	☐ N704JW	Galaxy G200	88
☐ N690JC	Learjet 25D	320	☐ N700LW	C500	500-0279	☐ N704LX	C750	750-0091
☐ N690WY	C500	501-0222	☐ N700LX	C750	750-0038	☐ N704MF	Global Express	9065
☐ N691QS	C560XL	560-5290	☐ N700MB	Learjet 40XR	45-2106	☐ N705AC	Westwind	209
☐ N691RC	Gulf GV	605	☐ N700MD	Westwind	212	☐ N705BB	125-800	258015
☐ N692BE	C650 III	650-0092	☐ N700MG	125-800XP	258540	☐ N705LX	C750	750-0082
☐ N692FG	Learjet 25	52	☐ N700MH	C650 III	650-0127	☐ N705PC	Gulf IVSP	1240
☐ N692PC	Learjet 60	60-010	☐ N700ML	Global Express	9258	☐ N705PT	Eclipse 500	14
☐ N692QS	C560XL	560-5092	☐ N700MP	Falcon 50	70	☐ N705QS	Galaxy G200	61
☐ N692US	Falcon 10	79	☐ N700NK	C560 Encore	560-0700	☐ N705SG	C560XL	560-5142
☐ N693GA	G450	4193	☐ N700NP	125-700	257207	☐ N705SP	Cessna S550	0048
☐ N693QS	C560XLS	560-5657	☐ N700NW	125-700	257063	☐ N706AM	125-700	257009
☐ N693SH	Falcon 900B	43	☐ N700NY	Gulf IVSP	1468	☐ N706CJ	Learjet 60	60-207
☐ N693SV	C550 Bravo	550-1059	☐ N700PP	Gulf IVSP	1248	☐ N706CR	Learjet 60	60-168
☐ N694JP	Falcon 900EX	59	☐ N700QS	Galaxy G200	52	☐ N706HB	C650 III	650-0047
☐ N694LM	C500	500-0354	☐ N700R	125-800XP	258692	☐ N706JA	Gulf 3	322
☐ N694PG	Challenger 600S	1026	☐ N700RR	125-700	257024	☐ N706JP	B727-035	19835
☐ N694QS	C560XL	560-5194	☐ N700RY	C650 III	650-0005	☐ N706LP	Be400A	RK-336
☐ N695BK	Be400A	RK-235	☐ N700SP	C500	501-0133	☐ N706LX	C750	750-0073
☐ N695LC	A321-211	956	☐ N700SR	Learjet 55	79	☐ N706NA	C550	550-0706
☐ N695QS	C560XL	560-5293	☐ N700SW	C750	750-0142	☐ N706PT	Eclipse 500	107
☐ N695V	C560 Encore	560-0695	☐ N700TR	125	25220	☐ N706QS	Galaxy G200	131
☐ N696HC	C680	680-0266	☐ N700VC	C500	500-0011	☐ N706RM	Be400A	RK-161
☐ N696MJ	Gulf2B	165	☐ N700WC	125-700	257022	☐ N706SA	Learjet 31	26
☐ N696NA	Eclipse 500	123	☐ N700WH	Be400	RJ-60	☐ N706TJ	Gulf2 TT	212
☐ N696QS	C560XL	560-5296	☐ N700WY	125-900XP	HA-0029	☐ N706VA	G400	1528
☐ N696RV	Jet Commander	118	☐ N700XF	125-700	257101	☐ N706VP	C750	750-0006
☐ N696SB	Falcon 2000LX	206	☐ N700YY	C510	510-0148	☐ N707AM	Falcon 10	159
☐ N696ST	C525 CJ	525-0187	☐ N701AS	Learjet 35A	47	☐ N707BC	Galaxy G200	107
☐ N696US	Sabre 65	465-18	☐ N701BG	Cessna S550	0142	☐ N707CA	B707-351B	18586
☐ N696VP	C550	550-0696	☐ N701CP	Be400A	RK-272	☐ N707EA	Gulf IVSP	1284
☐ N697A	Gulf GV	662	☐ N701CR	C680	680-0176	☐ N707ES	Eclipse 500	232
☐ N697BJ	DC9-32	47799	☐ N701DA	Learjet 35A	180	☐ N707GG	C500	501-0108
☐ N697QS	C560XL	560-5197	☐ N701FW	Sabre 65	465-21	☐ N707GW	Gulf GV	629
☐ N697US	Sabre 65	465-49	☐ N701HA	C650 VII	650-7001	☐ N707HD	125-1000	259016
☐ N698QS	C560XLS	560-5653	☐ N701KB	Premier 1A	RB-257	☐ N707JC	125-800XP	258703
☐ N698RS	Challenger 604	5460	☐ N701LX	C750	750-0114	☐ N707JT	B707-138B	18740
☐ N698SS	B727-223	21369	☐ N701MS	125-600	256061	☐ N707KD	Gulf2 SP	214
☐ N699AK	Horizon	RC-16	☐ N701QS	Galaxy G200	141	☐ N707LG	B707-3M1C	21092
☐ N699BA	Learjet 35A	463	☐ N701SC	Learjet 24D	235	☐ N707LM	C550	551-0064
☐ N699BG	Falcon 900	82	☐ N701SF	C525A CJ2	0071	☐ N707LX	C750	750-0078
☐ N699CP	Learjet 31A	60	☐ N701VV	C550 Bravo	550-1033	☐ N707MM	Falcon 2000	131
☐ N699DA	Learjet 60	60-237	☐ N701WC	Falcon 50 EX	333	☐ N707PF	C550	551-0452
☐ N699HH	Gulf IVSP	1239	☐ N701WH	Global Express	9010	☐ N707QJ	B707-368C	21261
☐ N699MC	Falcon 2000EX	25	☐ N702AB	C680	680-0258	☐ N707QS	Galaxy G200	66
☐ N699MG	C650 III	650-0094	☐ N702AM	C560 Encore	560-0702	☐ N707RG	Learjet 35A	169
☐ N699QS	C560XL	560-5199	☐ N702BA	B777-236	27108	☐ N707SC	Learjet 24	65
☐ N699ST	Learjet 35A	441	☐ N702DM	Gulf 3	428	☐ N707SG	Galaxy G200	87
☐ N699TS	125-600	256001	☐ N702DR	Legacy	14500925	☐ N707TE	Gulf IVSP	1383
☐ N699TW	Falcon 20DC	50	☐ N702FL	C750	750-0076	☐ N707TF	Westwind	155
☐ N699XP	125-850XP	258699	☐ N702GH	Gulf IVSP	1497	☐ N707W	C500	501-0085
☐ N700AL	Falcon 10	55	☐ N702LP	Be400XP	RK-444	☐ N707WB	Falcon 900B	132
☐ N700BX	Global Express	9068	☐ N702NV	Be400A	RK-120	☐ N708GP	C525A CJ2	0154
☐ N700CE	125-700	257213	☐ N702QS	Galaxy G200	70	☐ N708LX	C750	750-0109
☐ N700CH	Falcon 2000	147	☐ N702RT	C500	501-0683	☐ N708QS	Galaxy G200	69
☐ N700CJ	C525 CJ	525-0027	☐ N702RV	Challenger 601	5078	☐ N708SP	Learjet 45	45-014
☐ N700CN	Gulf IV	1133	☐ N702TY	Gulf GV	621	☐ N709DS	Global Express	9278
☐ N700FA	G150	278	☐ N703HA	G150	202	☐ N709DW	G550	5082
☐ N700FH	Falcon 10	158	☐ N703JN	125-700	257031	☐ N709EL	Be400A	RK-52
☐ N700FL	Falcon 2000	29	☐ N703JR	G450	4112	☐ N709FG	Global Express	9300
☐ N700FS	Gulf IVSP	1400	☐ N703LP	Be400A	RK-20	☐ N709LX	C750	750-0145
☐ N700GB	Global Express	9124	☐ N703LX	C750	750-0074	☐ N709TA	Be400A	RK-180
☐ N700GD	C510	510-0244	☐ N703QS	Galaxy G200	60	☐ N710A	125-800	258110
☐ N700JC	Sabre 65	465-74	☐ N703RB	C650 VII	650-7046	☐ N710AF	125-700	257126
☐ N700JR	C560 Encore	560-0666	☐ N703RK	Gulf GV	671	☐ N710AW	C750	750-0033
☐ N700KB	Premier 1	RB-103	☐ N703SM	125-800	258204	☐ N710BG	Falcon 50 EX	305
☐ N700KG	Learjet 40XR	45-2017	☐ N703TM	Falcon 50	218	☐ N710CF	Gulf 3	448
☐ N700KS	Global Express	9109	☐ N703TS	Legacy	14501003	☐ N710DC	Jet Commander	112
☐ N700LH	C750	750-0148	☐ N703VZ	Challenger 300	20199	☐ N710EB	C510	510-0107

Reg	Type	Serial
☐ N710EC	G400	1502
☐ N710ET	Falcon 2000	38
☐ N710GA	Challenger 601	3008
☐ N710GS	Learjet 35	32
☐ N710HL	Challenger 600S	1050
☐ N710HM	125-900XP	HA-0077
☐ N710JC	Falcon 10	120
☐ N710LC	C560	560-0058
☐ N710LM	Challenger 601	5037
☐ N710ML	C560	560-0254
☐ N710MS	C680	680-0162
☐ N710MT	C560XL	560-5332
☐ N710R	Learjet 45XR	45-359
☐ N710SA	Westwind	296
☐ N710TP	Learjet 60	60-046
☐ N710TV	Learjet 24	159
☐ N710VF	Challenger 601	5050
☐ N710VL	C500	500-0302
☐ N710VP	C650 VII	650-7100
☐ N711BE	C525B CJ3	0212
☐ N711BX	C525 CJ	525-0299
☐ N711C	C525 CJ1+	525-0630
☐ N711CC	C550	550-0427
☐ N711CW	Learjet 24	55
☐ N711EC	Learjet 35A	311
☐ N711EG	Gulf 3	349
☐ N711EJ	Falcon 10	149
☐ N711FG	Learjet 31A	92
☐ N711FJ	Falcon 20F	347
☐ N711GA	G450	4211
☐ N711GD	Horizon	RC-7
☐ N711GF	C650 VII	650-7075
☐ N711GL	Gulf IV	1130
☐ N711HA	C560XLS	560-5648
☐ N711HF	Falcon 100	213
☐ N711KE	Westwind	288
☐ N711KT	C550 Bravo	550-0851
☐ N711LS	Global 5000	9155
☐ N711LV	C650 VI	650-0232
☐ N711MC	Global Express	9121
☐ N711MH	Cessna S550	0066
☐ N711MQ	Gulf2B	189
☐ N711MT	C500	500-0316
☐ N711NB	C650 VII	650-7009
☐ N711NK	C680	680-0095
☐ N711NR	C560XLS	560-5533
☐ N711NV	C550	551-0557
☐ N711PE	Falcon 2000	105
☐ N711QS	Galaxy G200	129
☐ N711R	Learjet 45	45-049
☐ N711RL	G550	5010
☐ N711SE	Learjet 60	60-015
☐ N711SW	G450	4085
☐ N711SX	Global Express	9125
☐ N711T	Falcon 900EX	6
☐ N711TF	Falcon 10	52
☐ N711UF	Gulf 3	421
☐ N711VH	C560XL	560-5260
☐ N711VJ	C750	750-0101
☐ N711VL	Gulf2 SP	120
☐ N711VT	C750	750-0283
☐ N711WG	C525 CJ1	525-0424
☐ N711WM	CRJ800	7140
☐ N711WV	Falcon 20-5	396
☐ N711XR	Cessna S550	0121
☐ N712AS	Gulf 3	423
☐ N712CC	Gulf IV	1028
☐ N712GA	G450	4221
☐ N712GC	Be400A	RK-44
☐ N712KC	C750	750-0255
☐ N712KM	C500	500-0348
☐ N712KT	G550	5134
☐ N712MB	C500	500-0120
☐ N712MQ	Gulf2	104
☐ N712PD	C550	550-0069
☐ N712PR	Challenger 604	5313
☐ N712QS	Galaxy G200	73
☐ N712WG	Eclipse 500	180
☐ N713AZ	Premier 1	RB-111
☐ N713DH	C560XLS	560-5700
☐ N713HC	Challenger 604	5308
☐ N713JD	C500	501-0075
☐ N713MC	Falcon 20-5	392
☐ N713SA	C500	500-0132
☐ N713SD	C525 CJ	525-0218
☐ N713SN	Falcon 50	182
☐ N713VP	C650 VII	650-7103
☐ N713WD	C560 Encore+	560-0765
☐ N713WH	C525 CJ1+	525-0606
☐ N714RM	C550 Bravo	550-1057
☐ N715CG	Learjet 45	45-208
☐ N715JC	Falcon 10	99
☐ N715JS	C500	500-0001
☐ N715TA	Be400A	RK-189
☐ N715WE	C680	680-0286
☐ N715WG	Galaxy G200	186
☐ N715WS	Falcon 20-5	305
☐ N716BD	Learjet 31A	93
☐ N716DB	125-800	258048
☐ N716DD	Cessna S550	0120
☐ N716GS	Premier 1A	RB-199
☐ N716LT	C500	500-0034
☐ N716MB	C525B CJ3	0251
☐ N716QS	Galaxy G200	148
☐ N716SX	C560 Ultra	560-0281
☐ N717AF	125-700	257059
☐ N717AJ	Learjet 35A	183
☐ N717AM	Learjet 55	100
☐ N717CB	C550 Bravo	550-0830
☐ N717CF	Be400A	RK-177
☐ N717D	C560 Ultra	560-0275
☐ N717DD	Be400XP	RK-389
☐ N717DM	C550	550-0436
☐ N717DX	G450	4107
☐ N717EB	Learjet 55	16
☐ N717EP	G150	222
☐ N717FF	Learjet 60	60-213
☐ N717GK	C550 Bravo	550-0971
☐ N717HA	C525A CJ2	0079
☐ N717HB	Learjet 55	66
☐ N717HD	Eclipse 500	113
☐ N717JM	C650 III	650-0138
☐ N717LA	Falcon 50	32
☐ N717LC	C550	551-0047
☐ N717LK	Eclipse 500	64
☐ N717MB	C560XL	560-5114
☐ N717MT	125-800	258163
☐ N717NB	C560XLS	560-5694
☐ N717TG	Be400A	RK-320
☐ N717VG	C525A CJ2	0137
☐ N717VL	C550 Bravo	550-1108
☐ N718CK	C550	550-0368
☐ N718DW	Gulf IVSP	1442
☐ N718HC	125-800	258040
☐ N718JA	Gulf2	66
☐ N718JS	G450	4164
☐ N718MC	G550	5061
☐ N718QS	Galaxy G200	136
☐ N718SA	C500	501-0179
☐ N718SJ	125-800XP	258718
☐ N718TA	Be400A	RK-195
☐ N719CC	Westwind	290
☐ N719DW	Falcon 50 EX	308
☐ N719EL	Be400XP	RK-488
☐ N719HG	125-800XP	258488
☐ N719L	Premier 1	RB-25
☐ N719QS	Galaxy G200	162
☐ N719RM	C560	560-0092
☐ N719SA	Gulf IV	1155
☐ N719V	B737 BBJ1	37660
☐ N720AS	Challenger 604	5653
☐ N720CC	Learjet 45	45-072
☐ N720CH	B737 BBJ1	29866
☐ N720DC	B727-077	19253
☐ N720DF	Falcon 10	26
☐ N720DR	Gulf2 SP	209
☐ N720GM	C525 CJ	525-0350
☐ N720JC	Falcon 20-5	273
☐ N720LH	Gulf2	233
☐ N720MC	Learjet 45	45-103
☐ N720ME	Falcon 900EX	115
☐ N720ML	Falcon 900EX	231
☐ N720MM	B737 BBJ1	33010
☐ N720PT	125-700	257032
☐ N720QS	Galaxy G200	85
☐ N720WS	Global 5000	9176
☐ N720WW	Learjet 35A	254
☐ N720WY	Falcon 2000LX	189
☐ N721BA	B737 BBJ1	37111
☐ N721BS	G400	1516
☐ N721CC	C550	550-0721
☐ N721CJ	Galaxy G200	47
☐ N721CN	Gulf2 SP	206
☐ N721DR	C550	550-0164
☐ N721EC	Learjet 35A	355
☐ N721ES	C525A CJ2+	0452
☐ N721FA	Be400	RJ-21
☐ N721FF	Gulf IVSP	1484
☐ N721G	Challenger 601	5109
☐ N721HM	Falcon 900B	158
☐ N721J	Challenger 604	5590
☐ N721LH	125-600	256025
☐ N721LR	Cessna S550	0118
☐ N721MC	Gulf IV	1110
☐ N721NA	Eclipse 500	178
☐ N721NB	C560 Encore	560-0659
☐ N721QS	Galaxy G200	92
☐ N721RL	Gulf IVSP	1394
☐ N721RM	125-600	256053
☐ N721S	Gulf GV	668
☐ N721SF	Learjet 24D	325
☐ N721ST	Challenger 600S	1030
☐ N721T	C550 Bravo	550-0993
☐ N721VT	C750	750-0167
☐ N722A	125-800	258200
☐ N722AZ	Astra	132
☐ N722DJ	Challenger 600S	1029
☐ N722EM	Learjet 25G	372
☐ N722FS	Falcon 50	216
☐ N722JB	Falcon 2000	13
☐ N722MM	G450	4086
☐ N722Q	MS760 Paris	9
☐ N722QS	Galaxy G200	93
☐ N722SG	C525 CJ	525-0088
☐ N722SM	C525A CJ2+	0338
☐ N722SW	G150	230
☐ N722TD	Eclipse 500	224
☐ N722TS	C525A CJ2	0138
☐ N722XJ	C750	750-0222
☐ N723AB	Global 5000	9207
☐ N723CC	Learjet 55	36
☐ N723GB	Phenom 100	00111
☐ N723HH	Global 5000	9325

Reg	Type	Serial	Reg	Type	Serial	Reg	Type	Serial
☐ N723JR	C500	501-0190	☐ N727NK	B727-212/W	21945	☐ N738DC	C510	510-0151
☐ N723JW	Learjet 24	142	☐ N727QS	Galaxy G200	113	☐ N738QS	Galaxy G200	204
☐ N723LK	125-800SP	258155	☐ N727SJ	Learjet 60	60-147	☐ N739LN	C525 CJ1	525-0541
☐ N723MM	G350	4077	☐ N727VJ	B727-044/W	19318	☐ N739QS	Galaxy G200	198
☐ N723QS	Galaxy G200	99	☐ N727YB	C525B CJ3	0171	☐ N740BA	Gulf GV	516
☐ N723RE	C550 Bravo	550-0944	☐ N728CL	Learjet 31A	109	☐ N740E	Learjet 45	45-023
☐ N724AF	Global Express	9031	☐ N728EC	C560XLS	560-5815	☐ N740JB	C550	551-0359
☐ N724AS	Falcon 10	83	☐ N728GH	Falcon 900B	3	☐ N740K	Gulf IV	1094
☐ N724B	125-700	257006	☐ N728JC	Falcon 20-5	399	☐ N740KG	Learjet 40XR	45-2063
☐ N724CC	C750	750-0062	☐ N728JP	Gulf IVSP	1297	☐ N740LM	Falcon 900EX	74
☐ N724CL	B727-051	19121	☐ N728LB	Gulf IVSP	1296	☐ N740QS	Galaxy G200	194
☐ N724CP	Falcon 20-5	319	☐ N728LW	Falcon 50	3	☐ N740SS	Gulf GV	532
☐ N724DB	Gulf IV	1209	☐ N728MB	Westwind	419	☐ N740TF	Learjet 45	45-074
☐ N724DL	C510	510-0078	☐ N728MC	C500	501-0115	☐ N740VC	Gulf 3	454
☐ N724DS	Falcon 20D	198	☐ N728MG	Learjet 55	4	☐ N741C	Westwind	292
☐ N724EA	125-700	257090	☐ N728PH	Legacy	14500985	☐ N741CC	C525 CJ	525-0227
☐ N724EB	C550 Bravo	550-1113	☐ N728QS	Galaxy G200	116	☐ N741E	Learjet 45XR	45-367
☐ N724EH	Learjet 60XR	60-346	☐ N728TA	125-800XP	258364	☐ N741MR	Falcon 20F	312
☐ N724FS	Learjet 31A	231	☐ N728TG	Westwind	420	☐ N741PC	C525A CJ2	0066
☐ N724HB	Be400	RJ-55	☐ N729AG	125-850XP	258729	☐ N741T	C550	550-0363
☐ N724JC	Falcon 20-5	310	☐ N729AT	125-800XP	258402	☐ N741TS	Challenger 605	5741
☐ N724KW	Be400A	RK-263	☐ N729EZ	125-800	258171	☐ N742AR	C525B CJ3	0074
☐ N724MF	Challenger 604	5631	☐ N729HZ	Challenger 601	5107	☐ N742E	Challenger 300	20231
☐ N724PB	C525B CJ3	0303	☐ N729KF	Global 5000	9172	☐ N742F	Learjet 45	45-025
☐ N724QS	Galaxy G200	100	☐ N729KP	Challenger 604	5513	☐ N742PB	B737 BBJ1	29200
☐ N724SC	Challenger 300	20072	☐ N729LJ	Learjet 60	60-298	☐ N743DB	C560 Ultra	560-0479
☐ N724TS	125	25192	☐ N729QS	Galaxy G200	118	☐ N743E	Learjet 45XR	45-370
☐ N724YS	B727-281/W	21474	☐ N729SB	Challenger 300	20208	☐ N743HB	125-750	HB-43
☐ N725CC	C550	550-0725	☐ N729TA	C550	550-0483	☐ N743JG	C525A CJ2	0056
☐ N725CS	125-850XP	258758	☐ N729TY	Gulf IV	1141	☐ N743QS	Galaxy G200	216
☐ N725DM	Falcon 10	184	☐ N730BH	Legacy	145730	☐ N744AT	C550	550-0017
☐ N725DS	C550 Bravo	550-0822	☐ N730CA	Westwind	295	☐ N744DB	Learjet 60	60-053
☐ N725FL	C550	550-0369	☐ N730DF	Astra	67	☐ N744E	Learjet 45XR	45-348
☐ N725JB	C510	510-0030	☐ N730LM	Falcon 900EX	101	☐ N744N	Learjet 31A	69
☐ N725JG	Falcon 20-5	416	☐ N730QS	Galaxy G200	120	☐ N744XP	125-850XP	258744
☐ N725JS	Learjet 25C	156	☐ N731BP	C560XLS	560-5802	☐ N745CC	C550 Bravo	550-1051
☐ N725LB	Global Express	9129	☐ N731DC	Challenger 300	20073	☐ N745E	Learjet 45XR	45-356
☐ N725MK	Jetstar 731	5123	☐ N731DD	Falcon 50	64	☐ N745K	Learjet 45XR	45-245
☐ N725MM	G550	5161	☐ N731GA	Learjet 31	24	☐ N745KD	Learjet 45XR	45-384
☐ N725MW	Phenom 100	00084	☐ N731PS	Be400XP	RK-543	☐ N745QS	Galaxy G200	170
☐ N725QS	Galaxy G200	105	☐ N731QS	Galaxy G200	123	☐ N745RS	Gulf IV	1063
☐ N725RH	C650 III	650-0106	☐ N731VA	B737-33A	27456	☐ N745SA	Learjet 45	45-052
☐ N725SC	Learjet 60	60-083	☐ N731WH	C525B CJ3	0112	☐ N745TA	Be400A	RK-145
☐ N725ST	Learjet 35A	285	☐ N732HB	125-750	HB-32	☐ N745TC	Learjet 45XR	45-260
☐ N725T	Be400A	RK-273	☐ N732JR	C560XLS	560-5503	☐ N745UP	125-800XP	258336
☐ N725XL	C560XLS	560-5725	☐ N732LH	Learjet 60	60-021	☐ N746E	Challenger 300	20207
☐ N726AG	C525B CJ3	0029	☐ N733A	125-800XP	258687	☐ N746TA	Be400A	RK-146
☐ N726CL	C525 CJ1	525-0420	☐ N733CF	Challenger 601	5057	☐ N746UP	125-800XP	258522
☐ N726DC	Galaxy G200	58	☐ N733E	Learjet 55	57	☐ N747A	B747-SP27	21992
☐ N726JG	Falcon 50 EX	258	☐ N733H	125-800XP	258590	☐ N747AC	C525 CJ	525-0202
☐ N726PG	Be400A	RK-337	☐ N733K	Falcon 50	242	☐ N747AE	G550	5065
☐ N726QS	Galaxy G200	108	☐ N733M	Falcon 50 EX	343	☐ N747AN	Learjet 55	121
☐ N726RP	C525A CJ2	0114	☐ N733PA	B737-205	23466	☐ N747BW	Learjet 35A	594
☐ N726RW	Gulf IV	1039	☐ N733SW	Learjet 60	60-007	☐ N747CP	Learjet 35A	502
☐ N726SC	C525 CJ	525-0051	☐ N733TA	125-800XP	258337	☐ N747CX	Falcon 20-5	442
☐ N726TM	C525 CJ1	525-0414	☐ N734DB	C560	560-0143	☐ N747DP	Learjet 60	60-251
☐ N726WR	Learjet 25	7	☐ N734TJ	Gulf 3	392	☐ N747GM	Learjet 35A	308
☐ N727AH	B727-121	19261	☐ N735XP	125-750	HB-35	☐ N747JJ	C525A CJ2+	0314
☐ N727AT	Westwind	284	☐ N736BP	B737-205	23465	☐ N747KR	C525B CJ3	0015
☐ N727AW	C650 III	650-0132	☐ N736LE	125	25207	☐ N747LG	Eclipse 500	235
☐ N727BT	Learjet 31A	82	☐ N737AG	B737 BBJ1	30496	☐ N747NB	Gulf2 SP	33
☐ N727C	C50	551-0485	☐ N737CC	B737 BBJ1	29135	☐ N747RC	C680	680-0002
☐ N727CW	Eclipse 500	159	☐ N737ER	B737 BBJ1	30754	☐ N747RL	Falcon 2000EX	175
☐ N727EF	Cessna S550	0043	☐ N737GG	B737 BBJ1	29136	☐ N747RR	Be400A	RK-95
☐ N727HD	Eclipse 500	115	☐ N737GQ	B737-8GQ/W	35792	☐ N747RY	Learjet 35A	243
☐ N727KG	Premier 1A	RB-143	☐ N737L	B737 BBJ1	30751	☐ N747SC	Learjet 24	19
☐ N727LJ	Learjet 25	28	☐ N737M	B737 BBJ2	33361	☐ N747XJ	C750	750-0247
☐ N727LL	B727-2X8/W	22687	☐ N737MM	C650 VII	650-7113	☐ N748FJ	Falcon 7X	48
☐ N727LM	Learjet 25D	308	☐ N737QS	Galaxy G200	127	☐ N748MN	Gulf2 SP	215
☐ N727MH	C560XLS	560-5549	☐ N737RJ	C500	501-0238	☐ N748QS	Galaxy G200	157
☐ N727ML	Premier 1A	RB-158	☐ N737WH	B737 BBJ1	29142	☐ N748RE	C560XLS+	560-6008

☐ N748RF	C525A CJ2	0215	☐ N752GS	C550	550-0258	☐ N763FJ	Falcon 7X	63
☐ N748RM	C525B CJ3	0056	☐ N752JC	Falcon 50 -4	28	☐ N763JS	MS760 Paris	92
☐ N748TS	125	25224	☐ N752M	Challenger 300	20210	☐ N764JS	MS760 Paris	93
☐ N749BA	Challenger 605	5749	☐ N752MT	125-850XP	258752	☐ N764XJ	C750	750-0264
☐ N749CP	Falcon 50 EX	300	☐ N752NS	125-750	HB-28	☐ N765JS	MS760 Paris	94
☐ N749DC	C560 Ultra	560-0370	☐ N752QS	Galaxy G200	152	☐ N765KC	Diamond	079SA
☐ N749FF	C550 Bravo	550-0952	☐ N752S	Falcon 2000	82	☐ N765M	Galaxy G200	124
☐ N749GA	Astra	149	☐ N753BP	Learjet 60	60-238	☐ N765TS	125	25263
☐ N749GP	Falcon 2000	52	☐ N753CC	C550	550-0109	☐ N765WT	Challenger 601	5039
☐ N749P	C750	750-0046	☐ N753GJ	C560 Ultra	560-0306	☐ N765XJ	C750	750-0265
☐ N749QS	Galaxy G200	165	☐ N753JC	Falcon 50	25	☐ N766HK	Falcon 50	161
☐ N749SS	Learjet 60	60-252	☐ N753NS	125-750	HB-29	☐ N766JS	B727-127	19535
☐ N749TT	C560	560-0248	☐ N754AE	125-850XP	258754	☐ N766MH	C650 III	650-0015
☐ N750AJ	Be400A	RK-278	☐ N754BA	G550	5007	☐ N767A	B767-2AXER	33685
☐ N750BL	C750	750-0178	☐ N754JB	Gulf2 SP	105	☐ N767AG	Falcon 200	479
☐ N750BP	C750	750-0111	☐ N754V	C560XLS	560-5544	☐ N767BS	C560XL	560-5191
☐ N750BR	Falcon 50	131	☐ N754WS	Learjet 35A	197	☐ N767CE	Gulf 3	397
☐ N750CK	C650 VII	650-7015	☐ N755A	Astra	103	☐ N767CS	Premier 1A	RB-142
☐ N750CR	Learjet 45	45-123	☐ N755FL	Falcon 2000	96	☐ N767CW	Gulf GV	520
☐ N750CW	C750	750-0008	☐ N755PA	Galaxy G200	42	☐ N767DT	G450	4065
☐ N750CX	C750	750-703	☐ N755QS	Galaxy G200	168	☐ N767FL	Gulf GV	503
☐ N750DD	C750	750-0185	☐ N755VE	G550	5055	☐ N767HB	125-750	HB-67
☐ N750DF	Falcon 50	140	☐ N755VT	Learjet 55C	142	☐ N767KS	B767-2PQER	28270
☐ N750DM	C750	750-0146	☐ N756XJ	C750	750-0256	☐ N767MW	B767-277	22694
☐ N750DX	C750	750-0263	☐ N757AF	B757-2J4	25155	☐ N768HB	125-750	HB-68
☐ N750EC	C750	750-0007	☐ N757AL	Learjet 35A	130	☐ N768JF	Eclipse 500	30
☐ N750EL	125-750	HB-18	☐ N757BD	Astra	36	☐ N768JJ	G550	5217
☐ N750FL	C560 Ultra	560-0268	☐ N757BL	125-800SP	258088	☐ N768JW	Falcon 2000	72
☐ N750GF	C750	750-0244	☐ N757CK	C560	560-0028	☐ N769BH	Falcon 10	60
☐ N750GM	C750	750-0066	☐ N757CP	C525A CJ2	0069	☐ N769CA	Learjet 28	28-004
☐ N750GS	C750	750-0152	☐ N757CX	Falcon 20-5	408	☐ N769CC	Challenger 605	5769
☐ N750H	Falcon 50	171	☐ N757LL	B757-23N/W	27972	☐ N769CP	Falcon 50	200
☐ N750HH	C750	750-0284	☐ N757M	125-800	258101	☐ N769CS	C560 Encore +	560-0769
☐ N750HS	C750	750-0103	☐ N757MA	B757-24Q	28463	☐ N769DS	Learjet 60	60-052
☐ N750JB	C750	750-0063	☐ N757MB	C650 VII	650-7035	☐ N769H	C550	550-0158
☐ N750JC	Falcon 50	162	☐ N757MC	Gulf IVSP	1498	☐ N769HB	125-750	HB-69
☐ N750JJ	C750	750-0065	☐ N757PL	G550	5249	☐ N769M	Westwind	344
☐ N750JT	C750	750-0302	☐ N757SS	B757-236	22176	☐ N769MS	G150	252
☐ N750KH	125-750	HB-12	☐ N757TR	C560 Encore	560-0598	☐ N769XJ	C750	750-0269
☐ N750LG	Challenger 601	5192	☐ N757WS	Be400A	RK-169	☐ N770AF	C500	500-0208
☐ N750NS	C750	750-0172	☐ N757XJ	C750	750-0257	☐ N770AG	Global Express	9355
☐ N750PP	C500	501-0686	☐ N758CC	Challenger 604	5353	☐ N770AZ	125-700	257046
☐ N750QS	Galaxy G200	185	☐ N758CX	C750	750-0058	☐ N770BB	B757-2J4/W	25220
☐ N750RA	Gulf2 SP	117	☐ N758QS	Galaxy G200	178	☐ N770BC	Challenger 604	5352
☐ N750RL	C750	750-0025	☐ N758XJ	C750	750-0258	☐ N770BM	Learjet 35A	654
☐ N750SL	C550	550-0554	☐ N758XL	C560XLS	560-5758	☐ N770CC	125-800XP	258587
☐ N750SP	Westwind	198	☐ N759R	C525A CJ2	0086	☐ N770FF	Astra	54
☐ N750SW	Gulf 3	338	☐ N760	Falcon 900EX	3	☐ N770FG	Falcon 20-5	116
☐ N750TA	Be400A	RK-226	☐ N760AG	Global Express	9358	☐ N770GF	C650 III	650-0013
☐ N750TB	C550	550-0579	☐ N760AR	MS760 Paris	108	☐ N770GS	125-750	HB-3
☐ N750TX	C750	750-0150	☐ N760F	MS760 Paris	58	☐ N770JD	Falcon 50	148
☐ N750VP	C750	750-0022	☐ N760FM	MS760 Paris	111	☐ N770JM	C560XL	560-5370
☐ N750WM	C750	750-0230	☐ N760JS	MS760 Paris	88	☐ N770JP	Learjet 35A	210
☐ N750XJ	C750	750-0250	☐ N760M	C550	550-0635	☐ N770MC	Falcon 20F	330
☐ N751AC	Learjet 35A	101	☐ N760PJ	MS760 Paris	27	☐ N770MD	Sabre 65	465-26
☐ N751BC	Galaxy G200	132	☐ N760R	MS760 Paris	104	☐ N770MP	Falcon 2000	99
☐ N751BG	C680	680-0181	☐ N760X	MS760 Paris	28	☐ N770PC	Learjet 60	60-318
☐ N751BH	C750	750-0059	☐ N760XJ	C750	750-0260	☐ N770SC	Gulf IV	1056
☐ N751GM	C750	750-0207	☐ N761JP	C510	510-0045	☐ N770TB	C550	550-0471
☐ N751JC	Falcon 50	129	☐ N761JS	MS760 Paris	82	☐ N770XB	G450	4117
☐ N751MT	125-850XP	258751	☐ N761KG	C525A CJ2	0227	☐ N770XJ	C750	750-0270
☐ N751NS	HB-23		☐ N761QS	Galaxy G200	176	☐ N771B	Westwind	258
☐ N751PJ	MS760 Paris	51	☐ N761X	MS760 Paris	30	☐ N771DE	C560XLS	560-5591
☐ N751PL	C560XL	560-5237	☐ N761XP	125-850XP	258761	☐ N771DV	Falcon 2000EX	106
☐ N752AC	Learjet 35A	121	☐ N762DL	Eclipse 500	215	☐ N771HM	Falcon 50 EX	318
☐ N752CC	C550	550-0018	☐ N762EL	Learjet 45	45-107	☐ N771JT	G550	5089
☐ N752CE	C560 Encore +	560-0752	☐ N762GS	Gulf 3	413	☐ N771PM	C560XLS	560-5799
☐ N752CK	C500	500-0255	☐ N762NS	125-750	HB-50	☐ N772CS	C560 Encore +	560-0772
☐ N752CM	125-700	257082	☐ N762XP	125-750	HB-62	☐ N772GA	G550	5272
☐ N752CS	125-800XP	258323	☐ N763D	C560	560-0007	☐ N772JS	Challenger 300	20153
☐ N752EA	Learjet 25B	137	☐ N763DB	Gulf IV	1114	☐ N772MC	Falcon 2000LX	150

Reg	Type	Serial	Reg	Type	Serial	Reg	Type	Serial
☐ N772PP	Learjet 60	60-293	☐ N777TC	Gulf IV	1137	☐ N789AH	Learjet 40	45-2002
☐ N772SB	C550	550-0498	☐ N777TE	Falcon 200	500	☐ N789BA	125-700	257168
☐ N772XJ	C750	750-0272	☐ N777TX	Learjet 25C	84	☐ N789CA	Astra	74
☐ N773AJ	Gulf IV	1225	☐ N777UT	C680	680-0048	☐ N789CF	BAC 111	119
☐ N773CA	C550 Bravo	550-0840	☐ N777VE	Eclipse 500	11	☐ N789DJ	Diamond	015SA
☐ N773DL	Learjet 35A	174	☐ N777WY	C560 Ultra	560-0525	☐ N789H	C680	680-0041
☐ N773HR	125-850XP	258836	☐ N777XS	C650 III	650-0008	☐ N789JC	Falcon 50	66
☐ N773JC	Gulf IV	1066	☐ N777XY	Falcon 50	176	☐ N789LB	125-800	258248
☐ N773MJ	G550	5232	☐ N777YG	Challenger 601	5172	☐ N789MB	Challenger 300	20020
☐ N773SW	Learjet 60	60-254	☐ N777ZA	Phenom 100	00117	☐ N789ME	Falcon 50 EX	276
☐ N774AK	Gulf 3	339	☐ N777ZL	Falcon 50	46	☐ N789RR	G300	1509
☐ N774AR	C510	510-0077	☐ N777ZY	Eclipse 500	109	☐ N789SG	Sabre 60	306-121
☐ N774CC	Learjet 45XR	45-380	☐ N778GM	Learjet 25B	78	☐ N789SR	Learjet 31A	83
☐ N774GE	C525 CJ1	525-0457	☐ N778JC	C550	551-0369	☐ N789TA	Be400A	RK-268
☐ N774KK	Global Express	9290	☐ N778JE	C510	510-0236	☐ N789TT	C550	550-0343
☐ N774PC	Challenger 601	5094	☐ N778TC	Eclipse 500	85	☐ N789VP	C650 VII	650-7089
☐ N774ST	C510	510-0245	☐ N778VW	Eclipse 500	63	☐ N789XJ	C750	750-0289
☐ N774TS	125	25281	☐ N778XJ	C750	750-0278	☐ N789ZZ	Falcon 900EX	174
☐ N774XJ	C750	750-0274	☐ N779AZ	Challenger 601	5176	☐ N790AL	Cessna S550	0024
☐ N775M	C650 VII	650-7017	☐ N779CS	Sabre 65	465-29	☐ N790FH	Astra	56
☐ N775ST	Falcon 2000	43	☐ N779DC	Diamond	072SA	☐ N790GA	G450	4190
☐ N775TB	C525 CJ	525-0075	☐ N779LC	Gulf2B	88	☐ N790JC	Falcon 900B	17
☐ N775TF	C525A CJ2+	0393	☐ N779XJ	C750	750-0279	☐ N790JP	Westwind	424
☐ N776BG	Learjet 35A	659	☐ N780CC	C560XLS	560-5597	☐ N790L	Falcon 2000	15
☐ N776DF	C525 CJ	525-0111	☐ N780CF	C550	550-0014	☐ N790M	Falcon 2000	19
☐ N776GM	C650 III	650-0124	☐ N780E	Gulf IV	1165	☐ N790SS	Be400XP	RK-363
☐ N776JB	G450	4042	☐ N780F	Gulf GV	530	☐ N790TA	Be400A	RK-252
☐ N776JS	Learjet 35A	476	☐ N780GT	C650 VI	650-0222	☐ N790Z	Falcon 2000	31
☐ N776MA	Gulf 3	447	☐ N780SP	Falcon 900B	93	☐ N791CP	Falcon 10	54
☐ N776RS	125-850XP	258776	☐ N780XJ	C750	750-0280	☐ N792GA	G550	5297
☐ N776XJ	C750	750-0276	☐ N781EX	Falcon 2000LX	187	☐ N792XJ	C750	750-0292
☐ N777AG	C525A CJ2	0238	☐ N781JR	125	25286	☐ N793AA	C500	501-0106
☐ N777AM	Astra	38	☐ N782BJ	Challenger 300	20164	☐ N793BG	Westwind	392
☐ N777AS	B777-24QER	29271	☐ N782CC	C650 VII	650-7030	☐ N793CJ	C525 CJ	525-0021
☐ N777AX	Cessna S550	0149	☐ N782ST	C550	550-0679	☐ N793CS	C560 Encore +	560-0793
☐ N777AY	Jetstar II	5201	☐ N782TA	125-800XP	258282	☐ N793CT	Challenger 604	5643
☐ N777BF	Phenom 100	00041	☐ N782TP	Be400A	RK-243	☐ N793RC	125-800XP	258550
☐ N777CJ	C525A CJ2	0182	☐ N782XJ	C750	750-0282	☐ N794ME	Gulf 3	483
☐ N777DB	Challenger 604	5502	☐ N783FS	Falcon 2000	9	☐ N794MH	Gulf IV	1079
☐ N777DC	Westwind	410	☐ N783H	C650 VI	650-0210	☐ N794PF	C525 CJ1+	525-0649
☐ N777DM	Learjet 35A	297	☐ N784BX	Falcon 2000	56	☐ N794RC	Challenger 300	20193
☐ N777DY	C525A CJ2	0189	☐ N784CC	Learjet 40XR	45-2052	☐ N794SB	Challenger 601	5082
☐ N777EH	125-700	257020	☐ N784JP	Phenom 100	00074	☐ N794TA	Be400A	RK-282
☐ N777EN	C560 Encore +	560-0777	☐ N784MA	Premier 1A	RB-141	☐ N794TK	Westwind	373
☐ N777FC	Falcon 200	508	☐ N785AD	Falcon 2000LX	146	☐ N794XJ	C750	750-0294
☐ N777FE	Be400	RJ-30	☐ N785MT	C525A CJ2+	0419	☐ N795A	125-700	257127
☐ N777FL	G150	214	☐ N785QS	G550	5157	☐ N795BA	G550	5031
☐ N777FZ	Astra	124	☐ N785RC	C680	680-0040	☐ N795BM	C525 CJ1	525-0481
☐ N777G	Be400XP	RK-540	☐ N785VC	125-850XP	258785	☐ N795FM	Westwind	228
☐ N777GA	Challenger 600S	1056	☐ N786AC	C525A CJ2+	0312	☐ N795HA	Learjet 55B	132
☐ N777GE	Challenger 600S	1023	☐ N786AD	Falcon 2000EX	147	☐ N795HG	C750	750-0053
☐ N777GG	Cessna S550	0012	☐ N786AF	C510	510-0273	☐ N795XJ	C750	750-0295
☐ N777HD	Westwind	397	☐ N786CC	Learjet 45	45-095	☐ N796CH	125-800	258049
☐ N777HN	C525A CJ2	0099	☐ N786CS	Falcon 7X	31	☐ N796HR	Astra	85
☐ N777JF	Premier 1	RB-105	☐ N786JB	Gulf IV	1092	☐ N797BD	Gulf 3	388
☐ N777JJ	C500	500-0056	☐ N786XJ	C750	750-0286	☐ N797CB	Challenger 300	20158
☐ N777JQ	Phenom 100	00072	☐ N786YA	Learjet 31A	215	☐ N797CC	C650 VII	650-7097
☐ N777KK	Gulf IVSP	1429	☐ N787BN	G150	231	☐ N797CM	Falcon 2000	51
☐ N777LD	Learjet 35A	314	☐ N787CM	125-800	258271	☐ N797CS	Learjet 60XR	60-324
☐ N777LX	C560XLS	560-5736	☐ N787CW	C560 Encore +	560-0779	☐ N797CW	C550	550-0232
☐ N777MC	Learjet 60	60-180	☐ N787FF	125-750	HB-2	☐ N797CX	C750	750-0297
☐ N777MW	Gulf 3	485	☐ N787GT	Learjet 55B	128	☐ N797HT	Falcon 2000	171
☐ N777MX	C650 III	650-0051	☐ N787JC	125-800XPi	258727	☐ N797M	Galaxy G200	179
☐ N777NJ	C525B CJ3	0099	☐ N787LP	Learjet 60	60-248	☐ N797PA	Learjet 60	60-098
☐ N777PZ	Jetstar 731	5128	☐ N787PR	Galaxy G200	138	☐ N797SE	C500	501-0151
☐ N777QP	C525A CJ2	0241	☐ N787TA	Be400A	RK-260	☐ N797TE	C550 Bravo	550-0962
☐ N777RF	Falcon 10	179	☐ N787WH	B737-2V6	22431	☐ N797WC	Falcon 2000	140
☐ N777RN	125	25027	☐ N787XJ	C750	750-0287	☐ N797WQ	Jetstar II	5216
☐ N777RW	Gulf2	184	☐ N788CG	Falcon 900EX	79	☐ N798PA	125-800	258070
☐ N777SA	Gulf IV	1138	☐ N788FS	Westwind	319	☐ N799AG	125-900XP	HA-0027
☐ N777SL	C500	500-0307	☐ N788MM	Challenger 300	20195	☐ N799JC	125-800XP	258544

Reg	Type	Serial
☐ N799JL	C550 Bravo	550-1019
☐ N799MW	Sabre 65	465-42
☐ N799RM	125-800XP	258708
☐ N799S	125-800XP	258588
☐ N799TD	Learjet 35A	187
☐ N799WW	Global Express	9092
☐ N800AB	Learjet 45	45-137
☐ N800AF	125-800SP	258158
☐ N800AK	B727-023/W	20045
☐ N800AL	G450	4087
☐ N800AR	Gulf 3	362
☐ N800AZ	Eclipse 500	153
☐ N800BD	Challenger 300	20270
☐ N800BF	C500	501-0080
☐ N800BT	Challenger 600	1044
☐ N800BV	125-800	258097
☐ N800BW	C560 Encore	560-0640
☐ N800CC	125-800XP	258266
☐ N800CD	Sabre 75A	380-23
☐ N800CJ	C500	500-0330
☐ N800CK	Learjet 31A	157
☐ N800CS	Premier 1	RB-62
☐ N800CV	C560 Encore +	560-0800
☐ N800DL	G550	5244
☐ N800DT	C500	501-0198
☐ N800DW	Falcon 50	49
☐ N800E	125-700	257045
☐ N800EH	Be400A	RK-322
☐ N800EJ	Eclipse 500	134
☐ N800EL	125-800XP	258622
☐ N800EM	125-800XP	258649
☐ N800FD	125-800XP	258390
☐ N800FF	Falcon 20F	406
☐ N800FH	125-800	258006
☐ N800FJ	125-800	258138
☐ N800FL	125-800	258005
☐ N800FM	C525B CJ3	0305
☐ N800FR	Premier 1A	RB-165
☐ N800GA	Learjet 28	28-003
☐ N800GD	Jetstar II	5219
☐ N800GE	125	25206
☐ N800GF	Be400A	RK-96
☐ N800GH	Falcon 2000	89
☐ N800GJ	Learjet 35A	352
☐ N800GM	C650 III	650-0077
☐ N800GN	125-800XP	258372
☐ N800GP	Learjet 35A	158
☐ N800GV	Be400A	RK-271
☐ N800HT	Be400XP	RK-455
☐ N800J	Gulf IVSP	1333
☐ N800JH	G550	5073
☐ N800JR	Eclipse 500	167
☐ N800KS	B737 BBJ1	30782
☐ N800LA	125-800XP2	258679
☐ N800LC	Learjet 55	9
☐ N800LL	125-800	258079
☐ N800LM	125-700	257140
☐ N800LQ	125-800XP	258551
☐ N800M	Sabre 65	465-41
☐ N800MJ	125-800	258226
☐ N800MT	C550 Bravo	550-0981
☐ N800NB	C525 CJ	525-0212
☐ N800NJ	125-800XP	258314
☐ N800NP	125	25239
☐ N800NY	125-800	258254
☐ N800PA	125-800	258162
☐ N800PC	125-800XP	258369
☐ N800PE	125-800XP	258508
☐ N800PF	C525 CJ1+	525-0605
☐ N800PJ	Galaxy G200	26
☐ N800PL	125-800XP	258696
☐ N800PM	Gulf GV	599
☐ N800PP	Falcon 20C	44
☐ N800PW	Astra	79
☐ N800QC	125-800	258174
☐ N800R	125-800XP	258694
☐ N800RC	125-800XP	258660
☐ N800RF	Learjet 25D	281
☐ N800RG	125-800	258230
☐ N800RK	C525 CJ	525-0158
☐ N800RL	C525A CJ2	0220
☐ N800RM	125-800	258001
☐ N800RR	C550	550-0089
☐ N800RT	Gulf2 SP	47
☐ N800S	125-800	258082
☐ N800SD	Be400A	RK-270
☐ N800SE	125-800	258137
☐ N800TD	Gulf 3	452
☐ N800TL	125-800XP	258394
☐ N800UK	125-800XP	258577
☐ N800VA	C550 Bravo	550-0956
☐ N800VR	125-800SP	258016
☐ N800VT	C525A CJ2	0103
☐ N800WA	125-800	258121
☐ N800WC	Learjet 45	45-094
☐ N800WD	125-1000	259052
☐ N800WH	125-800	258080
☐ N800WP	125-800XP	258459
☐ N800WS	Astra	106
☐ N800WV	Be400	RJ-24
☐ N800WW	125-800XP	258661
☐ N800WY	125-800XP2	258556
☐ N800XM	125-800XP	258414
☐ N800YB	Challenger 601	5175
☐ N800ZZ	Astra	28
☐ N801BB	C550 Bravo	550-0801
☐ N801CF	125-800	258185
☐ N801DL	Falcon 50	206
☐ N801DM	B757-236/W	26240
☐ N801EL	Challenger 300	20241
☐ N801FT	Sabre 75A	380-16
☐ N801G	Astra	81
☐ N801GE	C510	510-0112
☐ N801LM	125-800SP	258111
☐ N801P	125-800	258191
☐ N801PJ	C525 CJ	525-0092
☐ N801PN	Global Express	9062
☐ N801QS	C560 Encore	560-0601
☐ N801RM	125-800	258011
☐ N801RS	Astra	84
☐ N801SA	Premier 1A	RB-205
☐ N801SG	125-850XP	258762
☐ N801SS	Sabre 65	465-40
☐ N801TM	G550	5222
☐ N801WM	125-800XP	258503
☐ N801WW	Falcon 2000EX	21
☐ N802AB	C560	560-0217
☐ N802AG	G550	5245
☐ N802CC	Gulf2	187
☐ N802CF	125-800XP2	258425
☐ N802DC	125-800XP	258562
☐ N802FT	Sabre 75A	380-33
☐ N802HH	Horizon	RC-2
☐ N802PA	Challenger 601	3050
☐ N802Q	Cessna S550	0157
☐ N802QS	C560 Encore	560-0706
☐ N802RM	125-800	258013
☐ N802RR	G150	263
☐ N802SA	125-800SP	258045
☐ N803D	125-900XP	HA-0106
☐ N803E	Be400	RJ-16
☐ N803FL	125-800XP	258455
☐ N803JL	125-800	258160
☐ N803NA	Gulf 3	309
☐ N803QS	C560 Encore +	560-0775
☐ N803RK	125-800	258003
☐ N803RR	Challenger 601	5073
☐ N803SA	Horizon	RC-8
☐ N803SC	C550	550-0615
☐ N803TM	G550	5226
☐ N804AC	125-800XP	258368
☐ N804BC	C550	550-0627
☐ N804BH	125-800XP	258596
☐ N804CC	Westwind	305
☐ N804CE	Do328JET	3184
☐ N804CS	125-700	257093
☐ N804CV	C560 Encore +	560-0804
☐ N804D	125-900XP	HA-0110
☐ N804HH	Horizon	RC-4
☐ N804JJ	Falcon 10	105
☐ N804MR	125-800SP	258012
☐ N804MS	B767-3P6ER	27255
☐ N804PA	Sabre 65	465-4
☐ N804QS	C560 Encore	560-0610
☐ N804ST	C500	501-0146
☐ N804TF	Learjet 35A	404
☐ N805CJ	C525 CJ1+	525-0603
☐ N805D	125-900XP	HA-0113
☐ N805HH	Horizon	RC-5
☐ N805JL	125-800	258203
☐ N805LC	C550	550-0581
☐ N805LX	125-800XP	258374
☐ N805SM	Jet Commander	145
☐ N805VC	C525 CJ	525-0076
☐ N805VZ	Challenger 604	5410
☐ N805WD	125	25276
☐ N806AC	G550	5097
☐ N806AD	C560XLS	560-5743
☐ N806CB	125	25038
☐ N806D	Legacy	14501095
☐ N806LX	125-800XP	258383
☐ N806MN	C680	680-0199
☐ N806QS	C560 Encore	560-0614
☐ N807BF	Westwind	194
☐ N807DC	Global Express	9314
☐ N807LX	125-800XP	258413
☐ N807MB	C550	550-0694
☐ N807MC	125-800SP	258114
☐ N807QS	C560 Encore	560-0617
☐ N808AC	C560 Ultra	560-0323
☐ N808BL	125-800XP	258634
☐ N808G	Challenger 601	5098
☐ N808HG	Challenger 601	5157
☐ N808MF	Gulf IVSP	1448
☐ N808MN	C560XLS	560-5587
☐ N808PL	C560 Encore +	560-0798
☐ N808QS	C560 Encore	560-0619
☐ N808RD	C510	510-0086
☐ N808SK	Learjet 60	60-008
☐ N808T	Gulf IVSP	1342
☐ N808TH	C560 Ultra	560-0378
☐ N808V	Premier 1	RB-5
☐ N808VA	C650 VII	650-7057
☐ N808W	Learjet 31A	165
☐ N808WA	C525 CJ	525-0290
☐ N808WG	Learjet 60	60-112
☐ N809BA	125-800XP	258388
☐ N809JC	Westwind	298
☐ N809JW	Astra	135
☐ N809QS	C560 Encore	560-0698
☐ N809R	Learjet 60	60-146
☐ N809TD	Legacy	14500809
☐ N809VC	Westwind	264

Reg	Type	Serial	Reg	Type	Serial	Reg	Type	Serial
☐ N810AF	125-850XP	258589	☐ N816FC	C525 CJ	525-0059	☐ N821QS	125-800XP	258709
☐ N810BA	125-800	258010	☐ N816JM	125-700	257011	☐ N822A	Gulf IVSP	1447
☐ N810D	Challenger 604	5331	☐ N816JW	Galaxy G200	97	☐ N822BL	125-800	258022
☐ N810GT	Challenger 604	5600	☐ N816KD	Eclipse 500	3	☐ N822DS	C680	680-0121
☐ N810JW	Astra	138	☐ N816LX	125-800XP	258363	☐ N822HA	C550	550-0464
☐ N810KB	125-700	257118	☐ N816MC	Learjet 55	35	☐ N822MC	Learjet 55	18
☐ N810LP	Gulf IVSP	1260	☐ N816MG	G550	5187	☐ N822QS	C560 Encore +	560-0789
☐ N810PF	C525A CJ2+	0399	☐ N816QS	125-800XP	258416	☐ N822ST	Falcon 2000EX	66
☐ N810QS	C560 Encore	560-0625	☐ N816SE	125-900XP	HA-0055	☐ N823CA	Learjet 45	45-221
☐ N810RA	Falcon 20DC	81	☐ N817AM	Learjet 55	69	☐ N823DF	Global Express	9066
☐ N810SS	C525 CJ	525-0137	☐ N817BT	C525 CJ1+	525-0635	☐ N823ET	Be400XP	RK-360
☐ N810TM	Gulf IVSP	1483	☐ N817GR	Diamond	062SA	☐ N823GA	Gulf IV	1005
☐ N810VC	Westwind	321	☐ N817MB	C650 VII	650-7012	☐ N823L	C525A CJ2	0020
☐ N810Y	Learjet 60	60-183	☐ N817ME	Gulf IVSP	1446	☐ N823M	C510	510-0228
☐ N811AG	Falcon 2000	71	☐ N817MF	Gulf 3	466	☐ N823PM	C550 Bravo	550-1064
☐ N811AM	125-800SP	258172	☐ N817PD	C560	560-0075	☐ N823QS	C560 Encore +	560-0794
☐ N811BP	Learjet 45	45-010	☐ N817QS	125-800XP	258517	☐ N823WB	C560	560-0124
☐ N811DE	Gulf2 SP	244	☐ N817X	Falcon 7X	51	☐ N824CB	C550 Bravo	550-0824
☐ N811DF	Gulf IVSP	1306	☐ N818BA	Gulf IV	1017	☐ N824CC	Learjet 55	24
☐ N811GA	G550	5011	☐ N818CH	Learjet 45XR	45-394	☐ N824DH	Challenger 601	3047
☐ N811JW	Astra	140	☐ N818CK	Learjet 25B	118	☐ N824DS	Falcon 10	92
☐ N811MT	Challenger 600S	1024	☐ N818DD	Gulf 3	455	☐ N824ES	C525 CJ	525-0066
☐ N811QS	125-800XP	258614	☐ N818DE	C650 III	650-0121	☐ N824GB	Be400XP	RK-371
☐ N811RA	Learjet 60	60-264	☐ N818G	G450	4070	☐ N824HG	Be400A	RK-143
☐ N811RG	Cessna S550	0061	☐ N818HK	G550	5109	☐ N824LA	Falcon 10	53
☐ N811ST	C560XL	560-5193	☐ N818HR	Legacy	14501105	☐ N824LX	125-800XPi	258740
☐ N811VC	Westwind	331	☐ N818JH	Westwind	341	☐ N824MG	Learjet 55	106
☐ N811VG	C550	551-0017	☐ N818JW	Galaxy G200	121	☐ N824QS	125-800XP	258523
☐ N812AM	125-800	258147	☐ N818KC	Challenger 300	20043	☐ N825CA	Learjet 45	45-220
☐ N812CV	C560 Encore +	560-0812	☐ N818KF	Falcon 50 EX	277	☐ N825CP	125-800XP2	258329
☐ N812DC	C560 Encore	560-0541	☐ N818LD	125-700	257192	☐ N825CT	125-800XP	258497
☐ N812G	Challenger 604	5330	☐ N818LJ	Learjet 31	19	☐ N825GA	C750	750-0143
☐ N812GJ	125-800	258112	☐ N818LX	125-800XP	258534	☐ N825JW	C650 III	650-0082
☐ N812HA	Cessna S550	0054	☐ N818ME	Gulf IVSP	1431	☐ N825LJ	Learjet 35A	496
☐ N812HF	C525B CJ3	0262	☐ N818QS	C560 Encore +	560-0778	☐ N825LM	Gulf GV	655
☐ N812LX	125-800XP	258437	☐ N818RC	Challenger 300	20165	☐ N825LX	125-800XPi	258767
☐ N812MJ	Eclipse 500	108	☐ N818RF	G550	5018	☐ N825MS	125-700	257151
☐ N812QS	C560 Encore	560-0628	☐ N818SE	C650 VI	650-0207	☐ N825PS	C500	501-0224
☐ N813AS	Learjet 35A	167	☐ N818SS	Gulf IVSP	1302	☐ N825QS	C560 Encore	560-0655
☐ N813CJ	C560 Encore +	560-0813	☐ N818TH	Challenger 604	5315	☐ N825SB	Sabre 40	282-92
☐ N813JD	C550 Bravo	550-0838	☐ N818TJ	Gulf 3	384	☐ N825T	G300	1535
☐ N813LS	Gulf 3	443	☐ N818WF	Astra	91	☐ N825TB	Challenger 300	20234
☐ N813MK	Gulf 3	407	☐ N818WM	125-800SP	258126	☐ N826AA	Falcon 20DC	67
☐ N813QS	G550	5160	☐ N819AP	Galaxy G200	191	☐ N826AC	C560	560-0242
☐ N813VC	125-700	257013	☐ N819CW	C525B CJ3	0331	☐ N826CA	Learjet 45	45-222
☐ N814AM	C550	550-0414	☐ N819DM	125-700	257144	☐ N826CS	C525B CJ3	0229
☐ N814BP	Premier 1A	RB-214	☐ N819GY	Sabre 75A	380-66	☐ N826EW	Falcon 2000	58
☐ N814D	125	25237	☐ N819JR	125-900XP	HA-0065	☐ N826GA	125-800	258263
☐ N814DM	C525 CJ1	525-0376	☐ N819KR	C550	550-0114	☐ N826GW	Gulf2 SP	210
☐ N814ER	Falcon 20C	66	☐ N819LX	125-800XP	258543	☐ N826HS	C525 CJ	525-0305
☐ N814GF	Learjet 60	60-085	☐ N819QS	C560 Encore +	560-0786	☐ N826JH	Be400A	RK-70
☐ N814PS	Challenger 604	5544	☐ N819RC	Westwind	192	☐ N826K	Falcon 900EX	36
☐ N814QS	C560 Encore +	560-0776	☐ N819VE	Galaxy G200	109	☐ N826KR	Falcon 2000	182
☐ N814T	Jet Commander	106	☐ N819WG	125-700	257010	☐ N826LX	125-850XP	258826
☐ N814WS	C510	510-0032	☐ N820AV	G450	4002	☐ N826QS	C560 Encore +	560-0782
☐ N815CE	C550	550-0204	☐ N820FJ	C650 III	650-0183	☐ N826RP	G300	1507
☐ N815CJ	C560 Encore +	560-0815	☐ N820GA	G450	4200	☐ N826RT	C550	551-0056
☐ N815CM	C560	560-0104	☐ N820HB	Gulf IV	1024	☐ N826TG	Premier 1A	RB-258
☐ N815DD	Learjet 35A	414	☐ N820L	Learjet 23	20	☐ N827AA	Falcon 20EC	298
☐ N815E	Learjet 31A	118	☐ N820MC	C550	550-0106	☐ N827CT	Falcon 50	245
☐ N815JW	Galaxy G200	53	☐ N820MG	125	25211	☐ N827DC	C680	680-0027
☐ N815MA	C550	551-0062	☐ N820MS	Gulf IV	1147	☐ N827DK	C510	510-0018
☐ N815MC	C525 CJ	525-0142	☐ N820QS	C560 Encore	560-0650	☐ N827GA	Gulf IVSP	1391
☐ N815PA	Global 5000	9305	☐ N820TM	G300	1508	☐ N827LX	125-800XPi	258848
☐ N815QS	125-800XP	258705	☐ N821AM	Global Express	9183	☐ N827QS	C560 Encore +	560-0801
☐ N815RA	Challenger 604	5511	☐ N821AV	G450	4003	☐ N827SA	125-800XP	258438
☐ N815WT	Eclipse 500	119	☐ N821GA	G450	4121	☐ N827SB	Be400A	RK-2
☐ N816CS	C560XL	560-5153	☐ N821LX	125-800XP	258406	☐ N827TV	Legacy	14500971
☐ N816CW	C510	510-0079	☐ N821MW	Do328JET	3160	☐ N828AF	Cessna S550	0067
☐ N816DC	Global Express	9025	☐ N821ND	C510	510-0038	☐ N828CA	Learjet 45	45-159
☐ N816DK	Be400A	RK-291	☐ N821PA	Gulf2 SP	183	☐ N828CK	C560XL	560-5201

65

☐ N828KD	Challenger 604	5584	☐ N839DM	C525B CJ3	0248	☐ N850KE	125-850XP	258961
☐ N828LX	125-800XP	258461	☐ N839QS	C560 Encore	560-0690	☐ N850LA	125-800	258008
☐ N828NS	125-800XP	258464	☐ N839RM	Falcon 900B	40	☐ N850ME	125-850XP	258861
☐ N828PA	Eclipse 500	237	☐ N840CC	C560XL	560-5040	☐ N850NS	125-850XP	258789
☐ N828PJ	125-700	257005	☐ N840CT	C560	560-0236	☐ N850PG	Gulf 3	445
☐ N828QS	125-800XP	258528	☐ N840DP	Falcon 20-5	381	☐ N850PM	C550	550-0210
☐ N828SS	C550	551-0205	☐ N840FL	125-800XP	258666	☐ N850TC	125-1000	259032
☐ N829AA	Learjet 25B	100	☐ N840GL	Falcon 10	109	☐ N850VP	125-850XP	258768
☐ N829CB	C550 Bravo	550-0829	☐ N840RG	Gulf2 TT	235	☐ N850ZI	125-850XP	258798
☐ N829GA	G550	5293	☐ N840SW	Learjet 31A	84	☐ N851C	Diamond	077SA
☐ N829JC	C680	680-0112	☐ N841AM	C525B CJ3	0084	☐ N851CB	G450	4132
☐ N829LX	125-800XP	258466	☐ N841CW	C500	501-0134	☐ N851CC	125-850XP	258787
☐ N829NL	Gulf2	128	☐ N841DW	C560XL	560-5177	☐ N851DB	C525 CJ	525-0054
☐ N829NS	125-800XP	258475	☐ N841QS	C560 Encore +	560-0799	☐ N851E	Westwind	379
☐ N829QS	C560 Encore +	560-0796	☐ N841TC	C525 CJ	525-0339	☐ N851GG	G450	4120
☐ N829RN	ERJ-135SE	145361	☐ N841TF	Learjet 35A	416	☐ N852A	125-800	258083
☐ N830	Westwind	406	☐ N841TT	Learjet 60	60-031	☐ N852CC	125-900XP	HA-0012
☐ N830BA	125-800	258122	☐ N841WS	G450	4099	☐ N852LX	125-800XP	258397
☐ N830C	Westwind	442	☐ N842CB	C550 Bravo	550-0842	☐ N852QS	125-800XP	258452
☐ N830DB	G150	206	☐ N842FL	125-800XP	258428	☐ N852SB	C550	551-0032
☐ N830LX	125-800XP	258483	☐ N842PA	Gulf IV	1057	☐ N852SP	C525B CJ3	0092
☐ N830MG	C650 VI	650-0209	☐ N842QS	125-800XP	258542	☐ N853CC	125-850XP	258803
☐ N830QS	C560 Encore +	560-0784	☐ N843B	125	25214	☐ N853CR	C560 Ultra	560-0324
☐ N830SU	Gulf 3	321	☐ N843CP	Learjet 60	60-011	☐ N853JA	C560XLS+	560-6031
☐ N830TS	Horizon	RC-30	☐ N843DW	C680	680-0219	☐ N853TC	Eclipse 500	245
☐ N831ET	Challenger 604	5451	☐ N843LX	125-800XP	258297	☐ N854FL	125-800XP	258454
☐ N831FC	C525B CJ3	0155	☐ N843QS	C560 Encore +	560-0790	☐ N854JA	C550 Bravo	550-0920
☐ N831GA	C650 III	650-0194	☐ N844DR	C550 Bravo	550-0860	☐ N854SM	125	25265
☐ N831JP	Learjet 55	48	☐ N844F	Falcon 100	201	☐ N855BB	C525 CJ1	525-0381
☐ N831LX	125-800XP	258510	☐ N844GF	G450	4160	☐ N855BG	Falcon 2000EX	97
☐ N831QS	C560 Encore +	560-0792	☐ N844HS	C560 Encore	560-0596	☐ N855FC	Be400A	RK-141
☐ N831S	C525 CJ	525-0031	☐ N844L	Learjet 35	14	☐ N855G	G550	5118
☐ N832CB	C650 VII	650-7020	☐ N844QS	C560 Encore	560-0629	☐ N855GA	125-800	258211
☐ N832LX	125-800XP	258281	☐ N844TM	C560 Encore	560-0660	☐ N855JB	Premier 1	RB-104
☐ N832QS	125-800XP	258683	☐ N844UP	Falcon 2000	156	☐ N855MS	Eclipse 500	121
☐ N832R	C560 Encore	560-0585	☐ N845FW	C650 III	650-0153	☐ N855PT	Learjet 55	46
☐ N832SC	Challenger 604	5461	☐ N845G	G450	4053	☐ N855QS	125-800XP	258355
☐ N832UJ	C550 Bravo	550-0832	☐ N845QS	125-800XP	258545	☐ N855RA	Be400A	RK-114
☐ N833LX	125-800XP	258291	☐ N845UP	Challenger 300	20081	☐ N855RB	Gulf GV	509
☐ N833QS	125-800XP	258433	☐ N846MA	C560	560-0046	☐ N855RM	Premier 1A	RB-174
☐ N834AF	Learjet 31A	225	☐ N846QM	Gulf GV	626	☐ N855SA	Gulf 3	363
☐ N834DC	Cessna S550	0035	☐ N846QS	C560 Encore +	560-0797	☐ N855TJ	Falcon 2000EX	19
☐ N834H	C650 III	650-0177	☐ N846UP	Challenger 300	20086	☐ N856BB	C525B CJ3	0207
☐ N834LX	125-800XP	258552	☐ N847CW	125-800XP	258647	☐ N856F	Falcon 2000	138
☐ N834QS	C560 Encore	560-0669	☐ N847G	Cessna S550	0003	☐ N856GA	G550	5256
☐ N835BA	B737 BBJ1	30572	☐ N847GA	G550	5247	☐ N857AA	C550 Bravo	550-0901
☐ N835CB	C525B CJ3	0284	☐ N847NG	C525B CJ3	0144	☐ N857C	Be400A	RK-17
☐ N835DM	C525B CJ3	0079	☐ N848C	Be400	RJ-63	☐ N857DN	C650 III	650-0181
☐ N835MC	Learjet 35A	673	☐ N848CA	Learjet 45XR	45-401	☐ N857ST	Gulf IVSP	1345
☐ N835QS	125-800XP	258505	☐ N848CC	Challenger 604	5660	☐ N858DN	Galaxy G200	38
☐ N835RP	ERJ-135LR	145702	☐ N848D	C550	551-0084	☐ N858GS	Eclipse 500	39
☐ N835TB	Be400XP	RK-393	☐ N848DM	C560XL	560-5329	☐ N858KE	125-850XP	258796
☐ N835ZT	Premier 1A	RB-180	☐ N848FL	125-800XP	258648	☐ N858ME	C560	560-0253
☐ N836BA	B737 BBJ1	30756	☐ N848G	C560 Ultra	560-0465	☐ N858MK	Learjet 45	45-141
☐ N836MF	Gulf IV	1012	☐ N848GF	Gulf IV	1107	☐ N858PJ	Challenger 600S	1028
☐ N836QS	125-800XP	258436	☐ N848N	125-800XP	258371	☐ N858QS	125-800XP	258691
☐ N837AC	C525A CJ2	0188	☐ N848PF	Be400A	RK-288	☐ N858SD	C525 CJ1+	525-0672
☐ N837BA	G550	5122	☐ N848QS	125-900XP	HA-0031	☐ N858SP	Falcon 10	11
☐ N837JM	Premier 1A	RB-169	☐ N848TC	Be400A	RK-7	☐ N858TS	CRJ200	7508
☐ N837MA	C500	500-0096	☐ N850BA	Falcon 50	115	☐ N860AA	G550	5079
☐ N837QS	C560 Encore	560-0685	☐ N850C	Be400A	RK-31	☐ N860BA	Falcon 50	142
☐ N837RE	125-800XP	258526	☐ N850CC	Sabre 65	465-38	☐ N860CR	C560 Ultra	560-0500
☐ N837WM	Global Express	9292	☐ N850CT	125-800XP	258677	☐ N860DB	C525 CJ1	525-0434
☐ N838BA	G550	5140	☐ N850DG	C525 CJ	525-0268	☐ N860DD	C525B CJ3	0046
☐ N838DB	Falcon 50 EX	265	☐ N850EM	125-850XP	258876	☐ N860PD	Learjet 60	60-073
☐ N838JL	125-800SP	258270	☐ N850EP	Falcon 50	39	☐ N860PM	Gulf2 TT	224
☐ N838MF	Gulf GV	512	☐ N850HB	125-850XP	258900	☐ N860QS	125-800XP	258698
☐ N838RT	C560XL	560-5047	☐ N850J	125-800XP2	258311	☐ N860S	Learjet 35A	86
☐ N838SC	Global Express	9035	☐ N850JA	125-1000	259006	☐ N860W	C650 VII	650-7086
☐ N838TH	Learjet 45	45-027	☐ N850JL	125-800SP	258548	☐ N861CE	125-800SP	258181
☐ N838WC	125-800XP	258338	☐ N850K	Falcon 2000	210	☐ N861WC	125-800XP	258361

67

Reg	Type	Serial	Reg	Type	Serial	Reg	Type	Serial
☐ N862CE	125-800XP2	258244	☐ N877D	Astra	102	☐ N886DT	Gulf GV	636
☐ N862CW	125-800	258062	☐ N877DM	125-800XP	258279	☐ N886G	Galaxy G200	57
☐ N862PA	Learjet 60	60-014	☐ N877FL	Be400A	RK-223	☐ N886QS	125-800XP	258486
☐ N862WC	125-800XP	258362	☐ N877G	C650 VII	650-7063	☐ N886R	Learjet 35A	269
☐ N863CA	Learjet 45	45-160	☐ N877H	Challenger 604	5445	☐ N887AG	G550	5175
☐ N863CE	125-800XP2	258289	☐ N877J	Be400A	RK-69	☐ N887CS	C560 Encore +	560-0787
☐ N863PA	Learjet 60	60-004	☐ N877JG	Falcon 20F	325	☐ N887QS	125-800XP	258387
☐ N863QS	125-800XP	258463	☐ N877PM	Eclipse 500	260	☐ N887WS	Global Express	9120
☐ N863RD	C560 Ultra	560-0287	☐ N877QS	125-900XP	HA-0066	☐ N888AQ	B737 BBJ1	35977
☐ N864CC	C560XL	560-5067	☐ N877RF	C560XL	560-5219	☐ N888AU	CRJ200	7211
☐ N864CE	125-800XP2	258331	☐ N877SD	C550 Bravo	550-0875	☐ N888AZ	Challenger 601	3024
☐ N864KB	Learjet 31A	48	☐ N877W	Premier 1	RB-107	☐ N888CE	Falcon 2000EX	124
☐ N864QS	125-800XP	258564	☐ N878CC	Challenger 605	5777	☐ N888CJ	125	25084
☐ N865AA	Gulf2B	48	☐ N878HL	Global 5000	9261	☐ N888CP	Learjet 31	3
☐ N865AM	Be400XP	RK-358	☐ N878MM	C510	510-0188	☐ N888CX	Learjet 45	45-044
☐ N865CA	Learjet 45	45-193	☐ N878QS	125-900XP	HA-0054	☐ N888DH	Challenger 604	5305
☐ N865EC	C680	680-0028	☐ N878SM	Gulf IVSP	1319	☐ N888DZ	Eclipse 500	198
☐ N865JM	125-900XP	HA-0087	☐ N880CR	Challenger 604	5356	☐ N888ES	Gulf IV	1120
☐ N865JT	125-850XP	258800	☐ N880DP	DC9-32	47635	☐ N888FA	Learjet 24D	257
☐ N865LS	Legacy	14501080	☐ N880ET	Challenger 604	5514	☐ N888FG	C550	551-0335
☐ N866CA	Learjet 45	45-184	☐ N880GC	Gulf IV	1016	☐ N888FL	C500	501-0014
☐ N866G	Galaxy G200	25	☐ N880HK	Challenger 605	5793	☐ N888FR	Gulf IV	1041
☐ N866TC	C560 Encore +	560-0802	☐ N880LT	125-1000	259051	☐ N888GL	C525A CJ2	0201
☐ N866TM	Challenger 300	20066	☐ N880M	125-800	258027	☐ N888GS	C510	510-0209
☐ N867GA	G550	5267	☐ N880MR	C525B CJ3	0226	☐ N888GX	Global Express	9248
☐ N867JC	C550	550-0166	☐ N880QS	125-800XP	258570	☐ N888GY	CRJ200	7471
☐ N867K	Eclipse 500	239	☐ N880RG	125-700	257107	☐ N888HE	Gulf GV	638
☐ N867QS	125-800XP	258576	☐ N880RJ	Gulf2 SP	159	☐ N888HH	G450	4029
☐ N867W	C560XLS	560-5601	☐ N880SP	125-800XP	258298	☐ N888HK	G550	5213
☐ N868BT	Falcon 50	93	☐ N880WD	Gulf IV	1170	☐ N888JK	C500	500-0242
☐ N868CC	Challenger 604	5662	☐ N880WE	Gulf2	217	☐ N888KG	C650 III	650-0119
☐ N868DS	Gulf2B	123	☐ N880Z	Learjet 35A	591	☐ N888KL	Learjet 60	60-141
☐ N868EM	C525B CJ3	0081	☐ N881A	Cessna S550	0139	☐ N888KU	C525 CJ	525-0068
☐ N868J	C560XL	560-5180	☐ N881E	G450	4028	☐ N888LK	G550	5012
☐ N868SC	Global Express	9352	☐ N881KS	C525 CJ	525-0300	☐ N888LV	Gulf 3	347
☐ N868SM	Gulf2B	254	☐ N881P	Learjet 25D	302	☐ N888MC	Learjet 24	106
☐ N868XL	C560XLS	560-5603	☐ N881Q	Falcon 900EX	80	☐ N888MF	Falcon 50	41
☐ N869AV	Learjet 60	60-306	☐ N881QS	125-900XP	HA-0050	☐ N888MF	Gulf IVSP	1268
☐ N869AW	Eclipse 500	233	☐ N881TS	Global Express	9247	☐ N888ML	Legacy	14500818
☐ N869CB	C525 CJ1	525-0453	☐ N881TW	Challenger 604	5348	☐ N888MN	Premier 1A	RB-153
☐ N869GR	C525 CJ1	525-0478	☐ N881VP	C560XLS+	560-6018	☐ N888PM	Gulf IV	1195
☐ N870BA	Westwind	412	☐ N881WT	Global Express	9002	☐ N888PS	C525B CJ3	0263
☐ N870BB	Be400A	RK-22	☐ N882C	Challenger 601	5065	☐ N888PY	C525 CJ1	525-0492
☐ N870CM	G550	5076	☐ N882CA	Learjet 45	45-155	☐ N888QS	125-900XP	HA-0042
☐ N870QS	125-800XPi	258732	☐ N882GA	Astra	82	☐ N888RA	C525 CJ	525-0135
☐ N870SG	MD87	53042	☐ N882KB	C750	750-0216	☐ N888RK	C525B CJ3	0097
☐ N871QS	125-800XPi	258763	☐ N882LT	Galaxy G200	44	☐ N888RL	C550	550-0254
☐ N871SG	MD87	53041	☐ N882QS	125-800XP	258482	☐ N888RT	Challenger 300	20162
☐ N872AT	125-800XP2	258278	☐ N882RB	Cessna S550	0075	☐ N888SF	C680	680-0154
☐ N872BC	125-800XP	258524	☐ N882SC	Learjet 35A	590	☐ N888TF	C510	510-0023
☐ N872EC	Falcon 2000	143	☐ N882WF	C550 Bravo	550-0882	☐ N888TJ	125	25250
☐ N872QS	125-800XP	258472	☐ N883LC	Eclipse 500	203	☐ N888TW	Learjet 24D	292
☐ N873QS	125-800XP	258573	☐ N883PF	C560XL	560-5085	☐ N888TX	C650 VII	650-7003
☐ N874C	Gulf IV	1219	☐ N883QS	125-800XPi	258773	☐ N888TY	B737 BBJ1	29749
☐ N874QS	125-800XP	258474	☐ N883RP	C560XLS	560-5501	☐ N888UP	Sabre 65	465-68
☐ N874RA	Gulf 3	361	☐ N883RW	Falcon 50 EX	338	☐ N888WS	Challenger 601	5170
☐ N874WD	Astra	62	☐ N884AM	Eclipse 500	164	☐ N888WU	CRJ200	7481
☐ N875LP	125-800XP	258308	☐ N884B	C560XL	560-5140	☐ N888WY	125-850XP	258921
☐ N875NA	Eclipse 500	18	☐ N884QS	125-800XPi	258734	☐ N888XL	C550	550-0598
☐ N875P	Westwind	370	☐ N884TM	C510	510-0180	☐ N888YC	G150	266
☐ N876BC	Learjet 45XR	45-252	☐ N884VC	125-800XP2	258584	☐ N888YF	B737 BBJ1	33036
☐ N876C	Falcon 900EX	162	☐ N884WT	G450	4143	☐ N888YZ	Gulf2 SP	92
☐ N876CS	Learjet 60	60-263	☐ N885	Falcon 900B	6	☐ N888ZF	Gulf IVSP	1466
☐ N876G	C650 VII	650-7063	☐ N885AR	G450	4009	☐ N888ZY	Eclipse 500	213
☐ N876H	Challenger 604	5542	☐ N885BB	C560XL	560-5135	☐ N888ZZ	125-800	258017
☐ N876MA	Falcon 10	63	☐ N885BT	C525B CJ3	0058	☐ N889B	C550 Bravo	550-1047
☐ N876MC	Learjet 24B	217	☐ N885KT	Gulf GV	699	☐ N889BW	Eclipse 500	248
☐ N876QS	125-800XP	258586	☐ N885QS	125-800XPi	258743	☐ N889CA	Learjet 45	45-132
☐ N876WB	C500	500-0347	☐ N885TW	Challenger 300	20037	☐ N889CP	Global Express	9104
☐ N877A	Gulf IVSP	1461	☐ N885WT	G550	5237	☐ N889DW	Learjet 60	60-117
☐ N877B	C550 Bravo	550-1110	☐ N886DC	Falcon 900B	177	☐ N889G	Galaxy G200	46

Reg	Type	Serial
☐ N889JA	Global Express	9148
☐ N889JC	Gulf2 SP	158
☐ N889MR	Galaxy G200	74
☐ N889NC	B737 BBJ1	30070
☐ N889QS	125-900XP	HA-0021
☐ N889TC	Gulf IV	1042
☐ N889TD	Falcon 900	94
☐ N890BA	Westwind	301
☐ N890BB	Falcon 900DX	611
☐ N890BJ	Learjet 25D	229
☐ N890LE	C560XLS	560-5628
☐ N890LJ	Learjet 35A	487
☐ N890QS	125-900XP	HA-0010
☐ N890TJ	Gulf2	23
☐ N891CA	C500	500-0168
☐ N891FV	C560 Ultra	560-0427
☐ N891P	Learjet 25D	340
☐ N891QS	125-800XPi	258788
☐ N892PB	C550	550-0070
☐ N892QS	125-800XP	258592
☐ N892SB	Galaxy G200	72
☐ N892TM	Gulf2 SP	121
☐ N892Z	C560XLS+	560-6007
☐ N893FL	125-800XP2	258603
☐ N893QS	125-800XP	258393
☐ N894C	C525A CJ2	0013
☐ N894QS	125-900XP	HA-0005
☐ N894TW	Westwind	354
☐ N895BB	Challenger 300	20156
☐ N895CC	Challenger 601	5177
☐ N895HE	C550	550-0641
☐ N895QS	125-800XP	258606
☐ N896BB	Challenger 300	20177
☐ N896C	Be400A	RK-53
☐ N896CG	C550 Bravo	550-1055
☐ N896DA	Falcon 50	117
☐ N896GA	G550	5296
☐ N896MA	C550 Bravo	550-1065
☐ N896P	C525A CJ2+	0379
☐ N896QS	125-800XP	258640
☐ N896RJ	C650 III	650-0178
☐ N897A	125-800XP2	258326
☐ N897CW	125-800	258077
☐ N897MC	C550 Bravo	550-0914
☐ N897QS	125-900XP	HA-0014
☐ N898AK	Challenger 601	5040
☐ N898AN	Challenger 604	5408
☐ N898AW	Gulf IVSP	1283
☐ N898CB	C560	560-0097
☐ N898CT	Falcon 2000	60
☐ N898EW	Challenger 601	5134
☐ N898JS	Legacy	14501071
☐ N898MC	C560XL	560-5244
☐ N898PA	Learjet 60	60-111
☐ N898QS	125-800XP	258593
☐ N898TA	Be400A	RK-295
☐ N898TS	Falcon 900B	95
☐ N899AB	125-700	257042
☐ N899B	C550 Bravo	550-1073
☐ N899MA	C525B CJ3	0073
☐ N899NH	C525B CJ3	0242
☐ N899QS	125-900XP	HA-0019
☐ N899RR	C525B CJ3	0020
☐ N899SR	G550	5231
☐ N899U	Falcon 2000	199
☐ N900AL	G450	4048
☐ N900AP	Gulf IV	1097
☐ N900BJ	Learjet 35A	123
☐ N900BT	C525 CJ1	525-0377
☐ N900BZ	Falcon 900EX	37
☐ N900CC	C500	500-0310
☐ N900CH	Falcon 2000EX	1
☐ N900CM	Falcon 50 EX	321
☐ N900CP	125-700	257066
☐ N900CS	Falcon 900B	104
☐ N900D	Falcon 900B	131
☐ N900DB	Jetstar II	5225
☐ N900DH	Gulf2	111
☐ N900DL	Astra	30
☐ N900DP	Legacy	14500903
☐ N900DS	C525 CJ	525-0032
☐ N900DW	Falcon 7X	39
☐ N900E	C560	560-0206
☐ N900EB	C680	680-0008
☐ N900EG	Gulf IV	1101
☐ N900EL	Learjet 31A	200
☐ N900EM	Legacy	14500976
☐ N900EX	Falcon 900EX	201
☐ N900FJ	Falcon 900EX	233
☐ N900FN	Challenger 601	5118
☐ N900G	C500	500-0268
☐ N900GC	C500	500-0298
☐ N900GG	Learjet 24B	216
☐ N900GW	C525 CJ	525-0323
☐ N900GX	Global 5000	9298
☐ N900H	Challenger 601	5080
☐ N900HA	C525A CJ2	0039
☐ N900HC	Falcon 900EX	127
☐ N900HD	Falcon 900EX	103
☐ N900HE	Falcon 900B	68
☐ N900HG	Falcon 900EX	1
☐ N900JB	Falcon 50	113
☐ N900JC	Learjet 35A	178
☐ N900JD	C680	680-0109
☐ N900JF	Westwind	191
☐ N900JG	Falcon 900EX	168
☐ N900JT	125-700	257147
☐ N900KE	Falcon 50	52
☐ N900KJ	Falcon 900C	199
☐ N900KR	Falcon 900B	146
☐ N900LC	Falcon 900C	186
☐ N900LD	125-900XP	HA-0008
☐ N900LF	Global Express	9015
☐ N900LG	Challenger 600S	1036
☐ N900LM	Cessna S550	0145
☐ N900LS	Global 5000	9216
☐ N900MC	Falcon 2000	228
☐ N900MF	Falcon 900EX	112
☐ N900MG	Falcon 900B	67
☐ N900MV	Falcon 900EX	131
☐ N900NB	Falcon 900EX	169
☐ N900NH	Falcon 2000	206
☐ N900P	Learjet 60XR	60-366
☐ N900PB	C550	550-0566
☐ N900PE	125-900XP	HA-0057
☐ N900PF	125-900XP	HA-0022
☐ N900PJ	Jet Commander	135
☐ N900PS	C560	560-0118
☐ N900QS	C750	750-0123
☐ N900R	125-900XP	HA-0013
☐ N900RA	Falcon 20C	59
☐ N900RL	Gulf IV	1150
☐ N900RX	Falcon 900C	183
☐ N900SB	Falcon 900EX	26
☐ N900SF	Falcon 900B	16
☐ N900SJ	Falcon 900EX	7
☐ N900SM	C560	560-0014
☐ N900SN	Falcon 900EX	117
☐ N900ST	125-850XP	258777
☐ N900SX	Falcon 900B	139
☐ N900TG	Falcon 900B	155
☐ N900VG	Falcon 900EX	178
☐ N900VL	Falcon 900B	60
☐ N900VP	Westwind	289
☐ N900WF	Falcon 900B	117
☐ N900WK	Falcon 900B	57
☐ N900WR	Gulf IVSP	1416
☐ N900WY	Challenger 300	20035
☐ N900YP	Falcon 900EX	114
☐ N901AB	C560 Ultra	560-0302
☐ N901CD	Sabre 65	465-39
☐ N901CJ	C525 CJ	525-0278
☐ N901CR	C560XL	560-5141
☐ N901DK	C560XLS	560-5505
☐ N901EB	C525A CJ2	0008
☐ N901EH	Gulf 3	333
☐ N901FH	C560XL	560-5160
☐ N901G	C680	680-0065
☐ N901GW	C525 CJ1	525-0470
☐ N901GX	Global Express	9001
☐ N901K	125-900XP	HA-0009
☐ N901MD	Falcon 900EX	38
☐ N901MM	Falcon 900EX	21
☐ N901P	Learjet 31A	199
☐ N901PM	Learjet 25D	280
☐ N901QS	C750	750-0102
☐ N901RD	125-900XP	HA-0018
☐ N901RH	C650 III	650-0130
☐ N901SB	Falcon 900EX	122
☐ N901SG	Horizon	RC-29
☐ N901SS	Falcon 900C	187
☐ N901TF	Falcon 50 EX	285
☐ N901TX	Falcon 900B	170
☐ N901WG	Gulf2	126
☐ N902	Gulf IVSP	1310
☐ N902AG	Challenger 604	5512
☐ N902AU	Astra	25
☐ N902BE	125-900XP	HA-0070
☐ N902BW	Challenger 601	5005
☐ N902DD	C500	500-0126
☐ N902DK	C550	550-0732
☐ N902DW	Falcon 900C	179
☐ N902F	C650 VII	650-7022
☐ N902GW	C525 CJ1	525-0553
☐ N902L	G400	1504
☐ N902LG	C510	510-0066
☐ N902MC	Falcon 2000	130
☐ N902MM	Global Express	9097
☐ N902MP	Challenger 604	5559
☐ N902NC	Falcon 900B	97
☐ N902TF	Falcon 50 EX	303
☐ N902VP	C750	750-0002
☐ N902WG	B737-2H6	22620
☐ N903AL	Learjet 35A	84
☐ N903AM	Learjet 60	60-269
☐ N903BH	C560 Ultra	560-0295
☐ N903BT	Learjet 45XR	45-353
☐ N903CG	Be400A	RK-333
☐ N903CS	Falcon 50	138
☐ N903DD	Challenger 600S	1038
☐ N903DK	C560XL	560-5093
☐ N903GS	Falcon 2000	183
☐ N903GW	C525 CJ1+	525-0676
☐ N903JP	C510	510-0102
☐ N903MM	Westwind	235
☐ N903MT	Premier 1	RB-24
☐ N903QS	C750	750-0162
☐ N903TC	Challenger 300	20083
☐ N904BB	C550 Bravo	550-0904
☐ N904BW	125-800	258042
☐ N904DS	Global Express	9118
☐ N904GA	G450	4204
☐ N904GR	125-800	258179

Reg	Type	Serial	Reg	Type	Serial	Reg	Type	Serial
☐ N904GW	C525 CJ1+	525-0681	☐ N909TT	Legacy	14501044	☐ N915RB	C750	750-0042
☐ N904HD	Learjet 45	45-149	☐ N909VJ	Falcon 50	69	☐ N915RP	C525 CJ1+	525-0608
☐ N904JK	Challenger 604	5615	☐ N910CN	Falcon 50	59	☐ N915ST	C525 CJ	525-0301
☐ N904JR	125-800	258018	☐ N910CS	Falcon 2000	87	☐ N916BD	Learjet 45XR	45-264
☐ N904JY	Falcon 900EX	187	☐ N910DF	C650 III	650-0081	☐ N916BG	Learjet 60	60-236
☐ N904LX	Legacy	145780	☐ N910DP	C750	750-0239	☐ N916CG	Astra	45
☐ N904QS	C750	750-0210	☐ N910EX	Falcon 900EX	10	☐ N916CS	C560XLS	560-5625
☐ N904SB	Falcon 50 EX	284	☐ N910G	C500	501-0083	☐ N916GB	Galaxy G200	67
☐ N904SJ	C550	551-0604	☐ N910HM	C560 Ultra	560-0318	☐ N916GR	Galaxy G200	126
☐ N904TC	Gulf IVSP	1444	☐ N910J	Challenger 604	5640	☐ N916QS	C750	750-0116
☐ N905B	Falcon 2000	132	☐ N910JB	Learjet 25D	213	☐ N916SB	Be400A	RK-14
☐ N905CK	Learjet 36	5	☐ N910JD	125-800XP2	258420	☐ N917BD	Learjet 45XR	45-281
☐ N905CW	C550	550-0072	☐ N910JW	Falcon 900B	31	☐ N917BE	Westwind	291
☐ N905GW	C525 CJ1+	525-0682	☐ N910KB	Challenger 601	3007	☐ N917GL	Global Express	9117
☐ N905LC	C560 Ultra	560-0334	☐ N910LX	Legacy	14500952	☐ N917JC	Falcon 50	250
☐ N905LP	Gulf IVSP	1321	☐ N910MT	C550	550-0075	☐ N917LH	Westwind	400
☐ N905LX	Legacy	145775	☐ N910MW	Falcon 900EX	85	☐ N917LJ	Phenom 100	00116
☐ N905MP	Challenger 600S	1039	☐ N910N	C550 Bravo	550-1032	☐ N917R	Global Express	9008
☐ N905MT	125-800XP	258430	☐ N910Q	Falcon 900B	156	☐ N917RG	C525B CJ3	0010
☐ N905QS	C750	750-0105	☐ N910QS	C750	750-0110	☐ N917SB	Falcon 50	14
☐ N905RL	Learjet 55	74	☐ N910RB	C550	550-0267	☐ N917TF	125-700	257138
☐ N905T	Global Express	9179	☐ N910SY	C510	510-0009	☐ N917VZ	Gulf IVSP	1292
☐ N905WS	C680	680-0141	☐ N911AJ	Learjet 25B	163	☐ N917W	Gulf IV	1158
☐ N906AS	125-800XP	258569	☐ N911CB	C560 Encore	560-0604	☐ N918BD	Learjet 45XR	45-277
☐ N906BL	125-850XP	258806	☐ N911CR	Jetstar 731	5150	☐ N918BG	Gulf 3	300
☐ N906DK	C560XLS+	560-6016	☐ N911CU	Westwind	246	☐ N918CC	Gulf IVSP	1335
☐ N906FM	Premier 1A	RB-176	☐ N911DG	Falcon 20C	162	☐ N918CG	Falcon 2000	57
☐ N906GA	G450	4206	☐ N911DT	Falcon 20-5	471	☐ N918EG	Learjet 45	45-154
☐ N906JW	Global Express	9110	☐ N911DX	Learjet 35A	499	☐ N918JL	125-900XP	HA-0037
☐ N906P	Learjet 45	45-173	☐ N911EK	C560XLS	560-5742	☐ N918JM	Falcon 900EX	199
☐ N906QS	C750	750-0206	☐ N911GM	C500	500-0048	☐ N918JT	Legacy	14501032
☐ N906TF	Challenger 604	5366	☐ N911GU	Westwind	343	☐ N918MJ	G150	250
☐ N906WK	Falcon 900B	102	☐ N911MM	C500	501-0030	☐ N918QS	C750	750-0223
☐ N907DF	C650 III	650-0120	☐ N911MX	Eclipse 500	99	☐ N918SS	Westwind	263
☐ N907DK	C525 CJ	525-0338	☐ N911NP	C525 CJ	525-0273	☐ N918TB	Gulf IVSP	1499
☐ N907DP	Astra	100	☐ N911RD	125	25253	☐ N918TT	Be400XP	RK-529
☐ N907GA	G450	4207	☐ N911SH	Falcon 2000	125	☐ N918WA	C510	510-0237
☐ N907JE	Be400A	RK-107	☐ N911SP	Westwind	244	☐ N919CH	Astra	98
☐ N907MC	125-800XP	258340	☐ N911UM	C560 Encore	560-0562	☐ N919CT	Gulf IV	1051
☐ N907QS	C750	750-0201	☐ N911UN	Falcon 10	122	☐ N919DS	Astra	127
☐ N907SB	Falcon 7X	13	☐ N912DA	Jet Commander	147	☐ N919MB	C510	510-0304
☐ N907TF	Falcon 10	107	☐ N912EL	C560XLS+	560-6051	☐ N919MC	C525 CJ1+	525-0600
☐ N907WL	C525 CJ1+	525-0658	☐ N912GW	C525A CJ2+	0304	☐ N919QS	C750	750-0224
☐ N907WS	Challenger 601	5048	☐ N912JC	Legacy	14501015	☐ N919RS	Learjet 60	60-025
☐ N908CA	Falcon 900B	151	☐ N912MM	Learjet 55	64	☐ N919RT	125-800XP	258607
☐ N908CH	Falcon 20-5	383	☐ N912MT	Falcon 2000EX	94	☐ N919SA	Falcon 900EX	124
☐ N908DG	Challenger 601	5018	☐ N912SH	Be400A	RK-128	☐ N919SF	125-800SP	258635
☐ N908DH	Gulf IV	1040	☐ N913BJ	C560	560-0011	☐ N919SS	125-800SP	258221
☐ N908JB	Falcon 900B	112	☐ N913CK	Learjet 35	13	☐ N919YC	Gulf GV	682
☐ N908JE	B727-031/W	20115	☐ N913DC	C525A CJ2	0157	☐ N920DB	Falcon 900B	20
☐ N908QS	C750	750-0108	☐ N913LX	Legacy	14501007	☐ N920DS	B737 BBJ1	28579
☐ N908SB	Falcon 900EX	81	☐ N913MK	G450	4075	☐ N920GA	G450	4220
☐ N908TF	Falcon 10	102	☐ N913PD	Gulf 3	354	☐ N920GB	Eclipse 500	150
☐ N908VZ	G450	4051	☐ N913QS	C750	750-0113	☐ N920QS	C750	750-0120
☐ N909DP	C525 CJ1	525-0503	☐ N913SC	125-800	258125	☐ N920RV	Challenger 600S	1016
☐ N909GA	G450	4209	☐ N913SN	Falcon 900EX	35	☐ N921BE	C500	501-0174
☐ N909JE	Gulf2B	151	☐ N914BD	Gulf GV	690	☐ N921CC	Sabre 65	465-67
☐ N909JM	Falcon 50 EX	304	☐ N914CD	C500	500-0150	☐ N921CH	Learjet 35A	228
☐ N909JS	Learjet 60	60-206	☐ N914DD	Falcon 900B	80	☐ N921MB	Sabre 60	306-135
☐ N909LA	C560XL	560-5021	☐ N914DM	Westwind	357	☐ N921ML	Falcon 20C	99
☐ N909LX	Legacy	14500942	☐ N914EG	Gulf IV	1174	☐ N921MW	C560XLS	560-5646
☐ N909M	C525 CJ	525-0249	☐ N914FF	C525B CJ3	0184	☐ N921PP	C510	510-0139
☐ N909MM	Falcon 2000EX	38	☐ N914G	C510	510-0239	☐ N921QS	C750	750-0241
☐ N909MN	C525A CJ2+	0351	☐ N914GW	C510	510-0146	☐ N921TX	C510	510-0071
☐ N909PM	Falcon 900B	176	☐ N914J	Gulf GV	615	☐ N922AC	C560	560-0187
☐ N909PS	C500	501-0008	☐ N914QS	C750	750-0296	☐ N922CB	G450	4169
☐ N909RR	Gulf 3	332	☐ N914SP	C680	680-0020	☐ N922GA	G450	4212
☐ N909SB	Falcon 900EX	56	☐ N914X	Challenger 601	5185	☐ N922H	125	25195
☐ N909SK	Learjet 60	60-060	☐ N915AM	125-800XP	258574	☐ N922H	G450	4036
☐ N909ST	Be400A	RK-194	☐ N915AV	Global Express	9115	☐ N922JW	Falcon 900	36
☐ N909TF	Falcon 10	51	☐ N915MP	C525A CJ2	0024	☐ N922MR	Gulf2 SP	93

Reg	Type	Serial	Reg	Type	Serial	Reg	Type	Serial
☐ N922QS	C750	750-0293	☐ N929SR	Learjet 60	60-144	☐ N943QS	C750	750-0043
☐ N922SL	C550	550-0034	☐ N929SS	Premier 1	RB-15	☐ N943RL	Falcon 50 -4	88
☐ N922TR	Be400	RJ-44	☐ N929T	Falcon 50	24	☐ N944AH	C560XL	560-5008
☐ N923CL	Gulf IVSP	1471	☐ N929VC	C525A CJ2+	0353	☐ N944BB	125-800XP	258611
☐ N923JH	C550	550-0708	☐ N929WC	Galaxy G200	181	☐ N944H	G550	5016
☐ N923JP	C510	510-0103	☐ N929WG	Galaxy G200	56	☐ N944KM	Learjet 24E	334
☐ N923SK	Learjet 60	60-050	☐ N930DC	G450	4063	☐ N944NA	Gulf2	144
☐ N923VP	C750	750-0023	☐ N930JG	Falcon 50	230	☐ N944QS	C750	750-0144
☐ N924AK	Legacy	14501034	☐ N930MG	C680	680-0152	☐ N945CC	Sabre 65	465-13
☐ N924AM	Learjet 35A	188	☐ N930PJ	Learjet 24D	305	☐ N945CE	125-700	257137
☐ N924BW	Learjet 25B	158	☐ N930QS	C750	750-0130	☐ N945EJ	Learjet 40XR	45-2108
☐ N924GA	G550	5243	☐ N931DW	Challenger 601	5025	☐ N945ER	Cessna S550	0021
☐ N924JE	C560XL	560-5138	☐ N931FD	Learjet 31A	124	☐ N945FD	Learjet 45	45-122
☐ N924QS	C750	750-0124	☐ N931MA	Diamond	010SA	☐ N945HC	Learjet 45	45-109
☐ N924S	Falcon 900B	149	☐ N931QS	C750	750-0064	☐ N945NA	Gulf2	118
☐ N924WJ	Falcon 50	141	☐ N931RS	Learjet 31A	184	☐ N945QS	C750	750-0029
☐ N925AJ	Falcon 2000	4	☐ N932EA	Be400A	RK-32	☐ N945W	Learjet 35A	301
☐ N925AK	Falcon 2000EX	123	☐ N932FD	Learjet 31A	187	☐ N946NA	Gulf2	146
☐ N925BC	Falcon 50 EX	257	☐ N932QS	C750	750-0032	☐ N946PC	C560XLS	560-5728
☐ N925CA	Learjet 35A	605	☐ N932XL	C560XLS+	560-6032	☐ N946QS	C750	750-0195
☐ N925DC	Gulf IVSP	1279	☐ N933AC	Be400	RJ-5	☐ N946RM	C525B CJ3	0008
☐ N925DM	Learjet 35A	486	☐ N933EY	Global Express	9063	☐ N946TC	Falcon 50 -4	94
☐ N925FL	Legacy	14500825	☐ N933H	C550	5077	☐ N947CE	125-700	257128
☐ N925GS	Falcon 50	90	☐ N933JC	Sabre 75A	380-72	☐ N947GA	G550	5047
☐ N925JS	Gulf IVSP	1269	☐ N933ML	Challenger 605	5705	☐ N947GS	Learjet 35A	250
☐ N925MJ	Diamond	065SA	☐ N933PA	Gulf 3	367	☐ N947NA	Gulf2	147
☐ N925WC	125-700	257100	☐ N933PB	C560 Encore	560-0618	☐ N947QS	C750	750-0047
☐ N926AG	Challenger 300	20102	☐ N933QS	C750	750-0133	☐ N947TC	Learjet 25D	233
☐ N926CB	C650 VII	650-7114	☐ N933RD	Gulf2	251	☐ N948AL	ERJ-135SE	145450
☐ N926CC	C525 CJ1	525-0491	☐ N933SH	C650 III	650-0009	☐ N948DC	C550	550-0123
☐ N926CE	C560 Encore +	560-0763	☐ N934AM	C525 CJ	525-0230	☐ N948QS	C750	750-0149
☐ N926FM	ERJ-135SE	145466	☐ N934H	C650 III	650-0172	☐ N949CC	Westwind	280
☐ N926GA	G550	5266	☐ N934RD	125-800XP	258296	☐ N949CE	125-700	257204
☐ N926JJ	C525A CJ2+	0310	☐ N934ST	Falcon 2000EX	68	☐ N949EB	125-700	257028
☐ N926JK	Phenom 100	00107	☐ N935GA	Galaxy G200	235	☐ N949GP	Global Express	9049
☐ N926JR	Challenger 300	20103	☐ N935H	125-800	258225	☐ N949JB	C510	510-0218
☐ N926MC	125-700	257021	☐ N935QS	C750	750-0135	☐ N949LL	C525B CJ3	0306
☐ N926NC	C560 Ultra	560-0328	☐ N935SS	G150	279	☐ N949NA	Gulf2 SP	221
☐ N926PY	C525A CJ2+	0450	☐ N936MP	G450	4173	☐ N949QS	C750	750-0049
☐ N926RM	C550	551-0567	☐ N936QS	C750	750-0036	☐ N949SA	C550	550-0329
☐ N926RR	G450	4081	☐ N937QS	C750	750-0137	☐ N950BA	C560XL	560-5200
☐ N926SS	Challenger 604	5436	☐ N938D	C550	550-0454	☐ N950CM	Gulf IVSP	1315
☐ N926VP	C750	750-0026	☐ N938QS	C750	750-0183	☐ N950DB	C525A CJ2+	0377
☐ N927CC	C525 CJ1	525-0422	☐ N939AJ	Legacy	14500939	☐ N950F	Falcon 50	191
☐ N927DJ	Learjet 31A	210	☐ N939AP	Global 5000	9180	☐ N950H	Falcon 50 EX	307
☐ N927FW	Learjet 25B	203	☐ N939CK	Falcon 20F	317	☐ N950JB	Falcon 900DX	602
☐ N927GA	G550	5273	☐ N939GP	Be400A	RK-125	☐ N950NA	Gulf2 SP	185
☐ N927LL	125-700	257135	☐ N939JC	C510	510-0108	☐ N950P	C525 CJ	525-0234
☐ N927LT	C680	680-0070	☐ N939KM	Gulf 3	492	☐ N950PC	125-800XP	258300
☐ N927QS	C750	750-0290	☐ N939MC	Astra	12	☐ N950PG	Challenger 604	5575
☐ N927SK	Learjet 45	45-051	☐ N939ML	Global 5000	9330	☐ N950QS	C750	750-0050
☐ N928GC	G550	5239	☐ N939QS	C750	750-0193	☐ N950RJ	Challenger 605	5742
☐ N928JA	Astra	75	☐ N939TT	125-800	258205	☐ N950RL	Falcon 2000	221
☐ N928JK	C680	680-0104	☐ N939TW	C560	560-0185	☐ N950SF	Falcon 900B	50
☐ N928PS	C650 III	650-0116	☐ N940QS	C750	750-0285	☐ N950SP	Learjet 35A	450
☐ N928QS	C750	750-0288	☐ N940SW	C525 CJ	525-0071	☐ N950SW	G450	4109
☐ N928RD	C500	500-0204	☐ N940VA	Be400A	RK-197	☐ N950XP	125-900XP	HA-0150
☐ N928ST	G150	232	☐ N941AM	C525B CJ3	0252	☐ N951DB	Westwind	195
☐ N928SZ	Global Express	9056	☐ N941CE	125-700	257083	☐ N951QS	C750	750-0151
☐ N928WK	Falcon 50 EX	279	☐ N941KA	C650 III	650-0095	☐ N951RK	Gulf2 SP	191
☐ N929AK	125-850XP	258627	☐ N941NC	Eclipse 500	8	☐ N951RM	Challenger 601	3042
☐ N929BC	C525A CJ2+	0333	☐ N941QS	C750	750-0141	☐ N951XF	Gulf 3	451
☐ N929CG	Sabre 75A	380-52	☐ N941RM	C560 Ultra	560-0476	☐ N952GL	Premier 1A	RB-213
☐ N929GA	Galaxy G200	29	☐ N942DS	125	25032	☐ N952GM	Premier 1	RB-87
☐ N929GW	Learjet 60	60-165	☐ N942EB	Westwind	372	☐ N952QS	C750	750-0200
☐ N929JH	Learjet 31A	132	☐ N942FK	Learjet 45	45-145	☐ N952SP	Premier 1A	RB-260
☐ N929KD	Eclipse 500	240	☐ N942QS	C750	750-0024	☐ N953F	C560	560-0005
☐ N929MC	Learjet 24D	243	☐ N942RC	Learjet 31A	107	☐ N953FA	Challenger 601	5041
☐ N929ML	Falcon 50	92	☐ N942WC	Westwind	383	☐ N953HC	C500	501-0201
☐ N929MM	C525 CJ1+	525-0692	☐ N943CE	125-700	257141	☐ N953JB	Eclipse 500	126
☐ N929QS	C750	750-0129	☐ N943JB	Falcon 2000EX	18	☐ N953JF	C650 III	650-0043

Reg	Type	Serial	Reg	Type	Serial	Reg	Type	Serial
☐ N953QS	C750	750-0153	☐ N967F	Premier 1	RB-133	☐ N982XP	125-850XP	258982
☐ N954FJ	Falcon 900	54	☐ N967PC	Galaxy G200	110	☐ N983CE	125-800XP	258446
☐ N954H	125-800	258259	☐ N967QS	C750	750-0067	☐ N983J	Global Express	9072
☐ N954L	Challenger 604	5607	☐ N967TC	C525A CJ2+	0319	☐ N983JC	ERJ-135LR	14500977
☐ N954RM	C525A CJ2	0093	☐ N969AR	Learjet 25D	220	☐ N983QS	C750	750-0083
☐ N954SP	Falcon 2000EX	56	☐ N969DW	C560 Ultra	560-0399	☐ N984BK	C550 Bravo	550-0857
☐ N954WS	Learjet 60	60-271	☐ N969GB	C560	560-0225	☐ N984GA	G450	4184
☐ N955EA	Learjet 24D	279	☐ N969JD	Learjet 60	60-154	☐ N984HM	125-800SP	258229
☐ N955H	Challenger 300	20109	☐ N969RE	Premier 1	RB-14	☐ N984JC	Horizon	RC-32
☐ N955HG	C650 III	650-0057	☐ N969WR	G150	218	☐ N984JW	Gulf IV	1091
☐ N955JS	Learjet 31A	228	☐ N970DM	C525B CJ3	0168	☐ N984QS	C750	750-0084
☐ N955KC	C680	680-0244	☐ N970GW	C650 III	650-0019	☐ N984SA	Diamond	063SA
☐ N955QS	C750	750-0055	☐ N970QS	C750	750-0070	☐ N984XR	Learjet 45XR	45-373
☐ N955SE	125-900XP	HA-0102	☐ N970RP	C500	500-0270	☐ N985BB	Gulf2 TT	250
☐ N956GA	C525B CJ3	0233	☐ N970S	Falcon 50	238	☐ N985FM	Challenger 300	20113
☐ N956P	MS760 Paris	56	☐ N970SJ	Gulf IV	1146	☐ N985GA	G450	4185
☐ N956QS	C750	750-0156	☐ N970SK	C750	750-0186	☐ N985JC	G550	5083
☐ N957BJ	C560XL	560-5086	☐ N970WJ	Learjet 25D	324	☐ N986DS	C500	501-0321
☐ N957F	Astra	104	☐ N971GA	G550	5271	☐ N986DV	Falcon 2000	74
☐ N957GA	G550	5257	☐ N971QS	C750	750-0071	☐ N986GA	G450	4186
☐ N957H	125-800	258260	☐ N971TB	C525A CJ2	0118	☐ N986JC	Horizon	RC-35
☐ N957P	Galaxy G200	62	☐ N972AB	C500	500-0140	☐ N986MA	Learjet 31A	80
☐ N958DM	Falcon 900EX	119	☐ N972MS	Gulf IVSP	1285	☐ N986QS	C750	750-0086
☐ N958GC	C550 Bravo	550-1016	☐ N972PF	Premier 1	RB-38	☐ N986SA	Learjet 35A	609
☐ N958PP	Diamond	031SA	☐ N972W	125-700	257111	☐ N987AL	Falcon 900EX	194
☐ N958QS	C750	750-0158	☐ N973AC	C680	680-0195	☐ N987CJ	Cessna S550	0152
☐ N959GA	G550	5259	☐ N973HR	Learjet 60	60-260	☐ N987CM	C510	510-0140
☐ N959P	MS760 Paris	59	☐ N973MW	Gulf 3	301	☐ N987F	Falcon 50	124
☐ N959PP	Astra	29	☐ N974BK	Falcon 900B	105	☐ N987GK	Falcon 900B	88
☐ N959RP	Learjet 40XR	45-2100	☐ N974JD	Horizon	RC-11	☐ N987HP	Challenger 300	20069
☐ N959SA	Learjet 35A	76	☐ N975AR	Epic Victory Jet	2	☐ N987QS	C750	750-0087
☐ N960AA	Falcon 20C	144	☐ N975BD	Be400XP	RK-553	☐ N988AA	Learjet 25D	348
☐ N960CD	C560	560-0121	☐ N975DM	Learjet 40XR	45-2073	☐ N988AG	125-900XP	HA-0088
☐ N960CR	Challenger 300	20080	☐ N975GR	Legacy	14501069	☐ N988DV	Falcon 2000LX	211
☐ N960FA	Westwind	348	☐ N975P	MS760 Paris	75	☐ N988GC	Falcon 50 EX	337
☐ N960GA	G550	5260	☐ N975QS	C750	750-0175	☐ N988H	Falcon 900EX	125
☐ N960KC	C750	750-0011	☐ N975RD	Be400XP	RK-390	☐ N988KD	Galaxy G200	196
☐ N960M	C560 Encore	560-0691	☐ N975RG	Gulf 3	471	☐ N988LS	Gulf IVSP	1290
☐ N960PT	C510	510-0238	☐ N975RR	Be400A	RK-349	☐ N988MC	Learjet 45XR	45-352
☐ N960QS	C750	750-0160	☐ N976GA	C550	550-0165	☐ N988MR	Learjet 45	45-076
☐ N960S	Falcon 50	86	☐ N977AE	C750	750-0125	☐ N988QC	Learjet 35A	455
☐ N960SF	Falcon 900EX	62	☐ N977CP	Falcon 2000EX	17	☐ N988RS	125-800XP2	258598
☐ N960TX	Falcon 20F	403	☐ N977JP	Learjet 31A	140	☐ N988SB	Falcon 50	174
☐ N961AA	Falcon 20DC	205	☐ N977LC	125-850XP	258977	☐ N988T	Falcon 900B	65
☐ N961P	MS760 Paris	61	☐ N977MR	C560 Encore	560-0623	☐ N988TM	C680	680-0021
☐ N961QS	C750	750-0061	☐ N977QS	C750	750-0077	☐ N989AL	Learjet 35A	212
☐ N961TC	C680	680-0077	☐ N977TW	Falcon 20DC	13	☐ N989BC	Challenger 601	5021
☐ N961V	Gulf IVSP	1298	☐ N977VH	Eclipse 500	206	☐ N989GA	G450	4189
☐ N962A	Astra	31	☐ N978DB	C750	750-0009	☐ N989PA	Learjet 45	45-071
☐ N962FM	Learjet 31A	237	☐ N978PC	C510	510-0199	☐ N989QS	C750	750-0089
☐ N962J	C550	550-0453	☐ N978PW	Falcon 900B	125	☐ N989RF	Eclipse 500	238
☐ N962QS	C750	750-0126	☐ N978QS	C750	750-0187	☐ N989RJ	Global 5000	9224
☐ N962SS	Gulf IV	1121	☐ N979CB	Gulf IVSP	1217	☐ N989ST	125-800XP	258478
☐ N963JF	Falcon 50	18	☐ N979CM	Be400XP	RK-570	☐ N989TL	Learjet 24	160
☐ N963JG	Eclipse 500	28	☐ N979JB	125-800XP	258399	☐ N990AK	Challenger 604	5337
☐ N963RS	Falcon 900EX	97	☐ N979QS	C750	750-0079	☐ N990AL	C500	500-0033
☐ N963YA	125	25079	☐ N979RF	Learjet 35A	376	☐ N990BB	Falcon 900B	42
☐ N964C	Sabre 65	465-66	☐ N979TB	125-900XP	HA-0075	☐ N990DK	C560XL	560-5019
☐ N964H	Challenger 604	5363	☐ N979TM	Horizon	RC-28	☐ N990GC	Learjet 31	033A
☐ N964JD	Be400XP	RK-451	☐ N979WC	C550	551-0584	☐ N990HC	125-800XP	258412
☐ N964JG	Eclipse 500	172	☐ N980DM	C500	501-0062	☐ N990JH	C560 Encore +	560-0754
☐ N964QS	C750	750-0164	☐ N980GG	Global Express	9009	☐ N990LC	Learjet 35A	483
☐ N964S	Eclipse 500	132	☐ N980S	Falcon 50	249	☐ N990M	C550	550-0608
☐ N964XP	125-900XP	HA-0164	☐ N981CE	125-800XP	258563	☐ N990MC	Falcon 900EX	123
☐ N965GA	G550	5265	☐ N981LB	C525 CJ1	525-0546	☐ N990MF	C560XL	560-5052
☐ N965LC	C525 CJ1	525-0462	☐ N981TS	Global Express	9281	☐ N990MM	Falcon 50	105
☐ N966H	Falcon 900EX	126	☐ N982AR	Be400A	RK-206	☐ N990MR	C550	550-0488
☐ N966JM	C560XL	560-5143	☐ N982MC	Falcon 10	114	☐ N990NA	Eclipse 500	86
☐ N966JS	Legacy	14500966	☐ N982NA	C550	550-0345	☐ N990NB	Gulf IVSP	1428
☐ N966QS	C750	750-0166	☐ N982QS	C750	750-0182	☐ N990PA	Sabre 60	306-114
☐ N966SW	C560 Ultra	560-0284	☐ N982RK	Gulf 3	310	☐ N990PM	Gulf IV	1134

Reg	Type	Serial	Reg	Type	Serial	Reg	Type	Serial
☐ N990QS	C750	750-0190	☐ N999JD	C510	510-0036	☐ N1625	Gulf IVSP	1358
☐ N990S	Westwind	322	☐ N999JF	125-800	258220	☐ N1630	125-800XP	258557
☐ N990TC	C550 Bravo	550-0963	☐ N999JS	Learjet 35A	277	☐ N1640	125-800XP	258376
☐ N990WA	Learjet 40XR	45-2122	☐ N999LB	C525B CJ3	0057	☐ N1757	B757-23A/W	24923
☐ N990WM	Falcon 900EX	40	☐ N999LL	Falcon 10	152	☐ N1759C	G550	5128
☐ N991AL	Learjet 35A	216	☐ N999LX	Gulf IV	1099	☐ N1776A	125-850XP	258750
☐ N991BB	C510	510-0256	☐ N999MF	Learjet 25	50	☐ N1776C	125-900XP	HA-0002
☐ N991DB	Learjet 60	60-177	☐ N999MS	C500	501-0230	☐ N1776H	125-800	258091
☐ N991GS	Challenger 300	20099	☐ N999NB	Gulf IVSP	1234	☐ N1818C	Gulf IVSP	1385
☐ N991LF	Gulf GV	576	☐ N999ND	Challenger 300	20250	☐ N1818S	Falcon 900EX	153
☐ N991TW	Challenger 604	5333	☐ N999PJ	MS760 Paris	89	☐ N1823D	Gulf2 SP	59
☐ N992AS	C550	551-0016	☐ N999PM	Falcon 900EX	70	☐ N1829S	Falcon 50 EX	280
☐ N992HE	C550 Bravo	550-1006	☐ N999PW	C500	501-0160	☐ N1836S	Falcon 50 EX	352
☐ N992SC	Premier 1A	RB-191	☐ N999PX	Challenger 604	5387	☐ N1837S	C560XL	560-5155
☐ N993AC	G150	265	☐ N999QE	C525A CJ2+	0366	☐ N1838S	Falcon 50 EX	316
☐ N993DS	Westwind	356	☐ N999QH	Cessna S550	0077	☐ N1848T	Learjet 40	45-2035
☐ N993GH	Falcon 2000EX	85	☐ N999QS	C750	750-0203	☐ N1852	Learjet 55	87
☐ N993GL	C525 CJ1	525-0509	☐ N999RN	Phenom 100	00053	☐ N1865M	Cessna S550	0071
☐ N993GT	Falcon 900EX	93	☐ N999SM	C525B CJ3	0052	☐ N1867M	C560XL	560-5303
☐ N993H	Be400A	RK-241	☐ N999TH	Falcon 200	512	☐ N1868M	Global Express	9069
☐ N993LC	C650 III	650-0027	☐ N999VK	Challenger 604	5499	☐ N1871R	C560XL	560-5297
☐ N993SA	125-800XP	258377	☐ N999WS	C500	501-0186	☐ N1873	C750	750-0128
☐ N993TD	Learjet 24	166	☐ N999YB	Be400A	RK-98	☐ N1881Q	Falcon 20-5	414
☐ N994CF	C550	550-0448	☐ N999YY	Global Express	9240	☐ N1892	Gulf GV	524
☐ N994GG	Gulf2	77	☐ N999ZG	Premier 1A	RB-182	☐ N1895C	C525 CJ1+	525-0647
☐ N994GP	Falcon 2000EX	105	☐ N1000E	C525 CJ	525-0077	☐ N1897A	C560XLS	560-5629
☐ N994JG	C525 CJ1+	525-0685	☐ N1000W	C560	560-0204	☐ N1897S	Falcon 20-5	376
☐ N994JR	Premier 1A	RB-183	☐ N1023C	ERJ-135SE	145550	☐ N1899	Premier 1A	RB-248
☐ N995AU	C510	510-0198	☐ N1040	Gulf GV	650	☐ N1900W	Gulf IV	1124
☐ N995BE	Horizon	RC-24	☐ N1061	125-800	258134	☐ N1901	C680	680-0022
☐ N995CK	Falcon 20DC	95	☐ N1086	Gulf IV	1086	☐ N1903G	Challenger 604	5326
☐ N995DP	Learjet 35A	600	☐ N1090X	Challenger 604	5576	☐ N1903W	Falcon 2000LX	208
☐ N995GG	Gulf IV	1074	☐ N1094L	C560XL	560-5094	☐ N1904P	Challenger 601	5116
☐ N995GH	Falcon 2000EX	72	☐ N1116R	Be400A	RK-116	☐ N1904S	Learjet 45	45-053
☐ N995SK	Falcon 900B	166	☐ N1121R	Jet Commander	125	☐ N1904W	Gulf IVSP	1237
☐ N996AG	Falcon 2000	64	☐ N1125A	Astra	51	☐ N1910A	125-800XP	258711
☐ N996BP	Learjet 45XR	45-301	☐ N1125J	Astra	78	☐ N1910H	125-800XP	258318
☐ N996CR	Learjet 55	60	☐ N1125K	Astra	35	☐ N1920	Be400A	RK-21
☐ N996GA	G450	4196	☐ N1125S	Astra	134	☐ N1925M	Gulf IVSP	1282
☐ N996JS	Learjet 31A	119	☐ N1127M	Learjet 60	60-253	☐ N1925P	Learjet 45	45-199
☐ N996PE	C525B CJ3	0170	☐ N1128B	Falcon 2000	83	☐ N1926S	Learjet 31A	180
☐ N996QS	C750	750-0196	☐ N1128M	Learjet 60	60-222	☐ N1927G	Falcon 2000	35
☐ N996TD	Learjet 24D	320	☐ N1129E	C560XL	560-5112	☐ N1929Y	Falcon 2000	84
☐ N997CB	C560XL	560-5102	☐ N1129L	C560 Ultra	560-0507	☐ N1932K	Learjet 31A	99
☐ N997EA	C560	560-0178	☐ N1140A	Learjet 35	45	☐ N1955M	Global Express	9185
☐ N997GC	Challenger 601	3025	☐ N1200N	C550	550-0681	☐ N1956A	C510	510-0305
☐ N997MX	Diamond	036SA	☐ N1218C	Gulf2 SP	99	☐ N1956M	Gulf GV	675
☐ N997QS	C750	750-0208	☐ N1220W	C525A CJ2	0146	☐ N1958N	Cessna S550	0073
☐ N997RS	Be400XP	RK-388	☐ N1221J	Learjet 60	60-209	☐ N1961S	C550 Bravo	550-0890
☐ N998AL	Learjet 40	45-2029	☐ N1245	C510	510-0204	☐ N1962J	C750	750-0240
☐ N998BC	C550	550-0665	☐ N1249P	C550	550-0451	☐ N1965L	Learjet 24A	12
☐ N998CK	Falcon 20DC	98	☐ N1250V	C550	550-0439	☐ N1967J	C550 Bravo	550-0862
☐ N998CX	C750	750-0098	☐ N1252D	C550	551-0476	☐ N1980Z	Challenger 300	20049
☐ N998EA	C500	501-0104	☐ N1254C	C650 VII	650-7098	☐ N1987	Challenger 604	5550
☐ N998PA	Premier 1	RB-70	☐ N1254X	C550	550-0494	☐ N1989D	125-800XP	258580
☐ N998QS	C750	750-0198	☐ N1255J	C525B CJ3	0109	☐ N1990C	Global 5000	9166
☐ N998SA	C560 Ultra	560-0485	☐ N1255K	C550	550-0505	☐ N1993	Falcon 100	195
☐ N998TS	C550 Bravo	550-0987	☐ N1257B	C550	550-0497	☐ N1999	Falcon 2000	219
☐ N998TW	C560 Ultra	560-0362	☐ N1277E	C525A CJ2	0076	☐ N2000	Gulf2 SP	56
☐ N999AM	C500	500-0232	☐ N1309B	C550 Bravo	550-1121	☐ N2000A	Falcon 2000LX	170
☐ N999BE	Falcon 7X	8	☐ N1326A	C560XL	560-5272	☐ N2000L	Falcon 2000	92
☐ N999BL	Astra	24	☐ N1327J	C525 CJ	525-0009	☐ N2000X	C560	560-0249
☐ N999BW	BAC 111	120	☐ N1329G	C525 CJ	525-0146	☐ N2006	Sabre 40	282-135
☐ N999CB	C560 Encore	560-0692	☐ N1388J	C680	680-0209	☐ N2032	125-800	258175
☐ N999CX	C550 Bravo	550-0841	☐ N1400M	C650 III	650-0140	☐ N2033	125-800	258093
☐ N999CY	125-700	257086	☐ N1414P	C525A CJ2+	0315	☐ N2057H	C550	550-0274
☐ N999EB	C525 CJ1+	525-0616	☐ N1454	Gulf 3	350	☐ N2093A	Learjet 24B	194
☐ N999EH	Falcon 900	15	☐ N1454H	Gulf GV	619	☐ N2094L	Learjet 25B	95
☐ N999EK	Learjet 40XR	45-2060	☐ N1540	Gulf GV	580	☐ N2105	Challenger 600S	1010
☐ N999GP	Gulf IV	1061	☐ N1547B	Be400	RJ-47	☐ N2107Z	Gulf IV	1211
☐ N999HC	Cessna S550	0030	☐ N1620	125-850XP	258893	☐ N2121	B737 BBJ1	34683

Reg	Type	Serial	Reg	Type	Serial	Reg	Type	Serial
☐ N2150H	Westwind	210	☐ N4500X	G450	4004	☐ N5245L	C525C CJ4	0009
☐ N2158U	C500	501-0091	☐ N4545	Learjet 45	45-045	☐ N5245U	C680	680-0305
☐ N2208L	C680	680-0211	☐ N4614N	C550	550-0659	☐ N5254Y	C560XLS+	560-6062
☐ N2243	C500	501-0212	☐ N4753	Gulf IV	1197	☐ N5257V	C525B CJ3	0345
☐ N2250G	C525A CJ2	0047	☐ N5000R	C525A CJ2+	0465	☐ N5262	Challenger 300	20122
☐ N2273Z	Be400A	RK-173	☐ N5000X	Gulf GV	611	☐ N5262Z	C560XLS+	560-6059
☐ N2401X	C560XLS+	560-6053	☐ N5005	Eclipse 500	225	☐ N5263	C560 Ultra	560-0435
☐ N2411A	C650 III	650-0103	☐ N5009V	Learjet 60XR	60-383	☐ N5264U	C560XLS+	560-6055
☐ N2425	C680	680-0054	☐ N5011L	Learjet 45XR	45-407	☐ N5268E	C680	680-0291
☐ N2428	C680	680-0046	☐ N5012K	Learjet 60XR	60-367	☐ N5268M	C560XLS+	560-6073
☐ N2486B	Eclipse 500	90	☐ N5012Z	Learjet 40XR	45-2115	☐ N5269A	C560XLS+	560-6061
☐ N2531K	C550	550-0594	☐ N5016V	Learjet 40XR	45-2127	☐ N5270E	C525B CJ3	0344
☐ N2617U	C500	501-0235	☐ N5026	C525A CJ2	0159	☐ N5270J	C680	680-0290
☐ N2648X	C500	501-0105	☐ N5026Q	C680	680-0298	☐ N5270M	C560XLS+	560-6049
☐ N2663Y	C550	550-0602	☐ N5031T	Be400XP	RK-590	☐ N5274G	C510	510-0255
☐ N2700	Sabre 65	465-7	☐ N5032K	C750	750-0306	☐ N5274K	C510	510-0258
☐ N2711H	Eclipse 500	142	☐ N5037F	C560XLS+	560-6057	☐ N5274M	C510	510-0267
☐ N2734K	C550	550-0595	☐ N5061W	C525C CJ4	0007	☐ N5314J	C550	550-0663
☐ N2758W	Learjet 40XR	45-2066	☐ N5062S	C525B CJ3	0341	☐ N5322	Falcon 50 EX	322
☐ N2767	B767-238ER	23896	☐ N5064M	C560 Encore +	560-0807	☐ N5408G	C550	550-0666
☐ N2904	C500	501-0036	☐ N5068R	C560XLS+	560-6065	☐ N5411	C500	501-0225
☐ N2929	G550	5053	☐ N5073G	C560 Encore +	560-0811	☐ N5535	C560XL	560-5265
☐ N3007	125-800XP	258487	☐ N5076J	C525B CJ3	0343	☐ N5572	Learjet 55	72
☐ N3008	125-800	258092	☐ N5076P	C680	680-0304	☐ N5601T	C560 Encore	560-0564
☐ N3050	G550	5096	☐ N5085E	C560XLS+	560-6070	☐ N5616	Gulf GV	616
☐ N3099	Learjet 60XR	60-375	☐ N5090A	C525A CJ2+	0468	☐ N5734	125-800XP	258304
☐ N3103J	C680	680-0301	☐ N5090V	C525A CJ2+	0467	☐ N5736	125-800XP2	258471
☐ N3137	Learjet 24	123	☐ N5090Y	C525B CJ3	0346	☐ N5878	MS760 Paris	106
☐ N3151W	Premier 1A	RB-251	☐ N5093L	C680	680-0306	☐ N5879	MS760 Paris	107
☐ N3170B	C650 III	650-0136	☐ N5096F	Falcon 20C	157	☐ N5895K	Be400A	RK-62
☐ N3185G	Horizon	RC-25	☐ N5098F	Falcon 20D	197	☐ N5950C	G150	213
☐ N3188X	125-850XP	258980	☐ N5101	Gulf GV	550	☐ N5956B	Gulf IVSP	1469
☐ N3194F	Horizon	RC-34	☐ N5101J	C525C CJ4	0016	☐ N6001L	C550	550-0169
☐ N3197H	Horizon	RC-37	☐ N5102	Gulf GV	551	☐ N6052U	Be400A	RK-352
☐ N3205W	Premier 1A	RB-225	☐ N5107	Falcon 50	109	☐ N6067U	C560XLS+	560-6068
☐ N3210N	125-750	HB-10	☐ N5109W	C750	750-0304	☐ N6100	Eclipse 500	46
☐ N3216R	125-750	HB-16	☐ N5113	G350	4013	☐ N6110	C650 VII	650-7023
☐ N3217G	125-900XP	HA-0081	☐ N5114	G350	4016	☐ N6117G	Premier 1	RB-117
☐ N3223G	Premier 1A	RB-253	☐ N5115	G350	4019	☐ N6173K	125-750	HB-63
☐ N3262M	C550	550-0652	☐ N5116	G350	4023	☐ N6177Y	Learjet 24	151
☐ N3337J	Be400A	RK-159	☐ N5117	G350	4026	☐ N6197D	C510	510-0088
☐ N3400S	125-850XP	258959	☐ N5117U	C680	680-0303	☐ N6242R	C680	680-0273
☐ N3441A	Premier 1A	RB-261	☐ N5119	125-800	258177	☐ N6245J	C525A CJ2+	0458
☐ N3444B	C560	560-0192	☐ N5125J	C680	680-0297	☐ N6351Y	125-900XP	HA-0151
☐ N3468D	Be400XP	RK-568	☐ N5135A	C680	680-0295	☐ N6405K	125-750	HB-65
☐ N3502T	Be400XP	RK-572	☐ N5144	C750	750-0017	☐ N6409A	125-900XP	HA-0159
☐ N3546	Gulf GV	672	☐ N5148N	C525 CJ1+	525-0698	☐ N6452S	125-900XP	HA-0152
☐ N3616	C560 Encore	560-0571	☐ N5155G	C525C CJ4	0015	☐ N6453	Falcon 2000EX	26
☐ N3618F	A319CJ	2748	☐ N5162W	C560XLS+	560-6066	☐ N6455T	Horizon	RC-55
☐ N3725L	Premier 1A	RB-155	☐ N5166T	C680	680-0293	☐ N6471N	Premier 1	RB-271
☐ N3865M	C560 Encore	560-0550	☐ N5172M	C680	680-0299	☐ N6525B	C525B CJ3	0004
☐ N3975A	Challenger 300	20170	☐ N5183V	C680	680-0302	☐ N6555L	Falcon 20DC	85
☐ N4000K	C560XL	560-5081	☐ N5184U	Eclipse 400	SE-400-001	☐ N6637G	C550	550-0670
☐ N4000N	Horizon	RC-1	☐ N5185J	C525A CJ2+	0464	☐ N6666N	Falcon 900EX	102
☐ N4003L	Learjet 60XR	60-380	☐ N5188A	C560 Encore +	560-0805	☐ N6745	Phenom 100	00091
☐ N4003Q	Learjet 60XR	60-381	☐ N5188N	C680	680-0300	☐ N6757M	Challenger 604	5545
☐ N4003W	Learjet 40XR	45-2123	☐ N5197A	C525A CJ2+	0462	☐ N6763L	C550	550-0673
☐ N4004Q	Learjet 40XR	45-2117	☐ N5200	Falcon 2000	90	☐ N6776T	C550	550-0680
☐ N4009	Learjet 45XR	45-304	☐ N5200U	C525B CJ3	0338	☐ N7000C	Challenger 300	20225
☐ N4053T	Be400A	RK-253	☐ N5201M	C525C CJ4	0014	☐ N7011	Falcon 50	144
☐ N4108E	C525 CJ1	525-0410	☐ N5206T	C525B CJ3	0334	☐ N7070A	Cessna S550	0068
☐ N4200K	C560 Ultra	560-0354	☐ N5207A	C525A CJ2+	0463	☐ N7088S	Premier 1A	RB-188
☐ N4242	125-800SP	258187	☐ N5211Q	C525C CJ4	0005	☐ N7100C	Challenger 300	20254
☐ N4387	Gulf IVSP	1387	☐ N5212M	C560XLS+	560-6067	☐ N7170Y	Premier 1A	RB-170
☐ N4402	125-800XP	258199	☐ N5214L	C525A CJ2+	0466	☐ N7402	C680	680-0082
☐ N4403	125-800XP	258480	☐ N5223P	C680	680-0292	☐ N7403	C680	680-0222
☐ N4415S	Learjet 35A	232	☐ N5223X	C560XLS+	560-6071	☐ N7490A	125-700	257173
☐ N4415W	Learjet 35A	229	☐ N5225G	Falcon 20D	181	☐ N7513H	Gulf 3	493
☐ N4426	125-800	258272	☐ N5231S	C560XLS+	560-6064	☐ N7600	Be400XP	RK-395
☐ N4447P	Learjet 25D	338	☐ N5243K	C525C CJ4	0008	☐ N7600G	C750	750-0159
☐ N4483W	Be400A	RK-313	☐ N5245D	C525B CJ3	0339	☐ N7600K	B737 BBJ1	32628

Reg	Type	Serial
N7600P	Falcon 900EX	226
N7600S	Falcon 900EX	173
N7601R	MS760 Paris	60
N7700T	C500	501-0248
N7701L	Learjet 24D	288
N7707X	Falcon 7X	16
N7715X	C525 CJ1+	525-0653
N7725D	C525B CJ3	0218
N7734T	Learjet 60	60-139
N7773A	C525A CJ2	0004
N7777B	C650 VI	650-0214
N7799T	Gulf IVSP	1474
N7814	C525B CJ3	0166
N7876C	C510	510-0229
N7877D	C560XLS+	560-6017
N7877T	C525B CJ3	0077
N7895Q	C525 CJ1	525-0405
N8000E	Falcon 7X	25
N8000U	C560XLS	560-5746
N8005	C560XL	560-5006
N8030F	125-800	258131
N8040A	Learjet 35	48
N8085T	Be400A	RK-51
N8100E	Falcon 900EX	4
N8106V	C525B CJ3	0072
N8186	125-800XP	258604
N8200E	Falcon 900B	34
N8279G	Be400A	RK-79
N8283C	Be400A	RK-83
N8288R	C525 CJ	525-0348
N8300E	Falcon 50	33
N8341C	C525 CJ	525-0150
N8344M	C550	550-0577
N8400E	Falcon 50	150
N8486	C560 Encore	560-0554
N8500	Sabre 40	282-108
N8701L	C560XLS	560-5751
N8762M	Global Express	9113
N8767	B737 BBJ1	32807
N8778	125-800XP	258560
N8783	Learjet 60	60-006
N8811A	Learjet 60	60-119
N8821C	G150	226
N8841C	G150	229
N8860	DC9-15	45797
N8881J	125-800	258219
N8888	Falcon 2000	28
N8888G	Challenger 605	5773
N8888H	125-1000	259043
N8889	Learjet 60	60-128
N9035Y	MS760 Paris	86
N9072U	Cessna S550	0106
N9180K	C525A CJ2+	0345
N9200M	Learjet 60	60-132
N9253V	Global Express	9024
N9292X	125-800XP	258315
N9661S	C680	680-0247
N9700T	C560	560-0203
N9867	125-800XP	258678
N9871R	Falcon 2000EX	43
N9895	Falcon 2000EX	184
N9900R	Eclipse 500	176
N9922F	Eclipse 500	100
N9939T	G450	4134
N9990S	125-800	258209
N9999M	Gulf IV	1090
N10123	Gulf2	107
N11288	C650 III	650-0184
N11887	Sabre 75A	380-4
N12549	C550	550-0501
N13092	C560 Encore	560-0707
N24237	C650 III	650-0102
N24329	C510	510-0020
N26494	C550	550-0605
N26496	C550	550-0607
N26621	C550	550-0593
N27052	Eclipse 500	120
N30156	Westwind	165
N30501	Gulf 3	383
N32862	125-900XP	HA-0062
N36866	Premier 1A	RB-166
N37201	C550	550-0655
N37971	Learjet 25D	358
N40076	Learjet 60XR	60-386
N40077	Learjet 45XR	45-409
N40081	Learjet 40XR	45-2121
N40149	Learjet 45XR	45-406
N41861	CompAir Jet	4001
N42799	Sabre 75A	380-30
N45678	C550 Bravo	550-1056
N50321	C560XLS+	560-6024
N50543	C525C CJ4	0006
N50820	C525B CJ3	0337
N51042	C560XLS+	560-6063
N51160	C560XLS+	560-6060
N51305	C525B CJ3	0340
N51444	C680	680-0294
N51511	C680	680-0269
N51666	C750	750-0308
N51806	C560XLS+	560-6043
N51869	C560XLS+	560-6069
N51896	C560XLS+	560-6056
N51995	C525C CJ4	0017
N52136	C560XLS+	560-6072
N52178	C680	680-0296
N52229	C525C CJ4	0010
N52338	C510	510-0195
N52466	C525A CJ2+	0448
N52498	C510	510-0261
N52601	C750	750-0307
N52609	C525C CJ4	0013
N52613	C525B CJ3	0317
N52639	C525B CJ3	0342
N52653	C525C CJ4	0011
N60055	Challenger 604	5400
N60143	Horizon	RC-43
N60724	125-800	258824
N61908	Premier 1	RB-108
N62297	125-900XP	HA-0097
N62914	125-900XP	HA-0114
N62991	125-750	HB-41
N63744	Horizon	RC-44
N68888	Challenger 605	5774
N77709	G150	236
N77794	C525 CJ	525-0073
N79711	B737 BBJ1	30547
N80364	C500	500-0299
N94924	G550	5255
N96757	Gulf 3	379
OD-EAS	125-800XP2	258410
OD-FAF	125-700	257124
OD-MAS	125-700	257115
OD-MHA	Learjet 60XR	60-326
OD-MIG	125-900XP	HA-0148
OD-PWC	Learjet 31A	203
OD-SAS	C500	500-0165
OD-STW	Be400XP	RK-366
OD-TSW	125-800XP	258319

OE- Austria

Reg	Type	Serial
OE-	Challenger 300	20236
OE-FAP	Premier 1A	RB-215
OE-FBS	C550	551-0574
OE-FCB	C510	510-0044
OE-FCM	C500	500-0294
OE-FCU	C525A CJ2	0210
OE-FCW	C525 CJ	525-0292
OE-FCY	C525A CJ2	0204
OE-FEM	C525 CJ	525-0291
OE-FET	C525 CJ1	525-0421
OE-FFB	C510	510-0065
OE-FGB	C525A CJ2+	0362
OE-FGD	C525 CJ	525-0020
OE-FGI	C525 CJ	525-0254
OE-FGK	C525 CJ	525-0331
OE-FGL	C525A CJ2	0082
OE-FGN	C500	500-0291
OE-FHA	C510	510-0081
OE-FHB	C525A CJ2	0049
OE-FHC	C525A CJ2+	0415
OE-FHH	C500	501-0246
OE-FHW	C500	501-0121
OE-FID	C510	510-0040
OE-FII	C525A CJ2+	0321
OE-FIM	Premier 1A	RB-196
OE-FIX	C525 CJ1	525-0480
OE-FKK	Premier 1A	RB-211
OE-FKO	C525A CJ2+	0390
OE-FKW	Premier 1	RB-77
OE-FLA	C525A CJ2+	0365
OE-FLB	C525A CJ2+	0369
OE-FLG	C525 CJ	525-0103
OE-FLP	C525A CJ2	0011
OE-FLR	C510	510-0082
OE-FMA	C525 CJ	525-0188
OE-FMC	Premier 1	RB-41
OE-FMD	C525 CJ1+	525-0614
OE-FMI	C525 CJ	525-0315
OE-FMK	C500	501-0144
OE-FMS	C500	501-0239
OE-FMT	C525 CJ	525-0217
OE-FMU	C525 CJ	525-0040
OE-FMY	C510	510-0106
OE-FMZ	C510	510-0116
OE-FOA	C525A CJ2+	0354
OE-FOE	C525A CJ2+	0375
OE-FOI	C525 CJ1	525-0477
OE-FPK	C525A CJ2+	0437
OE-FPO	C525 CJ1+	525-0645
OE-FPS	C525 CJ1	525-0142
OE-FRA	C525A CJ2	0150
OE-FRC	Premier 1	RB-57
OE-FRF	C525 CJ1	525-0539
OE-FRJ	Premier 1	RB-12
OE-FRR	C525 CJ	525-0124
OE-FSG	C525A CJ2	0203
OE-FSR	C525 CJ1+	525-0634
OE-FSS	C525 CJ	525-0226

OB- Peru

Reg	Type	Serial
OB-1703	Astra	4
OB-1824	C560XLS	560-5605

OD- Lebanon

Reg	Type	Serial
OD-AMR	CRJ200	7255
OD-BBF	125-700	257054
OD-BOY	125-700	257109

☐ OE-FUX	C525A CJ2	0106	☐ OE-GRA	C525B CJ3	0135	☐ OE-ICH	G450	4104
☐ OE-FVB	C525A CJ2	0229	☐ OE-GRB	C550 Bravo	550-1039	☐ OE-ICN	Global Express	9256
☐ OE-FWH	C510	510-0104	☐ OE-GRD	C550	550-0707	☐ OE-IDB	Legacy	14500999
☐ OE-FWM	C525 CJ	525-0177	☐ OE-GRF	125-850XP	258813	☐ OE-IDG	Challenger 604	5654
☐ OE-FWW	Premier 1	RB-131	☐ OE-GRR	Learjet 55	59	☐ OE-IDM	Falcon 900EX	51
☐ OE-FYH	C525A CJ2	0176	☐ OE-GRS	125-850XP	258804	☐ OE-IDX	Falcon 900DX	604
☐ OE-GAA	C560	560-0111	☐ OE-GRU	C525B CJ3	0222	☐ OE-IEL	Global Express	9099
☐ OE-GAG	Be400XP	RK-448	☐ OE-GRZ	C525B CJ3	0219	☐ OE-IEX	Falcon 900EX	111
☐ OE-GAH	C550 Bravo	550-0922	☐ OE-GSG	Be400XP	RK-402	☐ OE-IFB	Challenger 605	5704
☐ OE-GAK	C680	680-0186	☐ OE-GSK	G150	245	☐ OE-IFG	Global 5000	9182
☐ OE-GAL	C550 Bravo	550-0974	☐ OE-GSP	C560XLS	560-5756	☐ OE-IGJ	Challenger 604	5598
☐ OE-GAR	Learjet 45	45-148	☐ OE-GSR	C560XLS	560-5695	☐ OE-IGS	Global Express	9044
☐ OE-GAS	G150	242	☐ OE-GSU	Learjet 60	60-317	☐ OE-IIA	Gulf GV	641
☐ OE-GBA	C550	550-0085	☐ OE-GSZ	C560XLS	560-5763	☐ OE-IIB	Fokker 100	11403
☐ OE-GBD	Astra	133	☐ OE-GTK	C560XL	560-5007	☐ OE-IIC	Fokker 100	11406
☐ OE-GBR	C560XLS	560-5749	☐ OE-GTM	Be400A	RK-343	☐ OE-IID	Fokker 100	11368
☐ OE-GBY	C680	680-0066	☐ OE-GVA	Learjet 40XR	45-2079	☐ OE-IIS	Gulf GV	572
☐ OE-GCA	C560XL	560-5157	☐ OE-GVD	Learjet 60XR	60-373	☐ OE-IKG	Challenger 850	8063
☐ OE-GCB	C560 Ultra	560-0517	☐ OE-GVJ	Learjet 60XR	60-359	☐ OE-IKM	Global Express	9112
☐ OE-GCC	C560	560-0125	☐ OE-GVL	C560XLS	560-5772	☐ OE-IKP	Challenger 604	5599
☐ OE-GCE	125-800XP	258536	☐ OE-GVR	C550 Bravo	550-0988	☐ OE-ILI	Challenger 850	8048
☐ OE-GCG	C560XL	560-5316	☐ OE-GVT	Learjet 60XR	60-360	☐ OE-ILV	Challenger 850	8082
☐ OE-GCH	C650 VII	650-7006	☐ OE-GVV	Learjet 60XR	60-364	☐ OE-ILX	B737 BBJ2	32777
☐ OE-GCI	C550	550-0041	☐ OE-GVX	Learjet 40XR	45-2097	☐ OE-ILY	Challenger 850	8076
☐ OE-GCO	C650 III	650-0012	☐ OE-GWH	C560XLS+	560-6029	☐ OE-ILZ	Challenger 850	8086
☐ OE-GCP	C560	560-0214	☐ OE-GWV	C560XLS	560-5826	☐ OE-IMI	Falcon 900EX	87
☐ OE-GEG	C560XLS	560-5529	☐ OE-GXX	Learjet 40XR	45-2112	☐ OE-IMK	Challenger 604	5664
☐ OE-GEH	C560XLS	560-5755	☐ OE-GYG	Learjet 60	60-197	☐ OE-INA	Challenger 605	5782
☐ OE-GEM	C680	680-0033	☐ OE-GZK	C560XLS	560-5668	☐ OE-INB	Falcon 900EX	189
☐ OE-GES	C560XLS+	560-6036	☐ OE-HAA	Challenger 300	20232	☐ OE-INC	Global 5000	9168
☐ OE-GET	C525B CJ3	0277	☐ OE-HAB	Challenger 300	20227	☐ OE-INI	Challenger 604	5595
☐ OE-GFA	Learjet 60	60-214	☐ OE-HAC	C750	750-0232	☐ OE-INJ	Challenger 604	5435
☐ OE-GFB	Be400A	RK-84	☐ OE-HAF	Falcon 2000	223	☐ OE-INN	Challenger 605	5743
☐ OE-GFF	Learjet 45	45-243	☐ OE-HAK	C750	750-0300	☐ OE-INP	Challenger 605	5745
☐ OE-GGG	C560XLS+	560-6013	☐ OE-HAL	C750	750-0259	☐ OE-INS	Challenger 605	5707
☐ OE-GGL	Learjet 60	60-287	☐ OE-HAP	Challenger 300	20226	☐ OE-INT	Challenger 605	5758
☐ OE-GHG	C525B CJ3	0150	☐ OE-HAS	Galaxy G200	206	☐ OE-INX	Challenger 604	5629
☐ OE-GHM	Be400A	RK-148	☐ OE-HAZ	Galaxy G200	102	☐ OE-INY	Challenger 604	5644
☐ OE-GHU	125-800XP	258335	☐ OE-HDD	Challenger 300	20065	☐ OE-IOE	Falcon 900EX	214
☐ OE-GII	Learjet 60	60-169	☐ OE-HDV	Challenger 300	20261	☐ OE-IOO	Global 5000	9301
☐ OE-GIL	C550	550-0060	☐ OE-HEM	Falcon 2000	207	☐ OE-IPA	Global Express	9286
☐ OE-GJM	C680	680-0282	☐ OE-HEO	Challenger 300	20179	☐ OE-IPH	125-850XP	258778
☐ OE-GKE	C560XLS	560-5642	☐ OE-HFA	Falcon 2000	216	☐ OE-IRG	G550	5139
☐ OE-GKK	C550 Bravo	550-0872	☐ OE-HFC	Galaxy G200	50	☐ OE-IRK	Legacy	14500916
☐ OE-GKM	C560XLS	560-5811	☐ OE-HGG	C750	750-0214	☐ OE-IRP	Global Express	9106
☐ OE-GKZ	C680	680-0200	☐ OE-HII	Challenger 300	20111	☐ OE-ISA	Challenger 850	8043
☐ OE-GLF	G150	261	☐ OE-HIT	Falcon 50	222	☐ OE-ISM	Falcon 900DX	617
☐ OE-GLG	C550 Bravo	550-0977	☐ OE-HJA	C750	750-0261	☐ OE-ISS	G550	5022
☐ OE-GLL	C550 Bravo	550-1069	☐ OE-HKK	Falcon 2000EX	10	☐ OE-ISU	Challenger 605	5764
☐ OE-GLS	C650 VII	650-7110	☐ OE-HKY	Falcon 2000	226	☐ OE-ITH	Challenger 604	5636
☐ OE-GLX	Learjet 60XR	60-332	☐ OE-HMR	Falcon 2000EX	152	☐ OE-IVA	Falcon 7X	42
☐ OE-GLY	Learjet 60XR	60-333	☐ OE-HNL	Challenger 300	20039	☐ OE-IVV	G550	5054
☐ OE-GMA	Learjet 60	60-270	☐ OE-HNM	Falcon 2000EX	8	☐ OE-IVY	Gulf GV	687
☐ OE-GMC	Be400A	RK-162	☐ OE-HPH	Falcon 2000	209	☐ OE-LGS	A319CJ	3046
☐ OE-GME	C560XL	560-5113	☐ OE-HPK	Challenger 300	20004	☐ OE-LLL	Falcon 7X	55
☐ OE-GMJ	Learjet 35A	504	☐ OE-HPZ	Challenger 300	20047	☐ OE-LXR	Global Express	9235
☐ OE-GML	C550 Bravo	550-0976	☐ OE-HRM	Challenger 300	20222			
☐ OE-GMM	C680	680-0005	☐ OE-HRR	Challenger 300	20033			
☐ OE-GMS	Learjet 35A	341	☐ OE-HSB	Galaxy G200	223	### OH- Finland		
☐ OE-GMZ	C525B CJ3	0318	☐ OE-HSG	Galaxy G200	65			
☐ OE-GNA	C525B CJ3	0275	☐ OE-HSN	Galaxy G200	225	☐ OH-	C560XL	560-5056
☐ OE-GNB	C680	680-0055	☐ OE-HTO	Falcon 2000LX	199	☐ OH-ANS	Challenger 605	5785
☐ OE-GNF	Learjet 60	60-304	☐ OE-HUB	C750	750-0273	☐ OH-FEX	Falcon 2000EX	27
☐ OE-GNW	C560XL	560-5339	☐ OE-HVA	Falcon 2000	217	☐ OH-FFX	Falcon 900EX	23
☐ OE-GNY	125-850XP	258859	☐ OE-HVJ	Challenger 300	20200	☐ OH-FFD	Falcon 7X	20
☐ OE-GPD	C525B CJ3	0314	☐ OE-IAG	G450	4130	☐ OH-FFE	Falcon 900EX	220
☐ OE-GPH	C560 Encore	560-0590	☐ OE-IBC	Global 5000	9269	☐ OH-FIX	Falcon 2000	179
☐ OE-GPK	C525B CJ3	0312	☐ OE-IBK	Legacy	14501110	☐ OH-FLM	Challenger 300	20155
☐ OE-GPN	C560XL	560-5169	☐ OE-IBN	Falcon 900EX	176	☐ OH-FOX	Falcon 2000EX	67
☐ OE-GPO	C525B CJ3	0125	☐ OE-IBR	Legacy	14500960	☐ OH-GVE	Learjet 60	60-281
☐ OE-GPS	C550 Bravo	550-0837	☐ OE-ICF	Falcon 900B	22	☐ OH-III	Learjet 60	60-303

☐ OH-IVS	Learjet 60XR	60-355
☐ OH-KNE	Diamond	014SA
☐ OH-MOL	Challenger 604	5658
☐ OH-PPI	C750	750-0115
☐ OH-PPR	Falcon 900EX	118
☐ OH-PPS	Global Express	9237
☐ OH-PPT	Global Express	9291
☐ OH-SPB	Challenger 850	8056
☐ OH-TNR	Global Express	9159
☐ OH-WIA	C680	680-0215
☐ OH-WIC	Challenger 604	5452
☐ OH-WII	Challenger 604	5642
☐ OH-WIP	Falcon 20F	359

OK- Czech Republic

☐ OK-ACH	C550 Bravo	550-1111
☐ OK-CAA	C560XL	560-5183
☐ OK-DSJ	C525 CJ	525-0351
☐ OK-EMA	C680	680-0279
☐ OK-FTR	C510	510-0053
☐ OK-GGG	Legacy	14500986
☐ OK-JDM	Learjet 60XR	60-330
☐ OK-JNT	Legacy	14501087
☐ OK-KAZ	125-900XP	HA-0034
☐ OK-KKG	Legacy	14500873
☐ OK-LEO	C510	510-0252
☐ OK-MYS	C510	510-0268
☐ OK-PPC	C510	510-0019
☐ OK-ROM	Legacy	14501039
☐ OK-SLA	C525 CJ	525-0310
☐ OK-SLN	Legacy	145796
☐ OK-SLS	C560	560-0088
☐ OK-SLX	C560XL	560-5243
☐ OK-SUN	Legacy	14500963
☐ OK-UNI	C680	680-0139
☐ OK-VSZ	C550 Bravo	550-1040
☐ OK-YXY	Learjet 60XR	60-376

OM- Slovak Republic

☐ OM-AES	C510	510-0270
☐ OM-BYE	Yak-40	9440338
☐ OM-BYL	Yak-40	9940560
☐ OM-BYR	Tu-154M	1012
☐ OM-HLY	C525 CJ1	525-0393
☐ OM-HLZ	C525 CJ	525-0223
☐ OM-LBG	C525B CJ3	0067
☐ OM-OIG	125-800XP	258612
☐ OM-OPA	C525B CJ3	0269
☐ OM-OPE	C525A CJ2	0239
☐ OM-OPR	C525 CJ	525-0101
☐ OM-USS	125-800XP	258720
☐ OM-VPB	Premier 1A	RB-256
☐ OM-VPT	C525B CJ3	0217

OO- Belgium

☐ OO-AAA	Falcon 7X	57
☐ OO-ACC	C525A CJ2+	0431
☐ OO-ACO	C510	510-0260
☐ OO-ACT	Falcon 900C	194
☐ OO-AIE	C560XLS	560-5733
☐ OO-ALX	C680	680-0271
☐ OO-CEJ	C525 CJ	525-0172
☐ OO-CIV	C525A CJ2	0206
☐ OO-CLX	C560 Ultra	560-0537
☐ OO-DDA	C525A CJ2	0164
☐ OO-DFG	Falcon 2000EX	140
☐ OO-EBE	C560XLS+	560-6025
☐ OO-EDV	C525B CJ3	0200
☐ OO-ENZ	Learjet 31A	202
☐ OO-EPU	Learjet 45XR	45-291
☐ OO-FLN	C525A CJ2	0179
☐ OO-FOI	Falcon 900EX	121
☐ OO-FPA	C560XL	560-5248
☐ OO-FPB	C550 Bravo	550-1117
☐ OO-FPC	C525B CJ3	0147
☐ OO-FPE	C525B CJ3	0158
☐ OO-FTS	C560XL	560-5318
☐ OO-FYG	C550 Bravo	550-1027
☐ OO-GML	Falcon 2000EX	75
☐ OO-IDE	C525 CJ	525-0037
☐ OO-JDK	C525 CJ	525-0250
☐ OO-KJD	Learjet 45XR	45-404
☐ OO-KRC	Challenger 604	5577
☐ OO-LFN	Learjet 45XR	45-250
☐ OO-LFS	Learjet 45	45-018
☐ OO-LIE	C525B CJ3	0173
☐ OO-MLG	C560XL	560-5028
☐ OO-NAD	Falcon 7X	41
☐ OO-NOA	Phenom 100	00095
☐ OO-PGG	C560XL	560-5230
☐ OO-PHI	C525 CJ	525-0115
☐ OO-PRM	C510	510-0125
☐ OO-SAV	C560XL	560-5189
☐ OO-SKA	C525A CJ2	0054
☐ OO-SKP	Cessna S550	0007
☐ OO-SKV	C560	560-0153
☐ OO-SKY	C525A CJ2	0197
☐ OO-SLM	C560XLS	560-5781
☐ OO-STE	C525 CJ1	525-0495
☐ OO-VMI	Falcon 900DX	603

OY- Denmark

☐ OY-	C550	550-0182
☐ OY-BZT	C550	550-0259
☐ OY-CCJ	Learjet 35A	468
☐ OY-CEV	C500	500-0329
☐ OY-CJN	Be400XP	RK-530
☐ OY-CKH	Falcon 2000LX	160
☐ OY-CKI	Falcon 2000	154
☐ OY-CKJ	C560	560-0114
☐ OY-CKK	C560XLS	560-5757
☐ OY-CKN	Falcon 2000	76
☐ OY-CKT	C560	560-0078
☐ OY-CLN	Falcon 2000EX	35
☐ OY-CLP	C650 VII	650-7093
☐ OY-CYV	C550	550-0440
☐ OY-EDP	C650 III	650-0014
☐ OY-EJD	Falcon 2000EX	63
☐ OY-EKS	Challenger 300	20251
☐ OY-ELY	C550	550-0139
☐ OY-EVO	C550 Bravo	550-1050
☐ OY-FFB	C500	500-0406
☐ OY-FIT	Global 5000	9186
☐ OY-GBB	Challenger 605	5732
☐ OY-GLO	C525A CJ2+	0303
☐ OY-GVG	G450	4066
☐ OY-ILG	Global Express	9163
☐ OY-IVK	Falcon 900EX	138
☐ OY-JAI	C500	500-0193
☐ OY-JBJ	125-800XP	258358
☐ OY-JDE	Falcon 7X	54
☐ OY-JEV	C550	550-0284
☐ OY-JJO	Be400A	RK-267
☐ OY-JMC	C525 CJ	525-0277
☐ OY-JPJ	C650 III	650-0060
☐ OY-KLG	C560 Ultra	560-0401
☐ OY-KVP	Learjet 40XR	45-2064
☐ OY-KYS	Learjet 60XR	60-369
☐ OY-LJJ	Learjet 45	45-116
☐ OY-LKG	125-800XP	258345
☐ OY-LKS	C750	750-0212
☐ OY-LPU	C510	510-0022
☐ OY-MFL	125-700	257103
☐ OY-MHA	Falcon 2000LX	156
☐ OY-MIR	Learjet 60XR	60-322
☐ OY-MMM	Challenger 604	5430
☐ OY-MSI	Global Express	9032
☐ OY-NAD	Challenger 850	8052
☐ OY-NDP	C525A CJ2+	0372
☐ OY-NLA	C650 III	650-0070
☐ OY-NUD	C560	560-0064
☐ OY-OKK	Falcon 900EX	128
☐ OY-PNO	Falcon 2000EX	103
☐ OY-RAA	125-800	258235
☐ OY-RED	Learjet 40XR	45-2096
☐ OY-REN	C525A CJ2+	0331
☐ OY-SGC	Global 5000	9343
☐ OY-SIR	Falcon 2000	173
☐ OY-SML	C525 CJ	525-0258
☐ OY-TMA	C550	550-0457
☐ OY-UCA	C525A CJ2	0209
☐ OY-VEG	Challenger 850	8075
☐ OY-VGA	Challenger 850	8077
☐ OY-WET	C680	680-0067
☐ OY-WIN	Global Express	9280
☐ OY-WWW	C525B CJ3	0194
☐ OY-YAM	Astra	111
☐ OY-ZAN	Learjet 40XR	45-2071

P- North Korea

☐ P-618	Il-62M	2546624

PH- Netherlands

☐ PH-AAG	CRJ200	7763
☐ PH-ANO	C560XLS	560-5745
☐ PH-BPS	Falcon 20-5	321
☐ PH-CHT	Falcon 2000EX	40
☐ PH-CIJ	C680	680-0185
☐ PH-CJI	C560XL	560-5128
☐ PH-CMW	C525 CJ1+	525-0613
☐ PH-DEZ	C500	501-0279
☐ PH-DRK	C560XL	560-5258
☐ PH-DRS	C560XLS	560-5792
☐ PH-DYE	C550 Bravo	550-0927
☐ PH-DYN	C550 Bravo	550-0928
☐ PH-ECI	C525 CJ	525-0321
☐ PH-EDM	Falcon 900C	188
☐ PH-FIS	C525 CJ1	525-0514
☐ PH-FJK	C525B CJ3	0291
☐ PH-HMA	C550 Bravo	550-0972
☐ PH-ILC	Falcon 900B	161
☐ PH-ILZ	C560	560-0145
☐ PH-JNE	C525A CJ2	0242
☐ PH-JNX	C560XLS	560-5641
☐ PH-KBX	Fokker 70	11547
☐ PH-LAB	C550	550-0712
☐ PH-LCG	Falcon 900B	143
☐ PH-LSV	Falcon 50 EX	315
☐ PH-MEX	C650 VI	650-0217
☐ PH-MFX	C650 VI	650-0240
☐ PH-MSX	C650 III	650-0134

☐ PH-MYX	C650 VII	650-7117
☐ PH-NDK	Falcon 900B	175
☐ PH-ORJ	C510	510-0025
☐ PH-RID	C680	680-0212
☐ PH-RSA	C560XL	560-5110
☐ PH-SOL	C525 CJ1	525-0417
☐ PH-TEV	C500	500-0086
☐ PH-TXA	C510	510-0111
☐ PH-VBG	Falcon 2000EX	5

PK- Indonesia

☐ PK-BKS	C560XLS	560-5804
☐ PK-CAH	Learjet 31A	66
☐ PK-CAJ	Learjet 31A	77
☐ PK-DHK	Legacy	14501046
☐ PK-DPD	C560XLS+	560-6035
☐ PK-ILA	C560XLS	560-5598
☐ PK-JBH	125-900XP	HA-0071
☐ PK-OME	Legacy	145516
☐ PK-OSP	BAe 146-100	E1124
☐ PK-PJJ	Avro RJ85	E2239
☐ PK-PRM	Premier 1	RB-56
☐ PK-RJB	C650 VII	650-7073
☐ PK-RJG	Legacy	14500969
☐ PK-RJI	Fokker 100	11328
☐ PK-RJO	Legacy	14501020
☐ PK-RJW	Legacy	14501106
☐ PK-TRI	Falcon 20F	173
☐ PK-TVO	125-800XP	258319

PP/PR/PT- Brazil

☐ PP-AAA	C750	750-0234
☐ PP-AAD	C680	680-0260
☐ PP-AAF	Falcon 2000EX	16
☐ PP-ADD	C560XLS	560-5822
☐ PP-AFM	Phenom 100	00049
☐ PP-AIO	C650 III	650-0087
☐ PP-ANA	125-800XP	258637
☐ PP-ARG	125-900XP	HA-0318
☐ PP-AVX	C525B CJ3	0101
☐ PP-BBS	C525A CJ2+	0325
☐ PP-BIR	Challenger 300	20178
☐ PP-BMG	C550 Bravo	550-1045
☐ PP-BST	C680	680-0184
☐ PP-CFF	Falcon 2000	110
☐ PP-CRS	C525 CJ	525-0346
☐ PP-CTA	Learjet 31A	168
☐ PP-EIF	C500	501-0680
☐ PP-ERR	Learjet 35	8
☐ PP-ESC	C550	550-0618
☐ PP-EVG	C510	510-0101
☐ PP-FMW	Learjet 40XR	45-2068
☐ PP-HSI	Learjet 45XR	45-237
☐ PP-ISJ	C560	560-0258
☐ PP-JBS	C525 CJ1	525-0408
☐ PP-JCF	Be400XP	RK-479
☐ PP-JET	C525 CJ1	525-0384
☐ PP-JFM	C560XL	560-5045
☐ PP-JGV	C560XL	560-5105
☐ PP-JQM	C750	750-0056
☐ PP-KKA	Phenom 100	00126
☐ PP-LGT	Phenom 100	00031
☐ PP-MDB	C560XLS	560-5552
☐ PP-MIS	C510	510-0343
☐ PP-MJC	Falcon 2000EX	99
☐ PP-MPP	C525B CJ3	0297
☐ PP-MTG	C510	510-0046
☐ PP-NNN	C510	510-0041
☐ PP-OAA	C550 Bravo	550-0954
☐ PP-ONE	Learjet 60XR	60-354
☐ PP-ORM	C550 Bravo	550-0930
☐ PP-PMV	Falcon 50 EX	299
☐ PP-PPN	Falcon 2000LX	164
☐ PP-PRR	C560XLS	560-5823
☐ PP-PRV	C510	510-0197
☐ PP-RAA	C560XL	560-5034
☐ PP-SCB	Challenger 605	5714
☐ PP-SKD	Phenom 100	00066
☐ PP-UQF	Be400XP	RK-379
☐ PP-VDR	Global Express	9312
☐ PP-WGS	C510	510-0099
☐ PP-WIN	Learjet 60	60-159
☐ PP-WRV	Be400A	RK-258
☐ PP-XOG	Phenom 100	00004
☐ PP-XOH	Phenom 100	00003
☐ PP-XOJ	Phenom 100	00002
☐ PP-XOM	Phenom 100	00001
☐ PP-XON	Phenom 100	00005
☐ PP-XOQ	Phenom 100	00007
☐ PP-XPH	Phenom 100	99801
☐ PP-XUM	MS760 Paris	97
☐ PP-XVI	Phenom 300	99801
☐ PP-XVJ	Phenom 300	50001
☐ PP-XVK	Phenom 300	50002
☐ PP-XVL	Phenom 300	50003
☐ PP-XVM	Phenom 300	50004
☐ PP-YOF	C525 CJ	525-0356
☐ PP-ZZC	Phenom 300	00011
☐ PP-ZZD	Phenom 300	00012
☐ PP-ZZE	Phenom 300	00013
☐ PR-AAA	C560XL	560-5120
☐ PR-ABP	Learjet 35A	621
☐ PR-ABV	C525 CJ1	525-0428
☐ PR-ACC	C560XL	560-5274
☐ PR-ADL	C525B CJ3	0278
☐ PR-AGP	C680	680-0259
☐ PR-AJG	C650 VII	650-7111
☐ PR-ALC	C525B CJ3	0124
☐ PR-ALV	C525B CJ3	0129
☐ PR-ALY	Be400A	RK-6
☐ PR-AMA	Premier 1	RB-21
☐ PR-ANP	C560XLS	560-5750
☐ PR-ARA	C525 CJ1	525-0441
☐ PR-ARS	C525A CJ2+	0392
☐ PR-AUR	Galaxy G200	140
☐ PR-AVM	Learjet 31	5
☐ PR-AVX	Legacy	14501037
☐ PR-BBD	Galaxy G200	218
☐ PR-BBS	B737 BBJ1	32575
☐ PR-BEB	Legacy	14501035
☐ PR-BED	Be400XP	RK-430
☐ PR-BJM	C525 CJ1	525-0458
☐ PR-BNP	C680	680-0217
☐ PR-BRS	C680	680-0241
☐ PR-BSA	C510	510-0062
☐ PR-CAN	C525 CJ	525-0233
☐ PR-CAO	Learjet 45XR	45-320
☐ PR-CCV	C560	560-0130
☐ PR-CDF	Falcon 10	126
☐ PR-CIM	Premier 1	RB-32
☐ PR-CNP	C525A CJ2	0226
☐ PR-CON	C560XLS	560-5583
☐ PR-CPC	Phenom 100	00125
☐ PR-CSM	Learjet 45XR	45-329
☐ PR-CSW	Phenom 100	00048
☐ PR-CTA	C750	750-0010
☐ PR-CTB	C560 Encore +	560-0760
☐ PR-CVC	C525B CJ3	0199
☐ PR-DAY	Phenom 100	00065
☐ PR-DBB	125-800XP	258284
☐ PR-DBD	125-900XP	HA-0089
☐ PR-DCE	C525 CJ	525-0251
☐ PR-DCJ	Phenom 100	00027
☐ PR-DHC	Phenom 100	00034
☐ PR-DIB	Learjet 40XR	45-2081
☐ PR-DNZ	Falcon 7X	22
☐ PR-DOT	Be400A	RK-104
☐ PR-DPF	ERJ-145EP	145127
☐ PR-DRI	C510	510-0063
☐ PR-EBD	C525B CJ3	0047
☐ PR-EGB	Falcon 10	45
☐ PR-EMS	C560XL	560-5223
☐ PR-ENE	Learjet 31A	151
☐ PR-EOB	C525 CJ1	525-0483
☐ PR-ERP	C550 Bravo	550-0903
☐ PR-ERR	Learjet 55C	137
☐ PR-EXP	C525 CJ1	525-0482
☐ PR-FAC	C510	510-0129
☐ PR-FBS	Phenom 100	00042
☐ PR-FEP	C550 Bravo	550-0833
☐ PR-FJA	C560XLS	560-5739
☐ PR-FMP	C510	510-0087
☐ PR-FNP	C750	750-0028
☐ PR-FRU	Falcon 900EX	181
☐ PR-GAM	C560XL	560-5256
☐ PR-GBN	Learjet 31A	166
☐ PR-GCA	Premier 1	RB-65
☐ PR-GCL	Learjet 60	60-283
☐ PR-GFS	C525 CJ1+	525-0663
☐ PR-GPA	Falcon 900EX	82
☐ PR-GQG	C560 Encore	560-0704
☐ PR-GRD	C750	750-0112
☐ PR-HAP	C525 CJ	525-0185
☐ PR-HIP	C525 CJ	525-0220
☐ PR-HLW	C680	680-0182
☐ PR-IDB	Challenger 300	20168
☐ PR-IEI	Phenom 100	00085
☐ PR-IND	Be400XP	RK-470
☐ PR-ITN	C650 III	650-0171
☐ PR-IVI	Phenom 100	00032
☐ PR-JAJ	Phenom 100	00083
☐ PR-JAQ	C750	750-0060
☐ PR-JBS	Learjet 40XR	45-2048
☐ PR-JET	C525A CJ2	0042
☐ PR-JJV	Learjet 31A	149
☐ PR-JPK	Be400A	RK-155
☐ PR-JRR	Premier 1	RB-84
☐ PR-JST	C525A CJ2	0044
☐ PR-JTS	Diamond	066SA
☐ PR-JVF	C525A CJ2+	0376
☐ PR-KKA	C650 VI	650-0213
☐ PR-KYK	C525A CJ2+	0440
☐ PR-LAM	C560 Encore	560-0600
☐ PR-LAT	C750	750-0052
☐ PR-LFT	C560XLS	560-5619
☐ PR-LJM	C525 CJ1	525-0456
☐ PR-LRJ	Learjet 31A	158
☐ PR-LRR	Learjet 31	17
☐ PR-LTA	125-800	258025
☐ PR-LTC	Legacy	14501091
☐ PR-LUG	125-800XP	258553
☐ PR-LUZ	C750	750-0004
☐ PR-MCL	C510	510-0057
☐ PR-MDE	C510	510-0231
☐ PR-MFJ	C525 CJ1	525-0542
☐ PR-MJC	C510	750-0237
☐ PR-MKB	Learjet 31A	178
☐ PR-MLA	Learjet 35A	72
☐ PR-MLR	Learjet 60XR	60-357

Registration	Type	Serial	Registration	Type	Serial	Registration	Type	Serial
☐ PR-MMS	Be400XP	RK-457	☐ PR-WRO	G550	5236	☐ PT-LJL	Cessna S550	0084
☐ PR-MMV	C560XLS	560-5744	☐ PR-WSC	Challenger 300	20012	☐ PT-LJQ	Cessna S550	0113
☐ PR-MON	C525B CJ3	0324	☐ PR-WSM	Falcon 2000	6	☐ PT-LKD	Learjet 24F	356
☐ PR-MPM	C510	510-0080	☐ PR-WTR	Galaxy G200	4	☐ PT-LKS	Cessna S550	0114
☐ PR-MRG	C525B CJ3	0187	☐ PR-WYW	Falcon 50	234	☐ PT-LLN	Learjet 25C	176
☐ PR-MVB	Be400A	RK-350	☐ PR-XDN	Global 5000	9190	☐ PT-LLS	Learjet 35A	303
☐ PR-NBR	C560XL	560-5289	☐ PR-XDY	C750	750-0118	☐ PT-LLT	C550	550-0327
☐ PR-NCJ	125-750	HB-15	☐ PR-XJS	Learjet 60	60-189	☐ PT-LLU	C550	550-0132
☐ PR-NIO	Legacy	14501012	☐ PR-XSX	C510	510-0058	☐ PT-LMM	Learjet 25D	323
☐ PR-NNP	C525A CJ2+	0316	☐ PT-ACC	Learjet 36A	18	☐ PT-LMS	Learjet 24D	296
☐ PR-NRN	C510	510-0119	☐ PT-BBB	Learjet 31A	103	☐ PT-LMY	Learjet 35A	627
☐ PR-NTX	C525A CJ2	0228	☐ PT-CBA	Premier 1A	RB-222	☐ PT-LNC	C550	550-0222
☐ PR-NXG	Falcon 2000LX	157	☐ PT-FBM	C525 CJ	525-0119	☐ PT-LOE	Learjet 35A	393
☐ PR-OBE	Falcon 2000LX	179	☐ PT-FJA	C525 CJ	525-0337	☐ PT-LOG	C500	500-0284
☐ PR-OEC	Be400XP	RK-524	☐ PT-FLC	C510	510-0147	☐ PT-LOT	Learjet 35A	93
☐ PR-OFT	Galaxy G200	27	☐ PT-FLO	C510	510-0056	☐ PT-LPH	Learjet 24D	275
☐ PR-ONE	Learjet 40	45-2020	☐ PT-FNP	C525 CJ	525-0319	☐ PT-LPK	C550	550-0010
☐ PR-OPP	125-800XP	258547	☐ PT-FPP	C560XL	560-5003	☐ PT-LPN	C550	550-0294
☐ PR-ORE	Legacy	145625	☐ PT-FQB	Phenom 100	00128	☐ PT-LPP	C550	550-0218
☐ PR-OTA	Learjet 45XR	45-242	☐ PT-FQC	Phenom 100	00129	☐ PT-LPZ	C500	500-0015
☐ PR-OUD	C525 CJ1+	525-0660	☐ PT-FQD	Phenom 100	00132	☐ PT-LQK	Learjet 24E	333
☐ PR-OUR	C560XL	560-5371	☐ PT-FQD	Phenom 100	00130	☐ PT-LQP	125-800	258116
☐ PR-PAB	C550 Bravo	550-1015	☐ PT-FQE	Phenom 100	00131	☐ PT-LQR	C500	500-0246
☐ PR-PFN	ERJ-145LR	145002	☐ PT-FQG	Phenom 100	00133	☐ PT-LSJ	Learjet 35A	181
☐ PR-PJD	Learjet 31A	214	☐ PT-FQH	Phenom 100	00134	☐ PT-LTB	C650 III	650-0166
☐ PR-PMV	Falcon 900EX	207	☐ PT-FQI	Phenom 100	00135	☐ PT-LTI	C500	500-0226
☐ PR-PTL	C650 VII	650-7038	☐ PT-FQJ	Phenom 100	00136	☐ PT-LTJ	C550	550-0225
☐ PR-PTR	Learjet 40XR	45-2086	☐ PT-FQK	Phenom 100	00137	☐ PT-LUA	C500	500-0346
☐ PR-RBO	C525B CJ3	0310	☐ PT-FQL	Phenom 100	00138	☐ PT-LUE	C650 III	650-0091
☐ PR-RCB	C680	680-0090	☐ PT-FQM	Phenom 100	00139	☐ PT-LUG	Learjet 35A	356
☐ PR-RDM	C510	510-0084	☐ PT-FQN	Phenom 100	00140	☐ PT-LUK	Learjet 55	86
☐ PR-RIO	Legacy	145717	☐ PT-FQO	Phenom 100	00141	☐ PT-LUZ	Learjet 25D	335
☐ PR-RJN	C525A CJ2+	0417	☐ PT-FQP	Phenom 100	00142	☐ PT-LVD	Falcon 100	223
☐ PR-RMC	C560XLS+	560-6034	☐ PT-FQQ	Phenom 100	00143	☐ PT-LXH	C500	500-0133
☐ PR-RRN	Premier 1A	RB-237	☐ PT-FQR	Phenom 100	00144	☐ PT-LXO	Learjet 55C	135
☐ PR-RSN	Premier 1A	RB-240	☐ PT-FQS	Phenom 100	00145	☐ PT-LXX	Learjet 31	7
☐ PR-RST	C560XLS	560-5579	☐ PT-FQT	Phenom 100	00146	☐ PT-LZP	Learjet 35A	339
☐ PR-RTJ	C680	680-0267	☐ PT-FTB	C560	560-0060	☐ PT-LZQ	C560	560-0045
☐ PR-RTS	C560XLS+	560-6046	☐ PT-FTC	C525A CJ2	0048	☐ PT-MAH	Phenom 100	00026
☐ PR-SCB	Learjet 31A	100	☐ PT-FTE	C525A CJ2	0053	☐ PT-MBZ	Astra	22
☐ PR-SCE	Be400XP	RK-466	☐ PT-FTG	C525A CJ2	0117	☐ PT-MGS	C650 VII	650-7021
☐ PR-SCF	C525B CJ3	0239	☐ PT-GAF	125-800	258261	☐ PT-MIL	C525 CJ	525-0086
☐ PR-SCP	C550 Bravo	550-1118	☐ PT-GAP	Learjet 35A	589	☐ PT-MJC	C525 CJ	525-0085
☐ PR-SCR	C560 Encore	560-0653	☐ PT-IIQ	Learjet 25C	89	☐ PT-MMO	C550	550-0455
☐ PR-SFA	Learjet 31	23	☐ PT-ISO	Learjet 25C	115	☐ PT-MMV	C550 Bravo	550-0811
☐ PR-SMJ	C525 CJ	525-0285	☐ PT-JAA	125-800	258190	☐ PT-MPE	C525 CJ	525-0015
☐ PR-SMK	C680	680-0252	☐ PT-JKQ	Learjet 24D	284	☐ PT-MPL	Be400A	RK-158
☐ PR-SNV	C550	550-0723	☐ PT-KBR	C500	500-0156	☐ PT-MSK	C560XL	560-5087
☐ PR-SOL	125-800	258133	☐ PT-KZR	Learjet 35A	252	☐ PT-MSP	C525 CJ	525-0259
☐ PR-SOV	C680	680-0069	☐ PT-LBN	C500	500-0079	☐ PT-OAG	C550	550-0357
☐ PR-SPO	C525B CJ3	0028	☐ PT-LBW	Learjet 25	56	☐ PT-OCZ	Learjet 35A	361
☐ PR-SPR	C680	680-0132	☐ PT-LCC	C500	500-0413	☐ PT-ODC	C500	501-0678
☐ PR-STJ	Westwind	300	☐ PT-LCD	Learjet 35A	103	☐ PT-ODL	C550	550-0640
☐ PR-SUN	C680	680-0060	☐ PT-LDI	C500	500-0335	☐ PT-ODZ	C550	550-0645
☐ PR-TAP	C525A CJ2	0185	☐ PT-LDM	Learjet 35A	494	☐ PT-OEX	Falcon 900	92
☐ PR-TBL	C525B CJ3	0245	☐ PT-LDR	Learjet 55B	134	☐ PT-OHD	Learjet 25D	296
☐ PR-TEN	C560XLS	560-5778	☐ PT-LDY	Westwind	251	☐ PT-OIG	C500	500-0005
☐ PR-TOP	C525A CJ2	0061	☐ PT-LEB	Learjet 35A	474	☐ PT-OJG	C550	550-0676
☐ PR-TRJ	C560XLS	560-5644	☐ PT-LEN	Learjet 25B	93	☐ PT-OKP	C550	551-0460
☐ PR-UUT	Phenom 100	00093	☐ PT-LET	Learjet 55	80	☐ PT-OMS	C500	500-0251
☐ PR-VDL	C510	510-0085	☐ PT-LGW	Learjet 35A	598	☐ PT-OMT	C500	500-0179
☐ PR-VDR	Global Express	9018	☐ PT-LHB	125-800	258031	☐ PT-OMU	C650 III	650-0205
☐ PR-VEL	Phenom 100	00068	☐ PT-LHC	C650 III	650-0086	☐ PT-OOI	125-800	258214
☐ PR-VGD	C525 CJ	525-0120	☐ PT-LHK	125	25197	☐ PT-OOL	C500	500-0060
☐ PR-VMD	Premier 1A	RB-246	☐ PT-LHR	Learjet 55	44	☐ PT-OPJ	Learjet 35A	396
☐ PR-VPP	Premier 1A	RB-224	☐ PT-LHT	Learjet 35A	479	☐ PT-ORA	Learjet 55C	146
☐ PR-VRD	C560XL	560-5211	☐ PT-LIV	C550	550-0499	☐ PT-ORC	C560	560-0195
☐ PR-WAT	C525A CJ2+	0406	☐ PT-LIX	C500	500-0171	☐ PT-ORM	C560XLS	560-5535
☐ PR-WOB	C525B CJ2	0089	☐ PT-LJF	C550	551-0289	☐ PT-OSD	C500	500-0325
☐ PR-WRI	Falcon 900EX	44	☐ PT-LJJ	C550	550-0247	☐ PT-OSM	Cessna S550	0160
☐ PR-WRM	Falcon 7X	6	☐ PT-LJK	Learjet 35A	372	☐ PT-OSW	125-800	258184

Registration	Type	Serial
PT-OTC	125-800	258194
PT-OTQ	C500	500-0046
PT-OTS	C560	560-0213
PT-OVK	C500	500-0027
PT-OVU	C650 VII	650-7033
PT-OVZ	Learjet 31A	37
PT-OXT	Diamond	039SA
PT-POK	Learjet 35A	619
PT-PRR	C525 CJ1	525-0403
PT-PTL	C750	750-0080
PT-SBF	Premier 1A	RB-210
PT-SCR	Legacy	14500946
PT-SEF	Legacy	14501049
PT-SEP	Legacy	14501062
PT-SKW	Legacy	14501006
PT-SPM	ERJ-145EP	145114
PT-TFS	Phenom 100	00043
PT-TGD	Phenom 100	00054
PT-TGI	Phenom 100	00059
PT-TGJ	Phenom 100	00060
PT-TGL	Phenom 100	00062
PT-TGW	Phenom 100	00073
PT-TGZ	Phenom 100	00076
PT-THA	Phenom 100	00077
PT-THB	Phenom 100	00078
PT-THJ	Phenom 100	00086
PT-THR	Phenom 100	00094
PT-THT	Phenom 100	00096
PT-THU	Phenom 100	00097
PT-THV	Phenom 100	00098
PT-THW	Phenom 100	00099
PT-THX	Phenom 100	00100
PT-THY	Phenom 100	00101
PT-TII	Phenom 100	00104
PT-TIM	Phenom 100	00108
PT-TIN	Phenom 100	00109
PT-TIO	Phenom 100	00110
PT-TIQ	Phenom 100	00112
PT-TIR	Phenom 100	00113
PT-TIT	Phenom 100	00115
PT-TIW	Phenom 100	00118
PT-TIX	Phenom 100	00119
PT-TIY	Phenom 100	00120
PT-TIZ	Phenom 100	00121
PT-TJS	C525B CJ3	0136
PT-TOP	C510	510-0123
PT-TRA	Be400A	RK-307
PT-TYA	Phenom 100	00122
PT-TYD	Phenom 100	00127
PT-WAL	125-800	258198
PT-WBC	Astra	86
PT-WBY	C500	500-0008
PT-WEW	Learjet 24	158
PT-WFD	C560 Ultra	560-0308
PT-WGF	Learjet 35A	322
PT-WHB	Be400A	RK-73
PT-WHC	Be400A	RK-58
PT-WHD	Be400A	RK-77
PT-WHE	Be400A	RK-81
PT-WHF	Be400A	RK-82
PT-WHG	Be400A	RK-54
PT-WIB	Cessna S550	0137
PT-WIV	Learjet 31A	110
PT-WJS	Be400A	RK-122
PT-WJZ	C550	550-0318
PT-WKL	Learjet 24D	294
PT-WKQ	C550	550-0675
PT-WLO	Learjet 31A	122
PT-WLY	C650 VII	650-7074
PT-WMA	125-800XP	258301
PT-WMZ	C560 Ultra	560-0406
PT-WQH	C650 VII	650-7083
PT-WQI	C525 CJ	525-0238
PT-WSB	Learjet 31A	135
PT-WSF	Falcon 10	169
PT-WUM	C750	750-0092
PT-WVG	125-800XP	258395
PT-WYC	Falcon 2000	59
PT-WYU	C560XL	560-5060
PT-XAC	C525 CJ	525-0280
PT-XCF	C560 Ultra	560-0450
PT-XCL	C560XL	560-5020
PT-XDB	C525 CJ	525-0274
PT-XDN	Learjet 40XR	45-2062
PT-XFG	C650 VII	650-7099
PT-XFS	Learjet 60	60-121
PT-XGS	Learjet 60	60-164
PT-XIB	C560XL	560-5043
PT-XLI	Learjet 35A	299
PT-XLR	Learjet 45	45-048
PT-XMM	C525 CJ	525-0267
PT-XPP	Learjet 31A	148
PT-XSX	C550 Bravo	550-0873
PT-XTA	Learjet 31	13
PT-ZXW	Phenom 300	50007
PT-ZXX	Phenom 300	50008
PT-ZXY	Phenom 300	50009
PT-ZXZ	Phenom 300	00010

P2- Papua New Guinea

Registration	Type	Serial
P2-ANW	Falcon 900EX	218
P2-TAA	C550	550-0145

P4- Aruba

Registration	Type	Serial
P4-AAA	Global Express	9136
P4-ABC	Challenger 604	5628
P4-ADD	Galaxy G200	200
P4-AEG	Legacy	14501111
P4-AIR	MD87	49412
P4-ALA	125-900XP	HA-0020
P4-ALE	125-800XP	258359
P4-ALM	C560XL	560-5218
P4-AMF	125-800	258201
P4-AMH	125-700	257070
P4-AND	C750	750-0075
P4-ANG	125-900XP	HA-0025
P4-ARL	A319CJ	2192
P4-ASL	B737 BBJ1	29791
P4-AST	Challenger 850	8054
P4-AVJ	Challenger 604	5519
P4-BAK	Falcon 50	130
P4-BTA	Challenger 604	5649
P4-BUS	C750	750-0271
P4-CBA	Global Express	9220
P4-CBH	BAC 111	88
P4-CHV	Challenger 604	5580
P4-FLY	B727-022	19148
P4-FSH	B747-SP31	21963
P4-GAZ	CRJ200	7159
P4-GJL	Challenger 850	8053
P4-IKF	Falcon 2000	227
P4-IVM	Legacy	145686
P4-JET	Falcon 50 EX	295
P4-KAZ	B737 BBJ1	32774
P4-LIG	B737 BBJ1	37592
P4-LVF	125-700	257040
P4-MAF	125-1000	259026
P4-MES	B767-33AER	33425
P4-MIS	A319CJ	3133
P4-MIV	Legacy	14501031
P4-MSG	Legacy	14500913
P4-NGK	B737 BBJ1	37583
P4-PAM	Legacy	14500982
P4-PET	125-900XP	HA-0035
P4-PRT	125-800XP	258682
P4-SAI	Challenger 604	5553
P4-SAT	Challenger 605	5762
P4-SCM	Falcon 900EX	152
P4-SEN	125-800XP	258617
P4-SIS	Legacy	145586
P4-SNS	Falcon 50 EX	348
P4-SNT	125-800XP	258538
P4-SVM	Legacy	14501060
P4-TAK	Gulf IVSP	1425
P4-TPS	G550	5193
P4-UNI	Challenger 605	5751
P4-VIP	CRJ200	7158
P4-VNL	A319CJ	2921
P4-VVF	Global Express	9147
P4-VVP	Legacy	145549
P4-XZX	125-700	257136

RA- Russia

Registration	Type	Serial
RA-02801	125-700	257097
RA-02802	125-700	257142
RA-02803	125-700	257139
RA-02804	125-700	257175
RA-02806	125-800	258106
RA-02808	125-700	257184
RA-02810	125-700	257012
RA-02850	125-700	257112
RA-09000	Falcon 900B	118
RA-09001	Falcon 900B	123
RA-09003	Falcon 20D	183
RA-09006	Falcon 900EX	164
RA-09008	Falcon 900EX	142
RA-10201	Gulf IVSP	1465
RA-10202	G550	5119
RA-42344	Yak-42D	2708295
RA-42424	Yak-42D-100	1302016
RA-42438	Yak-42D	3609018
RA-42442	Yak-42D	1402019
RA-42451	Yak-42D	2708018
RA-67216	Challenger 604	5567
RA-67217	Challenger 300	20173
RA-67218	Challenger 850	8074
RA-67219	Challenger 850	8090
RA-67220	Challenger 850	8091
RA-67221	Challenger 300	20235
RA-67222	Challenger 604	5596
RA-67223	Challenger 300	20172
RA-67705	C525 CJ1+	525-0652
RA-86467	Il-62M	3749733
RA-86468	Il-62M	4749857
RA-86538	Il-62M	2241758
RA-86539	Il-62M	2344615
RA-86540	Il-62M	3546548
RA-86555	Il-62M	4547315
RA-86559	Il-62M	2153258
RA-86561	Il-62M	4154842
RA-86710	Il-62M	2647646
RA-86712	Il-62M	4648339
RA-96012	Il-96300	3201009
RA-96016	Il-96300	3202010
RA-96018	Il-96300	3202018
RA-96019	Il-96300	3202019
RF-14423	Sabre 60	306-13

RP- Philippines

☐ RP-1250	Fokker F28	11153
☐ RP-C	Challenger 300	20215
☐ RP-C125	125	25033
☐ RP-C390	Premier 1A	RB-204
☐ RP-C525	C525 CJ	525-0288
☐ RP-C610	Learjet 35A	338
☐ RP-C1432	Learjet 31A	186
☐ RP-C1911	Falcon 10	174
☐ RP-C2324	Learjet 24B	182
☐ RP-C2997	BAe 146-200	E2178
☐ RP-C3310	Learjet 40	45-2031
☐ RP-C3958	C500	500-0327
☐ RP-C5168	G150	259
☐ RP-C5354	Learjet 35A	185
☐ RP-C5880	Westwind	353
☐ RP-C5988	Westwind	254
☐ RP-C8082	125-800	258064
☐ RP-C8576	125-800XP	258571
☐ RP-C8822	Learjet 31A	41
☐ RP-C9808	125-700	257209
☐ RP-C9999	Falcon 10	151

SE- Sweden

☐ SE-	C500	500-0235
☐ SE-DDY	C550	550-0115
☐ SE-DEY	C500	500-0370
☐ SE-DHO	Learjet 35A	195
☐ SE-DHP	Learjet 35A	75
☐ SE-DJA	Falcon 900EX	171
☐ SE-DJB	Falcon 900EX	179
☐ SE-DJG	Legacy	14501042
☐ SE-DJM	Falcon 900EX	106
☐ SE-DLB	Falcon 100	183
☐ SE-DLZ	C500	500-0411
☐ SE-DRS	Be400A	RK-37
☐ SE-DUZ	C500	500-0143
☐ SE-DVP	Falcon 100	224
☐ SE-DYB	Falcon 100	216
☐ SE-DYO	Cessna S550	0134
☐ SE-DYR	C550	551-0132
☐ SE-DYV	125-800XP	258385
☐ SE-DYX	C560XL	560-5029
☐ SE-DZZ	Learjet 35A	415
☐ SE-RBD	C550	550-0354
☐ SE-RBK	C550	550-0315
☐ SE-RBO	Be400A	RK-303
☐ SE-RBY	C550 Bravo	550-1038
☐ SE-RCA	Learjet 35A	175
☐ SE-RCM	C560XLS	560-5624
☐ SE-RCY	C550	550-0302
☐ SE-RDY	G550	5080
☐ SE-RDZ	G550	5153
☐ SE-RFH	C680	680-0059
☐ SE-RFJ	C680	680-0205
☐ SE-RGS	C560XLS	560-5807
☐ SE-RGX	C525 CJ1	525-0502
☐ SE-RGY	C560 Ultra	560-0414
☐ SE-RGZ	C560 Encore	560-0607
☐ SE-RHP	C550	550-0672
☐ SE-RIK	C550	551-0025
☐ SE-RIL	C560XLS	560-5777
☐ SE-RIM	C550	550-0071
☐ SE-RIO	C525 CJ	525-0181
☐ SE-RIX	C525 CJ1+	525-0671
☐ SE-RKY	Learjet 45	45-161

SP- Poland

☐ SP-CEZ	Learjet 60XR	60-342
☐ SP-DLB	C525A CJ2+	0428
☐ SP-KBM	C500	500-0269
☐ SP-KCK	C525A CJ2	0158
☐ SP-KCS	C560XLS	560-5649
☐ SP-KHK	C510	510-0189
☐ SP-KKA	C525 CJ1	525-0550
☐ SP-RDW	Premier 1A	RB-233
☐ SP-ZAK	Global 5000	9219
☐ SP-ZSZ	Challenger 300	20044

ST- Sudan

☐ ST-FSA	Jetstar II	5236
☐ ST-PRA	Il-62M	2357711
☐ ST-PRS	Falcon 20F	372
☐ ST-PSA	Falcon 900	84
☐ ST-PSR	Falcon 50	114

SU- Egypt

☐ SU-AXN	Falcon 20-5	294
☐ SU-AYD	Falcon 20-5	361
☐ SU-AZJ	Falcon 20-5	358
☐ SU-BGM	Gulf IV	1048
☐ SU-BGU	Gulf 3	439
☐ SU-BGV	Gulf 3	442
☐ SU-BNC	Gulf IVSP	1329
☐ SU-BND	Gulf IVSP	1332
☐ SU-BNO	Gulf IVSP	1424
☐ SU-BNP	Gulf IVSP	1427
☐ SU-BPE	G400	1506
☐ SU-BPF	G400	1518
☐ SU-BQF	C510	510-0225
☐ SU-DAF	Jetstar 6	5025
☐ SU-EWD	C680	680-0026
☐ SU-GGG	A340-212	61
☐ SU-MAN	125-850XP	258832
☐ SU-SMA	C680	680-0118
☐ SU-SMB	C680	680-0167
☐ SU-SMC	C680	680-0246
☐ SU-SMD	C680	680-0270
☐ SU-SME	C680	680-0274
☐ SU-ZBB	Be400XP	RK-480

SX- Greece

☐ SX-ADK	C560XLS	560-5608
☐ SX-BMI	C680	680-0204
☐ SX-BMK	C550 Bravo	550-0907
☐ SX-BNR	Learjet 60	60-231
☐ SX-CDK	Legacy	14500998
☐ SX-DCA	Falcon 2000EX	29
☐ SX-DCD	C560XLS	560-5662
☐ SX-DCE	C560XL	560-5288
☐ SX-DCI	C560 Ultra	560-0366
☐ SX-DGM	Legacy	14501023
☐ SX-ECI	C750	750-0262
☐ SX-FAR	125-800XP	258495
☐ SX-FCA	Premier 1A	RB-262
☐ SX-FDB	C500	500-0364
☐ SX-GAB	G450	4172
☐ SX-IDA	Galaxy G200	149
☐ SX-IFA	MD83	49809
☐ SX-IFB	Galaxy G200	63
☐ SX-IRP	Galaxy G200	142
☐ SX-MAJ	Galaxy G200	207
☐ SX-MFA	G550	5197
☐ SX-NSS	Phenom 100	00035
☐ SX-SEA	Galaxy G200	163
☐ SX-SMR	C560XLS	560-5631
☐ SX-TAJ	Galaxy G200	215

S5- Slovenia

☐ S5-ABL	Legacy	14501008
☐ S5-ABR	Falcon 2000EX	15
☐ S5-ADA	Challenger 605	5712
☐ S5-ADB	Challenger 605	5715
☐ S5-ADD	Challenger 605	5754
☐ S5-ADF	Challenger 605	5757
☐ S5-ALA	Legacy	14501029
☐ S5-BAJ	C525 CJ1	525-0394
☐ S5-BAR	C525A CJ2+	0423
☐ S5-BAS	C525A CJ2+	0348
☐ S5-BAV	C560XLS	560-5660
☐ S5-BAW	C525B CJ3	0016
☐ S5-BAX	Cessna S550	0028
☐ S5-BAZ	C560XL	560-5236
☐ S5-BBD	C560XL	560-5058
☐ S5-CMT	C510	510-0186

S9- Sao Tome

☐ S9-CRH	Learjet 36A	55
☐ S9-DBM	B727-122	18323
☐ S9-PDG	125-600	256021
☐ S9-PDH	125	25132
☐ S9-ROI	B727-130	18933
☐ S9-SVE	B727-130	18366

TC- Turkey

☐ TC-	C525B CJ3	0309
☐ TC-ADO	125-800XP	258738
☐ TC-AHE	C550 Bravo	550-1107
☐ TC-AHS	125-800XP	258504
☐ TC-AKK	Falcon 900B	171
☐ TC-ANA	A319CJ	1002
☐ TC-ANT	C650 VI	650-0229
☐ TC-ARB	Challenger 300	20181
☐ TC-ARC	Learjet 60	60-094
☐ TC-ARD	Challenger 604	5611
☐ TC-ASE	Be400A	RK-18
☐ TC-ATA	Gulf IV	1043
☐ TC-ATC	Falcon 2000EX	136
☐ TC-ATP	C680	680-0232
☐ TC-CLG	125-900XP	HA-0098
☐ TC-CMB	Learjet 45	45-007
☐ TC-CMK	Challenger 605	5767
☐ TC-DAG	C560XLS	560-5769
☐ TC-DAK	C560XLS+	560-6048
☐ TC-DAP	G550	5212
☐ TC-DGN	Falcon 2000EX	104
☐ TC-DLZ	C560XLS	560-5824
☐ TC-DOY	125-850XP	258801
☐ TC-ENK	125-900XP	HA-0086
☐ TC-FIB	Challenger 605	5747
☐ TC-FIN	125-850XP	258742
☐ TC-GAP	Gulf IV	1027
☐ TC-GGG	Falcon 20E	326

☐ TC-ISR	Challenger 300	20138
☐ TC-IST	C680	680-0159
☐ TC-KAR	Challenger 300	20149
☐ TC-KHA	125-900XP	HA-0046
☐ TC-KON	C650 VII	650-7084
☐ TC-KRM	Global 5000	9318
☐ TC-LAA	C560	560-0212
☐ TC-LAB	C560	560-0216
☐ TC-LAC	C560XLS	560-5779
☐ TC-LAD	C560XLS	560-5795
☐ TC-LEY	Hansa Jet	1043
☐ TC-LNS	C560XLS	560-5693
☐ TC-MDG	Challenger 601	5110
☐ TC-MEN	Learjet 60XR	60-335
☐ TC-MKA	C550 Bravo	550-0960
☐ TC-MMG	Falcon 900EX	161
☐ TC-MRK	Falcon 2000LX	193
☐ TC-MSB	Be400A	RK-170
☐ TC-NEO	Be400A	RK-130
☐ TC-NEU	Be400XP	RK-548
☐ TC-NUB	125-850XP	258874
☐ TC-RED	C680	680-0272
☐ TC-RKS	Learjet 60	60-282
☐ TC-RMK	Falcon 2000	157
☐ TC-SAB	Challenger 605	5730
☐ TC-SCR	Challenger 300	20136
☐ TC-SGO	Falcon 2000LX	180
☐ TC-SHE	125-850XP	258872
☐ TC-SNK	Falcon 2000	229
☐ TC-SSS	Jetstar II	5226
☐ TC-STA	Be400XP	RK-476
☐ TC-STB	125-850XP	258793
☐ TC-STD	125-850XP	258845
☐ TC-STO	C650 VII	650-7091
☐ TC-TAN	Challenger 604	5459
☐ TC-TAV	125-800XPi	258736
☐ TC-TKC	125-850XP	258790
☐ TC-TKN	C680	680-0174
☐ TC-TMO	C560XL	560-5051
☐ TC-TSY	C560XLS+	560-6040
☐ TC-TVA	C680	680-0263
☐ TC-VYN	C525A CJ2	0236

TF- Iceland

☐ TF-MIK	Do328JET	3147
☐ TF-NPA	Do328JET	3220

TG- Guatemala

☐ TG-ABY	Learjet 45XR	45-293
☐ TG-AIR	Learjet 31A	67
☐ TG-RIE	C500	501-0216
☐ TG-RIF	C525 CJ	525-0072

TI- Costa Rica

☐ TI-AZX	C500	500-0227

TJ- Cameroon

☐ TJ-	125-600	256040
☐ TJ-AAM	B727-2R1	21636
☐ TJ-AAW	Gulf 3	486
☐ TJ-ALG	Fokker F28	11227

TR- Gabon

☐ TR-AAG	Challenger 601	5071
☐ TR-AFJ	Falcon 900B	46
☐ TR-AFR	Falcon 900	59
☐ TR-KSP	Gulf IVSP	1327
☐ TR-LEX	Falcon 900EX	24
☐ TR-LFB	125	25130
☐ TR-LGV	Falcon 50	89
☐ TR-LGY	Falcon 50	9
☐ TR-LGZ	Falcon 20F	391
☐ TR-LTZ	DC8-73CF	46053

TS- Tunisia

☐ TS-IAM	Challenger 604	5412
☐ TS-IOO	B737 BBJ1	29149
☐ TS-JBT	Falcon 50	119
☐ TS-JSM	Falcon 900B	111
☐ TS-KRT	A340-540	902

TT- Tchad

☐ TT-AAI	Gulf2	240
☐ TT-ABC	MD87	49888

TU- Ivory Coast

☐ TU-VAA	Fokker 100	11245
☐ TU-VAD	Gulf IV	1019
☐ TU-VAF	Gulf 3	462

TY- Benin

☐ TY-24A	B727-256	20819
☐ TY-AOM	Falcon 900B	33
☐ TY-SAM	125-700	257195
☐ TY-VLT	125-800XP2	258632

TZ- Mali

☐ TZ-BSA	BAC 111	260
☐ TZ-BSB	BAC 111	86
☐ TZ-BSC	BAC 111	259
☐ TZ-MBA	B727-2K5/W	21853
☐ TZ-TAC	B707-3L6B	21049

T7- San Marino

☐ T7-FRA	C525 CJ1+	525-0628
☐ T7-HOT	C510	510-0190
☐ T7-VIG	C510	510-0069
☐ T7-VII	C650 VII	650-7090

UK- Uzbekistan

☐ UK-67000	B767-33PER	35796
☐ UK-80001	Avro RJ85	E2312
☐ UK-87923	Yak-40	9741455

UP- Kazakhstan

☐ UP-	Challenger 870	10289
☐ UP-A2001	A320-214	3199
☐ UP-B5701	B757-2M8ER	23454
☐ UP-B6701	B767-2DXER	32954
☐ UP-C8502	Challenger 850	8049
☐ UP-CS301	C525B CJ3	0259
☐ UP-CS302	C525B CJ3	0323
☐ UP-CS401	C650 VI	650-0202
☐ UP-LJ001	Learjet 60XR	60-347
☐ UP-P1001	Premier 1	RB-120
☐ UP-P1002	Premier 1A	RB-274

UR- Ukraine

☐ UR-86527	Il-62M	4037758
☐ UR-86528	Il-62M	4038111
☐ UR-ABA	A319CJ	3260
☐ UR-AER	Do328JET	3176
☐ UR-BWF	Yak-40	9711352
☐ UR-CCB	Falcon 20-5	141
☐ UR-CCC	Falcon 50	235
☐ UR-CCF	Falcon 50	212
☐ UR-CDW	Yak-40	9610546
☐ UR-CHH	Learjet 60	60-016
☐ UR-CLD	Falcon 20-5	315
☐ UR-CLF	Falcon 20-5	293
☐ UR-CRD	Falcon 900C	202
☐ UR-DAP	Yak-40	9521241
☐ UR-DWC	Yak-40	9541144
☐ UR-DWE	Yak-40	9240326
☐ UR-DWH	C525B CJ3	0322
☐ UR-ICD	Challenger 850	8072
☐ UR-KKA	Falcon 20F	389
☐ UR-LRZ	Yak-40K	9641851
☐ UR-MOA	Falcon 20-5	237
☐ UR-NOA	Falcon 20F	345
☐ UR-PME	C525B CJ3	0320
☐ UR-RUS	CRJ200	7990
☐ UR-UAS	Yak-40	9420835
☐ UR-WOG	Do328JET	3118

VH- Australia

☐ VH-ACE	125-900XP	HA-0049
☐ VH-AJG	Westwind	281
☐ VH-AJJ	Westwind	248
☐ VH-AJK	Westwind	256
☐ VH-AJP	Westwind	238
☐ VH-AJV	Westwind	282
☐ VH-ANE	C525B CJ3	0196
☐ VH-APJ	C525 CJ	525-0281
☐ VH-BZL	Be400A	RK-139
☐ VH-CCC	Gulf GV	581
☐ VH-CCJ	C550 Bravo	550-0953
☐ VH-CDG	C525 CJ	525-0163
☐ VH-CFO	C550	550-0669
☐ VH-CGF	Gulf IV	1083
☐ VH-CMS	Learjet 36A	32
☐ VH-CRW	Falcon 2000EX	58
☐ VH-CXJ	Learjet 45	45-152
☐ VH-DAA	C525 CJ	525-0138
☐ VH-DBT	Gulf IVSP	1363
☐ VH-DHN	C650 VII	650-7011
☐ VH-DNK	Global 5000	9311
☐ VH-EGK	C500	500-0051
☐ VH-EJL	125-800XP	258295

Reg	Type	Serial	Reg	Type	Serial	Reg	Type	Serial
☐ VH-EJT	C510	510-0214	☐ VH-SQD	Learjet 45	45-033	☐ VP-BEE	Falcon 900EX	109
☐ VH-EJY	C550	550-0141	☐ VH-SQM	Learjet 45	45-035	☐ VP-BEF	Falcon 900EX	130
☐ VH-EMO	Cessna S550	0063	☐ VH-SQR	Learjet 45	45-195	☐ VP-BEG	Falcon 900EX	17
☐ VH-ESM	Learjet 35A	611	☐ VH-SQV	Learjet 45	45-207	☐ VP-BEH	Falcon 7X	21
☐ VH-ESW	Learjet 35A	71	☐ VH-SSZ	C650 III	650-0158	☐ VP-BEJ	Challenger 601	5061
☐ VH-EVF	125-900XP	HA-0044	☐ VH-TEN	C750	750-0215	☐ VP-BEK	Challenger 300	20176
☐ VH-EXB	Be400A	RK-154	☐ VH-TGG	Global Express	9143	☐ VP-BEL	B737 BBJ1	29139
☐ VH-EXG	C680	680-0072	☐ VH-THG	Learjet 60XR	60-352	☐ VP-BEM	Global Express	9036
☐ VH-EXJ	Learjet 60	60-273	☐ VH-TMA	Premier 1A	RB-137	☐ VP-BEX	A319CJ	2706
☐ VH-EXQ	C680	680-0129	☐ VH-TNX	125-850XP	258814	☐ VP-BEY	A319CJ	2675
☐ VH-FCS	C500	501-0102	☐ VH-VGX	Global Express	9079	☐ VP-BFF	Gulf2 SP	186
☐ VH-FGK	C550 Bravo	550-0852	☐ VH-VHD	A319CJ	1999	☐ VP-BFH	Falcon 900B	173
☐ VH-FUM	C500	501-0189	☐ VH-VHP	Premier 1A	RB-175	☐ VP-BFT	B737 BBJ1	36714
☐ VH-HKX	C500	500-0050	☐ VH-VLJ	Learjet 35A	432	☐ VP-BFU	Premier 1A	RB-220
☐ VH-HVM	C550 Bravo	550-0984	☐ VH-VPL	C680	680-0250	☐ VP-BGG	Falcon 7X	5
☐ VH-ING	C650 VII	650-7104	☐ VH-VRE	Challenger 604	5561	☐ VP-BGI	Falcon 2000EX	126
☐ VH-INT	C550	550-0102	☐ VH-VRL	C560 Encore	560-0703	☐ VP-BGM	Challenger 605	5748
☐ VH-IPG	Be400A	RK-222	☐ VH-VVI	Learjet 45XR	45-262	☐ VP-BGS	Learjet 60	60-289
☐ VH-JCR	Learjet 35A	231	☐ VH-WJW	Falcon 10	134	☐ VP-BHD	Falcon 2000	167
☐ VH-JCX	Learjet 36A	57	☐ VH-WNZ	C550	550-0057	☐ VP-BHH	Challenger 604	5448
☐ VH-JMK	C550	550-0289	☐ VH-XBP	C550 Bravo	550-0810	☐ VP-BHM	DC8-62	46111
☐ VH-JMM	C550	551-0036	☐ VH-XCJ	C750	750-0015	☐ VP-BHN	B737 BBJ2	32438
☐ VH-KNR	Westwind	340	☐ VH-XCU	C560XLS	560-5673	☐ VP-BHO	C500	501-0207
☐ VH-KNS	Westwind	323	☐ VH-YDZ	C510	510-0070	☐ VP-BHR	Gulf 3	346
☐ VH-KNU	Westwind	317	☐ VH-YNE	C525 CJ1	525-0521	☐ VP-BHT	Learjet 40XR	45-2050
☐ VH-KTG	Global 5000	9275	☐ VH-ZLE	C550	550-0347	☐ VP-BIF	B727-1H2/W	20533
☐ VH-KXL	C525 CJ	525-0100	☐ VH-ZLT	C550 Bravo	550-0878	☐ VP-BIL	Falcon 7X	3
☐ VH-LAL	Falcon 900C	192	☐ VH-ZMD	C500	500-0263	☐ VP-BIZ	B737 BBJ1	34477
☐ VH-LDH	C525 CJ1+	525-0670	☐ VH-ZSU	Challenger 600S	1078	☐ VP-BJD	G550	5064
☐ VH-LEF	Challenger 850	8060	☐ VH-ZUH	125-800XP	258366	☐ VP-BJE	Challenger 604	5605
☐ VH-LEP	Global 5000	9346	☐ VH-ZYH	Westwind	376	☐ VP-BJI	Global Express	9276
☐ VH-LJJ	Learjet 35A	324	☐ VH-ZZH	Challenger 604	5456	☐ VP-BJJ	B737 BBJ1	30330
☐ VH-LMP	125-1000	259022				☐ VP-BJK	G550	5200
☐ VH-LPJ	Learjet 35A	593				☐ VP-BJM	Challenger 604	5593
☐ VH-LRX	Learjet 35A	192	**VP-B/VQ-B Bermuda**			☐ VP-BJN	Global 5000	9273
☐ VH-LYM	C650 VII	650-7095				☐ VP-BJT	Challenger 300	20255
☐ VH-MBP	125-800XP	258712	☐ VP-BAA	B727-051	19123	☐ VP-BKI	Gulf IVSP	1255
☐ VH-MGC	Be400A	RK-97	☐ VP-BAC	Gulf GV	588	☐ VP-BKK	125	25238
☐ VH-MIF	C525B CJ3	0078	☐ VP-BAE	G450	4119	☐ VP-BKS	B767-3P6ER	27254
☐ VH-MMC	C500	501-0089	☐ VP-BAH	Global Express	9223	☐ VP-BKZ	Gulf GV	602
☐ VH-MOR	C525A CJ2	0063	☐ VP-BAJ	B727-030/W	18936	☐ VP-BLB	Falcon 900B	49
☐ VH-MQY	125-850XP	258807	☐ VP-BAM	Global 5000	9157	☐ VP-BLC	Learjet 60	60-311
☐ VH-MXJ	C560 Ultra	560-0320	☐ VP-BAP	B727-021	19260	☐ VP-BLD	Jetstar 731	5117
☐ VH-MXK	Challenger 601	3003	☐ VP-BAR	Falcon 7X	11	☐ VP-BLK	B747-SP31	21961
☐ VH-MYE	C525 CJ1+	525-0638	☐ VP-BAS	125-800XP	258702	☐ VP-BLM	Falcon 900B	72
☐ VH-NEQ	C510	510-0029	☐ VP-BAT	B747-SP21	21648	☐ VP-BLV	C500	500-0344
☐ VH-NKD	125-900XP	HA-0064	☐ VP-BBD	Falcon 50	226	☐ VP-BLW	G550	5129
☐ VH-NSB	C550	551-0341	☐ VP-BBF	Challenger 601	3033	☐ VP-BMA	G150	228
☐ VH-NTX	Be400XP	RK-584	☐ VP-BBJ	B737 BBJ1	29273	☐ VP-BMB	Falcon 900	51
☐ VH-OSW	Gulf IVSP	1441	☐ VP-BBO	G550	5123	☐ VP-BMD	125-700	257200
☐ VH-OVB	Learjet 35A	400	☐ VP-BBP	Falcon 2000	160	☐ VP-BMH	125-800	258180
☐ VH-PFA	Learjet 35A	661	☐ VP-BBV	Falcon 10	22	☐ VP-BML	Challenger 605	5703
☐ VH-PFS	Learjet 45	45-168	☐ VP-BBW	B737 BBJ1	30076	☐ VP-BMM	125-850XP	258841
☐ VH-PPD	Falcon 900C	185	☐ VP-BBX	Gulf GV	622	☐ VP-BMP	Falcon 50 EX	345
☐ VH-PSM	C550	550-0054	☐ VP-BBZ	Learjet 60XR	60-328	☐ VP-BMS	Falcon 900EX	42
☐ VH-PSU	C560 Ultra	560-0515	☐ VP-BCC	CRJ800	7717	☐ VP-BMT	Astra	144
☐ VH-QQZ	C550	550-0076	☐ VP-BCL	Challenger 870	10247	☐ VP-BMU	125-700	257212
☐ VH-RAM	125-850XP	258844	☐ VP-BCM	Horizon	RC-14	☐ VP-BMV	G450	4150
☐ VH-RCA	C750	750-0012	☐ VP-BCO	G550	5177	☐ VP-BMX	125-1000	259012
☐ VH-RIO	125-850XP	258594	☐ VP-BCV	Falcon 2000	187	☐ VP-BMY	G450	4096
☐ VH-RJB	C525A CJ2	0094	☐ VP-BCW	125-800XP	258719	☐ VP-BNE	G550	5051
☐ VH-SBU	C650 III	650-0109	☐ VP-BCX	Falcon 900C	193	☐ VP-BNH	Challenger 850	8069
☐ VH-SCC	C550 Bravo	550-1058	☐ VP-BCY	Learjet 60	60-215	☐ VP-BNK	125-800XP	258625
☐ VH-SCD	C550	550-0339	☐ VP-BDJ	B727-023/W	20046	☐ VP-BNL	Gulf GV	607
☐ VH-SGY	125-850XP	258780	☐ VP-BDL	Falcon 2000	111	☐ VP-BNO	G550	5050
☐ VH-SLD	Learjet 35A	145	☐ VP-BDS	C525 CJ	525-0180	☐ VP-BNP	Challenger 604	5657
☐ VH-SLE	Learjet 35A	428	☐ VP-BDU	Global Express	9057	☐ VP-BNR	G550	5033
☐ VH-SLF	Learjet 36A	49	☐ VP-BDV	Falcon 2000EX	22	☐ VP-BNS	Falcon 900DX	609
☐ VH-SLJ	Learjet 36	14	☐ VP-BDX	Challenger 604	5402	☐ VP-BNX	Global Express	9246
☐ VH-SOU	C500	500-0333	☐ VP-BEA	Falcon 50 EX	286	☐ VP-BNZ	B737 BBJ1	35959
☐ VH-SPJ	C650 III	650-0101	☐ VP-BED	A319CJ	3073	☐ VP-BOA	Challenger 601	5114

Reg	Type	Serial	Reg	Type	Serial	Reg	Type	Serial
☐ VP-BOK	Global Express	9101	☐ VP-CAE	G450	4031	☐ VP-CJD	Do328JET	3221
☐ VP-BOL	Gulf IVSP	1266	☐ VP-CAF	125-800	258267	☐ VP-CJI	C525 CJ1	525-0526
☐ VP-BON	Astra	60	☐ VP-CAI	C560XL	560-5048	☐ VP-CJL	G550	5216
☐ VP-BOO	125-800XP	258477	☐ VP-CAM	Falcon 2000EX	89	☐ VP-CJM	G550	5181
☐ VP-BOS	Global Express	9165	☐ VP-CAO	Challenger 300	20100	☐ VP-CJN	B727-076	20371
☐ VP-BOW	Global Express	9141	☐ VP-CAP	Challenger 604	5415	☐ VP-CKC	G550	5111
☐ VP-BPH	Galaxy G200	187	☐ VP-CAR	C650 III	650-0135	☐ VP-CKD	G450	4088
☐ VP-BPZ	B727-017	20327	☐ VP-CAS	Falcon 2000	1	☐ VP-CKH	A318 Elite	3530
☐ VP-BRA	Falcon 2000LX	133	☐ VP-CAT	C500	501-0232	☐ VP-CKN	125-800XP	258615
☐ VP-BRJ	C525B CJ3	0198	☐ VP-CAU	Global 5000	9231	☐ VP-CKP	Legacy	14501094
☐ VP-BRL	C525A CJ2+	0435	☐ VP-CAV	C680	680-0202	☐ VP-CKS	A318 Elite	3238
☐ VP-BRM	B737 BBJ1	28976	☐ VP-CAX	Falcon 900B	62	☐ VP-CLA	Gulf IVSP	1402
☐ VP-BRT	B737 BBJ1	32970	☐ VP-CAZ	Premier 1A	RB-202	☐ VP-CLB	Falcon 900EX	34
☐ VP-BSA	G450	4115	☐ VP-CBA	B737-2W8	22628	☐ VP-CLL	Legacy	14501052
☐ VP-BSD	Challenger 850	8051	☐ VP-CBB	B737 BBJ2	32806	☐ VP-CLO	Falcon 900EX	90
☐ VP-BSE	Global Express	9028	☐ VP-CBC	Falcon 2000EX	61	☐ VP-CLR	B737 BBJ1	34865
☐ VP-BSF	Learjet 45XR	45-374	☐ VP-CBF	Falcon 50 EX	311	☐ VP-CLU	125-700	257058
☐ VP-BSI	G550	5084	☐ VP-CBG	Sabre 65	465-33	☐ VP-CLV	Challenger 300	20041
☐ VP-BSJ	Gulf GV	555	☐ VP-CBH	MD82	53577	☐ VP-CLX	125-700	257091
☐ VP-BSN	Gulf GV	648	☐ VP-CBN	A319CJ	3243	☐ VP-CLZ	Challenger 601	5193
☐ VP-BSO	Falcon 900EX	144	☐ VP-CBS	Challenger 601	5044	☐ VP-CMA	Global 5000	9243
☐ VP-BSR	G450	4161	☐ VP-CBX	Gulf GV	511	☐ VP-CMB	Challenger 604	5618
☐ VP-BTB	G450	4103	☐ VP-CCC	A340-642	779	☐ VP-CME	B767-231ER	22567
☐ VP-BUG	C525B CJ3	0160	☐ VP-CCD	Learjet 60	60-312	☐ VP-CMG	G450	4093
☐ VP-BUS	Gulf IV	1127	☐ VP-CCE	Challenger 604	5622	☐ VP-CMH	C680	680-0171
☐ VP-BVA	A319CJ	3542	☐ VP-CCG	BAC 111	81	☐ VP-CMI	Falcon 2000EX	113
☐ VP-BVG	Global Express	9193	☐ VP-CCJ	A319CJ	2421	☐ VP-CMK	Legacy	14501083
☐ VP-BVJ	Challenger 850	8071	☐ VP-CCL	Falcon 200	482	☐ VP-CML	B727-2Y4/W	22968
☐ VP-BVS	Legacy	14500979	☐ VP-CCR	Challenger 601	5079	☐ VP-CMN	B727-046	19282
☐ VP-BVV	Falcon 2000EX	125	☐ VP-CDF	Global Express	9093	☐ VP-CMO	B727-212	21948
☐ VP-BVY	Falcon 7X	9	☐ VP-CDH	Legacy	14501026	☐ VP-CMP	125-700	257214
☐ VP-BWB	Global 5000	9161	☐ VP-CDV	Challenger 300	20140	☐ VP-CMR	Gulf IV	1117
☐ VP-BWR	B737 BBJ1	29317	☐ VP-CEB	Global Express	9083	☐ VP-CNI	MD87	49767
☐ VP-BYA	B737 BBJ1	29972	☐ VP-CED	C550 Bravo	550-0870	☐ VP-CNJ	Legacy	14501025
☐ VP-BYY	Global Express	9030	☐ VP-CEG	C750	750-0277	☐ VP-CNK	Challenger 604	5621
☐ VP-BZC	G550	5179	☐ VP-CEI	Challenger 601	5125	☐ VP-CNR	G550	5113
☐ VP-BZE	Falcon 7X	14	☐ VP-CEO	Challenger 604	5539	☐ VP-CNY	Global Express	9270
☐ VP-BZI	Challenger 601	5149	☐ VP-CES	Gulf GV	669	☐ VP-COM	C500	500-0318
☐ VP-BZL	B737 BBJ2	32915	☐ VP-CET	G450	4166	☐ VP-CON	Challenger 850	8083
☐ VP-CEP	G150	280	☐ VP-CFA	Legacy	145637	☐ VP-COP	Challenger 604	5552
☐ VQ-BAA	Falcon 7X	46	☐ VP-CFB	G450	4137	☐ VP-CPA	B737 BBJ1	30031
☐ VQ-BAM	Global Express	9139	☐ VP-CFD	Challenger 604	5616	☐ VP-CPF	Challenger 300	20256
☐ VQ-BCE	G450	4148	☐ VP-CFL	Falcon 900B	164	☐ VP-CPH	Be400A	RK-188
☐ VQ-BDD	A318 Elite	3751	☐ VP-CFP	C680	680-0039	☐ VP-CRA	C550	550-0585
☐ VQ-BDG	Challenger 605	5765	☐ VP-CFR	Falcon 900EX	134	☐ VP-CRB	Learjet 60	60-125
☐ VQ-BDS	Galaxy G200	220	☐ VP-CFT	Challenger 601	5067	☐ VP-CRF	Falcon 50	61
☐ VQ-BEB	Global Express	9283	☐ VP-CFW	Premier 1A	RB-189	☐ VP-CRR	Challenger 601	5129
☐ VQ-BEP	Premier 1	RB-125	☐ VP-CFZ	C750	750-0251	☐ VP-CSB	Global 5000	9263
☐ VQ-BFN	Falcon 7X	27	☐ VP-CGA	Falcon 2000	100	☐ VP-CSF	Gulf IVSP	1390
☐ VQ-BGA	G450	4092	☐ VP-CGB	Falcon 900B	145	☐ VP-CSK	B737 BBJ2	34620
☐ VQ-BGN	G550	5218	☐ VP-CGC	Falcon 2000	107	☐ VP-CSM	Jetstar 731	5092
☐ VQ-BGS	Global Express	9254	☐ VP-CGD	Falcon 900EX	65	☐ VP-CSP	125-800	258210
☐ VQ-BIS	Global Express	9213	☐ VP-CGE	Falcon 900EX	73	☐ VP-CSS	A320-232	3402
☐ VQ-BJA	Global Express	9268	☐ VP-CGF	Tristar 500	1195	☐ VP-CTF	MD87	49777
☐ VQ-BLA	G550	5215	☐ VP-CGH	Jetstar II	5220	☐ VP-CTT	Falcon 2000EX	139
☐ VQ-BLU	Legacy	14501086	☐ VP-CGN	G550	5149	☐ VP-CUP	Legacy	145555
☐ VQ-BLV	G550	5221	☐ VP-CGO	Global Express	9171	☐ VP-CVI	G550	5092
☐ VQ-BMS	B747-SP21	21649	☐ VP-CGS	Global Express	9102	☐ VP-CVP	Be400A	RK-300
☐ VQ-BPH	125-900XP	HA-0108	☐ VP-CHA	Falcon 900DX	614	☐ VP-CVT	G550	5102
☐ VQ-BSC	Global Express	9297	☐ VP-CHE	C525 CJ1	525-0364	☐ VP-CVX	A319CJ	1212
☐ VQ-BSN	Falcon 7X	58	☐ VP-CHH	Challenger 605	5716	☐ VP-CWN	Global 5000	9321
☐ VQ-BSO	Falcon 7X	64	☐ VP-CHK	B737-2S9	21957	☐ VP-CWW	Premier 1	RB-74
☐ VQ-BSP	Falcon 7X	83	☐ VP-CHP	Legacy	14500802	☐ VP-CXP	125-800XPi	258728
☐ VQ-BZB	Challenger 605	5763	☐ VP-CHU	Challenger 604	5510	☐ VP-CZK	Global Express	9244
			☐ VP-CIC	Challenger 601	5011	☐ VP-CZY	B727-2P1/W	21595
			☐ VP-CIE	A319CJ	1589			

VP-C Cayman Islands

Reg	Type	Serial
☐ VP-CAB	Falcon 900B	101
☐ VP-CAC	A330-243	1053
☐ VP-CAD	C525 CJ	525-0297

(continued) ☐ VP-CIP G550 5048 / ☐ VP-CIS 125-900XP HA-0084 / ☐ VP-CIT Falcon 900DX 610 / ☐ VP-CJA Falcon 2000 18 / ☐ VP-CJC Global 5000 9271

VT- India

Reg	Type	Serial
☐ VT-	Challenger 300	20274
☐ VT-AAT	Falcon 2000	225

Registration	Type	Serial
☐ VT-AGP	125-800XPi	258835
☐ VT-AKU	Falcon 900EX	177
☐ VT-AMA	Gulf IV	1060
☐ VT-ANF	Premier 1	RB-128
☐ VT-APL	Challenger 605	5787
☐ VT-ARA	C560XL	560-5115
☐ VT-ARE	CRJ200	7163
☐ VT-ARR	125-850XP	258819
☐ VT-ARV	Galaxy G200	98
☐ VT-BAJ	Global 5000	9149
☐ VT-BAV	Astra	143
☐ VT-BJA	C525A CJ2	0170
☐ VT-BKL	125-900XP	HA-0103
☐ VT-BNF	C550 Bravo	550-1096
☐ VT-BPS	C525A CJ2+	0410
☐ VT-BRK	Falcon 2000LX	169
☐ VT-BRT	C525A CJ2+	0373
☐ VT-BSF	Legacy	14500901
☐ VT-BSL	C560XLS	560-5816
☐ VT-BTA	125-850XP	258904
☐ VT-BTB	125-850XP	258909
☐ VT-BTC	125-850XP	258912
☐ VT-CAP	Falcon 900EX	205
☐ VT-CLA	C560XL	560-5010
☐ VT-CLB	C550	550-0661
☐ VT-CLC	C550	550-0698
☐ VT-CLD	C550	550-0727
☐ VT-CMO	125-750	HB-30
☐ VT-CRA	Learjet 45	45-019
☐ VT-CSP	C560XL	560-5368
☐ VT-DBA	Global 5000	9289
☐ VT-DBG	Challenger 604	5342
☐ VT-DHA	Global Express	9111
☐ VT-DLF	Gulf IVSP	1231
☐ VT-DOV	C525A CJ2	0222
☐ VT-EHS	Learjet 29	29-003
☐ VT-EIH	Learjet 29	29-004
☐ VT-ETG	Cessna S550	0089
☐ VT-EUX	C560 Ultra	560-0299
☐ VT-FAF	125-850XP	258745
☐ VT-GRG	Be400XP	RK-566
☐ VT-HDL	Falcon 2000	70
☐ VT-HGL	Falcon 2000	231
☐ VT-HJA	Horizon	RC-26
☐ VT-IAH	A319CJ	2837
☐ VT-IBR	Challenger 604	5425
☐ VT-IBS	C550 Bravo	550-1076
☐ VT-ICA	125-900XP	HA-0061
☐ VT-IPA	C650 III	650-0203
☐ VT-ISH	Falcon 900EX	166
☐ VT-JHP	125-850XP	258794
☐ VT-JSB	Global Express	9114
☐ VT-JSE	Challenger 300	20196
☐ VT-JSK	Global 5000	9214
☐ VT-JSP	C525A CJ2	0207
☐ VT-JSS	C560XLS	560-5594
☐ VT-JUA	Challenger 300	20273
☐ VT-JUM	Galaxy G200	213
☐ VT-KBN	Premier 1A	RB-239
☐ VT-KMB	Cessna S550	0135
☐ VT-KML	CRJ800	7351
☐ VT-KNB	125-850XP	258815
☐ VT-MGF	Challenger 604	5401
☐ VT-MON	C525A CJ2	0126
☐ VT-MST	Gulf IVSP	1379
☐ VT-NAB	C525 CJ1+	525-0619
☐ VT-NGS	Challenger 604	5314
☐ VT-NJB	C525A CJ2	0163
☐ VT-OBE	125-700	257215
☐ VT-OBR	125-850XP	258838
☐ VT-OPJ	C525 CJ	525-0112
☐ VT-PLA	Galaxy G200	77
☐ VT-PLL	Gulf IVSP	1254
☐ VT-PSB	C525A CJ2+	0402
☐ VT-RAK	Challenger 300	20174
☐ VT-RAL	Premier 1	RB-23
☐ VT-RAN	125-800XP	258521
☐ VT-RBK	125-800XP	258716
☐ VT-RPG	Be400A	RK-190
☐ VT-RPL	125-800XP	258465
☐ VT-RSR	125-750	HB-7
☐ VT-RVL	Falcon 2000	101
☐ VT-SBK	Falcon 900EX	89
☐ VT-SGT	C550	550-0709
☐ VT-SMI	Gulf GV	525
☐ VT-STV	Global Express	9262
☐ VT-SWC	C560XL	560-5168
☐ VT-TAT	Falcon 2000	65
☐ VT-TBT	Falcon 2000	49
☐ VT-TDT	Falcon 2000LX	159
☐ VT-TEL	Be400	RJ-46
☐ VT-TVR	Be400XP	RK-511
☐ VT-UBG	125	25254
☐ VT-UPM	125-900XP	HA-0100
☐ VT-UPN	Premier 1A	RB-236
☐ VT-VDD	C560XLS	560-5783
☐ VT-VED	C680	680-0056
☐ VT-VID	C525A CJ2+	0378
☐ VT-VJM	A319CJ	2650
☐ VT-VKR	Falcon 2000DX	604
☐ VT-VLM	Falcon 2000	8
☐ VT-VLN	Falcon 2000EX	117
☐ VT-VRL	Premier 1A	RB-219
☐ VT-VSA	Learjet 40XR	45-2101

V2- Antigua & Barbuda

☐ V2-	C525B CJ3	0247

V5- Namibia

☐ V5-CDM	C560	560-0151
☐ V5-LOW	C560	500-0071
☐ V5-NAG	Learjet 31A	91
☐ V5-NAM	Falcon 900B	103
☐ V5-NPC	Learjet 31A	138
☐ V5-OGL	C500	500-0080

V8- Brunei

☐ V8-ALI	B747-430	26426
☐ V8-BKH	A340-212	46
☐ V8-MHB	B767-27GER	25537

XA/XB/XC- Mexico

☐ XA-	C550	550-0348
☐ XA-	C550	550-0730
☐ XA-	C550	550-0726
☐ XA-	Falcon 10	23
☐ XA-	Jetstar II	5211
☐ XA-	Be400A	RK-242
☐ XA-	C650 III	650-0007
☐ XA-	C650 VI	650-0201
☐ XA-	Falcon 20DC	31
☐ XA-	Cessna S550	0065
☐ XA-	C550 Bravo	550-1012
☐ XA-	Be400A	RK-301
☐ XA-	Sabre 60	306-18
☐ XA-	Gulf2 SP	253
☐ XA-	Learjet 35A	340
☐ XA-	Gulf2 SP	180
☐ XA-	Gulf2	24
☐ XA-	Learjet 25D	270
☐ XA-	Gulf2	43
☐ XA-	Premier 1A	RB-299
☐ XA-	Premier 1A	RB-330
☐ XA-	Sabre CT-39A	276-25
☐ XA-	Learjet 25D	222
☐ XA-	Sabre 40	282-24
☐ XA-	Sabre 65	465-72
☐ XA-	Falcon 900B	127
☐ XA-	Learjet 45	45-057
☐ XA-	Sabre 40	282-132
☐ XA-	125-800XP2	258386
☐ XA-	Learjet 35A	332
☐ XA-	125	25053
☐ XA-	125	25175
☐ XA-	125	25216
☐ XA-	125	25252
☐ XA-	125-800	258004
☐ XA-	125-800	258176
☐ XA-	Learjet 25D	216
☐ XA-	125-800XP	258476
☐ XA-	125-900XP	HA-0149
☐ XA-	Learjet 25D	210
☐ XA-	Learjet 25B	190
☐ XA-	Learjet 25	6
☐ XA-	Learjet 60	60-124
☐ XA-AAA	Learjet 24B	208
☐ XA-AAL	Jetstar II	5231
☐ XA-AAY	Falcon 10	27
☐ XA-ABA	Gulf 3	426
☐ XA-ABE	C550 Bravo	550-0887
☐ XA-ACD	Sabre 75A	380-50
☐ XA-ACH	C650 VI	650-0218
☐ XA-ACN	125-600	256038
☐ XA-ACX	Learjet 25D	373
☐ XA-ADJ	Learjet 24	60
☐ XA-ADR	G150	257
☐ XA-AEB	C650 III	650-0099
☐ XA-AEI	C500	500-0213
☐ XA-AEM	125-750	HB-22
☐ XA-AET	125-900XP	HA-0045
☐ XA-AEX	Gulf IV	1064
☐ XA-AFA	Be400A	RK-316
☐ XA-AFX	Learjet 31A	159
☐ XA-AGA	C500	501-0095
☐ XA-AGL	125	25236
☐ XA-AGT	Sabre 60	306-58
☐ XA-AHM	Gulf2	161
☐ XA-AIM	Learjet 45	45-077
☐ XA-AJL	Learjet 25B	120
☐ XA-ALA	Learjet 45	45-210
☐ XA-ALF	Learjet 45	45-127
☐ XA-ALT	C525B CJ3	0307
☐ XA-AMI	125-700	257098
☐ XA-AOV	Sabre 75A	380-60
☐ XA-APE	Falcon 900B	178
☐ XA-ARQ	Learjet 45XR	45-284
☐ XA-ARQ	Learjet 31A	141
☐ XA-ASI	Gulf IV	1180
☐ XA-ASP	Learjet 25D	315
☐ XA-ATA	C550	550-0486
☐ XA-ATC	125-600	256026
☐ XA-ATE	Sabre 60	306-123
☐ XA-ATL	G550	5052
☐ XA-AVE	Falcon 2000	175
☐ XA-AVV	Learjet 25B	79

Reg	Type	Serial	Reg	Type	Serial	Reg	Type	Serial
☐ XA-AVX	C525B CJ3	0192	☐ XA-GAA	C550	550-0077	☐ XA-KBA	125-850XP	258984
☐ XA-AVZ	Gulf IV	1010	☐ XA-GAN	C680	680-0043	☐ XA-KBL	125-900XP	HA-0052
☐ XA-AZT	Gulf GV	554	☐ XA-GAO	Be400A	RK-353	☐ XA-KCM	Learjet 60	60-291
☐ XA-BAE	C750	750-0136	☐ XA-GAP	Sabre 65	465-8	☐ XA-KIM	Challenger 601	3015
☐ XA-BAL	Gulf GV	546	☐ XA-GBM	C650 VI	650-0234	☐ XA-KKK	Learjet 25B	169
☐ XA-BEG	Falcon 900EX	33	☐ XA-GCC	125-800	258252	☐ XA-KLZ	Learjet 60	60-297
☐ XA-BET	C500	500-0296	☐ XA-GCD	Challenger 601	5121	☐ XA-KMX	C650 III	650-0039
☐ XA-BFX	Learjet 45	45-111	☐ XA-GCH	Falcon 50	50	☐ XA-KOF	125	25065
☐ XA-BRE	Learjet 60	60-058	☐ XA-GDO	Learjet 35A	449	☐ XA-LCA	Gulf 3	489
☐ XA-BUA	Global Express	9322	☐ XA-GDW	Sabre CT-39A	265-86	☐ XA-LEG	Be400A	RK-171
☐ XA-BUX	Learjet 35A	176	☐ XA-GEN	C550 Bravo	550-0999	☐ XA-LEY	C650 III	650-0073
☐ XA-BVG	Gulf IV	1013	☐ XA-GGG	Learjet 25B	147	☐ XA-LFA	Falcon 2000EX	77
☐ XA-BYP	125-700	257041	☐ XA-GIC	125-800SP	258183	☐ XA-LLA	Challenger 300	20191
☐ XA-CAP	C550 Bravo	550-1070	☐ XA-GIE	125-800XP	258302	☐ XA-LLL	Learjet 25	15
☐ XA-CDF	C560 Ultra	560-0433	☐ XA-GJC	C650 III	650-0035	☐ XA-LMA	Sabre 40	282-137
☐ XA-CEN	Sabre 60	306-26	☐ XA-GLG	125-800XP	258583	☐ XA-LMG	Be400XP	RK-416
☐ XA-CFX	Learjet 45	45-209	☐ XA-GLS	125	25179	☐ XA-LML	Sabre 40	282-115
☐ XA-CGF	Learjet 40XR	45-2040	☐ XA-GMD	Falcon 900EX	99	☐ XA-LMS	Learjet 31	12
☐ XA-CHA	125-800SP	258241	☐ XA-GME	Challenger 601	5128	☐ XA-LNK	Learjet 24	174
☐ XA-CHG	125-850XP	258731	☐ XA-GMO	C680	680-0004	☐ XA-LOF	C550 Bravo	550-0989
☐ XA-CHP	Sabre 60	306-22	☐ XA-GMP	C550	550-0227	☐ XA-LOV	125	25283
☐ XA-CHR	G550	5182	☐ XA-GMX	G450	4102	☐ XA-LRD	Learjet 31A	176
☐ XA-CMG	BAC 111	79	☐ XA-GNI	Falcon 2000EX	20	☐ XA-LRJ	Learjet 25D	359
☐ XA-CMM	Falcon 2000EX	121	☐ XA-GPR	Challenger 300	20084	☐ XA-MAM	Falcon 200	506
☐ XA-COI	Learjet 60	60-174	☐ XA-GPS	C650 VI	650-0226	☐ XA-MAR	Falcon 7X	10
☐ XA-CON	Jetstar II	5228	☐ XA-GRB	Challenger 604	5375	☐ XA-MAV	Falcon 2000	149
☐ XA-CPQ	Gulf GV	533	☐ XA-GRR	Learjet 40	45-2013	☐ XA-MBM	125	25101
☐ XA-CTK	C650 VII	650-7069	☐ XA-GSS	C560 Ultra	560-0533	☐ XA-MCC	Learjet 25D	219
☐ XA-CVD	Learjet 35A	370	☐ XA-GTC	125	25205	☐ XA-MDK	Galaxy G200	80
☐ XA-CVS	Gulf2 SP	167	☐ XA-GTE	125-800XP	258554	☐ XA-MDM	Learjet 60	60-089
☐ XA-CXW	Falcon 7X	32	☐ XA-GTP	Learjet 45XR	45-256	☐ XA-MEG	Astra	154
☐ XA-CYA	Learjet 31	21	☐ XA-GUA	Challenger 601	5076	☐ XA-MEX	Be400XP	RK-396
☐ XA-CYS	Sabre 40	282-79	☐ XA-GUR	Sabre 60	306-98	☐ XA-MGM	Learjet 31A	101
☐ XA-CZG	Learjet 35A	162	☐ XA-GYA	C550	550-0251	☐ XA-MJE	Sabre 40	282-65
☐ XA-DAN	125	25158	☐ XA-HHF	Falcon 2000	85	☐ XA-MKI	Gulf GV	664
☐ XA-DCS	125	25078	☐ XA-HIT	C680	680-0014	☐ XA-MKY	125-600	256064
☐ XA-DET	Learjet 24F	337	☐ XA-HJS	Sabre 60	306-110	☐ XA-MMM	Falcon 10	36
☐ XA-DGO	Learjet 60	60-172	☐ XA-HOM	125-700	257199	☐ XA-MMX	C560XLS	560-5639
☐ XA-DIJ	Learjet 24D	269	☐ XA-HUR	Learjet 45XR	45-385	☐ XA-MPS	Gulf GV	654
☐ XA-DLA	Challenger 300	20203	☐ XA-HVP	C650 III	650-0032	☐ XA-MSA	Falcon 20F	327
☐ XA-DRM	C560XL	560-5307	☐ XA-HXM	125-700	257084	☐ XA-MUU	Learjet 25	8
☐ XA-DSC	Sabre 60	306-56	☐ XA-ICO	C560XL	560-5196	☐ XA-MYE	Learjet 23	66
☐ XA-DST	C560XLS	560-5819	☐ XA-IKE	Learjet 45	45-176	☐ XA-MYN	Challenger 601	5142
☐ XA-DUC	Falcon 20F	269	☐ XA-ISR	Falcon 900B	147	☐ XA-NCC	Falcon 20F	264
☐ XA-DUQ	Falcon 50	146	☐ XA-IZA	125-800	258129	☐ XA-NEM	125-700	257158
☐ XA-EAJ	Gulf GV	604	☐ XA-JAI	125-700	257171	☐ XA-NGS	Global Express	9014
☐ XA-EEA	Learjet 45	45-102	☐ XA-JBT	125-800XP2	258715	☐ XA-NJM	Learjet 40XR	45-2067
☐ XA-EFM	Learjet 45XR	45-089	☐ XA-JCP	Challenger 300	20014	☐ XA-NLA	Learjet 24	180
☐ XA-EFX	Learjet 31A	234	☐ XA-JCT	125-800XP	258581	☐ XA-NLK	Learjet 24	109
☐ XA-EKT	Jetstar II	5234	☐ XA-JET	125-800XP	258628	☐ XA-NTE	125-800XP	258638
☐ XA-ELM	125-800	258051	☐ XA-JFE	Challenger 604	5525	☐ XA-OAC	Be400	RJ-36
☐ XA-ERH	Gulf 3	323	☐ XA-JGT	Challenger 300	20007	☐ XA-OEM	Gulf GV	540
☐ XA-ESC	Gulf2 SP	164	☐ XA-JHE	Galaxy G200	86	☐ XA-OHS	Challenger 601	5087
☐ XA-ESP	125-900XP	HA-0068	☐ XA-JIQ	Learjet 24D	317	☐ XA-OLE	Learjet 31A	44
☐ XA-EVG	Challenger 604	5357	☐ XA-JJJ	Learjet 35A	460	☐ XA-ORA	Learjet 60	60-245
☐ XA-EYA	Gulf IVSP	1388	☐ XA-JJS	Gulf IV	1113	☐ XA-ORO	Learjet 35A	290
☐ XA-FCP	Gulf IVSP	1404	☐ XA-JKM	Be400A	RK-56	☐ XA-OVR	Global Express	9119
☐ XA-FEX	Falcon 900EX	46	☐ XA-JMF	Learjet 45	45-178	☐ XA-PAZ	G150	255
☐ XA-FGS	125-800	258047	☐ XA-JML	Sabre 60	306-125	☐ XA-PBT	125-800XP	258601
☐ XA-FLX	Be400XP	RK-503	☐ XA-JMM	Be400	RJ-33	☐ XA-PCC	Falcon 20C	159
☐ XA-FLY	Learjet 60	60-250	☐ XA-JOC	Learjet 25D	303	☐ XA-PES	Jetstar 3	5130
☐ XA-FMK	125-700	257068	☐ XA-JPS	Gulf IVSP	1250	☐ XA-PIU	Learjet 25D	293
☐ XA-FMR	Learjet 25D	274	☐ XA-JRF	Sabre 75A	380-32	☐ XA-PRO	Sabre 60	306-72
☐ XA-FMT	Learjet 35A	672	☐ XA-JRT	C510	510-0034	☐ XA-PRR	Falcon 50 EX	319
☐ XA-FMX	750	750-0119	☐ XA-JRV	C500	500-0136	☐ XA-PTR	Challenger 601	5165
☐ XA-FNY	Gulf2 SP	211	☐ XA-JSC	Learjet 25B	173	☐ XA-PVM	Falcon 20D	179
☐ XA-FRD	Challenger 300	20078	☐ XA-JWM	Learjet 60	60-221	☐ XA-PVR	C650 III	650-0076
☐ XA-FRI	C650 VII	650-7081	☐ XA-JXG	C500	501-0018	☐ XA-PYN	C650 VII	650-7088
☐ XA-FRO	Be400A	RK-110	☐ XA-JYC	Learjet 31	30	☐ XA-QUE	Learjet 45	45-067
☐ XA-FUD	C680	680-0053	☐ XA-JYL	Learjet 25D	336	☐ XA-RAB	Learjet 40XR	45-2047
☐ XA-FVK	Falcon 50	35	☐ XA-JZL	Challenger 601	5158	☐ XA-RAN	Learjet 31A	179

☐ XA-RAP	Sabre 60	306-88		☐ XA-TGM	Learjet 31A	52		☐ XA-UJW	Sabre 60	306-20
☐ XA-RAR	Be400	RJ-32		☐ XA-TGO	Sabre CT-39A	276-6		☐ XA-UJY	C525A CJ2+	0395
☐ XA-RBP	Gulf2 SP	14		☐ XA-THF	Jet Commander	109		☐ XA-UJZ	Learjet 45	45-188
☐ XA-RBS	Gulf IV	1102		☐ XA-TIW	Sabre CT-39A	276-44		☐ XA-UKD	Falcon 10	100
☐ XA-RBV	125-800XP	258275		☐ XA-TIX	Sabre CT-39A	276-21		☐ XA-UKF	Learjet 35A	316
☐ XA-RCM	Gulf IV	1081		☐ XA-TIY	Sabre CT-39A	265-14		☐ XA-UKH	Learjet 25D	221
☐ XA-RED	Sabre 40	282-26		☐ XA-TJY	Sabre CT-39A	276-39		☐ XA-UKK	Learjet 25G	337
☐ XA-RET	Falcon 900EX	203		☐ XA-TJZ	Sabre CT-39A	265-76		☐ XA-UKQ	C560XLS	560-5813
☐ XA-RFB	Sabre 60	306-87		☐ XA-TKY	C500	501-0029		☐ XA-UKR	125-700	257191
☐ XA-RGB	Falcon 900EX	129		☐ XA-TKZ	C560XL	560-5208		☐ XA-UKU	Be400A	RK-259
☐ XA-RGH	Learjet 35A	412		☐ XA-TMF	Sabre 60	306-100		☐ XA-ULG	Learjet 25D	334
☐ XA-RGS	C650 III	650-0189		☐ XA-TMZ	C650 III	650-0068		☐ XA-ULO	C510	510-0174
☐ XA-RHA	Falcon 20-5	379		☐ XA-TNY	125	25196		☐ XA-ULT	125-700	257003
☐ XA-RIE	C650 III	650-0170		☐ XA-TPB	125-800XP	258409		☐ XA-UME	C550	550-0662
☐ XA-RIU	Learjet 45	45-038		☐ XA-TPD	Jetstar 731	5134		☐ XA-UMS	C510	510-0166
☐ XA-RJT	Learjet 35	11		☐ XA-TPU	Sabre 60	306-143		☐ XA-USD	Learjet 35A	255
☐ XA-RLH	Sabre 40	282-129		☐ XA-TQA	C550	550-0504		☐ XA-UUU	Learjet 25D	276
☐ XA-RMA	Falcon 20C	39		☐ XA-TQR	Sabre CT-39A	276-4		☐ XA-UVA	C560XL	560-5033
☐ XA-RMT	Learjet 45	45-046		☐ XA-TRE	C650 VII	650-7019		☐ XA-UVH	125-800	258152
☐ XA-RPT	125	25161		☐ XA-TRQ	Learjet 24	112		☐ XA-VDG	Challenger 601	5004
☐ XA-RRG	Premier 1A	RB-154		☐ XA-TSS	Sabre 60	306-63		☐ XA-VFV	Learjet 40XR	45-2077
☐ XA-RRQ	C650 VII	650-7025		☐ XA-TSZ	Sabre 75A	380-71		☐ XA-VGF	Cessna S550	0080
☐ XA-RTS	C680	680-0016		☐ XA-TTG	C525 CJ1	525-0475		☐ XA-VGR	C560XLS	560-5776
☐ XA-RUY	Falcon 50	252		☐ XA-TTH	125	25148		☐ XA-VIG	Learjet 60	60-116
☐ XA-RVT	Sabre 60	306-138		☐ XA-TTS	Be400A	RK-302		☐ XA-VLA	Learjet 60	60-217
☐ XA-RVV	Falcon 50	213		☐ XA-TTT	Learjet 24B	199		☐ XA-VMC	Learjet 25B	114
☐ XA-RYE	C510	510-0039		☐ XA-TUD	Sabre 75A	380-5		☐ XA-VMX	C510	510-0059
☐ XA-RYJ	Sabre 75	370-5		☐ XA-TVH	C550	550-0668		☐ XA-VTO	Falcon 900B	129
☐ XA-RYM	125-800	258075		☐ XA-TVK	Jetstar 731	5098		☐ XA-VYC	Learjet 45	45-034
☐ XA-RYR	Gulf IVSP	1417		☐ XA-TVZ	Sabre 60	306-113		☐ XA-WIN	Learjet 35A	152
☐ XA-SAA	Learjet 45XR	45-236		☐ XA-TWH	Learjet 25D	289		☐ XA-WWW	Learjet 25B	193
☐ XA-SAD	Challenger 604	5630		☐ XA-TWW	Be400A	RK-332		☐ XA-XGX	C650 III	650-0198
☐ XA-SAH	Sabre 60	306-137		☐ XA-TYD	Be400A	RK-321		☐ XA-YSM	125	25208
☐ XA-SAP	Learjet 45XR	45-246		☐ XA-TYH	125-800XP	258491		☐ XA-YUR	Falcon 20F	475
☐ XA-SAU	125-700	257027		☐ XA-TYK	125-800XP	258597		☐ XA-YYY	Learjet 25D	263
☐ XA-SCE	Learjet 24D	271		☐ XA-TYW	Learjet 25G	361		☐ XA-ZAP	Learjet 35A	129
☐ XA-SDI	C550 Bravo	550-0983		☐ XA-TYZ	Sabre 40	282-124		☐ XA-ZTA	Learjet 60	60-134
☐ XA-SDT	C560	560-0162		☐ XA-TZF	Challenger 604	5527		☐ XA-ZTH	Learjet 31	4
☐ XA-SDU	C650 III	650-0052		☐ XA-TZI	Learjet 60	60-088		☐ XA-ZYZ	Learjet 31A	73
☐ XA-SEN	125-700	257077		☐ XA-UAF	C560XL	560-5356		☐ XA-ZZZ	Learjet 25D	346
☐ XA-SFQ	125	25273		☐ XA-UAG	Learjet 45	45-139		☐ XB-ADR	Learjet 24	103
☐ XA-SIM	Falcon 900B	114		☐ XA-UAW	Be400XP	RK-359		☐ XB-ADZ	125-600	256018
☐ XA-SJM	125-850XP	258713		☐ XA-UBI	Learjet 31A	235		☐ XB-AGV	C550	550-0430
☐ XA-SJS	Learjet 25B	76		☐ XA-UBK	125	25107		☐ XB-AMO	C500	500-0152
☐ XA-SKA	Learjet 25D	282		☐ XA-UCU	125-700	257056		☐ XB-AZD	Learjet 25D	224
☐ XA-SKY	Gulf IVSP	1487		☐ XA-UCV	Be400XP	RK-375		☐ XB-BON	C550	550-0654
☐ XA-SLB	C650 VI	650-0228		☐ XA-UDW	Falcon 50 EX	291		☐ XB-CSI	C500	500-0345
☐ XA-SLP	125-600	256002		☐ XA-UEA	125-700	257061		☐ XB-CTC	Diamond	024SA
☐ XA-SLR	125	25112		☐ XA-UEF	C560 Encore	560-0687		☐ XB-CVS	Sabre 60	306-47
☐ XA-SMS	Challenger 601	3019		☐ XA-UEH	125-800	258044		☐ XB-CYA	Sabre 75A	380-53
☐ XA-SNI	Learjet 40XR	45-2030		☐ XA-UEK	Sabre 75A	380-40		☐ XB-DGA	C525 CJ	525-0329
☐ XA-SOH	Learjet 25D	366		☐ XA-UEQ	Sabre 75A	380-58		☐ XB-DVF	C500	500-0408
☐ XA-SOL	Challenger 604	5501		☐ XA-UEV	Be400XP	RK-434		☐ XB-DZR	Learjet 24D	273
☐ XA-SON	125-700	257079		☐ XA-UEW	Challenger 601	5063		☐ XB-EEP	Cessna S550	0070
☐ XA-SOR	Challenger 601	5147		☐ XA-UEX	125	25066		☐ XB-ETV	Sabre 60	306-96
☐ XA-SPM	Sabre 65	465-14		☐ XA-UEY	Sabre 40	282-112		☐ XB-FKT	Learjet 31	29
☐ XA-SPQ	C650 VII	650-7028		☐ XA-UFB	Learjet 45XR	45-295		☐ XB-FMB	Sabre 60	306-90
☐ XA-SQV	C550	550-0198		☐ XA-UFK	125-800XP2	258287		☐ XB-GAM	125	25075
☐ XA-SSU	Learjet 24D	230		☐ XA-UFR	Be400XP	RK-452		☐ XB-GBF	C500	500-0273
☐ XA-SSV	Sabre 60	306-140		☐ XA-UFS	Be400XP	RK-415		☐ XB-GCP	Learjet 25D	325
☐ XA-STT	Gulf 3	406		☐ XA-UGB	Sabre 40	282-102		☐ XB-GDJ	C500	500-0412
☐ XA-SVG	Sabre 60	306-97		☐ XA-UGG	C550	550-0590		☐ XB-GHO	Learjet 24	141
☐ XA-TAB	Falcon 50	177		☐ XA-UHI	125-800	258055		☐ XB-GLZ	C550	550-0303
☐ XA-TAQ	Learjet 25D	305		☐ XA-UHQ	C560XLS	560-5709		☐ XB-GSP	Sabre 75A	380-55
☐ XA-TCA	Learjet 24B	224		☐ XA-UHT	Learjet 24D	283		☐ XB-HRA	Falcon 20C	127
☐ XA-TCN	Jetstar II	5229		☐ XA-UIC	Diamond	055SA		☐ XB-IHB	Sabre 40	282-63
☐ XA-TDX	Sabre CT-39A	276-27		☐ XA-UIS	C650 III	650-0186		☐ XB-IKY	C550	550-0642
☐ XA-TEI	Falcon 900EX	186		☐ XA-UJG	Falcon 10	146		☐ XB-INI	Be400A	RK-126
☐ XA-TEL	Falcon 900B	168		☐ XA-UJP	C560XLS	560-5771		☐ XB-IPX	125	25188
☐ XA-TEM	125-800XP	258431		☐ XA-UJQ	Learjet 31	20		☐ XB-IRH	Learjet 24D	308
☐ XA-TGA	Sabre 60	306-126		☐ XA-UJR	Learjet 45	45-135		☐ XB-IUW	C500	500-0198

☐ XB-IWL	Learjet 35A	379
☐ XB-IXE	C500	500-0328
☐ XB-IXJ	Sabre 60	306-93
☐ XB-IXT	C500	501-0685
☐ XB-IYS	Sabre 60	306-6
☐ XB-IZK	C550	550-0473
☐ XB-IZR	Sabre 60	306-42
☐ XB-JCG	Learjet 60	60-131
☐ XB-JDG	C500	500-0110
☐ XB-JFV	C500	500-0395
☐ XB-JGI	Sabre 40	282-80
☐ XB-JHD	C560	560-0127
☐ XB-JHV	Learjet 29	29-002
☐ XB-JJS	Learjet 25D	369
☐ XB-JKG	125	25146
☐ XB-JLU	Learjet 25D	328
☐ XB-JLY	125	25139
☐ XB-JMR	Sabre 60	306-35
☐ XB-JND	125-700	257106
☐ XB-JPS	Sabre 40	282-128
☐ XB-JPX	Learjet 36A	43
☐ XB-JTG	Sabre 60	306-127
☐ XB-JTN	125-700	257185
☐ XB-JVK	C500	500-0199
☐ XB-JXZ	Learjet 24E	346
☐ XB-JYS	125-700	257033
☐ XB-JYZ	Sabre 75A	380-48
☐ XB-KBW	Falcon 20F	364
☐ XB-KCE	BAC 111	183
☐ XB-KDK	Learjet 31	32
☐ XB-KDQ	Learjet 25D	365
☐ XB-KFR	Jetstar 731	5161
☐ XB-KHL	C500	501-0148
☐ XB-KJW	Learjet 24F	349
☐ XB-KLQ	Sabre 60	306-132
☐ XB-KLV	Jetstar 8	5162
☐ XB-KNH	125	25225
☐ XB-KPC	Sabre 60	306-7
☐ XB-KQY	Sabre 60	306-83
☐ XB-KSL	Sabre 60	306-86
☐ XB-KWN	Learjet 25D	309
☐ XB-KYK	Learjet 25B	194
☐ XB-LCI	Learjet 25B	122
☐ XB-LLT	Learjet 60	60-175
☐ XB-LYG	Learjet 25D	364
☐ XB-MAR	125	25202
☐ XB-MCB	125-800XP	258320
☐ XB-MDG	Sabre 40	282-114
☐ XB-MSV	125	25185
☐ XB-MYA	125	25227
☐ XB-MYG	Learjet 25D	295
☐ XB-MYP	Sabre 65	465-50
☐ XB-PBT	C500	500-0054
☐ XB-RSC	Sabre 65	465-55
☐ XB-RSH	Sabre 65	465-22
☐ XB-RYT	Learjet 35	42
☐ XB-SOL	Sabre 60	306-128
☐ XB-TMG	C500	501-0118
☐ XB-TRY	C500	500-0210
☐ XB-ULF	Sabre 60	306-129
☐ XB-VGT	C500	500-0068
☐ XB-ZZZ	C550	550-0711
☐ XC-AA51	Sabre 40	282-130
☐ XC-AA70	Gulf2	18
☐ XC-AA73	Sabre 40	282-105
☐ XC-AA89	Sabre 75A	380-46
☐ XC-AAC	Sabre 60	306-21
☐ XC-AGU	Learjet 24D	260
☐ XC-CAM	Sabre 60	306-145
☐ XC-CUZ	Learjet 35A	213
☐ XC-DDA	Sabre 75A	380-34
☐ XC-DGO	Learjet 35A	336
☐ XC-FEZ	C500	500-0409
☐ XC-FIV	C500	500-0013
☐ XC-GAW	C500	500-0410
☐ XC-GDC	C525B CJ3	0062
☐ XC-GDT	C560 Encore	560-0689
☐ XC-GTO	C500	500-0396
☐ XC-GUB	Learjet 25D	306
☐ XC-HGY	Sabre 60	306-38
☐ XC-HHJ	Learjet 35A	435
☐ XC-HID	Falcon 20E	282
☐ XC-HIE	Learjet 45	45-026
☐ XC-HIS	Learjet 25D	312
☐ XC-HIX	Falcon 20F	248
☐ XC-HJC	C550	550-0677
☐ XC-IST	Learjet 29	29-001
☐ XC-JCC	Jetstar 731	5053
☐ XC-JDX	Learjet 23	70
☐ XC-LJF	125	25052
☐ XC-LJS	Be400	RJ-48
☐ XC-LJZ	DC9-15	45775
☐ XC-LKA	Gulf2 SP	69
☐ XC-LKL	Gulf2	114
☐ XC-LKN	Gulf2B	30
☐ XC-LKS	Gulf2 SP	91
☐ XC-MIC	Falcon 20C	169
☐ XC-MMM	C500	500-0035
☐ XC-OAH	Learjet 35A	488
☐ XC-PFT	Gulf2 SP	175
☐ XC-PGM	C550	550-0644
☐ XC-PGN	C650 III	650-0165
☐ XC-PGP	C550	550-0648
☐ XC-QER	Falcon 20E	287
☐ XC-RPP	Learjet 25D	236
☐ XC-SCT	C550	550-0138
☐ XC-SKI	Jetstar 8	5124
☐ XC-SON	Falcon 20F	393
☐ XC-SST	C550	550-0731
☐ XC-TJN	Learjet 40	45-2046
☐ XC-UJS	Sabre 60	306-139
☐ XC-UJU	Sabre 75A	380-68
☐ XC-VSA	Learjet 28	28-002

XT- Burkina Faso

☐ XT-BFA	B727-282/W	22430

YI- Iraq

☐ YI-APX	A300B4-2C	239

YK- Syria

☐ YK-AQB	Yak-40	9530443
☐ YK-ASA	Falcon 20F	328
☐ YK-ASB	Falcon 20F	331
☐ YK-ASC	Falcon 900	100

YL- Latvia

☐ YL-ABA	Learjet 60	60-300
☐ YL-KSC	Premier 1	RB-20
☐ YL-MAR	125-800XP	258389
☐ YL-MLV	Premier 1A	RB-216
☐ YL-NST	125-800XP	258424
☐ YL-SKY	Challenger 604	5532
☐ YL-VIP	125-800	258078

YR- Romania

☐ YR-CJF	Falcon 900B	26
☐ YR-DAD	C510	510-
☐ YR-DIP	Challenger 604	5475
☐ YR-ELV	C560 Encore	560-0652
☐ YR-GCI	C560XLS+	560-6033
☐ YR-RPG	C560 Encore	560-0665
☐ YR-RPR	C560XL	560-5337
☐ YR-TIB	B737-3L9	27924
☐ YR-TIC	C560	560-0200
☐ YR-TIG	Galaxy G200	12
☐ YR-TII	Galaxy G200	89
☐ YR-TIK	Global 5000	9229
☐ YR-TOY	C525A CJ2+	0455

YU- Serbia

☐ YU-BNA	Falcon 50	43
☐ YU-BRZ	Learjet 31A	45
☐ YU-BSG	C550 Bravo	550-1049
☐ YU-BSM	C550 Bravo	550-0808
☐ YU-BTB	C550 Bravo	550-1037
☐ YU-BTM	C650 VII	650-7080
☐ YU-BTN	C525B CJ3	0193
☐ YU-BTT	C550	551-0038
☐ YU-BUU	C525A CJ2+	0411
☐ YU-BVV	C550	550-0272
☐ YU-BZM	C560XLS+	560-6037
☐ YU-BZZ	C550 Bravo	550-0924
☐ YU-FCS	C550	550-0321
☐ YU-MDV	C500	501-0210
☐ YU-MTU	C525 CJ	525-0295
☐ YU-SEG	C500	500-0276
☐ YU-SPA	C560XLS	560-5760
☐ YU-SPM	C510	510-0049
☐ YU-VER	C525A CJ2+	0401

YV- Venezuela

☐ YV	C500	500-0125
☐ YV	C500	500-0147
☐ YV	C500	500-0217
☐ YV	C500	501-0261
☐ YV	C550	550-0407
☐ YV	C550	550-0277
☐ YV	C550	550-0287
☐ YV	C550	550-0226
☐ YV	C550	551-0191
☐ YV	C550	550-0167
☐ YV	C560 Ultra	560-0408
☐ YV	Astra	57
☐ YV	Be400A	RK-299
☐ YV	Falcon 10	67
☐ YV	Cessna S550	0099
☐ YV	C525A CJ2	0121
☐ YV	Cessna S550	0146
☐ YV	Westwind	315
☐ YV	125	25244
☐ YV	Learjet 25D	234
☐ YV	Sabre 65	465-37
☐ YV	Westwind	205
☐ YV	Sabre 40	282-98

87

Registration	Type	Serial
☐ YV	Learjet 25D	235
☐ YV	125	25176
☐ YV	125	25241
☐ YV	Learjet 25D	363
☐ YV	Learjet 24B	212
☐ YV	125-600	256063
☐ YV	Gulf2B	245
☐ YV-	C500	500-0047
☐ YV113T	125	25231
☐ YV120T	Sabre 40	282-106
☐ YV198T	Be400A	RK-306
☐ YV210T	C550	550-0477
☐ YV213T	Be400A	RK-152
☐ YV225T	Sabre 40	282-120
☐ YV233T	C500	500-0317
☐ YV238T	C500	500-0072
☐ YV251T	Westwind	362
☐ YV252T	C550	550-0203
☐ YV255T	C550	550-0312
☐ YV265T	Sabre 75A	380-2
☐ YV266T	C550 Bravo	550-0943
☐ YV289T	C525A CJ2+	0318
☐ YV305T	C525A CJ2	0221
☐ YV317T	C500	500-0093
☐ YV338T	Sabre 75A	380-44
☐ YV351T	Learjet 45	45-006
☐ YV363T	Be400A	RK-38
☐ YV1022	C560	560-0134
☐ YV1079	Learjet 24	173
☐ YV1083	Falcon 50	22
☐ YV1118	Learjet 45XR	45-396
☐ YV1128	Falcon 50	53
☐ YV1129	Falcon 50	63
☐ YV1152	C500	500-0043
☐ YV1192	C550	550-0683
☐ YV1211	Jetstar 731	5106
☐ YV1316	C500	500-0052
☐ YV1346	Learjet 25D	253
☐ YV1401	Galaxy G200	41
☐ YV1432	C500	500-0167
☐ YV1495	Falcon 50	136
☐ YV1496	Falcon 50	219
☐ YV1504	C550	550-0719
☐ YV1541	C500	500-0367
☐ YV1563	C550	551-0463
☐ YV1677	C500	500-0109
☐ YV1681	Gulf2	25
☐ YV1685	Westwind	330
☐ YV1686	C500	500-0216
☐ YV1687	125	25191
☐ YV1713	C500	500-0058
☐ YV1771	Astra	77
☐ YV1776	C550	551-0223
☐ YV1794	Learjet 55	31
☐ YV1813	C550	550-0405
☐ YV1820	C550	551-0313
☐ YV1828	Learjet 35	19
☐ YV2030	C500	500-0215
☐ YV2040	Falcon 900B	133
☐ YV2044	Learjet 35A	437
☐ YV2053	Falcon 900EX	60
☐ YV2073	C550	551-0015
☐ YV2103	C550	550-0135
☐ YV2110	C560 Ultra	560-0511
☐ YV2165	Falcon 50	4
☐ YV2166	C550	550-0467
☐ YV2246	C550	550-0300
☐ YV2286	C550	550-0637
☐ YV2317	C550	550-0112
☐ YV2331	C525 CJ1+	525-0631
☐ YV2346	Falcon 50	44
☐ YV2347	Diamond	064SA
☐ YV2389	C560 Encore +	560-0757
☐ YV2416	125	25098
☐ YV2443	C550	550-0214
☐ YV2452	Be400A	RK-68
☐ YV2465	Learjet 25C	126
☐ YV2477	125-800SP	258149
☐ YV2485	Falcon 900EX	196
☐ YV2486	Falcon 900EX	197
☐ YV2498	C500	500-0139
☐ YV2565	Learjet 45XR	45-389
☐ YV2567	Learjet 45XR	45-390
☐ YV2609	Phenom 100	00080
☐ YVO157	Be400A	RK-103
☐ YV-203CP	Learjet 25C	61
☐ YV-939CP	C500	500-0031
☐ YV-2338P	C550	550-0449
☐ YV-2482P	Westwind	172

ZK- New Zealand

Registration	Type	Serial
☐ ZK-AWK	C560 Ultra	560-0396
☐ ZK-JTH	C680	680-0058
☐ ZK-KFB	Gulf IVSP	1362
☐ ZK-LCA	C510	510-0011
☐ ZK-MUS	C510	510-0054
☐ ZK-PGA	C510	510-0033
☐ ZK-RGB	Galaxy G200	158
☐ ZK-RML	Westwind	339
☐ ZK-TBM	C525B CJ3	0027
☐ ZK-XVL	Learjet 35A	649

ZP- Paraguay

Registration	Type	Serial
☐ ZP-	C560 Ultra	560-0357
☐ ZP-BJB	Be400A	RK-19
☐ ZP-TKO	125	25173

ZS- South Africa

Registration	Type	Serial
☐ ZS-AAM	Premier 1A	RB-265
☐ ZS-ABG	125-1000	259024
☐ ZS-ACE	C500	501-0245
☐ ZS-ACT	Challenger 300	20034
☐ ZS-AFD	C510	510-0134
☐ ZS-AFG	125-850XP	258724
☐ ZS-AJD	Learjet 45XR	45-369
☐ ZS-AKG	C680	680-0254
☐ ZS-AOL	Gulf GV	634
☐ ZS-ARA	Learjet 35A	349
☐ ZS-ARG	C550	551-0163
☐ ZS-AVM	Premier 1	RB-31
☐ ZS-BEN	Cessna S550	0041
☐ ZS-BFS	C500	500-0262
☐ ZS-BLE	Learjet 35A	304
☐ ZS-BOT	125-900XP	HA-0032
☐ ZS-BTC	C500	500-0161
☐ ZS-BXR	Learjet 25	141
☐ ZS-CAG	125-700	257172
☐ ZS-CAL	125	25172
☐ ZS-CAQ	Falcon 50	133
☐ ZS-CAR	Cessna S550	0078
☐ ZS-CAS	Falcon 50	91
☐ ZS-CJT	C525B CJ3	0116
☐ ZS-CNA	125	25159
☐ ZS-CTF	C510	510-0060
☐ ZS-CTL	Gulf2	218
☐ ZS-CWD	C500	501-0049
☐ ZS-CWG	Cessna S550	0138
☐ ZS-DBS	C500	500-0061
☐ ZS-DCA	Learjet 45	45-117
☐ ZS-DDM	Premier 1A	RB-238
☐ ZS-DDT	Horizon	RC-15
☐ ZS-DES	Cessna S550	0087
☐ ZS-DFI	C510	510-0093
☐ ZS-DGW	Gulf2B	166
☐ ZS-DIY	C510	510-0092
☐ ZS-DJA	Gulf2B	156
☐ ZS-DPP	C525B CJ3	0211
☐ ZS-DTD	Horizon	RC-12
☐ ZS-EDA	Cessna S550	0126
☐ ZS-ESA	Global Express	9061
☐ ZS-FOS	C560XL	560-5352
☐ ZS-FOX	Falcon 10	72
☐ ZS-GJB	Global Express	9122
☐ ZS-GSG	Learjet 60	60-301
☐ ZS-ICC	Jetstar II	5223
☐ ZS-ICU	125-700	257113
☐ ZS-IDC	C680	680-0224
☐ ZS-IGP	Learjet 35A	608
☐ ZS-IOC	Do328JET	3219
☐ ZS-IPE	125-700	257202
☐ ZS-ISA	Challenger 600S	1081
☐ ZS-JDL	C680	680-0193
☐ ZS-JGC	Gulf 3	312
☐ ZS-JLK	Falcon 100	207
☐ ZS-JVS	Falcon 200	493
☐ ZS-KAA	Learjet 45XR	45-305
☐ ZS-KBS	125-900XP	HA-0017
☐ ZS-KGS	Falcon 20-5	385
☐ ZS-KJY	Learjet 24	165
☐ ZS-KPM	C510	510-0091
☐ ZS-LAH	Gulf 3	328
☐ ZS-LDV	C500	500-0418
☐ ZS-LEO	Challenger 604	5318
☐ ZS-LIG	C550	550-0474
☐ ZS-LME	125	25242
☐ ZS-LOG	Gulf2 SP	19
☐ ZS-LOW	Learjet 45	45-228
☐ ZS-LPE	125	25184
☐ ZS-LWU	Learjet 24B	209
☐ ZS-LXH	Learjet 25D	206
☐ ZS-MAN	125	25067
☐ ZS-MCO	Premier 1	RB-72
☐ ZS-MEG	125	25233
☐ ZS-MGD	Falcon 2000EX	51
☐ ZS-MGJ	Learjet 24B	207
☐ ZS-MGS	Falcon 50	232
☐ ZS-MHN	Be400	RJ-59
☐ ZS-MLN	C550	551-0285
☐ ZS-MMG	Gulf2 SP	85
☐ ZS-MNT	DC9-15	45740
☐ ZS-MTD	Learjet 25B	160
☐ ZS-MUS	C510	510-0137
☐ ZS-NAN	Falcon 900B	99
☐ ZS-NDX	C560	560-0152
☐ ZS-NGL	C560	560-0202
☐ ZS-NGS	C560	560-0241
☐ ZS-NII	C550	550-0168
☐ ZS-NUZ	C560 Ultra	560-0398
☐ ZS-NYG	Learjet 25C	98
☐ ZS-NYV	Learjet 31A	115
☐ ZS-OEA	Learjet 24D	267
☐ ZS-OHZ	C560XL	560-5079
☐ ZS-OIE	C550	550-0480
☐ ZS-OIF	125	25221
☐ ZS-OML	Learjet 31A	170
☐ ZS-ONE	C500	500-0002
☐ ZS-ONG	Falcon 50 EX	287

Reg	Type	Serial
ZS-OPM	Learjet 45XR	45-308
ZS-OPN	Learjet 45XR	45-321
ZS-OPO	Learjet 45XR	45-342
ZS-OPR	Learjet 45	45-219
ZS-OPY	Learjet 45	45-218
ZS-ORW	Be400	RJ-37
ZS-OXY	125-800	258095
ZS-PAJ	C525A CJ2+	0457
ZS-PAR	125-800	258050
ZS-PFE	Premier 1	RB-94
ZS-PFG	C500	500-0122
ZS-PHP	C500	501-0103
ZS-PKR	Falcon 2000	114
ZS-PKY	125-800XP	258429
ZS-PLC	125	25204
ZS-PMA	C500	500-0123
ZS-PNP	Learjet 45	45-059
ZS-POT	Be400XP	RK-300
ZS-PPH	125-850XP	258717
ZS-PSG	Cessna S550	0112
ZS-PTL	Learjet 45	45-181
ZS-PTP	125-800XP	258633
ZS-PTT	C500	500-0085
ZS-PVX	B727-2N5/W	22825
ZS-PWM	Fokker F28	11045
ZS-PWT	C500	500-0076
ZS-PWU	C525 CJ1	525-0431
ZS-PXD	C500	500-0257
ZS-PYB	DC9-14	45706
ZS-PYY	Gulf2 SP	26
ZS-PZX	125-800XP2	258670
ZS-RCC	C500	500-0106
ZS-RKV	C550	550-0051
ZS-RSA	B737 BBJ1	32627
ZS-SAH	125-900XP	HA-0326
ZS-SAP	C680	680-0190
ZS-SDU	125-700	257053
ZS-SDZ	Challenger 605	5706
ZS-SEA	Falcon 10	156
ZS-SEB	Falcon 10	127
ZS-SFV	Learjet 35A	275
ZS-SGC	Challenger 601	5070
ZS-SGT	C500	500-0324
ZS-SGU	Learjet 45XR	45-365
ZS-SGV	125-900XP	HA-0067
ZS-SME	125-900XP	HA-0104
ZS-SMT	125	25128
ZS-SRU	Premier 1	RB-63
ZS-SSM	Learjet 25	22
ZS-STS	Phenom 100	00069
ZS-TBN	125	25023
ZS-TEJ	Learjet 60	60-173
ZS-TEX	Gulf 3	355
ZS-TJS	Learjet 45	45-083
ZS-TMG	C500	500-0149
ZS-TOW	Learjet 35A	475
ZS-TOY	Learjet 24B	219
ZS-TPG	Gulf2 SP	150
ZS-ULT	Learjet 45	45-194
ZS-WHG	Gulf2 SP	67
ZS-WJW	125-700	257159
ZS-XRS	Global Express	9260
ZS-ZBB	Global Express	9253
ZS-ZOT	Horizon	RC-310

Z3- Macedonia

Reg	Type	Serial
Z3-MKD	Learjet 60	60-279

3A- Monaco

Reg	Type	Serial
3A-MGA	Falcon 900EX	195
3A-MRG	C525B CJ3	0096

3B- Mauritius

Reg	Type	Serial
3B-	Learjet 45	45-092
3B-NGT	Challenger 300	20133
3B-PGF	Gulf IV	1046
3B-SSD	Challenger 300	20126
3B-TSL	A330-243	863

3C- Equatorial Guinea

Reg	Type	Serial
3C-EGE	BBJ	33367
3C-LGE	Falcon 50	246
3C-ONM	Falcon 900B	167
3C-QQU	Jetstar 731	5082

3D- Swaziland

Reg	Type	Serial
3D-BIS	Learjet 45	45-104

4K- Azerbaijan

Reg	Type	Serial
4K-85729	Tu-154M	911
4K-8888	B727-251	22543
4K-AZ01	A319CJ	2487
4K-AZ88	Galaxy G200	189
4K-AZ888	G450	4045
4K-MEK8	G550	5204

4L- Georgia

Reg	Type	Serial
4L-GAF	Challenger 850	8046

4O- Montenegro

Reg	Type	Serial
4O-BBB	Learjet 45XR	45-372
4O-BVA	Be400A	RK-124
4O-OOO	C500	500-0392

4X- Israel

Reg	Type	Serial
4X-CLL	Galaxy G200	40
4X-CMF	Challenger 604	5522
4X-CMY	Challenger 604	5388
4X-CMZ	Challenger 604	5450
4X-COG	Galaxy G200	18
4X-COI	Global 5000	9130
4X-CPS	125-800XP	258391
4X-CPW	C550 Bravo	550-0941
4X-CPX	Gulf IVSP	1481
4X-CPY	Be400A	RK-219
4X-CUR	Challenger 604	5645
4X-CZD	C550	551-0117
4X-CZM	C650 III	650-0187
4X-DFZ	C510	510-0090
4X-WBJ	G250	2003
4X-WSJ	G250	2001
4X-WSM	G250	2002

5A- Libya

Reg	Type	Serial
5A-DAG	Falcon 20C	143
5A-DAJ	Jetstar 8	5136
5A-DAK	B707-3L5C	21228
5A-DCK	Corvette	38
5A-DCM	Falcon 50	68
5A-DCN	Falcon 900EX	148
5A-DCO	Falcon 20D	190
5A-DDQ	BAC 111	158
5A-DDS	Gulf2	242
5A-DRK	C560XLS	560-5710
5A-DRL	C560XLS	560-5808
5A-DSO	Fokker F28	11110
5A-ONE	A340-213	151
5A-UAA	Challenger 300	20175
5A-UAB	Global 5000	9285
5A-UAC	Global 5000	9257
5A-UAD	Challenger 850	8087

5B- Cyprus

Reg	Type	Serial
5B-CKO	Falcon 2000EX	96

5H- Tanzania

Reg	Type	Serial
5H-CCM	Fokker F28	11137
5H-ONE	G550	5030

5N- Nigeria

Reg	Type	Serial
5N-	125-800	258231
5N-AGZ	125-800	258143
5N-AVK	125-700	257160
5N-BEL	Cessna S550	0079
5N-BEX	125-700	257197
5N-BFC	125-700	257150
5N-BGV	Gulf2	177
5N-BJS	C560XLS	560-5703
5N-BLW	Learjet 45XR	45-350
5N-BMM	C560XLS	560-5830
5N-BMR	125-800	258264
5N-DAL	Learjet 45XR	45-358
5N-DAO	125-700	257182
5N-DGN	125-1000	259018
5N-EAS	125	25217
5N-EMA	125-600	256069
5N-FGE	Falcon 900	96
5N-FGO	Falcon 900	52
5N-FGP	Gulf IV	1126
5N-FGS	Gulf GV	643
5N-FGT	B737 BBJ1	34260
5N-JMA	125-800XP2	258658
5N-JMB	125-850XP	258659
5N-MAO	125-700	257186
5N-MAZ	125-700	257169
5N-NPC	125-800	258109
5N-RSG	Legacy	14500891

5R- Malagasy Republic

Reg	Type	Serial
5R-MBR	Corvette	16
5R-MGX	C550 Bravo	550-1054
5R-MHF	C550	551-0171
5R-MHK	Corvette	34
5R-MRM	B737-3Z9	24081
5R-MRP	B737 BBJ1	29233

5U- Niger
☐ 5U-BAG   B737-2N9C   21499

5V- Togo
☐ 5V-TAI   Fokker F28   11079
☐ 5V-TGF   DC8-62   46071
☐ 5V-TTP   125-600   256049

5X- Uganda
☐ 5X-UEF   Gulf IVSP   1413
☐ 5X-UGF   G550   5208

5Y- Kenya
☐ 5Y-BVY   ERJ-135LR   145599
☐ 5Y-MNG   C550 Bravo   550-0876
☐ 5Y-MSR   C550 Bravo   550-0975
☐ 5Y-SIR   C550 Bravo   550-0995

6V- Senegal
☐ 6V-AEF   B727-2M1/W   21091

7O- Yemen Republic
☐ 7O-YMN   B747-SP27   21786

7T- Algeria
☐ 7T-   C560XLS+   560-6023
☐ 7T-VCW   125-700   257163
☐ 7T-VNF   C525A CJ2+   0436
☐ 7T-VPC   Gulf IVSP   1418
☐ 7T-VPG   Gulf GV   617
☐ 7T-VPM   Gulf IVSP   1421
☐ 7T-VPP   A340-540   917
☐ 7T-VPR   Gulf IVSP   1288
☐ 7T-VPS   Gulf IVSP   1291

8P- Barbados
☐ 8P-MSD   G550   5137

9A- Croatia
☐ 9A-CHC   C500   501-0140
☐ 9A-CLN   C525A CJ2+   0434
☐ 9A-CRO   Challenger 604   5322
☐ 9A-DOF   C550   551-0496

9G- Ghana
☐ 9G-ABF   Jetstar II   5217

9H- Malta
☐ 9H-AFB   Learjet 60XR   60-327
☐ 9H-AFC   Challenger 605   5713
☐ 9H-AFJ   Learjet 60   60-030
☐ 9H-AFK   A319CJ   2592
☐ 9H-AFL   A318 Elite   3363
☐ 9H-AFM   A318 Elite   2910
☐ 9H-AFP   Global Express   9167
☐ 9H-AFQ   Challenger 605   5709
☐ 9H-AFR   Global Express   9249
☐ 9H-AFU   CRJ800   7176
☐ 9H-BOB   125-800   258115
☐ 9H-SNA   A319CJ   3356

9J- Zambia
☐ 9J-ONE   Challenger 604   5486

9K- Kuwait
☐ 9K-AHI   A300C4-620   344
☐ 9K-AJD   Gulf GV   560
☐ 9K-AJE   Gulf GV   569
☐ 9K-AJF   Gulf GV   573
☐ 9K-AKD   A320-212   2046
☐ 9K-ALD   A310-308   648
☐ 9K-GFA   G550   5248
☐ 9K-PAA   Legacy   14500973

9M- Malaysia
☐ 9M-ABC   Gulf IVSP   1312
☐ 9M-ATM   C750   750-0242
☐ 9M-CAL   Learjet 60   60-034
☐ 9M-FCL   Learjet 60   60-072
☐ 9M-FRA   Falcon 20DC   224
☐ 9M-ISJ   Gulf IV   1106
☐ 9M-LLJ   Falcon 20-5   292
☐ 9M-NAA   A319CJ   2949
☐ 9M-TST   Challenger 300   20135

9Q- Dem. Rep. Congo
☐ 9Q-CAI   125-600   256047
☐ 9Q-CCA   Falcon 10   150
☐ 9Q-CDC   B727-030   18934
☐ 9Q-CFJ   125-600   256051
☐ 9Q-CJF   125-600   256031
☐ 9Q-CLK   B707-138B   17702
☐ 9Q-CMC   B727-030   18371
☐ 9Q-CPF   125   25287
☐ 9Q-CSJ   BAC 111   13

NOTES

2. Reservations and Expected Deliveries:

The aircraft listed here are those which are currently on various registers, but also have another registration reserved.

The listing is laid out with the reserved marks in the left hand column, type, and current registration on the right.

The inclusion of any reservation should not be taken as a guarentee that it will be taken up however!

Reservation	Type	Current
9M-ZAB	C550 Bravo	N1309B
A6-DPD	C650 III	N2UJ
B-99999	G550	N924GA
B-HVT	G550	VP-CVT
D-AAGF	Gulf IV	HB-IKR
D-AANA	Global Express	N234GX
D-AINI	Challenger 604	OE-INI
D-AINX	Challenger 604	OE-INX
D-AINY	Challenger 604	OE-INY
D-CCCG	C525B CJ3	CS-DIY
D-CFLO	C560XLS	D-CLIC
D-CGNF	Learjet 60XR	OE-GNF
D-CHFB	Hansa Jet	TC-LEY
D-CIFA	Learjet 60	D-CPMU
D-CJOY	C560XL	D-CINI
D-CVJT	Learjet 40	OE-GVX
D-CYOU	C650 III	D-CHIL
D-IFDN	C525 CJ	D-IURS
D-IHTM	C525A CJ2+	D-IFDN
D-IJKP	C510	N761JP
D-ILAC	Eclipse 500	N177EA
D-IPAD	C525A CJ2+	N129CK
D-IPOD	C525A CJ2	F-HAMG
D-ISAS	Premier 1A	N42LQ
F-GOEV	Falcon 900	G-HMEV
F-GOJI	Falcon 10	G-ECJI
F-GOVV	Global Express	N618WF
F-HNFG	Falcon 7X	HB-JSS
G-LEAX	C560XLS	N595QS
G-MEAA	C560 Encore +	D-CAPB
G-UJET	125-800	G-JMAX
JA78MA	Be400A	N361AS
LN-AWF	C550	SE-RBK
LN-BEP	125-800	LN-ESA
LN-ESB	Challenger 604	N208R
LN-FDA	C525 CJ1+	N636VP
LN-FDB	C525 CJ	D-ICOL
LN-FDC	C525 CJ1	N411MY
LV-BYC	Challenger 601	N898EW
M-FINK	125-1000	G-FINK
M-YTPS	G550	P4-TPS
M-TATO	G450	N111CQ
N95NB	C560XLS+	N853JA
N507PD	C560 Encore	N844HS
N4TB	Falcon 20-5	N355DG
N8CQ	C525A CJ2	N525CC
N26WK	Challenger 604	N2JW
N31CA	Challenger 300	N511FX
N35CT	C525A CJ2	N220JD
N41VY	C550 Bravo	N550BC
N61EP	C510	N245DR
N73WW	125-800	N4403
N80JE	125-800	N80J
N86LF	Horizon	N163DE
N87RB	125-800	N601DR
N88CA	Be400A	N794TA
N89NC	G550	N109ST
N94GA	Eclipse 500	N153DJ
N96FF	Learjet 60	N250SG
N96MN	125-800	N86MN
N100AK	Astra	N133SN
N101WR	Be400A	N546BZ
N109TW	C525A CJ2	N77VR
N116WC	C560 Ultra	N393QS
N122WC	C560 Ultra	N302QS
N125GH	Gulf GV	N675RW
N128WC	C560 Ultra	N336QS
N130WC	C560 Ultra	N354QS
N133WC	C560 Ultra	N352QS
N137LR	Falcon 50	N883RW
N144JS	Be400A	N745TA
N167TV	G400	N467QS
N200UN	Sabre 75A	N100EJ
N203CK	Falcon 2000	N215RE
N208FC	C550 Bravo	N242SW
N224MD	Phenom 100	N576JS
N224WC	C560 Ultra	N366QS
N226CK	Falcon 20DC	N226R
N228PG	C560 Ultra	N228PC
N239WJ	Gulf2 TT	HZ-AFK
N275MT	Challenger 601	N910KB
N300GP	Challenger 300	N545XJ
N307ST	Sabre 65	N65CC
N307TC	C510	N510VV
N309BT	C560XL	N864CC
N311MK	Galaxy G200	N331BN
N312PV	Falcon 900EX	N312P
N323CM	Premier 1	N232F
N328SB	C560	N500UJ
N329JC	Cessna S550	N531PM
N358JA	Learjet 60XR	N60XR
N380DG	Challenger 300	N300DG
N388DD	Challenger 600S	N333KK
N397WC	C560 Ultra	N333QS
N399RA	Horizon	N10QS
N399WC	C560 Ultra	N348QS
N404LN	C650 III	N725RH
N406CJ	C550	N91VB
N410KA	Falcon 900	N693SH
N418CK	C560XL	N413CK
N425SU	Challenger 601	N664CW
N460JW	Be400XP	N460KG
N477FA	Learjet 60	N255FX
N501HD	C500	N501T
N503BG	C550	N814AM
N507BX	Challenger 300	N507FX
N518RJ	Falcon 10	N110J
N525TK	C525 CJ	N312SE
N550RB	C525B CJ3	N899MA
N550VS	Cessna S550	N86BA
N552VP	C560XL	N505CS
N565AB	C560XLS+	N565AP
N569CC	C550 Bravo	N724EB
N578GG	Cessna S550	5N-BEL
N585KT	C550	N555KT
N604TS	Challenger 604	N604TC
N625BE	Astra	N625MM
N665SF	Gulf2 SP	N685SF
N666KL	Astra	N666K
N677FR	Gulf IV	N289MU
N683UF	Challenger 601	N189K
N700SM	125-800	N600G
N702A	125-900XP	N146XP
N703A	125-900XP	N147XP
N703AW	Falcon 50	N904SB
N710TP	Challenger 601	N64LE
N711SZ	G450	N711SW
N713FL	C750	N703LX
N743JA	C560XLS+	N932XL
N747HS	CJ4	N525KS
N760CC	G500	N51MF
N792DL	Eclipse 500	N762DL
N800SV	125-800	N125GB
N803LL	125-600	N508VM
N805DB	Challenger 601	N190MP
N846FL	125-800	N828LX
N862JA	125-800	N862WC
N865PC	Falcon 50	N30FT
N885RR	G450	N885AR
N887WM	Global Express	N837WM
N888PA	C500	N888JL
N900TW	C525 CJ1	N75FC
N902AV	C560 Ultra	N220SC
N909CF	Falcon 2000EX	N200CH
N945TM	Falcon 900	N900CS
N952GD	Falcon 900	N6PX
N998AQ	Learjet 40	N998AL
N998PS	125	N602JR
PR-PRA	Premier 1A	N837JM
N7773J	C525B CJ3	N229CN
OH-ZIP	Challenger 300	N184BK
OK-ONE	Gulf GV	N680GA
OO-SIN	C650 III	N680SE
OY-GSE	Challenger 601	N90AR
PR-CLB	C525 CJ	N15LV
PR-JAS	C550	N220LE
PR-KYK	C525 CJ1	N525NT
PR-MLJ	Global Express	N700ML
PR-MLR	Learjet 35A	N357LJ
PR-MMV	C560XLS	N411EC
PR-NXG	Falcon 50	N15FX
PR-PRC	Premier 1A	N390GS
PR-PRE	Premier 1	N239RF
PR-PTA	Phenom 100	PT-THA
SE-RCX	Cessna S550	N550BG
VH-VCJ	C525 CJ	N54BP
VT-CTD	Galaxy G200	N162GB

NOTES

NOTES

3. Military Biz-Jets :

Angola
- T-501 Legacy 14500981

Argentina
- AE-175 Sabre 75A 380-13
- AE-185 C500 500-0356
- E-205 MS760 Paris 011
- E-212 MS760 Paris 022
- E-220 MS760 Paris A-8
- E-232 MS760 Paris A-20
- E-236 MS760 Paris A-24
- E-241 MS760 Paris A-29
- T-01 B757-23A 25487
- T-02 Fokker F28 11203
- T-03 Fokker F28 11028
- T-10 Learjet 60 60-140
- T-22 LJ35A 136
- T-23 LJ35A 319
- T-25 LJ35A 484
- T-26 LJ35A 369
- T-50 Fokker F28 11048

Australia
- A36-001 B737 BBJ1 30829
- A36-002 B737 BBJ1 30790
- A37-001 Challenger 604 5521
- A37-002 Challenger 604 5534
- A37-003 Challenger 604 5538

Azerbaijan
- 87662 Yak-40 9240625

Belgium
- CD-01 Falcon 900B 109
- CE-01 ERJ-135ER 145449
- CE-02 ERJ-135LR 145480
- CE-03 ERJ-145LR 145526
- CE-04 ERJ-145LR 145548
- CM-01 F20E 276
- CM-02 F20E 278

Bolivia
- FAB001 Sabre 60 306-115
- FAB008 Learjet 25B 192
- FAB010 Learjet 25D 211

Botswana
- OK-1 Global Express 9259
- OK-2 Gulf IV 1173

Brazil
- 2101 A319CJ 2263
- 2115 B737-2N3 21165
- 2116 B737-2N3 21166
- 2120 125 25162
- 2123 125 25167
- 2125 125 25164
- 2126 125 25277
- 2127 125 25288
- 2128 125 25289
- 2524 ERJ-145EP 145034
- 2560 ERJ-135LR 145600
- 2561 ERJ-135LR 145608
- 2580 Legacy 145412
- 2581 Legacy 145462
- 2582 Legacy 145495
- 2583 Legacy 145528
- 2584 Legacy 14500997
- 2585 Legacy 14501078
- 2590 E190LR 19000214
- 2710 LJ35A 631
- 2711 LJ35A 632
- 2712 LJ35A 633
- 2713 LJ35A 636
- 2714 LJ35A 638
- 2715 LJ35A 639
- 2716 LJ35A 640
- 2717 LJ35A 641
- 2718 LJ35A 642
- 6000 LJ35A 613
- 6001 LJ35A 615
- 6002 LJ35A 617
- 6050 125 258401
- 6051 125 258421
- 6052 125 258434
- 6053 125 258447
- 6100 Learjet 55C 140

Canada
- 144601 Challenger 600 1040
- 144614 Challenger 601 3036
- 144615 Challenger 601 3037
- 144616 Challenger 601 3038
- 144617 Challenger 604 5533
- 144618 Challenger 604 5535

Chile
- 303 C650 III 650-0131
- 351 LJ35A 050
- 352 LJ35A 066
- 361 C525 CJ1 525-0463
- 362 C525 CJ1 525-0464
- 363 C525 CJ1 525-0465
- 364 C525 CJ1 525-0507
- 911 G4 1089
- 921 B737-58N 28866
- 985 B767-3Y0ER 26205
- 830500 Gulf 3 382

China
- HY984 Learjet 36A 053
- HY986 LJ35A 601
- HY987 LJ35A 602
- HY988 LJ35A 603

Colombia
- FAC0001 B737 BBJ1 29272
- FAC0002 Fokker F28 11992
- FAC1041 Fokker F28 11162
- FAC1211 C550 550-0582
- FAC5760 C560 Ultra 560-0350
- FAC5761 C560 Ultra 560-0374
- FAC5762 C560 Ultra 560-0386
- FAC5763 C560 Ultra 560-0365
- FAC5764 C560 Ultra 560-0381

Czech Republic
- 2801 A319CJ 2801
- 3085 A319CJ 3085
- 5105 Challenger 601 5105

Denmark
- C-080 Challenger 604 5380
- C-168 Challenger 604 5468
- C-172 Challenger 604 5472

Ecuador
- FAE-001A Sabre 60 306-117
- FAE-043 Sabre 40 282-43
- FAE-047 Sabre 40 282-109
- FAE-049 Sabre 60 306-68
- FAE-051 Legacy 14501082
- FAE-620 B727-230 21620
- FAE-691 B727-134 19691
- IGM-628 C550 550-0628

Eire
- 251 Gulf IV 1160
- 258 Learjet 45XR 45-234

Finland
- LJ-1 LJ35A 430
- LJ-2 LJ35A 451
- LJ-3 LJ35A 470

France
- 2 Falcon 900 2
- 4 Falcon 900 4
- 5 Falcon 50 5
- 7 Falcon 50 M 7
- 27 Falcon 50 27
- 30 Falcon 50 M 30
- 32 Falcon 10MER 32
- 34 Falcon 50 34
- 36 Falcon 50 M 36
- 48 Falcon 20G 448
- 65 Falcon 20G 465
- 68 Falcon 7X 68
- 72 Falcon 20G 472
- 75 A340-211 075
- 77 Falcon 20G 477
- 78 Falcon 50 78

☐ 79	Falcon 20C	79
☐ 80	Falcon 20G	480
☐ 86	Falcon 20C	86
☐ 96	Falcon 20C	96
☐ 100	MS760 Paris	100
☐ 101	Falcon 10MER	101
☐ 104	Falcon 20C	104
☐ 129	Falcon 10MER	129
☐ 131	Falcon 20C	131
☐ 132	Falcon 50 M	132
☐ 133	Falcon 10MER	133
☐ 138	Falcon 20C	138
☐ 143	Falcon 10MER	143
☐ 145	Falcon 20C	145
☐ 167	Falcon 20C	167
☐ 185	Falcon 10MER	185
☐ 188	Falcon 20C	188
☐ 252	Falcon 20E	252
☐ 260	Falcon 20E	260
☐ 263	Falcon 20E	263
☐ 268	Falcon 20E	268
☐ 288	Falcon 20E	288
☐ 291	Falcon 20E	291
☐ 342	Falcon 20F	342
☐ 375	Falcon 20F	375
☐ 451	Falcon 20F	451
☐ 1485	A319CJ	1485
☐ 1556	A319CJ	1556

Germany

☐ 10+21	A310-304	498
☐ 10+22	A310-304	499
☐ 12+02	Challenger 601	3040
☐ 12+03	Challenger 601	3043
☐ 12+04	Challenger 601	3049
☐ 12+05	Challenger 601	3053
☐ 12+06	Challenger 601	3056
☐ 12+07	Challenger 601	3059

Ghana

☐ G-530	Fokker F28	11125

Greece

☐ 209	ERJ-135ER	145209
☐ 484	Legacy	145484

India

☐ K2412	B737-2A8	23036
☐ K2413	B737-2A8	23037
☐ K2961	Gulf 3	494
☐ K2962	Gulf 3	495
☐ K2980	Gulf 3	420
☐ K3186	B737-2A8	20484
☐ K3187	B737-2A8	20483
☐ K3601	Legacy	14500867
☐ K3602	Legacy	14500880
☐ K3603	Legacy	14500910
☐ K3604	Legacy	14500919
☐ K5012	B737 BBJ1	36106
☐ K5013	B737 BBJ1	36107
☐ K5014	B737 BBJ1	36108
☐ L3458	Astra	126
☐ L3467	Astra	148

Indonesia

☐ A-2801	Fokker F28	11042
☐ P-2034	Be400XP	RK-362

Iran

☐ 1001	B707-368C	21396
☐ 15-2235	Falcon 20E	318
☐ 5-2802	Falcon 20E	336
☐ 5-2803	Falcon 20E	340
☐ 5-2804	Falcon 20E	346
☐ 5-3021	Falcon 20E	350
☐ 5-9001	Jetstar 8	5137
☐ 5-9003	Falcon 20F	354
☐ 5-9013	Falcon 50	122
☐ 5-9014	Falcon 20F	337
☐ 5-9015	Falcon 20F	343

Israel

☐ 537	G550 Aitam	5037
☐ 569	G550 Aitam	5069
☐ 676	Gulf GV Shavit	676
☐ 678	Gulf GV Shavit	678
☐ 679	Gulf GV Shavit	679
☐ 684	Gulf GV Shavit	684
☐ 927	Westwind	185
☐ 929	Westwind	152
☐ 931	Westwind	186

Italy

☐ MM62026	Falcon 50	193
☐ MM62029	Falcon 50	211
☐ MM62171	Falcon 900EX	45
☐ MM62172	Falcon 900EX	52
☐ MM62174	A319CJ	1157
☐ MM62209	A319CJ	1795
☐ MM62210	Falcon 900EX	116
☐ MM62243	A319CJ	2507
☐ MM62244	Falcon 900EX	149
☐ MM62245	Falcon 900EX	156

Japan

☐ 02-3013	U-125A	258370
☐ 02-3014	U-125A	258381
☐ 02-3015	U-125A	258407
☐ 05-3255	U-4A	1359
☐ 12-3016	U-125A	258427
☐ 12-3017	U-125A	258445
☐ 12-3018	U-125A	258469
☐ 20-1101	B747-47C	24730
☐ 20-1102	B747-47C	24731
☐ 21-5061	Jayhawk	TX-11
☐ 21-5062	Jayhawk	TX-12
☐ 22-3019	U-125A	258493
☐ 22-3020	U-125A	258513
☐ 29-3041	U-125A	258215
☐ 32-3021	U-125A	258533
☐ 39-3042	U-125A	258227
☐ 41-5051	Jayhawk	TX-1
☐ 41-5052	Jayhawk	TX-2
☐ 41-5053	Jayhawk	TX-3
☐ 41-5054	Jayhawk	TX-4
☐ 41-5055	Jayhawk	TX-5
☐ 41-5063	Jayhawk	TX-13
☐ 42-3022	U-125A	258610
☐ 49-3043	U-125A	258242
☐ 51-5056	Jayhawk	TX-6
☐ 51-5057	Jayhawk	TX-7
☐ 51-5058	Jayhawk	TX-8
☐ 52-3001	U-125A	258245
☐ 52-3002	U-125A	258247
☐ 52-3003	U-125A	258250
☐ 52-3023	U-125A	258629
☐ 62-3004	U-125A	258268
☐ 62-3024	U-125A	258685
☐ 71-5059	Jayhawk	TX-9
☐ 71-5060	Jayhawk	TX-10
☐ 72-3005	U-125A	258288
☐ 72-3006	U-125A	258305
☐ 72-3025	U-125A	258735
☐ 75-3251	U-4A	1270
☐ 75-3252	U-4A	1271
☐ 82-3007	U-125A	258306
☐ 82-3008	U-125A	258325
☐ 82-3009	U-125A	258333
☐ 85-3253	U-4A	1303
☐ 9201	Learjet 36A	054
☐ 9204	Learjet 36A	059
☐ 9205	Learjet 36A	060
☐ 9206	Learjet 36A	061
☐ 92-3010	U-125A	258341
☐ 92-3011	U-125A	258348
☐ 92-3012	U-125A	258360
☐ 92-3026	U-125A	258797
☐ 95-3254	U-4A	1326

Kenya

☐ KAF308	Fokker 70	11557

Malaysia

☐ M28-01	Fokker F28	11088
☐ M37-01	Falcon 900	64
☐ M48-02	Global Express	9096
☐ M53-01	B737 BBJ1	29274

Mexico

☐ 3501	B727-014	18912
☐ 3503	B727-014	18908
☐ 3507	B727-264	22412
☐ 3909	LJ35A	321
☐ 3520	B737-2B7	23133
☐ 3908	Jetstar 8	5144
☐ 3929	C500	500-0090
☐ AMT-200	Learjet 60	60-152
☐ AMT-201	Learjet 31A	174
☐ AMT-202	Learjet 25D	339
☐ AMT-203	Sabre 60	306-34
☐ AMT-204	Sabre 60	306-144
☐ AMT-205	G450	4128
☐ AMT-206	Learjet 31A	191
☐ TP-01	B757-225/W	22690
☐ TP-02	B737-33A	24095
☐ TP-03	B737-322	24361
☐ TP-06	Gulf 3	352
☐ TP-07	Gulf 3	386
☐ TP-104	Learjet 35	028
☐ TP-105	Learjet 36A	050

Myanmar

☐ 4400	C550	550-0358

Netherlands

☐ V-11	Gulf IV	1009

Nigeria

☐ NAF050	C550	550-0632

Norway

☐ 041	F20ECM	41
☐ 053	F20ECM	53
☐ 0125	F20C-5	125

Oman

☐ 554	A320-210	3723
☐ 555	A320-210	4117

Pakistan

☐ 0233	C560	560-0233
☐ 1003	C550 Bravo	550-1003
☐ J-468	Falcon 20F	468
☐ J-469	Falcon 20F	469
☐ J-753	Falcon 20E	277
☐ J-754	C560XL	560-5004
☐ J-755	G4	1325
☐ J-756	G450	4090
☐ V-4101	Phenom 100	00017
☐ V-4102	Phenom 100	00014
☐ V-4103	Phenom 100	00047

Peru

☐ FAP300	Falcon 20F	434
☐ FAP350	B737-244	19707
☐ FAP352	B737-282	23042
☐ FAP356	B737-528	27426
☐ FAP524	Learjet 36A	051
☐ FAP525	Learjet 36A	052

Poland

☐ 101	Tu-154M	837
☐ 102	Tu-154M	862

Portugal

☐ 17103	F20D	217
☐ 17401	Falcon 50	195
☐ 17402	Falcon 50	198
☐ 17403	Falcon 50	221

Russia

☐ 86666	Il-62	60201

Saudi Arabia

☐ HZ-101	B737 BBJ1	32805
☐ HZ-102	B737 BBJ2	32451
☐ HZ-103	Gulf IV	1037
☐ HZ-105	125-800	258118
☐ HZ-109	125-800	258146
☐ HZ-110	125-800	258148
☐ HZ-130	125-800	258164
☐ HZ-133	C550 Bravo	550-1115
☐ HZ-134	C550 Bravo	550-1116
☐ HZ-135	C550 Bravo	550-1126
☐ HZ-136	C550 Bravo	550-1127

Singapore

☐ 016	G550 Aitam	5044
☐ 017	G550 Aitam	5132
☐ 018	G550 Aitam	5143
☐ 514	G550 Aitam	5014

South Korea

☐ 258-342	125	258342
☐ 258-343	125	258343
☐ 258-346	125	258346
☐ 258-350	125	258350
☐ 258-351	125	258351
☐ 258-352	125	258352
☐ 258-353	125	258353
☐ 258-357	125	258357
☐ 85101	B737-3Z8	23152
☐ B701	Challenger 604	5429

Spain

☐ T.18-1	Falcon 900B	38
☐ T.18-2	Falcon 900B	90
☐ T.18-3	Falcon 900B	77
☐ T.18-4	Falcon 900B	74
☐ T.18-5	Falcon 900B	73
☐ T.22-1	A310-304	550
☐ TM.11-1	Falcon 20E	253
☐ TM.11-2	Falcon 20D	222
☐ TM.11-3	Falcon 20D	219
☐ TM.11-4	Falcon 20E	332
☐ TR.20-01	C560	560-0161
☐ TR.20-02	C560	560-0193
☐ TR.20-03	C560	560-0183
☐ U.20-1	C550	550-0425
☐ U.20-2	C550	550-0446
☐ U.20-3	C550	550-0592
☐ U.21-01	C650 VII	650-7079

Sweden

☐ 102001	G4	1014
☐ 102002	G4	1215
☐ 102003	G4	1216
☐ 102004	G4	1274
☐ 86001	Sabre 40	282-49

Switzerland

☐ T-783	Falcon 50	67
☐ T-784	C560XL	560-5269

Taiwan

☐ 3701	B737-8AR/W	30139

Thailand

☐ 1084	ERJ-135LR	14501084
☐ 2112	ERJ-135LR	14501077
☐ 60202	A310-324	591
☐ 60221	A319CJ	1908
☐ 11-111	B737-4Z6	27906
☐ 1124	ERJ-135LR	14501124
☐ 40207	LJ35A	623
☐ 55-555	B737-8Z6/W	35478
☐ 60201	B737-2Z6	23059

Turkey

☐ 004	C650 VII	650-7024
☐ 005	C650 VII	650-7026
☐ 09-001	G550	5241
☐ 10-002	G550	5254
☐ 12-003	Gulf IV	1163
☐ 84-007	C550	550-0502
☐ 84-008	C550	550-0503

United Kingdom

☐ XS709	125	25011
☐ XS712	125	25040
☐ XS713	125	25041
☐ XS727	125	25045
☐ XS728	125	25048
☐ XS730	125	25050
☐ XS731	125	25055
☐ XS737	125	25076
☐ XS739	125	25081
☐ ZD620	125-700	257181
☐ ZD621	125-700	257190
☐ ZD703	125-700	257183
☐ ZD704	125-700	257194
☐ ZE395	125-700	257205
☐ ZE396	125-700	257211
☐ ZE700	BAe 146-100	E1021
☐ ZE701	BAe 146-100	E1029
☐ ZJ690	Global Express	9107
☐ ZJ691	Global Express	9123
☐ ZJ692	Global Express	9131
☐ ZJ693	Global Express	9132
☐ ZJ694	Global Express	9135

United States

☐ 71-0879	DC9-32CF	47537
☐ 73-1681	DC9-32	47668
☐ 73-1682	DC9-32	47670
☐ 73-1683	DC9-32	47671
☐ 82-8000	B747-2G4B	23824
☐ 83-0502	C-20A	389
☐ 84-0064	C-21A	510

☐	84-0065	C-21A	511	☐	84-0141	C-21A	584	☐	92-0342	T-1A Jayhawk	TT-56
☐	84-0068	C-21A	514	☐	84-0142	C-21A	586	☐	92-0343	T-1A Jayhawk	TT-57
☐	84-0069	C-21A	515	☐	85-0049	C-20C	456	☐	92-0344	T-1A Jayhawk	TT-58
☐	84-0070	C-21A	516	☐	85-0050	C-20C	458	☐	92-0345	T-1A Jayhawk	TT-59
☐	84-0071	C-21A	517	☐	86-0201	C-20B	470	☐	92-0346	T-1A Jayhawk	TT-60
☐	84-0072	C-21A	518	☐	86-0202	C-20B	468	☐	92-0347	T-1A Jayhawk	TT-61
☐	84-0073	C-21A	519	☐	86-0203	C-20B	475	☐	92-0348	T-1A Jayhawk	TT-62
☐	84-0074	C-21A	520	☐	86-0204	C-20B	476	☐	92-0349	T-1A Jayhawk	TT-63
☐	84-0075	C-21A	521	☐	86-0206	C-20B	478	☐	92-0350	T-1A Jayhawk	TT-64
☐	84-0076	C-21A	522	☐	86-0374	C-21A	624	☐	92-0351	T-1A Jayhawk	TT-65
☐	84-0077	C-21A	523	☐	86-0377	C-21A	629	☐	92-0352	T-1A Jayhawk	TT-66
☐	84-0078	C-21A	524	☐	86-0403	C-20C	473	☐	92-0353	T-1A Jayhawk	TT-67
☐	84-0079	C-21A	525	☐	87-0139	C-20E	497	☐	92-0354	T-1A Jayhawk	TT-68
☐	84-0080	C-21A	526	☐	87-0140	C-20E	498	☐	92-0355	T-1A Jayhawk	TT-69
☐	84-0081	C-21A	527	☐	89-0284	T-1A Jayhawk	TT-5	☐	92-0356	T-1A Jayhawk	TT-70
☐	84-0082	C-21A	528	☐	90-0300	C-20H	1181	☐	92-0357	T-1A Jayhawk	TT-71
☐	84-0083	C-21A	529	☐	90-0400	T-1A Jayhawk	TT-3	☐	92-0358	T-1A Jayhawk	TT-72
☐	84-0084	C-21A	530	☐	90-0401	T-1A Jayhawk	TT-7	☐	92-0359	T-1A Jayhawk	TT-73
☐	84-0085	C-21A	531	☐	90-0402	T-1A Jayhawk	TT-8	☐	92-0360	T-1A Jayhawk	TT-74
☐	84-0086	C-21A	532	☐	90-0403	T-1A Jayhawk	TT-9	☐	92-0361	T-1A Jayhawk	TT-75
☐	84-0087	C-21A	533	☐	90-0404	T-1A Jayhawk	TT-6	☐	92-0362	T-1A Jayhawk	TT-76
☐	84-0088	C-21A	534	☐	90-0405	T-1A Jayhawk	TT-4	☐	92-0363	T-1A Jayhawk	TT-77
☐	84-0089	C-21A	535	☐	90-0406	T-1A Jayhawk	TT-11	☐	92-0375	C-20H	1256
☐	84-0090	C-21A	536	☐	90-0407	T-1A Jayhawk	TT-10	☐	92-9000	B747-2G4B	23825
☐	84-0091	C-21A	537	☐	90-0408	T-1A Jayhawk	TT-12	☐	93-0621	T-1A Jayhawk	TT-78
☐	84-0092	C-21A	538	☐	90-0409	T-1A Jayhawk	TT-13	☐	93-0622	T-1A Jayhawk	TT-79
☐	84-0093	C-21A	539	☐	90-0410	T-1A Jayhawk	TT-14	☐	93-0623	T-1A Jayhawk	TT-80
☐	84-0094	C-21A	540	☐	90-0411	T-1A Jayhawk	TT-15	☐	93-0624	T-1A Jayhawk	TT-81
☐	84-0095	C-21A	541	☐	90-0412	T-1A Jayhawk	TT-2	☐	93-0625	T-1A Jayhawk	TT-82
☐	84-0096	C-21A	542	☐	90-0413	T-1A Jayhawk	TT-16	☐	93-0626	T-1A Jayhawk	TT-83
☐	84-0098	C-21A	544	☐	91-0075	T-1A Jayhawk	TT-18	☐	93-0627	T-1A Jayhawk	TT-84
☐	84-0099	C-21A	545	☐	91-0076	T-1A Jayhawk	TT-17	☐	93-0628	T-1A Jayhawk	TT-85
☐	84-0100	C-21A	546	☐	91-0077	T-1A Jayhawk	TT-1	☐	93-0629	T-1A Jayhawk	TT-86
☐	84-0101	C-21A	547	☐	91-0078	T-1A Jayhawk	TT-19	☐	93-0630	T-1A Jayhawk	TT-87
☐	84-0102	C-21A	548	☐	91-0079	T-1A Jayhawk	TT-20	☐	93-0631	T-1A Jayhawk	TT-88
☐	84-0103	C-21A	549	☐	91-0080	T-1A Jayhawk	TT-21	☐	93-0632	T-1A Jayhawk	TT-89
☐	84-0104	C-21A	550	☐	91-0081	T-1A Jayhawk	TT-22	☐	93-0633	T-1A Jayhawk	TT-90
☐	84-0105	C-21A	551	☐	91-0082	T-1A Jayhawk	TT-23	☐	93-0634	T-1A Jayhawk	TT-91
☐	84-0106	C-21A	552	☐	91-0083	T-1A Jayhawk	TT-24	☐	93-0635	T-1A Jayhawk	TT-92
☐	84-0107	C-21A	553	☐	91-0084	T-1A Jayhawk	TT-25	☐	93-0636	T-1A Jayhawk	TT-93
☐	84-0108	C-21A	554	☐	91-0085	T-1A Jayhawk	TT-26	☐	93-0637	T-1A Jayhawk	TT-94
☐	84-0109	C-21A	555	☐	91-0086	T-1A Jayhawk	TT-27	☐	93-0638	T-1A Jayhawk	TT-95
☐	84-0110	C-21A	556	☐	91-0087	T-1A Jayhawk	TT-28	☐	93-0639	T-1A Jayhawk	TT-96
☐	84-0111	C-21A	557	☐	91-0088	T-1A Jayhawk	TT-29	☐	93-0640	T-1A Jayhawk	TT-97
☐	84-0112	C-21A	558	☐	91-0089	T-1A Jayhawk	TT-30	☐	93-0641	T-1A Jayhawk	TT-98
☐	84-0113	C-21A	559	☐	91-0090	T-1A Jayhawk	TT-31	☐	93-0642	T-1A Jayhawk	TT-99
☐	84-0114	C-21A	560	☐	91-0091	T-1A Jayhawk	TT-32	☐	93-0643	T-1A Jayhawk	TT-100
☐	84-0115	C-21A	561	☐	91-0092	T-1A Jayhawk	TT-33	☐	93-0644	T-1A Jayhawk	TT-101
☐	84-0116	C-21A	562	☐	91-0094	T-1A Jayhawk	TT-35	☐	93-0645	T-1A Jayhawk	TT-102
☐	84-0117	C-21A	563	☐	91-0095	T-1A Jayhawk	TT-36	☐	93-0646	T-1A Jayhawk	TT-103
☐	84-0118	C-21A	564	☐	91-0096	T-1A Jayhawk	TT-37	☐	93-0647	T-1A Jayhawk	TT-104
☐	84-0119	C-21A	565	☐	91-0097	T-1A Jayhawk	TT-38	☐	93-0648	T-1A Jayhawk	TT-105
☐	84-0120	C-21A	566	☐	91-0098	T-1A Jayhawk	TT-39	☐	93-0649	T-1A Jayhawk	TT-106
☐	84-0122	C-21A	568	☐	91-0099	T-1A Jayhawk	TT-40	☐	93-0650	T-1A Jayhawk	TT-107
☐	84-0123	C-21A	569	☐	91-0100	T-1A Jayhawk	TT-41	☐	93-0651	T-1A Jayhawk	TT-108
☐	84-0124	C-21A	570	☐	91-0101	T-1A Jayhawk	TT-42	☐	93-0652	T-1A Jayhawk	TT-109
☐	84-0125	C-21A	571	☐	91-0102	T-1A Jayhawk	TT-43	☐	93-0653	T-1A Jayhawk	TT-110
☐	84-0126	C-21A	572	☐	91-0108	C-20F	1162	☐	93-0654	T-1A Jayhawk	TT-111
☐	84-0127	C-21A	573	☐	92-0330	T-1A Jayhawk	TT-44	☐	93-0655	T-1A Jayhawk	TT-112
☐	84-0128	C-21A	575	☐	92-0331	T-1A Jayhawk	TT-45	☐	93-0656	T-1A Jayhawk	TT-113
☐	84-0129	C-21A	576	☐	92-0332	T-1A Jayhawk	TT-46	☐	94-0114	T-1A Jayhawk	TT-114
☐	84-0130	C-21A	577	☐	92-0333	T-1A Jayhawk	TT-47	☐	94-0115	T-1A Jayhawk	TT-115
☐	84-0131	C-21A	578	☐	92-0334	T-1A Jayhawk	TT-48	☐	94-0116	T-1A Jayhawk	TT-116
☐	84-0132	C-21A	579	☐	92-0335	T-1A Jayhawk	TT-49	☐	94-0117	T-1A Jayhawk	TT-117
☐	84-0133	C-21A	580	☐	92-0336	T-1A Jayhawk	TT-50	☐	94-0118	T-1A Jayhawk	TT-118
☐	84-0134	C-21A	581	☐	92-0337	T-1A Jayhawk	TT-51	☐	94-0119	T-1A Jayhawk	TT-119
☐	84-0135	C-21A	582	☐	92-0338	T-1A Jayhawk	TT-52	☐	94-0120	T-1A Jayhawk	TT-120
☐	84-0137	C-21A	585	☐	92-0339	T-1A Jayhawk	TT-53	☐	94-0121	T-1A Jayhawk	TT-121
☐	84-0139	C-21A	587	☐	92-0340	T-1A Jayhawk	TT-54	☐	94-0122	T-1A Jayhawk	TT-122
☐	84-0140	C-21A	588	☐	92-0341	T-1A Jayhawk	TT-55	☐	94-0123	T-1A Jayhawk	TT-123

☐ 94-0124	T-1A Jayhawk	TT-124	☐ 97-0400	C-37A	521	☐ 165740	UC-35C	560-0524
☐ 94-0125	T-1A Jayhawk	TT-125	☐ 97-0401	C-37A	542	☐ 165741	UC-35C	560-0529
☐ 94-0126	T-1A Jayhawk	TT-126	☐ 97-1944	C-37A	566	☐ 165939	UC-35C	560-0570
☐ 94-0127	T-1A Jayhawk	TT-127	☐ 98-0001	B757-2G4/W	29025	☐ 166374	UC-35D	560-0592
☐ 94-0128	T-1A Jayhawk	TT-128	☐ 98-0002	B757-2G4/W	29026	☐ 166375	C-37B	657
☐ 94-0129	T-1A Jayhawk	TT-129	☐ 98-0006	UC-35A	560-0495	☐ 166376	C-37B	5041
☐ 94-0130	T-1A Jayhawk	TT-130	☐ 98-0007	UC-35A	560-0501	☐ 166377	C-37B	5087
☐ 94-0131	T-1A Jayhawk	TT-131	☐ 98-0008	UC-35A	560-0505	☐ 166378	C-37B	5098
☐ 94-0132	T-1A Jayhawk	TT-132	☐ 98-0009	UC-35A	560-0508	☐ 166474	UC-35C	560-0630
☐ 94-0133	T-1A Jayhawk	TT-133	☐ 98-0010	UC-35A	560-0513	☐ 166500	UC-35D	560-0651
☐ 94-0134	T-1A Jayhawk	TT-134	☐ 99-0003	B757-2G4/W	29027	☐ 166712	UC-35C	560-0672
☐ 94-0135	T-1A Jayhawk	TT-135	☐ 99-0004	B757-2G4/W	29028	☐ 166713	UC-35C	560-0677
☐ 94-0136	T-1A Jayhawk	TT-136	☐ 99-0100	UC-35A	560-0532	☐ 166714	UC-35C	560-0679
☐ 94-0137	T-1A Jayhawk	TT-137	☐ 99-0101	UC-35A	560-0534	☐ 166715	UC-35C	560-0682
☐ 94-0138	T-1A Jayhawk	TT-138	☐ 99-0102	UC-35A	560-0538	☐ 166766	UC-35C	560-0693
☐ 94-0139	T-1A Jayhawk	TT-139	☐ 99-0103	UC-35B	560-0545	☐ 166767	UC-35C	560-0696
☐ 94-0140	T-1A Jayhawk	TT-140	☐ 99-0104	UC-35B	560-0548	☐ 01	C-37A	653
☐ 94-0141	T-1A Jayhawk	TT-141	☐ 99-0402	C-37A	571	☐ 02	Challenger 604	5427
☐ 94-0142	T-1A Jayhawk	TT-142	☐ 99-0404	C-37A	590	☐ 2102	Falcon HU-25A	386
☐ 94-0143	T-1A Jayhawk	TT-143	☐ 00-1051	UC-35A	560-0565	☐ 2104	Falcon HU-25C	390
☐ 94-0144	T-1A Jayhawk	TT-144	☐ 00-1052	UC-35A	560-0574	☐ 2105	Falcon HU-25B	398
☐ 94-0145	T-1A Jayhawk	TT-145	☐ 00-1053	UC-35A	560-0577	☐ 2109	Falcon HU-25A	407
☐ 94-0146	T-1A Jayhawk	TT-146	☐ 01-0015	B737 BBJ1	32916	☐ 2110	Falcon HU-25C	411
☐ 94-0147	T-1A Jayhawk	TT-147	☐ 01-0028	C-37A	620	☐ 2112	Falcon HU-25A	415
☐ 94-0148	T-1A Jayhawk	TT-148	☐ 01-0029	C-37A	624	☐ 2113	Falcon HU-25A	417
☐ 94-1569	C-38A	88	☐ 01-0030	C-37A	663	☐ 2114	Falcon HU-25B	418
☐ 94-1570	C-38A	90	☐ 01-0040	B737 BBJ1	29971	☐ 2117	Falcon HU-25A	421
☐ 95-0040	T-1A Jayhawk	TT-149	☐ 01-0041	B737 BBJ1	33080	☐ 2118	Falcon HU-25B	423
☐ 95-0041	T-1A Jayhawk	TT-150	☐ 01-0065	C-37A	652	☐ 2120	Falcon HU-25A	425
☐ 95-0042	T-1A Jayhawk	TT-151	☐ 01-0076	C-37A	645	☐ 2121	Falcon HU-25A	431
☐ 95-0043	T-1A Jayhawk	TT-152	☐ 01-0301	UC-35A	560-0589	☐ 2127	Falcon HU-25A	443
☐ 95-0044	T-1A Jayhawk	TT-153	☐ 02-0042	B737 BBJ1	33500	☐ 2128	Falcon HU-25A	445
☐ 95-0045	T-1A Jayhawk	TT-154	☐ 02-0201	B737 BBJ1	30755	☐ 2129	Falcon HU-25A	447
☐ 95-0046	T-1A Jayhawk	TT-155	☐ 02-0202	B737 BBJ1	30753	☐ 2131	Falcon HU-25A	452
☐ 95-0047	T-1A Jayhawk	TT-156	☐ 02-0203	B737 BBJ1	33434	☐ 2133	Falcon HU-25A	456
☐ 95-0048	T-1A Jayhawk	TT-157	☐ 02-1863	C-37A	670	☐ 2134	Falcon HU-25B	458
☐ 95-0049	T-1A Jayhawk	TT-158	☐ 03-0016	UC-35B	560-0649	☐ 2135	Falcon HU-25C	459
☐ 95-0050	T-1A Jayhawk	TT-159	☐ 03-0726	UC-35B	560-0667	☐ 2139	Falcon HU-25C	466
☐ 95-0051	T-1A Jayhawk	TT-160	☐ 04-1778	C-37B	5034	☐ 2140	Falcon HU-25C	467
☐ 95-0052	T-1A Jayhawk	TT-161	☐ 05-0730	B737 BBJ1	34807	☐ 2141	Falcon HU-25C	371
☐ 95-0053	T-1A Jayhawk	TT-162	☐ 05-0932	B737 BBJ1	34808			
☐ 95-0054	T-1A Jayhawk	TT-163	☐ 05-4613	B737 BBJ1	34809			
☐ 95-0055	T-1A Jayhawk	TT-164	☐ 06-0500	C-37B	5152	**Venezuela**		
☐ 95-0056	T-1A Jayhawk	TT-165	☐ 150992	Sabre T-39D	285-24			
☐ 95-0057	T-1A Jayhawk	TT-166	☐ 158844	Sabre 60	306-55	☐ 0001	A319CJ	1468
☐ 95-0058	T-1A Jayhawk	TT-167	☐ 159364	Sabre 60	306-69	☐ 0002	C550	550-0011
☐ 95-0059	T-1A Jayhawk	TT-168	☐ 159365	Sabre 60	306-70	☐ 0010	Gulf2B	75
☐ 95-0060	T-1A Jayhawk	TT-169	☐ 160053	Sabre 60	306-104	☐ 0207	B727-2N1	21167
☐ 95-0061	T-1A Jayhawk	TT-170	☐ 160054	Sabre 60	306-105	☐ 0222	C500	500-0092
☐ 95-0062	T-1A Jayhawk	TT-171	☐ 160055	Sabre 60	306-106	☐ 1060	C750	750-0134
☐ 95-0063	T-1A Jayhawk	TT-172	☐ 163691	C-20D	480	☐ 1650	Falcon 20F	476
☐ 95-0064	T-1A Jayhawk	TT-173	☐ 163692	C-20D	481	☐ 1967	C550	551-0006
☐ 95-0065	T-1A Jayhawk	TT-174	☐ 165093	C-20G	1187	☐ 2222	C550	550-0224
☐ 95-0066	T-1A Jayhawk	TT-175	☐ 165094	C-20G	1189	☐ 5761	Falcon 20C	23
☐ 95-0067	T-1A Jayhawk	TT-176	☐ 165151	C-20G	1199			
☐ 95-0068	T-1A Jayhawk	TT-177	☐ 165152	C-20G	1201			
☐ 95-0069	T-1A Jayhawk	TT-178	☐ 165153	C-20G	1200			
☐ 95-0070	T-1A Jayhawk	TT-179	☐ 165509	Sabre 40	282-9			
☐ 95-0071	T-1A Jayhawk	TT-180	☐ 165510	Sabre 40	282-81			
☐ 95-0123	UC-35A	560-0387	☐ 165511	Sabre 40	282-29			
☐ 95-0124	UC-35A	560-0392	☐ 165512	Sabre 40	282-2			
☐ 96-0107	UC-35A	560-0404	☐ 165513	Sabre 40	282-66			
☐ 96-0108	UC-35A	560-0410	☐ 165514	Sabre 40	282-30			
☐ 96-0109	UC-35A	560-0415	☐ 165515	Sabre 40	282-72			
☐ 96-0110	UC-35A	560-0420	☐ 165516	Sabre 40	282-90			
☐ 96-0111	UC-35A	560-0426	☐ 165517	Sabre 40	282-61			
☐ 97-0101	UC-35A	560-0452	☐ 165518	Sabre 40	282-77			
☐ 97-0102	UC-35A	560-0456	☐ 165519	Sabre 40	282-19			
☐ 97-0103	UC-35A	560-0462	☐ 165520	Sabre 40	282-32			
☐ 97-0104	UC-35A	560-0468	☐ 165521	Sabre 40	282-94			
☐ 97-0105	UC-35A	560-0472	☐ 165523	Sabre 40	282-20			

NOTES

4 Civil Biz-Props:

AP- Pakistan

- AP-BCY Cessna 441 441-0350
- AP-CAA Beech 200 BB-278
- AP-CAB Beech B200 BB-1999
- AP-CAC Beech B200 BB-2000
- AP-JDW Beech B200GT BY-81

A2- Botswana

- A2-AEZ Beech 200 BB-421
- A2-AGO Beech B200 BB-1353
- A2-AHT Cessna 425 425-0011
- A2-AHZ Beech 200 BB-95
- A2-AJK Beech 200 BB-704
- A2-CDC Beech C90GTI LJ-1947
- A2-DBH Beech C90 LJ-988
- A2-FMB Beech 200 BB-111
- A2-KAS Beech 200 BB-614
- A2-MDM PC-XII-47E 1105
- A2-MJM Beech C90 LJ-842
- A2-MXI Beech 200T BT-5
- A2-SID Beech F90-1 LA-210

A6- United Arab Emirates

- A6- Beech 350 FL-632
- A6-GJD Beech 350ER FL-568
- A6-SKY Beech B90 LJ-397

A9C- Bahrain

- A9C- Beech A90 LJ-301

B- China

- B-3551 Beech B200 BB-1204
- B-3552 Beech B200 BB-1205
- B-3581 Beech 350 FL-111
- B-3582 Beech 350 FL-113
- B-3583 Beech 350 FL-318
- B-3621 Piper PA-42 5501051
- B-3622 Piper PA-42 5501052
- B-3625 Piper PA-42 5501059
- B-3626 Piper PA-42 5501060
- B-7751 Beech C90GTI LJ-1945
- B-7752 Beech C90GTI LJ-1952

B- Taiwan

- B-00135 Be 350 FL-52

C- Canada

- C- Beech A100 B-144
- C-FAFD Beech 100 B-42
- C-FAFE Beech B100 BE-72
- C-FAFF Beech 350 FL-112
- C-FAFS Beech B100 BE-31
- C-FAFT Beech 200 BB-57
- C-FAGA Beech C90-1 LJ-1040
- C-FAIO Beech A100 B-132
- C-FAIP Beech A100 B-193
- C-FAJV PC-XII-45 234
- C-FAKN Beech 200 BB-216
- C-FAKP Rockwell 690 11040
- C-FAKW Beech 300LW FA-183
- C-FALQ Beech 200 BB-10
- C-FAMB Beech B200 BB-1281
- C-FAPP Beech A100 B-169
- C-FASB Beech A100 B-163
- C-FASF PC-XII-45 416
- C-FASN Beech B100 BE-17
- C-FASP PC-XII-45 331
- C-FASR PC-XII-45 353
- C-FATA Beech 200 BB-283
- C-FAWE Gulfstream 1 188
- C-FAXD Beech B200 BB-1827
- C-FAXE Beech 100 B-41
- C-FBCN Beech 200 BB-7
- C-FBGS Beech A100 B-204
- C-FCAK Beech A100 B-96
- C-FCAZ Beech 100 B-44
- C-FCDF Beech F90 LA-81
- C-FCEC Piper PA-31T 8166030
- C-FCEF Piper PA-31T 7920069
- C-FCGB Beech 200 BB-24
- C-FCGC Beech 200 BB-236
- C-FCGE Beech A90 LJ-118
- C-FCGH Beech A90 LJ-203
- C-FCGI Beech A90 LJ-220
- C-FCGM Beech 200 BB-217
- C-FCGN Beech A90 LJ-313
- C-FCGT Beech 200 BB-159
- C-FCGU Beech 200 BB-301
- C-FCGW Beech 200 BB-207
- C-FCLH Beech F90 LA-184
- C-FCMJ Rockwell 681B 6054
- C-FCZZ Rockwell 690A 11106
- C-FDAM Beech 100 B-8
- C-FDEB Beech 200 BB-55
- C-FDJX Beech A100 B-165
- C-FDLV PC-XII-47 864
- C-FDOR Beech A100 B-103
- C-FDOS Beech A100 B-106
- C-FDOU Beech A100 B-112
- C-FDOV Beech A100 B-117
- C-FDOY Beech A100 B-120
- C-FDTC Beech 350 FL-234
- C-FDTP Beech 300 FA-94
- C-FEKB Beech 200 BB-468
- C-FEYP Beech A100 B-206
- C-FEYT Beech A100 B-210
- C-FFAP Beech 200 BB-257
- C-FFAR Beech 200 BB-864
- C-FFFG MU-2B-36 662
- C-FFNV Piper PA-31T 7720058
- C-FFSS MU-2B-60 783SA
- C-FGEM MU-2B-40 434SA
- C-FGFL PC-XII-45 339
- C-FGFZ Beech 200 BB-403
- C-FGIN Beech A100 B-164
- C-FGMG Beech B200 BB-1841
- C-FGMQ PC-XII-47E 1107
- C-FGNG PA-46DLX 175
- C-FGSX Piper PA-31T 8166048
- C-FGWA Piper PA-31T 7920045
- C-FGWR Beech B200 BB-1599
- C-FGXE Beech C90A LJ-1179
- C-FGXG Beech C90A LJ-1139
- C-FGXH Beech C90A LJ-1162
- C-FGXJ Beech C90A LJ-1178
- C-FGXL Beech C90A LJ-1189
- C-FGXO Beech C90A LJ-1200
- C-FGXQ Beech C90A LJ-1192
- C-FGXS Beech C90A LJ-1207
- C-FGXT Beech C90A LJ-1230
- C-FGXU Beech C90A LJ-1140
- C-FGXX Beech C90A LJ-1151
- C-FGXZ Beech C90A LJ-1177
- C-FHGG Beech A100 B-207
- C-FHLP Beech C90 LJ-685
- C-FHMA MU-2B-60 1523SA
- C-FHSC Beech B100 BE-105
- C-FHSP Cessna 441 441-0265
- C-FIAS PC-XII-45 361
- C-FICU Beech 200 BB-324
- C-FIDC Beech B100 BE-27
- C-FIDN Beech 100 B-3
- C-FIFE MU-2B-36F 683
- C-FIIL Rockwell 690A 11167
- C-FIME Beech B100 BE-115
- C-FJAK Piper PA-31T 8166028
- C-FJDQ Beech B100 BE-16
- C-FJVB Piper PA-31T 8120012
- C-FJVR Cessna 441 441-0096
- C-FJWU Beech E90 LW-332
- C-FKBU Beech 200 BB-285
- C-FKCW Beech B200 BB-973
- C-FKGA PC-XII-45 164
- C-FKIO MU-2B-36A 725SA
- C-FKJI Beech 200 BB-105
- C-FKPA PC-XII-45 275
- C-FKPI PC-XII-45 250
- C-FKPX PC-XII-45 451
- C-FKRB PC-XII-45 233
- C-FKSL PC-XII-45 324
- C-FKTL Cessna 425 425-0008
- C-FKTN Cessna 425 425-0190
- C-FKUL PC-XII-45 204
- C-FLOR Beech C90B LJ-1465
- C-FLRB Beech A100 B-131
- C-FLRD Beech A100 B-243
- C-FLRM Beech B200 BB-1115
- C-FLTC Beech C90 LJ-631
- C-FLTL Beech F90 LA-170
- C-FLTS Beech A100 B-149
- C-FMCX Rockwell 690B 11446
- C-FMDF PC-XII-47 800
- C-FMFP Rockwell 690A 11307
- C-FMFQ Beech C90B LJ-1740
- C-FMFR Beech C90B LJ-1744
- C-FMFS Beech C90B LJ-1745
- C-FMFU Beech 100 LJ-1746
- C-FMFX Beech C90B LJ-1747
- C-FMFY Beech C90B LJ-1749
- C-FMFZ Beech C90B LJ-1750
- C-FMHD Beech 350 FL-87
- C-FMKD Beech B90 LJ-376
- C-FMKK Piper PA-46T 4697268
- C-FMPB PC-XII-45 283
- C-FMPE PC-XII-45 314
- C-FMPF PC-XII-47 768
- C-FMPK PC-XII-47E 1092
- C-FMPN PC-XII-45 296
- C-FMPO PC-XII-45 229
- C-FMPW PC-XII-45 315
- C-FMUN Beech 350 FL-658
- C-FMWM Beech 100 B-59
- C-FMXY Beech 100 B-40
- C-FNAO Rockwell 690C 11731

Registration	Type	Serial
☐ C-FNCB	Beech E90	LW-287
☐ C-FNCN	Beech B90	LJ-468
☐ C-FNED	Beech C90	LJ-680
☐ C-FNGA	P-180 Avanti	1007
☐ C-FNIL	Beech 350	FL-354
☐ C-FNRM	Rockwell 690C	11692
☐ C-FNWC	Cessna 441	441-0216
☐ C-FNYM	Piper PA-31T	7620033
☐ C-FODC	Beech B100	BE-59
☐ C-FOGP	Beech B100	BE-134
☐ C-FOGY	Beech 200	BB-168
☐ C-FONY	Beech A100	B-154
☐ C-FOPC	PC-XII-45	182
☐ C-FPAJ	Beech A100	B-151
☐ C-FPBC	Beech B100	BE-44
☐ C-FPBL	TBM-700B	178
☐ C-FPCI	PC-XII-45	399
☐ C-FPCL	PC-XII-45	276
☐ C-FPCN	PC-XII-45	258
☐ C-FPCP	Beech 350	FL-317
☐ C-FPCZ	PC-XII-45	433
☐ C-FPLG	Beech A100	B-224
☐ C-FPLZ	Beech C90GT	LJ-1812
☐ C-FPNG	PC-XII-47E	1167
☐ C-FPNJ	Piper PA-31T	7620008
☐ C-FPQQ	Beech B200	BB-1304
☐ C-FPWR	Beech 350	FL-62
☐ C-FPXY	PC-XII-47	878
☐ C-FQMM	PC-XII-45	612
☐ C-FRKB	Beech 100	B-72
☐ C-FRLD	Beech 350	FL-33
☐ C-FRMV	Beech B200	BB-979
☐ C-FROM	MU-2B-35	601
☐ C-FROW	MU-2B-35F	628
☐ C-FRRQ	Beech 200	BB-560
☐ C-FRWK	MU-2B-60	1521SA
☐ C-FSAO	Beech B200	BB-1610
☐ C-FSAT	Beech B200	BB-1526
☐ C-FSEA	Cessna 425	425-0192
☐ C-FSIK	Beech B100	BE-39
☐ C-FSKA	Beech A100	B-239
☐ C-FSKN	Beech B200	BB-1109
☐ C-FSKO	Beech B200	BB-1007
☐ C-FSKQ	Beech 200	BB-99
☐ C-FSKX	Beech B200	BB-1126
☐ C-FSPM	Rockwell 690D	15002
☐ C-FSPN	Beech 200	BB-745
☐ C-FSRK	PC-XII-45	202
☐ C-FSTP	P-180 Avanti	1055
☐ C-FSUG	Beech B200	BB-1699
☐ C-FSXG	Beech C90B	LJ-1305
☐ C-FTEL	Kodiak 100	100-0027
☐ C-FTIU	Beech 350	FL-584
☐ C-FTMA	Beech A100	B-174
☐ C-FTML	Cessna 441	441-0012
☐ C-FTNM	PA-46DLX	18
☐ C-FTOO	MU-2B-35F	549
☐ C-FTPE	Beech C90B	LJ-1342
☐ C-FTUA	Beech 100	B-61
☐ C-FTYO	Beech 200	BB-1222
☐ C-FTYZ	Beech 100	B-86
☐ C-FUPQ	Beech A100	B-162
☐ C-FVAX	Cessna 425	425-0178
☐ C-FVCC	Beech B200	BB-967
☐ C-FVKC	Beech 350	FL-273
☐ C-FVPC	PC-XII-45	358
☐ C-FVPK	PC-XII-45	211
☐ C-FWAV	PC-XII-45	280
☐ C-FWCP	Piper PA-31T	8166018
☐ C-FWEM	PA-46DLX	37
☐ C-FWPG	Beech 100	B-67
☐ C-FWPR	Beech 350	FL-125
☐ C-FWPT	Piper PA-31T	8166066
☐ C-FWRL	Cessna 441	441-0079
☐ C-FWRM	Beech A100	B-125
☐ C-FWWF	Beech 200	BB-374
☐ C-FWWK	Beech 300LW	FA-182
☐ C-FWWQ	Beech 200	BB-667
☐ C-FWXI	Beech B200	BB-1224
☐ C-FWYF	Beech 100	B-89
☐ C-FWYN	Beech 100	B-47
☐ C-FWYO	Beech 100	B-28
☐ C-FXAJ	Beech A100	B-122
☐ C-FXDE	Beech A100	B-176
☐ C-FYCB	Beech E90	LW-275
☐ C-FYUT	PC-XII-45	254
☐ C-FYZS	PC-XII-45	227
☐ C-FZNQ	Beech 200	BB-264
☐ C-FZPW	Beech B200	BB-940
☐ C-FZRQ	Rockwell 690	11025
☐ C-FZVW	Beech 200	BB-787
☐ C-FZVX	Beech 200	BB-231
☐ C-GAAL	Rockwell 690A	11104
☐ C-GACA	Beech B200	BB-1309
☐ C-GACN	Beech B200	BB-1384
☐ C-GADI	Beech 200	BB-853
☐ C-GAEO	Beech 350	FL-479
☐ C-GAEW	Beech B200	BB-1546
☐ C-GAGE	Cessna 441	441-0214
☐ C-GAIK	Beech A100	B-104
☐ C-GAMC	MU-2B-60	785SA
☐ C-GASI	Beech A100	B-126
☐ C-GAVI	Beech A100	B-201
☐ C-GAWA	Beech C90	LJ-1002
☐ C-GAWP	PC-XII-45	187
☐ C-GBBS	Beech 200	BB-757
☐ C-GBCE	Beech 350	FL-502
☐ C-GBCO	TBM-700B	238
☐ C-GBFO	Piper PA-31T	8166069
☐ C-GBJV	PC-XII-45	237
☐ C-GBMF	PC-XII-47	727
☐ C-GBNG	PC-XII-47E	1067
☐ C-GBOT	Piper PA-42	8001063
☐ C-GBTI	Beech E90	LW-111
☐ C-GBTL	PC-XII-45	159
☐ C-GBTS	TBM-700	19
☐ C-GBVX	Beech B100	BE-99
☐ C-GBXW	PC-XII-45	170
☐ C-GBYN	Beech B200	BB-1232
☐ C-GCET	Beech 200	BB-124
☐ C-GCFB	Beech C90	LJ-929
☐ C-GCFF	Beech 200	BB-474
☐ C-GCFL	Beech B90	LJ-500
☐ C-GCFM	Beech C90	LJ-886
☐ C-GCFZ	Beech C90	LJ-849
☐ C-GCIK	Cessna 441	441-0314
☐ C-GCLQ	Beech 200	BB-519
☐ C-GCOL	Piper PA-46T	4697287
☐ C-GCOMP	210 Avanti	1117
☐ C-GCRN	PC-XII-45	675
☐ C-GCVS	Beech 200C	BL-13
☐ C-GCYB	Cessna 441	441-0298
☐ C-GCYN	Beech 200	BB-710
☐ C-GDCL	Rockwell 690A	11192
☐ C-GDFJ	Beech B100	BE-15
☐ C-GDFN	Beech 200	BB-359
☐ C-GDFT	Beech 200	BB-354
☐ C-GDGD	PC-XII-45	193
☐ C-GDHF	Beech B200	BB-1129
☐ C-GDHS	Beech C90A	LJ-1147
☐ C-GDLE	Piper PA-46T	4697188
☐ C-GDNH	Beech 200	BB-1946
☐ C-GDPB	Beech B200C	BL-44
☐ C-GDPI	Beech A100	B-156
☐ C-GDTM	Cessna 441	441-0163
☐ C-GDVF	Beech B200	BB-1940
☐ C-GEAS	Beech 350	FL-17
☐ C-GECT	PC-XII-47E	1040
☐ C-GEJE	Beech 350	FL-385
☐ C-GEOS	Rockwell 690A	11279
☐ C-GEOW	PC-XII-45	244
☐ C-GFAD	Beech B200	BB-1428
☐ C-GFIL	PC-XII-45	268
☐ C-GFLA	PC-XII-45	293
☐ C-GFLN	PC-XII-47	789
☐ C-GFOL	Beech 200	BB-27
☐ C-GFOX	P-180 Avanti	1065
☐ C-GFPP	Rockwell 690	11032
☐ C-GFSA	Beech 350	FL-174
☐ C-GFSB	Beech 200	BB-84
☐ C-GFSD	Beech B200	BB-1962
☐ C-GFSE	Beech B200	BB-1963
☐ C-GFSG	Beech 200	BB-671
☐ C-GGAO	Beech 200	BB-659
☐ C-GGDC	MU-2B-60	796SA
☐ C-GGGQ	Beech B200	BB-1128
☐ C-GGJF	Beech B200	BB-939
☐ C-GGKJ	Beech B100	BE-49
☐ C-GGMC	PA-46DLX	98
☐ C-GGPS	Piper PA-31T	7820023
☐ C-GGWA	PC-XII-45	184
☐ C-GHDP	Beech B200	BB-891
☐ C-GHJF	Beech B200	BB-1493
☐ C-GHOC	Beech A100	B-194
☐ C-GHOP	Beech 200	BB-120
☐ C-GHQG	Beech 300	FA-39
☐ C-GHVM	Piper PA-46T	4697339
☐ C-GHVR	Beech B90	LJ-337
☐ C-GHWF	Rockwell 690A	11134
☐ C-GHYT	Beech A100	B-98
☐ C-GIND	Beech B200C	BL-42
☐ C-GISH	Beech A100	B-152
☐ C-GITC	TBM-700	223
☐ C-GIZX	Beech B	B-172
☐ C-GJBQ	Beech A100	B-191
☐ C-GJBV	Beech A100	B-100
☐ C-GJDI	Beech B200GTBY-76	
☐ C-GJFO	Rockwell 690	11035
☐ C-GJFY	Beech 200	BB-812
☐ C-GJHW	Beech A100	B-175
☐ C-GJJF	Beech A100	B-123
☐ C-GJJH	PA-46DLX	202
☐ C-GJJT	Beech 200	BB-828
☐ C-GJKS	Beech 100	B-14
☐ C-GJLI	Beech 200	BB-347
☐ C-GJLJ	Beech A100	B-235
☐ C-GJLK	Beech 350	FL-13
☐ C-GJLP	Beech A100	B-148
☐ C-GJMM	P-180 Avanti	1037
☐ C-GJOL	P-180 Avanti	1069
☐ C-GJPT	Piper PA-31T	7520039
☐ C-GJSU	Beech 100	B-88
☐ C-GKAJ	Beech A100	B-232
☐ C-GKAY	PC-XII-45	178
☐ C-GKBB	Beech C90	LJ-607
☐ C-GKBP	Beech 200	BB-505
☐ C-GKBQ	Beech 100	B-62
☐ C-GKBZ	Beech 100	B-85
☐ C-GKDZ	Rockwell 690	11016
☐ C-GKOS	Beech 350	FL-511
☐ C-GKOX	Beech 200	BB-389
☐ C-GKPC	Piper PA-31T	7520021
☐ C-GKRY	PC-XII-47E	1110

Registration	Type	Serial
C-GKSC	Beech F90	LA-113
C-GKWQ	P-180 Avanti	1095
C-GLBX	Piper PA-46T	4697415
C-GLCE	PC-XII-45	475
C-GLDZ	Piper PA-31T	8166063
C-GLEM	P-180 Avanti	1009
C-GLER	Piper PA-46T	4697185
C-GLLS	Beech B200	BB-1601
C-GLOX	Beech 350	FL-106
C-GLPG	Beech A100	B-159
C-GLSW	Piper PA-31T	8020049
C-GLVK	PC-XII-47E	1108
C-GMAG	Beech A100	B-229
C-GMDF	Piper PA-31T	7620019
C-GMET	TBM-850	355
C-GMHP	Piper PA-46T	4697332
C-GMLF	PC-XII-47	849
C-GMOC	Beech 200	BB-513
C-GMPE	PC-XII-47E	1073
C-GMPI	PC-XII-45	239
C-GMPM	PC-XII-47E	1011
C-GMPP	PC-XII-45	374
C-GMPW	PC-XII-45	274
C-GMPX	PC-XII-47E	1017
C-GMPY	PC-XII-45	311
C-GMPZ	PC-XII-45	272
C-GMRS	Beech 200	BB-187
C-GMVP	Beech C90	LJ-616
C-GMWR	Beech 200	BB-68
C-GMYP	Piper PA-46T	4697114
C-GNAA	Beech 100	B-24
C-GNAG	Beech B200	BB-1239
C-GNAJ	Beech A100	B-107
C-GNAK	Beech B200	BB-1376
C-GNAM	Beech B200	BB-1339
C-GNAX	Beech B200	BB-1419
C-GNBB	Beech 200	BB-479
C-GNCV	Beech 100	B-23
C-GNDI	Piper PA-31T	7620036
C-GNDR	Beech B200	BB-1290
C-GNEP	Cessna 425	425-0221
C-GNEX	Beech A100	B-211
C-GNHM	Beech 200	BB-188
C-GNKX	Beech C90B	LJ-1439
C-GNLA	Beech 350	FL-26
C-GNLF	Beech 350	FL-591
C-GNSC	Beech B100	BE-102
C-GODE	PC-XII-47	707
C-GOGS	Beech 350	FL-269
C-GOGT	Beech 200	BB-535
C-GOIC	Beech 350	FL-272
C-GOMA	Beech 200	BB-262
C-GOVT	Rockwell 690D	15020
C-GPAI	PC-XII-45	491
C-GPCB	Beech 100	B-45
C-GPCO	PC-XII-45	603
C-GPCP	Beech 200	BB-140
C-GPDJ	P-180 Avanti	1198
C-GPEA	Beech 200	BB-170
C-GPII	P-180 Avanti	1133
C-GPJL	Beech B100	BE-107
C-GPLT	PC-XII-45	566
C-GPMF	Piper PA-46T	4697408
C-GPNB	Beech B200	BB-1921
C-GPNC	Beech B300C	FM-15
C-GPNP	Piper PA-31T	7520024
C-GPQB	TBM-700C2	335
C-GPRU	Beech B100	BE-26
C-GPSB	Piper PA-42	8001030
C-GPSP	Cessna 441	441-0058
C-GPSQ	Cessna 441	441-0076
C-GPSR	Cessna 441	441-0143
C-GQNJ	Beech 200	BB-275
C-GRBA	PC-XII-45	238
C-GRBV	TBM-700	191
C-GRCW	Beech C90B	LJ-1407
C-GRDC	PC-XII-45	214
C-GRHD	Cessna 425	425-0167
C-GRJP	PC-XII-45	196
C-GRJZ	Beech 350	FL-285
C-GRMS	PC-XII-45	200
C-GRRO	Rockwell 690A	11166
C-GRSL	Beech C90	LJ-609
C-GRXA	PC-XII-47E	1083
C-GRXB	PC-XII-47E	1094
C-GRXD	PC-XII-47E	1106
C-GRXE	PC-XII-47E	1117
C-GRXH	PC-XII-47E	1163
C-GRXM	PC-XII-47E	1169
C-GSAE	Beech B200	BB-1748
C-GSAH	Beech B200	BB-1972
C-GSAU	Beech B200	BB-1974
C-GSAV	Beech B200	BB-1790
C-GSBC	Beech B200	BB-1780
C-GSFM	Beech B90	LJ-422
C-GSLC	PC-XII-45	365
C-GSNM	Beech E90	LW-194
C-GSUJ	Rockwell 690A	11138
C-GSVZ	Beech E90	LW-156
C-GSWF	Beech B100	BE-129
C-GSWG	Beech B100	BE-131
C-GTBM	TBM-700	53
C-GTCB	PA-46DLX	146
C-GTDB	Beech 300LW	FA-215
C-GTDS	Beech 300LW	FA-194
C-GTEM	Beech 350	FL-236
C-GTJZ	Beech 200	BB-499
C-GTLS	Beech 100	B-35
C-GTMA	Beech B90	LJ-348
C-GTMM	Piper PA-31T	7904008
C-GTSV	Beech C90GTI	LJ-1922
C-GTTS	Piper PA-31T	8020053
C-GTUC	Beech 200	BB-268
C-GTWW	Beech C90	LJ-657
C-GUKP	MU-2B-35	560
C-GUPP	Beech A100	B-157
C-GUXL	Piper PA-46T	4697292
C-GVCI	Cessna 425	425-0080
C-GVDS	Beech 300LW	FA-196
C-GVIK	Beech B100	BE-7
C-GVJV	Piper PA-46T	4697261
C-GVKA	Piper PA-31T	7920008
C-GVKC	PC-XII-45	207
C-GVKK	Piper PA-31T	7820038
C-GWAM	Cessna 441	441-0316
C-GWCA	Piper PA-42	5501057
C-GWEL	Piper PA-46T	4697351
C-GWEW	Rockwell 690	11057
C-GWGI	Beech 200	BB-1022
C-GWRK	P-180 Avanti	1061
C-GWUY	Beech 200	BB-77
C-GWWA	Beech 100	B-27
C-GWWN	Beech 200	BB-14
C-GWWV	Beech 200	BB-287
C-GXBF	Piper PA-31T	7620010
C-GXHD	Beech 200	BB-1338
C-GXHF	Beech 200	BB-1343
C-GXHG	Beech 200	BB-1383
C-GXHN	Beech 200	BB-693
C-GXHR	Beech B200	BB-1305
C-GXHS	Beech 200	BB-1302
C-GXLF	TBM-850	515
C-GXRX	Beech 100	B-36
C-GXTC	Piper PA-31T	7720052
C-GYDQ	Beech 200	BB-455
C-GYET	Beech C90	LJ-967
C-GYQK	Beech A100	B-153
C-GYSC	Beech B200	BB-1579
C-GZGZ	PC-XII-45	357
C-GZNS	MU-2B-60	1550SA
C-GZON	Rockwell 690	11020
C-GZRX	Beech 200	BB-574
C-GZUZ	Beech A100	B-143
C-GZYO	Beech 200	BB-383

CC- Chile

Registration	Type	Serial
CC-	Beech 350	FL-687
CC-	Beech B200GT	BY-100
CC-ABC	Beech B200GT	BY-35
CC-CA□	Piper PA-31T	7920058
CC-CCC	Piper PA-31T	7920082
CC-CEK	Beech B200	BB-1769
CC-CFG	Beech B200GT	BY-59
CC-CFP	Piper PA-31T	8120058
CC-CIW	Piper PA-31T	7820018
CC-CLY	Beech 100	B-79
CC-CMH	Piper PA-31T	7820035
CC-CNP	Beech C90GTI	LJ-1895
CC-COT	Beech 200	BB-600
CC-CPB	Beech B200	BB-1796
CC-CPR	Piper PA-31T	8166070
CC-CTE	Beech F90	LA-196
CC-CVT	Beech C90B	LJ-1556
CC-CVZ	Beech B90	LJ-441
CC-CWD	Piper PA-31T	8104071
CC-CYB	Piper PA-31T	8120028
CC-CYT	Piper PA-31T	7920053
CC-CZC	Piper PA-31T	7920072
CC-DIV	Beech 200CT	BN-1
CC-DSN	Beech E90	LW-153
CC-PBT	Piper PA-31T	8104063
CC-PFD	Piper PA-31T	8104070
CC-PHM	Piper PA-31T	7904054
CC-PJH	Piper PA-31T	8120049
CC-PLL	Piper PA-31T	7920005
CC-PNS	Piper PA-31T	8104002
CC-PTS	Beech C90B	LJ-1589
CC-PVE	Piper PA-31T	8166038
CC-PWA	Beech 300LW	FA-225
CC-PWH	Piper PA-31T	8104023
CC-PZB	Piper PA-31T	7820020
CC-PZX	Piper PA-31T	8020069

CN- Morocco

Registration	Type	Serial
CN-AMH	Beech 350	FL-588
CN-AMI	Beech 350	FL-603
CNA-NB	Beech A100	B-181
CNA-NC	Beech A100	B-182
CNA-ND	Beech A100	B-183
CNA-NE	Beech A100	B-186
CNA-NF	Beech A100	B-187
CNA-NG	Beech B200	BB-1072
CNA-NH	Beech B200	BB-1073
CNA-NI	Beech B200C	BL-57
CN-ANJ	Beech 350	FL-374
CNA-NX	Beech 300LW	FA-207
CNA-NY	Beech 300LW	FA-208
CN-CDF	Beech 200	BB-577
CN-CDN	Beech 200	BB-713

☐ CN-RLE	Beech 350	FL-170
☐ CN-RLL	Beech 350	FL-452
☐ CN-TAD	Beech 350	FL-638
☐ CN-TAX	Beech C90	LJ-922
☐ CN-TGL	Beech A90	LJ-217
☐ CN-TJC	Beech 350	FL-605
☐ CN-TJL	Piper PA-42	8001034
☐ CN-TPH	Beech B200	BB-1006
☐ CN-TWY	Beech 350	FL-494

CP- Bolivia

☐ CP-	Rockwell 680W	1835-40
☐ CP-1678	Piper PA-31T	8120017
☐ CP-1997	AP.68TP-300	8010
☐ CP-2042	Rockwell 681	6025
☐ CP-2078	Rockwell 695	95004
☐ CP-2224	Rockwell 690B	11564
☐ CP-2266	Rockwell 690B	11395
☐ CP-2467	Rockwell 690A	11107
☐ CP-2494	Beech E90	LW-314
☐ CP-2526	Beech C90B	LJ-1543
☐ CP-2589	Rockwell 690B	11463
☐ CP-2600	Beech 350	FL-304

CS- Portugal

☐ CS-DDU	Beech 200	BB-640
☐ CS-DIQ	PC-XII-45	625
☐ CS-DPT	Beech B300CER	FM-26

CX- Uruguay

☐ CX-FCS	PC-XII-47	765

C6- Bahamas

☐ C6-BDF	Beech 350	FL-95
☐ C6-CAM	Beech 90	LJ-108
☐ C6-MIP	Beech B200	BB-1851
☐ C6-SPL	Beech C90B	LJ-1614
☐ C6-ZBB	Beech 200	BB-727

C9- Mozambique

☐ C9-ENH	Beech 200	BB-626
☐ C9-JTP	Piper PA-31T	7620012

D- Germany

☐ D-CADF	Beech 350	FL-643
☐ D-CADN	Beech 350	FL-101
☐ D-CFIA	Beech 350	FL-424
☐ D-CFMB	Beech 350	FL-97
☐ D-CFMD	Beech 350	FL-473
☐ D-CFME	Beech 350	FL-627
☐ D-CRAO	Beech 350	FL-515
☐ D-CSKY	Beech 350	FL-130
☐ D-CWKM	Beech 350	FL-410
☐ D-E	Piper PA-46T	4697152
☐ D-EAAB	PA-46DLX	165
☐ D-EADC	PA-46DLX	88
☐ D-EALL	Piper PA-46T	4697050
☐ D-EBKK	PA-46DLX	173
☐ D-ECBE	Piper PA-46T	4697063
☐ D-ECRB	Piper PA-46T	4697061
☐ D-ECTP	Piper PA-46T	4697070
☐ D-EEEY	PA-46DLX	226
☐ D-EFCH	PA-46DLX	57
☐ D-EICO	Piper PA-46T	4697125B
☐ D-EKAU	PA-46DLX	83
☐ D-EKFD	PA-46DLX	82
☐ D-ELAO	PA-46DLX	141
☐ D-ELEX	PA-46DLX	80
☐ D-EMBZ	PA-46DLX	225
☐ D-EOPG	PA-46DLX	67
☐ D-EPKD	Piper PA-46T	4697019
☐ D-EPRA	PA-46DLX	134
☐ D-EPTC	PA-46DLX	122
☐ D-EPUS	Piper PA-46T	4697079
☐ D-ERFC	PA-46DLX	199
☐ D-ERGC	PA-46DLX	144
☐ D-ESSS	Piper PA-46T	4697347
☐ D-ETPW	PA-46DLX	156
☐ D-EVER	Piper PA-46T	4697105
☐ D-EVSM	PA-46DLX	180
☐ D-EVTP	Piper PA-46T	4697325
☐ D-EXPA	Piper PA-46T	4697373
☐ D-EXRE	PA-46DLX	182
☐ D-FALF	TBM-700B	157
☐ D-FAPC	PC-XII-45	579
☐ D-FATN	PC-XII-47	788
☐ D-FAYX	TBM-850	514
☐ D-FBFS	TBM-850	387
☐ D-FCAP	PC-XII-47	843
☐ D-FCGH	PC-XII-45	633
☐ D-FERY	TBM-700B	194
☐ D-FFAH	PC-XII-45	677
☐ D-FFHZ	PC-XII-47	847
☐ D-FFMM	PC-XII-47	751
☐ D-FGAG	PC-XII-47	810
☐ D-FGOJ	PAC 750XL	139
☐ D-FGYY	TBM-700B	162
☐ D-FHGN	PC-XII-47	684
☐ D-FIBG	TBM-850	431
☐ D-FIBI	PC-XII-47	773
☐ D-FINE	PC-XII-47	761
☐ D-FIPO	Piper PA-46T	4697060
☐ D-FIRE	TBM-700B	137
☐ D-FIVE	TBM-700B	186
☐ D-FKAI	TBM-700C1	288
☐ D-FKGI	PC-XII-47E	1080
☐ D-FMOR	Piper PA-46T	4697299
☐ D-FNAH	PC-XII-47E	1160
☐ D-FNRE	TBM-700	142
☐ D-FOOO	TBM-700	24
☐ D-FRAH	Piper PA-46T	4697276
☐ D-FSJP	TBM-700	130
☐ D-FTBG	Grob G160T	87001
☐ D-FTGB	Grob G160T	87000
☐ D-FUDA	PC-XII-47E	1016
☐ D-FYYY	TBM-700C2	314
☐ D-IAAC	Cessna 441	441-0073
☐ D-IAAE	Piper PA-42	5501047
☐ D-IAAH	Beech C90A	LJ-1247
☐ D-IABA	Piper PA-42	8001011
☐ D-IABC	Rockwell 680V	1684-65
☐ D-IABE	Piper PA-42	8001037
☐ D-IACR	Piper PA-31T	8104067
☐ D-IAHT	MU-2B-26A	352SA
☐ D-IANA	Beech B200	BB-1517
☐ D-IAVI	Beech C90B	LJ-1583
☐ D-IAWB	Piper PA-42	5501054
☐ D-IAWF	Cessna 425	425-0222
☐ D-IAWG	Cessna 425	425-0160
☐ D-IBAD	Beech B200	BB-1229
☐ D-IBAR	Beech B200	BB-1280
☐ D-IBBP	Beech C90B	LJ-1716
☐ D-IBER	Beech 300LW	FA-184
☐ D-IBFE	Beech B200	BB-1716
☐ D-IBFT	Beech B200	BB-1535
☐ D-IBMC	Beech C90	LJ-931
☐ D-IBSA	Piper PA-31T	8120033
☐ D-IBSG	Beech C90GT	LJ-1760
☐ D-IBSH	Beech B200GTBY-57	
☐ D-IBTA	Beech B200GTBY-75	
☐ D-ICHG	Beech B200	BB-1400
☐ D-ICKM	Beech B200	BB-1005
☐ D-ICMF	Cessna 425	425-0102
☐ D-ICMK	Beech C90GTI	LJ-1928
☐ D-IDAK	Beech C90	LJ-647
☐ D-IDAX	Cessna 425	425-0209
☐ D-IDBU	Piper PA-42	5501029
☐ D-IDCV	Beech C90B	LJ-1622
☐ D-IDIX	Beech C90B	LJ-1571
☐ D-IDKE	Beech C90GTI	LJ-1865
☐ D-IDPL	Beech B100	BE-29
☐ D-IDRF	Beech B200	BB-933
☐ D-IDVK	Beech F90	LA-96
☐ D-IEAH	Beech C90A	LJ-1216
☐ D-IEDI	Beech B200	BB-1633
☐ D-IEFB	Beech B200	BB-897
☐ D-IFFB	Beech 300LW	FA-224
☐ D-IFGN	Piper PA-31T	8120052
☐ D-IFHI	Beech C90	LJ-977
☐ D-IFMI	Beech C90A	LJ-1101
☐ D-IFSH	Piper PA-42	5501014
☐ D-IGKN	Beech C90A	LJ-1077
☐ D-IGOB	P-180 Avanti	1016
☐ D-IHAH	Beech C90B	LJ-1370
☐ D-IHHE	Beech C90B	LJ-1327
☐ D-IHKM	Beech C90A	LJ-1158
☐ D-IHLA	Piper PA-42	8301001
☐ D-IHMV	Beech C90B	LJ-1325
☐ D-IHRG	Beech C90GT	LJ-1845
☐ D-IHSF	Piper PA-31T	8104029
☐ D-IHSI	Rockwell 695	95039
☐ D-IHSW	Beech C90B	LJ-1315
☐ D-IICE	Beech 200	BB-269
☐ D-IIHA	Beech C90	LJ-562
☐ D-IIKM	Beech C90A	LJ-1120
☐ D-IIVA	P-180 Avanti	1125
☐ D-IJAH	Beech B200	BB-1917
☐ D-IJET	P-180 Avanti	1056
☐ D-IKAH	Beech B200GTBY-50	
☐ D-IKET	Piper PA-31T	8020017
☐ D-IKEW	Piper PA-31T	7820066
☐ D-IKIM	Beech C90B	LJ-1324
☐ D-IKKY	MU-2B-40	420SA
☐ D-IKOB	Beech B200	BB-921
☐ D-ILCE	Piper PA-31T	8004053
☐ D-ILGA	Piper PA-31T	1104014
☐ D-ILIN	Beech 200	BB-545
☐ D-IMAG	Beech C90GT	LJ-1843
☐ D-INAS	Beech C90A	LJ-1551
☐ D-INKY	P-180 Avanti	1162
☐ D-INMA	Beech C90B	LJ-1566
☐ D-INNN	Piper PA-31T	8120102
☐ D-IONE	Piper PA-42	8001002
☐ D-IOSA	Piper PA-42	5501041
☐ D-IOSB	Piper PA-42	5501042
☐ D-IOSC	Piper PA-42	5501043
☐ D-IOSD	Piper PA-42	5501044
☐ D-IOTT	Piper PA-31T	7920010
☐ D-IPCG	Cessna 425	425-0177
☐ D-IPIA	P-180 Avanti	1156
☐ D-IPPY	P-180 Avanti	1172

☐ D-IQAS	Piper PA-42	5527022
☐ D-IRAR	Beech B200	BB-1957
☐ D-IRIS	Beech F90-1	LA-229
☐ D-ISBC	Beech C90GTI	LJ-1935
☐ D-ISIG	Piper PA-31T	8104055
☐ D-ISIX	Beech C90B	LJ-1355
☐ D-ISMS	Piper PA-42	5527018
☐ D-ISTB	Beech F90-1	LA-227
☐ D-ISTT	Beech C90GTI	LJ-1869
☐ D-ISVK	Piper PA-31T	7904026
☐ D-ITCH	Beech C90A	LJ-1138
☐ D-ITFC	Beech B200	BB-1973
☐ D-ITRI	Piper PA-42	5501045
☐ D-ITWO	Piper PA-42	5501046
☐ D-IUCN	Piper PA-42	5527030
☐ D-IUDE	Beech C90B	LJ-1323
☐ D-IUTA	Rockwell 690C	11639
☐ D-IVAN	Beech B200	BB-1662
☐ D-IVIN	P-180 Avanti	1159
☐ D-IVIP	Beech B200	BB-1672
☐ D-IWID	Beech C90B	LJ-1450
☐ D-IXIE	P-180 Avanti	1042
☐ D-IXXX	Piper PA-42	5501007
☐ D-IZZY	P-180 Avanti	1034

DQ- Fiji

☐ DQ-LIR	Beech B200	BB-1902

D2- Angola

☐ D2-	Beech B200	BB-1168
☐ D2-ALS	Beech 90	LJ-80
☐ D2-BES	Beech B200	BB-1654
☐ D2-EAA	Rockwell 690A	11132
☐ D2-EBF	Beech 200	BB-836
☐ D2-EBG	Beech 200	BB-334
☐ D2-EBX	Rockwell 690B	11422
☐ D2-ECW	Beech 350	FL-102
☐ D2-ECX	Beech B200	BB-1362
☐ D2-ECY	Beech B200C	BL-135
☐ D2-EDD	Beech B200	BB-1512
☐ D2-EDK	Beech 350	FL-548
☐ D2-EMX	Beech 200	BB-480
☐ D2-EOJ	Beech B200	BB-1371
☐ D2-EQC	Beech B90	LJ-324
☐ D2-ERK	Beech B200	BB-937
☐ D2-ERO	Beech 200T	BT-8
☐ D2-ESP	Beech B200	BB-1391
☐ D2-EWK	Beech 350	FL-294
☐ D2-EWL	Beech 350	FL-163
☐ D2-EXB	Gulfstream 1	166
☐ D2-EXC	Gulfstream 1	80
☐ D2-EXD	Gulfstream 1	124
☐ D2-EXW	Beech 200	BB-101
☐ D2-FEG	Beech B200	BB-1060
☐ D2-FFL	Beech 200	BB-126
☐ D2-FFO	Beech 350	FL-10
☐ D2-FFT	Beech 200	BB-607
☐ D2-FMD	Beech 200T	BT-18

EC- Spain

☐ EC-CDK	Beech C90	LJ-608
☐ EC-CHE	Beech A100	B-195
☐ EC-DHF	Piper PA-31T	7920073
☐ EC-EVJ	Gulfstream 1	39
☐ EC-EXQ	Gulfstream 1	142
☐ EC-EXS	Gulfstream 1	64
☐ EC-EZO	Gulfstream 1	41
☐ EC-FPF	TBM-700	12
☐ EC-GBB	Beech 200	BB-182
☐ EC-GHZ	Beech 200	BB-555
☐ EC-GIJ	Beech B90	LJ-382
☐ EC-GOK	MU-2B-35	635
☐ EC-GOY	Beech C90	LJ-527
☐ EC-GSQ	Beech 350	FL-128
☐ EC-HMA	Beech C90	LJ-577
☐ EC-IBK	Beech 350	FL-328
☐ EC-ILE	Beech B200	BB-1792
☐ EC-IPZ	Piper PA-31T	8166056
☐ EC-ISH	PC-XII-45	498
☐ EC-IUV	Beech 200	BB-366
☐ EC-IUX	Beech B200	BB-1840
☐ EC-IVZ	Piper PA-46T	4697170
☐ EC-JFO	PC-XII-45	549
☐ EC-JGB	Beech B200	BB-1478
☐ EC-JJP	Beech 200	BB-845
☐ EC-JRF	Piper PA-31T	1166003
☐ EC-JXM	PC-XII-45	177
☐ EC-KDV	Piper PA-46T	4697291
☐ EC-KJQ	Beech 350	FL-255
☐ EC-KLP	PC-XII-45	513
☐ EC-KND	Beech B200	BB-1564
☐ EC-KNP	Beech 200	BB-561
☐ EC-KNT	Beech 200	BB-364
☐ EC-KPT	Beech 200	BB-753
☐ EC-KQP	TBM-850	453

EI- Eire

☐ EI-DMG	Cessna 441	441-0165
☐ EI-LCM	TBM-850	436

EP- Iran

☐ EP-AGW	Rockwell 690	11047
☐ EP-AHL	Rockwell 690A	11143
☐ EP-AHM	Rockwell 690A	11182
☐ EP-FIA	Rockwell 680W	1849-45
☐ EP-FIB	Rockwell 680W	1850-46
☐ EP-FSS	Rockwell 680W	1848-44
☐ EP-KCD	Rockwell 690A	11256

ET- Ethiopia

☐ ET-AMY	Rockwell 690B	11474

EX- Kyrgyzstan

☐ EX-00003	Beech 350	FL-614

E3- Eritrea

☐ E3-AAJ	Beech B200	BB-1475

F- France

☐ F-BOSY	Beech A90	LJ-128
☐ F-BRNO	Beech B90	LJ-482
☐ F-BTEE	Piper PA-31T	7620045
☐ F-BTQP	Beech 90	LJ-40
☐ F-BVTB	Beech C90	LJ-579
☐ F-BXAP	Beech C90	LJ-522
☐ F-BXON	Beech E90	LW-161
☐ F-BXPY	Beech C90	LJ-684
☐ F-BXSK	Piper PA-31T	7620020
☐ F-GALD	Piper PA-31T	7620032
☐ F-GALN	Beech 200T	BT-1
☐ F-GALP	Beech 200T	BT-2
☐ F-GALZ	Beech E90	LW-199
☐ F-GBLU	Beech C90	LJ-822
☐ F-GBPB	Beech 90	LJ-98
☐ F-GBPZ	Beech C90	LJ-860
☐ F-GCGA	Beech C90	LJ-894
☐ F-GCLD	Beech C90	LJ-637
☐ F-GCTR	Beech F90	LA-115
☐ F-GDAK	Beech F90	LA-141
☐ F-GDJS	Beech B200	BB-1116
☐ F-GEOU	Beech C90	LJ-941
☐ F-GETI	Beech F90	LA-19
☐ F-GETJ	Beech E90	LW-296
☐ F-GEXV	Beech A100	B-199
☐ F-GFDJ	Beech E90	LW-86
☐ F-GFEF	Gulfstream 1	122
☐ F-GFHC	Beech C90	LJ-717
☐ F-GFIR	Beech B90	LJ-434
☐ F-GFVN	Beech F90	LA-166
☐ F-GGLA	Beech 200	BB-744
☐ F-GGLN	Beech 200	BB-439
☐ F-GGMV	Beech 200	BB-616
☐ F-GGPR	Beech 200	BB-681
☐ F-GHBD	Beech C90	LJ-545
☐ F-GHDO	Beech A90	LJ-206
☐ F-GHIV	Beech F90	LA-22
☐ F-GHJV	Piper PA-31T	7720067
☐ F-GHLB	Beech 200	BB-349
☐ F-GHOC	Beech 200	BB-406
☐ F-GHRR	PA-46DLX	13
☐ F-GHSV	Beech 200	BB-622
☐ F-GHTA	Piper PA-31T	7820015
☐ F-GHUV	Beech E90	LW-278
☐ F-GHVV	Beech 200	BB-676
☐ F-GICA	Beech 300LW	FA-146
☐ F-GICE	Beech B90	LJ-363
☐ F-GIDL	Beech C90A	LJ-1224
☐ F-GIFK	Beech F90	LA-62
☐ F-GIII	Piper PA-31T	8020037
☐ F-GIJB	Beech 200	BB-13
☐ F-GIZB	Beech C90	LJ-955
☐ F-GJAD	Beech E90	LW-3
☐ F-GJBS	Beech B200	BB-1181
☐ F-GJCR	Beech E90	LW-251
☐ F-GJFA	Beech B200	BB-1270
☐ F-GJFC	Beech B200	BB-1347
☐ F-GJFE	Beech B200	BB-1399
☐ F-GJFG	PC-XII-45	256
☐ F-GJRK	Beech C90	LJ-710
☐ F-GKEL	Beech A100	B-228
☐ F-GKII	Beech 200	BB-515
☐ F-GKPG	TBM-700	2
☐ F-GKSP	Beech C90B	LJ-1409
☐ F-GKYY	Beech 350	FL-357
☐ F-GLBZ	TBM-700	32
☐ F-GLIF	Beech 200	BB-192
☐ F-GLRP	Piper PA-31T	8120064
☐ F-GLRZ	Beech C90A	LJ-1296
☐ F-GMGB	Beech B200	BB-1390
☐ F-GMLT	Beech B200T	BT-34
☐ F-GMLV	TBM-700	219
☐ F-GMPM	Beech C90B	LJ-1303
☐ F-GMPO	Beech 200	BB-307
☐ F-GNEE	Beech C90B	LJ-1328
☐ F-GNMA	Beech C90A	LJ-1299

105

☐ F-GNMP Beech C90 LJ-828
☐ F-GNOE Beech 350 FL-183
☐ F-GNPD Beech 200 BB-199
☐ F-GOCF Beech 200 BB-397
☐ F-GOSB Beech 350 FL-301
☐ F-GPAC Beech B200 BB-920
☐ F-GPBF Pipor PA 31T 7020094
☐ F-GPGH Beech 350 FL-120
☐ F-GPJD Beech E90 LW-328
☐ F-GPKL PA-46DLX 157
☐ F-GPKN P-180 Avanti 1123
☐ F-GPKO P-180 Avanti 1132
☐ F-GPKP P-180 Avanti 1165
☐ F-GPKS P-180 Avanti 1186
☐ F-GPLK Beech C90B LJ-1391
☐ F-GPRH Beech 300LW FA-226
☐ F-GQJD Beech C90 LJ-667
☐ F-GRAJ PC-XII-45 406
☐ F-GRLF Beech B200 BB-1607
☐ F-GRPS Piper PA-31T 7820010
☐ F-GRSO Beech 200C BL-11
☐ F-GSCF TBM-850 383
☐ F-GSEB Beech B200 BB-1110
☐ F-GSIN Beech 200 BB-239
☐ F-GSJR PA-46DLX 87
☐ F-GSLV TBM-850 192
☐ F-GTCR Beech C90B LJ-1660
☐ F-GTEM Beech 350 FL-80
☐ F-GTJM TBM-700 145
☐ F-GUFP Beech B200 BB-1698
☐ F-GULM Beech C90A LJ-1226
☐ F-GULY Beech C90B LJ-1610
☐ F-GVLB Beech FL-300
☐ F-GXES Piper PA-42 8001043
☐ F-GZBG PA-46DLX 4
☐ F-GZPE P-180 Avanti 1064
☐ F-HAAA Beech E90 LW-175
☐ F-HACJ Beech 350 FL-582
☐ F-HAMI Beech B200 BB-1874
☐ F-HANN PC-XII-47 887
☐ F-HARC Beech C90GTI LJ-1900
☐ F-HBAI P-180 Avanti 1110
☐ F-HBCF TBM-700C2 321
☐ F-HBGB TBM-700B 185
☐ F-HBGE TBM-850 460
☐ F-HBGG TBM-700B 166
☐ F-HBGH TBM-850 503
☐ F-HBRU Beech B200 BB-1561
☐ F-HCEV Beech B200GTBY-91
☐ F-HCPE P-180 Avanti 1144
☐ F-HDCS Beech C90A LJ-1066
☐ F-HDGC Beech C90B LJ-1430
☐ F-HDJM Beech B200GTBY-55
☐ F-HEAL Beech B200 BB-1928
☐ F-HHAM Beech C90B LJ-1361
☐ F-HJCM Beech C90 LJ-1098
☐ F-HJPD Beech 350 FL-173
☐ F-HJPM Beech B200 BB-1887
☐ F-HSFA Beech B200GTBY-16
☐ F-HSYN Beech B200GTBY-23
☐ F-HTCR Beech C90GTI LJ-1887
☐ F-ODGS Piper PA-31T 7720041
☐ F-ODMM Piper PA-31T 8020084
☐ F-OHCP Beech 200 BB-831
☐ F-OHJK Beech B200 BB-1544
☐ F-OIAA Beech B200 BB-932
☐ F-OIAN Beech B200 BB-1220
☐ F-OIAV Piper PA-31T 8475001
☐ F-OIQK Beech B200C BL-149
☐ F-OIQL Beech B200C BL-148
☐ F-OIQM Beech B200 BB-1934

☐ F-OIQY Beech 350 FL-566
☐ F-OJGL TBM-850 442
☐ F-ORCE Beech 200 BB-80
☐ F-WKDL TBM-700 3
☐ F-WTBM TBM-700 1
☐ F-WWRI TBM-700C2 269

G- United Kingdom

☐ G-BGRE Beech 200 BB-568
☐ G-BMKD Beech C90A LJ-1069
☐ G-BVMA Beech 200 BB-797
☐ G-BYCP Beech B200 BB-966
☐ G-BZNE Beech 350 FL-286
☐ G-CDFY Beech B200 BB-1715
☐ G-CDZT Beech B200 BB-1619
☐ G-CEGP Beech 200 BB-726
☐ G-CEGR Beech 200 BB-351
☐ G-CFBX Beech C90GTI LJ-1890
☐ G-CGAW Beech 200 BB-700
☐ G-CHEY Piper PA-31T 8166033
☐ G-CLOW Beech 200 BB-821
☐ G-COBH Beech B200 BB-944
☐ G-COBM Beech 350 FL-124
☐ G-DAKI PC-XII-47 885
☐ G-DERI Piper PA-46T 4697078
☐ G-EUNI Beech B200 BB-1720
☐ G-FCED Piper PA-31T 8166013
☐ G-FLTI Beech F90 LA-59
☐ G-FPLB Beech B200 BB-1048
☐ G-FPLD Beech B200 BB-1433
☐ G-FPLE Beech B200 BB-1256
☐ G-FRYI Beech 200 BB-210
☐ G-FSEU Beech 200 BB-331
☐ G-GBMR Beech B200 BB-1693
☐ G-GMED Piper PA-42 5501050
☐ G-GZRP Piper PA-42 5501011
☐ G-IMEA Beech 200 BB-302
☐ G-INTO PC-XII-45 609
☐ G-JASS Beech B200 BB-983
☐ G-JOAL Beech B200 BB-1158
☐ G-KEMW TBM-850 475
☐ G-KLNB Beech 350 FL-631
☐ G-KRMA Cessna 425 425-0003
☐ G-KVIP Beech 200 BB-487
☐ G-MAMD Beech B200 BB-1549
☐ G-MATX PC-XII-45 682
☐ G-MCMC TBM-700C 261
☐ G-MEGN Beech B200 BB-1518
☐ G-MHAR Piper PA-42 5501020
☐ G-MOLO PC-XII-47E 1090
☐ G-OCEG Beech 200 BB-588
☐ G-OEAS Beech 200 BB-521
☐ G-ONAL Beech B200 BB-30
☐ G-ORJA Beech B200 BB-1570
☐ G-ORTH Beech E90 LW-136
☐ G-PCOP Beech B200 BB-1860
☐ G-PFFN Beech 200 BB-456
☐ G-PMHT TBM-850 440
☐ G-POWB Beech 350 FL-506
☐ G-PSTR Beech 200 BB-209
☐ G-PVPC PC-XII-45 632
☐ G-RACI Beech C90 LJ-819
☐ G-RAFD Beech B200GTBY-32
☐ G-RAFO Beech B200 BB-1836
☐ G-RAFP Beech B200 BB-1837
☐ G-RAFU Beech B200GTBY-90
☐ G-RAFX Beech B200GTBY-36
☐ G-SASC Beech B200C BL-150
☐ G-SASD Beech B200C BL-151

☐ G-SAXN Beech 200 BB-108
☐ G-SGEC Beech B200 BB-1747
☐ G-SPOR Beech B200 BB-1557
☐ G-SYGA Beech B200 BB-1044
☐ G-SYGB Beech B200GTBY-68
☐ G-TRAT PC-XII-47 710
☐ G-USAR Cessna 441 441-0355
☐ G-WATJ Beech B200GTBY-14
☐ G-WCCP Beech B200 BB-1295
☐ G-WINT PC-XII-47 830
☐ G-WNCH Beech B200 BB-1259
☐ G-WVIP Beech 200 BB-625

HA- Hungary

☐ HA-SIT Piper PA-31T 7820011

HB- Switzerland

☐ HB-FOB PC-XII-Eagle P02
☐ HB-FOG PC-XII-Eagle 134
☐ HB-FOI PC-XII-45 157
☐ HB-FOP PC-XII-45 291
☐ HB-FOQ PC-XII-45 349
☐ HB-FOS PC-XII-45 366
☐ HB-FOT PC-XII 121
☐ HB-FOW PC-XII-45 411
☐ HB-FOX PC-XII-45 334
☐ HB-FOY PC-XII-45 386
☐ HB-FPC PC-XII-45 422
☐ HB-FPI PC-XII-45 551
☐ HB-FPR PC-XII-45 544
☐ HB-FPS PC-XII-45 608
☐ HB-FPT PC-XII-47E 545
☐ HB-FPW PC-XII 407
☐ HB-FPY PC-XII-47 685
☐ HB-FPZ PC-XII-47 702
☐ HB-FRF PC-XII-47E 1132
☐ HB-FRL PC-XII-47E 1138
☐ HB-FRN PC-XII-47E 1140
☐ HB-FRT PC-XII-47E 1146
☐ HB-FRV PC-XII-47E 1148
☐ HB-FRW PC-XII-47E 1149
☐ HB-FSU PC-XII-47E 1182
☐ HB-FSV PC-XII-47E 1155
☐ HB-FSZ PC-XII-47E 1176
☐ HB-FTC PC-XII-47E 1174
☐ HB-FTF PC-XII-47E 1185
☐ HB-FTG PC-XII-47E 1186
☐ HB-FTH PC-XII-47E 1184
☐ HB-FTI PC-XII-47E 1187
☐ HB-FTJ PC-XII-47E 1188
☐ HB-FVA PC-XII-47 833
☐ HB-FVC PC-XII-47E 1002
☐ HB-FVD PC-XII-47E 1072
☐ HB-FVE PC-XII-47E 1081
☐ HB-FVF PC-XII-47E 1071
☐ HB-FVG PC-XII-47E 1093
☐ HB-FVH PC-XII-47E 1180
☐ HB-FVU PC-XII-47 888
☐ HB-FVV PC-XII-47 778
☐ HB-FVZ PC-XII-45 343
☐ HB-GHD Beech F90 LA-50
☐ HB-GIL Beech 200 BB-194
☐ HB-GJD Beech 200C BL-7
☐ HB-GJH Beech C90 LJ-972
☐ HB-GJI Beech 200 BB-451
☐ HB-GJM Beech 200 BB-255
☐ HB-GJP Beech 350 FL-477

☐ HB-GJQ	Beech F90	LA-4
☐ HB-GJT	Beech 350	FL-535
☐ HB-GJW	Beech B200	BB-1505
☐ HB-GPH	Beech B200	BB-1569
☐ HB-GPI	Beech 300LW	FA-220
☐ HB-GPL	Beech C90GTI	LJ-1936
☐ HB-GPS	Beech B200GTI	BY-93
☐ HB-KFR	TBM-700B	195
☐ HB-KHC	TBM-700C2	342
☐ HB-KOL	TBM-700	218
☐ HB-KOR	TBM-850	349
☐ HB-LLK	Piper PA-31T	7904014
☐ HB-LNL	Piper PA-31T	8020083
☐ HB-LNX	Piper PA-31T	8166050
☐ HB-LQP	Piper PA-31T	8004044
☐ HB-LRV	Piper PA-31T	7820017
☐ HB-LTI	Piper PA-31T	8020091
☐ HB-LTM	Piper PA-42	5527028
☐ HB-LTN	P-180 Avanti	1066
☐ HB-LTZ	P-180 Avanti	1105
☐ HB-LUF	Piper PA-31T	8120015
☐ HB-LUQ	Piper PA-31T	8120056
☐ HB-LUR	P-180 Avanti	1153
☐ HB-LUS	P-180 Avanti	1196
☐ HB-PKS	PA-46DLX	61

HC- Ecuador

☐ HC-	Beech B200	BB-1979
☐ HC-	Beech C90-1	LJ-986
☐ HC-	Rockwell 690D	15023
☐ HC-	Rockwell 695	95026
☐ HC-BIF	Piper PA-31T	8120019
☐ HC-BUD	Rockwell 690C	11669
☐ HC-BXH	Cessna 441	441-0268
☐ HC-DAC	Beech E90	LW-178

HI- Dominican Republic

☐ HI-	MU-2B-20	194
☐ HI-678CT	Gulfstream 1	323
☐ HI-701SP	Beech B200	BB-984
☐ HI-776SP	Beech C90A	LJ-1163

HK- Colombia

☐ HK-	Beech 200	BB-180
☐ HK-	Beech 200	BB-362
☐ HK-	Beech B200	BB-1002
☐ HK-	Beech 300	FA-69
☐ HK-	Beech A90	LJ-248
☐ HK-	Beech B90	LJ-469
☐ HK-	Beech E90	LW-90
☐ HK-	Cessna 441	441-0328
☐ HK-	Piper PA-31T	8020064
☐ HK-	Rockwell 690B	11386
☐ HK-1770G	Rockwell 690A	11216
☐ HK-1771G	Rockwell 690A	11217
☐ HK-1977	Rockwell 681	6035
☐ HK-1982W	Rockwell 690	11014
☐ HK-2055	Rockwell 690	11005
☐ HK-2120P	MU-2B-35	621
☐ HK-2218N	Rockwell 690B	11453
☐ HK-2281	Rockwell 690	11033
☐ HK-2282P	Rockwell 690A	11128
☐ HK-2376	Rockwell 681	6043
☐ HK-2390W	Cessna 441	441-0016
☐ HK-2455W	Piper PA-31T	8020047
☐ HK-2491	Beech E90	LW-183
☐ HK-2495P	Rockwell 690C	11633
☐ HK-2538P	Cessna 441	441-0114
☐ HK-2551P	Rockwell 690B	11489
☐ HK-2596	Beech C90	LJ-957
☐ HK-2601P	Rockwell 690C	11651
☐ HK-2631G	Piper PA-31T	8120032
☐ HK-2684	Piper PA-42	8001068
☐ HK-2693	Emb.121	121041
☐ HK-2749P	Piper PA-31T	8166019
☐ HK-2772P	Piper PA-42	8001059
☐ HK-2909P	Rockwell 695A	96045
☐ HK-2926P	Piper PA-31T	275015
☐ HK-2951	Rockwell 695A	96049
☐ HK-2963W	Piper PA-31T	8166053
☐ HK-3009P	Cessna 441	441-0273
☐ HK-3043P	Piper PA-31T	8120051
☐ HK-3060	Rockwell 695A	96039
☐ HK-3117W	Piper PA-31T	8166073
☐ HK-3193X	Rockwell 695A	96086
☐ HK-3214G	Beech 200	BB-854
☐ HK-3245G	Rockwell 690A	11318
☐ HK-3253P	Rockwell 695A	96074
☐ HK-3279	Rockwell 695A	96072
☐ HK-3283W	Rockwell 695A	96099
☐ HK-3291W	Rockwell 695A	96088
☐ HK-3314W	Rockwell 690A	11255
☐ HK-3324P	Rockwell 695A	96100
☐ HK-3331W	Piper PA-31T	7920088
☐ HK-3337	Cessna 441	441-0354
☐ HK-3366P	Rockwell 695A	96033
☐ HK-3379W	Rockwell 690B	11525
☐ HK-3385P	Rockwell 690C	11728
☐ HK-3389P	Rockwell 695A	96037
☐ HK-3391P	Rockwell 695A	96059
☐ HK-3401	Cessna 441	441-0059
☐ HK-3406	Rockwell 695	95062
☐ HK-3407	Rockwell 695	95075
☐ HK-3408W	Rockwell 695	95050
☐ HK-3418P	Cessna 441	441-0333
☐ HK-3424	Rockwell 690C	11611
☐ HK-3429	Beech C90	LJ-831
☐ HK-3432P	Beech B200	BB-1227
☐ HK-3444	Rockwell 695	95057
☐ HK-3447P	Rockwell 690C	11722
☐ HK-3450P	Rockwell 695	95083
☐ HK-3451	Piper PA-42	5527033
☐ HK-3455	Rockwell 695	95065
☐ HK-3456P	Cessna 441	441-0271
☐ HK-3460P	Rockwell 690C	11647
☐ HK-3465P	Rockwell 690	11059
☐ HK-3474	Rockwell 695	95016
☐ HK-3481	Rockwell 695	95079
☐ HK-3484W	Rockwell 695	95022
☐ HK-3497P	Cessna 441	441-0335
☐ HK-3505P	Beech F90-1	LA-221
☐ HK-3507W	Beech B200	BB-974
☐ HK-3512	Cessna 441	441-0261
☐ HK-3514P	Rockwell 690A	11221
☐ HK-3534W	Beech 300	FA-96
☐ HK-3540W	Cessna 441	441-0287
☐ HK-3547	Beech 300	FA-86
☐ HK-3550	Cessna 441	441-0320
☐ HK-3554G	Beech B200	BB-1068
☐ HK-3561	Rockwell 690B	11365
☐ HK-3568W	Cessna 441	441-0309
☐ HK-3573P	Cessna 441	441-0251
☐ HK-3580W	Gulfstream 1	145
☐ HK-3597	Rockwell 690A	11110
☐ HK-3611	Cessna 441	441-0324
☐ HK-3613P	Cessna 441	441-0206
☐ HK-3620W	Cessna 441	441-0152
☐ HK-3648	Beech 300	FA-100
☐ HK-3654G	Beech 300LW	FA-101
☐ HK-3680	Rockwell 690C	11620
☐ HK-3700	Rockwell 690C	11721
☐ HK-3704W	Beech B200	BB-1392
☐ HK-3705	Beech 200	BB-63
☐ HK-3819	Rockwell 695	95059
☐ HK-3828W	Beech 300	FA-10
☐ HK-3852	Beech F90	LA-16
☐ HK-3907W	Beech E90	LW-39
☐ HK-3912P	Rockwell 690C	11668
☐ HK-3922P	Beech 200	BB-352
☐ HK-3936	Beech 200	BB-75
☐ HK-3961X	Rockwell 695A	96069
☐ HK-3995X	Beech 200	BB-196
☐ HK-4065N	Rockwell 690C	11673
☐ HK-4108	Beech 200	BB-60
☐ HK-4179	Piper PA-31T	8120062
☐ HK-4256W	Beech B200	BB-1049
☐ HK-4278W	Beech 200	BB-496
☐ HK-4289X	Rockwell 680W	1820-34
☐ HK-4330W	Rockwell 690A	11102
☐ HK-4343	Beech B200	BB-1024
☐ HK-4357P	Beech C90	LJ-668
☐ HK-4358	Beech F90	LA-151
☐ HK-4387	Beech C90	LJ-994
☐ HK-4406	Beech 300	FA-99
☐ HK-4433W	Beech F90	LA-191
☐ HK-4460W	Beech C90	LJ-733
☐ HK-4583	Rockwell 695	95061
☐ HK-4603	Beech 350	FL-574
☐ HK-4643	Beech 350	FL-507
☐ HK-4658	Beech 200	BB-191

HL South Korea

☐ HL5200	Beech C90GT	LJ-1801

HP- Panama

☐ HP-	Beech 200	BB-164
☐ HP-	Beech 200	BB-300
☐ HP-	Beech 200	BB-329
☐ HP-	Beech 200	BB-33
☐ HP-	Beech 200	BB-330
☐ HP-	Beech 200	BB-644
☐ HP-	Beech 200C	BL-26
☐ HP-	Beech 350	FL-98
☐ HP-	Beech 90	LJ-55
☐ HP-	Beech A90	LJ-184
☐ HP-	Beech B90	LJ-384
☐ HP-	Beech B90	LJ-455
☐ HP-	Beech C-12C	BC-63
☐ HP-	Beech C90	LJ-520
☐ HP-	Beech C90GTI	LJ-1942
☐ HP-	Beech C90GTI	LJ-1943
☐ HP-	Cessna 441	441-0110
☐ HP-	Cessna 441	441-0277
☐ HP-	Piper PA-31T	8275003
☐ HP-	Rockwell 690	11073
☐ HP-	Rockwell 690B	11565
☐ HP-	Rockwell 690D	15003
☐ HP-	Rockwell 690D	15004
☐ HP-	Rockwell 695A	96081
☐ HP-	Rockwell 695A	96082
☐ HP-010	Beech 200	BB-447
☐ HP-77PE	Rockwell 690B	11368
☐ HP-960P	Beech 200	BB-617

☐ HP-1149P Rockwell 695A 96031
☐ HP-1182 Beech 300LW FA-209
☐ HP-1189 Cessna 441 441-0332
☐ HP-1336A Beech A100 B-173
☐ HP-1457 Beech 300LW FA-123
☐ HP-1500 Beech C90B LJ-1648
☐ HP-1512 Beech 200 BB-311
☐ HP-1555 Beech 350 FL-395
☐ HP-1588 Beech 350 FL-429
☐ HP-1591 Beech 200 BB-128
☐ HP-1595 Beech 300 FA-60
☐ HP-1598 Beech 200 BB-135
☐ HP-1608 Beech C90B LJ-1500
☐ HP-1635 Beech C90B LJ-1663
☐ HP-1888 Rockwell 690C 11621
☐ HP-2888 Beech B300C FM-2
☐ HP-8000 Beech C90B LJ-1373

HR- Honduras

☐ HR- Rockwell 690C 11619
☐ HR-ATP Beech C90B LJ-1399
☐ HR-CEM Rockwell 690A 11302
☐ HR-IAH Beech A90 LJ-122

HS- Thailand

☐ HS-ATS Beech B200 BB-1988
☐ HS-CNS Beech B200 BB-1923
☐ HS-DCB Beech 200 BB-132
☐ HS-DCF Beech B200 BB-1315
☐ HS-ITD Beech 350 FL-151
☐ HS-KCH Beech B200 BB-1125
☐ HS-PON Beech 200 BB-342
☐ HS-RGR PA-46DLX 114
☐ HS-SLA Beech 350 FL-53
☐ HS-SLC Beech 350 FL-194
☐ HS-TOM PA-46DLX 109

HZ- Saudi Arabia

☐ HZ- Beech B200GTBY-65
☐ HZ- Beech B300CER FM-29
☐ HZ- Beech C90GTI LJ-1944
☐ HZ- Beech C90GTI LJ-1951
☐ HZ- Beech C90GTI LJ-1956
☐ HZ- Beech C90GTI LJ-1957
☐ HZ-MS71 Beech B300CER FM-19
☐ HZ-MS72 Beech B300CER FM-20
☐ HZ-MS73 Beech B300CER FM-22
☐ HZ-MS74 Beech B300CER FM-23
☐ HZ-MS75 Beech B300CER FM-24

I- Italy

☐ I- P-180 Avanti 1072
☐ I-AITE P.68TP-600 9006
☐ I-AVBN P-180 Avanti 1180
☐ I-AVGP P-180 Avanti 1195
☐ I-BCOM P-180 Avanti 1040
☐ I-BPAE P-180 Avanti 1081
☐ I-CFPA P-180 Avanti 1094
☐ I-CGAT Piper PA-31T 7520033
☐ I-CGTT Piper PA-31T 7820045
☐ I-CNDB PC-XII-47 728
☐ I-DARC P-180 Avanti 1184
☐ I-DDFG P-180 Avanti 1168
☐ I-DPCB P-180 Avanti 1163

☐ I-DPCL P-180 Avanti 1143
☐ I-FXRB P-180 Avanti 1035
☐ I-FXRC P-180 Avanti 1045
☐ I-FXRD P-180 Avanti 1067
☐ I-FXRE P-180 Avanti 1049
☐ I-FXRG P-180 Avanti 1112
☐ I-FXRH P-180 Avanti 1177
☐ I-FXRI P-180 Avanti 1189
☐ I-FXRJ P-180 Avanti 1178
☐ I-HYDR Piper PA-31T 7520034
☐ I-INVG Beech C90GTI LJ-1866
☐ I-LGMG PC-XII-47E 1024
☐ I-LOAN PC-XII-45 381
☐ I-MAGJ Rockwell 690A 11265
☐ I-PALS Piper PA-31T 7620005
☐ I-PDVS P-180 Avanti 1197
☐ I-PIAH Beech 200 BB-777
☐ I-PJAR P-180 Avanti 1002
☐ I-PJAV P-180 Avanti 1001
☐ I-PREE P-180 Avanti 1138
☐ I-SASA Piper PA-31T 8004024
☐ I-TIAF P-180 Avanti 1188
☐ I-TICO TBM-700C2 345
☐ I-TLRN P.68TP-600 9005
☐ I-TOPS PC-XII-45 352
☐ I-WJET P-180 Avanti 1033

JA Japan

☐ JA01EP Beech B200 BB-1604
☐ JA01KA Beech C90B LJ-1567
☐ JA02EP Beech 350 FL-425
☐ JA55HA Beech C90A LJ-1198
☐ JA121N Beech B200 BB-1577
☐ JA377N Beech 350 FL-451
☐ JA861A Beech 350 FL-180
☐ JA862A Beech 350 FL-188
☐ JA863A Beech 350 FL-191
☐ JA864A Beech 350 FL-193
☐ JA865A Beech 350 FL-195
☐ JA866A Beech 350 FL-218
☐ JA867A Beech 350 FL-222
☐ JA868A Beech 350 FL-292
☐ JA869A Beech 350 FL-295
☐ JA870A Beech 350 FL-297
☐ JA8600 Rockwell 695 95070
☐ JA8705 Beech B200 BB-1431
☐ JA8824 Beech 200T BT-17
☐ JA8844 Beech C90A LJ-1141
☐ JA8845 Beech C90A LJ-1142
☐ JA8846 Beech C90A LJ-1143
☐ JA8847 Beech C90A LJ-1144
☐ JA8848 Beech C90A LJ-1145
☐ JA8850 Beech C90A LJ-1149
☐ JA8851 Beech C90A LJ-1150
☐ JA8853 Piper PA-42 5527026
☐ JA8854 Beech B200T BT-31
☐ JA8855 Cessna 425 425-0235
☐ JA8860 Beech B200T BT-32
☐ JA8867 Piper PA-42 5527035
☐ JA8881 Beech 300LW FA-219
☐ JA8882 Beech C90A LJ-1290
☐ JA8883 Beech C90A LJ-1291
☐ JA8884 Beech C90A LJ-1292
☐ JA8894 TBM-700 38

JY- Jordan

☐ JY-AWB Beech B200 BB-1701

J5- Guinea Bissau

☐ J5-GTF Beech B90 LJ-456

LN- Norway

☐ LN-ACV Piper PA-42 5527023
☐ LN-AWA Beech A100 B-213
☐ LN-AWD Beech 350 FL-256
☐ LN-BAA Beech B200 BB-1327
☐ LN-BAB Beech 350 FL-590
☐ LN-FIX Beech B200 BB-1898
☐ LN-IDA Beech B200C BL-141
☐ LN-LMX AP.68TP-300 8006
☐ LN-LTA Beech B200 BB-1868
☐ LN-LTB Beech B200 BB-2001
☐ LN-LTC Beech B200 BB-2002
☐ LN-LTD Beech B200 BB-2006
☐ LN-LTE Beech B200 BB-2007
☐ LN-LTF Beech B200 BB-2008
☐ LN-LTG Beech B200 BB-2009
☐ LN-LTI Beech B200 BB-2010
☐ LN-LTJ Beech B200 BB-2011
☐ LN-LTK Beech B200 BB-2004
☐ LN-LTL Beech B200 BB-2005
☐ LN-LYY Piper PA-42 5527010
☐ LN-MMM Beech B200 BB-1994
☐ LN-MOC Beech B200 BB-1449
☐ LN-MOD Beech B200 BB-1459
☐ LN-MOE Beech B200 BB-1460
☐ LN-MOF Beech B200 BB-1461
☐ LN-MOG Beech B200 BB-1465
☐ LN-MOH Beech B200 BB-1466
☐ LN-MOI Beech B200 BB-1470
☐ LN-MOJ Beech B200 BB-1334
☐ LN-MOT Beech B200 BB-1590
☐ LN-NOA Beech 200 BB-829
☐ LN-SUZ Beech B200 BB-1547
☐ LN-TRG Beech B200 BB-1936
☐ LN-TWL Beech B200 BB-1144

LQ/LV- Argentina

☐ LQ-BLU Piper PA-42 5527037
☐ LQ-ZRB Beech C90A LJ-1552
☐ LV- Beech 200 BB-758
☐ LV- Beech C90 LJ-681
☐ LV-AIY Beech B200 BB-1131
☐ LV-APF Piper PA-42 8001026
☐ LV-ARU Beech C90B LJ-1617
☐ LV-AXO Beech B200 BB-1877
☐ LV-AYG Beech E90 LW-135
☐ LV-BAN Beech 350 FL-420
☐ LV-BCJ Rockwell 690 11022
☐ LV-BCP Piper PA-31T 7820006
☐ LV-BCR Piper PA-31T 7620022
☐ LV-BCT Piper PA-31T 7620035
☐ LV-BCU Piper PA-31T 7720044
☐ LV-BDG Beech C90B LJ-1730
☐ LV-BDU Beech B90 LJ-489
☐ LV-BEI Piper PA-42 8001009
☐ LV-BIC Beech C90GT LJ-1819
☐ LV-BLV Beech C90-1 LJ-1028
☐ LV-BMG Beech B200 BB-1417
☐ LV-BMO Beech B200GTBY-1
☐ LV-BMS Beech B200GTBY-12
☐ LV-BNA Rockwell 690B 11419
☐ LV-BPB Beech C90GTI LJ-1880

☐ LV-BPJ	Beech B200GT	BY-38
☐ LV-BRD	Beech B200GT	BY-47
☐ LV-BRL	Beech A100	B-137
☐ LV-BRS	Beech E90	LW-221
☐ LV-BSP	Beech B200GT	BY-63
☐ LV-BXF	Beech E90	LW-146
☐ LV-BYT	Beech C90B	LJ-1451
☐ LV-CAQ	Beech C90B	LJ-1523
☐ LV-CAT	Beech 200	BB-818
☐ LV-CBP	PC-XII-47E	1168
☐ LV-CBY	MU-2B-25	280
☐ LV-JJW	Beech B90	LJ-449
☐ LV-LRH	Rockwell 690A	11236
☐ LV-LTB	Rockwell 690A	11238
☐ LV-LTC	Rockwell 690A	11241
☐ LV-LTV	Piper PA-31T	7520022
☐ LV-LZL	Rockwell 690A	11246
☐ LV-LZO	Piper PA-31T	7620003
☐ LV-MAW	Rockwell 690B	11398
☐ LV-MBY	Rockwell 690B	11412
☐ LV-MCV	MU-2B-26A	361SA
☐ LV-MDG	Piper PA-31T	7720065
☐ LV-MDN	Rockwell 690B	11442
☐ LV-MGC	MU-2B-36	704SA
☐ LV-MMY	Cessna 441	441-0075
☐ LV-MNR	Piper PA-31T	7920017
☐ LV-MOE	Piper PA-31T	7920050
☐ LV-MRT	Cessna 441	441-0082
☐ LV-MRU	Cessna 441	441-0077
☐ LV-MTU	Piper PA-31T	7920080
☐ LV-MYA	Rockwell 690B	11558
☐ LV-OAP	Piper PA-31T	7920065
☐ LV-OBB	Beech E90	LW-330
☐ LV-OEI	Rockwell 690C	11612
☐ LV-OFT	Beech 200	BB-699
☐ LV-OGF	Piper PA-31T	8020013
☐ LV-ROC	Beech C90A	LJ-1180
☐ LV-VHO	Beech B90	LJ-428
☐ LV-VHR	Beech B90	LJ-323
☐ LV-WDO	Beech 100	B-82
☐ LV-WEW	Beech 200	BB-870
☐ LV-WFP	Beech E90	LW-129
☐ LV-WGP	Beech 200	BB-558
☐ LV-WHV	Beech E90	LW-259
☐ LV-WIO	Beech 200	BB-606
☐ LV-WIP	Beech 300LW	FA-229
☐ LV-WJE	Beech C90B	LJ-1354
☐ LV-WJY	MU-2B-35	644
☐ LV-WLT	Beech 300LW	FA-221
☐ LV-WMA	Beech 300LW	FA-222
☐ LV-WMG	Beech C90B	LJ-1395
☐ LV-WOR	Beech B200	BB-1521
☐ LV-WOS	Beech 200	BB-639
☐ LV-WPB	Beech C90B	LJ-1416
☐ LV-WPM	Beech 200	BB-729
☐ LV-WRM	Beech B90	LJ-333
☐ LV-WXC	Beech C90B	LJ-1466
☐ LV-WXG	Piper PA-42	8001044
☐ LV-WZR	Beech E90	LW-70
☐ LV-YBP	Beech C90B	LJ-1489
☐ LV-YCS	Beech B200	BB-1588
☐ LV-YLC	Beech 350	FL-190
☐ LV-YTB	Beech B200	BB-1616
☐ LV-ZNS	Beech C90A	LJ-1535
☐ LV-ZPY	Beech F90	LA-89
☐ LV-ZRG	Beech B200	BB-1652
☐ LV-ZSX	PC-XII-45	133
☐ LV-ZTO	Beech A90	LJ-292
☐ LV-ZTV	Beech B200	BB-1703
☐ LV-ZXX	Beech 350	FL-310
☐ LV-ZYB	Beech B200	BB-1690
☐ LV-ZZH	Beech B200	BB-1817

LX- Luxembourg

☐ LX-JFA	TBM-700	63
☐ LX-JFE	TBM-700B	208
☐ LX-JFF	TBM-700B	212
☐ LX-JFH	PC-XII-45	522
☐ LX-JFI	PC-XII-45	574
☐ LX-JFJ	PC-XII-45	678
☐ LX-JFK	PC-XII-45	683
☐ LX-JFL	TBM-850	391
☐ LX-JFM	PC-XII-47	812
☐ LX-JFN	PC-XII-47	855
☐ LX-JFO	TBM-850	422
☐ LX-JFP	P-180 Avanti	1176
☐ LX-JFQ	PC-XII-47	876
☐ LX-JFT	TBM-850	452
☐ LX-KTY	Beech B90	LJ-339
☐ LX-LAB	PC-XII-45	531
☐ LX-PBL	Beech C90A	LJ-1539
☐ LX-PFD	PC-XII-47	865
☐ LX-PRG	Beech C90B	LJ-1526
☐ LX-RST	Piper PA-31T	7820027
☐ LX-SKY	PC-XII-45	108
☐ LX-TAI	PC-XII-47E	1008

LY- Lithuania

☐ LY-ZDV	MU-2B-60	1515SA

LZ- Bulgaria

☐ LZ-ADK	Beech C90B	LJ-1606
☐ LZ-ASP	P-180 Avanti	1032
☐ LZ-BIZ	Beech B200	BB-1595
☐ LZ-ITV	Beech B200	BB-1369
☐ LZ-TBM	TBM-850	421
☐ LZ-YUK	Beech 200	BB-82

M- Isle of Man

☐ M-ALCB	PC-XII-47E	1175
☐ M-ARTY	PC-XII-47E	1114
☐ M-EGGA	Beech B200	BB-1933
☐ M-FIVE	Beech 350	FL-580
☐ M-FLYI	Beech 350	FL-569
☐ M-GLAS	Beech C90B	LJ-1734
☐ M-ICKY	PC-XII-45	508
☐ M-IFLY	PC-XII-47E	1022
☐ M-JACK	Beech B200GT	BY-94
☐ M-JJTL	PC-XII-47	1126
☐ M-MANX	Cessna 425	425-0044
☐ M-NGSN	PC-XII-47	697
☐ M-OLTT	PC-XII-47E	1063
☐ M-ONTI	Beech C90B	LJ-1699
☐ M-OPAL	PC-XII-47E	1179
☐ M-OTOR	Beech C90B	LJ-1733
☐ M-PRIT	PC-XII-47E	1144
☐ M-SAIL	PC-XII-47E	1154
☐ M-SHEP	TBM-850	467
☐ M-SPEC	Beech 350	FL-241
☐ M-SPEX	Beech 350	FL-274
☐ M-TSRI	Beech C90GT	LJ-1795
☐ M-USCA	TBM-850	456
☐ M-USHY	Cessna 441	441-0209
☐ M-WLLM	Beech C90GTI	LJ-1902
☐ M-YBUB	PC-XII-45	648
☐ M-ZUMO	PC-XII-47	732

N USA

☐ N1BK	Beech 300	FA-76
☐ N1BM	Cessna 425	425-0042
☐ N1CW	PC-XII-47	705
☐ N1GF	Beech C90-1	LJ-1031
☐ N1HX	Beech 200	BB-361
☐ N1LF	Beech B200	BB-1778
☐ N1MA	Beech F90	LA-3
☐ N1MT	Beech C90	LJ-824
☐ N1MU	Beech B200	BB-1245
☐ N1MW	Beech 300LW	FA-151
☐ N1NP	Beech B200	BB-1834
☐ N1PD	Beech 350	FL-121
☐ N1QL	Beech B100	BE-93
☐ N1RH	PC-XII-45	627
☐ N1RQ	Piper PA-46T	4697112
☐ N1SC	Beech 350	FL-9
☐ N1SP	Beech C-12C	BC-42
☐ N1TC	PC-XII	130
☐ N1TR	Beech A100	B-238
☐ N1TX	Beech 200	BB-800
☐ N1UC	Beech E90	LW-140
☐ N1VA	Beech 350	FL-549
☐ N1VQ	Rockwell 690B	11369
☐ N1WJ	Beech 90	LJ-60
☐ N1WV	Beech 350	FL-527
☐ N2DB	Beech 300	FA-37
☐ N2FJ	Piper PA-31T	7620050
☐ N2JB	PC-XII-45	342
☐ N2MP	Beech C90B	LJ-1561
☐ N2NC	Beech C90GTI	LJ-1855
☐ N2NQ	Cessna 441	441-0307
☐ N2PY	Beech 200	BB-200
☐ N2QE	Piper PA-46T	4697247
☐ N2RA	MU-2B-26A	366SA
☐ N2SM	Beech 350	FL-185
☐ N2U	Beech 200	BB-263
☐ N2UV	Beech B90	LJ-480
☐ N2UW	Beech 200T	BT-3
☐ N2UX	PC-XII-47	880
☐ N2VA	Beech 350	FL-537
☐ N2YF	PC-XII	140
☐ N2ZN	Beech B90	LJ-347
☐ N3AH	Beech 300LW	FA-130
☐ N3AW	Beech 350	FL-491
☐ N3CR	Beech 200	BB-850
☐ N3CV	Piper PA-46T	4697409
☐ N3DF	Beech 90	LJ-36
☐ N3GC	Beech C90	LJ-576
☐ N3GS	TBM-850	510
☐ N3GT	MU-2B-25	277
☐ N3LS	Beech E90	LW-245
☐ N3MA	MU-2B-60	1511SA
☐ N3NC	Beech B200	BB-1976
☐ N3PX	Beech B200	BB-1173
☐ N3RK	Piper PA-31T	8166022
☐ N3TK	Cessna 441	441-0158
☐ N3WM	Cessna 441	441-0068
☐ N3XB	Beech A90	LJ-234
☐ N3XF	Epic LT	4
☐ N3ZC	Beech B200	BB-1207
☐ N4DF	PC-XII-47	831
☐ N4KU	Beech B200	BB-1323
☐ N4MD	TBM-850	500
☐ N4NF	Beech 300LW	FA-165
☐ N4NU	Beech B200	BB-1782
☐ N4PT	Beech B200	BB-879
☐ N4PZ	Rockwell 690A	11269
☐ N4QL	Beech B200	BB-942

109

Reg	Model	Serial
☐ N4R	MU-2B-60	1542SA
☐ N4RX	Piper PA-31T	7904012
☐ N4RY	Beech 90	LJ-8
☐ N4TJ	Beech 200	BB-40
☐ N4TS	PC-XII-45	509
☐ N4WE	Piper PA-42	5527041
☐ N4WF	Piper PA-31T	8020025
☐ N4YS	Beech 350	FL-82
☐ N4ZB	Beech UC-12M	BV-11
☐ N5AE	Beech B200	BB-1891
☐ N5AH	Beech F90	LA-53
☐ N5BR	TBM-700	89
☐ N5CE	Cessna 425	425-0135
☐ N5D	Piper PA-31T	7820080
☐ N5DM	PC-XII-45	355
☐ N5EQ	PA-46DLX	95
☐ N5HG	Cessna 441	441-0247
☐ N5HT	TBM-700	9
☐ N5JE	Beech 350	FL-3
☐ N5LC	MU-2B-40	433SA
☐ N5MK	Beech 200	BB-537
☐ N5NV	Beech B200	BB-1202
☐ N5PA	Piper PA-42	8001051
☐ N5PP	Piper PA-46T	4697145
☐ N5PX	Beech 200	BB-554
☐ N5RB	Piper PA-31T	8104042
☐ N5RF	Beech 350	FL-423
☐ N5ST	Beech 200	BB-289
☐ N5SY	Piper PA-42	8001069
☐ N5TA	Beech C90	LJ-724
☐ N5TW	Beech B200	BB-1471
☐ N5UN	Beech 200	BB-697
☐ N5WG	Beech A90	LJ-289
☐ N5XM	Beech 350	FL-115
☐ N5Y	Beech A90	LJ-272
☐ N5Z	Epic LT	30
☐ N6E	Rockwell 681	6002
☐ N6FZ	PC-XII-45	290
☐ N6HU	Beech 200	BB-319
☐ N6JL	Beech 350	FL-247
☐ N6KE	MU-2B-60	766SA
☐ N6KF	MU-2B-36	659
☐ N6KZ	Beech A90	LJ-238
☐ N6UD	Beech B200	BB-1055
☐ N6VJ	Beech F90	LA-88
☐ N6XK	Epic LT	14
☐ N7BF	Beech B90	LJ-350
☐ N7DD	MU-2B-25	297
☐ N7FL	Piper PA-31T	7820082
☐ N7HG	Beech C90GTI	LJ-1907
☐ N7HN	MU-2B-60	1563SA
☐ N7JW	P-180 Avanti	1169
☐ N7NA	Beech B200	BB-997
☐ N7NW	Cessna 441	441-0186
☐ N7PA	P-180 Avanti	1191
☐ N7RC	Beech 350	FL-621
☐ N7SA	PA-46DLX	239
☐ N7TD	Beech E90	LW-276
☐ N7TW	Beech B90	LJ-478
☐ N7UJ	Piper PA-46T	4697226
☐ N7UP	Rockwell 680W	1790-20
☐ N7VR	Piper PA-31T	7804010
☐ N7WF	Cessna 425	425-0119
☐ N7WS	PA-46DLX	115
☐ N7WU	Beech E90	LW-142
☐ N7YR	PC-XII-45	532
☐ N7ZT	PC-XII-45	385
☐ N8AM	Beech 200	BB-274
☐ N8CF	Piper PA-31T	8020062
☐ N8E	Gulfstream 1	94
☐ N8EF	Beech 200	BB-721
☐ N8EG	TBM-700	34
☐ N8FR	Cessna 425	425-0095
☐ N8GF	P-180 Avanti	1011
☐ N8GU	Beech C90A	LJ-1103
☐ N8H	Epic LT	39
☐ N8KF	TBM-850	466
☐ N8KU	TBM-700C	304
☐ N8MG	Beech C90	LJ-747
☐ N8NA	Beech B200	BB-950
☐ N8NX	Beech 200	BB-774
☐ N8PC	MU-2B-20	193
☐ N8RW	MU-2B-60	1548SA
☐ N8RY	Piper PA-42	8001036
☐ N8UM	Piper PA-46T	4697067
☐ N8XK	Epic LT	7
☐ N9BE	Epic LT	109
☐ N9DA	Beech C90	LJ-944
☐ N9EE	TBM-700C2	286
☐ N9GF	PA-46DLX	21
☐ N9GS	Beech 300LW	FA-79
☐ N9HW	Beech B90	LJ-459
☐ N9KG	Rockwell 690B	11426
☐ N9NB	MU-2B-36A	728SA
☐ N9QN	Beech E90	LW-304
☐ N9UE	TBM-700	224
☐ N9UZ	Beech C90	LJ-641
☐ N9VC	Beech C90	LJ-763
☐ N9WR	Beech B200	BB-913
☐ N10AG	Beech B100	BE-100
☐ N10CS	Piper PA-31T	8004001
☐ N10CW	Beech B200GTBY-52	
☐ N10DH	Beech F90	LA-111
☐ N10EC	Beech B200	BB-1211
☐ N10FB	Cessna 425	425-0117
☐ N10HS	PC-XII-47E	1025
☐ N10HT	MU-2B-60	778SA
☐ N10JE	Beech 90	LJ-10
☐ N10K	Beech 350	FL-4
☐ N10PF	PC-XII-45	165
☐ N10QW	Beech B200	BB-1846
☐ N10ST	Piper PA-46T	4697220
☐ N10TX	Beech 350	FL-1
☐ N10UN	Beech 350	FL-158
☐ N10UT	MU-2B-26	346
☐ N10VU	MU-2B-40	438SA
☐ N10WG	Beech E90	LW-310
☐ N10XJ	Beech E90	LW-117
☐ N10YP	Beech A90	LJ-265
☐ N11	Beech C90GTI	LJ-1964
☐ N11AB	Beech 200	BB-305
☐ N11CT	Rockwell 680W	1773-11
☐ N11DT	Beech E90	LW-11
☐ N11FT	Beech C90	LJ-958
☐ N11HM	Rockwell 680V	1620-51
☐ N11MM	Cessna 441	441-0105
☐ N11SJ	MU-2B-25	285
☐ N11SN	Beech C90-1	LJ-1036
☐ N11T	Beech C90GTI	LJ-1893
☐ N11TE	Beech 350	FL-211
☐ N11TN	Beech B90	LJ-419
☐ N11WN	Beech F90	LA-177
☐ N12	Beech C90GTI	LJ-1966
☐ N12AG	PC-XII-47	854
☐ N12AX	Beech E90	LW-293
☐ N12CF	Beech 200	BB-534
☐ N12DE	Rockwell 690B	11501
☐ N12DZ	PC-XII-45	390
☐ N12FA	PC-XII	117
☐ N12GJ	Beech E90	LW-12
☐ N12HF	MU-2B-40	435SA
☐ N12JD	PC-XII-45	228
☐ N12KR	Beech B200	BB-1632
☐ N12LA	Beech E90	LW-49
☐ N12MA	TBM-700C2	318
☐ N12MU	Beech C90B	LJ-1398
☐ N12NG	Beech 200	BB-581
☐ N12NL	Cessna 425	425-0069
☐ N12VA	Rockwell 695A	96062
☐ N12ZM	TBM-850	474
☐ N13	Beech C90GTI	LJ-1968
☐ N13GZ	Beech C90B	LJ-1590
☐ N13K	Beech A100	B-101
☐ N13LY	Beech B200	BB-1718
☐ N13NW	Cessna 441	441-0090
☐ N13YS	MU-2B-36	694
☐ N14	Beech C90GTI	LJ-1972
☐ N14BM	Cessna 425	425-0076
☐ N14CP	Beech C90	LJ-585
☐ N14EF	PA-46DLX	145
☐ N14EV	PA-46DLX	42
☐ N14FJ	Cessna 441	441-0118
☐ N14GV	Piper PA-46T	4697092
☐ N14HG	Beech B200	BB-1071
☐ N14NE	Piper PA-31T	1104012
☐ N14NG	Beech B200	BB-1276
☐ N14NM	Beech E90	LW-35
☐ N14NW	Cessna 441	441-0171
☐ N14PX	Piper PA-31T	8104060
☐ N14RD	PC-XII-45	384
☐ N14SB	Beech E90	LW-214
☐ N14V	Beech B90	LJ-411
☐ N14VL	MU-2B-60	1514SA
☐ N14YS	MU-2B-25	290
☐ N15CT	Beech A90	LJ-192
☐ N15DB	Cessna 441	441-0278
☐ N15EK	PC-XII-45	120
☐ N15ET	MU-2B-60	733SA
☐ N15EW	Beech 350	FL-388
☐ N15KA	Beech 200	BB-457
☐ N15KW	Piper PA-31T	8166014
☐ N15L	Beech A100	B-212
☐ N15NM	TBM-850	458
☐ N15SB	TBM-700C	247
☐ N15SF	Rockwell 690B	11528
☐ N15ST	Cessna 425	425-0140
☐ N15TR	MU-2B-40	446SA
☐ N15WN	Beech E90	LW-78
☐ N15WS	Beech 350	FL-411
☐ N15YS	MU-2B-35	598
☐ N16	Beech C90	LJ-893
☐ N16BM	Beech F90	LA-23
☐ N16CP	PA-46DLX	138
☐ N16GF	Beech B200	BB-1531
☐ N16KM	Beech C90	LJ-961
☐ N16KW	Beech C90B	LJ-1435
☐ N16LH	Beech E90	LW-217
☐ N16NW	Cessna 441	441-0045
☐ N16TC	PA-46DLX	228
☐ N16TM	Beech C90B	LJ-1507
☐ N16VK	PC-XII-47	763
☐ N16WG	Beech F90-1	LA-226
☐ N17	Beech C90	LJ-896
☐ N17CE	Piper PA-31T	7804027
☐ N17CP	Cessna 425	425-0156
☐ N17FS	Beech B200	BB-1159
☐ N17HF	Rockwell 690A	11127
☐ N17HG	MU-2B-60	1510SA
☐ N17HM	Beech 200	BB-94
☐ N17KK	Beech C90B	LJ-1318
☐ N17LH	Piper PA-46T	4697007
☐ N17NM	Beech E90	LW-237
☐ N17PA	P-180 Avanti	1017

Reg	Type	Serial	Reg	Type	Serial	Reg	Type	Serial
☐ N17TU	Piper PA-31T	7520035	☐ N22LP	PC-XII-45	402	☐ N27GH	Beech B200	BB-1260
☐ N17VA	Beech 200	BB-670	☐ N22MY	TBM-850	443	☐ N27HK	Beech B200	BB-1350
☐ N17WC	Beech 350	FL-168	☐ N22MZ	MU-2B-20	158	☐ N27NG	Be1900D	UE-382
☐ N17WT	Beech 90	LJ-86	☐ N22N	Beech E90	LW-48	☐ N27RC	Beech B200	BB-1134
☐ N18AF	Beech B200	BB-1497	☐ N22SY	PA-46DLX	12	☐ N27SE	Beech F90	LA-194
☐ N18AH	Beech A100	B-118	☐ N22TL	Beech E90	LW-334	☐ N27VE	Rockwell 695B	96202
☐ N18BF	MU-2B-20	173	☐ N22UP	Piper PA-42	8001079	☐ N28BG	Piper PA-31T	7720005
☐ N18CM	Beech F90-1	LA-219	☐ N22WF	Piper PA-31T	7920007	☐ N28C	Beech A100	B-216
☐ N18KA	Beech 200	BB-360	☐ N22XY	MU-2B-35	599	☐ N28CA	Piper PA-31T	7920042
☐ N18KK	Rockwell 681B	6055	☐ N22YC	Piper PA-31T	8166020	☐ N28CG	Do328	3024
☐ N18KW	Piper PA-31T	8120059	☐ N23EW	Beech E90	LW-168	☐ N28DA	Piper PA-42	8001078
☐ N18SF	Beech F90-1	LA-236	☐ N23MY	TBM-850	483	☐ N28EL	Beech 300LW	FA-144
☐ N18SR	TBM-700B	161	☐ N23NW	Cessna 441	441-0066	☐ N28GC	Beech 300LW	FA-172
☐ N18ZX	Piper PA-31T	7820014	☐ N23RF	P-180 Avanti	1080	☐ N28HF	Beech U-21A	LM-82
☐ N19	Beech C90	LJ-909	☐ N23ST	Beech 200	BB-375	☐ N28J	Beech 200	BB-348
☐ N19BX	Gulfstream 1	153	☐ N23TC	Beech 200	BB-453	☐ N28JK	PA-46DLX	135
☐ N19CX	Piper PA-46T	4697077	☐ N23W	Beech E90	LW-230	☐ N28KP	Beech C90	LJ-845
☐ N19FF	Gulfstream 1	20	☐ N23WJ	Beech B200	BB-1297	☐ N28M	Beech E90	LW-147
☐ N19GA	MU-2B-40	454SA	☐ N23WP	Piper PA-31T	8020004	☐ N28MS	Beech E90	LW-100
☐ N19GR	Beech 350	FL-414	☐ N23WS	Beech B200	BB-1143	☐ N28NK	Piper PA-46T	4697191
☐ N19LW	Beech C90	LJ-991	☐ N24BL	Beech 300LW	FA-153	☐ N28PH	Beech 350	FL-248
☐ N19MC	Beech 300LW	FA-167	☐ N24CC	Rockwell 690A	11201	☐ N28RQ	Epic Escape	1
☐ N19MU	Rockwell 681B	6051	☐ N24DD	Piper PA-31T	7920074	☐ N28TC	Rockwell 690B	11449
☐ N19RK	Beech F90	LA-12	☐ N24DS	Beech C90B	LJ-1616	☐ N28VM	Beech B200	BB-1772
☐ N19TZ	Gulfstream 1	40	☐ N24EM	Beech B100	BE-6	☐ N28VU	Beech 200	BB-743
☐ N19UM	Beech C90	LJ-524	☐ N24GJ	Beech C90	LJ-769	☐ N28WN	Piper PA-31T	8166026
☐ N19WM	Piper PA-46T	4697404	☐ N24GN	Beech B200	BB-953	☐ N29BY	PC-XII-47E	1041
☐ N20	Beech C90	LJ-912	☐ N24GT	Rockwell 690A	11254	☐ N29GA	Rockwell 690D	15025
☐ N20AE	Beech 200	BB-827	☐ N24HD	Beech B200GTBY-18		☐ N29GD	Rockwell 690D	15035
☐ N20BL	Beech A90	LJ-163	☐ N24PE	MU-2B-26A	369SA	☐ N29HF	Beech 200	BB-685
☐ N20BM	Rockwell 680V	1698-75	☐ N24PT	Cessna 441	441-0015	☐ N29JS	P-180 Avanti	1046
☐ N20DH	Beech B200	BB-1263	☐ N24SP	Beech 200	BB-3	☐ N29LA	Piper PA-31T	8020076
☐ N20EB	Rockwell 690A	11282	☐ N24TF	Beech C90B	LJ-1340	☐ N29LH	Piper PA-46T	4697414
☐ N20EW	Beech 350	FL-260	☐ N24TW	Cessna 425	425-0132	☐ N29M	Beech E90	LW-88
☐ N20FD	Beech C90B	LJ-1528	☐ N24WC	MU-2B-36A	705SA	☐ N29PE	Beech B200	BB-1913
☐ N20KW	Beech 300	FA-44	☐ N24XJ	P-180 Avanti	1149	☐ N29PR	Rockwell 681	6018
☐ N20LB	Beech B200	BB-1541	☐ N24YC	Beech C90B	LJ-1484	☐ N29TB	Beech C90	LJ-846
☐ N20LH	Beech B200	BB-1996	☐ N25BD	Rockwell 690	11009	☐ N29TF	Piper PA-42	5501003
☐ N20LM	Beech C-12C	BC-67	☐ N25BE	Rockwell 681	6041	☐ N29TV	Beech B200	BB-1138
☐ N20MA	Rockwell 690B	11514	☐ N25CE	Rockwell 690B	11400	☐ N29WD	MU-2B-26A	355SA
☐ N20ME	Rockwell 690B	11440	☐ N25CS	Beech B200	BB-948	☐ N30BG	Rockwell 681B	6059
☐ N20NS	Beech C90GTI	LJ-1920	☐ N25DL	Beech C90	LJ-716	☐ N30CN	Beech C90B	LJ-1415
☐ N20S	Beech E90	LW-267	☐ N25EN	Beech E90	LW-239	☐ N30CV	Beech E90	LW-252
☐ N20TN	Piper PA-31T	7920019	☐ N25EP	PC-XII-45	217	☐ N30CX	Piper PA-46T	4697332
☐ N20UN	Beech F90	LA-21	☐ N25GM	MU-2B-40	412SA	☐ N30DU	Piper PA-31T	7720054
☐ N20WE	Piper PA-31T	8004025	☐ N25HB	Beech C90B	LJ-1453	☐ N30FE	Beech 300LW	FA-148
☐ N20WL	Piper PA-31T	7720011	☐ N25KA	Beech 200	BB-783	☐ N30FL	Beech C90	LJ-741
☐ N20WP	Beech C90	LJ-738	☐ N25MG	Piper PA-31T	7920059	☐ N30GT	Beech F90	LA-37
☐ N20WS	Beech E90	LW-30	☐ N25ND	Piper PA-31T	8020005	☐ N30HV	Beech 300LW	FA-173
☐ N21	Beech C90	LJ-902	☐ N25NX	PC-XII-47E	1125	☐ N30KC	Beech E90	LW-241
☐ N21AG	PA-46DLX	174	☐ N25PF	PA-46DLX	254	☐ N30MA	MU-2B-26A	371SA
☐ N21AU	PC-XII-45	606	☐ N25RZ	Rockwell 690B	11518	☐ N30MC	Beech 350	FL-493
☐ N21CJ	MU-2B-60F	789SA	☐ N25TN	Rockwell 695	95013	☐ N30RR	MU-2B-25	263
☐ N21DE	Beech 200	BB-117	☐ N25WC	Beech B200	BB-1640	☐ N30SE	Beech 200	BB-313
☐ N21DZ	Beech C-12C	BC-32	☐ N26DR	Piper PA-46T	4697358	☐ N30SM	Beech 350	FL-99
☐ N21FG	Beech 200	BB-839	☐ N26E	Beech E90	LW-62	☐ N31A	Beech E90	LW-281
☐ N21HP	MU-2B-26A	357SA	☐ N26JB	Piper PA-31T	8104020	☐ N31CG	Beech B200GTBY-66	
☐ N21JA	MU-2B-35	614	☐ N26KC	Piper PA-46T	4697113B	☐ N31DV	Rockwell 690A	11154
☐ N21NM	Beech E90	LW-336	☐ N26KH	PC-XII-45	592	☐ N31FM	Beech 200	BB-869
☐ N21SP	Beech C90	LJ-630	☐ N26RE	Beech C90	LJ-676	☐ N31HL	Piper PA-31T	8120060
☐ N22BB	Beech A90	LJ-243	☐ N26SL	Piper PA-31T	7920091	☐ N31JN	Beech C90GTI	LJ-1774
☐ N22BD	EMB-120	120143	☐ N26TF	PA-46DLX	23	☐ N31LA	Piper PA-46T	4697357
☐ N22CG	Cessna 441	441-0119	☐ N26TG	PA-46DLX	101	☐ N31MB	Piper PA-31T	8004013
☐ N22CR	Beech C90GTI	LJ-1811	☐ N26TP	Beech C90GTI	LJ-1847	☐ N31PF	Piper PA-31T	8304001
☐ N22CX	PA-46DLX	85	☐ N26VW	PC-XII-45	478	☐ N31SN	Beech B90	LJ-362
☐ N22DT	Piper PA-31T	8020057	☐ N27BF	Piper PA-31T	8104038	☐ N31SV	Beech 200	BB-1514
☐ N22ER	Beech E90	LW-18	☐ N27CS	Beech B100	BE-63	☐ N31TL	Beech F90	LA-133
☐ N22F	Beech B200	BB-1025	☐ N27CV	Beech B200	BB-1161	☐ N31WC	Beech 200	BB-465
☐ N22FS	Beech C90B	LJ-1452	☐ N27DK	Piper PA-46T	4697196	☐ N31WD	Rockwell 690B	11353
☐ N22KL	Beech B200GTBY-26		☐ N27ER	Piper PA-46T	4697368	☐ N31WM	MU-2B	31
☐ N22LD	Piper PA-31T	8020067	☐ N27ET	PC-XII-47E	1091	☐ N31WP	Beech E90	LW-99

Reg	Type	Serial	Reg	Type	Serial	Reg	Type	Serial
☐ N31ZS	Piper PA-31T	7920027	☐ N37RT	PA-46DLX	46	☐ N43TL	Beech B200	BB-1582
☐ N32BA	Beech B90	LJ-475	☐ N37SB	Rockwell 690C	11724	☐ N43VM	Piper PA-46T	4697005
☐ N32CA	Piper PA-46T	4697216	☐ N37SV	TBM-850	441	☐ N43WA	Beech B90	LJ-501
☐ N32CC	Beech C90	LJ-506	☐ N37TD	Beech 350	FL-25	☐ N43WH	Piper PA-31T	8120068
☐ N32CK	Piper PA-46T	4697123B	☐ N37TW	Piper PA-31T	8104006	☐ N43WS	Beech B90	LW-16
☐ N32CM	Beech C90	LJ-881	☐ N37XX	Beech B200	BB-1719	☐ N44AF	MU-2B-60	790SA
☐ N32EC	MU-2B-36A	699SA	☐ N38AF	MU-2B-25	264	☐ N44AX	MU-2B-40	416SA
☐ N32GA	Rockwell 690A	11215	☐ N38BE	MU-2B-20	210	☐ N44CT	Piper PA-31T	7820043
☐ N32JP	Beech C90A	LJ-1172	☐ N38CG	Do328	3034	☐ N44GB	Epic LT	38
☐ N32KE	Piper PA-46T	4697048	☐ N38H	Beech 350	FL-71	☐ N44GK	Beech E90	LW-298
☐ N32KW	Piper PA-31T	7820090	☐ N38HL	Beech C90GTI	LJ-1914	☐ N44GP	Beech C90A	LJ-1208
☐ N32LJ	Beech B200	BB-993	☐ N38JV	Beech B200	BB-1439	☐ N44HP	Beech C90	LJ-702
☐ N32MT	Beech C90A	LJ-1155	☐ N38LM	Rockwell 690B	11424	☐ N44HT	Piper PA-31T	7920061
☐ N32P	Beech U-21A	LM-31	☐ N38RE	Piper PA-31T	8104028	☐ N44KA	Beech B200	BB-1711
☐ N32PH	Rockwell 690C	11691	☐ N38RP	Beech C90	LJ-722	☐ N44KT	Beech 200	BB-154
☐ N32PR	Rockwell 690A	11332	☐ N38RY	Beech 300LW	FA-134	☐ N44KU	MU-2B-35F	647
☐ N32SV	Beech 200	BB-865	☐ N38TJ	Beech 200	BB-501	☐ N44MR	Beech 200C	BL-27
☐ N32TC	Piper PA-46T	4697411	☐ N38TR	Beech C90	LJ-908	☐ N44MV	Beech E90	LW-107
☐ N32WC	Beech B200	BB-1285	☐ N38TW	Piper PA-31T	8104008	☐ N44MX	MU-2B-60	1526SA
☐ N32WK	PC-XII-47E	1046	☐ N38V	Beech RU-21D	LM-105	☐ N44NC	Rockwell 690B	11387
☐ N32WS	Rockwell 690A	11339	☐ N38VT	Piper PA-31T	8020022	☐ N44NL	Beech B200	BB-1492
☐ N32WZ	TBM-850	400	☐ N38VV	Beech B200	BB-1412	☐ N44PA	Beech F90	LA-149
☐ N33DE	Cessna 441	441-0308	☐ N38WA	Rockwell 690A	11169	☐ N44RG	Beech B90	LJ-417
☐ N33EW	MU-2B-60	1519SA	☐ N38WV	Beech B200	BB-1554	☐ N44U	Beech 200T	BT-14
☐ N33FR	Beech E90	LW-299	☐ N38XJ	Beech C90B	LJ-1512	☐ N44UF	Beech 200	BB-36
☐ N33JA	PC-XII-45	261	☐ N39A	Cessna 425	425-0138	☐ N44US	Beech 200	BB-56
☐ N33LA	Beech B200GT	BY-53	☐ N39AS	Rockwell 680W	1721-1	☐ N44VR	MU-2B-40	432SA
☐ N33LV	Beech B200	BB-1777	☐ N39EH	Piper PA-31T	7920020	☐ N45A	Beech C-12C	BC-48
☐ N33MC	Piper PA-31T	8120050	☐ N39FB	Beech C90A	LJ-1165	☐ N45AJ	Beech 350	FL-450
☐ N33MS	Piper PA-31T	8104008	☐ N39GK	P-180 Avanti	1039	☐ N45AZ	Rockwell 690B	11383
☐ N33SB	Beech A90	LJ-252	☐ N39PH	Beech 200C	BL-3	☐ N45E	Beech 200T	BT-13
☐ N33VM	PA-46DLX	139	☐ N39Q	Beech RU-21D	LM-106	☐ N45FF	Piper PA-46T	4697241
☐ N34AL	MU-2B-60	792SA	☐ N39TL	Piper PA-31T	8104012	☐ N45FL	Beech 2000A	NC-45
☐ N34CE	Beech C90	LJ-932	☐ N39U	Beech E90	LW-109	☐ N45LU	Beech B100	BE-8
☐ N34ER	Piper PA-42	5527036	☐ N40AM	MU-2B-40	427SA	☐ N45N	Beech 200T	BT-15
☐ N34HM	Piper PA-31T	7720003	☐ N40BA	Beech B90	LJ-444	☐ N45PM	PC-XII-47E	1058
☐ N34LT	Beech B200	BB-1437	☐ N40DN	TBM-700	153	☐ N45PQ	PC-XII-45	367
☐ N34MF	Beech E90	LW-163	☐ N40GZ	Beech 350	FL-400	☐ N45PR	Beech A90	LJ-145
☐ N34RF	Beech C90B	LJ-1371	☐ N40JJ	MU-2B-26A	383SA	☐ N45RF	Rockwell 695A	96089
☐ N34UP	Beech C-12C	BC-6	☐ N40KC	MU-2B-26	322	☐ N45RL	Beech C90	LJ-565
☐ N35	Beech 200	BB-88	☐ N40MA	Piper PA-46T	4697354	☐ N45SA	Beech C90	LJ-903
☐ N35HD	Beech C90B	LJ-1731	☐ N40MV	Piper PA-42	5527029	☐ N45WF	PA-46DLX	68
☐ N35LW	Beech 300	FA-63	☐ N40R	Beech C-12C	BC-7	☐ N46AE	Beech C90B	LJ-1582
☐ N35PZ	Epic LT	34	☐ N40RA	Beech 200	BB-104	☐ N46AK	MU-2B-60	754SA
☐ N35RR	MU-2B-60	1525SA	☐ N40SM	Rockwell 690B	11559	☐ N46AX	Beech A90	LJ-317
☐ N35TV	Beech C90	LJ-572	☐ N40TE	Beech A90	LJ-281	☐ N46BM	Beech E90	LW-198
☐ N35TY	Cessna 425	425-0088	☐ N40TT	Piper PA-31T	7520023	☐ N46BR	Beech 200	BB-852
☐ N35VP	Beech 350	FL-466	☐ N40WG	Rockwell 690B	11459	☐ N46CE	Beech B200	BB-1349
☐ N35WA	PC-XII-47	770	☐ N40XJ	Beech C90B	LJ-1640	☐ N46DV	PA-46DLX	197
☐ N36AT	MU-2B-40	426SA	☐ N40Y	Beech C-12D	BP-30	☐ N46FD	Piper PA-42	5527027
☐ N36CP	Beech 200	BB-178	☐ N41AK	Beech F90	LA-188	☐ N46HL	Piper PA-42	5527017
☐ N36FR	Cessna 441	441-0362	☐ N41DZ	Beech A90	LJ-269	☐ N46JV	Piper PA-46T	4697109
☐ N36G	MU-2B	35	☐ N41J	Beech U-21A	LM-89	☐ N46JX	Beech F90	LA-171
☐ N36GS	Beech B200	BB-1298	☐ N41R	Beech C-12C	BC-31	☐ N46L	Beech C-12C	BC-22
☐ N36JF	Rockwell 690B	11478	☐ N41T	Rockwell 690	11001	☐ N46ME	Piper PA-46T	4697207
☐ N36JT	Rockwell 695	95024	☐ N41WC	Beech B90	LJ-430	☐ N46MJ	Beech C90GTI	LJ-1860
☐ N36SW	Rockwell 690B	11505	☐ N42ED	Beech 350	FL-302	☐ N46PL	Piper PA-46T	4697054
☐ N36TW	Piper PA-31T	8020075	☐ N42FC	Beech B200	BB-1553	☐ N46PV	Piper PA-46T	4697046
☐ N37AT	PA-46DLX	52	☐ N42KB	Beech 350	FL-226	☐ N46PW	PA-46DLX	170
☐ N37BW	Rockwell 690A	11129	☐ N42LJ	Beech 200	BB-564	☐ N46RP	Beech E90	LW-193
☐ N37CN	Beech C90	LJ-745	☐ N42LW	Beech B200	BB-1688	☐ N46WE	Piper PA-46T	4697405
☐ N37FP	PC-XII-45	273	☐ N42PC	Beech E90	LW-85	☐ N46WH	PA-46DLX	14
☐ N37GP	Beech 90	LJ-15	☐ N42Z	Beech C-12C	BC-28	☐ N46WK	Piper PA-46T	4697090
☐ N37H	Beech U-21A	LM-48	☐ N43BG	Beech 350	FL-117	☐ N46X	Beech C-12C	BC-47
☐ N37HB	Piper PA-31T	7720020	☐ N43CH	PA-46DLX	44	☐ N47CA	Piper PA-31T	7920043
☐ N37HC	Beech E90	LW-108	☐ N43GT	Cessna 441	441-0043	☐ N47DG	Beech B200	BB-1040
☐ N37KW	Piper PA-42	5527039	☐ N43JT	Beech A90	LJ-286	☐ N47EP	Rockwell 690B	11520
☐ N37PC	Beech B100	BE-66	☐ N43MB	Beech B90	LJ-463	☐ N47GW	Piper PA-31T	8104030
☐ N37PJ	Piper PA-31T	7904003	☐ N43MN	Piper PA-46T	4697205	☐ N47JF	Piper PA-31T	8020031
☐ N37PS	Cessna 425	425 0050	☐ N43PC	Beech E90	LW-253	☐ N47JR	Cessna 441	441-0160
☐ N37RR	Rockwell 690B	11552	☐ N43TA	Beech B200	BB-1432	☐ N47NG	PC-XII-47E	1103

Reg	Type	Serial	Reg	Type	Serial	Reg	Type	Serial
N47NX	PC-XII-47E	1116	N52MA	MU-2B-40	419SA	N57PA	Beech B200	BB-1444
N47RM	Beech B200	BB-1820	N52NK	PC-XII-47	737	N57RS	Rockwell 690A	11149
N47SW	Beech C90-1	LJ-1057	N52PF	Piper PA-31T	7904023	N57SC	Beech 350	FL-34
N47TT	Rockwell 690C	11600	N52PY	Rockwell 690A	11196	N57SG	PC-XII-47	881
N47WY	Beech C90GTI	LJ-1903	N52SF	Beech 200	BB-106	N57SL	TBM-700	57
N47ZG	Piper PA-42	5527031	N52SZ	Beech B200	BB-1686	N57TM	Beech F90	LA-34
N48A	Beech C-12C	BC-12	N52TT	Piper PA-31T	7920057	N57TX	Beech 350	FL-225
N48AZ	Beech C90	LJ-859	N52WM	MU-2B-26A	385SA	N57VA	Beech 350	FL-154
N48BA	Rockwell 690C	11665	N53AM	Piper PA-31T	7920037	N58AC	Beech 90	LJ-77
N48BS	Cessna 441	441-0125	N53AR	Beech B200	BB-1629	N58AM	Piper PA-31T	1104005
N48CS	Beech B200	BB-1247	N53CE	Beech E90	LW-160	N58BC	PA-46DLX	58
N48GA	PC-XII-47	780	N53EC	Beech C90	LJ-552	N58BT	Piper PA-46T	4697289
N48NP	MU-2B-40	447SA	N53GA	Beech B200	BB-1201	N58CA	MU-2B-20	170
N48PA	Beech B200	BB-996	N53KA	Beech B200	BB-880	N58ES	Beech 300	FA-17
N48PG	PC-XII-45	191	N53KB	Piper PA-46T	4697231	N58GA	Beech B200	BB-1003
N48RA	Piper PA-42	7801004	N53PK	Piper PA-46T	4697093	N58HP	TBM-700	170
N48TA	Beech E90	LW-283	N53SP	Beech 200	BB-576	N58KA	Beech 90	LJ-58
N48W	Beech E90	LW-254	N53TA	Piper PA-31T	7820083	N58NH	Kodiak 100	100-0011
N48XP	Beech 90	LJ-109	N53TD	Beech B100	BE-53	N58PL	Piper PA-31T	8166024
N49AC	Piper PA-31T	8004021	N53TJ	Beech C90A	LJ-1209	N58VS	PC-XII-45	341
N49B	Piper PA-31T	8120055	N53TM	Beech 350	FL-165	N58WS	PC-XII-47E	1096
N49CH	Beech F90	LA-2	N53VW	Epic LT	21	N59EK	Beech F90	LA-58
N49CL	Beech 350	FL-268	N54AM	Beech C90B	LJ-1506	N59KA	Beech C90	LJ-589
N49E	Beech B100	BE-47	N54CK	MU-2B-20	135	N59KS	MU-2B-36	664
N49FR	Beech C90GTI	LJ-1929	N54EC	Beech C90	LJ-526	N59MS	Beech C90B	LJ-1405
N49GM	Cessna 425	425-0165	N54GA	Rockwell 695A	96066	N59RT	Cessna 441	441-0111
N49GN	Beech B90	LJ-381	N54PC	MU-2B-26	319	N59RW	MU-2B-25	267
N49HF	PA-46DLX	25	N54PE	MU-2B-60	1566SA	N59WF	Piper PA-46T	4697042
N49JG	Beech B200	BB-884	N54PT	Beech E90	LW-331	N60AR	Beech B200	BB-1743
N49K	Beech C-12C	BD-26	N54TK	Beech 200	BB-686	N60BA	Beech E90	LW-79
N49KC	Beech 200	BB-318	N54US	Beech B100	BE-122	N60BM	Rockwell 690A	11172
N49LG	Piper PA-46T	4697212	N54WT	PA-46DLX	123	N60BY	Beech B200GTBY-60	
N49LM	PC-XII-45	163	N54WW	Beech A90	LJ-209	N60C	Beech U-21A	LM-11
N49NM	Piper PA-31T	7520006	N54YC	Beech 300LW	FA-212	N60CM	Beech 350	FL-139
N49PH	Beech F90	LA-33	N55AC	Cessna 425	425-0020	N60DB	Rockwell 690B	11420
N49PK	PA-46DLX	131	N55BK	PC-XII-45	160	N60DL	Beech 350	FL-446
N49PW	PA-46DLX	19	N55FY	Beech A90	LJ-194	N60FL	MU-2B-60F	1512SA
N49R	Beech C-12C	BD-2	N55GD	Piper PA-31T	7820003	N60JW	Piper PA-31T	8004031
N49SK	Beech B200	BB-1090	N55HC	Beech E90	LW-134	N60KC	MU-2B-60	781SA
N49WC	Beech 350	FL-144	N55JP	Piper PA-31T	8004048	N60KV	Piper PA-31T	7904032
N50AF	MU-2B-25	286	N55KW	Piper PA-31T	8120007	N60KW	Beech C90	LJ-800
N50AJ	Beech 200	BB-434	N55MG	Beech B90	LJ-391	N60MH	Beech E90	LW-290
N50AW	Beech F90	LA-142	N55MN	Beech C90	LJ-974	N60PD	Beech 200	BB-58
N50DX	Rockwell 690A	11227	N55MP	Beech B200	BB-1679	N60SM	Beech 200	BB-50
N50EB	Beech E90	LW-128	N55PC	Beech B200	BB-1170	N60TJ	Beech B100	BE-21
N50ET	MU-2B-25	260	N55PY	Kodiak 100	100-0006	N60VP	Beech C90B	LJ-1516
N50K	MU-2B-25	305	N55R	Piper PA-31T	7620055	N60WC	Beech 350	FL-96
N50KG	Beech B200	BB-1066	N55SR	Beech 200	BB-445	N60YP	Beech 350	FL-620
N50MF	Cessna 441	441-0262	N55WF	Beech C90A	LJ-1114	N61AP	Beech B200	BB-1192
N50NA	Beech B200	BB-1504	N55WH	PA-46DLX	235	N61BA	MU-2B-36AF	729SA
N50PD	Beech C90B	LJ-1704	N55WJ	Rockwell 690B	11427	N61GJ	MU-2B-40	398SA
N50ST	TBM-700	20	N55ZG	Piper PA-46T	4697082	N61GN	Beech C90B	LJ-1421
N50VP	Beech C90A	LJ-1185	N56AY	Beech B200	BB-1511	N61GT	P-180 Avanti	1051
N50WG	P-180 Avanti	1050	N56CC	Beech 200	BB-189	N61JB	MU-2B-40	417SA
N51DJ	PC-XII-47	886	N56CD	Beech 200	BB-64	N61KA	Beech 300LW	FA-200
N51DM	Rockwell 695A	96014	N56EZ	PC-XII-45	488	N61Q	Beech U-21A	LM-92
N51DN	Beech E90	LW-7	N56HT	Beech E90	LW-215	N61XP	Beech B200	BB-1550
N51EE	Beech 200	BB-674	N56KA	Beech 200	BB-763	N62AZ	Beech 350	FL-453
N51JK	Piper PA-31T	8120025	N56RJ	PC-XII-47	758	N62CA	PA-46DLX	242
N51KC	Piper PA-42	8001001	N56RT	Beech 200	BB-817	N62CN	MU-2B-40	436SA
N51LG	TBM-850	423	N56WF	TBM-700	8	N62DL	Beech 200	BB-208
N51RM	Piper PA-31T	8004054	N57AG	Beech B90	LJ-343	N62E	Piper PA-31T	8020074
N51WF	Rockwell 690C	11684	N57EG	Rockwell 690A	11178	N62FB	Beech B200	BB-1482
N52BG	Beech C90B	LJ-1732	N57EM	Beech A90	LJ-295	N62GA	PC-XII-45	259
N52CD	MU-2B-20	174	N57FT	Beech 200	BB-136	N62GT	Beech B200GTBY-62	
N52EL	Beech A90	LJ-204	N57GA	Beech 200	BB-477	N62LM	TBM-700	67
N52GP	Beech 200	BB-766	N57HQ	TBM-700	90	N62LT	Piper PA-46T	4697027
N52GT	Beech B200	BB-1251	N57KC	Piper PA-31T	8166076	N62V	Beech U-21A	LM-74
N52HL	Piper PA-31T	8004023	N57KE	Beech 350	FL-61	N62WC	Beech B200	BB-1326
N52KA	Beech E90	LW-42	N57LT	PC-XII-45	474	N63BV	Beech E90	LW-256
N52LP	Beech 300	FA-8	N57MA	Beech B90	LJ-414	N63CA	Piper PA-31T	7820033

Reg	Type	Serial	Reg	Type	Serial	Reg	Type	Serial
☐N63CM	Piper PA-31T	8020039	☐N68AJ	Beech C90A	LJ-1071	☐N73EF	Rockwell 690C	11617
☐N63CS	Piper PA-46T	4697211	☐N68BJ	Piper PA-31T	7920029	☐N73MA	MU-2B-40	414SA
☐N63DL	TBM-850	409	☐N68CD	Beech B90	LJ-366	☐N73MC	Beech C90	LJ-600
☐N63DU	Rockwell 690C	11601	☐N68CL	MU-2B-40	448SA	☐N73MH	Beech C90	LJ-570
☐N63LB	Beech B200	BB-1894	☐N68CP	PA-46DLX	94	☐N73PG	Beech C90B	LJ-1607
☐N63PW	PA-46DLX	27	☐N68DA	Beech B100	BE-14	☐N73PH	Beech C90	LJ-875
☐N63SE	Piper PA-46T	4697333	☐N68DK	Beech F90	LA-56	☐N73WC	Beech 350	FL-135
☐N63SK	Beech 200	BB-747	☐N68FA	Beech B200	BB-1088	☐N73YP	Piper PA-46T	4697080
☐N63TP	TBM-700	128	☐N68FB	Beech B200	BB-1710	☐N74	Beech 300	FF-9
☐N64C	Beech U-21A	LM-32	☐N68HS	Cessna 441	441-0331	☐N74AW	Beech B200	BB-1233
☐N64DC	Beech 200	BB-492	☐N68MN	Beech B200	BB-1704	☐N74AX	PC-XII	149
☐N64FB	Beech 350	FL-308	☐N68MU	Beech B100	BE-37	☐N74B	Beech C90GT	LJ-1766
☐N64GT	Beech C90GT	LJ-1765	☐N68MY	Beech B200	BB-1142	☐N74BY	Cessna 441	441-0039
☐N64KA	Beech C90	LJ-606	☐N68PK	PC-XII-45	265	☐N74EF	Rockwell 690C	11614
☐N64LG	MU-2B-25	240	☐N68RF	Beech B300CER	FM-21	☐N74GB	Rockwell 690A	11206
☐N64MD	MU-2B-60	1561SA	☐N68VH	Rockwell 681	6007	☐N74GL	Cessna 441	441-0203
☐N64PS	Rockwell 690C	11702	☐N69	Beech 300	FF-4	☐N74GS	Beech B200	BB-1135
☐N64TR	Beech 350	FL-544	☐N69AD	Beech F90	LA-143	☐N74JV	Beech 100	B-74
☐N65AF	PC-XII-45	565	☐N69DN	PA-46DLX	140	☐N74KS	Beech 350	FL-299
☐N65CL	Beech C90B	LJ-1306	☐N69FG	PC-XII-45	225	☐N74MA	TBM-850	385
☐N65EB	Beech 200	BB-325	☐N69GA	Rockwell 695A	96071	☐N74ML	Beech B200	BB-1123
☐N65GP	Beech B200	BB-1869	☐N69GT	Beech C90GTI	LJ-1950	☐N74RF	Cessna 425	425-0153
☐N65KA	Beech C90	LJ-611	☐N69PC	Piper PA-42	8001023	☐N74RG	Beech B200	BB-1651
☐N65L	Beech U-21A	LM-73	☐N70	Beech 300	FF-5	☐N74RR	Beech 350	FL-104
☐N65LA	Rockwell 695A	96080	☐N70AJ	Beech 200	BB-206	☐N74TF	Beech 350	FL-370
☐N65MS	Beech E90	LW-202	☐N70CU	Beech 200	BB-888	☐N74TW	Piper PA-31T	7920067
☐N65MT	Beech F90	LA-38	☐N70DL	PA-46DLX	8	☐N75	Beech 300	FF-10
☐N65MV	Beech C90GTI	LJ-1870	☐N70EU	Beech 350	FL-700	☐N75AH	Beech 300LW	FA-156
☐N65RT	Beech 200	BB-97	☐N70FE	Beech C90	LJ-750	☐N75AP	Beech B100	BE-57
☐N65SJ	Beech 350	FL-636	☐N70GW	Piper PA-31T	8104004	☐N75AW	Piper PA-42	8001046
☐N65TA	Beech C90	LJ-538	☐N70JL	Beech 100	B-87	☐N75CY	AP.68TP-300	8001
☐N65TB	PC-XII-45	263	☐N70KC	MU-2B-60	775SA	☐N75FL	Piper PA-42	8301002
☐N65TW	Beech B200	BB-902	☐N70LG	Beech B200C	BL-67	☐N75G	Beech U-21A	LM-83
☐N65U	Beech U-21A	LM-87	☐N70LT	TBM-700B	151	☐N75HW	Cessna 425	425-0232
☐N65V	Beech U-21A	LM-113	☐N70MD	Rockwell 690A	11210	☐N75JP	Beech E90	LW-158
☐N65W	PC-XII-47E	1085	☐N70MN	Beech B200	BB-1447	☐N75LA	Beech 100	B-75
☐N66	Beech 300	FF-1	☐N70PH	TBM-700	172	☐N75LS	Piper PA-42	5501017
☐N66AD	Beech B90	LJ-380	☐N70RD	Beech 200	BB-426	☐N75LV	Beech B200	BB-1075
☐N66BS	Beech F90	LA-40	☐N70TJ	Piper PA-31T	7904019	☐N75LW	Beech E90	LW-75
☐N66CY	MU-2B-35	562	☐N70TW	Piper PA-31T	7904043	☐N75ME	Beech 300	FA-57
☐N66FF	MU-2B-40F	430SA	☐N70U	Beech U-21A	LM-51	☐N75N	Beech U-21A	LM-57
☐N66GA	Merlin IVC	AT-427	☐N70VM	Beech A90	LJ-300	☐N75PG	Beech C90B	LJ-1390
☐N66GS	Beech A90	LJ-237	☐N70VR	Beech C90B	LJ-1651	☐N75PX	Beech 350	FL-431
☐N66GW	Rockwell 690A	11174	☐N71	Beech 300	FF-6	☐N75RS	Beech C90	LJ-533
☐N66KA	Beech C90	LJ-582	☐N71DH	PA-46DLX	119	☐N75SR	Beech B200	BB-1506
☐N66MB	Epic LT	24	☐N71DP	MU-2B-60	1502SA	☐N75TF	Piper PA-31T	7820075
☐N66RE	Beech A90	LJ-307	☐N71EE	TBM-700C2	343	☐N75TW	Piper PA-31T	8004016
☐N66TG	Beech 300LW	FA-155	☐N71EN	Beech C90	LJ-632	☐N75U	Rockwell 690A	11218
☐N66TJ	Beech 200	BB-42	☐N71HE	Cessna 425	425-0085	☐N75V	Beech RU-21D	LM-103
☐N66TL	Beech C90	LJ-636	☐N71KA	Beech C90	LJ-578	☐N75WA	Piper PA-31T	8104101
☐N66TN	Beech C90B	LJ-1720	☐N71MR	Rockwell 695A	96054	☐N75WH	PC-XII-47E	1031
☐N66TW	Piper PA-31T	8004030	☐N71PW	PC-XII-47E	1014	☐N75WZ	Beech 350	FL-228
☐N66W	Beech U-21A	LM-68	☐N71RG	Beech 200	BB-443	☐N75Z	Beech U-21A	LM-61
☐N67	Beech 300	FF-2	☐N71SE	Piper PA-46T	4697327	☐N76	Beech 300	FF-11
☐N67B	Beech EU-21A	LM-59	☐N71TP	PC-XII-45	371	☐N76EC	Rockwell 690A	11208
☐N67BA	Cessna 425	425-0007	☐N71VE	Rockwell 690	11043	☐N76MG	Piper PA-46T	4697056
☐N67BW	Piper PA-46T	4697011	☐N71VT	Beech 200	BB-709	☐N76PM	Beech 350	FL-200
☐N67CG	Rockwell 690B	11540	☐N71WB	Beech E90	LW-127	☐N76Q	Beech U-21A	LM-15
☐N67CL	Beech C90A	LJ-1154	☐N72	Beech 300	FF-7	☐N76SJ	Cessna 425	425-0204
☐N67CQ	Beech C90B	LJ-1619	☐N72GL	Beech C90A	LJ-1261	☐N76WA	Rockwell 690A	11342
☐N67DW	Piper PA-31T	7620012	☐N72J	Beech U-21A	LM-72	☐N77	Beech 300	FF-12
☐N67FE	Rockwell 690C	11729	☐N72L	Beech U-21A	LM-19	☐N77BK	PA-46DLX	77
☐N67JE	Cessna 425	425-0358	☐N72MM	Beech 200	BB-497	☐N77CA	Beech 200	BB-717
☐N67K	Beech U-21A	LM-24	☐N72RE	Beech 350	FL-344	☐N77CE	Beech E90	LW-257
☐N67PS	Beech E90	LW-112	☐N72RL	Beech 200	BB-509	☐N77CV	Beech B200	BB-1625
☐N67PT	Epic LT	16	☐N72SR	TBM-850	493	☐N77HD	Beech B200	BB-1397
☐N67TG	PA-46DLX	45	☐N72TG	Beech C90A	LJ-1252	☐N77HE	Beech C90	LJ-969
☐N67V	Beech E90	LW-306	☐N72VG	PA-46DLX	129	☐N77HS	Rockwell 690D	15041
☐N67VK	PA-46DLX	116	☐N73	Beech 300	FF-8	☐N77JX	Beech E90	LW-54
☐N67X	Beech EU-21A	LM-14	☐N73BG	Piper PA-31T	8004027	☐N77ML	Cessna 441	441-0202
☐N68	Beech 300	FF-3	☐N73DW	Cessna 425	425-0089	☐N77NB	Beech C90	LJ-818

Registration	Type	Serial	Registration	Type	Serial	Registration	Type	Serial
☐N77NL	Piper PA-31T	7720038	☐N82WC	MU-2B-26A	393SA	☐N88GL	Beech C90	LJ-945
☐N77PF	Beech 100	B-70	☐N82WU	Beech 350	FL-197	☐N88GW	Cessna 441	441-0187
☐N77PV	Beech F90	LA-68	☐N82XL	Piper PA-31T	8166034	☐N88HM	Beech C90	LJ-502
☐N77R	Cessna 441	441-0288	☐N83	Beech 300	FF-18	☐N88JH	Beech B200	BB-1331
☐N77SD	PC-XII-47E	1001	☐N83A	Cessna 441	441-0050	☐N88KE	Beech B200	BB-1313
☐N77SS	Beech A90	LJ-230	☐N83AJ	PC-XII-45	495	☐N88MT	Beech 200	BB-830
☐N77WF	Beech E90	LW-4	☐N83CA	Piper PA-31T	8020072	☐N88PD	Beech C90A	LJ-1242
☐N77WM	Beech C90A	LJ-1133	☐N83CH	Cessna 425	425-0025	☐N88QM	Piper PA-31T	8104025
☐N77WW	Beech F90-1	LA-235	☐N83FE	Beech E90	LW-29	☐N88QT	Cessna 441	441-0228
☐N77XW	Beech B200	BB-1602	☐N83FT	Beech B200	BB-1621	☐N88RP	Beech B90	LJ-491
☐N77YP	Cessna 425	425-0111	☐N83GA	Beech 200	BB-518	☐N88RY	Beech 300LW	FA-122
☐N77ZA	PC-XII-45	300	☐N83JR	PC-XII-47E	1112	☐N88SP	Beech A90	LJ-116A
☐N78	Beech 300	FF-13	☐N83KA	Beech B200	BB-1111	☐N88TL	Beech B100	BE-113
☐N78BA	Beech C90B	LJ-1529	☐N83KB	Beech 350	FL-616	☐N88U	TBM-700	135
☐N78CC	Piper PA-46T	4697163	☐N83KE	Beech 350	FL-436	☐N88VN	Beech B200	BB-1250
☐N78CH	Rockwell 681	6038	☐N83MG	Piper PA-31T	8104047	☐N88XJ	Beech C90A	LJ-1525
☐N78CT	Beech 200	BB-761	☐N83P	Beech C90-1	LJ-1027	☐N89CA	Beech F90	LA-152
☐N78D	Beech U-21A	LM-78	☐N83TC	Beech B90	LJ-483	☐N89CL	Epic LT	3
☐N78DA	Beech B100	BE-11	☐N83WA	Rockwell 695A	96063	☐N89CU	Rockwell 690B	11355
☐N78FB	Beech F90-1	LA-231	☐N83WE	Beech E90	LW-289	☐N89DR	MU-2B-36A	713SA
☐N78NA	Rockwell 690B	11401	☐N83XL	Piper PA-31T	8166075	☐N89F	Beech U-21D	LM-124
☐N78PG	PC-XII-45	370	☐N84	Beech 300	FF-19	☐N89JA	Piper PA-31T	7920030
☐N78PK	MU-2B-60	1522SA	☐N84CA	Beech 200	BB-166	☐N89N	Beech U-21A	LM-34
☐N78TT	Rockwell 690B	11509	☐N84CF	Piper PA-31T	8304003	☐N89SC	MU-2B-60	1516SA
☐N78WD	MU-2B-26A	368SA	☐N84CQ	Beech 200	BB-691	☐N89ST	Piper PA-46T	4697008
☐N79	Beech 300	FF-14	☐N84G	Beech U-21A	LM-33	☐N89TM	Beech C90	LJ-610
☐N79BE	Rockwell 690B	11408	☐N84GU	Rockwell 690B	11522	☐N89UA	Beech B200	BB-1336
☐N79CF	Beech 200	BB-441	☐N84HS	TBM-700	50	☐N89WA	Beech B200	BB-1540
☐N79CT	Beech E90	LW-303	☐N84JL	Beech F90	LA-18	☐N89WC	Beech 350	FL-72
☐N79EC	Beech F90	LA-74	☐N84LJ	Cessna 441	441-0084	☐N90AT	Rockwell 690A	11272
☐N79PE	Beech C90B	LJ-1724	☐N84P	Beech C90-1	LJ-1045	☐N90AW	Beech C90	LJ-697
☐N79PH	Rockwell 695A	96029	☐N84PC	Beech 200	BB-860	☐N90BD	Beech F90	LA-134
☐N79RR	Beech 200	BB-356	☐N84PN	Beech 200	BB-835	☐N90BF	Beech E90	LW-124
☐N79TE	Beech 300	FA-67	☐N84TP	Beech C90	LJ-911	☐N90BU	Beech B90	LJ-425
☐N79W	Beech U-21A	LM-77	☐N84XP	Beech 200	BB-481	☐N90CH	Beech C90B	LJ-1445
☐N79Z	Beech U-21A	LM-22	☐N85DR	Beech C90	LJ-767	☐N90CN	Beech C90B	LJ-1410
☐N80	Beech 300	FF-15	☐N85FC	Beech 200	BB-785	☐N90CT	Beech C90	LJ-645
☐N80BC	Beech B200	BB-1571	☐N85GC	Piper PA-31T	8120009	☐N90D	Beech RU-21H	LU-10
☐N80BT	Beech E90	LW-148	☐N85GW	Beech C90	LJ-712	☐N90DE	P-180 Avanti	1167
☐N80BZ	Beech 300LW	FA-117	☐N85JE	TBM-850	469	☐N90DN	Beech B90	LJ-437
☐N80CP	Piper PA-31T	7920040	☐N85KG	Piper PA-31T	1104017	☐N90EJ	Beech C90	LJ-749
☐N80DG	Beech A90	LJ-131	☐N85LG	Beech C90B	LJ-1487	☐N90EL	Beech C90	LJ-592
☐N80HH	MU-2B-60	732SA	☐N85PH	Beech C90A	LJ-1157	☐N90FS	Piper PA-31T	8020011
☐N80M	Beech F90	LA-150	☐N85PJ	Beech F90	LA-163	☐N90GA	Beech B200	BB-1359
☐N80MA	Piper PA-31T	7720043	☐N85RT	PA-46DLX	9	☐N90GN	Beech A90	LJ-157
☐N80PM	Cessna 425	425-0181	☐N85SL	Piper PA-42	5527005	☐N90HK	Beech F90	LA-176
☐N80R	Beech U-21A	LM-21	☐N85TB	Beech C90	LJ-833	☐N90KC	Beech 200	BB-205
☐N80RT	Beech 200	BB-370	☐N85TK	Piper PA-46T	4697128	☐N90KH	Beech C90	LJ-542
☐N80TC	P-180 Avanti	1155	☐N85Z	Beech U-21A	LM-9	☐N90KS	Beech C90A	LJ-1517
☐N80WM	Beech 200	BB-863	☐N85ZG	TBM-850	480	☐N90LB	Beech C90	LJ-573
☐N80Y	Beech U-21A	LM-79	☐N86GA	Beech 350	FL-100	☐N90LF	Beech C90	LJ-852
☐N81	Beech 300	FF-16	☐N86LD	Beech C90B	LJ-1631	☐N90ME	Beech C90	LJ-661
☐N81BL	Piper PA-46T	4697160	☐N86RL	PA-46DLX	153	☐N90MU	Beech C90	LJ-679
☐N81DC	Beech B200	BB-1361	☐N86TR	Beech B100	BE-22	☐N90MV	Beech C90	LJ-701
☐N81GC	Beech F90	LA-73	☐N87CE	Beech 350	FL-231	☐N90NA	Beech F90	LA-104
☐N81HP	Beech E90	LW-72	☐N87CF	Beech B200	BB-1122	☐N90NM	Beech B90	LJ-404
☐N81MF	MU-2B-26A	375SA	☐N87CH	Beech E90	LW-20	☐N90PB	Beech 200	BB-125
☐N81MV	Beech C90GTI	LJ-1899	☐N87E	Beech U-21A	LM-5	☐N90PH	Beech E90	LW-60
☐N81NA	Cessna 90	LJ-993	☐N87FB	Beech B200	BB-1576	☐N90PR	Beech C90B	LJ-1437
☐N81PA	Beech 350	FL-250	☐N87HB	Beech C90A	LJ-1251	☐N90RK	Beech C90B	LJ-1554
☐N81PN	Cessna 441	441-0037	☐N87MM	Beech B90	LJ-415	☐N90RT	Beech F90	LA-146
☐N81RZ	Beech 200	BB-739	☐N87NF	PA-46DLX	5	☐N90SB	Beech F90	LA-154
☐N81TF	Beech 200	BB-750	☐N87NW	Beech B100	BE-42	☐N90SD	Beech C90A	LJ-1548
☐N81TL	Beech B200	BB-959	☐N87Q	Beech U-21A	LM-60	☐N90SE	PA-46DLX	166
☐N81WE	Piper PA-31T	7920060	☐N87SA	Beech B200	BB-1089	☐N90TD	Beech F90	LA-183
☐N82EU	Beech B200GT	BY-82	☐N87WS	Cessna 441	441-0009	☐N90TP	Beech F90	LA-66
☐N82HR	PC-XII-45	408	☐N87WZ	Rockwell 690B	11611	☐N90TW	Piper PA-42	5501013
☐N82LP	Beech 300	FA-72	☐N88B	Piper PA-31T	8166023	☐N90U	PA-46DLX	28
☐N82PG	Piper PA-42	8001070	☐N88BC	Piper PA-31T	7920032	☐N90VC	Beech F90	LA-83
☐N82PK	Beech B200	BB-1596	☐N88BJ	Rockwell 690C	11627	☐N90VM	Piper PA-31T	8104031
☐N82TW	Piper PA-31T	8004034	☐N88FA	Beech B100	BE-74	☐N90VP	Beech A90	LJ-276

Registration	Type	Serial
N90WE	Beech 300LW	FA-164
N90WG	Piper PA-31T	7920044
N90WJ	Beech C90	LJ-525
N90WL	Beech B90	LJ-461
N90WT	Beech E90	LW-31
N90XS	Beech E90	LW-342
N90YA	Cessna 425	425-0090
N90ZH	Beech C90	LJ-594
N90ZZ	Piper PA-46T	4697223
N91CT	Beech C90A	LJ-1521
N91HT	Beech B200	BB-1183
N91KA	Beech C90A	LJ-1232
N91KM	Piper PA-46T	4697120B
N91MF	Beech 200	BB-657
N91MM	MU-2B-20	198
N91PD	Beech C90GT	LJ-1806
N91RK	Beech A100	B-226
N91S	Beech RU-21H	LU-15
N91TJ	Beech C90	LJ-744
N91TS	Piper PA-31T	8020050
N92AG	PC-XII-45	257
N92B	Beech RU-21H	LM-132
N92CA	PC-XII-47	753
N92DV	Beech E90	LW-292
N92DZ	PC-XII-47E	1087
N92FC	Beech C90A	LJ-1235
N92J	Beech RU-21H	LU-12
N92JQ	Cessna 441	441-0223
N92JR	Beech 200	BB-751
N92S	Beech RU-21H	LU-5
N92TC	MU-2B-20	209
N92TH	Beech 350	FL-509
N92TX	Beech 300LW	FA-121
N92WC	Beech B200	BB-1330
N92WG	Beech A90	LJ-182
N93A	Beech E90	LW-63
N93AH	MU-2B-35	581
N93BN	TBM-700	74
N93CN	Piper PA-31T	8004029
N93D	Beech B100	BE-23
N93GA	Beech 300	FA-93
N93HC	Cessna 441	441-0011
N93J	Beech RU-21H	LM-128
N93KA	Beech F90	LA-24
N93LL	Piper PA-46T	4697045
N93LP	Beech C90	LJ-901
N93ME	Rockwell 690B	11414
N93NP	Beech B200	BB-1184
N93RR	Beech B200	BB-1853
N93SF	Beech B100	BE-13
N93SH	Piper PA-31T	7904029
N93V	Beech RU-21H	LU-3
N93WT	Beech B100	BE-80
N94AC	Rockwell 690B	11486
N94CD	Beech C90	LJ-939
N94CK	Beech B200GT	BY-30
N94EA	Rockwell 695A	96094
N94EG	Piper PA-31T	8104033
N94EW	Piper PA-42	8001054
N94FE	PC-XII	150
N94FG	Beech 200	BB-433
N94HB	Beech C90	LJ-904
N94JD	Beech F90	LA-139
N94KC	Beech 200	BB-172
N94KM	PA-46DLX	47
N94MG	Beech C90A	LJ-1229
N94N	Beech U-21H	LU-4
N94PA	Rockwell 695A	96005
N94PG	Beech F90-1	LA-205
N94S	Beech RU-21H	LM-133
N94TK	Beech C90B	LJ-1358
N95AB	Rockwell 695A	96012
N95CT	Beech B200	BB-1235
N95GA	Beech B200	BB-1467
N95JM	Rockwell 690A	11289
N95KH	PC-XII-47E	1171
N95KW	Piper PA-46T	4697301
N95LB	Beech E90	LW-24
N95LF	Rockwell 690A	11290
N95LM	Beech B200	BB-1956
N95NW	PC-XII	105
N95PC	Beech C90A	LJ-1109
N95S	Beech RU-21H	LM-125
N95SA	Piper PA-42	5501040
N95TT	Beech B200	BB-917
N95UT	Beech B200	BB-1759
N95VR	Piper PA-42	8001049
N96AG	Beech A90	LJ-260
N96AH	Beech C90	LJ-643
N96AM	Beech B200	BB-1713
N96CE	Beech B200	BB-1536
N96DQ	Beech C90	LJ-814
N96FA	Beech C90A	LJ-1111
N96HK	Epic LT	227
N96JF	Beech C90B	LJ-1429
N96KA	Beech 350	FL-36
N96LF	Rockwell 690A	11336
N96MA	Piper PA-31T	7804005
N96MV	PC-XII-47	793
N96S	Beech RU-21H	LU-13
N96TH	Beech C90B	LJ-1382
N96TT	Beech F90	LA-26
N96WC	Beech B200	BB-969
N96Y	Beech RU-21H	LU-8
N97AA	PA-46DLX	203
N97CX	PA-46DLX	26
N97D	Beech U-21G	LM-137
N97DA	Beech C90B	LJ-1755
N97EB	Beech 300	FA-97
N97KA	Beech C90B	LJ-1469
N97LL	Piper PA-46T	4697058
N97PC	Piper PA-31T	8020034
N97SZ	Beech B200	BB-1166
N97T	Beech U-21H	LM-127
N97TW	Piper PA-31T	7920051
N97UT	Beech B200	BB-1897
N97WC	Beech B200	BB-1382
N97WD	Beech B100	BE-97
N97WE	Beech B200	BB-1586
N97WT	Rockwell 690C	11709
N98AG	AP.68TP-300	8011
N98AJ	Rockwell 690B	11458
N98AR	Beech C90	LJ-829
N98AT	Piper PA-31T	7620014
N98B	Beech 90	LJ-87
N98BK	Beech C90A	LJ-1522
N98EP	Cessna 425	425-0230
N98HB	Beech A90	LJ-285
N98HF	Beech E90	LW-89
N98KS	Beech C90B	LJ-1502
N98NF	TBM-700	133
N98PJ	Rockwell 690A	11320
N98PM	Beech E90	LW-131
N98TA	Beech B100	BE-56
N98TB	Piper PA-31T	7820040
N98TG	Piper PA-31T	7904027
N98WP	Beech C90B	LJ-1493
N99AC	Beech E90	LW-120
N99BT	MU-2B-35	591
N99CX	PA-46DLX	59
N99EL	Gulfstream 1	7
N99G	Beech RU-21H	LM-129
N99KF	Piper PA-31T	7920093
N99LL	Beech B200	BB-994
N99ML	Beech B200GT	BY-25
N99SR	MU-2B-25	315
N99U	Beech 350	FL-20
N99VA	Piper PA-31T	7720007
N100AQ	Beech 300LW	FA-190
N100BE	Beech 350	FL-403
N100BY	MU-2B-60	1565SA
N100BZ	Beech 300	FA-32
N100CC	Cessna 425	425-0170
N100CF	MU-2B-20	229
N100CM	Piper PA-31T	8020073
N100EC	Beech E90	LW-150
N100EG	Gulfstream 1	196
N100FL	Beech 300	FA-34
N100GF	PA-46DLX	39
N100GL	Rockwell 681	6028
N100JD	Beech C90B	LJ-1472
N100KA	Beech 100	B-11
N100KB	Beech C90	LJ-820
N100KE	MU-2B-25	313SA
N100MS	PC-XII-47	835
N100MW	Beech E90	LW-2
N100NP	MU-2B-40	423SA
N100PY	Beech B200	BB-890
N100QT	Beech C90	LJ-689
N100TW	Beech B100	BE-51
N100UE	Beech A90	LJ-138
N100V	Beech C90	LJ-796
N100WB	Beech A90	LJ-139
N100WQ	Piper PA-31T	7820084
N100YC	PC-XII-45	281
N101BS	Beech B90	LJ-375
N101CA	Cessna 425	425-0142
N101CS	Beech C-12C	BC-41
N101NX	TBM-700C2	309
N101SG	Beech B200	BB-1785
N101SN	Beech B100	BE-118
N101SS	Beech C90	LJ-537
N102AD	Cessna 441	441-0311
N102AE	Piper PA-42	5501053
N102FG	Beech B200	BB-1799
N102FK	Beech C90	LJ-982
N102FL	Beech 350	FL-263
N102LF	Beech 100	B-65
N102MF	Kodiak 100	100-0017
N102NA	Cessna 441	441-0159
N102SL	P-180 Avanti	1052
N102WK	Beech F90	LA-36
N103AD	Beech 300	FA-62
N103BL	Beech F90	LJ-650
N103CB	Beech F90	LA-98
N103CW	Beech 300	FA-64
N103EN	PA-46DLX	207
N103MF	Kodiak 100	100-0026
N103SL	P-180 Avanti	1059
N104AJ	Beech C90A	LJ-1164
N104BH	Piper PA-46T	4697104
N104CX	Beech B200	BB-1004
N104EU	Beech B200GT	BY-104
N104LC	Beech C90	LJ-757
N105FC	Cessna 425	425-0094
N105GP	P-180 Avanti	1048
N105K	Beech 90	LJ-113
N105MA	Piper PA-31T	8104015
N105MW	PC-XII-45	235
N105RG	Beech B90	LJ-454
N105SL	P-180 Avanti	1068
N105TC	Beech C90A	LJ-1086
N105VY	Beech B100	BE-109

Registration	Type	Serial
N105WM	MU-2B-36A	709SA
N106DD	Beech C90B	LJ-1738
N106GB	Beech B200	BB-1249
N106ML	Beech C90GT	LJ-1757
N106PA	Beech B200GT	BY-11
N106RH	Beech 200	BB-428
N106SL	P-180 Avanti	1070
N107FL	Beech 200	BB-150
N107GL	Rockwell 690B	11554
N107PC	Piper PA-31T	8166046
N107SC	Beech C90	LJ-788
N107SL	P-180 Avanti	1073
N108AL	Beech 200	BB-730
N108EB	Beech B100	BE-108
N108JC	PC-XII-47	883
N108JD	Beech C90	LJ-923
N108JQ	PC-XII-45	209
N108KU	Beech C90	LJ-568
N108NL	Piper PA-31T	7920092
N108SA	Rockwell 690B	11416
N108SL	P-180 Avanti	1108
N108TJ	Cessna 441	441-0108
N108UC	Piper PA-31T	8020018
N109DT	Beech C90A	LJ-1102
N109EM	EMB-120	120195
N109MD	Beech B200	BB-1213
N109MS	P-180 Avanti	1008
N109SL	P-180 Avanti	1092
N110CE	Beech B100	BE-120
N110CN	Beech C-12C	BD-1
N110EL	Beech 90	LJ-71
N110G	Beech 200	BB-792
N110GC	MU-2B-26A	363SA
N110HC	Beech 350	FL-69
N110MA	MU-2B-35	616
N110PM	Beech C90B	LJ-1481
N110RB	Gulfstream 1	126
N110RF	Beech 350	FL-604
N111AA	Beech F90	LA-6
N111CT	Piper PA-31T	7620047
N111DY	Epic LT	11
N111EN	Beech F90-1	LA-230
N111FV	Beech E90	LW-105
N111JA	Beech E90	LW-84
N111KA	Beech C90-1	LJ-1051
N111KC	Beech C90A	LJ-1258
N111KU	Cessna 425	425-0226
N111M	Beech 350	FL-210
N111MD	Beech 350	FL-547
N111MK	PA-46DLX	51
N111MQ	Beech B200	BB-1665
N111NS	Beech 200C	BL-36
N111PV	Beech 200	BB-772
N111RC	Piper PA-46T	4697330
N111SF	Beech 50	FL-45
N111SK	Rockwell 680V	1710-85
N111SS	Beech 300	FA-4
N111SU	Cessna 425	425-0205
N111TC	Beech E90	LW-305
N111UT	Beech 350	FL-576
N111VK	PC-XII-47E	1118
N111VR	P-180 Avanti	1006
N111WA	Beech E90	LW-73
N111YF	Beech B100	BE-30
N112BB	Piper PA-31T	8104021
N112BC	Piper PA-42	8001027
N112BL	Piper PA-31T	7720037
N112CE	Rockwell 695A	96097
N112CZ	Cessna 441	441-0233
N112ED	Piper PA-31T	8020060
N112EF	Rockwell 690A	11123
N112EM	Rockwell 690A	11330
N112MA	MU-2B-36	689
N113BP	PA-46DLX	221
N113CT	Rockwell 681	6006
N113FT	Piper PA-46T	4697280
N113GF	Beech 350	FL-103
N113MC	PA-46DLX	130
N113RC	Piper PA-31T	7520009
N113SD	MU-2B-35	600
N113SL	P-180 Avanti	1020
N113T	Piper PA-46T	4697312
N113UL	Beech B200	BB-1283
N113WC	Piper PA-42	8001005
N114CW	Beech F90	LA-97
N114DB	Beech C90A	LJ-1097
N114HB	Beech B200	BB-1533
N114HL	Cessna 425	425-0110
N114JR	Piper PA-31T	8004037
N114RG	Beech 350	FL-512
N114SB	Beech 200	BB-161
N114WA	Beech E90	LW-346
N115AB	Rockwell 690A	11231
N115AP	MU-2B-20	136
N115BM	Piper PA-31T	8120053
N115CT	Beech B200	BB-1669
N115KC	TBM-700	239
N115PA	Beech A90	LJ-117
N115PC	Piper PA-31T	7820001
N115TT	Beech 350	FL-74
N115YS	Beech E90	LW-126
N116DG	Beech B100	BE-116
N116JP	Piper PA-42	8001050
N116SK	PC-XII	116
N116TH	PC-XII-47	860
N116TX	Beech B200	BB-1685
N117H	MU-2B-60	751SA
N117MF	Beech C90	LJ-779
N117NU	PA-46DLX	50
N117PW	Piper PA-46T	4697030
N117TJ	Beech F90	LA-17
N118AG	PA-46DLX	56
N118AP	PC-XII-45	175
N118GW	Beech 300LW	FA-119
N118HB	Piper PA-31T	8004052
N118HC	Beech C90	LJ-648
N118JG	PA-46DLX	220
N118JV	Piper PA-46T	4697235
N118MF	Beech C90B	LJ-1383
N118MJ	Beech F90	LA-199
N118NL	Beech B100	BE-111
N118P	MU-2B-35	646
N118WC	Piper PA-31T	8020020
N119AR	Beech B200	BB-1867
N119CP	PA-46DLX	43
N119EB	Piper PA-31T	7720012
N119FJ	Beech F90	LA-70
N119MC	Beech B200	BB-1225
N119RL	Piper PA-31T	7904002
N119SA	Beech C90A	LJ-1196
N119TP	Piper PA-46T	4697386
N120CN	Beech C-12C	BD-8
N120FS	Beech B200	BB-1843
N120FW	PA-46DLX	49
N120GS	PC-XII-47E	1120
N120MG	Beech B100	BE-70
N120NA	Beech B200	BB-1120
N120P	Beech 200	BB-786
N120PR	Beech B200T	BT-29
N120RC	Beech F90	LA-117
N120RL	Beech 200T	BT-9
N120RP	Beech C90A	LJ-1075
N120SK	Piper PA-31T	8166049
N120SL	Piper PA-46T	4697057
N120TT	Beech C90A	LJ-1073
N120WW	Piper PA-46T	4697047
N121B	Beech E90	LW-21
N121CA	Beech C-12C	BD-9
N121EG	Beech E90	LW-71
N121GT	Beech C90A	LJ-1090
N121JW	Rockwell 690A	11299
N121LB	Beech 200	BB-475
N121LH	Piper PA-42	5501049
N121MA	Piper PA-46T	4697406
N121ML	Rockwell 690B	11526
N121P	Beech C90	LJ-970
N121PH	PC-XII-45	186
N121RF	PC-XII	114
N121TD	Beech C-12C	BC-74
N122AV	Rockwell 690A	11235
N122CK	MU-2B-26A	374SA
N122GA	Beech F90	LA-84
N122K	Beech C90	LJ-707
N122MA	MU-2B-20	207
N122PA	P-180 Avanti	1038
N122RG	Beech 350	FL-448
N122SR	PA-46DLX	11
N122TM	PA-46DLX	204
N122TP	Beech B200	BB-1293
N122U	Beech 100	B-32
N122WD	PA-46DLX	84
N122ZZ	Beech 100	B-6
N123AC	Beech B200	BB-1605
N123AF	Beech 300	FA-46
N123AG	Piper PA-42	8001031
N123BL	Beech B100	BE-83
N123CF	PC-XII-45	286
N123CH	Beech F90	LA-32
N123EA	Piper PA-31T	7920028
N123LL	Beech C90	LJ-885
N123ME	Cessna 441	441-0359
N123MH	Beech E90	LW-104
N123ML	Beech B200	BB-1587
N123NX	PC-XII-47E	1123
N123RF	Beech 350	FL-589
N123SK	Beech C90	LJ-540
N123TS	Piper PA-46T	4697219
N123ZC	TBM-700	229
N123ZY	PA-46DLX	10
N124BK	Beech F90	LA-15
N124CM	Beech 300	FA-24
N124EB	Beech 350	FL-126
N124GA	Beech B200	BB-1039
N124LL	Beech C90B	LJ-1695
N124PA	P-180 Avanti	1122
N124PS	PC-XII-45	502
N124SA	Beech A90	LJ-306
N124UV	PC-XII-45	124
N125A	Beech B90	LJ-360
N125BK	Beech B200	BB-977
N125BP	PC-XII-47E	1012
N125MM	Rockwell 690C	11605
N125NQ	Beech B200	BB-1023
N125PG	Cessna 425	425-0125
N125SC	Cessna 425	425-0136
N125TE	Beech B200	BB-1422
N125TS	Beech B200	BB-1993
N125VH	Beech B100	BE-25
N125WZ	Piper PA-46T	4697032
N126BK	PC-XII-47	696
N126DS	Beech 350	FL-31
N126GH	PC-XII-45	369
N126JH	Beech 200	BB-595

Reg	Type	S/N	Reg	Type	S/N	Reg	Type	S/N
☐N126M	Rockwell 695	95033	☐N137JE	Piper PA-31T	8020014	☐N150CN	Beech F90	LA-138
☐N126MM	Beech C90B	LJ-1669	☐N137KM	Piper PA-46T	4697091	☐N150GW	Beech C90B	LJ-1531
☐N126TS	PC-XII-47E	1111	☐N137SG	PC-XII-45	137	☐N150GX	Beech 350	FL-592
☐N126WA	Beech C90A	LJ-1093	☐N137SL	P-180 Avanti	1102	☐N150RL	Beech B200C	BL-50
☐N127BB	Cessna 425	425-0012	☐N138JM	TBM-700	7	☐N150SL	P-180 Avanti	1111
☐N127GA	Beech 200	BB-312	☐N138SL	P-180 Avanti	1103	☐N150TJ	Beech B100	BE-3
☐N127MC	Cessna 425	425-0231	☐N139B	Beech C90	LJ-563	☐N150TK	Piper PA-31T	1166008
☐N127MJ	Beech B200	BB-1132	☐N139CS	Piper PA-31T	8120004	☐N150TW	Beech E90	LW-50
☐N127TA	Beech 200	BB-636	☐N139SC	Beech C90	LJ-868	☐N150VE	Beech C90	LJ-678
☐N127Z	Beech A100	B-179	☐N139SL	P-180 Avanti	1104	☐N150YA	Beech B100	BE-124
☐N127ZW	Beech C90B	LJ-1369	☐N140AE	Beech 350	FL-445	☐N150YR	Beech B100	BE-132
☐N128AS	Beech B200	BB-1950	☐N140CM	MU-2B-20	190	☐N151BG	Beech B200	BB-1381
☐N128CZ	Cessna 441	441-0128	☐N140CP	MU-2B-26A	362SA	☐N151E	Beech 350	FL-298
☐N128JP	Beech F90	LA-25	☐N140PA	Beech A90	LJ-297	☐N151EL	Beech 200	BB-371
☐N128SB	Beech C90B	LJ-1503	☐N140RL	Beech 200T	BT-22	☐N151GS	Piper PA-31T	8020024
☐N128VT	Beech B200	BB-1442	☐N140SL	P-180 Avanti	1107	☐N151WT	Beech B200	BB-1511
☐N129AG	TBM-700B	171	☐N140WT	Beech 350	FL-140	☐N152AL	Piper PA-46T	4697182
☐N129C	Beech E90	LW-61	☐N141CE	Beech 350	FL-387	☐N152D	Beech E90	LW-119
☐N129DW	MU-2B-35	653	☐N141DA	Beech 350	FL-92	☐N152PC	PC-XII-45	552
☐N129EJ	Piper PA-46T	4697065	☐N141DZ	PAC 750XL	150	☐N152RP	Beech B200	BB-1255
☐N129JW	PC-XII	129	☐N141GA	Piper PA-31T	8004022	☐N152SL	P-180 Avanti	1014
☐N129LA	Beech A90	LJ-129	☐N141K	Beech 350	FL-161	☐N152TW	Beech 200	BB-152
☐N129LC	Piper PA-31T	7904042	☐N141L	Beech 350	FL-524	☐N152WR	Beech 200	BB-260
☐N129NX	PC-XII-47E	1129	☐N141RR	Beech 90	LJ-38	☐N152WW	Beech C90	LJ-654
☐N129TB	Rockwell 690C	11676	☐N141SB	PA-46DLX	241	☐N153JA	Beech 100	B-53
☐N129TT	Beech B200	BB-1078	☐N141SM	Beech 300	FA-23	☐N153ML	Beech 200	BB-23
☐N130CT	Beech 200	BB-578	☐N141TC	Piper PA-42	5501021	☐N153PB	PC-XII-45	153
☐N130DM	Beech B90	LJ-385	☐N142CE	Beech 350	FL-391	☐N153PE	Beech 300LW	FA-133
☐N130EM	P-180 Avanti	1063	☐N142EB	Beech B200	BB-1042	☐N153SL	P-180 Avanti	1054
☐N130MS	MU-2B-60	750SA	☐N142EE	Piper PA-46T	4697217	☐N153TC	Piper PA-46T	4697307
☐N130RL	Beech 200T	BT-16	☐N142LT	PC-XII-45	312	☐N153X	PC-XII-47E	1153
☐N130SC	Beech B200C	BL-130	☐N143AU	PAC 750XL	125	☐N154BA	Beech 200	BB-599
☐N130SL	P-180 Avanti	1084	☐N143CE	Beech 350	FL-91	☐N154CA	Piper PA-31T	8020085
☐N130TT	Rockwell 690B	11495	☐N143DE	Beech 200	BB-585	☐N154DF	PC-XII-45	601
☐N131DF	Piper PA-31T	7904015	☐N143JA	MU-2B-26	324	☐N154DR	Piper PA-46T	4697034
☐N131JN	PC-XII-45	446	☐N143SL	P-180 Avanti	1109	☐N154WC	MU-2B-30	509
☐N131PC	Piper PA-31T	7820009	☐N144AB	Beech 300LW	FA-176	☐N155A	Beech C90A	LJ-1257
☐N131SJ	Beech 200	BB-131	☐N144CH	Piper PA-46T	4697412	☐N155AV	Beech B200	BB-1216
☐N131SL	P-180 Avanti	1097	☐N144JT	TBM-700	144	☐N155GB	Beech C90A	LJ-1107
☐N131SP	Beech F90-1	LA-206	☐N144MF	PC-XII-47	828	☐N155LS	Beech E90	LW-286
☐N131TC	Beech 200	BB-271	☐N144PL	Piper PA-42	5527014	☐N155MC	Piper PA-31T	7820069
☐N132AS	Beech C90	LJ-928	☐N145AF	Beech C90B	LJ-1721	☐N155RG	Beech C90GT	LJ-1782
☐N132BK	MU-2B-60	1529SA	☐N145DC	Beech 350	FL-89	☐N155SL	P-180 Avanti	1013
☐N132DD	Beech E90	LW-308	☐N145DP	Piper PA-46T	4697166	☐N155VV	PAC 750XL	155
☐N132HS	Beech E90	LW-8	☐N145FS	MU-2B-40	437SA	☐N156CH	Beech 300LW	FA-188
☐N132JH	Rockwell 690A	11126	☐N145GS	P-180 Avanti	1145	☐N156GA	Cessna 425	425-0134
☐N132MC	Beech B200	BB-1395	☐N145LG	Beech B200	BB-1069	☐N156HS	PC-XII-47E	1156
☐N132N	Beech 200	BB-1053	☐N145MJ	Beech C-12C	BC-24	☐N156MG	Beech C90B	LJ-1615
☐N132SL	P-180 Avanti	1098	☐N145MR	Beech F90	LA-125	☐N156SB	PC-XII	156
☐N133GA	Beech B200	BB-1321	☐N145NX	PC-XII-47E	1145	☐N156SL	P-180 Avanti	1115
☐N133PA	P-180 Avanti	1062	☐N145SL	P-180 Avanti	1093	☐N156SW	PC-XII-45	514
☐N133US	Beech B200C	BL-133	☐N146AW	Beech TC-12B	BJ-15	☐N157A	Beech B200C	BL-53
☐N134EC	P-180 Avanti	1160	☐N146GW	Cessna 425	425-0146	☐N157CA	MU-2B-60	1558SA
☐N134G	Piper PA-46T	4697041	☐N146MH	Beech B200	BB-885	☐N157CB	Beech C90	LJ-758
☐N134M	Piper PA-46T	4697169	☐N146PC	PC-XII-45	146	☐N157JB	TBM-700	6
☐N134SL	P-180 Avanti	1100	☐N146SL	P-180 Avanti	1091	☐N157LL	Piper PA-42	8001058
☐N134WJ	Beech B200C	BL-134	☐N146ST	PA-46DLX	200	☐N157MA	MU-2B-40	424SA
☐N135CA	Beech C90A	LJ-1112	☐N147AP	Beech 200	BB-251	☐N157SL	P-180 Avanti	1116
☐N135CC	PA-46DLX	78	☐N147BK	PA-46DLX	91	☐N158J	Beech C90GTI	LJ-1859
☐N135CL	Piper PA-31T	7720019	☐N147NA	Beech B200	BB-1047	☐N158MH	Piper PA-42	5527006
☐N135FL	Piper PA-46T	4697135	☐N147PE	PC-XII-47E	1100	☐N158NX	PC-XII-47E	1158
☐N135JM	Piper PA-46T	4697072	☐N147PZ	PC-XII-47E	1147	☐N158SL	P-180 Avanti	1119
☐N135MK	Beech 300	FA-3	☐N147SL	P-180 Avanti	1083	☐N158TJ	Piper PA-42	8001057
☐N136AR	Rockwell 695	95025	☐N148AA	Beech B300C	FM-12	☐N159DG	Piper PA-31T	7920024
☐N136JH	Beech 100	B-25	☐N148Z	Beech B90	LJ-472	☐N159GL	PC-XII-45	266
☐N136MB	Beech B100	BE-50	☐N149CC	Beech 300LW	FA-145	☐N159GS	Gulfstream 1	200
☐N136PA	Beech C90	LJ-662	☐N149CF	Beech C90	LJ-925	☐N159JB	Beech 350	FL-57
☐N136PE	PC-XII-47E	1136	☐N149CM	Beech C90A	LJ-1184	☐N159SL	P-180 Avanti	1121
☐N136SL	P-180 Avanti	1101	☐N149DL	PC-XII-47E	1049	☐N160AC	Beech 350	FL-367
☐N137CD	Cessna 425	425-0220	☐N149SL	P-180 Avanti	1077	☐N160AD	Beech B200GT	BY-42
☐N137CW	Piper PA-31T	7904052	☐N149Z	Beech B200C	BL-124	☐N160MW	Beech 350	FL-407

☐ N160SF	Beech 200	BB-32	☐ N175PL	Beech B200GT	BY-2	☐ N189MC	Beech 350	FL-136
☐ N160SL	P-180 Avanti	1127	☐ N175SA	Beech 200	BB-183	☐ N189SL	P-180 Avanti	1181
☐ N160SM	Beech 350	FL-215	☐ N175SL	P-180 Avanti	1147	☐ N189WT	PC-XII-47	714
☐ N160SP	MU-2B-60	1506SA	☐ N175WB	Piper PA-46T	4697181	☐ N190BT	Beech 90	LJ-59
☐ N161AJ	PC-XII-45	161	☐ N176JR	Beech E90	LW-115	☐ N190CA	Piper PA-42	8001028
☐ N161NX	PC-XII-47E	1161	☐ N176M	Beech 200	BB-1029	☐ N190EF	Beech C90A	LJ-1122
☐ N161RC	Beech B200	BB-1356	☐ N176SL	P-180 Avanti	1150	☐ N190FD	Beech F90	LA-42
☐ N161SL	P-180 Avanti	1128	☐ N176TW	Beech E90	LW-76	☐ N190JL	Beech 90	LJ-69
☐ N161XX	Piper PA-31T	7920016	☐ N177CN	Beech 200	BB-1191	☐ N190PA	Gulfstream 1	195
☐ N162GC	Beech B200	BB-1238	☐ N177GA	Beech 350	FL-160	☐ N190PE	PC-XII-45	190
☐ N162PA	Beech 200	BB-232	☐ N177LA	Beech B200	BB-1203	☐ N190RL	Beech E90	LW-1
☐ N162PB	PC-XII-45	162	☐ N177MA	PA-46DLX	81	☐ N190RW	PA-46DLX	234
☐ N162Q	Beech B200	BB-1104	☐ N177MK	Beech E90	LW-149	☐ N190SS	Beech C90A	LJ-1298
☐ N162SL	P-180 Avanti	1130	☐ N177NX	PC-XII-47E	1177	☐ N191MA	Piper PA-31T	8104019
☐ N163BA	Beech 300	FA-18	☐ N177RD	PA-46DLX	117	☐ N191SL	P-180 Avanti	1194
☐ N163SL	P-180 Avanti	1131	☐ N178CD	Piper PA-31T	8120046	☐ N191SP	PC-XII-45	284
☐ N164GP	Cessna 441	441-0164	☐ N178EJ	Beech C90GT	LJ-1818	☐ N191TP	Beech C90A	LJ-1223
☐ N164PA	Gulfstream 1	54	☐ N178LA	Beech F90	LA-178	☐ N191WB	Beech C90B	LJ-1295
☐ N164S	PC-XII-47E	1164	☐ N178MH	PC-XII-47	875	☐ N192PA	Gulfstream 1	149
☐ N164SL	P-180 Avanti	1134	☐ N178SG	Piper PA-31T	8020044	☐ N192SL	P-180 Avanti	1199
☐ N164ST	Piper PA-46T	4697064	☐ N178SL	P-180 Avanti	1151	☐ N192TB	Piper PA-31T	8166015
☐ N164WS	Beech C90B	LJ-1736	☐ N179MD	Beech C90A	LJ-1091	☐ N1931C	Beech B200GT	BY-37
☐ N165BC	Rockwell 690C	11646	☐ N179SL	P-180 Avanti	1170	☐ N193AA	MU-2B-60	741SA
☐ N165KC	Piper PA-31T	7904022	☐ N180AV	P-180 Avanti	1018	☐ N193FS	Beech 300LW	FA-218
☐ N165MA	MU-2B-26	326	☐ N180BP	P-180 Avanti	1004	☐ N193JC	Beech B200	BB-1177
☐ N165SL	P-180 Avanti	1135	☐ N180CN	Beech F90	LA-145	☐ N193MM	PA-46DLX	172
☐ N165SW	Piper PA-31T	7904051	☐ N180HM	P-180 Avanti	1043	☐ N193PA	Gulfstream 1C	125
☐ N166BA	Beech 300LW	FA-147	☐ N181CG	Beech E90	LW-225	☐ N193RA	Beech 350	FL-105
☐ N166SA	Beech 300LW	FA-166	☐ N181DC	Piper PA-31T	7520026	☐ N193SL	P-180 Avanti	1201
☐ N166SB	PC-XII-45	310	☐ N181LT	Epic LT	18	☐ N194JL	Piper PA-46T	4697337
☐ N166WA	PC-XII-47E	1166	☐ N181MP	Beech B200GT	BY-64	☐ N194PM	PA-46DLX	74
☐ N166WT	Piper PA-31T	8004020	☐ N181NK	Beech A90	LJ-142	☐ N194TR	Beech B200	BB-1146
☐ N167AR	PC-XII-45	279	☐ N181PE	PC-XII-47E	1181	☐ N195AA	Piper PA-31T	7904001
☐ N167BB	Beech C90-1	LJ-1054	☐ N181SW	Piper PA-31T	8104001	☐ N195AE	Beech 300LW	FA-195
☐ N167PA	Gulfstream 1	199	☐ N181Z	Beech E90	LW-52	☐ N195AL	Beech 300	FA-102
☐ N167R	Rockwell 690B	11437	☐ N182CA	Beech F90	LA-121	☐ N195CA	Beech B200	BB-1488
☐ N167SL	P-180 Avanti	1136	☐ N182ME	Piper PA-31T	7820021	☐ N195PD	Beech 90	LJ-89
☐ N168MA	Cessna 425	425-0155	☐ N182Z	Beech 200	BB-402	☐ N195JG	PA-46DLX	238
☐ N168RV	Piper PA-46T	4697252	☐ N183MA	Piper PA-46T	4697420	☐ N195PA	Gulfstream 1	88
☐ N168SL	P-180 Avanti	1139	☐ N183PC	PC-XII-45	183	☐ N195PM	PA-46DLX	185
☐ N169DR	Beech C90A	LJ-1205	☐ N183SA	Beech C90	LJ-571	☐ N196MA	MU-2B-60	764SA
☐ N169SL	P-180 Avanti	1140	☐ N183SL	P-180 Avanti	1171	☐ N196PA	Gulfstream 1	139
☐ N170RL	Beech B200T	BT-28	☐ N184AE	Piper PA-46T	4697026	☐ N196SC	Beech B200	BB-1525
☐ N170S	Beech C90B	LJ-1708	☐ N184D	Beech 300LW	FA-132	☐ N197AS	Beech F90	LA-116
☐ N170SE	Beech B200	BB-1740	☐ N184RB	Piper PA-46T	4697087	☐ N197CC	Beech C90	LJ-783
☐ N171AT	Rockwell 680V	1616-49	☐ N184SL	P-180 Avanti	1187	☐ N197SC	Beech C90B	LJ-1490
☐ N171CP	Beech 350	FL-244	☐ N184TH	PC-XII-47E	1065	☐ N198CF	Beech C-12C	BC-44
☐ N171HP	Piper PA-46T	4697371	☐ N184TX	Beech B200	BB-1241	☐ N198DM	Beech B200	BB-1198
☐ N171JP	Piper PA-31T	7720028	☐ N184VB	Cessna 441	441-0184	☐ N198FM	Beech F90	LA-198
☐ N171PA	Gulfstream 1	192	☐ N185MA	MU-2B-20	219	☐ N198KA	Beech A90	LJ-162
☐ N172JS	PC-XII-45	171	☐ N185MV	Beech B200	BB-1034	☐ N198PA	Gulfstream 1C	27
☐ N172MA	Piper PA-46T	4697263	☐ N185PA	Gulfstream 1	26	☐ N198PP	Beech C90B	LJ-1314
☐ N172PB	PC-XII-45	172	☐ N185PB	PC-XII-45	185	☐ N198SV	Beech 350	FL-189
☐ N172SL	P-180 Avanti	1141	☐ N185XP	Beech B200	BB-952	☐ N199BC	Beech F90	LA-30
☐ N173AS	Beech E90	LW-345	☐ N186E	Rockwell 690B	11566	☐ N199CE	Beech 300LW	FA-199
☐ N173DB	Rockwell 690B	11485	☐ N186EB	Beech B200	BB-1186	☐ N199CG	Beech C90B	LJ-1661
☐ N173KS	Beech 300	FA-82	☐ N186GA	Piper PA-31T	7820086	☐ N199CM	PC-XII-45	262
☐ N173PL	Beech F90	LA-106	☐ N186PS	Piper PA-46T	4697228	☐ N199CP	Piper PA-46T	4697099
☐ N173RC	Beech 200	BB-173	☐ N187CP	Piper PA-31T	7920054	☐ N199DW	Beech E90	LW-338
☐ N173S	Beech B300C	FM-4	☐ N187JD	Piper PA-46T	4697180	☐ N199MH	Beech 200	BB-855
☐ N173SL	P-180 Avanti	1146	☐ N187JP	Beech B200	BB-1888	☐ N199PL	Beech E90	LW-167
☐ N173TC	Beech B200	BB-1893	☐ N187SB	MU-2B-36A	698SA	☐ N199TT	Beech E90	LW-157
☐ N173TM	TBM-850	533	☐ N187SL	P-180 Avanti	1164	☐ N199WF	PC-XII-45	199
☐ N173TX	Beech B200	BB-1028	☐ N188CE	Piper PA-46T	4697239	☐ N199Y	Beech 350	FL-66
☐ N174MA	MU-2B-60F	753SA	☐ N188CF	Cessna 425	425-0188	☐ N200AE	Gulfstream 1	169
☐ N174WA	P-180 Avanti	1074	☐ N188LL	Beech B100	BE-119	☐ N200AF	Beech 200	BB-102
☐ N174WB	Beech 200	BB-804	☐ N188MC	Beech 350	FL-93	☐ N200AJ	Beech A100	B-146
☐ N175	Piper PA-46T	4697309	☐ N188PC	PC-XII-45	188	☐ N200AU	Beech 200	BB-432
☐ N175AA	Piper PA-42	8001017	☐ N188RM	MU-2B-25	298	☐ N200BM	Beech B200	BB-1147
☐ N175AZ	Beech C90	LJ-1006	☐ N188SL	P-180 Avanti	1174	☐ N200BT	Beech 200	BB-293
☐ N175CA	MU-2B-60	736SA	☐ N189JR	Beech F90	LA-61	☐ N200CJ	Beech 200	BB-143

Registration	Type	Serial
N200DA	Beech B200	BB-1095
N200DK	Rockwell 695A	96019
N200DT	Rockwell 680W	1763-9
N200EA	Beech B200	BB-1368
N200EC	Beech 200	BB-134
N200EJ	Beech B200	BB-1585
N200ET	Beech C-12C	BC-73
N200EZ	Beech 200	BB-9
N200FB	Piper PA-31T	7904037
N200FE	Beech 200	BB-373
N200FR	Beech B200	BB-1420
N200FV	Beech 200	BB-299
N200GS	Beech B200	BB-1214
N200HD	Beech B200	BB-987
N200HF	Beech B200	BB-1858
N200HK	Beech B200	BB-1677
N200HV	Beech C90B	LJ-1478
N200JQ	Rockwell 690A	11224
N200KP	Beech B200	BB-1215
N200MJ	Beech B200	BB-1012
N200NA	Beech B200	BB-1079
N200NB	Piper PA-31T	7720035
N200ND	Beech B200	BB-1612
N200NR	Beech B200	BB-1380
N200NW	Beech B200	BB-1691
N200NY	Beech C-12C	BC-25
N200PG	Piper PA-31T	7920015
N200PH	Beech 200	BB-238
N200PL	Beech 200	BB-410
N200PU	Beech B200	BB-1477
N200RE	Beech E90	LW-164
N200RM	Beech E90	LW-45
N200RR	Beech B200	BB-1282
N200RS	Beech B200	BB-1481
N200RX	MU-2B-35	548
N200SE	Beech B200	BB-1208
N200TG	Beech 200	BB-651
N200TK	Beech B200	BB-1240
N200TR	Beech C90A	LJ-1067
N200TS	Piper PA-31T	7804002
N200TT	Rockwell 695	95073
N200U	Beech C90B	LJ-1389
N200UW	Beech B200	BB-1155
N200VA	Beech 200	BB-246
N200VC	Beech 350	FL-316
N200VJ	Beech 350	FL-489
N200VU	Beech B200	BB-1393
N200WB	Beech B200	BB-1754
N200WJ	Beech B200	BB-1277
N200WX	Beech 200	BB-680
N200WZ	Beech 200	BB-89
N200XC	Beech B200	BB-1061
N200XL	Piper PA-31T	8166010
N200ZC	Beech 200	BB-41
N201CH	Beech 200	BB-103
N201KA	Beech 200	BB-417
N201NY	Beech B200	BB-1308
N202AJ	Beech 200	BB-511
N202DB	Beech 200	BB-110
N202FF	Beech B200	BB-1786
N202HC	Piper PA-31T	7820036
N203BS	Beech 200	BB-476
N203CA	PA-46DLX	232
N203DH	Beech B200	BB-1845
N203LG	Beech B200	BB-926
N203PC	Beech E90	LW-258
N203PT	Beech B200	BB-1903
N203RC	Beech B200	BB-1822
N203RD	Beech E90	LW-203
N203RR	Beech 300	FA-27
N204JS	Beech 200	BB-842
N204PT	Beech B200	BB-1908
N204RA	Beech B200	BB-1885
N204W	Beech 350	FL-204
N204WB	Beech B200	BB-1179
N205MS	Beech C90	LJ-948
N205RA	Beech B200	BB-1919
N205SP	Beech B200	BB-1826
N205ST	Beech C90	LJ-965
N205TM	Beech B200	BB-1991
N205TT	Beech B200	BB-1284
N206K	Beech 300	FA-36
N206P	Beech 200	BB-466
N207BA	MU-2B-36	666
N207CM	Beech B200	BB-1246
N207DB	Beech 200	BB-862
N207HB	Beech B200	BB-1516
N207P	Beech C90B	LJ-1406
N207RS	Cessna 425	425-0195
N207SB	Beech 100	B-69
N207SS	Cessna 441	441-0136
N208CL	Rockwell 690A	11297
N208F	Beech 200	BB-851
N208SR	Beech A100	B-208
N208TC	Beech B90	BB-990
N209CM	Beech B200	BB-1613
N209KC	Piper PA-46T	4697009
N209ST	Piper PA-46T	4697209
N210AJ	Beech F90	LA-131
N210CL	TBM-700C	303
N210EC	Beech C90A	LJ-1070
N210PT	PC-XII-45	210
N211AE	Piper PA-31T	7720064
N211BE	MU-2B-35	641
N211CG	Beech E90	LW-101
N211EZ	Piper PA-46T	4697117B
N211PC	Beech C90	LJ-910
N211RV	MU-2B-30	502
N211VP	Beech 100	B-2
N212EJ	Beech B200	BB-898
N212GA	Beech B200	BB-1406
N212HH	Piper PA-31T	7904010
N212JL	PC-XII-47E	1119
N212LT	PC-XII-45	595
N212LW	Beech B200	BB-1766
N212PB	PC-XII-45	212
N212PK	PC-XII-45	668
N212WH	Piper PA-46T	4697179
N213DB	Beech B200	BB-1450
N213KP	PC-XII-47E	1019
N213PH	Beech 200	BB-486
N213UV	Beech 200	BB-35
N214CS	PC-XII-47	766
N214GB	Beech B200	BB-1668
N214ML	Beech 350	FL-475
N214P	Beech C90A	LJ-1293
N214SC	Beech E90	LW-96
N214TP	Beech B200	BB-1855
N214WL	Beech 350	FL-529
N215HC	Beech B200	BB-1848
N215MH	MU-2B-60	1544SA
N215ML	Beech B200	BB-1955
N215SB	Beech C-12C	BC-57
N215SD	Piper PA-46T	4697049
N216CD	MU-2B-26	323
N216KC	PC-XII-45	216
N216LJ	Beech A90	LJ-190
N216PK	PAC 750XL	114
N216RP	Beech B200	BB-1015
N217CM	Beech 200	BB-621
N217DC	TBM-700	88
N217EB	PC-XII-45	154
N217TM	TBM-700B	217
N218MS	Rockwell 695	95041
N218TG	TBM-850	487
N219BC	Piper PA-46T	4697284
N219EM	Kodiak 100	100-0032
N219GR	TBM-850	494
N219MA	MU-2B-40	440SA
N219PC	PC-XII-45	219
N219SC	Piper PA-31T	8004040
N219WC	Beech 200	BB-768
N220AA	Beech B100	BE-5
N220AJ	Beech B200	BB-1539
N220CG	Beech 350	FL-397
N220CL	PC-XII-45	364
N220FS	Piper PA-31T	7620052
N220JB	Beech 200	BB-638
N220JE	Piper PA-46T	4697336
N220JM	TBM-700C	289
N220JP	PC-XII-47	787
N220KW	Beech A100	B-185
N220MA	TBM-700C2	248
N220N	MU-2B-40	450SA
N220TB	Beech B200	BB-1057
N220TT	Beech 200	BB-462
N220UM	Piper PA-46T	4697183
N221G	Beech 350	FL-198
N221MA	TBM-850	502
N221MM	Beech 300LW	FA-161
N221PC	PC-XII-45	221
N221TB	PA-46DLX	17
N221XX	PC-XII-47E	1128
N222AG	Beech F90	LA-159
N222CM	PC-XII	111
N222CY	Beech B200	BB-1370
N222FA	MU-2B-36A	714SA
N222HH	MU-2B-60	1569SA
N222KA	Beech C90B	LJ-1623
N222LA	Beech 200	BB-409
N222LP	Beech B100	BE-85
N222ME	Rockwell 690A	11338
N222PV	Beech 350	FL-167
N222SL	Piper PA-31T	7904046
N222WJ	Beech C90A	LJ-1106
N223CH	Beech B90	LJ-321
N223DG	Beech B100	BE-136
N223EA	TBM-700C2	323
N223JB	MU-2B-36A	724SA
N223JG	TBM-850	406
N223JR	Beech 300	FA-45
N223LH	Beech A100	B-223
N223RC	Beech 300	FA-58
N224CC	Beech C90A	LJ-1218
N224CR	Beech 350	FL-60
N224EZ	Rockwell 695B	96206
N224JD	PC-XII-45	220
N224JE	Beech C90B	LJ-1629
N224P	Beech B200	BB-1230
N225CA	Piper PA-31T	8104024
N225CM	Beech 350	FL-378
N225DF	Cessna 425	425-0225
N225LH	Beech C-12C	BC-33
N225MA	Piper PA-46T	4697106
N225MC	PA-46DLX	237
N225MM	Rockwell 690B	11462
N225PT	Piper PA-31T	8166032
N225SL	Beech B200GTBY-41	
N225TL	Beech B200	BB-1689
N225WC	Beech B200	BB-1862
N225WL	Beech B200	BB-1226
N226DL	Piper PA-46T	4697039
N226JW	Beech B90	LJ-406

Registration	Type	Serial
☐ N226N	PC-XII-47E	1051
☐ N226PB	TBM-700B	226
☐ N226RA	TBM-850	482
☐ N226RC	TBM-850	364
☐ N226TD	PC-XII-47E	1183
☐ N227DC	Beech C90	LJ-876
☐ N227GA	Beech C90GTI	LJ-1927
☐ N227MV	Beech B200GTBY-77	
☐ N227MW	Beech B200GTBY-73	
☐ N227NS	PC-XII-47	715
☐ N227TM	Piper PA-31T	7400008
☐ N227UT	PC-XII-47E	1038
☐ N228BE	P-180 Avanti	1182
☐ N228CX	TBM-700	84
☐ N228FS	Beech B200	BB-1757
☐ N228RC	Beech B200	BB-1910
☐ N228WP	MU-2B-20	228
☐ N230CS	Beech 200	BB-306
☐ N230UH	PC-XII-45	230
☐ N231CM	Piper PA-46T	4697146B
☐ N231SW	Piper PA-31T	7904007
☐ N232BG	Beech C90GTI	LJ-1881
☐ N232DH	Piper PA-31T	7904021
☐ N232GM	Cessna 425	425-0219
☐ N232JS	Beech 200	BB-446
☐ N233PS	Piper PA-31T	7820039
☐ N233RC	Cessna 441	441-0263
☐ N234K	Piper PA-31T	7520001
☐ N234KK	Beech 350	FL-29
☐ N234KW	Beech B200	BB-446
☐ N234PM	Piper PA-46T	4697200
☐ N234RG	PC-XII-45	520
☐ N234TK	Beech B100	BE-24
☐ N235TW	Piper PA-46T	4697157
☐ N236CP	Beech B100	BE-9
☐ N236JS	Beech F90	LA-90
☐ N236PC	Piper PA-42	5501006
☐ N236WR	PC-XII-47	804
☐ N237PC	Piper PA-31T	8166045
☐ N237ST	Piper PA-46T	4697237
☐ N238PC	Piper PA-42	8001029
☐ N239JV	Beech B200	BB-1014
☐ N239PF	Beech 200	BB-565
☐ N239TT	Beech 300LW	FA-114
☐ N240CT	Beech 200	BB-1063
☐ N240K	Beech B90	LJ-340
☐ N241CK	Beech 200	BB-272
☐ N241CW	Beech B100	BE-54
☐ N241PH	Beech 200	BB-1182
☐ N241PM	Piper PA-46T	4697150
☐ N242JH	PC-XII-45	232
☐ N242LF	Beech F90	LA-86
☐ N242NA	Beech B200	BB-1242
☐ N242NS	Beech C90A	LJ-1271
☐ N242RA	Piper PA-42	8001003
☐ N243JB	Beech C90A	LJ-1243
☐ N243KF	PA-46DLX	230
☐ N244AB	Piper PA-31T	8004015
☐ N244CH	Beech 200	BB-801
☐ N244JS	Beech 200	BB-754
☐ N244MP	Rockwell 690B	11531
☐ N245CF	Rockwell 690A	11313
☐ N245S	PA-46DLX	60
☐ N246CA	Beech F90	LA-27
☐ N246CK	Beech C90	LJ-694
☐ N246PH	Beech 200	BB-1373
☐ N246PR	PA-46DLX	34
☐ N246SD	Beech 350	FL-441
☐ N246W	MU-2B-60	1552SA
☐ N247AF	Beech 200	BB-587
☐ N247B	Beech A100	B-139
☐ N247CH	Beech C90GT	LJ-1754
☐ N247LM	Piper PA-31T	8104043
☐ N247MD	Beech C90A	LJ-1244
☐ N247N	PC-XII-45	414
☐ N248DA	Piper PA-46T	4697156
☐ N248J	Piper PA-31T	8166009
☐ N248JH	Beech B100	BE-126
☐ N248MC	Beech C90	LJ-872
☐ N249CP	Beech C90	LJ-841
☐ N249WM	Beech E90	LW-139
☐ N250AA	Beech B300CER	FM-25
☐ N250AF	MU-2B-25	243
☐ N250PW	Beech B200	BB-1058
☐ N250SA	Piper PA-46T	4697004
☐ N250TM	Beech 200	BB-822
☐ N250TT	Piper PA-31T	7820050
☐ N251ES	Rockwell 690A	11251
☐ N251LL	Beech 300	FA-2
☐ N252CP	Beech B200	BB-1791
☐ N252RC	Beech C90A	LJ-1152
☐ N252SG	TBM-850	520
☐ N253AS	Beech 350	FL-155
☐ N253PC	PC-XII-45	253
☐ N254P	Beech C90GTI	LJ-1901
☐ N255C	MU-2B-30	536
☐ N255DF	Beech C90A	LJ-1197
☐ N255DW	Piper PA-46T	4697020
☐ N256DD	Cessna 441	441-0256
☐ N257CQ	Beech C90B	LJ-1419
☐ N257JM	TBM-850	356
☐ N257SE	PC-XII-47E	1039
☐ N257YA	Beech B200	BB-1622
☐ N258JC	Beech E90	LW-191
☐ N258VB	Cessna 441	441-0258
☐ N259SC	Beech E90	LW-17
☐ N260CB	MU-2B-35	573
☐ N260GF	Piper PA-46T	4697260
☐ N260HS	PC-XII-45	260
☐ N260WE	Rockwell 690B	11536
☐ N261AC	Beech 200	BB-321
☐ N261GB	Beech C90A	LJ-1119
☐ N261MA	MU-2B-60	758SA
☐ N261WB	MU-2B-26	330
☐ N262J	TBM-700C2	292
☐ N262SP	Beech 300	FA-33
☐ N263CW	TBM-700C2	263
☐ N263RS	PC-XII	112
☐ N264B	Piper PA-46T	4697028
☐ N264KW	MU-2B-40	403SA
☐ N264PA	Beech B100	BE-86
☐ N264SP	Beech B200	BB-1756
☐ N264WF	PC-XII-45	264
☐ N265EJ	Beech B200	BB-911
☐ N265PA	Beech 300LW	FA-106
☐ N266RD	Beech C90B	LJ-1633
☐ N267CB	Beech B200	BB-1873
☐ N267RD	Rockwell 690B	11456
☐ N267WF	PC-XII-45	267
☐ N268LB	Beech 350	FL-570
☐ N269AB	PC-XII-45	297
☐ N269JG	Beech C90	LJ-949
☐ N269LS	Beech 200	BB-799
☐ N269ML	Beech 200	BB-760
☐ N269PB	PC-XII-45	269
☐ N269SC	Beech C90	LJ-683
☐ N270AB	Beech 350	FL-362
☐ N270DP	Rockwell 690B	11541
☐ N270M	Beech A90	LJ-288
☐ N270PS	Piper PA-46T	4697395
☐ N271AK	Beech C90GTI	LJ-1856
☐ N271BC	Beech 300	FA-48
☐ N271SM	PC-XII-45	622
☐ N271SS	PC-XII-45	306
☐ N271TW	MU-2B-60	734SA
☐ N271WN	Beech A90	LJ-226
☐ N272EA	Beech C90B	LJ-1686
☐ N272MA	TBM-700C2	272
☐ N272MC	MU-2B-25	272
☐ N273AZ	Cessna 441	441-0104
☐ N273NA	Beech E90	LW-273
☐ N273TA	Beech 350	FL-518
☐ N274GC	Cessna 441	441-0349
☐ N274KA	Beech E90	LW-274
☐ N274SB	Piper PA-31T	7820074
☐ N275BT	Beech 350	FL-275
☐ N275CA	TBM-700B	200
☐ N275LA	Beech C90A	LJ-1275
☐ N275LE	Beech B90	LJ-373
☐ N275X	Beech 200	BB-502
☐ N276JB	Beech 350	FL-219
☐ N276VM	Beech 90	LJ-81
☐ N277DG	Piper PA-31T	8104058
☐ N277GE	Beech B200	BB-1389
☐ N277JJ	Beech B200	BB-1043
☐ N277PC	PC-XII-45	277
☐ N277SP	Beech F90	LA-77
☐ N277SW	Beech C90	LJ-968
☐ N277WC	Beech B200	BB-1824
☐ N278AB	Beech C90-1	LJ-1012
☐ N278SW	Beech C90-1	LJ-1011
☐ N278WC	PC-XII-45	278
☐ N279DD	Rockwell 690B	11373
☐ N279ST	Piper PA-46T	4697279
☐ N280KT	PA-46DLX	205
☐ N280RA	Beech 200	BB-53
☐ N280SC	Beech 200	BB-664
☐ N280TT	Beech 200	BB-280
☐ N280YR	Beech B200	BB-943
☐ N281DD	Piper PA-46T	4697262
☐ N281MA	MU-2B-25	261
☐ N281SE	Piper PA-46T	4697281
☐ N281WB	PC-XII-45	483
☐ N282DB	Beech E90	LW-209
☐ N282PC	Piper PA-31T	8166006
☐ N282SJ	Beech B200	BB-925
☐ N282SW	Piper PA-46T	4697073
☐ N282TC	Beech E90	LW-311
☐ N283B	Beech C-12C	BC-35
☐ N283BS	TBM-700	16
☐ N283KA	Beech 200	BB-83
☐ N284K	Beech 200	BB-608
☐ N284PM	Beech C90	LW-734
☐ N286AF	Rockwell 690A	11286
☐ N287CB	Piper PA-31T	8166051
☐ N287MA	Piper PA-46T	4697319
☐ N287PC	PC-XII-45	287
☐ N288CC	TBM-850	369
☐ N288CR	Beech E90	LW-269
☐ N288GS	Beech B200	BB-1555
☐ N288KM	Beech B200	BB-1508
☐ N288RA	Beech 100	B-5
☐ N289PB	PC-XII-45	289
☐ N289RP	Beech C90B	LJ-1665
☐ N289YV	EMB-120	120289
☐ N290AJ	Beech C90	LJ-871
☐ N290AS	Beech 350	FL-296
☐ N290CC	Beech A90	LJ-132
☐ N290DP	Beech C90	LJ-529
☐ N290K	Beech E90	LW-337
☐ N290KA	Beech E90	LW-59
☐ N290MC	Beech E90	LW-206
☐ N290PA	Beech C90	LJ-519

Registration	Type	Serial
N290RS	Piper PA-31T	7904033
N290SJ	Beech 200	BB-290
N291AS	Beech 350	FL-332
N291B	Beech 350	FL-559
N291CC	Beech C90	LJ-728
N291DF	Beech C90A	LJ-1534
N291DT	PC-XII-47E	1109
N291MB	MU-2B-25	291
N291MM	Beech E90	LW-32
N291PA	Beech 200	BB-291
N292A	Beech 90	LJ-99
N292P	PC-XII-45	630
N292Z	Rockwell 680V	1566-22
N294DR	Piper PA-46T	4697184
N295CE	Cessna 441	441-0205
N295S	PA-46DLX	93
N296AS	Beech C90	LJ-704
N296J	PA-46DLX	108
N296LC	PA-46DLX	233
N296ST	Piper PA-46T	4697296
N299AK	Beech B200	BB-1850
N299AL	Beech B200	BB-1823
N299AM	PC-XII-45	236
N299AS	Beech 350	FL-243
N299AV	Beech B200	BB-1680
N299D	Beech A90	LJ-257
N299KP	Beech F90-1	LA-218
N299MA	Piper PA-46T	4697294
N299MK	Beech B200	BB-1357
N299RP	Beech C90B	LJ-1537
N299VM	Beech C90A	LJ-1125
N300AE	TBM-700	97
N300AJ	Beech B200	BB-965
N300AW	Beech C90B	LJ-1570
N300AZ	TBM-700C2	300
N300BT	Beech 300	FA-11
N300CE	Piper PA-31T	8004028
N300CW	Beech 300LW	FA-115
N300CX	TBM-700C2	327
N300DM	Beech F90	LA-165
N300HB	Beech 200	BB-566
N300KA	Beech 350	FL-28
N300LS	Beech 350	FL-127
N300MC	Beech 300	FA-91
N300MT	Beech E90	LW-143
N300PP	Beech 300LW	FA-171
N300PR	Beech 300	FA-13
N300PU	Beech B200	BB-1657
N300PW	Beech 200	BB-114
N300SE	Beech 300	FA-68
N300SR	Piper PA-31T	8104022
N300SV	Beech 300LW	FA-112
N300TA	Beech F90	LA-9
N300TE	Beech 300	FA-19
N300TM	Beech 350	FL-50
N300TN	Beech 300LW	FA-168
N300TP	Beech B200	BB-1279
N300VA	Beech C90	LJ-877
N300WP	Piper PA-31T	7904006
N301D	Piper PA-46T	4697043
N301DM	PA-46DLX	162
N301HC	Beech 200	BB-1219
N301PT	Beech C-12D	BP-28
N301TA	Piper PA-31T	7904041
N301TS	Beech B100	BE-76
N302PB	PC-XII-45	302
N302RJ	TBM-850	425
N302TA	Piper PA-31T	8020046
N303CA	Beech C90A	LJ-1134
N303JD	PC-XII-45	303
N303JW	Piper PA-46T	4697149
N303RR	Beech 350	FL-178
N303TS	Piper PA-31T	8166007
N304BP	Beech 350	FL-542
N304JS	Beech 300LW	FA-142
N304LG	Beech E90	LW-231
N304PT	PC-XII-45	304
N304TC	Beech C90B	LJ-1719
N305DG	Piper PA-46T	4697305
N305DS	MU-2B-26	328
N305JD	PA-46DLX	126
N305SA	Beech 300LW	FA-111
N305TT	Beech C90	LJ-992
N306M	Beech 300	FA-98
N307DM	Beech 200	BB-332
N308MD	Beech C90A	LJ-1246
N308RH	Beech 200	BB-109
N308RM	Beech C90	LJ-628
N308ST	Piper PA-46T	4697308
N308TC	MU-2B-60	1507SA
N310JM	Piper PA-46T	4697069
N311AC	Piper PA-31T	8120016
N311AV	Beech 200	BB-336
N311CM	Beech B100	BE-101
N311G	Beech B200	BB-1760
N311GC	Beech F90	LA-55
N311GM	Beech 350	FL-138
N311KB	Beech C-12C	BD-3
N311MP	Beech B200	BB-1112
N311RN	MU-2B-25	311
N311TJ	Beech C90A	LJ-1121
N312AR	Beech 300LW	FA-216
N312BC	PC-XII	101
N312DB	Beech 300	FA-35
N312DE	Beech 300	FA-49
N312JC	Beech B200	BB-1312
N312ME	Beech B200C	BL-46
N312MT	Piper PA-31T	8166062
N312PC	PC-XII-45	144
N312RL	Beech 350	FL-164
N312VF	Beech A90	LJ-299
N313BA	Beech 300LW	FA-178
N313BB	Piper PA-42	5501016
N313BP	TBM-850	434
N313CT	Beech 200	BB-461
N313DW	Beech C90B	LJ-1434
N313HS	Beech B200	BB-1300
N313PC	Piper PA-42	5527044
N313SA	Beech 300	FA-5
N314GK	Piper PA-31T	8004026
N314MR	Beech E90	LW-184
N314TD	Piper PA-31T	8020056
N315MS	Beech 200	BB-404
N316AF	Beech A90	LJ-214
N316EN	MU-2B-26	349SA
N316GC	Beech 200	BB-430
N316JP	Beech B200	BB-923
N316MS	Beech 200	BB-412
N316PM	PC-XII-45	241
N316RS	Beech 300LW	FA-139
N316W	Beech 350	FL-456
N316WB	Piper PA-31T	8004057
N317NA	PC-XII-45	223
N317RT	Beech B200	BB-1694
N318AK	Cessna 441	441-0070
N318CB	Beech B200	BB-1730
N318CW	PA-46DLX	102
N318F	Beech C90	LJ-574
N318MT	PC-XII-45	318
N318TK	Rockwell 690A	11136
N319BF	Rockwell 690C	11675
N319EE	Beech 350	FL-401
N319MB	Beech C90A	LJ-1126
N319TB	TBM-700C2	319
N320PW	PC-XII-45	647
N321AV	Beech C90	LJ-942
N321BF	Beech B200GT	BY-83
N321CR	PA-46DLX	118
N321CW	TBM-700B	155
N321DZ	Beech B90F	LJ-367
N321F	Beech C-12C	BC-70
N321FJ	Beech C90	LJ-862
N321GC	Beech B200	BB-1942
N321GM	MU-2B-60	1505SA
N321LB	Piper PA-31T	8166012
N321LH	Piper PA-42	5527012
N321MX	PC-XII-45	215
N321P	Beech RC-12D	GR-10
N321PL	PC-XII-45	321
N321TH	Beech B100	BE-104
N322BR	Beech C90A	LJ-1222
N322GK	Beech F90	LA-64
N322MR	Beech C90B	LJ-1611
N322P	Cessna 441	441-0274
N322R	Beech C90	LJ-746
N322TA	MU-2B-60	760SA
N322TC	Beech C90B	LJ-1302
N323DB	Beech 350	FL-23
N323FL	PA-46DLX	218
N323HA	Beech E90	LW-323
N323RR	Beech 200	BB-380
N324BK	PC-XII-47E	1021
N324BS	Beech TC-12B	BJ-16
N324EC	Beech A100	B-99
N324GM	MU-2B-25	310
N324JP	Beech C90GTI	LJ-1921
N324JS	TBM-700B	230
N324PS	Beech TC-12B	BJ-58
N324SC	PC-XII-45	490
N325AT	Beech UC-12B	BJ-10
N325FS	PC-XII-47	746
N325JM	Beech 350	FL-235
N325MA	MU-2B-26	325
N325MW	PC-XII-45	325
N325WR	Beech F90	LA-10
N326AJ	Beech 200	BB-396
N326KW	Beech B200	BB-1360
N326PA	PC-XII-45	362
N326RS	Cessna 441	441-0326
N326RT	Beech 200	BB-553
N326V	PC-XII-47	733
N327A	P-180 Avanti	1158
N327JZ	PC-XII-45	327
N327ME	Beech 300LW	FA-127
N327R	Beech 350	FL-259
N327RB	Beech 200	BB-335
N327YR	P-180 Avanti	1173
N328AJ	Beech 350	FL-245
N328DC	Do328	3019
N328AP	PC-XII-45	328
N328KK	Piper PA-31T	8166068
N329KK	Piper PA-31T	8104011
N329MH	Beech B200GT	BY-40
N329NG	PC-XII-45	329
N329SK	PC-XII-45	441
N330DB	Beech C90A	LJ-1542
N330ES	Rockwell 690B	11476
N330PE	Beech C90GTI	LJ-1917
N330V	Beech C90	LJ-811
N331JP	Beech C90GT	LJ-1756
N331KB	Piper PA-31T	7804009
N331MP	Cessna 441	441-0312
N331RC	Rockwell 690A	11137

Registration	Type	Serial
☐ N332DE	Beech C90	LJ-674
☐ N332DM	Cessna 441	441-0167
☐ N332M	Beech B200GT	BY-39
☐ N332MS	Beech C90-1	LJ-1023
☐ N332SA	Piper PA-42	5527025
☐ N332SM	Piper PA-42	8001020
☐ N333AP	Beech B200	BB-1137
☐ N333BM	Beech C90B	LJ-1504
☐ N333HC	Rockwell 690A	11150
☐ N333LE	Beech E90	LW-223
☐ N333MM	Piper PA-46T	4697010
☐ N333P	Piper PA-31T	8020002
☐ N333RK	MU-2B-26A	380SA
☐ N333TL	Beech C90	LJ-999
☐ N333TN	Piper PA-31T	8020089
☐ N333TP	Beech B200	BB-1292
☐ N333TX	MU-2B-26	332
☐ N333UJ	Cessna 425	425-0179
☐ N333UP	Rockwell 695A	96015
☐ N333WC	Beech 300	FA-55
☐ N333WT	Beech F90	LA-91
☐ N333XX	Piper PA-31T	7920038
☐ N334CA	Piper PA-31T	7904034
☐ N334EB	MU-2B-35	568
☐ N334JR	TBM-700C2	334
☐ N334ST	Piper PA-46T	4697334
☐ N335AP	Beech C90GTI	LJ-1919
☐ N335KW	Beech B200	BB-1335
☐ N335MA	TBM-700B	235
☐ N335S	Beech 200	BB-227
☐ N335TA	Beech 200	BB-514
☐ N335WH	PC-XII-45	335
☐ N336MM	Beech 350	FL-607
☐ N336P	Piper PA-31T	7400003
☐ N337C	Cessna 441	441-0126
☐ N337KC	Cessna 441	441-0337
☐ N337TF	Piper PA-46T	4697094
☐ N337TP	PC-XII-45	326
☐ N338CM	MU-2B-36A	703SA
☐ N338DB	Piper PA-46T	4697155
☐ N338PC	PC-XII-45	338
☐ N339JG	Beech B100	BE-130
☐ N339KA	Beech E90	LW-341
☐ N341MH	Beech E90	LW-341
☐ N341RL	Beech C90A	LJ-1287
☐ N342CF	Beech C90A	LJ-1156
☐ N343CW	PC-XII-45	340
☐ N343RR	Piper PA-46T	4697197
☐ N344DP	Beech C90B	LJ-1414
☐ N344KL	MU-2B-25	257
☐ N344L	Beech 350	FL-107
☐ N345DG	Beech 350	FL-427
☐ N345RF	PC-XII-45	345
☐ N345TP	Cessna 425	425-0005
☐ N345V	Beech E90	LW-23
☐ N345WK	Beech B200	BB-1580
☐ N345WT	Piper PA-46T	4697267
☐ N346BA	Beech B200	BB-1653
☐ N346VL	MU-2B-20	231
☐ N347D	Beech B200	BB-1197
☐ N347DW	PA-46DLX	148
☐ N347KC	PC-XII-45	347
☐ N348AC	Beech A90	LJ-196
☐ N348PC	PC-XII-45	348
☐ N349MP	Cessna 441	441-0302
☐ N350AB	Beech 350	FL-212
☐ N350AF	Beech 350	FL-184
☐ N350BB	Beech 350	FL-22
☐ N350BD	Beech 350	FL-123
☐ N350BF	Beech 300LW	FA-187
☐ N350BG	Beech 350	FL-217
☐ N350BS	Beech 350	FL-6
☐ N350BW	Beech 350	FL-278
☐ N350CB	Beech 350	FL-392
☐ N350D	Beech 350	FL-334
☐ N350DK	Beech 350	FL-30
☐ N350DR	Beech 350	FL-63
☐ N350DW	Beech 300LW	FA-157
☐ N350EB	Beech 350	FL-561
☐ N350FC	Beech 350	FL-214
☐ N350FF	Beech 350	FL-669
☐ N350FW	Beech 350	FL-421
☐ N350GA	Beech 350	FL-16
☐ N350GL	Beech 350	FL-253
☐ N350HA	Beech 350	FL-393
☐ N350HB	Beech 350	FL-672
☐ N350J	Beech 350	FL-314
☐ N350JB	Beech 350	FL-213
☐ N350JG	Beech 350	FL-609
☐ N350JW	Beech 350	FL-208
☐ N350K	Beech 350	FL-692
☐ N350KG	Beech 350	FL-422
☐ N350KS	Beech 350	FL-323
☐ N350LL	Beech 350	FL-157
☐ N350MG	Beech 350	FL-528
☐ N350MM	PA-46DLX	136
☐ N350MZ	Beech 350	FL-11
☐ N350NY	Beech 350	FL-539
☐ N350P	Beech 350	FL-47
☐ N350PJ	Beech 350	FL-384
☐ N350PT	Beech 350	FL-467
☐ N350PX	Beech 350	FL-560
☐ N350Q	Beech 350	FL-14
☐ N350RD	Beech 350	FL-365
☐ N350RG	MU-2B-60	773SA
☐ N350RK	Beech 350	FL-516
☐ N350RR	Beech 350	FL-634
☐ N350S	Beech 350	FL-179
☐ N350SK	Beech 350	FL-583
☐ N350SM	Beech 350	FL-474
☐ N350ST	Piper PA-31T	8020068
☐ N350TC	Beech 350	BE-62
☐ N350TF	Beech 350	FL-202
☐ N350TJ	Beech B100	BE-125
☐ N350TK	Beech 350	FL-5
☐ N350TT	Beech 350	FL-413
☐ N350TV	Beech 350	FL-319
☐ N350VM	Beech 350	FL-41
☐ N350WA	Beech C90	LJ-762
☐ N351BM	Epic LT	110
☐ N351C	Piper PA-46T	4697398
☐ N351CB	Beech B200	BB-1889
☐ N351CK	TBM-850	351
☐ N351DD	Beech 350	FL-257
☐ N351GC	Beech 350	FL-56
☐ N351GR	Beech E90	LW-324
☐ N351MP	Beech 350	FL-305
☐ N351PC	PC-XII-45	351
☐ N351SA	Beech B200	BB-1423
☐ N352BC	Beech 350	FL-463
☐ N352CM	PA-46DLX	163
☐ N352F	F1 Kestrel	1
☐ N352GR	Beech E90	LW-93
☐ N353ES	Cessna 425	425-0158
☐ N353KM	PC-XII-45	534
☐ N353Z	Beech C90B	LJ-1605
☐ N355CL	Beech C90A	LJ-1520
☐ N355DM	Beech 350	FL-320
☐ N355PM	Piper PA-46T	4697071
☐ N356AA	Beech B200C	BL-55
☐ N356AJ	MU-2B-26A	381SA
☐ N356F	TBM-700B	207
☐ N357BB	Beech 350	FL-27
☐ N357CC	Beech F90	LA-180
☐ N357JR	Beech 90	LJ-5
☐ N357RL	Beech 350	FL-373
☐ N357ST	Rockwell 695	95074
☐ N359CV	PC-XII-45	382
☐ N359GP	Piper PA-31T	1166001
☐ N359MB	Beech 350	FL-359
☐ N360DA	PC-XII-45	270
☐ N360EA	Beech B200	BB-1231
☐ N360MP	Beech C90A	LJ-1085
☐ N360RA	MU-2B-60	740SA
☐ N360X	Beech B200	BB-1783
☐ N361EA	Beech B200	BB-1103
☐ N361GB	PC-XII	132
☐ N361JA	MU-2B-36	681
☐ N361JC	Piper PA-31T	7720062
☐ N361MA	MU-2B-40	429SA
☐ N361TD	Beech B200C	BL-128
☐ N362D	Beech E90	LW-265
☐ N362MC	Beech C90	LJ-760
☐ N362SC	Beech B200GT	BY-61
☐ N362SH	Rockwell 690A	11316
☐ N363CA	Beech 350	FL-326
☐ N363D	Beech B200	BB-1503
☐ N363EA	Beech B200	BB-1538
☐ N364EA	Beech 200	BB-689
☐ N364UZ	Beech C90	LJ-805
☐ N364WA	Rockwell 690B	11439
☐ N365CS	Beech 300LW	FA-120
☐ N366GW	Beech E90	LW-320
☐ N366NC	Beech C90B	LJ-1444
☐ N366SL	Beech 350	FL-366
☐ N367EA	TBM-850	410
☐ N367LF	Beech 200	BB-405
☐ N367RA	Beech 200	BB-367
☐ N368FA	Beech 200	BB-741
☐ N368PC	PC-XII-45	368
☐ N368RK	Beech C90A	LJ-1267
☐ N369F	Beech 300LW	FA-185
☐ N369LC	P-180 Avanti	1154
☐ N370JP	Epic LT	1
☐ N370K	Rockwell 680V	1570-25
☐ N370MA	MU-2B-26A	370SA
☐ N370U	Beech C90B	LJ-1428
☐ N371CW	TBM-850	371
☐ N371TM	Piper PA-31T	1104011
☐ N372CF	PC-XII-45	372
☐ N372JB	Beech 200	BB-719
☐ N372JM	Piper PA-31T	8166029
☐ N373KM	PC-XII-45	373
☐ N373LD	Piper PA-46T	4697360
☐ N373LP	Cessna 425	425-0141
☐ N373Q	Piper PA-42	8001014
☐ N373WP	Beech 350	FL-519
☐ N374BH	Beech 350	FL-442
☐ N374CH	Beech 350	FL-449
☐ N375AA	Rockwell 690A	11179
☐ N375AC	MU-2B-26	327
☐ N375BZ	TBM-850	472
☐ N375CA	MU-2B-35	643
☐ N375CP	Beech 350	FL-433
☐ N375RD	Piper PA-46T	4697003
☐ N375SE	Piper PA-46T	4697375
☐ N376KC	PC-XII-45	376
☐ N376RC	Beech 200	BB-376
☐ N377CA	Cessna 441	441-0289
☐ N377GL	Cessna 425	425-0233
☐ N377L	PC-XII-45	346
☐ N377P	Beech C90A	LJ-1087
☐ N378FC	TBM-850	378

Registration	Type	Serial
☐N378HH	PC-XII-45	378
☐N378SF	Beech 200	BB-378
☐N379VM	Beech E90	LW-27
☐N380TM	PC-XII-45	380
☐N381HC	Beech B200	BB-1952
☐N381R	Beech 200	BB-385
☐N382MB	Piper PA-31T	8120057
☐N382ME	Beech 200	BB-436
☐N382TW	Beech E90	LW-141
☐N383AA	Beech E90	LW-13
☐N383JP	Beech 200	BB-615
☐N383SS	Cessna 441	441-0161
☐N384GD	Beech B200GT	BY-4
☐N385H	Beech 350	FL-610
☐N385KA	Beech 300	FA-42
☐N385KC	Piper PA-46T	4697385
☐N385MC	Beech B200	BB-1017
☐N386CP	TBM-850	477
☐N386GA	Beech C90	LJ-775
☐N386TH	Beech C90GT	LJ-1777
☐N387AS	Beech C90B	LJ-1417
☐N387GC	Beech C90B	LJ-1655
☐N387TT	PC-XII-47E	1048
☐N387W	PC-XII-45	387
☐N388AB	Epic LT	17
☐N388HP	Piper PA-46T	4697388
☐N388NC	MU-2B-40	452SA
☐N388PC	PC-XII-45	388
☐N388SR	PC-XII-45	316
☐N388TW	Piper PA-46T	4697018
☐N389AS	Beech C90B	LJ-1438
☐N389MA	PA-46DLX	178
☐N389RA	Beech B200C	BL-56
☐N389W	PC-XII-45	389
☐N390C	Piper PA-46T	4697369
☐N390MD	Beech 350	FL-333
☐N390PS	Beech E90	LW-279
☐N390SP	Beech B200	BB-1970
☐N391EC	PC-XII-45	391
☐N392KC	Beech 200	BB-392
☐N392WC	PC-XII-45	392
☐N393CF	Beech 300LW	FA-214
☐N393JW	Beech 200	BB-292
☐N394AL	Beech B90	LJ-394
☐N394S	Beech 350	FL-492
☐N395AM	Beech B200	BB-1101
☐N395AS	Beech C90B	LJ-1575
☐N395CA	Piper PA-31T	1166005
☐N395DR	Piper PA-42	8001065
☐N395KT	P-180 Avanti	1044
☐N395MB	Beech 350	FL-39
☐N395PC	PC-XII-45	395
☐N395SM	Piper PA-46T	4697129
☐N395W	PC-XII-45	394
☐N395WK	Epic LT	41
☐N396AS	Beech C90A	LJ-1540
☐N396AW	TBM-700C1	279
☐N396CA	Beech C90-1	LJ-1035
☐N396FW	Piper PA-42	8001021
☐N396JH	Piper PA-31T	7920087
☐N397MY	Epic LT	32
☐N398J	PC-XII-45	398
☐N398SP	Piper PA-31T	8104027
☐N399AM	PC-XII-45	249
☐N399BM	Beech 200	BB-399
☐N399CW	Beech B200	BB-1646
☐N399TW	Beech F90	LA-203
☐N399WS	Beech C90A	LJ-1547
☐N400AC	Beech B100	BE-12
☐N400AE	Beech 350	FL-2
☐N400AL	Beech 350	FL-428
☐N400BW	PC-XII-45	224
☐N400BX	Beech C90	LJ-686
☐N400CM	Piper PA-31T	7620040
☐N400DS	Rockwell 690B	11512
☐N400EG	Beech B200	BB-1501
☐N400GW	Beech B200	BB-1583
☐N400KW	Beech 200	BB-337
☐N400LJ	Piper PA-31T	8004012
☐N400LR	Piper PA-42	5527003
☐N400PS	MU-2B-40	411SA
☐N400RV	Beech C90	LJ-853
☐N400RX	MU-2B-35	593
☐N400SG	MU-2B-35	634
☐N400TW	PA-46DLX	193
☐N400U	Beech 200	BB-247
☐N400VB	Piper PA-42	5527002
☐N400WS	Piper PA-31T	8166044
☐N401BL	Beech 300LW	FA-125
☐N401CG	Beech B200	BB-1666
☐N401CP	Piper PA-46T	4697316
☐N401EM	Beech C90	LJ-950
☐N401HC	Beech B200	BB-1294
☐N401NS	Beech 300	FA-28
☐N401PD	PC-XII-45	401
☐N401SK	Beech B200	BB-1828
☐N401SM	PC-XII-45	255
☐N401VA	Piper PA-31T	8275001
☐N401WS	P-180 Avanti	1057
☐N402AB	Rockwell 690C	11659
☐N402BL	Beech F90	LA-130
☐N402CT	Beech B200	BB-1929
☐N402EM	Beech C90	LJ-914
☐N402KA	Beech 200	BB-296
☐N402MD	Beech C90GT	LJ-1831
☐N402MM	Piper PA-46T	4697002
☐N403EM	Beech C90	LJ-1000
☐N403HP	PA-46DLX	215
☐N403KC	Piper PA-46T	4697403
☐N404DP	Beech 200	BB-819
☐N404EW	Beech 300LW	FA-186
☐N404J	Beech B200	BB-1793
☐N404JP	Beech C90-1	LJ-1039
☐N404SC	Beech C90	LJ-843
☐N405DD	Beech C90B	LJ-1748
☐N405EM	Beech C90	LJ-726
☐N405KT	P-180 Avanti	1190
☐N405PT	Beech B200	BB-930
☐N406CP	Rockwell 690C	11655
☐N406KA	Beech B200GT	BY-106
☐N406RL	Beech C90B	LJ-1574
☐N406RS	Piper PA-31T	7920048
☐N406SF	Beech E90	LW-218
☐N407CF	Beech C90GT	LJ-1849
☐N408RN	Beech B200	BB-1709
☐N408SF	P-180 Avanti	1137
☐N409D	Beech 350	FL-497
☐N409DH	Beech 200	BB-795
☐N409DR	PC-XII-45	377
☐N409LV	Beech 350	FL-409
☐N409RA	Beech 200	BB-429
☐N409SH	Piper PA-31T	8104052
☐N410CA	Piper PA-31T	7920048
☐N410HP	Piper PA-46T	4697413
☐N410MC	Beech C90	LJ-761
☐N410MF	Cessna 441	441-0093
☐N410PT	Beech B200	BB-1978
☐N410RE	Beech 200	BB-4
☐N410SP	Beech RU-21H	LM-136
☐N410VE	Cessna 425	425-0097
☐N411BG	Piper PA-42	5527004
☐N411BL	Beech 200	BB-448
☐N411CC	Beech B200	BB-1520
☐N411FT	Beech B90	LJ-443
☐N411HA	Beech 100	B-21
☐N411HB	Piper PA-46T	4697303
☐N411KC	Beech B200	BB-901
☐N411MV	PC-XII-45	344
☐N411RA	Beech 200	BB-712
☐N411RH	Beech C90B	LJ-1717
☐N411RJ	Beech F90	LA-108
☐N411RS	Beech 90	LJ-106
☐N411WC	Beech 350	FL-571
☐N412CB	Beech 350	FL-440
☐N412KA	Beech 350	FL-612
☐N412MD	PC-XII-45	412
☐N412SH	Beech B200	BB-1269
☐N412WC	Beech C90GTI	L-1916
☐N415MM	TBM-850	528
☐N415PB	PC-XII-45	415
☐N415RB	Beech B200	BB-1513
☐N415TM	Beech B200	BB-1762
☐N415WR	PA-46DLX	184
☐N416AT	Beech B200	BB-1180
☐N416BK	Beech C90	LJ-816
☐N416DY	Beech 300LW	FA-197
☐N416LF	P-180 Avanti	1012
☐N416MR	Beech A90	LJ-267
☐N416P	Beech F90	LA-67
☐N416SE	Piper PA-46T	4697416
☐N417AR	PC-XII-45	611
☐N417KC	PC-XII-45	417
☐N417RK	PA-46DLX	192
☐N417SH	Beech C90GT	LJ-1789
☐N418DN	Beech B200	BB-1130
☐N418DR	PC-XII-45	192
☐N418HP	Piper PA-46T	4697418
☐N418J	Beech B200	BB-1705
☐N418SP	Beech U-21H	LM-138
☐N419GR	Piper PA-46T	4697244
☐N419SC	Cessna 441	441-0149
☐N419SE	Piper PA-46T	4697419
☐N420AF	PC-XII-45	420
☐N420DB	Cessna 441	441-0129
☐N420DW	PC-XII-45	404
☐N420MA	Cessna 425	425-0116
☐N420TA	Beech 200	BB-420
☐N421HV	Beech C90A	LJ-1266
☐N421PP	PC-XII-47E	1010
☐N422AS	Beech C90B	LJ-1714
☐N422MU	PC-XII-45	336
☐N422PM	Beech C90B	LJ-1412
☐N422Z	Beech F90	LA-135
☐N423JT	PA-46DLX	48
☐N423TJ	Beech C90-1	LJ-1029
☐N423WA	PC-XII-45	423
☐N424CM	Piper PA-31T	8004002
☐N424CP	Beech F90	LA-182
☐N424EM	Beech C90B	LJ-1351
☐N424PM	Piper PA-46T	4697288
☐N424RA	Beech B200	BB-1797
☐N424TT	Beech B200	BB-1964
☐N425AF	Cessna 425	425-0041
☐N425AL	Cessna 425	425-0100
☐N425AP	Beech 200	BB-682
☐N425AR	Cessna 425	425-0065
☐N425AT	Cessna 425	425-0004
☐N425BA	Cessna 425	425-0046
☐N425BL	Cessna 425	425-0198
☐N425BP	Beech B200	BB-1773
☐N425CA	Cessna 425	425-0210
☐N425CC	Cessna 425	425-0159
☐N425CF	Cessna 425	425-0131

Registration	Type	Serial
☐N425CL	Cessna 425	425-0206
☐N425CQ	Cessna 425	425-0173
☐N425D	Cessna 425	425-0121
☐N425DC	Cessna 425	425-0185
☐N425DD	Cessna 425	425-0083
☐N425DH	Cessna 425	425-0066
☐N425DK	Cessna 425	425-0086
☐N425DM	Cessna 425	425-0098
☐N425DR	Cessna 425	425-0199
☐N425DT	Rockwell 690B	11519
☐N425E	Cessna 425	425-0096
☐N425EA	Cessna 425	425-0063
☐N425EC	MU-2B-60	793SA
☐N425EM	Cessna 425	425-0164
☐N425ET	Cessna 425	425-0072
☐N425EW	MU-2B-36	696
☐N425EZ	Cessna 425	425-0099
☐N425FZ	Cessna 425	425-0059
☐N425GC	Cessna 425	425-0027
☐N425GJ	Cessna 425	425-0029
☐N425GM	Cessna 425	425-0033
☐N425HB	Cessna 425	425-0073
☐N425HD	Cessna 425	425-0113
☐N425HJ	Cessna 425	425-0169
☐N425JB	Cessna 425	425-0043
☐N425JG	Cessna 425	425-0128
☐N425JH	Cessna 425	425-0124
☐N425JT	Cessna 425	425-0129
☐N425KC	Cessna 425	425-0174
☐N425KD	Cessna 425	425-0203
☐N425LA	Cessna 425	425-0092
☐N425LC	Cessna 425	425-0054
☐N425LG	Cessna 425	425-0107
☐N425N	Cessna 425	425-0218
☐N425NC	Cessna 425	425-0207
☐N425NP	Cessna 425	425-0224
☐N425PC	Cessna 425	425-0193
☐N425PG	Cessna 425	425-0200
☐N425PJ	Cessna 425	425-0157
☐N425PL	Cessna 425	425-0010
☐N425PN	Cessna 425	425-0214
☐N425PV	Cessna 425	425-0104
☐N425RF	Cessna 425	425-0147
☐N425RM	Cessna 425	425-0180
☐N425SF	Cessna 425	425-0037
☐N425SL	Cessna 425	425-0236
☐N425SP	Cessna 425	425-0184
☐N425SR	Cessna 425	425-0133
☐N425SX	Cessna 425	425-0106
☐N425TB	Cessna 425	425-0068
☐N425TC	Cessna 425	425-0014
☐N425TF	MU-2B-40	425SA
☐N425TK	Cessna 425	425-0120
☐N425TM	Cessna 425	425-0217
☐N425TV	Cessna 425	425-0176
☐N425TW	Cessna 425	425-0161
☐N425TX	Cessna 425	425-0039
☐N425WD	Cessna 425	425-0130
☐N425WG	Cessna 425	425-0030
☐N425WL	Cessna 425	425-0197
☐N425WT	Cessna 425	425-0175
☐N425XP	Cessna 425	425-0064
☐N425Z	Cessna 425	425-0186
☐N426EM	Beech C90B	LJ-1352
☐N426HM	Beech C90B	LJ-1709
☐N426WF	Beech B200	BB-1953
☐N427BC	Beech 350	FL-581
☐N427DD	Piper PA-31T	7820029
☐N427DM	Beech C90	LJ-804
☐N427LS	PA-46DLX	90
☐N427P	Beech B200	BB-1367
☐N427PM	Beech C90GTI	LJ-1897
☐N427SE	Beech C90GT	LJ-1797
☐N427TA	Piper PA-31T	7720027
☐N427UX	Beech 350	FL-663
☐N427WA	PC-XII-45	427
☐N428CW	Piper PA-46T	4697201
☐N428V	Beech E90	LW-188
☐N429AP	Piper PA-31T	7820076
☐N429CA	PA-46DLX	29
☐N429DM	Beech F90	LA-102
☐N429PC	PC-XII-45	429
☐N429PL	Beech B200	BB-1574
☐N430DD	Beech B200	BB-1243
☐N430JT	Beech B300C	FM-3
☐N430MC	Beech B200	BB-904
☐N430RR	Merlin IVA	AT-030
☐N430S	Beech B200	BB-1080
☐N430TW	Beech B200	BB-1935
☐N431CF	Piper PA-31T	8166002
☐N431GW	Piper PA-31T	8020088
☐N431R	Beech 100	B-71
☐N431SC	Beech B200	BB-1337
☐N431WC	PC-XII-45	431
☐N431WJ	Beech 200	BB-431
☐N432CV	PC-XII-45	119
☐N432MH	PC-XII-45	432
☐N433HC	Beech B200	BB-1807
☐N434JA	PC-XII-47	819
☐N434R	Piper PA-31T	8104007
☐N435DM	TBM-700	154
☐N435PC	PC-XII-45	435
☐N436CB	TBM-850	465
☐N437CF	Beech A90	LJ-140
☐N437JB	Beech C90B	LJ-1687
☐N437WF	Beech B200	BB-962
☐N438CA	Beech C90A	LJ-1541
☐N438CR	Beech 200	BB-438
☐N438GC	Beech 350	FL-438
☐N439KM	Beech B200	BB-1209
☐N439WA	Beech E90	LW-216
☐N439WC	PC-XII-45	439
☐N440CA	Piper PA-42	5501027
☐N440DA	Cessna 441	441-0207
☐N440EH	Cessna 441	441-0358
☐N440HC	Cessna 425	425-0145
☐N440KA	Beech C90B	LJ-1499
☐N440KF	Beech C90	LJ-878
☐N440S	Piper PA-31T	8166016
☐N440WW	Beech B200GT	BY-5
☐N441A	Cessna 441	441-0094
☐N441AB	Cessna 441	441-0284
☐N441AD	Cessna 441	441-0226
☐N441AE	Cessna 441	441-0280
☐N441AG	Cessna 441	441-0327
☐N441AL	Beech B200	BB-1767
☐N441BB	Cessna 441	441-0217
☐N441BD	Cessna 441	441-0086
☐N441BH	Cessna 441	441-0145
☐N441BL	Cessna 441	441-0322
☐N441BW	Cessna 441	441-0034
☐N441CC	Cessna 441	441-0008
☐N441CJ	Cessna 441	441-0117
☐N441CR	Cessna 425	425-0149
☐N441CT	Cessna 441	441-0048
☐N441CX	Cessna 441	441-0305
☐N441DB	Cessna 441	441-0300
☐N441DD	Cessna 441	441-0341
☐N441DK	Cessna 441	441-0176
☐N441DN	Cessna 441	441-0325
☐N441DS	Cessna 441	441-0028
☐N441DZ	Cessna 441	441-0089
☐N441E	Cessna 441	441-0306
☐N441EB	Cessna 441	441-0049
☐N441EC	Cessna 441	441-0179
☐N441EE	Cessna 441	441-0083
☐N441EH	Cessna 441	441-0351
☐N441EP	Cessna 441	441-0283
☐N441F	Cessna 441	441-0036
☐N441FP	Beech 350	FL-83
☐N441FS	Cessna 441	441-0318
☐N441G	Cessna 441	441-0230
☐N441GA	Cessna 441	441-0234
☐N441HF	Cessna 441	441-0315
☐N441HH	Cessna 441	441-0007
☐N441HS	Cessna 441	441-0330
☐N441HT	Cessna 441	441-0085
☐N441JA	Cessna 441	441-0137
☐N441JC	Cessna 441	441-0156
☐N441JK	Cessna 441	441-0197
☐N441KM	Cessna 441	441-0044
☐N441KP	Cessna 441	441-0062
☐N441LA	Cessna 441	441-0210
☐N441LB	Cessna 441	441-0080
☐N441LC	Cessna 441	441-0035
☐N441LS	Cessna 441	441-0342
☐N441M	Cessna 441	441-0122
☐N441MD	Cessna 441	441-0103
☐N441ME	Cessna 441	441-0266
☐N441MJ	Cessna 441	441-0024
☐N441MW	Cessna 441	441-0286
☐N441MY	Cessna 441	441-0215
☐N441ND	Cessna 441	441-0123
☐N441P	Cessna 441	441-0032
☐N441PG	Cessna 441	441-0245
☐N441PN	Cessna 441	441-0347
☐N441PP	Cessna 441	441-0292
☐N441PW	Cessna 441	441-0240
☐N441RJ	Cessna 441	441-0151
☐N441RK	Cessna 441	441-0074
☐N441RS	Cessna 441	441-0221
☐N441S	Cessna 441	441-0323
☐N441SA	Cessna 441	441-0172
☐N441SB	Cessna 441	441-0301
☐N441SM	Cessna 441	441-0134
☐N441ST	Cessna 441	441-0014
☐N441SX	Cessna 441	441-0248
☐N441TG	Cessna 441	441-0200
☐N441TL	Cessna 441	441-0357
☐N441UC	Cessna 441	441-0344
☐N441VB	Cessna 441	441-0115
☐N441VH	Cessna 441	441-0225
☐N441WD	Cessna 441	441-0107
☐N441WJ	Cessna 441	441-0194
☐N441WL	Cessna 441	441-0041
☐N441WP	Cessna 441	441-0098
☐N441X	Cessna 441	441-0254
☐N442DS	TBM-700	96
☐N442JR	Beech B200	BB-1510
☐N442KA	Beech 200	BB-442
☐N443CL	Beech E90	LW-318
☐N443DB	PC-XII-47E	1018
☐N443DW	Cessna 441	441-0313
☐N443H	Cessna 425	425-0002
☐N443TC	Beech B100	BE-20
☐N444AD	Beech 200	BB-733
☐N444AK	Cessna 441	441-0334
☐N444BC	Gulfstream 1	96
☐N444BK	Beech B200	BB-1332
☐N444BN	Piper PA-31T	7820028
☐N444BT	Kodiak 100	100-0030
☐N444CM	PC-XII	152
☐N444CY	Piper PA-42	5501025

Registration	Model	Serial
☐ N444EG	Beech 200	BB-624
☐ N444ER	Piper PA-31T	8166071
☐ N444FT	PC-XII-45	322
☐ N444H	Rockwell 690B	11402
☐ N444JV	Cessna 425	425-0070
☐ N444KA	Beech B200	BB-1318
☐ N444KF	Cessna 425	425-0191
☐ N444LN	Piper PA-42	8001045
☐ N444LP	Beech B200	BB-1816
☐ N444LR	Beech C90B	LJ-1447
☐ N444PC	Piper PA-31T	7920066
☐ N444PS	Beech C90	LJ-615
☐ N444RC	Piper PA-31T	7520030
☐ N444RK	Beech B100	BE-137
☐ N444RR	Piper PA-46T	4697278
☐ N444WC	Piper PA-31T	8166054
☐ N444WD	Rockwell 695A	96006
☐ N444WF	MU-2B-60	1551SA
☐ N445CR	Beech C90	LJ-838
☐ N446AS	Beech C90B	LJ-1446
☐ N446SB	PA-46DLX	211
☐ N447DB	Beech C90B	LJ-1656
☐ N447TF	Beech 350	FL-364
☐ N448CA	Piper PA-42	5527034
☐ N448CP	Beech E90	LW-232
☐ N449BK	MU-2B-40	449SA
☐ N449BY	PC-XII-45	449
☐ N449CA	TBM-700B	150
☐ N449LC	Rockwell 690A	11187
☐ N450CK	Beech 350	FL-464
☐ N450CR	Beech 350	FL-340
☐ N450DW	Beech 350	FL-325
☐ N450FS	MU-2B-26	338
☐ N450HC	Piper PA-31T	8166021
☐ N450MA	MU-2B-35F	587
☐ N450MW	Piper PA-42	5527013
☐ N450PC	PC-XII-45	450
☐ N450S	Beech B200	BB-1035
☐ N450WH	Beech B200	BB-1275
☐ N451DM	PC-XII-45	350
☐ N452GH	PC-XII-45	628
☐ N453PC	PC-XII-45	453
☐ N453SC	Beech 350	FL-500
☐ N454CA	Piper PA-31T	8104053
☐ N454DC	Beech B200	BB-995
☐ N454EA	Cessna 441	441-0054
☐ N454GC	Beech F90	LA-39
☐ N454LF	Beech 350	FL-209
☐ N454P	Beech C90B	LJ-1372
☐ N454PS	PC-XII-45	454
☐ N454RM	Epic LT	111
☐ N454TB	Beech 350	FL-554
☐ N454TM	Beech B200	BB-1507
☐ N455AL	Beech C90A	LJ-1268
☐ N455DK	PC-XII-45	194
☐ N455JW	Piper PA-42	8001040
☐ N455LC	Beech B200	BB-1429
☐ N455LG	Piper PA-46T	4697203
☐ N455MM	Piper PA-31T	8020087
☐ N455MS	PA-46DLX	70
☐ N455RS	Piper PA-46T	4697214
☐ N455SC	Beech 350	FL-688
☐ N455SE	Beech 350	FL-356
☐ N455SG	Piper PA-46T	4697096
☐ N455WM	PC-XII-45	455
☐ N456CS	Beech 200	BB-177
☐ N456ES	Beech B200	BB-1107
☐ N456FC	Cessna 425	425-0127
☐ N456GT	Cessna 441	441-0294
☐ N456JR	Cessna 425	425-0093
☐ N456PF	Beech 200	BB-413
☐ N456V	PC-XII-45	201
☐ N457C	Piper PA-46T	4697328
☐ N457TG	Piper PA-31T	8020059
☐ N458BB	MU-2B-40	458SA
☐ N458DL	PC-XII-45	458
☐ N458Q	Beech 300LW	FA-181
☐ N459DF	Beech C-12D1	BP-27
☐ N459M	Beech 350	FL-402
☐ N459MA	TBM-700C	259
☐ N459PC	PC-XII-45	459
☐ N459SA	MU-2B-40	459SA
☐ N460PB	PC-XII-45	460
☐ N460PM	PC-XII-47E	1079
☐ N461BB	Piper PA-46T	4697016
☐ N461DF	Beech C-12D1	BP-29
☐ N461EP	Beech C90B	LJ-1697
☐ N461HP	PA-46DLX	201
☐ N461JH	Kodiak 100	100-0013
☐ N461LM	TBM-700	122
☐ N461MA	MU-2B-25	301
☐ N462GS	PC-XII-45	393
☐ N462HP	PA-46DLX	158
☐ N462MA	MU-2B-25	302
☐ N462PC	PC-XII-45	462
☐ N462PJ	Piper PA-46T	4697249
☐ N463CP	Beech C90GTI	LJ-1878
☐ N463DF	Beech C-12D1	BP-24
☐ N463JB	Beech C90B	LJ-1310
☐ N463JP	PA-46DLX	100
☐ N463JT	PC-XII-45	463
☐ N463MX	Beech 200	BB-463
☐ N463RD	TBM-850	463
☐ N464C	Piper PA-46T	4697393
☐ N464JB	PA-46DLX	71
☐ N465JB	Beech C90B	LJ-1304
☐ N465KC	Beech C90GT	LJ-1824
☐ N465ME	Piper PA-46T	4697233
☐ N465PC	PC-XII-45	465
☐ N465SK	Piper PA-46T	4697013
☐ N465TP	Piper PA-46T	4697204
☐ N466AC	Beech 350	FL-586
☐ N466DC	MU-2B-60	1528SA
☐ N466MW	Beech B200	BB-1273
☐ N466SP	Kodiak 100	100-0015
☐ N467BW	Beech A100	B-130
☐ N467MA	MU-2B-40	1567SA
☐ N468BV	Beech 350	FL-369
☐ N468SP	Beech 200C	BL-5
☐ N468TT	Epic LT	12
☐ N469AF	PC-XII-45	469
☐ N469B	Beech C90	LJ-803
☐ N469CC	PA-46DLX	3
☐ N469HP	PC-XII-47E	1150
☐ N469MA	MU-2B-60	1543SA
☐ N470AH	PC-XII-45	470
☐ N470KA	Beech 350	FL-109
☐ N470RJ	Cessna 425	425-0082
☐ N470SC	Beech 350	FL-35
☐ N470TC	Beech 200	BB-424
☐ N473GG	Piper PA-31T	7820026
☐ N473PC	PC-XII-45	473
☐ N476D	PC-XII-45	476
☐ N477AE	Beech 300	FA-84
☐ N477B	Cessna 441	441-0055
☐ N477DD	MU-2B-40	439SA
☐ N477HC	Piper PA-46T	4697171
☐ N477JM	Beech 200	BB-538
☐ N477PT	Beech C90B	LJ-1600
☐ N478CR	Beech C90B	LJ-1474
☐ N479MA	MU-2B-60	1553SA
☐ N479MM	Piper PA-42	8001074
☐ N479SA	Beech A90	LJ-215
☐ N479SW	Piper PA-31T	7904047
☐ N479WB	Beech B200	BB-886
☐ N480AF	MU-2B-25	248
☐ N480BR	Beech B200	BB-1355
☐ N480EB	Beech 350	FL-600
☐ N480JD	PC-XII-47E	1095
☐ N480K	Rockwell 690B	11543
☐ N480MA	MU-2B-60	1554SA
☐ N480TC	Beech B200	BB-1600
☐ N480WH	PC-XII-45	480
☐ N481AF	MU-2B-25	253
☐ N481BR	Beech B200	BB-1967
☐ N481SW	Piper PA-31T	8104016
☐ N482AF	MU-2B-25	265
☐ N483AF	MU-2B-25	271
☐ N484AF	MU-2B-25	284
☐ N484AS	Piper PA-31T	8004055
☐ N484BW	Beech C90GTI	LJ-1883
☐ N484SC	Piper PA-31T	7820022
☐ N484WC	Beech 350	FL-601
☐ N485AF	MU-2B-25	308
☐ N485AT	Beech C90A	LJ-1203
☐ N485K	Beech 200	BB-485
☐ N485PC	PC-XII-45	485
☐ N485R	Beech 200	BB-605
☐ N486AF	MU-2B-26	329
☐ N486PB	PC-XII-45	486
☐ N487AF	MU-2B-26	333
☐ N487JH	Beech B100	BE-43
☐ N487LM	PC-XII-45	517
☐ N487PC	PC-XII-45	487
☐ N487TT	Beech 350	FL-67
☐ N488FT	Beech F90	LA-137
☐ N488JB	Beech B200	BB-1099
☐ N488PG	PC-XII-47E	1053
☐ N488XJ	Beech C90A	LJ-1527
☐ N489JG	PC-XII-45	489
☐ N490AC	Rockwell 690B	11521
☐ N490KC	Rockwell 690A	11300
☐ N490MA	MU-2B-35	640
☐ N490W	Beech C90B	LJ-1649
☐ N491JV	Beech C90B	LJ-1349
☐ N491KQ	Kodiak 100	100-0001
☐ N491WF	Epic LT	28
☐ N492B	TBM-850	455
☐ N492PA	Beech B90	LJ-492
☐ N492WA	PC-XII-45	492
☐ N493DT	Beech B100	BE-32
☐ N493KQ	Kodiak 100	100-0003
☐ N494KQ	Kodiak 100	100-0004
☐ N494MA	Beech 300LW	FA-108
☐ N495DH	Beech 350	FL-404
☐ N495JJ	Epic LT	26
☐ N495KQ	Kodiak 100	100-0005
☐ N495NM	Beech C90	LJ-781
☐ N495Y	Beech C90B	LJ-1707
☐ N497BH	Kodiak 100	100-0018
☐ N497PC	PC-XII-45	497
☐ N498KK	Kodiak 100	100-0031
☐ N499SW	Beech B100	BE-89
☐ N500BG	PC-XII-45	600
☐ N500CR	Beech 200	BB-714
☐ N500CS	Beech 200	BB-773
☐ N500EQ	Beech C90B	LJ-1387
☐ N500EW	Piper PA-31T	8166060
☐ N500FE	Beech B200	BB-1212
☐ N500FF	TBM-700	141
☐ N500GN	Beech 200	BB-62
☐ N500HG	Beech B200	BB-1954

Reg	Type	Serial	Reg	Type	Serial	Reg	Type	Serial
☐N500KD	Beech B100	BE-79	☐N510LC	Piper PA-31T	7720068	☐N524PC	Beech 350	FL-447
☐N500KQ	Kodiak 100	100-0012	☐N510ME	Beech E90	LW-312	☐N524PM	Piper PA-46T	4697024
☐N500KR	Beech C90	LJ-708	☐N510RB	PA-46DLX	167	☐N524RD	PC-XII-47E	1054
☐N500KS	Beech 200	BB-59	☐N510UE	Beech B200	BB-1872	☐N524TS	Beech C90A	LJ-1187
☐N500LE	MU-2B-26A	351SA	☐N510UF	Beech 350	FL-615	☐N525AH	Kodiak 100	100-0009
☐N500LM	Piper PA-42	5527016	☐N511AM	MU-2B-60	1556SA	☐N525BC	Beech 350	FL-252
☐N500LP	Beech B200	BB-1141	☐N511AS	Beech B200	BB-1286	☐N525DF	Beech 350	FL-306
☐N500MS	Beech E90	LW-123	☐N511D	Beech 350	FL-172	☐N525JK	Beech A90	LJ-305
☐N500MY	Piper PA-31T	7804004	☐N511DP	Beech 200C	BL-15	☐N525SK	Beech B200	BB-1148
☐N500NG	Beech B200	BB-1483	☐N511KV	Beech C90B	LJ-1422	☐N525TT	Epic LT	6
☐N500NK	PC-XII-45	500	☐N511PB	PC-XII-45	511	☐N526RR	Beech A90	LJ-263
☐N500PB	Piper PA-31T	8166027	☐N511PJ	Piper PA-31T	1104006	☐N527CH	Beech B200	BB-899
☐N500PJ	MU-2B-36	668	☐N511PS	Beech 350	FL-312	☐N527DM	PC-XII-47	813
☐N500PM	Piper PA-42	5527021	☐N511RH	SAAB 2000	020	☐N527MA	Piper PA-46T	4697127
☐N500VA	Beech B200	BB-1941	☐N511RZ	Beech B200	BB-1458	☐N527PB	PC-XII-45	527
☐N500VL	Beech 350	FL-383	☐N511SD	Beech B200	BB-1683	☐N527SE	Beech C90GT	LJ-1850
☐N500WF	Beech B200	BB-947	☐N511TA	Beech B200	BB-1660	☐N528AM	Beech 300	FA-59
☐N500WY	PC-XII-47	762	☐N511WM	Beech E90	LW-57	☐N528EJ	PC-XII-45	528
☐N500XX	MU-2B-25	250	☐N512DC	Beech 350	FL-342	☐N528GM	Beech C90GTI	LJ-1894
☐N501AR	Piper PA-46T	4697162	☐N512DM	MU-2B-20	155	☐N528MD	TBM-850	462
☐N501DU	Beech F90	LA-82	☐N512JD	Rockwell 680T	1584-36	☐N528NA	Beech UC-12B	BJ-3
☐N501EB	Beech 200	BB-422	☐N512MM	Piper PA-46T	4697271	☐N528PM	PC-XII-45	653
☐N501GS	Beech C90	LJ-964	☐N512RR	Beech C90	LJ-832	☐N529JM	Beech C90B	LJ-1470
☐N501HC	Beech B200	BB-1306	☐N513BT	Beech C90GT	LJ-1798	☐N529NA	Beech B200	BB-1091
☐N501MS	Beech C90	LJ-626	☐N513DM	MU-2B-60	1560SA	☐N529PM	Piper PA-46T	4697029
☐N501PM	P-180 Avanti	1022	☐N513JM	Beech C90A	LJ-1274	☐N529PS	PC-XII-45	529
☐N501WN	Gulfstream 1	165	☐N514LK	Beech 350	FL-517	☐N529WM	PA-46DLX	106
☐N502AP	Beech B200	BB-1187	☐N514NL	PC-XII-45	457	☐N530CH	Beech C90B	LJ-1322
☐N502BR	Cessna 441	441-0135	☐N514RS	Beech 2000A	NC-51	☐N530HP	Piper PA-46T	4697101
☐N502NC	Cessna 425	425-0056	☐N514TB	Beech 200	BB-1351	☐N530WC	PC-XII-45	530
☐N502SE	Beech C90	LJ-740	☐N515AF	PC-XII-45	515	☐N531CB	Beech B100	BE-133
☐N503AB	Beech 100	B-18	☐N515AM	Rockwell 695	95008	☐N531CS	Beech C90	LJ-549
☐N503CB	Beech C90	LJ-997	☐N515AS	Beech A100	B-90	☐N531MP	PC-XII-47	808
☐N503F	Beech 200	BB-185	☐N515BA	Beech 200	BB-603	☐N531SC	Beech B200GTBY-20	
☐N503LM	Beech 350	FL-182	☐N515BC	Beech E90	LW-121	☐N531SW	Beech B200	BB-1656
☐N503M	Beech A90	LJ-158	☐N515CK	Beech B200	BB-1726	☐N532SW	Beech B200	BB-1228
☐N503P	Beech 200	BB-437	☐N515CP	Beech B200	BB-1175	☐N533M	Cessna 441	441-0222
☐N503RM	Beech 200	BB-673	☐N515GA	Piper PA-31T	8104050	☐N533P	Beech B200	BB-1278
☐N503WJ	Beech 200	BB-503	☐N515KJ	Beech C90	LJ-566	☐N533PC	PC-XII-45	533
☐N503WR	Piper PA-31T	7904016	☐N515RC	Piper PA-42	5501018	☐N533SS	Beech E90	LW-197
☐N503WS	PC-XII-45	503	☐N515RP	PC-XII-45	330	☐N535BB	PC-XII-45	596
☐N504CB	Beech E90	LW-125	☐N516CB	PC-XII-47	752	☐N535DM	TBM-850	486
☐N504GF	Beech B200	BB-1156	☐N516RS	PA-46DLX	196	☐N535JR	Piper PA-46T	4697253
☐N504KQ	Kodiak 100	100-0028	☐N517DP	Beech 350	FL-602	☐N535KC	Piper PA-46T	4697335
☐N504SR	PC-XII-45	658	☐N518TS	Beech C90A	LJ-1130	☐N535MJ	PC-XII-47E	1157
☐N504TF	Beech 350	FL-399	☐N519JG	SAAB 2000	017	☐N535MT	PC-XII-45	535
☐N505AM	Beech B200	BB-919	☐N519KK	Beech 350	FL-51	☐N535PC	PC-XII-47E	1057
☐N505FK	Beech C-12C	BC-18	☐N519PC	PC-XII-45	519	☐N535PN	Beech 300LW	FA-152
☐N505HB	Piper PA-46T	4697314	☐N520DD	Beech 200	BB-738	☐N535WM	MU-2B-35	655
☐N505HC	Cessna 441	441-0257	☐N520DG	Beech B200	BB-1753	☐N536BW	Beech 350	FL-611
☐N505KQ	Kodiak 100	100-0025	☐N520HP	Piper PA-46T	4697012	☐N536MR	Beech 350	FL-536
☐N505MW	Beech E90	LW-155	☐N520JK	Beech C90GTI	LJ-1898	☐N536RB	Beech B200	BB-1879
☐N505P	PC-XII-45	505	☐N520MC	Beech 200	BB-43	☐N537PC	PC-XII-45	537
☐N505SG	Beech 350	FL-606	☐N521LB	Beech E90	LW-249	☐N538AM	Beech 300LW	FA-107
☐N506F	Beech C90A	LJ-1129	☐N521PC	PC-XII-45	521	☐N538BH	PC-XII-45	626
☐N506GT	Beech 200	BB-612	☐N521PM	Piper PA-31T	7720048	☐N540CB	Beech 300LW	FA-135
☐N506MV	Beech 350	FL-261	☐N522AS	Piper PA-31T	7520007	☐N540GA	Beech C90A	LJ-1557
☐N507AZ	PC-XII-45	418	☐N522CM	Kodiak 100	100-0010	☐N540GC	Cessna 425	425-0026
☐N507BC	TBM-850	382	☐N522DJ	PC-XII-45	539	☐N540MA	Beech B200	BB-1765
☐N507BE	Beech 200	BB-735	☐N522JP	Beech C90A	LJ-1289	☐N540SP	Beech C-12C	BC-5
☐N507EB	Beech 350	FL-81	☐N522MJ	Beech E90	LW-80	☐N541MC	Beech U-21A	LM-39
☐N507P	Beech 300LW	FA-217	☐N522SC	Beech C90-1	LJ-1022	☐N541ND	Piper PA-46T	4697356
☐N507RC	PC-XII-45	507	☐N522WD	Cessna 425	425-0015	☐N541PB	PC-XII-45	541
☐N508DW	Beech 200	BB-523	☐N523JL	PC-XII-45	523	☐N541RK	Beech C90GT	LJ-1779
☐N508GT	Beech C90GT	LJ-1775	☐N523PD	Piper PA-31T	7904044	☐N541SC	Beech 300LW	FA-138
☐N508RH	SAAB 2000	027	☐N523TH	Beech C90A	LJ-1219	☐N542KA	Beech 200	BB-542
☐N509FP	Beech B200	BB-1886	☐N524AM	Piper PA-31T	7920039	☐N543GA	Beech C90B	LJ-1558
☐N509MV	Beech 200	BB-877	☐N524FS	Beech 200	BB-590	☐N543GC	Cessna 425	425-0101
☐N509RH	SAAB 2000	030	☐N524GM	Beech B200C	BL-142	☐N543HC	Beech C90B	LJ-1620
☐N510GS	Beech B200	BB-1746	☐N524GT	PC-XII-45	524	☐N543JF	MU-2B-26A	389SA
☐N510LA	Beech B200GTBY-24		☐N524MR	Beech 200	BB-524	☐N543PB	PC-XII-45	543

Registration	Type	Serial
☐N544CB	MU-2B-60	1536SA
☐N544GA	Rockwell 690D	15015
☐N544P	Beech B200	BB-1265
☐N545C	Beech C90B	LJ-1654
☐N545JW	PA-46DLX	212
☐N545KA	Beech 350	FL-545
☐N545LC	Beech 200	BB-339
☐N546C	Beech C90B	LJ-1723
☐N546MA	Piper PA-46T	4697331
☐N546PB	PC-XII-45	546
☐N547AF	PC-XII-45	547
☐N547GA	Beech C90B	LJ-1559
☐N547GC	Cessna 425	425-0084
☐N547TA	MU-2B-26A	364SA
☐N549BR	Beech C90	LJ-809
☐N549GA	Beech C90B	LJ-1613
☐N550EC	Beech B200GT	BY-44
☐N550GL	Beech 200	BB-781
☐N550MM	Piper PA-31T	8166017
☐N550SW	Beech C90B	LJ-1700
☐N551CN	Beech C90B	LJ-1347
☐N551JL	Beech 200	BB-788
☐N551MA	TBM-850	516
☐N551TP	Beech 350	FL-303
☐N551VB	Beech 350	FL-503
☐N552JF	TBM-700B	184
☐N552TC	PC-XII-45	443
☐N552TP	Beech 350	FL-281
☐N553AM	Cessna 441	441-0219
☐N553CA	PC-XII-45	553
☐N553CL	Beech 350	FL-504
☐N554CF	Beech E90	LW-66
☐N554DM	Piper PA-42	5527008
☐N554VR	PC-XII-45	288
☐N555AL	Beech B200	BB-1670
☐N555AT	Piper PA-31T	8104054
☐N555C	MU-2B-20	129
☐N555DX	Beech 300	FA-65
☐N555EW	PC-XII-45	271
☐N555FH	Beech 300LW	FA-213
☐N555FR	Piper PA-31T	8004010
☐N555FT	Cessna 441	441-0124
☐N555FW	Beech E90	LW-248
☐N555HJ	Beech C90B	LJ-1378
☐N555HP	TBM-850	402
☐N555MC	Beech B200GT	BY-17
☐N555MT	Rockwell 690B	11418
☐N555PE	PC-XII-45	555
☐N555PM	Piper PA-31T	7620028
☐N555TZ	Beech F90	LA-189
☐N555VE	Rockwell 690B	11546
☐N555VW	Beech C90B	LJ-1330
☐N555WF	Beech B200	BB-1490
☐N555WQ	Beech 350	FL-287
☐N555XY	Beech C90B	LJ-1488
☐N555ZA	Beech 350	FL-48
☐N556BA	Beech B200	BB-1556
☐N556HL	PC-XII-45	556
☐N557ML	PA-46DLX	181
☐N557P	Beech C90B	LJ-1689
☐N558AF	PC-XII-45	558
☐N558BC	Beech 350	FL-223
☐N558KA	Beech 350	FL-558
☐N558RW	Piper PA-46T	4697346
☐N559CA	TBM-700B	213
☐N559CG	Rockwell 690B	11530
☐N559DW	Beech B200	BB-1036
☐N559PB	PC-XII-45	559
☐N560MP	PA-46DLX	127
☐N561SS	Beech 200	BB-464
☐N561ST	PC-XII-45	561
☐N561TC	Rockwell 690A	11315
☐N562CC	TBM-850	512
☐N562HP	Piper PA-46T	4697139
☐N562NA	PC-XII-45	174
☐N564BC	Beech 350	FL-577
☐N564CA	Beech B100	BE-58
☐N564KA	Beech 350	FL-564
☐N565C	Piper PA-46T	4697173
☐N566KA	Beech 300LW	FA-201
☐N566MA	Piper PA-46T	4697391
☐N566NA	Beech B200	BB-1566
☐N566TC	Beech B200	BB-1145
☐N567ER	PC-XII-47E	1139
☐N567FH	PC-XII-45	567
☐N567GJ	Beech E90	LW-95
☐N567MD	Beech C90A	LJ-1231
☐N568HP	Piper PA-46T	4697306
☐N568K	Beech B100	BE-106
☐N568SA	Beech C90A	LJ-1568
☐N568TT	Beech B200	BB-1568
☐N569AF	PC-XII-45	569
☐N571PC	PC-XII-45	571
☐N572BB	Beech C90B	LJ-1320
☐N572M	Beech 200	BB-398
☐N572PC	PC-XII-45	572
☐N573B	Beech 350	FL-690
☐N573MA	MU-2B-20	162
☐N573MS	Piper PA-46T	4697359
☐N575C	Beech C90	LJ-532
☐N575NM	Beech C90GT	LJ-1776
☐N575PC	PC-XII-45	575
☐N575RA	Beech 200	BB-575
☐N575TC	PA-46DLX	244
☐N576RG	PC-XII-45	576
☐N577BE	Beech 300	FA-66
☐N577BF	PC-XII-45	577
☐N577D	Beech 100	B-22
☐N577DC	Beech A90	LJ-308
☐N577HP	Piper PA-46T	4697377
☐N577PA	Cessna 425	425-0194
☐N577PW	Beech 350	FL-133
☐N579MC	Beech 350	FL-230
☐N579NC	TBM-850	388
☐N579PS	Beech B90	LJ-496
☐N580AF	MU-2B-35	580
☐N580BK	Beech B200	BB-1000
☐N580HP	Piper PA-46T	4697329
☐N580PA	Beech F90	LA-158
☐N580RA	Beech C90	LJ-580
☐N580S	Beech B100	BE-77
☐N581AT	Cessna 441	441-0010
☐N581B	Beech C90A	LJ-1170
☐N581PC	PC-XII-45	581
☐N581RJ	Beech F90	LA-14
☐N582AS	PA-46DLX	79
☐N582C	TBM-700C2	274
☐N582DT	PC-XII-45	582
☐N584JV	PC-XII-45	584
☐N584SK	Beech C90B	LJ-1581
☐N584V	Piper PA-46T	4697240
☐N585CE	Beech B200	BB-1194
☐N585PA	Cessna 425	425-0047
☐N585R	Beech C90A	LJ-1169
☐N586BC	Beech B200	BB-1223
☐N586BW	Beech 350	FL-432
☐N586DW	Rockwell 690B	11553
☐N586PB	PC-XII-45	586
☐N586TC	Beech C90	LJ-653
☐N586UC	Beech B200	BB-1118
☐N587M	Beech B90	LJ-361
☐N587PB	Beech C90B	LJ-1408
☐N588KC	PC-XII-45	588
☐N588KM	Beech C90GTI	LJ-1871
☐N588RS	PC-XII-47E	1062
☐N588SA	Beech C90B	LJ-1588
☐N588XJ	Beech C90A	LJ-1530
☐N589AC	PC-XII-45	589
☐N589H	P-180 Avanti	1010
☐N590AC	Beech 350	FL-78
☐N590GT	Beech C90GT	LJ-1759
☐N590SA	Beech B90	LJ-401
☐N591AF	PC-XII-45	591
☐N592MG	Epic LT	22
☐N592Q	Cessna 441	441-0361
☐N593DJ	Beech 200	BB-277
☐N593MA	Beech 350	FL-68
☐N593PC	PC-XII-45	593
☐N594SC	Beech 350	FL-594
☐N594WA	PC-XII-45	594
☐N595TM	Beech C90A	LJ-1255
☐N596CU	Beech C90	LJ-721
☐N597CH	PC-XII-45	597
☐N597MM	Beech 200	BB-720
☐N597P	Beech C90B	LJ-1597
☐N598AC	Beech 350	FL-613
☐N598AT	Piper PA-46T	4697059
☐N598C	Piper PA-46T	4697275
☐N598MM	PC-XII-45	598
☐N599AS	Cessna 441	441-0183
☐N599G	TBM-850	491
☐N599HL	Beech C90GT	LJ-1762
☐N599PB	PC-XII-45	599
☐N600AC	Beech E90	LW-185
☐N600BD	Epic LT	19
☐N600BF	Beech A90	LJ-193
☐N600BL	PC-XII-47E	1084
☐N600CB	Beech 350	FL-38
☐N600CX	Beech E90	LW-43
☐N600FE	Beech C90	LJ-935
☐N600KA	Beech 300LW	FA-143
☐N600KP	PC-XII-47	700
☐N600ML	Beech B200GT	BY-87
☐N600RK	Beech B200	BB-1800
☐N600WA	Beech F90	LA-71
☐N600WM	Beech F90	LA-75
☐N600WS	Rockwell 690B	11435
☐N600WY	PC-XII-45	526
☐N601AC	TBM-850	530
☐N601AJ	Piper PA-31T	1104013
☐N601BM	PC-XII-45	181
☐N601DM	Beech C90	LJ-825
☐N601HT	PC-XII-45	337
☐N601LM	Beech A100	B-116
☐N601SD	MU-2B-35F	610
☐N601WT	Rockwell 690D	15016
☐N602BM	PC-XII-45	664
☐N602CN	Beech 200	BB-872
☐N603JS	Epic LT	15
☐N603PA	Beech B90	LJ-403
☐N603WM	Beech 300LW	FA-198
☐N604MJ	Beech B200	BB-1801
☐N605EA	Beech F90	LA-129
☐N605LA	Rockwell 690D	15042
☐N605MD	PC-XII-47E	1033
☐N605MJ	Beech 350	FL-578
☐N605PC	PC-XII-45	605
☐N605TQ	PC-XII-45	320
☐N606AJ	Beech B200	BB-1257
☐N606DW	Piper PA-31T	8120038
☐N606MJ	Beech 350	FL-596
☐N606SF	TBM-700B	180
☐N606WC	Piper PA-46T	4697176

Registration	Type	Serial
N607AF	PC-XII-45	607
N607DK	Beech F90	LA-140
N607MA	Piper PA-46T	4697107
N608SM	PC-XII-47	734
N609BG	Beech 350	FL-468
N609SA	Beech C90B	LJ-1609
N609TA	Beech B200	BB-1725
N609TW	PC-XII-47	712
N610CA	MU-2B-60F	788SA
N610GH	PC-XII	103
N610NK	PC-XII-45	610
N610P	Piper PA-31T	7620002
N610RM	Beech B200	BB-1761
N610SC	Beech C90GT	LJ-1817
N610TA	Beech B200	BB-1609
N611	Rockwell 690D	15018
N611AY	Beech C90	LJ-601
N611CR	Beech C90A	LJ-1234
N611DD	Beech C90	LJ-806
N611GT	P-180 Avanti	1148
N611MA	TBM-700C2	330
N611R	Beech E90	LW-244
N611RR	Piper PA-31T	8004006
N611SD	Beech B200	BB-1307
N612CC	Cessna 441	441-0339
N612DT	Gulfstream 1	52
N612J	PC-XII-45	494
N612KC	PC-XII-45	173
N612SA	Beech C-12C	BC-29
N613BA	Beech 350	FL-396
N613BR	Beech 90	LJ-9
N613GA	Beech B200	BB-1909
N613HC	Piper PA-31T	7720053
N613NA	PC-XII-45	197
N613RF	Beech C90A	LJ-1068
N613TA	Beech B200	BB-1581
N614LD	PC-XII-45	614
N614ML	Beech 350	FL-84
N614P	PC-XII-47E	1036
N615AA	Beech A90	LJ-298
N615DP	Rockwell 690A	11317
N615SB	Rockwell 690B	11457
N616EL	PC-XII-45	616
N616GB	Beech 200	BB-752
N616MG	Cessna 425	425-0087
N617BB	MU-2B-30F	522
N617DW	Piper PA-31T	8004042
N617MM	Beech C90B	LJ-1587
N617RM	Beech C90A	LJ-1095
N618	Beech B200	BB-1378
N618JC	PC-XII-45	618
N618MA	Piper PA-46T	4697218
N618P	Epic LT	23
N618RD	Beech E90	LW-301
N618ST	Piper PA-46T	4697318
N619AF	PC-XII-45	619
N619SH	Beech C90B	LJ-1737
N620DB	Piper PA-31T	7920055
N620FB	PC-XII-47E	1070
N620WA	PC-XII-45	620
N620WE	Beech C90	LJ-743
N621EM	Beech F90	LA-123
N621N	Piper PA-46T	4697177
N621TA	MU-2B-35	605
N621TB	Beech B90	LJ-334
N621TD	Beech C90A	LJ-1123
N622KM	Beech 200	BB-491
N622MM	Cessna 425	425-0187
N623AC	PC-XII-47	722
N623BA	PC-XII-45	623
N623BB	Beech A90	LJ-277
N623E	PC-XII-47E	1050
N623MA	PA-46DLX	216
N623VP	Beech 200	BB-769
N624AF	PC-XII-45	624
N624CB	Cessna 441	441-0166
N624TS	PC-XII-47	724
N625GA	Beech B200	BB-1884
N625JD	Piper PA-46T	4697361
N625MC	PC-XII-47E	1047
N625PP	Beech E90	LW-58
N626AC	Piper PA-46T	4697410
N626AR	Piper PA-46T	4697286
N626GT	Beech B200GTBY-27	
N626MT	PC-XII-47	820
N626SA	Beech 100	B-78
N627DB	TBM-700C2	328
N627PC	Piper PA-42	5501010
N628DS	Beech B200	BB-1013
N628LD	Beech 350	FL-562
N628MC	PC-XII-47	516
N628MR	Cessna 425	425-0049
N629BC	PA-46DLX	227
N629CD	Beech A90	LJ-173
N629DF	PC-XII-45	590
N629DK	PA-46DLX	32
N629JG	Beech C90B	LJ-1688
N629JJ	PA-46DLX	164
N629KC	Piper PA-46T	4697229
N629LM	Beech 300	FA-50
N629MC	PC-XII-47	806
N629RP	Beech B200	BB-1984
N629SK	PC-XII-45	413
N629TM	MU-2B-35	631
N630MW	Piper PA-31T	8166011
N631BL	PC-XII-45	631
N631ME	Beech 350	FL-430
N632DS	Beech 300LW	FA-141
N633HC	Beech B200	BB-1852
N633WC	Piper PA-31T	8104036
N634B	Beech C-12C	BC-19
N634TT	Beech B200	BB-1252
N635AF	Beech C90	LJ-736
N635B	Beech C-12C	BC-49
N635SF	Beech B200	BB-1847
N636B	Beech C-12C	BC-61
N636CR	Piper PA-31T	8120014
N637B	Beech C-12C	BC-62
N637JC	Beech 300LW	FA-116
N637PH	PC-XII-45	637
N637WG	MU-2B-35F	637
N637WM	Beech B200	BB-1768
N638AV	PC-XII-45	638
N638D	Beech B90F	LJ-424
N638DB	PA-46DLX	222
N639KC	PC-XII-45	639
N640BD	PA-46DLX	64
N640DF	Beech C90B	LJ-1312
N640KC	PC-XII-47E	1076
N640MA	MU-2B-35	590
N640MW	Be1900C1	UC-1
N640MY	PC-XII-45	640
N641KC	PC-XII-47E	1141
N641MC	Beech 350	FL-495
N641TK	PC-XII-45	641
N641TS	Beech 200	BB-641
N642CT	PC-XII-45	246
N642DH	Beech B90	LJ-420
N642JL	Beech 300	FA-30
N642PC	PC-XII-45	642
N642TD	Beech C90	LJ-766
N642TF	Beech 200	BB-363
N643BW	PC-XII	131
N643EA	Beech C90B	LJ-1643
N643PC	PC-XII-45	643
N644CB	Beech 350	FL-394
N644EM	MU-2B-60	1534SA
N644SD	PC-XII-45	644
N645PC	PC-XII-45	645
N646CA	PA-46DLX	179
N646DR	Beech 200	BB-646
N646KC	Piper PA-46T	4697224
N648T	PA-46DLX	99
N649JC	Beech 200	BB-649
N649P	PC-XII-45	649
N650BG	PC-XII-45	654
N650CT	EMB-120	120198
N650DM	TBM-700	85
N650JT	Beech B100	BE-60
N650MC	PC-XII-45	650
N650RS	Piper PA-31T	8020071
N650WC	PC-XII-47	871
N651CT	EMB-120	120197
N651PB	PC-XII-45	651
N652L	Beech E90	LW-329
N653SB	Epic LT	25
N653CT	EMB-120	120243
N653TB	Beech 200	BB-586
N654BA	Beech B200C	BL-54
N654C	Beech 90	LJ-12
N654CW	TBM-850	439
N654FM	Beech 200	BB-654
N654JC	PC-XII-45	437
N655BA	Beech 200	BB-655
N655JG	Beech B200	BB-1440
N655MW	Be1900D	UE-377
N655SC	Beech 350	FL-239
N656AF	PC-XII-45	656
N657EZ	PC-XII-47E	1097
N657PC	PC-XII-47	796
N657PP	Beech 350	FL-375
N658JP	Beech 200	BB-658
N660AA	Beech B200	BB-1949
N660GW	Beech C90	LJ-673
N660PB	Beech B200	BB-1364
N660WA	PC-XII-45	660
N660WB	PC-XII-47	760
N660WM	Beech B200	BB-1944
N661BA	Beech B200C	BL-61
N661DP	MU-2B-60	798SA
N661DW	TBM-700	61
N661TC	Piper PA-31T	8120022
N661WP	PC-XII-45	578
N662BA	Beech B200C	BL-62
N662JS	Beech E90	LW-176
N665JK	Beech C90	LJ-665
N665KC	Piper PA-46T	4697265
N665MC	PC-XII-45	665
N665MW	Beech B200	BB-1737
N666DC	Beech E90	LW-44
N666JK	Piper PA-31T	8120044
N666M	PC-XII-47	839
N666MN	Rockwell 680V	1568-24
N666SF	PC-XII-45	354
N666YC	Beech B200GTBY-48	
N667RB	PC-XII-45	484
N669AF	PC-XII-45	669
N669WB	Piper PA-31T	8004018
N669WR	Epic LT	29
N670AT	Beech B90	LJ-481
N670WH	PC-XII-45	670
N671LL	Beech A90	LJ-148
N671PC	PC-XII-45	671

Registration	Type	Serial
☐ N672LS	Beech B90	LJ-369
☐ N672MM	Beech 350	FL-540
☐ N672PP	PC-XII-45	672
☐ N672SD	PC-XII-45	666
☐ N673PC	PC-XII-45	673
☐ N674NM	Rockwell 690A	11226
☐ N675MA	Piper PA-46T	4697367
☐ N675PC	Beech 350	FL-352
☐ N676J	Beech E90	LW-179
☐ N676PC	PC-XII-45	676
☐ N677BC	Beech 200	BB-86
☐ N677J	Beech E90	LW-294
☐ N677JE	Beech B200	BB-1702
☐ N677KA	Rockwell 680V	1677-60
☐ N677P	P-180 Avanti	1019
☐ N677WA	Rockwell 690A	11243
☐ N678FA	Beech B200	BB-1678
☐ N678RH	PC-XII-45	452
☐ N678SS	Beech B200	BB-1021
☐ N679BK	MU-2B-36	679
☐ N679FS	Beech C90-1	LJ-996
☐ N679JB	PC-XII-45	410
☐ N679PE	PC-XII-45	679
☐ N680CA	Beech B200	BB-1681
☐ N680CB	Beech 350	FL-499
☐ N681EV	Beech C90A	LJ-1228
☐ N681GH	PC-XII-45	681
☐ N681HV	Rockwell 681B	6049
☐ N681SP	Rockwell 681	6027
☐ N682C	Piper PA-46T	4697130
☐ N682DR	Beech 200	BB-130
☐ N682KA	Beech C90	LJ-682
☐ N683GW	Beech C90B	LJ-1683
☐ N684KM	Piper PA-46T	4697353
☐ N685BC	Beech 350	FL-355
☐ N686AC	Beech B100	BE-127
☐ N686CF	Beech B200	BB-1085
☐ N686GW	Beech C90A	LJ-1082
☐ N686PC	PC-XII-47	686
☐ N687AE	Cessna 441	441-0087
☐ N687AF	PC-XII-47	687
☐ N687HB	MU-2B-36	687
☐ N688CP	Piper PA-31T	7904028
☐ N688JB	Beech 350	FL-18
☐ N688RA	MU-2B-36F	688
☐ N688TM	Rockwell 680V	1687-67
☐ N689AE	Cessna 441	441-0281
☐ N689BV	Beech 200	BB-338
☐ N689PE	PC-XII-47	689
☐ N690AC	Rockwell 690B	11527
☐ N690AH	Rockwell 690A	11119
☐ N690AR	Rockwell 690A	11155
☐ N690AS	Rockwell 690A	11277
☐ N690AT	Rockwell 690A	11202
☐ N690AX	Rockwell 690A	11333
☐ N690BG	Rockwell 690B	11381
☐ N690BH	Rockwell 690B	11361
☐ N690BK	Rockwell 690B	11508
☐ N690BM	Rockwell 690A	11311
☐ N690CC	Rockwell 690B	11379
☐ N690CF	Rockwell 690A	11168
☐ N690CH	Rockwell 690B	11542
☐ N690CL	Rockwell 690A	11153
☐ N690CP	Rockwell 690B	11451
☐ N690DD	Rockwell 690A	11159
☐ N690DS	Rockwell 690A	11262
☐ N690EH	Rockwell 690A	11309
☐ N690EM	Rockwell 690A	11125
☐ N690FD	Rockwell 690B	11393
☐ N690G	Beech E90	LW-34
☐ N690GF	Rockwell 690B	11357
☐ N690GG	Rockwell 690B	11411
☐ N690GK	Rockwell 690	11031
☐ N690GZ	Rockwell 690A	11319
☐ N690HB	Rockwell 690A	11205
☐ N690HF	Rockwell 690A	11298
☐ N690JH	Rockwell 690B	11529
☐ N690JK	Rockwell 690B	11480
☐ N690L	Beech B200	BB-1573
☐ N690LL	Rockwell 690B	11544
☐ N690LN	Rockwell 690B	11415
☐ N690LS	Rockwell 690B	11475
☐ N690PC	Rockwell 690A	11341
☐ N690PT	Rockwell 690A	11252
☐ N690RA	Rockwell 690	11010
☐ N690RC	Rockwell 690A	11310
☐ N690RP	Rockwell 690B	11493
☐ N690SC	Beech B200	BB-1139
☐ N690SD	Rockwell 690A	11287
☐ N690SG	Rockwell 690A	11146
☐ N690SM	Rockwell 690A	11337
☐ N690TC	Rockwell 690B	11385
☐ N690TH	Rockwell 690B	11487
☐ N690TP	Rockwell 690D	15001
☐ N690TR	Rockwell 690	11034
☐ N690TW	Piper PA-42	5501026
☐ N690WD	Rockwell 690A	11176
☐ N690WS	Rockwell 690A	11194
☐ N690XT	Rockwell 690B	11467
☐ N690XY	Rockwell 690B	11433
☐ N691AS	Beech C90A	LJ-1240
☐ N691CL	Rockwell 690	11058
☐ N691PC	PC-XII-47	691
☐ N691SM	Rockwell 690B	11492
☐ N692M	Beech E90	LW-228
☐ N692T	Rockwell 690B	11555
☐ N692W	Beech C90B	LJ-1692
☐ N693AT	PC-XII-47	693
☐ N693MA	TBM-700C2	293
☐ N693PD	PC-XII-47	857
☐ N693VM	Rockwell 690A	11234
☐ N694CT	Beech C90B	LJ-1694
☐ N694JB	Beech 300	FA-89
☐ N694KM	Beech B200	BB-1922
☐ N695AB	Rockwell 695A	96055
☐ N695AM	Rockwell 695A	96007
☐ N695CT	Rockwell 695A	96096
☐ N695EE	Rockwell 695B	96205
☐ N695FA	Rockwell 695A	96077
☐ N695GG	Rockwell 695A	96036
☐ N695GH	Rockwell 695A	96078
☐ N695GJ	Rockwell 695A	96011
☐ N695HT	Rockwell 695A	96038
☐ N695JJ	Beech C90	LJ-695
☐ N695KG	Rockwell 695B	96207
☐ N695MG	Rockwell 695B	96204
☐ N695MM	Rockwell 695A	96050
☐ N695NC	Rockwell 695A	96032
☐ N695PC	PC-XII-45	305
☐ N695QE	PC-XII-47	834
☐ N695RC	Rockwell 695A	96087
☐ N695WR	Rockwell 695	95015
☐ N695YP	Rockwell 695A	96070
☐ N696JB	Beech 100	B-26
☐ N696RA	Beech F90	LA-87
☐ N697P	Beech B200	BB-1217
☐ N697ST	Piper PA-46T	4697365
☐ N699AF	PC-XII-47	699
☐ N699HB	Beech 350	FL-699
☐ N699MW	Beech 300	FA-73
☐ N699SB	Rockwell 690A	11280
☐ N700AD	TBM-700C2	250
☐ N700AN	TBM-700	132
☐ N700AP	TBM-700B	190
☐ N700AQ	TBM-700C2	252
☐ N700AZ	TBM-700C2	254
☐ N700BA	Beech B100	BE-84
☐ N700BE	Beech 200	BB-528
☐ N700BK	TBM-700C2	262
☐ N700BN	TBM-700B	203
☐ N700BQ	TBM-700C2	298
☐ N700BS	TBM-700	11
☐ N700CB	TBM-700	176
☐ N700CC	TBM-700	113
☐ N700CF	TBM-700	123
☐ N700CL	TBM-700C2	266
☐ N700CP	Beech C90	LJ-700
☐ N700CS	TBM-700	109
☐ N700CT	TBM-700	236
☐ N700CV	TBM-700	221
☐ N700CZ	TBM-700C2	301
☐ N700DA	MU-2B-20	140
☐ N700DD	Beech E90	LW-288
☐ N700DH	Beech E90	LW-114
☐ N700DM	TBM-700C	305
☐ N700DQ	TBM-700C2	271
☐ N700DT	TBM-700	134
☐ N700DZ	TBM-700C2	295
☐ N700EG	TBM-700C2	284
☐ N700EJ	TBM-700C2	291
☐ N700EL	TBM-700B	209
☐ N700EN	TBM-700C2	329
☐ N700ER	TBM-700B	198
☐ N700EV	TBM-700C	287
☐ N700EZ	TBM-700C2	307
☐ N700FT	TBM-700C	267
☐ N700FW	Kodiak 100	100-0029
☐ N700GE	TBM-700C2	255
☐ N700GJ	TBM-700C	241
☐ N700GK	TBM-700C2	320
☐ N700GM	Beech C90A	LJ-1283
☐ N700GN	TBM-700C	246
☐ N700GT	TBM-700C	276
☐ N700GV	TBM-700C	290
☐ N700GY	TBM-700C1	302
☐ N700HD	TBM-700C	313
☐ N700HK	TBM-700	60
☐ N700HL	TBM-700C	281
☐ N700HN	TBM-700	204
☐ N700HY	TBM-700C2	278
☐ N700JD	TBM-700C2	264
☐ N700JJ	TBM-700B	242
☐ N700JV	TBM-700C2	245
☐ N700KD	TBM-700C2	322
☐ N700KH	TBM-700B	210
☐ N700KK	TBM-700C	243
☐ N700KM	TBM-700B	158
☐ N700KP	TBM-700B	228
☐ N700KV	TBM-700C	296
☐ N700KW	Beech 200	BB-115
☐ N700L	Rockwell 695A	96034
☐ N700LF	TBM-700C	270
☐ N700LL	TBM-700	86
☐ N700MM	TBM-700C2	251
☐ N700MM	Epic LT	10
☐ N700MV	TBM-700	13
☐ N700MX	TBM-700	14
☐ N700NA	Beech B200	BB-1491
☐ N700PC	Rockwell 695	95023
☐ N700PG	Beech 350	FL-233
☐ N700PL	PC-XII-45	657
☐ N700PQ	Rockwell 690B	11389
☐ N700PT	TBM-700C	268

Registration	Type	Serial
N700PU	TBM-700	15
N700PV	TBM-700	215
N700PW	TBM-700	211
N700PX	TBM-700C2	249
N700QQ	TBM-700C2	277
N700QT	TBM-700C2	337
N700RD	Piper PA-31T	5575001
N700RE	TBM-700	52
N700RF	Beech C90A	LJ-1262
N700RK	TBM-700C2	253
N700RX	MU-2B-25	241
N700S	TBM-700B	193
N700SB	Beech C90B	LJ-1433
N700SF	TBM-700	26
N700SL	TBM-700C	257
N700SX	TBM-700C2	325
N700SY	TBM-700C2	283
N700SZ	TBM-700	102
N700TG	Beech C-12A	BC-75
N700TJ	TBM-700	27
N700TK	TBM-700C2	311
N700TL	TBM-700	227
N700U	Beech 350	FL-363
N700VB	TBM-700B	237
N700VF	Piper PA-42	8001053
N700VJ	TBM-700	163
N700VM	TBM-700	72
N700VV	TBM-700B	164
N700VX	TBM-700	118
N700WA	MU-2B-40	400SA
N700WB	TBM-700C2	324
N700WE	TBM-700	214
N700WJ	Cessna 425	425-0036
N700WK	TBM-700B	175
N700WT	TBM-700	91
N700YN	TBM-700B	222
N700Z	Beech B200	BB-1920
N700ZA	TBM-700C2	317
N700ZF	TBM-700C2	336
N700ZM	TBM-700C2	315
N700ZR	TBM-700	87
N700ZZ	TBM-700	116
N701AT	Beech B90	LJ-390
N701AV	TBM-700	179
N701BN	Gulfstream 1	74
N701CN	TBM-700C2	260
N701FC	Beech 350	FL-291
N701JF	TBM-700C2	331
N701LT	TBM-700	107
N701MK	TBM-700	124
N701QD	TBM-700	126
N701X	Beech E90	LW-165
N701XP	Beech C90	LJ-826
N702AA	TBM-700	216
N702AR	TBM-700C	275
N702AV	TBM-700	182
N702BM	TBM-700	2
N702DK	Beech C90A	LJ-1259
N702GS	TBM-700B	177
N702H	TBM-700	112
N702MA	Beech B200	BB-1010
N702QD	TBM-700B	165
N702RW	TBM-700C1	256
N702TD	Beech B100	BE-110
N702XP	Beech E90	LW-266
N703CA	TBM-700C	273
N703HT	Beech 200	BB-228
N703JR	Beech C-12A	BC-22
N703LW	Beech E90	LW-317
N703QD	TBM-700B	129
N703RM	Beech B200GT	BY-74
N703TL	PC-XII-47	703
N704QD	TBM-700B	188
N705KC	PC-XII-45	635
N705MA	Piper PA-46T	4697277
N705MS	PC-XII-47E	1134
N706AG	PC-XII-47	706
N706DG	Beech 200	BB-548
N706MS	PC-XII-47E	1143
N706Z	PA-46DLX	171
N707AF	MU-2B-36F	707SA
N707AV	TBM-700	197
N707CB	Cessna 425	425-0023
N707CV	Piper PA-31T	8104013
N707FA	Beech 350	FL-337
N707FF	Beech C90B	LJ-1381
N707KH	PC-XII-47	688
N707MA	Cessna 441	441-0285
N707ML	Piper PA-31T	7520017
N707MS	PC-XII-47E	1159
N707PB	TBM-700B	220
N707PC	Beech C90B	LJ-1703
N707SS	Beech 100	B-81
N707TL	Beech E90	LW-173
N707WD	Piper PA-31T	8120103
N708	Kodiak 100	100-0007
N708AF	PC-XII-47	708
N708DC	Beech 350	FL-371
N708DG	Beech C90	LJ-508
N708DP	PA-46DLX	176
N708EF	TBM-700	21
N708PW	TBM-700	29
N708WH	Beech B200GT	BY-7
N709EA	Beech C90B	LJ-1309
N709MC	TBM-700	168
N709PC	PC-XII-47E	1170
N709WY	PC-XII-47	709
N709X	Beech B200	BB-1617
N710	Kodiak 100	100-0021
N710AS	Beech A100	B-127
N710HS	Beech 350	FL-181
N710JB	Beech B200	BB-1784
N710M	TBM-700C2	326
N710NC	Beech 200	BB-322
N711AW	Beech B200	BB-1708
N711BN	Beech C90	LJ-588
N711CQ	Beech C90	LJ-773
N711ER	Piper PA-31T	8104056
N711FN	Piper PA-31T	8166043
N711GM	Beech 100	B-31
N711HV	Beech E90	LW-246
N711KB	Beech 200	BB-593
N711KP	Beech C90	LJ-692
N711L	Beech F90-1	LA-222
N711LD	Piper PA-31T	8104040
N711MB	Cessna 441	441-0116
N711PB	Rockwell 690B	11356
N711PM	TBM-700B	234
N711RE	Beech A100	B-233
N711RJ	Beech 350	FL-116
N711SB	Piper PA-46T	4697075
N711TN	Beech 200	BB-628
N711VL	MU-2B-20	157
N711VM	Beech 200	BB-544
N711VN	Beech 350	FL-7
N711VV	Beech B200	BB-1365
N712BC	PC-XII-45	448
N712GJ	Beech B200	BB-840
N712MK	PA-46DLX	1
N712RH	Beech B200	BB-1839
N713RH	Beech B200	BB-1274
N715CA	Piper PA-31T	8120063
N715CQ	Beech B200	BB-1421
N715HL	PC-XII-45	292
N715LM	PA-46DLX	31
N715MC	TBM-700	30
N715RD	Beech 200	BB-707
N715TL	PC-XII-45	548
N715V	TBM-700	108
N716AV	Beech B200	BB-1876
N716CC	Cessna 441	441-0213
N716MA	TBM-700C	310
N716SM	Cessna 441	441-0004
N716TA	Beech B200	BB-1509
N716WA	Piper PA-31T	8020042
N717DC	Beech B200	BB-1261
N717ES	Piper PA-42	8001004
N717FM	Beech B200	BB-1611
N717JG	Beech C90	LJ-672
N717LW	Beech B200	BB-1642
N717NC	PC-XII-47	717
N717PP	Beech E90	LW-74
N717VE	Beech 350	FL-207
N717X	Beech C90	LJ-581
N717Y	TBM-700	17
N718BE	Beech C90GT	LJ-1835
N718EE	MU-2B-36A	718SA
N718JP	PC-XII	155
N718K	Beech B90	LJ-371
N718RJ	Beech B200	BB-1597
N719EA	Beech C90B	LJ-1319
N719PC	PC-XII-47	719
N720AM	Beech B200	BB-1663
N720C	Beech A100	B-171
N720RD	Beech C90	LJ-720
N721AF	PC-XII-47	721
N721MT	Piper PA-46T	4697362
N721PB	PC-XII-45	195
N721RD	Beech 200	BB-677
N721SR	TBM-700	181
N721TB	Rockwell 690B	11352
N722ET	PA-46DLX	168
N722KP	Beech B200	BB-1545
N722KR	Beech C90-1	LJ-1065
N722PM	Beech C90GT	LJ-1820
N722SR	TBM-700	49
N722TR	Beech B200	BB-938
N722VB	Beech C90	LJ-987
N722WJ	Beech 200	BB-722
N723AC	Rockwell 690A	11249
N723JF	Beech 350	FL-674
N723JP	Piper PA-31T	7920009
N723K	Piper PA-46T	4697348
N723KR	Piper PA-46T	4697033
N724DM	TBM-700B	143
N724DR	Beech C90B	LJ-1612
N724HS	PC-XII-45	564
N724KC	Piper PA-46T	4697324
N724KH	Beech C90B	LJ-1426
N724RN	TBM-700	202
N725AR	Beech C90	LJ-879
N725JP	Piper PA-46T	4697243
N725JT	MU-2B-40	451SA
N725MC	Beech 200	BB-169
N725RA	Beech 200	BB-725
N725SV	Cessna 441	441-0051
N726ED	PA-46DLX	210
N727B	Beech B200	BB-1734
N727BW	Beech 200	BB-861
N727JA	Rockwell 690B	11399
N727MC	PA-46DLX	191
N727MT	Beech E90	LW-271
N727PC	Piper PA-42	8001025

Registration	Type	Serial
☐ N727RS	Beech B100	BE-112
☐ N727TP	MU-2B-60	1517SA
☐ N728F	MU-2B	19
☐ N728FN	MU-2B-25	303
☐ N728WP	Beech 300LW	FA-131
☐ N729AF	PC-XII-47	729
☐ N730AG	PC-XII-47E	1133
☐ N730EZ	Beech C90GT	LJ-1808
☐ N730HM	Beech B200	BB-1648
☐ N730MS	Beech B200	BB-1174
☐ N730PT	Piper PA-31T	7720008
☐ N730RS	Mallard	J-50
☐ N731BA	Cessna 441	441-0360
☐ N731CA	TBM-700C2	332
☐ N731CJ	MU-2B-60	731SA
☐ N731JB	Piper PA-46T	4697343
☐ N731PB	Piper PA-31T	8166001
☐ N731PC	PC-XII-47	731
☐ N731TM	TBM-850	450
☐ N733P	Piper PA-46T	4697052
☐ N735MD	PC-XII-47	735
☐ N735RC	PA-46DLX	63
☐ N736	Kodiak 100	100-0019
☐ N736EA	Beech C90B	LJ-1288
☐ N736P	Beech 300	FA-53
☐ N737E	Rockwell 690A	11189
☐ N737LC	Beech E90	LW-145
☐ N738R	Beech C90	LJ-517
☐ N739S	PC-XII-47	844
☐ N739W	Beech B200	BB-1945
☐ N740AF	PC-XII-47	740
☐ N740P	Beech B200	BB-1218
☐ N740PB	MU-2B-36	657
☐ N740PC	Beech 300	FA-78
☐ N741FN	MU-2B-36F	658
☐ N741JR	Beech B200	BB-1901
☐ N742R	PC-XII-47	742
☐ N743AE	PC-XII-47	743
☐ N744CH	Rockwell 690B	11470
☐ N744DA	PC-XII-47	744
☐ N744WD	Cessna 441	441-0133
☐ N744Z	Piper PA-46T	4697134
☐ N745	Kodiak 100	100-0342
☐ N745EA	Beech B200	BB-1745
☐ N745ML	Beech B200GT	BY-28
☐ N746KF	Beech 200	BB-473
☐ N747AW	Piper PA-46T	4697017
☐ N747KL	PC-XII-45	662
☐ N747RE	Piper PA-31T	7720032
☐ N747TH	PA-46DLX	107
☐ N748AA	Gulfstream 1	197
☐ N748LB	Beech B200	BB-1374
☐ N748SB	Beech 350	FL-321
☐ N749GC	PC-XII-47	749
☐ N750AB	TBM-700	4
☐ N750BB	Beech B200	BB-1169
☐ N750CA	MU-2B-40	407SA
☐ N750DV	PAC 750XL	112
☐ N750DZ	PAC 750XL	108
☐ N750FC	Beech 100	B-58
☐ N750HL	Beech 200	BB-48
☐ N750KC	Beech 200	BB-224
☐ N750LH	PAC 750XL	147
☐ N750MD	Beech B200	BB-1878
☐ N750RC	Beech C90	LJ-640
☐ N750SD	PAC 750XL	111
☐ N750SN	PAC 750XL	142
☐ N750SS	PAC 750XL	115
☐ N750TT	Beech 200	BB-215
☐ N750XL	PAC 750XL	109
☐ N751BR	Rockwell 690B	11436
☐ N751CC	Beech B200	BB-1272
☐ N751CM	TBM-700C2	339
☐ N751J	TBM-700	25
☐ N751KC	Beech C90	LJ-887
☐ N752MM	Piper PA-46T	4697192
☐ N753C	Piper PA-46T	4697248
☐ N754SC	Beech B200	BB-1345
☐ N754TW	Beech C90	LJ-754
☐ N755DM	TBM-700	101
☐ N755EM	PC-XII-45	661
☐ N755HF	PC-XII-47	755
☐ N755JB	Beech B200	BB-1377
☐ N755MA	MU-2B-35	553
☐ N755PG	TBM-700	1
☐ N756TW	TBM-850	519
☐ N757H	Cessna 425	425-0006
☐ N758	Kodiak 100	100-0033
☐ N758K	Beech A90	LJ-316
☐ N758PC	PC-XII-47	698
☐ N759AF	MU-2B-60	759SA
☐ N759FS	Beech F90	LA-110
☐ N759H	Piper PA-46T	4697245
☐ N759PB	PC-XII-47	759
☐ N760EB	Beech C90	LJ-933
☐ N760MM	Piper PA-42	8001102
☐ N760NP	Beech 200	BB-46
☐ N761K	Beech B90	LJ-426
☐ N762GP	Beech B200	BB-1899
☐ N762JC	MU-2B-60	762SA
☐ N762NB	Beech B200	BB-893
☐ N762RS	TBM-700B	199
☐ N764CA	Beech B200	BB-1408
☐ N765WA	Beech 200	BB-765
☐ N766LF	Beech B200GT	BY-78
☐ N766MA	MU-2B-26A	373SA
☐ N767DM	Piper PA-31T	8166042
☐ N767HP	TBM-700	152
☐ N767LD	Beech 200	BB-737
☐ N767MC	Beech C90	LJ-595
☐ N767TP	Piper PA-46T	4697036
☐ N767WF	Beech 200	BB-314
☐ N767Z	Cessna 441	441-0064
☐ N768MB	Piper PA-31T	8004041
☐ N769	Kodiak 100	100-0023
☐ N769AF	PC-XII-47	769
☐ N769BJ	Beech 350	FL-156
☐ N769CM	PC-XII-45	464
☐ N769D	Beech F90	LA-52
☐ N769GR	Beech C90B	LJ-1509
☐ N769JS	TBM-700B	187
☐ N769MB	Beech 200	BB-571
☐ N770AB	Beech B100	BE-121
☐ N770D	Beech B100	BE-90
☐ N770DC	TBM-700	183
☐ N770FL	PC-XII-45	501
☐ N770JH	Beech 350	FL-8
☐ N770MG	Piper PA-31T	7520029
☐ N770PB	Beech B200	BB-1498
☐ N770PW	PC-XII-47	757
☐ N770RL	Beech 100	B-46
☐ N770RW	MU-2B-35	627
☐ N770SD	Beech F90	LA-72
☐ N770SF	Beech B200	BB-916
☐ N770VF	Beech C90B	LJ-1641
☐ N771BA	Rockwell 690B	11429
☐ N771BL	Piper PA-46T	4697227
☐ N771CW	Beech B100	BE-52
☐ N771FF	Rockwell 690D	15014
☐ N771HC	Beech 200	BB-147
☐ N771JB	Beech C90GT	LJ-1848
☐ N771MF	Piper PA-31T	7820024
☐ N771MG	Beech B200	BB-1636
☐ N771PA	Beech C90-1	LJ-1055
☐ N771PD	Beech C90B	LJ-1635
☐ N771SW	Piper PA-31T	7720002
☐ N771XW	Cessna 441	441-0065
☐ N772AF	Beech B200	BB-1001
☐ N772HM	Beech 350	FL-262
☐ N772JB	Beech C90B	LJ-1652
☐ N772MA	MU-2B-26A	382SA
☐ N772MF	Piper PA-31T	7820034
☐ N773	Beech F90-1	LA-214
☐ N773PC	PC-XII-47E	1173
☐ N773PW	Beech C90	LJ-864
☐ N773S	Beech A90	LJ-283
☐ N773SD	Beech C90B	LJ-1413
☐ N773TC	TBM-700C2	312
☐ N773TP	Beech B200	BB-1722
☐ N773VA	Beech B200	BB-1195
☐ N774DK	PC-XII-45	167
☐ N774GW	PC-XII-47	774
☐ N774KV	Piper PA-31T	8166057
☐ N774MA	MU-2B-26A	384SA
☐ N774MF	Piper PA-31T	7920035
☐ N775CC	PC-XII-47	792
☐ N775D	Beech C90B	LJ-1579
☐ N775DM	Beech C90	LJ-764
☐ N775MF	Piper PA-31T	7920079
☐ N775MG	Beech 350	FL-553
☐ N775SC	Beech 200	BB-808
☐ N776AF	PC-XII-47	776
☐ N776DC	Beech E90	LW-235
☐ N776JT	PC-XII-45	563
☐ N776KC	Piper PA-46T	4697376
☐ N776RM	TBM-700	98
☐ N776RW	Beech B200	BB-1926
☐ N777AQ	Beech 200	BB-583
☐ N777AW	Beech 200	BB-536
☐ N777CQ	PC-XII-47	754
☐ N777EB	Beech C90	LJ-863
☐ N777FX	TBM-700C	294
☐ N777GF	Beech C90	LJ-564
☐ N777GS	Beech A100	B-241
☐ N777HF	Beech B200	BB-1645
☐ N777JZ	PC-XII-47	817
☐ N777KA	Beech E90	LW-285
☐ N777LE	Piper PA-31T	8120104
☐ N777LP	MU-2B-36A	719SA
☐ N777MG	Piper PA-46T	4697066
☐ N777NP	Beech 90	LJ-67
☐ N777NV	Rockwell 690C	11680
☐ N777SS	Beech 200	BB-661
☐ N777VK	MU-2B-20	179
☐ N777WM	MU-2B-40	397SA
☐ N777YN	Beech C90B	LJ-1657
☐ N777ZK	PC-XII-45	218
☐ N778DB	Beech C90B	LJ-1647
☐ N779AF	Beech E90	LW-51
☐ N779BZ	Beech B200	BB-1971
☐ N779CC	Cessna 441	441-0155
☐ N779DD	Beech C90A	LJ-1297
☐ N779JM	Beech C90A	LJ-1183
☐ N779PC	PC-XII-47	779
☐ N779VF	Beech C90A	LJ-1254
☐ N780CA	P-180 Avanti	1106
☐ N780KB	Beech B200	BB-1924
☐ N780RC	Beech 200	BB-780
☐ N781CK	Piper PA-31T	7820056
☐ N781GT	Beech C90GT	LJ-1781
☐ N781H	MU-2B-40	409SA
☐ N781PE	PC-XII-47	781
☐ N781TM	TBM-700	5

Registration	Type	Serial
N782MA	MU-2B-26A	390SA
N783MA	MU-2B-26A	391SA
N783MC	Beech C-12C	BC-2
N783PC	PC-XII-47	783
N783RS	Cessna 441	441-0170
N784BK	PC-XII-47	784
N784PF	Cessna 425	425-0018
N784RR	Cessna 441	441-0078
N785HC	PA-46DLX	240
N785JH	P-180 Avanti	1036
N785JP	Beech C90B	LJ-1710
N785MA	TBM-700C	280
N785PJ	Piper PA-46T	4697232
N785WC	Beech 200	BB-425
N786AH	Piper PA-31T	7820053
N786CB	Beech B100	BE-4
N786DD	Beech B200	BB-1171
N786RM	Beech C90B	LJ-1545
N786SR	Beech B200	BB-1016
N786WM	PC-XII-47	786
N787K	Beech 90	LJ-102
N787LB	Piper PA-42	5501030
N787RP	PA-46DLX	209
N787TT	Beech C90	LJ-787
N788BB	Piper PA-31T	7620051
N788JL	Cessna 425	425-0202
N788JM	Beech C90GTI	LJ-1868
N788M	PA-46DLX	6
N788RB	TBM-850	395
N788RR	TBM-700B	167
N788SF	Beech B200	BB-1857
N788SM	PA-46DLX	75
N788SW	Beech E90	LW-327
N789CT	Beech B200	BB-907
N789G	Gulfstream 1	89
N789KP	Beech C90B	LJ-1664
N789LL	Beech 350	FL-386
N789SB	Beech 350	FL-143
N790A	Beech C90-1	LJ-1016
N790CA	TBM-700C2	341
N790GT	Beech C90GT	LJ-1761
N790HB	Beech C90GTI	LJ-1977
N790RV	Beech C90GT	LJ-1830
N790TB	TBM-700B	148
N791BP	Beech 350	FL-551
N791DC	Beech B200	BB-1402
N791EB	Beech 200	BB-791
N792BP	Beech B200GT	BY-10
N792CA	TBM-700C	285
N792JM	Beech 300LW	FA-140
N793CA	Piper PA-46T	4697402
N793DC	Beech B200	BB-1404
N793P	Beech C90GT	LJ-1836
N793WB	Beech 350	FL-324
N794A	Piper PA-42	5501015
N794AF	PC-XII-47	794
N794B	Cessna 425	425-0017
N794CE	Beech B100	BE-69
N794MA	MU-2B-60	794SA
N794MM	PA-46DLX	142
N795CA	Beech 200	BB-559
N795PA	Beech 200	BB-328
N796JS	Piper PA-46T	4697372
N797CF	Beech C90	LJ-797
N797GM	PC-XII-47	747
N797RW	Cessna 441	441-0185
N798K	Beech A90	LJ-178A
N798RG	PC-XII-47	798
N798WC	PC-XII-45	613
N799DD	Beech A100	B-102
N799GK	Beech C90	LJ-799
N800AJ	Beech B200	BB-1789
N800BB	Piper PA-31T	8104072
N800BK	Beech F90	LA-119
N800BS	Beech B200	BB-1620
N800BY	MU-2B-20	221
N800CG	Beech 200	BB-826
N800EB	Piper PA-31T	7920046
N800ED	MU-2B-26	339
N800GS	TBM-700	149
N800HA	Beech 200	BB-220
N800KT	Beech B200	BB-1346
N800MK	Beech C90B	LJ-1460
N800NR	Beech B200	BB-1262
N800PG	Beech C90A	LJ-1286
N800PK	Beech B200	BB-982
N800RE	Beech 300	FA-7
N800TS	Beech B200	BB-1032
N800TT	Beech B200	BB-957
N801BS	Beech C90B	LJ-1601
N801CA	Piper PA-31T	8104018
N801EB	Rockwell 690A	11111
N801GG	Beech 200	BB-642
N801HL	Piper PA-31T	8020016
N801J	PC-XII-47	801
N801JW	Piper PA-42	8001072
N801KM	Beech A90	LJ-218
N801NA	Beech B200	BB-1164
N801PB	PC-XII-47E	1006
N801WA	Piper PA-46T	4697062
N802AF	PC-XII-47	802
N802BS	Beech 350	FL-338
N802DG	Beech C90	LJ-807
N802GC	Beech B100	BE-96
N802HS	PC-XII	118
N802M	Beech 300LW	FA-124
N802MJ	Beech B200	BB-1948
N802MM	Piper PA-46T	4697148
N802MW	Piper PA-42	8001081
N803HC	Beech F90	LA-99
N804	Beech 200	BB-724
N804C	Piper PA-31T	1166006
N804GT	Beech C90GT	LJ-1804
N804JH	Piper PA-46T	4697044
N804TM	PA-46DLX	66
N804U	Beech C90GT	LJ-1814
N805C	Beech B200	BB-1751
N806J	P-180 Avanti	1179
N806LW	Beech B200	BB-1494
N806W	Gulfstream 1	67
N806WB	Beech C90	LJ-699
N807CR	Beech 350	FL-254
N807D	PC-XII-47	807
N807RS	Beech C90B	LJ-1602
N807SM	Beech B200	BB-1989
N808JS	PC-XII-47E	1003
N808LA	Piper PA-46T	4697392
N808SW	Beech C90	LJ-801
N808TC	Beech F90-1	LA-211
N809HC	Beech B200	BB-1864
N810CB	Gulfstream 1	23
N810CM	Beech F90	LA-20
N810EC	Rockwell 695	95071
N810GW	Beech B200	BB-949
N810HM	Piper PA-31T	8304002
N810JB	Beech 200	BB-139
N810K	Beech B200	BB-1045
N811DD	PC-XII-47E	1027
N811FA	Beech 200	BB-678
N811KC	Beech C90	LJ-869
N811PC	PC-XII-47	811
N811R	Beech C90A	LJ-1131
N811SW	TBM-700C2	240
N812AC	Beech A90	LJ-123
N812BJ	Piper PA-42	5527020
N812CP	Beech F90	LA-127
N812DP	Beech 200	BB-69
N812FS	PC-XII-47E	1077
N812GS	PC-XII-47E	1086
N812KB	Beech E90	LW-144
N812MB	PA-46DLX	152
N812P	Beech 90	LJ-2
N812PA	PC-XII	106
N812PM	Beech 350	FL-119
N813BL	Beech B100	BE-55
N813CF	Piper PA-42	8001012
N813JB	Beech C90	LJ-899
N813JP	Beech 200	BB-715
N813PA	PC-XII	104
N813S	Piper PA-46T	4697363
N814CP	Beech C90A	LJ-1127
N814G	Beech 90	LJ-104
N814TB	PC-XII-47	748
N814W	Piper PA-31T	7820073
N815AF	PC-XII-47	815
N815CC	Rockwell 690B	11404
N815RD	TBM-700C2	338
N816BC	Piper PA-46T	4697195
N816BS	Beech 200	BB-778
N816CM	Piper PA-31T	8104009
N816DE	Beech 350	FL-232
N816PC	PC-XII-47	816
N816RL	Beech E90	LW-187
N816TM	PA-46DLX	187
N817BA	Beech B200	BB-956
N818BL	Beech B200	BB-1394
N818PF	Beech B200	BB-1059
N818PL	Cessna 425	425-0109
N818RA	PC-XII-45	179
N819EE	Beech 350	FL-187
N819MH	Beech C90	LJ-735
N819SW	Piper PA-31T	8104059
N820AB	PAC 750XL	116
N820CB	Gulfstream 1	93
N820DM	Piper PA-46T	4697326
N820RD	Beech E90	LW-82
N820SL	Beech C90	LJ-583
N820SM	TBM-700C2	316
N821CB	Beech B100	BE-35
N821DK	Piper PA-42	8001061
N821GJ	Rockwell 690C	11699
N821J	Piper PA-46T	4697172
N821MA	MU-2B-36A	661SA
N821TB	Beech 300	FA-6
N822BM	PC-XII-47	822
N822DK	PA-46DLX	121
N822SB	Beech B200	BB-981
N822VK	Beech 300LW	FA-211
N823EB	Beech 350	FL-227
N823SB	Rockwell 690A	11304
N823SD	Beech 350	FL-390
N824AC	Beech E90	LW-291
N824BK	PC-XII-47	718
N824JH	Piper PA-31T	8166040
N824S	Beech B200	BB-1064
N824SM	PC-XII-47	824
N824ST	Beech 350	FL-203
N824VA	Piper PA-31T	8104039
N825B	Cessna 425	425-0123
N825KA	Beech 200	BB-825
N825P	Beech C90GT	LJ-1793
N825SD	Beech C90B	LJ-1449
N825SP	Cessna 441	441-0127

133

Registration	Type	Serial
☐N825ST	Beech B200	BB-1320
☐N825SW	Piper PA-31T	8166058
☐N825TL	Beech C90GTI	LJ-1876
☐N825TT	Beech 350	FL-490
☐N826JM	Beech B200	BB-1358
☐N826RM	Piper PA-31T	8004033
☐N826TM	Beech C90GTI	LJ-1857
☐N827CA	Beech 300	FA-43
☐N827CC	Beech 350	FL-457
☐N827CM	Piper PA-46T	4697310
☐N827DL	Beech 300	FA-103
☐N827HB	Beech 350	FL-129
☐N827HT	Beech B200	BB-1618
☐N827LP	Piper PA-31T	7904048
☐N827RM	Beech B100	BE-123
☐N828AJ	Beech 350	FL-406
☐N828FC	Beech C90B	LJ-1436
☐N828SG	Cessna 425	425-0122
☐N828VV	PC-XII-47	826
☐N829BC	TBM-700	31
☐N829PE	PC-XII-47	829
☐N831CH	Piper PA-31T	8004047
☐N831E	Beech C90B	LJ-1650
☐N831KD	Beech B200	BB-1937
☐N831LS	Beech 200	BB-569
☐N831PT	Beech 350	FL-487
☐N831TM	Beech B200	BB-1635
☐N833PS	Beech B200	BB-1084
☐N835CC	Rockwell 690C	11730
☐N835MA	Cessna 441	441-0343
☐N836MA	Merlin IVA	AT-068
☐N838GT	Beech C90GT	LJ-1838
☐N838RA	TBM-700	71
☐N838SA	Kodiak 100	100-0002
☐N839MA	TBM-850	531
☐N840BC	Rockwell 690C	11663
☐N840CF	Rockwell 690C	11624
☐N840CP	Beech B200	BB-1658
☐N840G	Rockwell 690C	11683
☐N840GH	Rockwell 690C	11615
☐N840JC	Rockwell 690C	11643
☐N840JK	Rockwell 690C	11697
☐N840JW	Rockwell 690C	11658
☐N840KB	Rockwell 690C	11640
☐N840MD	Rockwell 690C	11693
☐N840MG	Rockwell 690C	11638
☐N840PN	Rockwell 690C	11679
☐N840PS	Rockwell 690C	11672
☐N840SE	Rockwell 690C	11610
☐N840SM	Rockwell 690C	11700
☐N840TC	Rockwell 690C	11688
☐N840TW	Rockwell 690C	11689
☐N840U	Beech B200	BB-1927
☐N840V	Rockwell 690C	11727
☐N840VM	Rockwell 690C	11607
☐N841DE	Beech B300C	FM-5
☐N842DS	Beech A100	B-244
☐N842MA	TBM-850	424
☐N843BC	Beech B200	BB-1011
☐N843BH	TBM-700	196
☐N843FC	Beech B200	BB-1030
☐N843G	Beech 200	BB-843
☐N843RM	Beech C90GTI	LJ-1877
☐N844C	Beech C90	LJ-866
☐N844GT	PC-XII-47	825
☐N844MS	Piper PA-46T	4697168
☐N844SC	Rockwell 690C	11701
☐N845TC	Beech B200	BB-1560
☐N846BE	Beech 300	FA-16
☐N846CM	Beech 200	BB-18
☐N846DJ	Beech B300C	FM-7
☐N846PW	PC-XII-47	846
☐N846RD	Piper PA-46T	4697186
☐N846Y	Cessna 441	441-0218
☐N846YT	Beech 350	FL-617
☐N847BA	Beech 200	BB-847
☐N847D	Beech B100	BE-91
☐N847YT	Cessna 425	425-0114
☐N848CE	Rockwell 690A	11303
☐N848NA	Beech 200	BB-848
☐N848PC	PC-XII-47	848
☐N849BM	Beech 200	BB-849
☐N850AA	TBM-850	399
☐N850AB	TBM-850	381
☐N850AC	TBM-850	426
☐N850AD	TBM-850	444
☐N850AG	TBM-850	414
☐N850AH	TBM-850	529
☐N850AL	TBM-850	539
☐N850AP	TBM-850	379
☐N850AT	Beech B200	BB-989
☐N850AZ	TBM-850	384
☐N850BD	TBM-850	446
☐N850BG	TBM-850	367
☐N850BK	Beech B200	BB-896
☐N850BL	TBM-850	420
☐N850BN	TBM-850	517
☐N850BR	PA-46DLX	219
☐N850BT	TBM-850	433
☐N850BU	TBM-850	508
☐N850BZ	TBM-850	427
☐N850CB	PC-XII-47	850
☐N850CN	TBM-850	534
☐N850CW	TBM-850	376
☐N850D	Beech 350	FL-70
☐N850DB	TBM-850	432
☐N850DD	TBM-850	370
☐N850DK	TBM-850	496
☐N850DL	TBM-850	354
☐N850DV	Epic LT	31
☐N850DX	TBM-850	484
☐N850EA	TBM-850	501
☐N850ED	TBM-850	473
☐N850FA	TBM-850	471
☐N850FC	TBM-850	490
☐N850GG	TBM-850	479
☐N850GS	TBM-850	359
☐N850GX	TBM-850	435
☐N850JB	TBM-850	365
☐N850JD	TBM-850	523
☐N850JH	TBM-850	448
☐N850JM	TBM-850	375
☐N850JR	TBM-850	348
☐N850JT	TBM-850	362
☐N850KK	TBM-850	413
☐N850KL	TBM-850	398
☐N850KM	TBM-850	407
☐N850KP	TBM-850	476
☐N850L	TBM-850	347
☐N850LD	TBM-850	417
☐N850LE	TBM-850	511
☐N850LH	TBM-850	374
☐N850LK	TBM-850	437
☐N850LL	TBM-850	350
☐N850LR	TBM-850	488
☐N850MD	TBM-850	401
☐N850MF	TBM-850	459
☐N850MK	TBM-850	403
☐N850MV	TBM-850	518
☐N850MW	TBM-850	408
☐N850MY	TBM-850	478
☐N850PD	TBM-850	485
☐N850PT	TBM-850	506
☐N850PW	TBM-850	390
☐N850RB	TBM-850	524
☐N850RC	TBM-850	468
☐N850SB	TBM-850	357
☐N850SC	TBM-850	481
☐N850SD	TBM-850	498
☐N850SF	TBM-850	495
☐N850SJ	TBM-850	447
☐N850TB	TBM-850	346
☐N850TD	TBM-850	461
☐N850TG	TBM-850	449
☐N850TT	TBM-850	470
☐N850TV	TBM-850	513
☐N850U	TBM-850	380
☐N850VF	TBM-850	532
☐N850VM	TBM-850	507
☐N850VT	TBM-850	389
☐N850WC	TBM-850	522
☐N850WE	TBM-850	411
☐N850WM	TBM-850	353
☐N850WT	TBM-850	430
☐N850WW	TBM-850	505
☐N850XS	TBM-850	352
☐N850ZC	TBM-850	521
☐N851AF	PC-XII-47	851
☐N851EM	Beech C-12C	BC-15
☐N851KA	Beech C90	LJ-851
☐N851MA	TBM-850	392
☐N851RM	PC-XII-45	360
☐N851SB	TBM-850	497
☐N851SH	TBM-850	438
☐N851TB	TBM-850	373
☐N851TC	Beech 350	FL-510
☐N851WA	TBM-850	394
☐N852AL	PC-XII-45	213
☐N852FR	PC-XII-47	852
☐N852JP	Beech 200	BB-516
☐N852W	PC-XII-47E	1060
☐N853AL	PC-XII-45	168
☐N853WM	PC-XII-47	853
☐N854AL	PC-XII-45	397
☐N854MA	TBM-850	368
☐N855JL	Piper PA-31T	8104045
☐N855KC	PC-XII-47	726
☐N856JT	MU-2B-25	306
☐N857GA	Beech 200T	BT-11
☐N858AC	Cessna 441	441-0321
☐N859CA	TBM-850	509
☐N859GA	Beech 200T	BT-12
☐N859PL	PC-XII-47	859
☐N859Q	MU-2B-10	113
☐N860H	Beech B200	BB-1067
☐N860MA	MU-2B-60	700SA
☐N860MH	Beech E90	LW-210
☐N861PP	PC-XII-45	510
☐N862DD	Beech 200	BB-298
☐N862RA	Piper PA-31T	8104048
☐N863RB	Piper PA-46T	4697213
☐N864DM	TBM-850	386
☐N865HR	Beech 200	BB-276
☐N865LR	Beech 350	FL-471
☐N866D	MU-2B-36	656
☐N867MA	Beech F90	LA-65
☐N867P	Beech C90B	LJ-1666
☐N867PP	PC-XII-47	867
☐N868AT	TBM-700	232
☐N868MA	MU-2B-36A	708SA
☐N869AF	PC-XII-47	869
☐N869D	MU-2B-30	540
☐N869P	MU-2B-36	692

Registration	Type	Serial	Registration	Type	Serial	Registration	Type	Serial
☐ N869TW	PC-XII-47E	1004	☐ N889DH	PC-XII-45	298	☐ N902WW	Beech B90	LJ-327
☐ N870C	Piper PA-46T	4697159	☐ N890EU	Beech C90GTI	LJ-1980	☐ N902XP	Beech C90A	LJ-1136
☐ N870KC	PC-XII-47	870	☐ N890GT	Beech C90GTI	LJ-1879	☐ N903DC	Cessna 441	441-0061
☐ N871AT	P-180 Avanti	1200	☐ N890LG	Beech C90GTI	LJ-1854	☐ N903MA	TBM-700C2	308
☐ N871C	Beech B200	BB-1735	☐ N891AA	Beech C90A	LJ-1221	☐ N903MD	Beech U-21A	LM-98
☐ N871KS	Beech C90A	LJ-1277	☐ N891CR	Piper PA-46T	4697321	☐ N903P	Beech C90B	LJ-1344
☐ N871UB	Beech 200	BB-841	☐ N891PC	Beech E90	LW-40	☐ N903PP	PC-XII-47E	1172
☐ N872CT	Beech 350	FL-555	☐ N892SC	MU-2B-26	392SA	☐ N903TP	P.68TP-600	9003
☐ N873AF	Beech 200	BB-1200	☐ N892WA	Rockwell 690A	11273	☐ N903TT	Beech C90GTI	LJ-1910
☐ N873PC	PC-XII-47	873	☐ N893CA	TBM-850	393	☐ N904DG	Beech B200	BB-1176
☐ N874AF	PC-XII-47	874	☐ N893KB	MU-2B-40	415SA	☐ N904DJ	Beech C90	LJ-561
☐ N874CA	TBM-850	360	☐ N893MC	Beech 350	FL-216	☐ N904DK	Beech C90A	LJ-1089
☐ N875DM	Beech B200	BB-1354	☐ N893SC	MU-2B-26A	321SA	☐ N904DP	Beech F90	LA-105
☐ N875SH	Piper PA-46T	4697174	☐ N894EA	TBM-850	416	☐ N904GT	Beech C90GTI	LJ-1946
☐ N876L	Beech B90	LJ-342	☐ N895CA	Beech 350	FL-114	☐ N904HB	Beech C90A	LJ-1256
☐ N877AF	PC-XII-47	877	☐ N895FK	Beech C90	LJ-759	☐ N904JG	Beech C90GT	LJ-1764
☐ N877RC	Beech B200	BB-978	☐ N895MA	MU-2B-36A	723SA	☐ N904MC	Beech 350	FL-44
☐ N878GT	Beech B200GT	BY-58	☐ N896CM	Beech 200	BB-668	☐ N904P	Beech C90A	LJ-1181
☐ N878JL	Cessna 441	441-0293	☐ N896DR	Piper PA-31T	8004050	☐ N904PA	Beech C90GT	LJ-1792
☐ N878K	Beech C90A	LJ-1513	☐ N896SB	Beech A100	B-160	☐ N904RB	Beech C90A	LJ-1088
☐ N878RA	Beech 200	BB-34	☐ N897CA	TBM-850	377	☐ N904TH	Beech C90B	LJ-1680
☐ N879AF	PC-XII-47	879	☐ N898CD	Beech 350	FL-556	☐ N904TP	P.68TP-600	9004
☐ N879SW	Piper PA-31T	7904056	☐ N898CM	Beech C90	LJ-898	☐ N904US	Beech C90	LJ-856
☐ N880AC	MU-2B-60	1559SA	☐ N898RJ	Beech 300	FA-90	☐ N905GP	Beech 200	BB-789
☐ N880AG	PC-XII-47E	1102	☐ N898UT	TBM-850	525	☐ N905TF	Beech E90	LW-6
☐ N880H	Beech C90	LJ-596	☐ N898WW	Beech E90	LW-103	☐ N906EA	Beech 300LW	FA-117
☐ N880MB	Beech B200	BB-928	☐ N899D	Beech B90	LJ-386	☐ N906HF	Beech U-21G	LM-140
☐ N880TC	Piper PA-42	8001071	☐ N899MC	Beech B200	BB-998	☐ N907DB	Beech 300	FA-85
☐ N881CA	TBM-850	526	☐ N899SD	Beech 200	BB-776	☐ N907G	Beech B200	BB-905
☐ N881DB	PA-46DLX	24	☐ N900AC	Beech E90	LW-282	☐ N908BS	Beech B200	BB-1781
☐ N881JP	Cessna 425	425-0139	☐ N900CK	Beech 90	LJ-85	☐ N908EF	Beech C90GTI	LJ-1888
☐ N881L	Piper PA-31T	7920090	☐ N900DG	TBM-700B	225	☐ N908K	Beech C90	LJ-504
☐ N881MC	Beech B200	BB-1930	☐ N900DZ	Beech C90	LJ-618	☐ N909PJ	PC-XII-47	694
☐ N881NA	Piper PA-31T	7820081	☐ N900ET	Rockwell 690D	15037	☐ N909DD	Beech 200	BB-1695
☐ N882JP	Beech B200	BB-882	☐ N900HS	PC-XII	136	☐ N909EA	Beech C90GTI	LJ-1909
☐ N883BB	Beech B200	BB-883	☐ N900JP	Rockwell 695A	96040	☐ N909P	Piper PA-46T	4697187
☐ N883CR	TBM-700	83	☐ N900LL	Rockwell 690	11687	☐ N909PW	Piper PA-31T	7720060
☐ N883GB	Beech 350	FL-520	☐ N900M	MU-2B-60	1545SA	☐ N910AJ	Beech B200	BB-910
☐ N883P	Beech 350	FL-508	☐ N900MS	Cessna 425	425-0079	☐ N910BD	Beech 350	FL-483
☐ N884PG	Beech 200	BB-91	☐ N900MT	Beech C90-1	LJ-1048	☐ N910CA	Beech 200	BB-229
☐ N885CA	TBM-850	363	☐ N900NE	Rockwell 690D	15008	☐ N910FC	Rockwell 690C	11682
☐ N885DS	Piper PA-46T	4697290	☐ N900RB	Epic LT	9	☐ N910HG	Piper PA-31T	7400009
☐ N886AC	Beech 350	FL-284	☐ N900RD	Beech B100	BE-33	☐ N910JP	Piper PA-31T	7820004
☐ N886AW	Beech 300LW	FA-110	☐ N900RH	Beech 200	BB-816	☐ N910JS	Beech F90	LA-48
☐ N887JD	PA-46DLX	217	☐ N900RJ	Rockwell 680V	1572-27	☐ N910KG	Beech B200	BB-1051
☐ N887TC	TBM-700C2	306	☐ N900VM	Beech B200GT	BY-54	☐ N910MC	Epic LT	20
☐ N888AH	Piper PA-31T	7904038	☐ N900WC	Beech C90	LJ-907	☐ N910NF	MU-2B-35	623
☐ N888AS	Beech 300LW	FA-136	☐ N900WP	Beech 350	FL-496	☐ N911AZ	Beech E90	LW-300
☐ N888CG	PC-XII	127	☐ N900WS	Beech 350	FL-498	☐ N911CF	Beech F90	LA-13
☐ N888CV	Piper PA-31T	7820025	☐ N901BK	Beech C90	LJ-521	☐ N911CM	Beech 200	BB-820
☐ N888DC	Beech 200	BB-454	☐ N901DM	Piper PA-46T	4697051	☐ N911CX	Beech C90	LJ-830
☐ N888DS	MU-2B-20	159	☐ N901JB	Beech C90-1	LJ-1030	☐ N911FG	Beech C90	LJ-774
☐ N888ET	Beech 200	BB-258	☐ N901JS	Beech C90B	LJ-1726	☐ N911FN	Beech C90	LJ-688
☐ N888FM	Beech 350	FL-418	☐ N901MA	PA-46DLX	112	☐ N911MN	Beech B200	BB-1598
☐ N888FV	Beech B200	BB-1682	☐ N901MT	Piper PA-42	5527011	☐ N911ND	Beech B200	BB-1551
☐ N888GD	Beech C90B	LJ-1713	☐ N901PC	Beech C90B	LJ-1505	☐ N911PJ	Cessna 441	441-0146
☐ N888HT	Beech 200	BB-444	☐ N901PS	Beech F90	LA-5	☐ N911RL	Beech 100	B-55
☐ N888JS	Cessna 425	425-0215	☐ N901SA	Beech 90	LJ-66	☐ N911RX	Beech B200	BB-1425
☐ N888LF	TBM-850	445	☐ N901SF	Beech B200	BB-1859	☐ N911SF	Beech B200	BB-1659
☐ N888MA	Beech C90	LJ-656	☐ N901TE	Rockwell 690D	15031	☐ N911TC	Piper PA-46T	4697238
☐ N888NT	PC-XII-47E	285	☐ N901TM	Beech E90	LW-227	☐ N912JS	Beech B200GT	BY-49
☐ N888PH	Piper PA-31T	7904005	☐ N901TP	P.68TP-600	9001	☐ N912LD	Beech 200	BB-912
☐ N888RH	MU-2B-60	737SA	☐ N901TS	Beech C90B	LJ-1458	☐ N912MF	Beech 200	BB-532
☐ N888SE	MU-2B-60	1549SA	☐ N901WL	Beech B90	LJ-410	☐ N912NM	PC-XII-45	169
☐ N888SK	PC-XII-47E	1015	☐ N902AC	Beech 200	BB-596	☐ N912SM	Beech 200	BB-478
☐ N888WG	PC-XII-45	587	☐ N902CE	Beech 350	FL-572	☐ N912SV	Beech B200	BB-1299
☐ N888WW	MU-2B-60	791SA	☐ N902DB	Beech C90A	LJ-1202	☐ N913AF	PC-XII-47E	1013
☐ N888YB	MU-2B-60	1539SA	☐ N902LT	Beech 90	LJ-1480	☐ N913CR	Piper PA-31T	7804003
☐ N888ZC	Beech B200	BB-1844	☐ N902SH	Beech B200GT	BY-69	☐ N913DG	Cessna 441	441-0246
☐ N888ZT	Beech E90	LW-315	☐ N902ST	PAC 750XL	153	☐ N914AS	Piper PA-31T	8104066
☐ N888ZX	Beech B200	BB-1140	☐ N902TS	Beech C90B	LJ-1459	☐ N914BH	Beech 300	FA-21

135

Registration	Type	Serial
☐ N914CT	Beech B200	BB-1614
☐ N914JA	Beech 300LW	FA-191
☐ N915CD	Beech C90	LJ-748
☐ N915MK	Beech 350	FL-162
☐ N915MR	Beech C90B	LJ-1637
☐ N916AD	PC-XII-47	756
☐ N916RT	Piper PA-31T	8166041
☐ N916SJ	Cessna 441	441-0243
☐ N917CC	Piper PA-46T	4697259
☐ N917CM	Kodiak 100	100-0024
☐ N917TP	Piper PA-31T	8104068
☐ N917WA	Beech 300	FA-77
☐ N918FM	Piper PA-31T	7904025
☐ N918SA	Beech C90	LJ-918
☐ N918SF	Piper PA-46T	4697194
☐ N918TC	Beech B200	BB-918
☐ N918VS	Beech E90	LW-200
☐ N919AG	Beech B90	LJ-432
☐ N919CL	Beech C90A	LJ-1160
☐ N919EM	EMB-120	120160
☐ N919HP	Beech 300	FA-81
☐ N919JP	Beech A100	B-202
☐ N919RE	Beech 200	BB-824
☐ N920C	Beech 300	FA-54
☐ N920TT	Beech C90B	LJ-1300
☐ N921AZ	Beech B200	BB-1287
☐ N921BS	Beech 350	FL-110
☐ N921GG	PA-46DLX	189
☐ N921RA	Beech C90GTI	LJ-1867
☐ N921ST	Rockwell 690A	11200
☐ N922FM	MU-2B-20	216
☐ N922HP	Cessna 441	441-0027
☐ N922KV	Cessna 425	425-0052
☐ N922MM	Beech B200	BB-1866
☐ N922WD	PA-46DLX	149
☐ N923AS	Beech 200	BB-541
☐ N923CR	Beech C90A	LJ-1074
☐ N923FP	Beech 350	FL-347
☐ N923JK	Beech 350	FL-40
☐ N924AC	Beech 200	BB-483
☐ N924BB	TBM-850	405
☐ N924JB	Beech B200	BB-1849
☐ N924PG	MU-2B-60	1520SA
☐ N924RK	Beech C90	LJ-934
☐ N925B	Beech B200	BB-1050
☐ N925ES	Beech C90	LJ-906
☐ N925GA	Beech B200GTI	BY-34
☐ N925HW	PC-XII-45	444
☐ N925TK	P-180 Avanti	1021
☐ N925X	Beech 90	LJ-1
☐ N926K	Piper PA-31T	8004046
☐ N926LD	Piper PA-31T	7820047
☐ N926PC	Piper PA-46T	4697399
☐ N926SC	Rockwell 690C	11622
☐ N927BG	Beech B200	BB-1854
☐ N927JT	Beech C90A	LJ-1263
☐ N927KA	Beech B300CER	FM-27
☐ N927SM	Rockwell 690D	15013
☐ N928K	Beech C90B	LJ-1632
☐ N928KA	Beech B300CER	FM-28
☐ N928KG	Beech B200	BB-1925
☐ N928NG	PC-XII-47E	1028
☐ N928TT	Beech C90B	LJ-1313
☐ N929BW	Beech B200	BB-1630
☐ N929FD	Beech C90	LJ-1585
☐ N929P	Beech C90GTI	LJ-1923
☐ N929SG	Beech 200	BB-834
☐ N929TT	Beech C90B	LJ-1317
☐ N930HM	Piper PA-46T	4697236
☐ N930K	Beech A90	LJ-294
☐ N930MA	TBM-700C2	340
☐ N930MC	Beech C90B	LJ-1463
☐ N931GG	Beech C90B	LJ-1572
☐ N932JV	Beech 200	BB-243
☐ N932SP	PC-XII-45	222
☐ N933CL	Beech 350	FL-19
☐ N933RC	Epic LT	40
☐ N933RT	Beech B200	BB-955
☐ N933SE	PC-XII-45	375
☐ N933SP	PC-XII-45	240
☐ N934NG	PC-XII-47E	1034
☐ N934SH	Beech 200	BB-252
☐ N934SP	PC-XII-45	308
☐ N935AJ	Beech B200	BB-935
☐ N935NG	PC-XII-47E	1035
☐ N935SP	PC-XII-45	245
☐ N937D	Piper PA-42	8001055
☐ N937SP	PC-XII-45	307
☐ N938JW	Piper PA-46T	4697023
☐ N938P	Beech C90A	LJ-1250
☐ N939HE	PC-XII-47E	1005
☐ N939JB	Piper PA-31T	7904039
☐ N939K	Beech B90	LJ-349
☐ N939RK	Beech C90	LJ-725
☐ N940AC	Rockwell 690C	11629
☐ N940HC	Beech B200	BB-1303
☐ N940MA	MU-2B-35	615
☐ N940U	Rockwell 680W	1843-42
☐ N941B	Beech B200T	BT-33
☐ N941MA	MU-2B-60	744SA
☐ N941S	MU-2B-60	738SA
☐ N942CE	Beech B200	BB-1731
☐ N942CF	Beech 200	BB-494
☐ N942ST	MU-2B-60F	745SA
☐ N942TW	PC-XII-45	636
☐ N944BT	PC-XII-45	468
☐ N944C	Beech B200	BB-1749
☐ N944CF	Beech 200	BB-326
☐ N944K	Beech B90	LJ-467
☐ N944LS	Beech 200	BB-604
☐ N944RS	Beech E90	LW-177
☐ N945SH	Beech 350	FL-458
☐ N945WS	Beech A100	B-94
☐ N946AM	Beech C90	LJ-815
☐ N946CE	Beech B200	BB-1728
☐ N946JJ	PC-XII	115
☐ N946RB	PC-XII-47E	1137
☐ N946TS	Beech C90B	LJ-1591
☐ N947AM	Beech C90A	LJ-1238
☐ N948AM	Beech C90A	LJ-1210
☐ N948CE	Beech B200	BB-1736
☐ N948HB	Beech B100	BE-98
☐ N948MR	PC-XII-47E	1098
☐ N949SW	Beech B100	BE-34
☐ N950CT	Piper PA-31T	7720069
☐ N950KA	PC-XII-47	730
☐ N950KM	PC-XII-45	540
☐ N950MA	MU-2B-36	671
☐ N950MB	Beech B200	BB-1372
☐ N950MT	Piper PA-42	5501023
☐ N950WA	TBM-850	404
☐ N951CS	PA-46DLX	195
☐ N951K	Beech 100	B-17
☐ N951TB	Piper PA-46T	4697225
☐ N951TP	Piper PA-46T	4697175
☐ N953CM	Piper PA-46T	4697313
☐ N954BL	Beech B200	BB-1951
☐ N954BS	Beech C90B	LJ-1681
☐ N954MS	Beech B200	BB-1649
☐ N954TG	Beech C90	LJ-713
☐ N955AF	PC-XII-47E	1055
☐ N955RA	Beech F90	LA-201
☐ N956PC	PC-XII-45	323
☐ N957CB	Beech B200	BB-1624
☐ N957ST	PC-XII-45	295
☐ N958JH	Beech C90A	LJ-1108
☐ N959AF	PC-XII-47E	1059
☐ N959GM	Beech C90	LJ-971
☐ N959MC	Beech C90	LJ-821
☐ N959WB	Kodiak 100	100-0016
☐ N960JP	Beech B200	BB-1163
☐ N960V	Beech F90	LA-31
☐ N961LL	Beech 350	FL-264
☐ N962DA	PA-46DLX	198
☐ N962TT	Beech C90	LJ-962
☐ N963KA	Beech E90	LW-242
☐ N964GB	Beech C90	LJ-1007
☐ N964LB	Beech 350	FL-59
☐ N965DM	TBM-850	527
☐ N965LG	Beech E90	LW-204
☐ N965SB	Piper PA-46T	4697015
☐ N968T	Beech 200	BB-570
☐ N969MA	Beech B200	BB-894
☐ N970KK	Beech 300	FA-29
☐ N970NA	PC-XII-45	226
☐ N970PS	Piper PA-31T	8020023
☐ N971AM	Beech C90	LJ-983
☐ N971JP	Beech 350	FL-565
☐ N971LL	Beech 350	FL-267
☐ N971SC	Beech C90B	LJ-1343
☐ N972AM	Beech C90	LJ-1003
☐ N972SC	Beech 350	FL-258
☐ N973BB	MU-2B-60	1509SA
☐ N973GA	Beech C90	LJ-675
☐ N973SC	Beech 350	FL-379
☐ N974JB	Kodiak 100	100-0014
☐ N975TB	TBM-700	75
☐ N976KC	Beech 200	BB-601
☐ N977AA	Beech C90	LJ-555
☐ N977DG	Rockwell 690A	11237
☐ N977G	Piper PA-31T	8104065
☐ N977GT	Beech 200	BB-141
☐ N977JC	Rockwell 690C	11641
☐ N977MP	Cessna 441	441-0310
☐ N977SB	Beech E90	LW-10
☐ N977SL	PC-XII-45	189
☐ N977XT	Piper PA-42	8001008
☐ N978AF	PC-XII-47E	1078
☐ N979MC	Beech C90	LJ-1001
☐ N980A	Rockwell 695	95001
☐ N980AK	Rockwell 690C	11636
☐ N980BC	Beech 350	FL-283
☐ N980BH	Rockwell 695	95002
☐ N980CA	Piper PA-31T	8104010
☐ N980GB	Beech B200	BB-1594
☐ N980GR	Rockwell 695	95049
☐ N980GZ	Rockwell 695	95063
☐ N980HB	Rockwell 695	95006
☐ N981AR	Beech 350	FL-199
☐ N981BB	Beech B200	BB-1960
☐ N981LL	Beech 350	FL-265
☐ N981WJ	Rockwell 695	95045
☐ N982GA	Beech 200	BB-149
☐ N982SB	Beech C90B	LJ-1518
☐ N982TM	Beech 200	BB-226
☐ N983AR	Beech 350	FL-242
☐ N983C	Beech 200	BB-755
☐ N983JB	Beech B200	BB-1904
☐ N983K	Beech A90	LJ-169
☐ N983SC	PC-XII-47E	1151
☐ N983TM	Beech 350	FL-94
☐ N984AA	Beech B90	LJ-429
☐ N984MA	Beech C90	LJ-883

Registration	Model	Serial
N984RE	MU-2B-60	787SA
N987GM	Beech E90	LW-65
N987MA	MU-2B-20	124
N988AE	Cessna 441	441-0175
N988C	TBM-700C	282
N988CC	Beech 200	BB-490
N988EC	PC-XII-47E	1056
N988JR	Beech B100	BE-46
N988ME	Beech 350	FL-77
N988MM	Beech B200	BB-1462
N988SL	Beech B90	LJ-438
N988V	TBM-850	429
N989BJ	P-180 Avanti	1152
N989GT	Beech C90GTI	LJ-1863
N989LA	Beech B200	BB-1310
N990CB	Beech C90B	LJ-1362
N990DA	Beech C90	LJ-753
N990DP	Piper PA-46T	4697121
N990DW	Beech C90B	LJ-1668
N990F	Beech F90	LA-164
N990GR	Beech 350	FL-622
N990GT	Beech C90GT	LJ-1768
N990JM	Beech U-21A	LM-17
N990KB	Beech C90-1	LJ-1046
N990LR	Piper PA-31T	7820060
N990LS	Beech C90	LJ-677
N990RS	P-180 Avanti	1015
N991GC	Beech F90-1	LA-224
N991GT	Beech C90GT	LJ-1805
N991KA	Beech 200	BB-809
N991LL	Beech 350	FL-142
N991SA	Beech C90B	LJ-1691
N991SU	Beech 200	BB-253
N992MA	Beech 350	FL-271
N992TJ	Beech B200	BB-992
N992TT	Piper PA-31T	8004019
N993CB	Beech C90B	LJ-1550
N993MB	Beech 200	BB-1647
N993RH	Piper PA-31T	7720066
N993TM	Piper PA-46T	4697118
N994DF	TBM-700	22
N994MA	Piper PA-46T	4697394
N995GT	Beech C90GT	LJ-1816
N995MS	Beech B200	BB-931
N995S	Piper PA-46T	4697154
N995SC	Piper PA-42	5501004
N995SH	PA-46DLX	206
N996AB	Rockwell 690B	11425
N996BL	Beech C90GTI	LJ-1864
N996KF	PC-XII-47	836
N996LM	Beech 200	BB-157
N997JM	TBM-700C1	244
N997ME	Beech B100	BE-135
N997RC	Beech A100	B-97
N998BW	Beech 300LW	FA-149
N998GT	Beech C90GTI	LJ-1892
N998JB	PC-XII-45	148
N998LM	Piper PA-31T	8120006
N999DT	Beech 200	BB-138
N999EG	Beech B200	BB-908
N999ES	Beech C90	LJ-612
N999FG	Rockwell 690B	11535
N999GA	Beech B200	BB-929
N999HW	Beech 350	FL-49
N999LK	Beech C90A	LJ-1124
N999MG	Beech 350	FL-65
N999MM	Beech B200	BB-1997
N999NG	Piper PA-46T	4697022
N999RC	Beech F90-1	LA-208
N999RW	Piper PA-46T	4697037
N999SE	Beech E90	LW-344
N999SF	Beech E90	LW-5
N999SV	Piper PA-46T	4697352
N999TB	Beech B200	BB-1738
N999UP	MU-2B-60	1557SA
N999VB	Beech 200	BB-645
N1032G	Piper PA-46T	4697285
N1032H	Piper PA-46T	4697302
N1052L	Piper PA-46T	4697269
N1052X	Piper PA-46T	4697270
N1056D	PC-XII-45	499
N1057L	Beech C90B	LJ-1457
N1061T	Piper PA-46T	4697274
N1063F	Piper PA-46T	4697272
N1065Y	Piper PA-46T	4697295
N1068K	Beech C90B	LJ-1448
N1070F	Beech C90B	LJ-1440
N1071S	Piper PA-46T	4697298
N1074G	Beech B200	BB-1534
N1076K	Beech C90B	LJ-1461
N1079D	Beech C90B	LJ-1462
N1083S	Beech C90B	LJ-1443
N1092H	Beech C90B	LJ-1454
N1093Z	Beech B200	BB-1593
N1095W	Beech C90B	LJ-1456
N1100M	Beech E90	LW-25
N1103G	Beech C90B	LJ-1475
N1107W	Beech C90B	LJ-1477
N1110K	Beech C90A	LJ-1486
N1114K	Beech B200	BB-1559
N1114Z	Beech C90B	LJ-1514
N1126J	Beech C90B	LJ-1483
N1130D	PC-XII-47	823
N1130J	Beech C90B	LJ-1467
N1149W	Beech C-12C	BC-72
N1162V	Beech 200	BB-711
N1164F	MU-2B-60	1562SA
N1183G	Piper PA-31T	7920086
N1194C	Beech 200	BB-679
N1205S	Beech E90	LW-319
N1212C	Cessna 441	441-0346
N1222B	Cessna 425	425-0060
N1223B	Cessna 425	425-0201
N1224J	Cessna 425	425-0208
N1227J	Cessna 425	425-0229
N1250	Beech 300	FA-88
N1253W	Beech 350	FL-330
N1262K	Cessna 425	425-0234
N1290A	Beech 90	LJ-30
N1310T	Beech C90	LJ-617
N1380	Piper PA-31T	8166008
N1421Z	TBM-700	140
N1525C	Beech 350	FL-88
N1542	Beech B200	BB-1916
N1544V	Beech C90B	LJ-1366
N1546	Beech C-12C	BC-58
N1547	Beech C-12C	BC-50
N1549	Beech C-12C	BC-45
N1551	Beech C-12C	BC-39
N1551C	Beech C90B	LJ-1365
N1551H	Beech C90A	LJ-1211
N1552G	Beech C90A	LJ-1206
N1553	Beech C-12C	BC-30
N1553G	Beech C90A	LJ-1214
N1553M	Beech B200	BB-1328
N1554	Beech C-12C	BC-21
N1558	Beech C-12C	BC-20
N1559	Beech C-12C	BC-16
N1559G	Beech B200	BB-1480
N1560	Beech C-12C	BC-9
N1560T	Beech C90B	LJ-1357
N1567G	Beech C90A	LJ-1217
N1568X	Beech C90B	LJ-1368
N1655M	Beech B200	BB-1655
N1660W	Beech 200	BB-390
N1667J	Beech B300C	FM-10
N1685S	Beech C90B	LJ-1685
N1727S	MU-2B-60	1504SA
N1790M	MU-2B-60	756SA
N1801B	Beech C90	LJ-634
N1836H	Beech C90	LJ-990
N1843S	Cessna 441	441-0317
N1845	Beech 350	FL-327
N1848S	Beech C90B	LJ-1455
N1850X	Beech B200	BB-946
N1857F	Beech F90	LA-167
N1880C	Beech 350	FL-360
N1891S	Beech B200	BB-1153
N1925L	Beech B200	BB-1094
N1926A	Beech B200	BB-922
N1930P	MU-2B-40	399SA
N1962	Beech C90B	LJ-1553
N1967H	TBM-700	46
N1968W	Piper PA-46T	4697115B
N1983R	PC-XII-47	799
N1999G	Beech B90	LJ-319
N2000E	Beech A90	LJ-172
N2050A	Beech C90	LJ-813
N2057C	Beech C90	LJ-827
N2100T	MU-2B-20	182
N2112V	Beech 350	FL-501
N2141B	Rockwell 690B	11484
N2155B	Rockwell 690	11046
N2164L	Beech F90	LA-79
N2178F	Beech C90A	LJ-1508
N2186L	Beech E90	LW-186
N2192L	Beech E90	LW-192
N2222C	PC-XII-45	542
N2244	PC-XII-47E	1009
N2274L	Beech E90	LW-213
N2297C	Beech C90A	LJ-1497
N2310K	Beech C90A	LJ-1510
N2315A	Beech 350	FL-171
N2315L	Beech C90A	LJ-1515
N2325Y	Beech 350	FL-201
N2326J	Beech B200	BB-1606
N2328E	Beech B200	BB-1608
N2348W	Piper PA-31T	7904057
N2354Y	Beech C90A	LJ-1532
N2356X	Piper PA-31T	8104003
N2369V	Piper PA-31T	8004035
N2403X	Piper PA-31T	8104014
N2406U	MU-2B-20	197
N2428Q	PA-46DLX	2
N2435Y	Piper PA-31T	8104049
N2441K	Cessna 441	441-0053
N2458W	Piper PA-31T	8004017
N2469V	Piper PA-31T	8020070
N2480X	Piper PA-31T	8104026
N2519X	Piper PA-31T	8104035
N2522V	Piper PA-31T	8020078
N2552Y	Piper PA-31T	8104061
N2556Y	Piper PA-31T	8004003
N2587R	Piper PA-31T	8004004
N2711E	TBM-850	396
N2722D	Cessna 441	441-0168
N2722Y	Cessna 441	441-0173
N2723X	Cessna 441	441-0180
N2725N	Cessna 441	441-0190
N2830S	Beech B100	BE-48
N2852N	PC-XII-47E	1075
N2883	Beech 200	BB-144
N3014C	Piper PA-46T	4697311

Registration	Model	Serial
☐ N3030G	Beech C90A	LJ-1117
☐ N3035T	Beech C90B	LJ-1482
☐ N3051K	Beech B200	BB-1495
☐ N3061J	Piper PA-46T	4697322
☐ N3066W	Beech C90B	LJ-1536
☐ N3068Z	Beech C90B	LJ-1544
☐ N3080F	Beech 350	FL-249
☐ N3084K	Beech 300LW	FA-160
☐ N3088X	Piper PA-46T	4697323
☐ N3090K	Piper PA-46T	4697396
☐ N3096P	Piper PA-46T	4697178
☐ N3103A	Piper PA-46T	4697190
☐ N3107W	Beech 300LW	FA-150
☐ N3110T	Piper PA-46T	4697221
☐ N3115K	Beech 350	FL-315
☐ N3115M	Piper PA-46T	4697198
☐ N3117S	Piper PA-46T	4697230
☐ N3117V	Piper PA-46T	4697234
☐ N3123H	Piper PA-46T	4697242
☐ N3128S	Piper PA-46T	4697251
☐ N3129S	Piper PA-46T	4697256
☐ N3129X	Piper PA-46T	4697246
☐ N3132A	Piper PA-46T	4697254
☐ N3132V	Piper PA-46T	4697255
☐ N3133L	Beech C90GTI	LJ-1873
☐ N3135Y	Piper PA-46T	4697258
☐ N3137T	Piper PA-46T	4697257
☐ N3181	Beech 200	BB-637
☐ N3184W	Beech C90GTI	LJ-1884
☐ N3190S	Beech C90A	LJ-1190
☐ N3195Q	Beech C90B	LJ-1595
☐ N3196K	Beech C90B	LJ-1384
☐ N3203P	Rockwell 681	6019
☐ N3216K	Beech C90B	LJ-1392
☐ N3216U	Beech C90B	LJ-1397
☐ N3218P	Beech C90B	LJ-1411
☐ N3220L	Beech C90B	LJ-1420
☐ N3221M	Beech C90B	LJ-1621
☐ N3223H	Beech C90B	LJ-1425
☐ N3237S	Beech 300LW	FA-163
☐ N3246S	Beech C90B	LJ-1576
☐ N3250V	Beech B200	BB-1523
☐ N3262R	Beech C90B	LJ-1562
☐ N3263C	Beech C90A	LJ-1432
☐ N3263N	Beech C90B	LJ-1563
☐ N3292C	Piper PA-46T	4697210
☐ N3298D	Beech C90GTI	LJ-1918
☐ N3325H	Piper PA-46T	4697133
☐ N3420J	Beech B200GTBY-70	
☐ N3486S	Beech B200GTBY-56	
☐ N3496C	Beech 350ER	FL-599
☐ N3606T	Beech 100	B-30
☐ N3620M	Beech B200	BB-1396
☐ N3663B	Beech 100	BE-94
☐ N3688P	Beech C90	LJ-915
☐ N3690F	Beech C90	LJ-921
☐ N3695W	Beech C90	LJ-924
☐ N3697F	Beech 200C	BL-14
☐ N3700M	Beech E90	LW-340
☐ N3805E	Beech C90	LJ-943
☐ N3809C	Beech F90	LA-112
☐ N3817H	Beech C90	LJ-938
☐ N3818C	Beech E90	LW-196
☐ N3869F	Rockwell 690A	11141
☐ N3929G	Beech E90	LW-55
☐ N3951E	Piper PA-31T	7520010
☐ N3975X	Piper PA-46T	4697342
☐ N4009L	Beech B300C	FM-9
☐ N4042J	Beech B200	BB-874
☐ N4047C	Beech 200	BB-202
☐ N4053H	Beech B200	BB-1774
☐ N4065D	MU-2B-36	660
☐ N4116Q	Piper PA-42	5501012
☐ N4116W	Piper PA-31T	7520032
☐ N4121K	PA-46DLX	231
☐ N4160T	PA-46DLX	103
☐ N4167C	PA-46DLX	137
☐ N4170D	PA-46DLX	143
☐ N4170K	PA-46DLX	105
☐ N4170N	Beech 350	FL-270
☐ N4174V	Piper PA-46T	4697014
☐ N4180A	Piper PA-46T	4697151
☐ N4185L	Piper PA-46T	4697025
☐ N4189C	PA-46DLX	236
☐ N4190B	PA-46DLX	20
☐ N4195S	Beech B200	BB-1795
☐ N4200A	Beech 100	B-64
☐ N4216S	Beech E90	LW-211
☐ N4270Y	Beech B200	BB-1770
☐ N4276Z	Cessna 425	425-0103
☐ N4298S	Beech 200	BB-198
☐ N4298X	Beech C90B	LJ-1598
☐ N4322Y	PA-46DLX	76
☐ N4368Y	Beech C90B	LJ-1599
☐ N4372L	PA-46DLX	188
☐ N4380Y	Beech 350	FL-280
☐ N4392K	Beech C90B	LJ-1642
☐ N4415F	Beech C90B	LJ-1675
☐ N4415L	Beech B100	BE-67
☐ N4420F	Cessna 425	425-0053
☐ N4447W	Beech C90	LJ-627
☐ N4449Q	Beech C90	LJ-895
☐ N4456A	Beech B200C	BL-143
☐ N4466A	Beech B300C	FM-11
☐ N4471M	Beech C90B	LJ-1671
☐ N4488L	Beech C90B	LJ-1423
☐ N4489A	Beech B200C	BL-145
☐ N4490M	Beech B100	BE-64
☐ N4622E	Rockwell 680W	1723-3
☐ N4679M	Beech 200	BB-343
☐ N4717V	Rockwell 690A	11220
☐ N4757S	Piper PA-46T	4697006
☐ N4764A	Beech C90A	LJ-1161
☐ N4776M	Beech C90	LJ-776
☐ N4839R	Piper PA-46T	4697293
☐ N4884M	TBM-850	451
☐ N4920Y	TBM-700B	169
☐ N4925T	Beech B200	BB-1870
☐ N4947M	Beech C90	LJ-780
☐ N4950C	Beech C90	LJ-629
☐ N4982R	Beech 350	FL-224
☐ N5007	Piper PA-31T	7820061
☐ N5016H	Rockwell 690B	11452
☐ N5021S	Beech B200	BB-1821
☐ N5027V	Beech C90B	LJ-1627
☐ N5037W	Beech C90B	LJ-1630
☐ N5063K	Beech B200	BB-1763
☐ N5067L	Beech C90B	LJ-1667
☐ N5092S	Beech B200	BB-1802
☐ N5115H	Beech C90B	LJ-1705
☐ N5136V	Piper PA-31T	7620037
☐ N5139A	Beech B200C	BL-144
☐ N5155A	Beech B200C	BL-146
☐ N5166P	P-180 Avanti	1129
☐ N5215U	Piper PA-46T	4697068
☐ N5245F	Beech 90	LJ-92
☐ N5319X	Piper PA-46T	4697076
☐ N5320N	Piper PA-46T	4697153
☐ N5322D	Piper PA-46T	4697074
☐ N5322M	Piper PA-46T	4697021
☐ N5325P	Piper PA-46T	4697085
☐ N5326S	PC-XII-47E	1131
☐ N5329Q	Piper PA-46T	4697097
☐ N5333N	Piper PA-46T	4697084
☐ N5335R	Piper PA-46T	4697100
☐ N5337N	Piper PA-46T	4697102
☐ N5338M	Piper PA-46T	4697103
☐ N5339G	Piper PA-46T	4697095
☐ N5339V	Piper PA-46T	4697110
☐ N5341C	Piper PA-46T	4697142B
☐ N5347V	Piper PA-46T	4697126
☐ N5353V	Piper PA-46T	4697141
☐ N5355S	Piper PA-46T	4697136
☐ N5358J	Piper PA-46T	4697140
☐ N5361A	Piper PA-46T	4697144
☐ N5365D	Piper PA-46T	4697161
☐ N5431M	Beech C90B	LJ-1673
☐ N5462G	Beech E90	LW-69
☐ N5626Y	Beech 350	FL-43
☐ N5639K	Beech C90A	LJ-1239
☐ N5641X	Beech C90A	LJ-1241
☐ N5655K	Beech 350	FL-12
☐ N5727	Beech 100	B-48
☐ N5757	PA-46DLX	190
☐ N5878K	Rockwell 690C	11626
☐ N5888K	Beech B300C	FM-6
☐ N5900K	Rockwell 690C	11648
☐ N5904A	PC-XII-45	583
☐ N5955K	Rockwell 690C	11703
☐ N5955R	PC-XII-47E	1178
☐ N5956K	Rockwell 690C	11719
☐ N6032Z	Beech B300CER	FM-32
☐ N6045S	Beech B100	BE-65
☐ N6046H	Piper PA-46T	4697421
☐ N6061K	Piper PA-46T	4697374
☐ N6061L	Beech C90GTI	LJ-1961
☐ N6069A	Beech 200	BB-357
☐ N6069H	Beech C90GTI	LJ-1969
☐ N6072J	Piper PA-46T	4697417
☐ N6074J	Piper PA-46T	4697397
☐ N6075N	Piper PA-46T	4697379
☐ N6076Z	Piper PA-46T	4697390
☐ N6077Q	Piper PA-46T	4697383
☐ N6077X	Beech C90B	LJ-1677
☐ N6081E	Piper PA-46T	4697400
☐ N6082Z	Piper PA-46T	4697401
☐ N6099E	Beech B200GTBY-99	
☐ N6101G	Piper PA-46T	4697340
☐ N6103D	Beech 350	FL-683
☐ N6107A	Piper PA-31T	7820087
☐ N6111V	Beech C90B	LJ-1711
☐ N6112G	Beech 350	FL-412
☐ N6116N	Beech 350	FL-416
☐ N6133U	Beech B300CER	FM-33
☐ N6148Z	Beech C90GTI	LJ-1948
☐ N6155S	Beech B300C	BL-155
☐ N6165Y	Beech 350	FL-405
☐ N6173C	Beech C90-1	LJ-1014
☐ N6175A	Piper PA-31T	7920011
☐ N6178D	Beech 350	FL-64
☐ N6182A	Beech B200	BB-1484
☐ N6190S	Beech C90B	LJ-1702
☐ N6197V	Beech C90GT	LJ-1767
☐ N6198C	Beech B200GTBY-98	
☐ N6207F	Beech C90-1	LJ-1017
☐ N6211J	Beech C90GTI	LJ-1931
☐ N6211Z	Beech B300CER	FM-34
☐ N6260Q	Beech C90GTI	LJ-1960
☐ N6271L	Beech C90GTI	LJ-1971
☐ N6300F	Beech B200	BB-1865
☐ N6315M	Beech B200	BB-2015
☐ N6335F	Beech F90	LA-190
☐ N6350A	Beech 350	FL-650

Registration	Type	Serial
N6353B	Beech 350	FL-693
N6354F	Beech B200C	BL-154
N6356C	Beech C90-1	LJ-1052
N6364F	Beech 350	FL-694
N6366S	Beech 350	FL-666
N6373F	Beech C90GTI	LJ-1973
N6374V	Beech C90GTI	LJ-1974
N6380F	Beech 350	FL-680
N6380G	Beech 350	FL-681
N6382F	Beech 350	FL-682
N6385B	Beech 350	FL-685
N6386P	Beech 350	FL-686
N6391B	Beech 350	FL-691
N6393U	Beech C90GTI	LJ-1963
N6394Y	Beech B200	BB-2014
N6396H	Beech B200GTBY-96	
N6401D	Beech B200GTBY-101	
N6402G	Beech B200GTBY-102	
N6405V	Beech B300CER	FM-35
N6407C	Beech C90GTI	LJ-1967
N6410B	Beech C90GTI	LJ-1970
N6430B	Beech B300CER	FM-30
N6430N	Beech 350	FL-630
N6434H	Beech B300CER	FM-34
N6451D	Beech B200	BB-1009
N6452D	Beech 350	FL-652
N6473E	Beech B200	BB-2013
N6475E	Beech C90GTI	LJ-1975
N6476K	Beech C90GTI	LJ-1976
N6477Q	Beech 350	FL-677
N6492C	Beech C90-1	LJ-1050
N6507B	Beech 200	BB-498
N6509F	Beech 200	BB-493
N6531N	Beech B200	BB-1081
N6563K	Beech C90-1	LJ-1032
N6571S	Beech E90	LW-171
N6604L	Beech B200	BB-1121
N6644J	Beech B200	BB-1031
N6646R	Beech C90	LJ-836
N6681S	Beech C90	LJ-850
N6683W	Beech B200	BB-1154
N6684B	Beech 200	BB-631
N6692D	Beech C90A	LJ-1072
N6720Y	TBM-700C2	265
N6723Y	Beech C90-1	LJ-1013
N6728H	Beech B200	BB-1193
N6754H	Beech C90	LJ-891
N6756P	Beech B100	BE-92
N6763K	Beech C90A	LJ-1064
N6772P	Cessna 425	425-0022
N6774Z	Cessna 425	425-0048
N6812W	Beech 300	FA-38
N6818R	PC-XII-47	818
N6832M	Cessna 441	441-0282
N6840T	Cessna 441	441-0299
N6842D	TBM-700	192
N6844D	Cessna 425	425-0062
N6846S	Cessna 425	425-0081
N6851G	Cessna 425	425-0112
N6851T	Cessna 441	441-0211
N6851X	Cessna 441	441-0212
N6853T	Cessna 441	441-0220
N6860C	Cessna 441	441-0304
N6868C	TBM-850	415
N6885P	Cessna 425	425-0143
N6885S	Cessna 425	425-0144
N6886V	Cessna 425	425-0154
N6971Z	PC-XII-45	629
N7000B	Beech EU-21A	LM-1
N7000G	Beech B200	BB-1776
N7007G	Beech U-21A	LM-2
N7010L	Beech U-21A	LM-7
N7014L	Beech U-21A	LM-10
N7018F	Beech U-21A	LM-13
N7022Y	Beech B200	BB-1982
N7033U	Beech B300C	FM-13
N7036L	Beech U-21A	LM-26
N7038Y	Beech EU-21A	LM-28
N7039T	Beech U-21A	LM-30
N7043D	Beech U-21A	LM-35
N7043N	Beech U-21A	LM-38
N7047D	Beech U-21A	LM-41
N7051K	Beech U-21A	LM-44
N7052X	Beech U-21A	LM-45
N7052Y	Beech U-21A	LM-47
N7057A	Rockwell 690C	11664
N7062W	Beech U-21A	LM-49
N7063D	Beech U-21A	LM-50
N7064Q	Beech U-21A	LM-52
N7066D	Beech C-12C	BC-40
N7066X	Beech U-21A	LM-54
N7067S	Beech U-21A	LM-55
N7069A	Beech C-12C	BC-54
N7069F	Beech U-21A	LM-56
N7071H	Beech U-21A	LM-58
N7074G	Beech C-12C	BC-17
N7078J	Beech U-21A	LM-67
N7078L	Beech U-21A	LM-69
N7079S	Beech U-21A	LM-70
N7086V	Beech C90GT	LJ-1786
N7101L	Rockwell 695	95027
N7112T	Beech U-21A	LM-88
N7120P	Beech U-21A	LM-90
N7126U	Beech U-21A	LM-93
N7128H	Beech U-21A	LM-94
N7132Z	Beech U-21A	LM-95
N7137G	Beech U-21A	LM-99
N7139B	Piper PA-42	8001042
N7139Z	Beech RU-21H	LM-101
N7146X	Beech RU-21D	LM-104
N7155P	Beech RU-21H	LM-107
N7155S	Beech U-21A	LM-112
N7157K	Beech RU-21H	LM-115
N7165J	Beech U-21D	LM-119
N7165Y	Beech U-21D	LM-120
N7166P	Beech 200	BB-482
N7169U	Beech U-21D	LM-122
N7169Z	Beech U-21D	LM-123
N7181H	Beech U-21G	LM-134
N7181J	Beech U-21G	LM-135
N7191N	Beech C90GT	LJ-1791
N7193M	Beech U-21D	LM-139
N7194Y	Piper PA-31T	8166064
N7198B	Beech U-21G	LM-141
N7198S	Beech U-21A	LU-1
N7198Y	Beech RU-21H	LU-2
N7199D	Beech RU-21H	LU-6
N7199H	Beech U-21H	LU-7
N7199L	Beech U-21H	LU-9
N7199S	Beech RU-21H	LU-11
N7201Z	Beech RU-21D	LM-100
N7202Y	Beech 300	FA-12
N7206E	Beech F90-1	LA-234
N7208N	Epic LT	202
N7223X	Beech C90A	LJ-1104
N7228T	Beech 300	FA-20
N7230H	Beech C90A	LJ-1113
N7231P	Beech 300	FA-56
N7232R	Beech B200C	BL-69
N7247Y	Beech C-12C	BC-3
N7250T	Beech B200	BB-1237
N7274L	PC-XII-47E	1124
N7277F	Beech C90GT	LJ-1837
N7282X	Beech C90GT	LJ-1832
N7368X	Beech 350	FL-538
N7400V	Beech E90	LW-152
N7586Z	Beech 300	FA-71
N7601L	MU-2B-36A	697SA
N7644R	Beech B90	LJ-335
N7688	PA-46DLX	120
N7736M	Beech C90B	LJ-1645
N7777F	PA-46DLX	53
N7777G	PA-46DLX	40
N7778T	Piper PA-46T	4697222
N7931D	Beech C90-1	LJ-1049
N8001V	Beech C90A	LJ-1265
N8017M	Beech B200	BB-1438
N8021P	Beech C90A	LJ-1269
N8061Q	Rockwell 680W	1833-38
N8080Q	Beech 350	FL-54
N8083A	MU-2B-60	739SA
N8096U	Beech C90B	LJ-1326
N8109J	Beech T-44A	LL-30
N8116N	Beech 350	FL-58
N8131F	Piper PA-31T	7620042
N8149S	Beech 2000A	NC-35
N8156Z	Beech C90B	LJ-1333
N8170J	Beech 200	BB-728
N8244L	Beech 2000A	NC-29
N8285Q	Beech 2000A	NC-50
N8287E	Beech C90B	LJ-1356
N8421E	PC-XII-45	430
N8686	PA-46DLX	150
N8755X	Piper PA-46T	4697380
N8838T	Cessna 441	441-0003
N8870B	P-180 Avanti	1099
N8887B	Beech C90A	LJ-1148
N8970N	Cessna 441	441-0092
N9029R	Beech E90	LW-132
N9059S	Beech E90	LW-159
N9076S	Beech C90	LJ-715
N9085U	Piper PA-42	5501034
N9091J	Piper PA-42	5501035
N9095S	PA-46DLX	224
N9098U	PA-46DLX	213
N9100Z	PA-46DLX	7
N9104N	PA-46DLX	183
N9116Q	Piper PA-42	5501037
N9120Y	PA-46DLX	133
N9138Q	PA-46DLX	54
N9142B	Piper PA-42	5501038
N9159Y	Piper PA-42	5501028
N9167Q	PA-46DLX	38
N9174N	PA-46DLX	72
N9175N	Rockwell 690	11071
N9180X	PA-46DLX	208
N9195F	PA-46DLX	214
N9204Q	PA-46DLX	161
N9266Y	Piper PA-31T	1104008
N9279A	Piper PA-42	5501036
N9281B	PA-46DLX	151
N9284X	PA-46DLX	111
N9299T	PA-46DLX	169
N9426	Beech B90	LJ-421
N9450Q	Beech C90	LJ-550
N9683N	Cessna 441	441-0255
N9710M	Kodiak 100	100-0020
N9812S	Rockwell 695	95060
N9838Z	Beech B90	LJ-435
N9872C	Beech C90	LJ-698
N9898	Beech B200	BB-1627
N9906S	Rockwell 695A	96003
N9942S	Rockwell 695A	96022

☐ N9966S	Rockwell 695A	96046
☐ N9973S	Rockwell 695A	96053
☐ N9988C	Beech B200GT	BY-67
☐ N9998P	Beech C-12C	BC-8
☐ N10655	Beech B100	BE-81
☐ N10694	Piper PA-46T	4697297
☐ N10825	Beech 200	BB-26
☐ N11692	Beech C90	LJ-772
☐ N12244	Cessna 425	425-0213
☐ N12268	Cessna 425	425-0227
☐ N12321	PA-46DLX	96
☐ N13622	Rockwell 690B	11469
☐ N14886	Piper PA-31T	7904036
☐ N15234	Beech C90A	LJ-1194
☐ N15613	Beech 300LW	FA-193
☐ N16731	EMB-120	120190
☐ N17573	Beech C90	LJ-714
☐ N17792	Beech B100	BE-41
☐ N18343	Beech E90	LW-243
☐ N18471	Beech F90	LA-161
☐ N18481	Cessna 425	425-0105
☐ N19500	PA-46DLX	160
☐ N23243	Piper PA-31T	7904017
☐ N23250	Piper PA-31T	7904018
☐ N23334	Piper PA-31T	7904024
☐ N23404	Beech A100	B-234
☐ N23426	Piper PA-31T	7904035
☐ N23605	Beech A100	B-236
☐ N23646	Piper PA-31T	7920078
☐ N24203	Beech B100	BE-40
☐ N29997	Beech B200	BB-1268
☐ N30397	Piper PA-46T	4697167
☐ N30854	Rockwell 690A	11229
☐ N30898	Piper PA-46T	4697202
☐ N30983	Piper PA-46T	4697189
☐ N31062	Piper PA-46T	4697208
☐ N31094	Beech B200	BB-1676
☐ N31136	Piper PA-46T	4697309
☐ N31145	Piper PA-46T	4697215
☐ N32229	Beech 90	LJ-49
☐ N32238	Beech C90B	LJ-1580
☐ N32643	Beech B200GT	BY-43
☐ N36715	Beech 350	FL-415
☐ N36929	Beech C90B	LJ-1729
☐ N36988	Beech 350	FL-488
☐ N37084	Beech 350	FL-482
☐ N37101	Beech B200	BB-1931
☐ N37172	Beech 350	FL-472
☐ N37200	Beech C90GT	LJ-1800
☐ N37222	Beech C90B	LJ-1722
☐ N37990	Beech F90	LA-101
☐ N38280	Beech C90	LJ-953
☐ N40191	PC-XII-45	248
☐ N41874	PA-46DLX	73
☐ N43866	MU-2B-60	757SA
☐ N44463	PA-46DLX	35
☐ N44776	Cessna 441	441-0121
☐ N50515	Beech C-12D1	BP-26
☐ N50525	Beech A90	LJ-159
☐ N50655	Rockwell 680V	1714-88
☐ N53235	Piper PA-46T	4697083
☐ N53238	Piper PA-46T	4697086
☐ N53369	Piper PA-46T	4697088
☐ N53401	Piper PA-46T	4697143B
☐ N53516	Piper PA-46T	4697132
☐ N53667	Piper PA-46T	4697158
☐ N54163	Rockwell 680W	1774-12
☐ N54199	Piper PA-46T	4697164
☐ N57112	Rockwell 690A	11263
☐ N57113	Rockwell 690A	11113
☐ N57175	Rockwell 690	11004

☐ N57292	Rockwell 690A	11270
☐ N60125	Beech 350	FL-645
☐ N60910	Piper PA-46T	4697341
☐ N60992	Beech B200GT	BY-92
☐ N61006	Piper PA-46T	4697381
☐ N61027	Piper PA-46T	4697389
☐ N61228	Beech F90	LA-169
☐ N61383	Beech C90	LJ-1009
☐ N61698	Beech C90B	LJ-1698
☐ N62300	Beech C90	LJ-989
☐ N62525	Beech C90	LJ-691
☐ N63593	Beech 200	BB-552
☐ N63686	Beech B200GT	BY-86
☐ N63795	Beech B200GT	BY-95
☐ N63815	Beech 350	FL-665
☐ N63909	Beech 350	FL-679
☐ N63997	Beech 350	FL-667
☐ N64149	Beech 350	FL-689
☐ N64735	Beech 350	FL-695
☐ N64774	Beech 350	FL-684
☐ N66000	Beech C-12C	BC-66
☐ N66804	Beech B100	BE-82
☐ N67511	Beech C90	LJ-888
☐ N68734	Cessna 425	425-0182
☐ N69084	Beech F90	LA-157
☐ N69301	Beech C90A	LJ-1079
☐ N70008	Beech U-21A	LM-6
☐ N70292	Beech U-21A	LM-18
☐ N70356	Beech U-21A	LM-25
☐ N70503	Beech U-21A	LM-43
☐ N70648	Beech U-21A	LM-53
☐ N70876	Beech U-21A	LM-75
☐ N70879	Beech U-21A	LM-76
☐ N70926	Beech U-21A	LM-84
☐ N70950	Beech U-21A	LM-86
☐ N71347	Beech U-21A	LM-96
☐ N71351	Beech U-21A	LM-97
☐ N71562	Piper PA-46T	4697081
☐ N71581	Beech RU-21A	LM-116
☐ N71597	Beech RU-21D	LM-118
☐ N71797	Beech U-21G	LM-131
☐ N71878	Beech C90GT	LJ-1778
☐ N71885	Beech 350	FL-485
☐ N71909	Beech C90GT	LJ-1809
☐ N72470	Beech C-12C	BC-4
☐ N72472	Beech C-12C	BC-11
☐ N72476	Beech C-12C	BC-26
☐ N73380	Beech 350	FL-480
☐ N73415	Beech C90GT	LJ-1785
☐ N75368	Beech 90	LJ-75
☐ N77400	Piper PA-46T	4697206
☐ N81448	Rockwell 690A	11327
☐ N81703	Rockwell 690B	11438
☐ N82094	Piper PA-31T	7720014
☐ N82156	Piper PA-31T	7720045
☐ N86000	PA-46DLX	30
☐ N87699	Beech B200	BB-887
☐ N88598	Cessna 441	441-0242
☐ N88692	Cessna 441	441-0290
☐ N88727	Cessna 441	441-0267
☐ N88834	Cessna 441	441-0269
☐ N88846	PA-46DLX	92
☐ N91384	Rockwell 690A	11118
☐ N92156	PA-46DLX	223
☐ N92765	PA-46DLX	69
☐ N92819	PA-46DLX	147
☐ N92884	PA-46DLX	125
☐ N95590	Rockwell 690B	11482

OB- Peru

☐ OB-1297	Beech B90	LJ-326
☐ OB-1509	Beech 200	BB-20
☐ OB-1567	Beech A90	LJ-228
☐ OB-1594	Beech B90	LJ-322
☐ OB-1629	Piper PA-42	8001067
☐ OB-1630	Piper PA-42	8001022
☐ OB-1633-P	Piper PA-42	7801003
☐ OB-1687	Piper PA-42	8001016
☐ OB-1700	Beech 200	BB-214
☐ OB-1714	Piper PA-42	8001013
☐ OB-1803-P	Piper PA-42	7800002
☐ OB-1881-P	Beech 350	FL-470

OE- Austria

☐ OE-BBB	Beech 200	BB-526
☐ OE-DMG	Piper PA-46T	4697345
☐ OE-EEE	TBM-850	464
☐ OE-EKD	PC-XII	142
☐ OE-EMC	PC-XII-45	663
☐ OE-EPC	PC-XII-45	536
☐ OE-ERM	PC-XII-47E	
☐ OE-FAW	Cessna 425	425-0074
☐ OE-FBH	Cessna 425	425-0035
☐ OE-FDS	Piper PA-31T	7720056
☐ OE-FDY	Beech C90GTI	LJ-1908
☐ OE-FHL	Beech C90A	LJ-1115
☐ OE-FHM	Beech C90A	LJ-1284
☐ OE-FIS	Piper PA-31T	1104015
☐ OE-FIT	Piper PA-42	8001048
☐ OE-FKG	Piper PA-31T	8020036
☐ OE-FME	Beech 300LW	FA-228
☐ OE-FOS	Beech B200	BB-1741
☐ OE-FUN	Cessna 441	441-0150
☐ OE-KGB	Piper PA-46T	4697035

OH- Finland

☐ OH-ACN	Rockwell 690A	11301
☐ OH-BAX	Beech C90	LJ-984
☐ OH-BCX	Beech C90	LJ-770
☐ OH-BEX	Beech C90	LJ-978
☐ OH-BSA	Beech 300LW	FA-205
☐ OH-BSB	Beech 300LW	FA-206
☐ OH-KJJ	TBM-700C	258
☐ OH-PAY	Piper PA-42	5527040
☐ OH-SHG	Piper PA-46T	4697138
☐ OH-UTI	Rockwell 690A	11204

OK- Czech Republic

☐ OK-ALE	Ibis AE.270P	8
☐ OK-ATX	MU-2B-25	239
☐ OK-CTR	Piper PA-46T	4697320
☐ OK-DAG	Piper PA-46T	4697349
☐ OK-DSH	Beech C90	LJ-837
☐ OK-EVA	Ibis AE.270P	7
☐ OK-FLT	Piper PA-46T	4697378
☐ OK-GTJ	Beech 300LW	FA-223
☐ OK-HLB	Beech 350	FL-557
☐ OK-INA	Ibis AE.270P	6
☐ OK-LFD	Beech 350	FL-322
☐ OK-MAG	Beech 200	BB-221
☐ OK-MPM	Piper PA-42	5501005
☐ OK-NET	Piper PA-46T	4697315

☐ OK-NHR Beech C90GT LJ-1839
☐ OK-NTG Piper PA-46T 4697407
☐ OK-OKL Piper PA-42 8001060
☐ OK-PPP PC-XII-47E 1142
☐ OK-SKW PAC 750XL 128
☐ OK-TIP Piper PA-46T 4697355
☐ OK-TOP Piper PA-46T 4697344
☐ OK-TOS Beech B200 BB-1825
☐ OK-UNO Beech B200 BB-1905
☐ OK-VIP Piper PA-46T 4697273

OM- Slovak Republic

☐ OM-ALE Beech B200 BB-1975
☐ OM-FLY Beech B200 BB-1565
☐ OM-FUN Beech B200GTBY-22
☐ OM-VIP Piper PA-31T 7920002
☐ OM-VPR Beech B200GTBY-33

OO- Belgium

☐ OO-ASL Beech B200C BL-49
☐ OO-GMJ Beech 350 FL-460
☐ OO-IAL Beech F90 LA-100
☐ OO-INN Beech B200 BB-1500
☐ OO-LAC Beech B200C BL-16
☐ OO-LET Beech B200 BB-1473
☐ OO-NMU PA-46DLX 194
☐ OO-PJM PA-46DLX 159
☐ OO-ROB Rockwell 690B 11409
☐ OO-SAD Beech U-21G LM-126
☐ OO-SDU Beech 350 FL-368
☐ OO-SKM Beech B200 BB-1407
☐ OO-SXC Emb.121 121042
☐ OO-TBM TBM-700 3
☐ OO-VHV Beech E90 LW-316

OY- Denmark

☐ OY-BHU Piper PA-31T 7904004
☐ OY-BVW Beech 200 BB-705
☐ OY-CKP Beech B200 BB-951
☐ OY-CVB Beech 300LW FA-175
☐ OY-EEF Beech B200 BB-1548
☐ OY-GEF Beech B200GTBY-97
☐ OY-GSA PC-XII-45 421
☐ OY-JAP Beech C90 LJ-874
☐ OY-LLL Beech B200 BB-1861
☐ OY-LMM Piper PA-46T 4697108
☐ OY-MEN Beech 350 FL-229
☐ OY-MID PC-XII-45 659
☐ OY-PCL Beech B200 BB-1675
☐ OY-PCM Beech C90GTI LJ-1889
☐ OY-PEB Beech 200 BB-309
☐ OY-PHD Piper PA-46T 4697193
☐ OY-PKC Piper PA-46T 4697317
☐ OY-PKE Piper PA-46T 4697350
☐ OY-PMM Piper PA-46T 4697387
☐ OY-SBU Beech C90 LJ-768
☐ OY-SCI PC-XII-45 496
☐ OY-TLP P-180 Avanti 1060
☐ OY-TWO PC-XII-47 863
☐ OY-VIN PC-XII-47 872

PH- Netherlands

☐ PH-ACE Beech 300 FA-80
☐ PH-ATM Beech 200 BB-123
☐ PH-AXS Beech E90 LW-297
☐ PH-CLZ TBM-700C2 299
☐ PH-DIX PC-XII-45 309
☐ PH-DLN P-180 Avanti 1175
☐ PH-ECC PC-XII 107
☐ PH-FHB Piper PA-46T 4697282
☐ PH-FSB TBM-850 358
☐ PH-HRK P-180 Avanti 1120
☐ PH-HUB TBM-700 127
☐ PH-JAX Beech C90GTI LJ-1913
☐ PH-JFS PC-XII-45 477
☐ PH-JOE Cessna 425 425-0168
☐ PH-KBB Beech C90B LJ-1718
☐ PH-LUX PA-46DLX 36
☐ PH-PNG PC-XII-47E 1121
☐ PH-SOE PC-XII-45 1101
☐ PH-SVX Piper PA-31T 1166004
☐ PH-SVY Piper PA-31T 8020041
☐ PH-TCN P-180 Avanti 1089
☐ PH-TJA TBM-850 428
☐ PH-UKK TBM-850 372
☐ PH-XII PC-XII-45 550

PJ- Surinam

☐ PJ- Rockwell 695A 96065
☐ PJ-CEB Rockwell 690A 11292
☐ PJ-NAF Rockwell 695A 96008

PK- Indonesia

☐ PK- PC-XII-47 842
☐ PK-AHA TBM-700 119
☐ PK-AHC TBM-700 120
☐ PK-CAK Beech B200C BL-140
☐ PK-CAL TBM-700 114
☐ PK-CAM TBM-700 121
☐ PK-DYR Piper PA-31T 7820054
☐ PK-JBK Beech 350 FL-619
☐ PK-JCA Beech B200C BL-138
☐ PK-JRK Beech B200GTBY-80
☐ PK-ODR Rockwell 695 95019
☐ PK-PTI Piper PA-31T 7920084
☐ PK-RCD PAC 750XL 149
☐ PK-RGI Beech B200 BB-1732
☐ PK-TRO Gulfstream 1 130
☐ PK-UCG PC-XII-47 795
☐ PK-VKA Beech 200 BB-732
☐ PK-VKB Beech 200 BB-794
☐ PK-VKY Beech A90 LJ-197
☐ PK-VKZ Beech A90 LJ-189
☐ PK-VVX P-180 Avanti 1192
☐ PK-ZGZ Piper PA-42 5527015

PP/PR/PT- Brazil

☐ PP-ACM Emb.121 121021
☐ PP-AGM Beech C90GTI LJ-1955
☐ PP-AGR Beech C90GTI LJ-1896
☐ PP-AMC Beech C90GT LJ-1727
☐ PP-AMJ Beech C90GT LJ-1772
☐ PP-ASD Beech C90B LJ-1603
☐ PP-BAF Beech C90B LJ-1646
☐ PP-BER PC-XII-45 655
☐ PP-CBD Beech B200 BB-1062
☐ PP-CHE Piper PA-31T 8120008
☐ PP-CMM Beech F90-1 LA-202
☐ PP-COP Beech C90B LJ-1618
☐ PP-CSE Beech F90-1 LA-228
☐ PP-EHE Beech C90 LJ-638
☐ PP-EIC Emb.121 121039
☐ PP-EJG Beech B200 BB-1410
☐ PP-EJO Beech 300 FA-31
☐ PP-EMN Emb.121 121035
☐ PP-EOP Beech 200 BB-137
☐ PP-EPB Piper PA-42 8001035
☐ PP-EPD Beech 300 FA-92
☐ PP-EPS Beech C90B LJ-1442
☐ PP-ERG Beech B200 BB-1603
☐ PP-ETR Beech C90B LJ-1578
☐ PP-EUE Beech B90 LJ-409
☐ PP-FHE Emb.121 121051
☐ PP-FOY Beech A100 B-142
☐ PP-JAG Beech B200GTBY-85
☐ PP-JBL Beech C90 LJ-861
☐ PP-JCA Beech F90 LA-107
☐ PP-JLM Beech 200 BB-1591
☐ PP-JSC Beech 350 FL-289
☐ PP-KIA Beech 350 FL-608
☐ PP-KKG Beech 350 FL-288
☐ PP-LCB Beech C-12C BC-65
☐ PP-LCQ Piper PA-31T 7820046
☐ PP-LNL Beech C90B LJ-1431
☐ PP-LOG Beech 350 FL-434
☐ PP-LOV Beech B200 BB-1992
☐ PP-MSE Beech C90GTI LJ-1949
☐ PP-MVT PC-XII-47E 1066
☐ PP-NTX Beech B200GTBY-84
☐ PP-PIV TBM-850 361
☐ PP-PPC Beech B200GTBY-31
☐ PP-SAM PC-XII-47 785
☐ PP-STM Beech C90GTI LJ-1958
☐ PP-UMU Beech C90GTI LJ-1858
☐ PP-UNI Beech C90B LJ-1682
☐ PP-WAT Beech C90B LJ-1626
☐ PP-WCA Beech C90B LJ-1676
☐ PR-AAX Beech 200 BB-736
☐ PR-ACT Beech B200 BB-1626
☐ PR-ADM Beech 350 FL-398
☐ PR-AEF Beech 350 FL-377
☐ PR-AGM PC-XII-45 667
☐ PR-AGR PC-XII-45 652
☐ PR-AGV Beech C90B LJ-1725
☐ PR-AJO Piper PA-31T 8166036
☐ PR-AJT Beech B200 BB-1771
☐ PR-APJ Beech B200 BB-1755
☐ PR-ARC Beech C90B LJ-1739
☐ PR-ARN Beech B200GTBY-21
☐ PR-ART Beech 200 BB-806
☐ PR-ATC Beech B200 BB-1779
☐ PR-AVG Beech C90GTI LJ-1891
☐ PR-AVT Beech C90A LJ-1279
☐ PR-BHB Beech B200GTBY-45
☐ PR-BIO Beech C90GT LJ-1803
☐ PR-BIZ Piper PA-31T 1104004
☐ PR-BLP Beech B200 BB-1199
☐ PR-BOM Beech C90GT LJ-1763
☐ PR-BTN Beech 200 BB-1968
☐ PR-BTS Beech C90GT LJ-1827
☐ PR-BZE PC-XII-45 580
☐ PR-BZZ Piper PA-42 8001106
☐ PR-CAR Beech C90GT LJ-1826
☐ PR-CCB Beech 350 FL-541
☐ PR-CCF Beech C90B LJ-1608

☐ PR-CEB	Beech C90GT	LJ-1807
☐ PR-CLE	Beech C90A	LJ-1519
☐ PR-CMB	Beech C90GT	LJ-1780
☐ PR-CMG	Beech C90GTI	LJ-1940
☐ PR-CMI	Beech C90B	LJ-1715
☐ PR-CMM	Beech C90GTI	LJ-1769
☐ PR-CVI	Beech 350	FL-550
☐ PR-DAH	Beech 350	FL-481
☐ PR-DBR	Rockwell 695	95069
☐ PR-DCT	Beech 350	FL-579
☐ PR-DGO	Piper PA-31T	8120035
☐ PR-DHD	Beech C90GT	LJ-1825
☐ PR-DIN	Beech C90GT	LJ-1796
☐ PR-DLA	Beech C90B	LJ-1625
☐ PR-DOC	Beech B200GT	BY-51
☐ PR-DOG	PC-XII-47	814
☐ PR-DPR	TBM-850	492
☐ PR-EAO	Beech B200	BB-1912
☐ PR-ECT	PC-XII-45	359
☐ PR-EDF	Beech 350	FL-335
☐ PR-EDP	Beech C90B	LJ-1672
☐ PR-EDW	Beech 200	BB-623
☐ PR-EFN	Beech B200	BB-1932
☐ PR-ENO	PC-XII-47	866
☐ PR-EPS	Beech B200	BB-1798
☐ PR-ERM	Beech C90GTI	LJ-1906
☐ PR-ESP	Beech B200GT	BY-71
☐ PR-FAZ	Beech C90B	LJ-1674
☐ PR-FBI	MU-2B-60	772SA
☐ PR-FCI	Beech C90GTI	LJ-1904
☐ PR-FIC	TBM-700C	297
☐ PR-FKY	Beech C90B	LJ-1701
☐ PR-FRB	Beech B200	BB-1871
☐ PR-FVP	Beech B200	BB-1969
☐ PR-GAB	TBM-850	418
☐ PR-GBI	Beech 200	BB-323
☐ PR-GBS	Beech C90B	LJ-1332
☐ PR-GFB	Beech C90GT	LJ-1821
☐ PR-GMX	Beech C90GTI	LJ-1954
☐ PR-GPO	Beech C90B	LJ-1658
☐ PR-GRB	PC-XII-47	856
☐ PR-GSM	PC-XII-47E	1127
☐ PR-GSW	Beech C90B	LJ-1712
☐ PR-HLT	TBM-850	454
☐ PR-HRM	Piper PA-31T	7620053
☐ PR-IPI	Beech C90GTI	LJ-1912
☐ PR-IRB	Beech C90B	LJ-1743
☐ PR-JAG	Beech C90GT	LJ-1771
☐ PR-JAV	Beech C90GTI	LJ-1885
☐ PR-JCA	Beech C90GT	LJ-1844
☐ PR-JCC	Beech 350	FL-657
☐ PR-JCF	Beech C90GTI	LJ-1938
☐ PR-JCZ	Beech C90B	LJ-1662
☐ PR-JDB	Beech 350	FL-435
☐ PR-JFC	Beech 350	FL-381
☐ PR-JJM	Beech C90GTI	LJ-1882
☐ PR-JME	Beech C90GT	LJ-1841
☐ PR-JPU	Beech B200GT	BY-89
☐ PR-JQM	Beech C90B	LJ-1684
☐ PR-JSP	Beech 200	BB-304
☐ PR-JUB	Beech B200GT	BY-9
☐ PR-LJA	Beech 350	FL-290
☐ PR-LJR	PC-XII-47	738
☐ PR-LMT	Beech C90GTI	LJ-1853
☐ PR-LPM	Beech B200	BB-1981
☐ PR-LYG	Beech C90GTI	LJ-1886
☐ PR-MCE	Beech B200	BB-1890
☐ PR-MFG	Beech C90B	LJ-1742
☐ PR-MLF	TBM-850	457
☐ PR-MLG	Beech B200	BB-1863
☐ PR-MLZ	Beech C90B	LJ-1644
☐ PR-MPD	Rockwell 690B	11513
☐ PR-MRF	Beech 350	FL-345
☐ PR-MRN	Rockwell 695A	96023
☐ PR-MSM	Rockwell 690B	11350
☐ PR-MSP	Piper PA-31T	8166052
☐ PR-MZP	Beech C90B	LJ-1311
☐ PR-ORB	Rockwell 690B	11538
☐ PR-OTE	Beech C90GTI	LJ-1862
☐ PR-PDG	Beech C90GT	LJ-1799
☐ PR-PIB	Beech C90GT	LJ-1784
☐ PR-PJC	Beech A90	LJ-181
☐ PR-RFB	Beech C90A	LJ-1546
☐ PR-RMA	Beech C90B	LJ-1693
☐ PR-RPN	Beech C90GTI	LJ-1939
☐ PR-SDA	Beech C90GT	LJ-1770
☐ PR-SGB	Beech C90GT	LJ-1794
☐ PR-SIA	Beech C90A	LJ-1272
☐ PR-SJE	Beech C90GTI	LJ-1926
☐ PR-SOF	Beech C90GT	LJ-1790
☐ PR-SRA	Beech C90GT	LJ-1861
☐ PR-SYS	Beech B200	BB-1634
☐ PR-TCA	Beech C90B	LJ-1441
☐ PR-TIN	Beech C90B	LJ-1628
☐ PR-TRD	Beech B200GT	BY-15
☐ PR-UMU	Beech C90GT	LJ-1783
☐ PR-UNI	Beech B200GT	BY-79
☐ PR-USA	Beech C90B	LJ-1679
☐ PR-UTI	MU-2B-36A	727SA
☐ PR-VDQ	Beech B200	BB-1965
☐ PR-VIP	Beech 200	BB-384
☐ PR-VIT	Beech C90B	LJ-1706
☐ PR-VOT	Beech C90A	LJ-1076
☐ PR-VZE	PC-XII-47E	1088
☐ PR-WFM	Beech C90B	LJ-1301
☐ PR-WIT	Beech B200GT	BY-13
☐ PR-WNF	Beech C90B	LJ-1670
☐ PR-XAA	Beech 350	FL-408
☐ PR-XGT	Beech C90GT	LJ-1846
☐ PR-XIB	Beech C90B	LJ-1639
☐ PR-XKY	Beech C90	LJ-586
☐ PT-ASN	Beech F90-1	LA-232
☐ PT-BZW	MU-2B-20	175
☐ PT-DEU	Beech B90	LJ-355
☐ PT-DIQ	Beech B90	LJ-398
☐ PT-DKV	Beech 100	B-43
☐ PT-DTL	MU-2B-20	196
☐ PT-FAX	Emb.121	121049
☐ PT-FCM	Beech C90B	LJ-1471
☐ PT-FEG	Emb.121	121057
☐ PT-FFN	Beech 300LW	FA-174
☐ PT-FFS	Beech B200	BB-1578
☐ PT-FGB	Beech 350	FL-42
☐ PT-FRG	Emb.121	121044
☐ PT-FSA	Beech 350	FL-221
☐ PT-GAR	Beech C90GT	LJ-1813
☐ PT-GAV	PC-XII-47	741
☐ PT-ICP	Beech C90	LJ-558
☐ PT-IEC	Rockwell 681B	6069
☐ PT-IED	Rockwell 681B	6070
☐ PT-IGD	Beech E90	LW-9
☐ PT-JGA	MU-2B-25	268
☐ PT-JUB	Beech B200	BB-1455
☐ PT-KGV	Beech A90	LJ-221
☐ PT-KME	Piper PA-31T	7520012
☐ PT-KYF	Gulfstream 1	75
☐ PT-LCE	Beech E90	LW-347
☐ PT-LDA	Rockwell 690	11036
☐ PT-LDL	Rockwell 690	11037
☐ PT-LER	Beech F90	LA-148
☐ PT-LEW	MU-2B-25	244
☐ PT-LHH	MU-2B-60	1508SA
☐ PT-LHJ	Beech C90	LJ-1010
☐ PT-LHM	Beech 90	LJ-105
☐ PT-LHV	Rockwell 690B	11376
☐ PT-LHZ	Beech E90	LW-133
☐ PT-LIF	Beech F90-1	LA-223
☐ PT-LIK	MU-2B-60	1546SA
☐ PT-LIR	MU-2B-40	428SA
☐ PT-LIS	MU-2B-60	749SA
☐ PT-LJN	Beech A100	B-121
☐ PT-LJS	MU-2B-60	1568SA
☐ PT-LLG	Piper PA-31T	8020054
☐ PT-LLO	Beech C90A	LJ-1225
☐ PT-LLP	Beech F90	LA-7
☐ PT-LLR	Beech C90	LJ-946
☐ PT-LLV	Beech C90	LJ-897
☐ PT-LMI	Beech C90	LJ-913
☐ PT-LNG	Piper PA-31T	8120061
☐ PT-LPD	Beech C90A	LJ-1173
☐ PT-LPG	Beech B200	BB-1271
☐ PT-LPJ	Beech C90-1	LJ-1026
☐ PT-LPL	Beech F90	LA-28
☐ PT-LPS	Beech C90	LJ-817
☐ PT-LQC	Beech F90	LA-132
☐ PT-LQD	Beech C90	LJ-844
☐ PT-LQS	Beech C90	LJ-966
☐ PT-LRT	Piper PA-31T	8120040
☐ PT-LSE	Beech C90A	LJ-1063
☐ PT-LSH	Beech F90	LA-94
☐ PT-LSO	Beech C90	LJ-794
☐ PT-LSP	Beech F90	LA-197
☐ PT-LSQ	MU-2B-60	1530SA
☐ PT-LTF	Beech C90	LJ-543
☐ PT-LTO	Beech F90	LA-156
☐ PT-LTT	Beech F90	LA-103
☐ PT-LUF	Beech C90	LJ-651
☐ PT-LUJ	Piper PA-31T	7720039
☐ PT-LUT	Beech F90-1	LA-215
☐ PT-LVI	Beech C90	LJ-834
☐ PT-LVK	Beech C90A	LJ-1201
☐ PT-LXI	Beech F90	LA-11
☐ PT-LXY	Beech F90	LA-195
☐ PT-LYK	Beech C90A	LJ-1188
☐ PT-LYM	Beech F90	LA-185
☐ PT-LYP	Beech F90	LA-126
☐ PT-LYT	Beech C90-1	LJ-1037
☐ PT-LYZ	Beech F90	LA-109
☐ PT-LZB	Piper PA-31T	7920063
☐ PT-LZD	Piper PA-42	8001038
☐ PT-LZH	Beech C90	LJ-808
☐ PT-LZR	Piper PA-31T	7920083
☐ PT-LZT	Beech F90-1	LA-216
☐ PT-MAA	Emb.121	121001
☐ PT-MAB	Emb.121	121007
☐ PT-MAD	Emb.121	121010
☐ PT-MAG	Emb.121	121013
☐ PT-MAJ	Emb.121	121017
☐ PT-MAK	Emb.121	121018
☐ PT-MAL	Emb.121	121019
☐ PT-MAM	Emb.121	121020
☐ PT-MAO	Emb.121	121022
☐ PT-MAP	Emb.121	121023
☐ PT-MAQ	Emb.121	121024
☐ PT-MAR	Emb.121	121025
☐ PT-MAS	Emb.121	121026
☐ PT-MAV	Emb.121	121029
☐ PT-MAX	Emb.121	121031
☐ PT-MAY	Emb.121	121032
☐ PT-MAZ	Emb.121	121033
☐ PT-MBB	Emb.121	121034
☐ PT-MBD	Emb.121	121036
☐ PT-MBF	Beech C90GT	LJ-1823

Registration	Type	Serial
☐ PT-MBN	Emb.121	121014
☐ PT-MBO	Emb.121	121046
☐ PT-MBS	Emb.121	121050
☐ PT-MBU	Emb.121	121052
☐ PT-MBV	Emb.121	121053
☐ PT-MCA	Emb.121	121058
☐ PT-MCC	Emb.121	121061
☐ PT-MCD	Emb.121	121016
☐ PT-MCF	Emb.121	121093
☐ PT-MCG	Emb.121	121088
☐ PT-MCI	Emb.121	121097
☐ PT-MCJ	Emb.121	121100
☐ PT-MCK	Emb.121	121104
☐ PT-MCM	Beech 300	FA-52
☐ PT-MFL	Piper PA-42	8001080
☐ PT-MFW	Piper PA-31T	8166067
☐ PT-MGZ	Piper PA-31T	8020058
☐ PT-MJD	Beech B200	BB-1589
☐ PT-MJQ	Beech C90B	LJ-1564
☐ PT-MMB	Beech B200	BB-971
☐ PT-MMC	Beech 300LW	FA-113
☐ PT-MMF	Beech B200	BB-1915
☐ PT-MMR	TBM-850	504
☐ PT-MPN	Rockwell 690B	11465
☐ PT-MSA	Emb.121	121011
☐ PT-MVJ	Beech C90A	LJ-1498
☐ PT-OAJ	Piper PA-31T	8004005
☐ PT-OAM	Piper PA-31T	8020028
☐ PT-OAU	Emb.121	121028
☐ PT-OBW	Beech B90	LJ-353
☐ PT-OCC	Beech C90	LJ-960
☐ PT-OCE	Beech F90-1	LA-217
☐ PT-OCI	Beech C90-1	LJ-998
☐ PT-OCL	Piper PA-31T	8020033
☐ PT-OCT	Beech C90	LJ-567
☐ PT-OCY	Beech C90	LJ-847
☐ PT-ODA	Beech B90	LJ-466
☐ PT-ODH	Beech C90A	LJ-1128
☐ PT-ODM	Piper PA-31T	8120042
☐ PT-ODN	Beech F90	LA-85
☐ PT-ODO	Beech F90-1	LA-213
☐ PT-ODR	Piper PA-31T	8020079
☐ PT-OED	Piper PA-31T	8020029
☐ PT-OEP	Beech C90-1	LJ-1019
☐ PT-OFB	Beech C90	LA-200
☐ PT-OFC	Beech C90	LJ-534
☐ PT-OFD	Beech F90	LA-118
☐ PT-OFF	Beech C90A	LJ-1264
☐ PT-OFH	Piper PA-31T	7920034
☐ PT-OFS	Beech F90-1	LA-225
☐ PT-OFY	Beech C90A	LJ-1094
☐ PT-OHH	Beech C90	LJ-975
☐ PT-OHK	MU-2B-60	774SA
☐ PT-OHZ	Beech F90	LA-173
☐ PT-OIF	Beech C90	LA-49
☐ PT-OIP	MU-2B-26A	354SA
☐ PT-OIU	Beech C90	LJ-515
☐ PT-OIY	MU-2B-40	453SA
☐ PT-OIZ	Beech C90A	LJ-1174
☐ PT-OJA	Beech C90	LJ-952
☐ PT-OJE	Piper PA-31T	8120031
☐ PT-OJI	Beech C90	LJ-812
☐ PT-OJM	Piper PA-31T	8120070
☐ PT-OJQ	Beech 300LW	FA-154
☐ PT-OJU	Beech C90	LJ-900
☐ PT-OKL	Piper PA-42	8001103
☐ PT-OKQ	Beech C90A	LJ-1195
☐ PT-OLF	Piper PA-31T	8004039
☐ PT-OLQ	Beech C90	LJ-884
☐ PT-OLW	Beech C90	LJ-985
☐ PT-OLX	Beech C90	LJ-963
☐ PT-OLZ	Piper PA-31T	8120005
☐ PT-OMZ	Beech C90A	LJ-1220
☐ PT-ONE	Beech F90	LA-144
☐ PT-ONJ	Beech C90A	LJ-1078
☐ PT-ONO	Beech F90	LA-92
☐ PT-ONQ	Beech C90-1	LJ-1018
☐ PT-ONU	Beech F90	LA-128
☐ PT-OOS	MU-2B-26A	388SA
☐ PT-OOT	Beech C90	LJ-995
☐ PT-OOX	Beech F90	LA-162
☐ PT-OOY	Beech C90	LJ-882
☐ PT-OPC	Piper PA-31T	8120010
☐ PT-OPD	Beech C90	LJ-920
☐ PT-OPE	Beech C90	LJ-940
☐ PT-OPF	Piper PA-31T	8004038
☐ PT-OPH	Piper PA-31T	7620044
☐ PT-OPQ	Piper PA-31T	8004007
☐ PT-OPR	Beech C90	LJ-870
☐ PT-OQS	Beech C90	LJ-1005
☐ PT-OQY	Rockwell 690D	15038
☐ PT-ORB	Beech B200	BB-1435
☐ PT-ORG	Beech C90B	LJ-1308
☐ PT-ORZ	Beech C90A	LJ-1233
☐ PT-OSI	Beech C90	LJ-936
☐ PT-OSN	Beech C90A	LJ-1260
☐ PT-OSO	Beech C90	LJ-927
☐ PT-OTA	Beech F90	LA-187
☐ PT-OTG	Beech C90A	LJ-1096
☐ PT-OTI	Beech C90A	LJ-1237
☐ PT-OTV	Piper PA-31T	8104017
☐ PT-OUF	Beech E90	LW-343
☐ PT-OUH	Emb.121	121012
☐ PT-OUJ	Beech F90	LA-155
☐ PT-OUX	Beech C90	LJ-937
☐ PT-OVB	Piper PA-31T	8104051
☐ PT-OVE	Piper PA-31T	8004014
☐ PT-OVP	Beech A90	LJ-152
☐ PT-OVW	MU-2B-26A	350SA
☐ PT-OVY	Beech C90	LJ-835
☐ PT-OXU	Beech C90	LJ-535
☐ PT-OYN	Beech C90A	LJ-1081
☐ PT-OZJ	Beech C90	LJ-951
☐ PT-OZK	Beech 200	BB-45
☐ PT-OZL	Beech C90B	LJ-1341
☐ PT-OZN	Piper PA-31T	8020061
☐ PT-OZP	Beech F90	LA-175
☐ PT-OZR	Beech C90-1	LJ-1059
☐ PT-OZS	Emb.121	121015
☐ PT-SBM	Beech B200GT	BY-72
☐ PT-VXJ	PC-XII-47E	1044
☐ PT-WAC	Beech 350	FL-177
☐ PT-WAE	Beech A90	LJ-191
☐ PT-WAG	Beech E90	LW-138
☐ PT-WAH	Beech C90A	LJ-1245
☐ PT-WBQ	Beech B90	LJ-460
☐ PT-WCS	Beech C90B	LJ-1377
☐ PT-WDU	Beech C90	LJ-791
☐ PT-WEF	Piper PA-31T	8104034
☐ PT-WEG	Beech B200	BB-875
☐ PT-WET	Beech F90	LA-78
☐ PT-WFB	Piper PA-31T	8020048
☐ PT-WFN	Beech C90B	LJ-1346
☐ PT-WFQ	Piper PA-31T	7820049
☐ PT-WGJ	Piper PA-31T	8120101
☐ PT-WGS	Beech B200	BB-1446
☐ PT-WGU	Beech C90B	LJ-1363
☐ PT-WHA	Beech C90A	LJ-1253
☐ PT-WHP	Beech C90A	LJ-1212
☐ PT-WIC	Rockwell 690C	11625
☐ PT-WIH	Beech C90A	LJ-1396
☐ PT-WIT	Beech C90B	LJ-1394
☐ PT-WIX	MU-2B-20	232
☐ PT-WJD	Beech C90B	LJ-1427
☐ PT-WJF	Beech C90B	LJ-1386
☐ PT-WKF	PC-XII	141
☐ PT-WKX	Beech C90B	LJ-1494
☐ PT-WLD	Rockwell 690D	15027
☐ PT-WLJ	Piper PA-31T	8120011
☐ PT-WLK	Beech B200	BB-1543
☐ PT-WLV	Emb.121	121059
☐ PT-WMT	Beech C90	LJ-956
☐ PT-WMU	Piper PA-31T	8004043
☐ PT-WMX	Piper PA-31T	8104062
☐ PT-WNC	Piper PA-31T	8120020
☐ PT-WND	Beech 350	FL-141
☐ PT-WNG	Piper PA-31T	8166049
☐ PT-WNL	Beech 350	FL-159
☐ PT-WNN	Beech B200	BB-1558
☐ PT-WNQ	Beech B200	BB-1584
☐ PT-WNS	MU-2B-60	1501SA
☐ PT-WNW	Beech C90A	LJ-1092
☐ PT-WOF	Beech B200	BB-986
☐ PT-WOR	Piper PA-31T	8120030
☐ PT-WPN	Beech C90A	LJ-1294
☐ PT-WPV	Beech B100	BE-45
☐ PT-WQW	Beech C90B	LJ-1577
☐ PT-WRA	Beech C90A	LJ-1385
☐ PT-WSI	Beech 350	FL-169
☐ PT-WSJ	Beech 350	FL-152
☐ PT-WST	MU-2B-36A	711SA
☐ PT-WSX	Beech B200	BB-1266
☐ PT-WTN	Beech B90	LJ-346
☐ PT-WTU	Beech C90B	LJ-1491
☐ PT-WTW	Beech 350	FL-205
☐ PT-WUG	Beech C90A	LJ-1511
☐ PT-WUT	Beech 350	FL-240
☐ PT-WVI	Beech C90B	LJ-1331
☐ PT-WYT	MU-2B-36	722SA
☐ PT-WZC	Beech C90A	LJ-1538
☐ PT-XEG	Beech B200	BB-1190
☐ PT-XHP	Beech C90B	LJ-1473
☐ PT-XOC	Piper PA-31T	8104064
☐ PT-XOU	Beech C90A	LJ-1501
☐ PT-XOV	Beech C90B	LJ-1569

P2- Papua New Guinea

☐ P2-BWC	PAC 750XL	136
☐ P2-BWE	PAC 750XL	161
☐ P2-CAA	Beech 200	BB-415
☐ P2-DRS	Beech C90A	LJ-1227
☐ P2-KSA	Beech B200	BB-1527
☐ P2-KSN	Beech 200C	BL-22
☐ P2-NCA	PAC 750XL	134
☐ P2-NTR	Beech C90-1	LJ-1021
☐ P2-PNG	Beech 350	FL-79
☐ P2-SDB	PAC 750XL	124
☐ P2-SIA	Beech B200C	BL-39
☐ P2-SIB	Kodiak 100	100-0008
☐ P2-TNT	PAC 750XL	143

P4- Aruba

☐ P4-JML	Gulfstream 1	76
☐ P4-SSI	Beech C90B	LJ-1476

RA- Russia

- RA-01500 PC-XII-47 803
- RA-01501 PC-XII-47 841
- RA-01502 PC-XII-47 862
- RA-01503 PC-XII-47 882
- RA-01504 PC-XII-47E 1026
- RA-01505 PC-XII-47E 1029
- RA-01506 PC-XII-47E 1061
- RA-01507 PC-XII-47E 1064
- RA-01509 PC-XII-47 745
- RA-01510 PC-XII-47 723
- RA-0216G PA-46DLX 128

RP- Philippines

- RP-223 Beech 200 BB-66
- RP-C264 Beech 200 BB-692
- RP-C291 Beech E90 LW-325
- RP-C298 Beech E90 LW-302
- RP-C410 Beech F90 LA-136
- RP-C415 Beech E90 LW-190
- RP-C755 Beech B200 BB-975
- RP-C898 Beech C90B LJ-1403
- RP-2100 Beech B200 BB-1405
- RP-C1728 Beech 350 FL-118
- RP-C1807 Beech 350 FL-153
- RP-C1978 Beech 100 B-77
- RP-C2208 Beech B90 LJ-365
- RP-C2226 Beech 350 FL-563
- RP-C2296 Beech 350 FL-196
- RP-C2528 Beech 350 FL-567
- RP-C2638 Beech 350 FL-137
- RP-C2850 Beech 350 FL-145
- RP-C3500 Beech 350 FL-148
- RP-C3885 Beech B200 BB-1532
- RP-C5129 Beech 200 BB-358
- RP-C8300 Beech 350 FL-505
- RP-C8853 Beech B200 BB-1529

SE- Sweden

- SE-GHA MU-2B-25 283
- SE-GHB MU-2B-25 287
- SE-GHC MU-2B-25 289
- SE-GHD MU-2B-25 293
- SE-GHE MU-2B-25 294
- SE-GHF MU-2B-25 299
- SE-GHH MU-2B-20 222
- SE-GSS Rockwell 690C 11613
- SE-IIB Beech C90 LJ-723
- SE-IOV MU-2B-26 337
- SE-IOZ MU-2B-26 320
- SE-IUA MU-2B-26 345
- SE-IUV Rockwell 690C 11681
- SE-IUX Beech 200 BB-675
- SE-IXC Beech B200 BB-1210
- SE-KDK Beech B200 BB-909
- SE-KFP Beech B200C BL-132
- SE-KOL Beech 300LW FA-189
- SE-KXM Beech 200 BB-459
- SE-LKY Beech B200C BL-127
- SE-LLU Beech 350 FL-175
- SE-LTL Beech 200 BB-582
- SE-LUB Piper PA-31T 7820051
- SE-LVU Beech B200 BB-1692
- SE-LVV Beech B200 BB-1537
- SE-LYL PA-46DLX 124
- SE-LZU Rockwell 690A 11121
- SE-LZX Rockwell 690B 11367
- SE-MAZ Beech B200 BB-1522

SP- Poland

- SP-DSA Beech B200GTBY-3
- SP-FNS Beech 350 FL-134
- SP-IKY Beech B200 BB-1995
- SP-ISS Beech C90A LJ-1285
- SP-KGW Beech 200 BB-716
- SP-KKH Piper PA-31T 8120041
- SP-MMS Beech C90GTI LJ-1959
- SP-MXH P-180 Avanti 1079
- SP-MXI P-180 Avanti 1124
- SP-NEO Beech C90GTI LJ-1965
- SP-NLL Piper PA-46T 4697338

ST- Sudan

- ST-ANH Beech C90 LJ-823
- ST-BBA Beech 200 BB-341
- ST-DAL Beech 300LW FA-204
- ST-SFS Beech 200 BB-539

SU- Egypt

- SU-BAX Beech 200 BB-353
- SU-BNJ Beech B200 BB-1664
- SU-MMN Beech 350 FL-476

SX- Greece

- SX-APJ Beech 200 BB-401
- SX-AVA Piper PA-31T 8020026
- SX-AVB Piper PA-31T 8020027
- SX-AVC Piper PA-31T 8020038
- SX-AVE Piper PA-31T 7620018
- SX-BKY Beech C90B LJ-1334
- SX-ECG Beech 200 BB-372
- SX-FDC Piper PA-31T 7720063

S2- Bangladesh

- S2-AED PC-XII-45 538
- S2-AEV P-180 Avanti 1193

S5- Slovenia

- S5-CGS PA-46DLX 22
- S5-CMO Beech C90B LJ-1360
- S5-DJC Piper PA-46T 4697366

S9- Sao Tome

- S9- Gulfstream 1 167
- S9-BAA Beech 350 FL-220

TC- Turkey

- TC-AUT Beech C90 LJ-622
- TC-AUV Beech C90 LJ-587
- TC-AUY Beech 200 BB-333
- TC-AYK Beech B200 BB-1938
- TC-FAH Piper PA-42 5501033
- TC-FIR Beech B200 BB-1082
- TC-IHC Beech C90 LJ-771
- TC-MSS Beech C90A LJ-1276
- TC-OZD Beech B200 BB-1496
- TC-SHA Beech C90GTI LJ-1934
- TC-SHB Beech C90GTI LJ-1962
- TC-THK Piper PA-42 5501031

TF- Iceland

- TF-FMS Beech B200 BB-1221
- TF-MYX Beech B200 BB-1136
- TF-ORF Cessna 441 441-0057

TG- Guatemala

- TG- Beech 200 BB-267
- TG- Rockwell 681 6036
- TG- Rockwell 690A 11162
- TG-ASC PC-XII-47 767
- TG-ATP Rockwell 690A 11175
- TG-CBI Beech B200 BB-1959
- TG-COB Piper PA-31T 8120003
- TG-CPG Beech 300 FA-47
- TG-CYC Piper PA-31T 8020003
- TG-EME Beech C90B LJ-1364
- TG-FYL Beech B200 BB-1808
- TG-GAP Piper PA-31T 7820058
- TG-HCR Piper PA-31T 8020032
- TG-HOS Beech F90 LA-54
- TG-JLG Beech 300LW FA-179
- TG-LEM Rockwell 695A 96002
- TG-LIA Piper PA-31T 8120043
- TG-MDN-P Beech 300LW FA-105
- TG-OIL Beech B200 BB-1794
- TG-RWC Beech C90GT LJ-1822
- TG-SIK Piper PA-31T 1166007
- TG-SMA Rockwell 681 6022
- TG-SUS Cessna 425 425-0118
- TG-VAL Piper PA-31T 8120045
- TG-VAS Beech C90 LJ-782
- TG-ZUM Beech A90 LJ-270

TI- Costa Rica

- TI-AWM Beech F90 LA-76
- TI-AWN Piper PA-31T 7520043
- TI-AXU Rockwell 690A 11139
- TI-AZI Beech C90B LJ-1468
- TI-AZO Beech E90 LW-240
- TI-BBN Beech E90 LW-250
- TI-MEL Rockwell 695 95056
- TI-TCT Beech 200 BB-87

TJ- Cameroon

- TJ-MJP Be E90 LW-321

TL- Central African Rep

- TL- Beech E90 LW-97
- TL-ADN Gulfstream 1 42

TN-Congo Brazzaville

- TN-AFG Be E90 LW-326

TR- Gabon

☐ TR-AEM Beech 350 FL-486

TT- Tchad

☐ TT-AAF PC-XII 128

TU- Ivory Coast

☐ TU-TJL Piper PA-31T 7720033
☐ TU-TSF Beech B200 BB-1623

TZ- Mali

☐ TZ-DDG Beech 200 BB-589
☐ TZ-MAC Beech B200 BB-1160
☐ TZ-ZBE Beech U-21A LM-64

T7- San Marino

☐ T7-BMM P.68TP-600 9002
☐ T7-PAC PAC 750XL 135
☐ T7-POD Beech C90GTI LJ-1953
☐ T7-SMI Beech B200 BB-1324

UP- Kazakhstan

☐ UP-K3501 Beech 350 FL-76
☐ UP-K9001 Beech C90A LJ-1236
☐ UP-P3101 Piper PA-31T 1104010
☐ UP-P4201 Piper PA-42 8001105

UR- Ukraine

☐ UR-CCZV Piper PA-46T 4697147
☐ UR-CRV Beech C90B LJ-1348
☐ UR-CWA Beech 350 FL-64
☐ UR-CWB Beech 350 FL-46
☐ UR-HBD Beech 350 FL-469

VH- Australia

☐ VH-AAD PC-XII-47E 1068
☐ VH-AMQ Beech B200 BB-1813
☐ VH-AMR Beech B200 BB-1812
☐ VH-AMS Beech B200 BB-1814
☐ VH-ATF Rockwell 690A 11158
☐ VH-AYC Beech B200 BB-1575
☐ VH-CZM Cessna 441 441-0026
☐ VH-BGK PA-46DLX 89
☐ VH-BUR Piper PA-42 5527019
☐ VH-BUW Piper PA-42 8001047
☐ VH-CBZ Beech B200C BL-38
☐ VH-CLT Rockwell 690A 11152
☐ VH-CWO Beech B200C BL-72
☐ VH-CZM TBM-700C2 344
☐ VH-DTV MU-2B-20F 132
☐ VH-DXD Piper PA-31T 7520037
☐ VH-DXQ PAC 750XL 129
☐ VH-DYN Beech 200 BB-690
☐ VH-EAJ PAC 750XL 132
☐ VH-EAK PAC 750XL 110
☐ VH-EMJ Beech C90B LJ-1374
☐ VH-EWQ Beech 350 FL-122
☐ VH-FDA Beech B200 BB-1986
☐ VH-FDB Beech B200 BB-1977
☐ VH-FDC PC-XII-45 426
☐ VH-FDD Beech B200 BB-1697
☐ VH-FDE PC-XII-45 332
☐ VH-FDF Beech B200 BB-1696
☐ VH-FDG Beech B200 BB-2012
☐ VH-FDI Beech B200 BB-1037
☐ VH-FDJ PC-XII-47 861
☐ VH-FDK PC-XII-45 466
☐ VH-FDM PC-XII-45 428
☐ VH-FDO Beech B200 BB-1056
☐ VH-FDP PC-XII-45 434
☐ VH-FDR Beech B200 BB-1881
☐ VH-FDS Beech B200C BL-68
☐ VH-FDT Beech B200 BB-1990
☐ VH-FDW Beech B200 BB-1880
☐ VH-FDZ Beech B200 BB-1882
☐ VH-FGR PC-XII-45 438
☐ VH-FGS PC-XII-45 440
☐ VH-FGT PC-XII-45 442
☐ VH-FII Beech 200 BB-653
☐ VH-FIX Beech 350 FL-90
☐ VH-FMC PC-XII 109
☐ VH-FMF PC-XII 110
☐ VH-FMP PC-XII 122
☐ VH-FMQ Cessna 441 441-0109
☐ VH-FMW PC-XII 123
☐ VH-FMZ PC-XII 138
☐ VH-GTI Beech C90GTI LJ-1874
☐ VH-HIG PC-XII-47 772
☐ VH-HLJ Beech B200 BB-945
☐ VH-HMZ Cessna 441 441-0017
☐ VH-HPP Beech B200C BL-137
☐ VH-HWO Beech B200 BB-1641
☐ VH-ICA TBM-700C 205
☐ VH-ILB Beech C90B LJ-1375
☐ VH-ITA Beech B200 BB-1244
☐ VH-ITH Beech 200 BB-344
☐ VH-IWO Beech B200 BB-1639
☐ VH-JES MU-2B-30F 516
☐ VH-JET Beech C90B LJ-1464
☐ VH-JLK PC-XII 126
☐ VH-JLT Cessna 441 441-0138
☐ VH-JMU PC-XII-45 445
☐ VH-JSO TBM-700B 173
☐ VH-JVB Cessna 441 441-0231
☐ VH-JVL Cessna 441 441-0352
☐ VH-KFE Beech B200 BB-1172
☐ VH-KFG Beech C90 LJ-777
☐ VH-KFT TBM-700 92
☐ VH-KJD Beech 350 FL-443
☐ VH-KMS Beech B200 BB-1667
☐ VH-KQB Beech C90B LJ-1350
☐ VH-KWO PC-XII-45 363
☐ VH-LAB Beech B200T BT-23
☐ VH-LBA Cessna 441 441-0042
☐ VH-LBC Cessna 441 441-0236
☐ VH-LBD Cessna 441 441-0296
☐ VH-LBX Cessna 441 441-0091
☐ VH-LBY Cessna 441 441-0023
☐ VH-LBZ Cessna 441 441-0038
☐ VH-LEM Cessna 441 441-0081
☐ VH-LKF Beech 200 BB-660
☐ VH-LMC Rockwell 690D 15026
☐ VH-LNJ Beech B200C BL-41
☐ VH-LOA Beech B200 BB-1463
☐ VH-LVG Rockwell 690B 11551
☐ VH-LWO Beech B200 BB-1643
☐ VH-LYG Beech C90-1 LJ-1020
☐ VH-MLG Beech 350 FL-389
☐ VH-MQZ Beech B200 BB-1961
☐ VH-MSH Beech B200 BB-1787
☐ VH-MSM Beech B200 BB-1464
☐ VH-MSU Beech B200C BL-48
☐ VH-MSZ Beech 200 BB-866
☐ VH-MVJ Beech B200 BB-1842
☐ VH-MVL Beech B200 BB-1333
☐ VH-MVW Beech B200 BB-1980
☐ VH-MVX Beech B200C BL-153
☐ VH-MVY Beech B200 BB-1324
☐ VH-MWH Beech B200 BB-2003
☐ VH-MWK Beech B200C BL-152
☐ VH-MWO PC-XII-45 379
☐ VH-MWQ Beech B200 BB-1416
☐ VH-MWU Beech B200 BB-1418
☐ VH-MWX Beech B200 BB-1424
☐ VH-MWZ Beech B200 BB-1430
☐ VH-NAX Cessna 441 441-0106
☐ VH-NBT Rockwell 681B 6047
☐ VH-NMA Piper PA-42 8001066
☐ VH-NSN Beech B200 BB-1552
☐ VH-NTE Beech 200 BB-529
☐ VH-NTG Beech 200C BL-9
☐ VH-NTH Beech 200C BL-12
☐ VH-NTS Beech 200C BL-30
☐ VH-NWO PC-XII-45 396
☐ VH-OCS Cessna 441 441-0030
☐ VH-ODI Beech 200 BB-634
☐ VH-OOI PC-XII-47 827
☐ VH-OPM Cessna 441 441-0088
☐ VH-OWA PC-XII-47E 1115
☐ VH-OWB PC-XII-47E 1104
☐ VH-OWN Beech B200 BB-936
☐ VH-OWP PC-XII-47E 1032
☐ VH-OWQ PC-XII-47E 1052
☐ VH-OWR PC-XII-47E 1082
☐ VH-OXF Beech 350 FL-361
☐ VH-OYA Beech 200 BB-365
☐ VH-OYD Beech B200 BB-1041
☐ VH-OYE Beech 200 BB-355
☐ VH-OYH Beech 200 BB-148
☐ VH-OYT Beech 200T BT-6
☐ VH-PCV Rockwell 690A 11283
☐ VH-PFJ Beech C90B LJ-1586
☐ VH-PFK Beech C90GTI LJ-1915
☐ VH-PID PC-XII-45 231
☐ VH-PIL PC-XII-47E 1007
☐ VH-PWK Beech B200 BB-1019
☐ VH-PYN Beech 350 FL-525
☐ VH-SAM Beech C90 LJ-655
☐ VH-SBM Beech B200 BB-964
☐ VH-SCQ Beech 350 FL-150
☐ VH-SGQ Beech 350 FL-461
☐ VH-SGT Beech 200 BB-73
☐ VH-SGV Beech 200 BB-718
☐ VH-SKU Beech 200 BB-165
☐ VH-SMO Cessna 441 441-0132
☐ VH-SMZ TBM-850 366
☐ VH-SQH Beech C90 LJ-730
☐ VH-TAM Beech C90 LJ-919
☐ VH-TAZ Cessna 441 441-0005
☐ VH-TFB Cessna 441 441-0260
☐ VH-TLX Beech 200 BB-550
☐ VH-TPM Piper PA-46T 4697089
☐ VH-URU Beech B200 BB-1150
☐ VH-VAT PC-XII-45 203
☐ VH-VCB Beech 200 BB-579
☐ VH-VED Cessna 441 441-0272
☐ VH-VEH Cessna 441 441-0238

☐VH-VEJ	Cessna 441	441-0249
☐V5-AIR	Cessna 441	441-0095
☐V5-CCH	Piper PA-31T	7820085
☐V5-DAC	Rockwell 690C	11732
☐V5-LYZ	Cessna 425	425-0021
☐V5-MAC	Rockwell 690B	11557
☐V5-MED	Beech E90	LW-87
☐V5-MGF	Rockwell 690B	11432
☐V5-MJW	Cessna 425	425-0077
☐V5-SMA	Beech E90	LW-118
☐V5-TSO	PC-XII-45	247
☐V5-ZEN	PC-XII-45	125
☐VH-VEM	Cessna 441	441-0174
☐VH-VEW	Cessna 441	441-0264
☐VH-VEY	Cessna 441	441-0295
☐VH-VEZ	Cessna 441	441-0182
☐VH-VTF	PC-XII-47E	1045
☐VH-VWO	PC-XII-45	400
☐VH-WBI	PC-XII-45	617
☐VH-WCE	Piper PA-42	8001033
☐VH-WJY	Beech B200	BB-1875
☐VH-WMY	Piper PA-46T	4697165
☐VH-WPE	PC-XII-47	704
☐VH-WPH	PC-XII-47	764
☐VH-WPY	PC-XII-47	720
☐VH-WZN	Beech B200	BB-963
☐VH-XBC	Cessna 441	441-0297
☐VH-XCB	Beech B200	BB-1472
☐VH-XDB	Beech 200	BB-533
☐VH-XDV	Beech B200	BB-1100
☐VH-XDW	Beech B200	BB-1258
☐VH-XLC	PAC 750XL	120
☐VH-XLS	PAC 750XL	105
☐VH-XMD	Cessna 441	441-0025
☐VH-XMG	Cessna 441	441-0130
☐VH-XMJ	Cessna 441	441-0113
☐VH-YDN	PC-XII-45	301
☐VH-YDO	PC-XII-45	102
☐VH-YFD	Cessna 441	441-0157
☐VH-YHV	Cessna 441	441-0147
☐VH-YJG	Rockwell 690A	11308
☐VH-YJP	Rockwell 690A	11173
☐VH-YOJ	PC-XII-47E	1122
☐VH-YWO	PC-XII-47	725
☐VH-ZBD	PC-XII-47	837
☐VH-ZEK	Beech B200	BB-1083
☐VH-ZGS	Beech 350	FL-484
☐VH-ZHP	Beech 350	FL-651
☐VH-ZHQ	Beech 350	FL-670
☐VH-ZHR	Beech 350	FL-671
☐VH-ZHS	Beech 350	FL-673
☐VH-ZHT	Beech 350	FL-675
☐VH-ZMO	Beech 200	BB-470
☐VH-ZMP	Beech 200	BB-259
☐VH-ZOR	Beech 200	BB-762
☐VH-ZOS	Beech 200	BB-145
☐VH-ZVM	PAC 750XL	126
☐VH-ZWO	PC-XII-45	467

VN- Vietnam

☐VN-B444	Beech 350	FL-417
☐VN-B594	Beech B200	BB-1329

VP-B Bermuda

☐VP-BCT	Rockwell 695B	96208
☐VP-BLS	PC-XII-45	176
☐VP-BMK	Beech 300LW	FA-202
☐VP-BMZ	Rockwell 690D	15033

VP-C Cayman Islands

☐VP-CYA	P-180 Avanti	1166
☐VP-CYC	P-180 Avanti	1185

VP-L British Virgin Is

☐VP-L	Beech A100	B-166

VT- Turks & Caicos

☐VQ-TCI	Beech B200C	BL-125

VT- India

☐VT-ACD	Beech 350	FL-465
☐VT-ACG	PC-XII-45	562
☐VT-AEL	Beech B200	BB-1788
☐VT-AJV	Beech C90A	LJ-1159
☐VT-BAF	Beech B200	BB-1939
☐VT-BSA	Beech B200	BB-1485
☐VT-CIL	Beech B200	BB-1469
☐VT-CTG	Beech B200	BB-1947
☐VT-DAF	Beech B200	BB-1563
☐VT-DAR	PC-XII-45	251
☐VT-DAV	PC-XII-45	252
☐VT-DDS	Beech B200	BB-1896
☐VT-DEJ	Beech C90B	LJ-1404
☐VT-EBB	Beech B200	BB-1486
☐VT-EBG	Beech C90B	LJ-1752
☐VT-EFB	Beech C90	LJ-706
☐VT-EFG	Beech C90	LJ-719
☐VT-EHB	Beech B200	BB-972
☐VT-EHK	Beech B200	BB-985
☐VT-EJZ	Beech C90A	LJ-1100
☐VT-EMI	Beech C90A	LJ-1135
☐VT-EMJ	Beech C90A	LJ-1137
☐VT-ENL	Beech B200	BB-1248
☐VT-ENM	Beech B200	BB-1236
☐VT-EPA	Beech B200	BB-1254
☐VT-EQK	Beech B200	BB-1288
☐VT-EQN	Beech C90A	LJ-1167
☐VT-EQO	Beech C90A	LJ-1153
☐VT-FAE	Beech B200	BB-1918
☐VT-FIU	Beech 350	FL-478
☐VT-GUJ	Beech B200	BB-1687
☐VT-HRA	Beech B200	BB-1906
☐VT-HYA	Beech C90B	LJ-1376
☐VT-IOO	PC-XII-45	568
☐VT-JIL	Beech C90B	LJ-1573
☐VT-JKK	Beech 350	FL-552
☐VT-JPK	Beech C90A	LJ-1278
☐VT-JSL	PC-XII-47	782
☐VT-JVL	Beech B200	BB-1815
☐VT-KPC	Beech C90B	LJ-1696
☐VT-LJS	Beech 350	FL-526
☐VT-LKK	Beech B200	BB-1895
☐VT-LMW	Beech B200	BB-1998
☐VT-LNT	Beech B200	BB-1468
☐VT-MEG	PC-XII	135
☐VT-MGJ	Beech 350	FL-192
☐VT-MPG	Beech B200	BB-1445
☐VT-MPT	Beech B200	BB-1775
☐VT-NEI	Beech C90A	LJ-1116
☐VT-NKF	Beech C90B	LJ-1402
☐VT-RAM	Beech C90	LJ-790
☐VT-REL	Beech C90B	LJ-1604
☐VT-REM	Beech B200	BB-1700
☐VT-RJA	Beech B200	BB-1943
☐VT-RNB	P-180 Avanti	1161
☐VT-RSB	Beech B200	BB-1317
☐VT-RSL	Beech C90B	LJ-1560
☐VT-RSM	Beech B200	BB-1758
☐VT-RSN	Beech B200	BB-1631
☐VT-SAZ	Beech B200	BB-1831
☐VT-SDJ	Beech B200	BB-1567
☐VT-SFL	Beech C90A	LJ-1496
☐VT-SKM	Beech C90GT	LJ-1810
☐VT-SLK	Beech C90A	LJ-1270
☐VT-SRC	Beech B200C	BL-139
☐VT-SSL	Beech C90B	LJ-1751
☐VT-TAS	PC-XII-45	472
☐VT-TET	P-180 Avanti	1183
☐VT-TIS	Beech C90B	LJ-1393
☐VT-TVS	Beech B200	BB-1572
☐VT-UAB	Beech B200	BB-1914
☐VT-UPA	Beech 300LW	FA-230
☐VT-UPR	Beech B200	BB-1818
☐VT-UPZ	Beech C90B	LJ-1400
☐VT-VHL	Beech B200	BB-1267
☐VT-VSM	Beech B200	BB-1723
☐VT-YUD	Beech B200	BB-1764

V5- Namibia

☐V5-AIR	Cessna 441	441-0095
☐V5-CCH	Piper PA-31T	7820085
☐V5-DAC	Rockwell 690C	11732
☐V5-LYZ	Cessna 425	425-0021
☐V5-MAC	Rockwell 690B	11557
☐V5-MED	Beech E90	LW-87
☐V5-MGF	Rockwell 690B	11432
☐V5-MJW	Cessna 425	425-0077
☐V5-SMA	Beech E90	LW-118
☐V5-TSO	PC-XII-45	247
☐V5-ZEN	PC-XII-45	125

XA/XB/XC- Mexico

☐XA-	Beech 200	BB-122
☐XA-	Beech 200	BB-16
☐XA-	Beech 200	BB-160
☐XA-	Beech 200	BB-237
☐XA-	Beech 200	BB-240
☐XA-	Beech 200	BB-49
☐XA-	Beech 200	BB-572
☐XA-	Beech 200	BB-610
☐XA-	Beech 200	BB-611
☐XA-	Beech 200	BB-618
☐XA-	Beech 200	BB-708
☐XA-	Beech 200	BB-79
☐XA-	Beech 200	BB-833
☐XA-	Beech A100	B-158
☐XA-	Beech A90	LJ-200
☐XA-	Beech A90	LJ-287
☐XA-	Beech B200	BB-881
☐XA-	Beech B200	BB-915
☐XA-	Beech B200GT	BY-6
☐XA-	Beech B90	LJ-399
☐XA-	Beech C-12C	BC-23
☐XA-	Beech C90	LJ-536
☐XA-	Beech C90B	LJ-1753
☐XA-	Beech C90GT	LJ-1773
☐XA-	Beech C90GT	LJ-1788
☐XA-	Beech C90GT	LJ-1840
☐XA-	Beech C90GT	LJ-1843

Registration	Type	Serial
☐ XA-	Beech C90GTI	LJ-1872
☐ XA-	Beech C90GTI	LJ-1905
☐ XA-	Beech E90	LW-14
☐ XA-	Beech E90	LW-238
☐ XA-	Beech E90	LW-263
☐ XA-	Beech F90	LA-168
☐ XA-	Cessna 441	441-0120
☐ XA-	Cessna 441	441-0198
☐ XA-	PC-XII-45	456
☐ XA-	PC-XII-45	674
☐ XA-	Piper PA-31T	7620046
☐ XA-	Piper PA-31T	7620049
☐ XA-	Piper PA-31T	7720018
☐ XA-	Piper PA-31T	7720049
☐ XA-	Piper PA-31T	7820077
☐ XA-	Piper PA-31T	7920062
☐ XA-	Piper PA-31T	8020082
☐ XA-	Piper PA-31T	8166025
☐ XA-	Piper PA-42	5527007
☐ XA-	Rockwell 690B	11423
☐ XA-	Rockwell 690B	11549
☐ XA-	Rockwell 695A	96075
☐ XA-ABH	Rockwell 690B	11454
☐ XA-ACG	Beech C90	LJ-548
☐ XA-AGG	Beech F90	LA-193
☐ XA-ANS	P-180 Avanti	1088
☐ XA-BLU	PC-XII-45	481
☐ XA-CAB	Beech 350	FL-341
☐ XA-CGT	Beech C90GT	LJ-1829
☐ XA-CHM	Rockwell 690D	15040
☐ XA-CPR	Beech C90GT	LJ-1758
☐ XA-DER	Rockwell 690	11060
☐ XA-EAM	Beech C90GT	LJ-1842
☐ XA-EGE	Beech C90B	LJ-1624
☐ XA-EJS	Piper PA-42	5501008
☐ XA-FCV	Beech 350	FL-251
☐ XA-FFG	PC-XII-47	868
☐ XA-GAS	PC-XII-47	832
☐ XA-GFM	Beech B200	BB-1892
☐ XA-HNG	Piper PA-31T	7920041
☐ XA-HPS	Beech B200	BB-1838
☐ XA-JOS	PC-XII-45	504
☐ XA-JPV	Rockwell 690B	11455
☐ XA-KGH	Beech B200	BB-1322
☐ XA-LGT	Beech F90	LA-45
☐ XA-MIC	PC-XII-47	884
☐ XA-MSC	Beech C90B	LJ-1653
☐ XA-MYR	Gulfstream 1	71
☐ XA-NTC	Rockwell 690B	11370
☐ XA-PCA	PC-XII-45	680
☐ XA-PCM	PC-XII-45	405
☐ XA-PCN	PC-XII-47E	1042
☐ XA-PGT	Piper PA-31T	7620034
☐ XA-PSG	Piper PA-42	5501019
☐ XA-PUY	Rockwell 690	11018
☐ XA-RCG	Beech 350	FL-277
☐ XA-RDJ	Beech B200	BB-1907
☐ XA-RFH	Beech C90B	LJ-1741
☐ XA-RJB	Gulfstream 1	159
☐ XA-RMX	Beech 200	BB-814
☐ XA-RWR	Piper PA-31T	7920047
☐ XA-SAW	Beech F90	LA-95
☐ XA-SFD	Rockwell 690B	11534
☐ XA-SNS	Cessna 425	425-0108
☐ XA-TAY	Beech F90	LA-43
☐ XA-TJD	Beech U-21A	LM-16
☐ XA-TJH	Piper PA-42	8001039
☐ XA-TLW	Cessna 441	441-0237
☐ XA-TMP	Beech F90	LA-44
☐ XA-TOR	Rockwell 690C	11661
☐ XA-TQD	Rockwell 690A	11185
☐ XA-TTR	Beech C90A	LJ-1524
☐ XA-TVO	Beech B200	BB-1752
☐ XA-TWB	Beech F90	LA-147
☐ XA-TWZ	PC-XII-45	461
☐ XA-TXK	Beech C90	LJ-584
☐ XA-UAO	PC-XII-45	333
☐ XA-UBA	PC-XII-45	512
☐ XA-UES	PC-XII-45	585
☐ XA-UET	Beech 350	FL-455
☐ XA-UFN	PC-XII-47	701
☐ XA-UFZ	Rockwell 690C	11635
☐ XA-ULE	Beech C90GTI	LJ-1924
☐ XA-ULF	Beech C90GTI	LJ-1925
☐ XA-VIP	Piper PA-42	5501058
☐ XA-VWA	PC-XII-47	775
☐ XA-YAS	Beech C90B	LJ-1479
☐ XA-ZEC	Beech B200	BB-1803
☐ XB-AHK	Beech C90B	LJ-1593
☐ XB-AQQ	MU-2B-35	632
☐ XB-AUR	Rockwell 681	6040
☐ XB-BED	Rockwell 690A	11188
☐ XB-CDI	Rockwell 690B	11548
☐ XB-DIV	Rockwell 695	95046
☐ XB-DJN	Rockwell 681	6023
☐ XB-DMT	Rockwell 690B	11360
☐ XB-DTW	Rockwell 690C	11650
☐ XB-DXX	Rockwell 695	95042
☐ XB-ECL	Beech C90A	LJ-1132
☐ XB-ECT	Rockwell 695A	96004
☐ XB-EFN	MU-2B	34
☐ XB-EIH	Rockwell 690A	11214
☐ XB-EWO	Cessna 441	441-0235
☐ XB-FMS	Cessna 425	425-0051
☐ XB-FSG	Piper PA-31T	8166047
☐ XB-FXK	Cessna 425	425-0091
☐ XB-FXU	Piper PA-31T	7904053
☐ XB-FYD	Rockwell 690	11065
☐ XB-GAL	Piper PA-31T	1104009
☐ XB-GBN	Cessna 441	441-0021
☐ XB-GCU	Rockwell 690B	11460
☐ XB-GDS	Rockwell 690B	11371
☐ XB-GEC	Beech B200	BB-1086
☐ XB-GJL	Rockwell 690	11074
☐ XB-GMT	Rockwell 690C	11677
☐ XB-GQI	Piper PA-31T	8004056
☐ XB-GTP	Beech 90	LJ-63
☐ XB-GVI	Piper PA-31T	8020008
☐ XB-HCL	Beech B90	LJ-388
☐ XB-HHA	Beech 300	FA-14
☐ XB-HMI	Beech C90A	LJ-1549
☐ XB-HNA	Piper PA-31T	7920012
☐ XB-HOV	MU-2B-20	156
☐ XB-HQW	Beech C90A	LJ-1280
☐ XB-HSE	Rockwell 690A	11225
☐ XB-HVO	Piper PA-31T	7820012
☐ XB-IHK	Beech 200	BB-423
☐ XB-IHX	PC-XII-45	166
☐ XB-IKO	PC-XII-45	493
☐ XB-ILU	PC-XII	143
☐ XB-JGR	Gulfstream 1	161
☐ XB-JLA	Beech E90	LW-333
☐ XB-JMC	Beech F90	LA-186
☐ XB-JNC	Piper PA-42	8001104
☐ XB-JNN	Beech C90A	LJ-1199
☐ XB-JTE	Beech 2000A	NC-33
☐ XB-JYE	Beech 200	BB-873
☐ XB-JZO	Beech 200	BB-65
☐ XB-JZP	Beech 200	BB-225
☐ XB-KBX	Cessna 441	441-0319
☐ XB-KFC	Cessna 441	441-0232
☐ XB-KFD	Rockwell 695	95052
☐ XB-KFK	Cessna 425	425-0216
☐ XB-KLY	Rockwell 690B	11563
☐ XB-KSW	P-180 Avanti	1157
☐ XB-KWX	Rockwell 690B	11375
☐ XB-LGR	Rockwell 690B	11481
☐ XB-LIJ	MU-2B-26	341
☐ XB-MMR	Piper PA-31T	7720055
☐ XB-NBI	Rockwell 690A	11144
☐ XB-NEB	MU-2B-35	583
☐ XB-NUG	MU-2B-35	619
☐ XB-PSA	Rockwell 690B	11537
☐ XB-RHO	Beech 200	BB-395
☐ XB-RLM	Piper PA-31T	7920023
☐ XB-RRG	MU-2B-60	777SA
☐ XB-RYA	Beech C90B	LJ-1533
☐ XB-RZH	Beech 300LW	FA-203
☐ XB-SCH	Piper PA-31T	7904031
☐ XB-SHP	Rockwell 681B	6063
☐ XB-SSL	Beech C90GT	LJ-1815
☐ XB-TWL	Rockwell 690B	11382
☐ XB-TYS	Piper PA-42	5501048
☐ XB-UBA	Beech C90B	LJ-1728
☐ XB-XOI	MU-2B-20	189
☐ XB-ZIP	MU-2B-25	273
☐ XC-AA49	Beech 300	FA-83
☐ XC-AA50	Beech B200	BB-1108
☐ XC-AA56	Rockwell 690C	11695
☐ XC-AA62	Rockwell 695	95068
☐ XC-AA71	Cessna 441	441-0189
☐ XC-AA80	Beech 300	FA-74
☐ XC-BCN	Beech 200	BB-435
☐ XC-CEN	Rockwell 690C	11631
☐ XC-CHI	Beech 350	FL-166
☐ XC-CLQ	Beech B200	BB-1958
☐ XC-CTL	Beech B200	BB-1661
☐ XC-DIJ	Beech 200	BB-100
☐ XC-FIW	Beech A100	B-110
☐ XC-FOC	Beech C90	LJ-553
☐ XC-GAS	Rockwell 690B	11556
☐ XC-GON	Cessna 441	441-0224
☐ XC-GOO	Cessna 441	441-0208
☐ XC-HFN	Rockwell 695A	96043
☐ XC-HFZ	Rockwell 695A	96035
☐ XC-HGH	Rockwell 695	95072
☐ XC-HHH	Rockwell 690C	11649
☐ XC-HHS	Rockwell 690B	11450
☐ XC-HMO	Rockwell 690B	11560
☐ XC-HUA	Rockwell 695A	96091
☐ XC-IRK	Rockwell 690C	11609
☐ XC-JAL	Rockwell 690B	11417
☐ XC-JCT	Rockwell 690A	11331
☐ XC-JDB	Rockwell 690D	15009
☐ XC-LGC	Rockwell 695A	96024
☐ XC-LGE	Cessna 441	441-0275
☐ XC-LHD	Rockwell 695A	96056
☐ XC-LIM	Rockwell 690C	11690
☐ XC-LJQ	Rockwell 690C	11662
☐ XC-MLM	Rockwell 690D	15028
☐ XC-NAY	Rockwell 690A	11115
☐ XC-OAX	Rockwell 690C	11656
☐ XC-ONA	Beech A90	LJ-293
☐ XC-PFB	Rockwell 695	95018
☐ XC-PGB	Rockwell 690C	11652
☐ XC-QET	Piper PA-31T	8020019
☐ XC-SAH	Rockwell 690B	11516
☐ XC-TAB	Rockwell 690B	11504
☐ XC-UAT	Beech B200	BB-1674
☐ XC-UJW	Rockwell 695	95000
☐ XC-UJX	Cessna 441	441-0019
☐ XC-UTA	Rockwell 695A	96001
☐ XC-VNC	Gulfstream 1	58
☐ XC-ZCL	Rockwell 695A	96084

XT- Burkina Faso

☐ XT-IGB	Beech B200	BB-1487
☐ XT-MBA	Beech 200	BB-698
☐ XT-MBD	Beech B200	BB-1311

XU- Cambodia

☐ XU-HBB	Beech C90	LJ-510

YI- Iraq

☐ YI	Beech 350	FL-530
☐ YI	Beech 350	FL-531
☐ YI-	Beech 350	FL-522
☐ YI-	Beech 350	FL-523
☐ YI-	Beech 350	FL-533
☐ YI-321	Beech 350ER	FL-521

YL- Latvia

☐ YL-CHD	PA-46-500TP	4697283

YR- Romania

☐ YR-	PC-XII-47E	1099
☐ YR-ANF	Piper PA-42	8001041
☐ YR-CAA	Beech 350	FL-73
☐ YR-RAD	Beech B200	BB-1348

YS- El Salvador

☐ YS-111-N	Beech B200	BB-1707
☐ YS-210P	Beech E90	LW-268

YU- Serbia

☐ YU-BLK	Piper PA-31T	8020006
☐ YU-BMM	Piper PA-31T	8020021
☐ YU-BPG	Piper PA-31T	8020012
☐ YU-BPH	Piper PA-31T	8020063

YV- Venezuela

☐ YV	Beech 100	B-34
☐ YV	Beech 200	BB-107
☐ YV	Beech 200	BB-133
☐ YV	Beech 200	BB-17
☐ YV	Beech 200	BB-176
☐ YV	Beech 200	BB-279
☐ YV	Beech 200	BB-31
☐ YV	Beech 200	BB-391
☐ YV	Beech 200	BB-427
☐ YV	Beech 200	BB-472
☐ YV	Beech 200	BB-506
☐ YV	Beech 200	BB-507
☐ YV	Beech 200	BB-562
☐ YV	Beech 200	BB-613
☐ YV	Beech 200	BB-67
☐ YV	Beech 200	BB-779
☐ YV	Beech 200	BB-78
☐ YV	Beech 200	BB-8
☐ YV	Beech 300	FA-40
☐ YV	Beech 300	FA-9
☐ YV	Beech 300LW	FA-137
☐ YV	Beech 350	FL-513
☐ YV	Beech 350	FL-514
☐ YV	Beech 350	FL-668
☐ YV	Beech 90	LJ-53
☐ YV	Beech A100	B-168
☐ YV	Beech A100	B-240
☐ YV	Beech A90	LJ-124
☐ YV	Beech A90	LJ-130
☐ YV	Beech A90	LJ-146
☐ YV	Beech A90	LJ-147
☐ YV	Beech A90	LJ-151
☐ YV	Beech A90	LJ-167
☐ YV	Beech A90	LJ-195
☐ YV	Beech A90	LJ-202
☐ YV	Beech A90	LJ-210
☐ YV	Beech A90	LJ-222
☐ YV	Beech A90	LJ-224
☐ YV	Beech A90	LJ-240
☐ YV	Beech A90	LJ-266
☐ YV	Beech B100	BE-114
☐ YV	Beech B100	BE-18
☐ YV	Beech B200	BB-1479
☐ YV	Beech B200	BB-976
☐ YV	Beech B90	LJ-341
☐ YV	Beech B90	LJ-357
☐ YV	Beech B90	LJ-358
☐ YV	Beech B90	LJ-383
☐ YV	Beech B90	LJ-396
☐ YV	Beech B90	LJ-452
☐ YV	Beech B90	LJ-464
☐ YV	Beech B90	LJ-495
☐ YV	Beech C90	LJ-649
☐ YV	Beech C90	LJ-732
☐ YV	Beech C90GT	LJ-1834
☐ YV	Beech C90GTI	LJ-1937
☐ YV	Beech C90GTI	LJ-1941
☐ YV	Beech E90	LW-262
☐ YV	Beech E90	LW-309
☐ YV	Beech F90-1	LA-209
☐ YV	Cessna 441	441-0001
☐ YV	Cessna 441	441-0022
☐ YV	Cessna 441	441-0040
☐ YV	Cessna 441	441-0195
☐ YV	Cessna 441	441-0250
☐ YV	Cessna 441	441-0259
☐ YV	Gulfstream 1	129
☐ YV	Gulfstream 1	92
☐ YV	Piper PA-31T	7820019
☐ YV	Piper PA-31T	8020086
☐ YV	Rockwell 681	6014
☐ YV	Rockwell 681	6048
☐ YV	Rockwell 690	11012
☐ YV	Rockwell 690	11017
☐ YV	Rockwell 690	11030
☐ YV	Rockwell 690A	11160
☐ YV	Rockwell 690A	11177
☐ YV	Rockwell 690A	11191
☐ YV	Rockwell 690A	11276
☐ YV	Rockwell 690B	11363
☐ YV	Rockwell 690B	11403
☐ YV	Rockwell 690B	11410
☐ YV	Rockwell 690B	11428
☐ YV	Rockwell 690B	11431
☐ YV	Rockwell 690B	11510
☐ YV	Rockwell 690B	11524
☐ YV	Rockwell 690B	11550
☐ YV	Rockwell 690B	11561
☐ YV	Rockwell 690C	11632
☐ YV	Rockwell 690C	11694
☐ YV	Rockwell 690D	15034
☐ YV	Rockwell 695A	96085
☐ YV1031	Piper PA-31T	7820032
☐ YV1035	Rockwell 680V	1538-5
☐ YV1044	Rockwell 680W	1762-8
☐ YV1054	Beech C90	LJ-786
☐ YV1066	Rockwell 681B	6061
☐ YV1081	Piper PA-31T	7920018
☐ YV1082	Rockwell 690B	11466
☐ YV1085	Rockwell 690B	11390
☐ YV1104	Beech A100	B-231
☐ YV1146	Beech C90B	LJ-1388
☐ YV1153	Piper PA-31T	7920076
☐ YV1159	Beech B100	BE-61
☐ YV1167	Beech E90	LW-172
☐ YV1173	Rockwell 690D	15022
☐ YV1177	Rockwell 690A	11245
☐ YV1191	Beech B100	BE-128
☐ YV1226	Piper PA-31T	7720047
☐ YV1239	Beech A100	B-214
☐ YV1240	Beech 200	BB-790
☐ YV1245	Beech C90	LJ-756
☐ YV1250	Beech C90	LJ-511
☐ YV1257	Beech A100	B-161
☐ YV1271	Rockwell 690B	11464
☐ YV1300	Beech 100	B-73
☐ YV1304	Beech 200	BB-656
☐ YV1306	Beech A100	B-237
☐ YV1315	Rockwell 690C	11618
☐ YV1325	Rockwell 690C	11698
☐ YV1342	Beech B90	LJ-405
☐ YV1348	Rockwell 690A	11131
☐ YV1349	Beech C90	LJ-784
☐ YV1385	Rockwell 690C	11666
☐ YV1397	Piper PA-31T	8120013
☐ YV1443	Piper PA-31T	7904013
☐ YV1456	Rockwell 690B	11490
☐ YV1459	Rockwell 690A	11207
☐ YV1465	Beech E90	LW-234
☐ YV1482	Cessna 441	441-0276
☐ YV1486	Beech 100	B-16
☐ YV1497	Beech 350	FL-32
☐ YV1498	Beech B300C	FM-8
☐ YV1532	Rockwell 695	95034
☐ YV1537	Beech F90	LA-35
☐ YV1568	Beech B90	LJ-374
☐ YV1591	Beech 200	BB-556
☐ YV1595	Beech C90	LJ-659
☐ YV1599	Beech B90	LJ-370
☐ YV1601	Beech F90	LA-179
☐ YV1603	Beech B200	BB-1712
☐ YV1607	Beech C90	LJ-793
☐ YV1617	Rockwell 690D	15017
☐ YV1632	Rockwell 690B	11377
☐ YV1647	Cessna 441	441-0072
☐ YV1649	Beech C90B	LJ-1329
☐ YV1651	Piper PA-31T	7820008
☐ YV1675	Beech 300	FA-51
☐ YV1690	Cessna 441	441-0060
☐ YV1693	Beech F90	LA-174
☐ YV1694	Beech B200	BB-1671
☐ YV1695	Beech C90	LJ-865
☐ YV1699	Piper PA-42	5527009
☐ YV1705	Cessna 441	441-0063
☐ YV1726	Beech C90A	LJ-1273
☐ YV1730	Beech 200	BB-440
☐ YV1731	Beech 200	BB-598
☐ YV1733	Beech B200	BB-1020
☐ YV1740	Beech B200	BB-1706
☐ YV1750	Cessna 425	425-0189
☐ YV1753	Cessna 441	441-0067
☐ YV1758	Rockwell 690A	11244

☐YV1775	Rockwell 681	6005	☐YV2499	Piper PA-31T	8104057	☐YV-2451P	Piper PA-31T	7720050
☐YV1777	Rockwell 690D	15032	☐YV2525	Beech 350	FL-573	☐YV-2501P	Rockwell 681	6024
☐YV1787	Rockwell 690A	11264	☐YV2538	Rockwell 690A	11171	☐YV-2584P	Beech 200	BB-316
☐YV1796	Rockwell 690A	11329	☐YV2576	Rockwell 690B	11392	☐YV-258CP	Beech B90	LJ-488
☐YV1832	AP.68TP-300	8002	☐YVO100	Rockwell 695A	96016	☐YV-2703P	Beech 200	BB-167
☐YV1835	Rockwell 690C	11725	☐YVO101	Beech 200	BB-223	☐YV-2740P	Rockwell 680V	1685-66
☐YV1838	Beech A100	B-136	☐YVO102	Beech 200	BB-261	☐YV-2834P	Beech 200	BB-346
☐YV1839	Beech 300LW	FA-158	☐YVO103	Beech 200	BB-273	☐YV-O-BDA-3	MU-2B-36	685
☐YV1841	Rockwell 690A	11239	☐YVO104	Beech 200	BB-701	☐YV-O-MAR-10	Rockwell 690A	
☐YV1846	Rockwell 690A	11288	☐YVO105	Beech 200	BB-731			11323
☐YV1849	Beech 300LW	FA-169	☐YVO106	Beech 200	BB-5	☐YV-O-PTJ-2	Beech B200	BB-1092
☐YV1851	Rockwell 690C	11735	☐YVO108	Piper PA-42	8001010			
☐YV1855	Cessna 441	441-0140	☐YVO112	Rockwell 690B	11430			
☐YV1857	Cessna 441	441-0356	☐YVO115	Rockwell 690B	11500	**Z- Zimbabwe**		
☐YV1871	Beech 200	BB-632	☐YVO136	Beech C90	LJ-889			
☐YV1892	Rockwell 690C	11726	☐YVO138	Beech 350	FL-55	☐Z-AHL	Beech E90	LW-205
☐YV1906	Cessna 441	441-0097	☐YVO145	Rockwell 690A	11198	☐Z-LCS	Beech C90	LJ-848
☐YV1909	Beech 200	BB-195	☐YVO149	Rockwell 690C	11657	☐Z-WRD	Beech C90	LJ-687
☐YV1932	Rockwell 690B	11515	☐YVO154	Rockwell 695	95010	☐Z-WSG	Beech 200	BB-748
☐YV1957	Cessna 425	425-0162	☐YV196T	Beech 200	BB-540			
☐YV1959	Rockwell 690A	11253	☐YV217T	Piper PA-31T	7920021			
☐YV1973	Beech C90	LJ-810	☐YV218T	Beech C90B	LJ-1659	**ZK- New Zealand**		
☐YV1994	Rockwell 690B	11547	☐YV223T	Rockwell 690B	11472			
☐YV1998	Rockwell 690B	11483	☐YV224T	Rockwell 695	95009	☐ZK-FDR	Beech 200C	BL-31
☐YV2001	Rockwell 690B	11532	☐YV228T	Cessna 441	441-0100	☐ZK-FNZ	PAC 750XL	102
☐YV2006	Piper PA-31T	7820052	☐YV246T	Rockwell 690B	11539	☐ZK-JBC	PAC 750XL	119
☐YV2009	Rockwell 690B	11499	☐YV306T	Rockwell 690B	11517	☐ZK-JFM	PAC 750XL	141
☐YV2010	Beech 100	B-80	☐YV319T	Rockwell 690B	11471	☐ZK-JGI	PAC 750XL	113
☐YV2020	Rockwell 695	95084	☐YV352T	Beech B200GTBY-29		☐ZK-JHM	PAC 750XL	152
☐YV2037	Rockwell 690A	11325	☐YV377T	Beech C90-1	LJ-1041	☐ZK-JPU	PAC 750XL	117
☐YV2048	Rockwell 690B	11448	☐YV-32P	Beech C90A	LJ-1191	☐ZK-JQK	PAC 750XL	118
☐YV2054	Gulfstream 1	171	☐YV-53CP	Rockwell 695A	96067	☐ZK-JZL	PAC 750XL	156
☐YV2056	Rockwell 690B	11443	☐YV-87CP	Rockwell 690C	11654	☐ZK-KAK	PAC 750XL	157
☐YV2078	Beech B200	BB-1157	☐YV-95CP	Beech B100	BE-19	☐ZK-KAO	PAC 750XL	162
☐YV2090	Rockwell 695	95017	☐YV-121CP	Beech B200	BB-1398	☐ZK-KAQ	PAC 750XL	163
☐YV2094	Rockwell 690B	11366	☐YV-141CP	Beech 200	BB-265	☐ZK-KAV	PAC 750XL	158
☐YV2096	Rockwell 690B	11458	☐YV-144CP	MU-2B-26A	702SA	☐ZK-KAX	PAC 750XL	159
☐YV2099	Rockwell 690C	11603	☐YV-158CP	Beech C90	LJ-742	☐ZK-KAY	PAC 750XL	107
☐YV2122	Rockwell 690B	11378	☐YV-167CP	Beech C90	LJ-751	☐ZK-KOH	MU-2B-30F	521
☐YV2152	Beech C90GT	LJ-1787	☐YV-188CP	Rockwell 690B	11461	☐ZK-LHL	Cessna 425	425-0171
☐YV2160	Rockwell 690B	11405	☐YV-223CP	Beech C90	LJ-789	☐ZK-MAN	Beech B200	BB-1366
☐YV2175	Rockwell 695	95058	☐YV-229P	Rockwell 690B	11502	☐ZK-MKG	Beech C90SE	LJ-1367
☐YV2176	Rockwell 690B	11488	☐YV-251CP	Piper PA-31T	7920022	☐ZK-MOH	Rockwell 690	11006
☐YV2178	Rockwell 681B	6052	☐YV-257CP	Beech 200	BB-517	☐ZK-NFD	Cessna 441	441-0141
☐YV2182	Rockwell 690B	11359	☐YV-364C	Rockwell 695A	96018	☐ZK-PLK	Beech B200C	BL-64
☐YV2184	Rockwell 690A	11285	☐YV-394CP	Rockwell 690C	11637	☐ZK-PVB	Rockwell 690A	11321
☐YV2186	Cessna 441	441-0153	☐YV-401CP	Beech 200	BB-796	☐ZK-SDF	PAC 750XL	145
☐YV2188	MU-2B-26A	348SA	☐YV-403CP	Beech 200C	BL-23	☐ZK-SDT	PAC 750XL	122
☐YV2199	AP.68TP-300	8005	☐YV-467CP	Beech E90	LW-94	☐ZK-SWA	PAC 750XL	130
☐YV2222	Rockwell 690B	11468	☐YV-516CP	Beech E90	LW-322	☐ZK-TTL	PAC 750XL	104
☐YV2224	Rockwell 680V	1718-89	☐YV-533CP	Cessna 441	441-0227	☐ZK-XLA	PAC 750XL	101
☐YV2226	Beech B100	BE-28	☐YV-536P	Rockwell 680W	1813-30	☐ZK-XLB	PAC 750XL	140
☐YV2229	Rockwell 690A	11180	☐YV-622CP	Beech F90-1	LA-207	☐ZK-XLE	PAC 750XL	151
☐YV2247	Rockwell 690A	11114	☐YV-627C	Gulfstream 1	170			
☐YV2249	Rockwell 690D	15030	☐YV-706P	Beech E90	LW-208			
☐YV2252	Rockwell 690	11061	☐YV-820CP	Rockwell 680W	1775-13	**ZP- Paraguay**		
☐YV2256	Rockwell 690A	11228	☐YV-903CP	Gulfstream 1	173			
☐YV2299	AP.68TP-300	8009	☐YV-903P	Rockwell 690D	15012	☐ZP-	Cessna 425	425-0223
☐YV2341	Rockwell 690B	11413	☐YV-910CP	Beech 350	FL-206	☐ZP-	Rockwell 690D	15021
☐YV2343	Beech F90	LA-60	☐YV-980CP	Rockwell 695	95028	☐ZP-	Rockwell 695	95035
☐YV2350	Beech C90B	LJ-1401	☐YV-1067P	MU-2B-20	165	☐ZP-	Rockwell 695A	96093
☐YV2352	Beech E90	LW-189	☐YV-1076CP	Gulfstream 1	194	☐ZP-TFV	Rockwell 695	95053
☐YV2392	Beech B200	BB-1966	☐YV-1300P	Beech 200	BB-282	☐ZP-TIW	Rockwell 690B	11394
☐YV2406	Rockwell 690B	11388	☐YV-1405P	Rockwell 680V	1719-90	☐ZP-TMA	Beech E90	LW-284
☐YV2410	Beech C90	LJ-554	☐YV-1500P	Beech E90	LW-270	☐ZP-TWY	Rockwell 690A	96095
☐YV2418	Rockwell 690A	11190	☐YV-1990P	Piper PA-31T	7520027	☐ZP-TWZ	Rockwell 690D	15005
☐YV2419	Beech C90GT	LJ-1828	☐YV-2280P	Rockwell 680W	1804-26	☐ZP-TXF	Rockwell 695A	96079
☐YV2424	Beech A100	B-209	☐YV-2346P	Rockwell 690C	11671	☐ZP-TXG	Rockwell 695B	96203
☐YV2428	Rockwell 690A	11161	☐YV-2365P	Piper PA-31T	7820037	☐ZP-TYI	Piper PA-31T	8020066
☐YV2458	Beech A100	B-230	☐YV-2404P	Rockwell 681	6029	☐ZP-TZF	Beech F90	LA-46
☐YV2490	Rockwell 690A	11257	☐YV-2436P	Rockwell 680W	1814-31	☐ZP-TZW	Beech E90	LW-261

149

ZS- South Africa

Registration	Type	Serial
☐ ZS-	Beech C90	LJ-671
☐ ZS-ACS	Beech B200	BB-961
☐ ZS-AGI	PC-XII-45	471
☐ ZS-AIL	PAC 750XL	131
☐ ZS-ALD	Beech F90	LA-160
☐ ZS-ALX	Gulfstream 1	86
☐ ZS-AMS	PC-XII-47	845
☐ ZS-APS	PC-XII-47	771
☐ ZS-ASB	Beech B200	BB-903
☐ ZS-ASM	Cessna 441	698
☐ ZS-ATM	PC-XII-45	615
☐ ZS-AVH	PC-XII-47	713
☐ ZS-BCI	TBM-850	397
☐ ZS-BDZ	PAC 750XL	133
☐ ZS-BEB	PC-XII-45	180
☐ ZS-BHK	Beech 200	BB-387
☐ ZS-BLU	PAC 750XL	123
☐ ZS-CBL	Beech B200	BB-1742
☐ ZS-CCK	Beech B200	BB-1987
☐ ZS-CHI	Beech 200	BB-197
☐ ZS-COH	PC-XII-45	436
☐ ZS-COP	Beech C90A	LJ-1204
☐ ZS-CPD	PC-XII-47E	1037
☐ ZS-CPM	Beech B200	BB-1911
☐ ZS-CPX	Cessna 425	425-0071
☐ ZS-CSC	Beech C90-1	LJ-1034
☐ ZS-CTR	PC-XII-47E	1135
☐ ZS-CVH	Beech 200C	BL-32
☐ ZS-CWM	PC-XII-47	739
☐ ZS-DAT	PC-XII-45	242
☐ ZS-DCG	Piper PA-46T	4697055
☐ ZS-DCP	Beech B200	BB-1291
☐ ZS-DER	PC-XII-45	554
☐ ZS-DIX	Beech C90	LJ-669
☐ ZS-DLB	PC-XII-47	791
☐ ZS-DMM	PC-XII-45	198
☐ ZS-ECO	Piper PA-46T	4697031
☐ ZS-EFC	Beech A90	LJ-161
☐ ZS-EPV	PAC 750XL	144
☐ ZS-FDR	Beech B200	BB-1234
☐ ZS-FML	Beech 350	FL-534
☐ ZS-FON	Beech C90B	LJ-1735
☐ ZS-FTG	PC-XII-47E	1152
☐ ZS-GAA	PC-XII-47	858
☐ ZS-GCO	PAC 750XL	146
☐ ZS-GDC	Beech C90GTI	LJ-1875
☐ ZS-GJV	Beech B200	BB-1167
☐ ZS-GMC	PC-XII-47	797
☐ ZS-IAN	Beech E90	LW-169
☐ ZS-ISS	Beech 350	FL-276
☐ ZS-JDD	PC-XII-47	805
☐ ZS-JRA	Rockwell 690A	11284
☐ ZS-JRB	Rockwell 690A	11248
☐ ZS-JRH	Rockwell 690B	11421
☐ ZS-JSC	Beech B200	BB-1985
☐ ZS-KAL	PC-XII-47E	1023
☐ ZS-KGW	Beech 200	BB-381
☐ ZS-KLZ	Beech F90	LA-69
☐ ZS-KMA	Beech C90	LJ-930
☐ ZS-KSU	Cessna 425	425-0115
☐ ZS-KUS	Rockwell 690B	11545
☐ ZS-KZI	Beech C90	LJ-959
☐ ZS-KZU	Beech 200	BB-416
☐ ZS-KZY	Rockwell 695A	96051
☐ ZS-KZZ	Rockwell 695A	96052
☐ ZS-LAD	Beech 350	FL-75
☐ ZS-LAW	Beech B200	BB-889
☐ ZS-LBC	Beech F90	LA-122
☐ ZS-LEE	Beech C90B	LJ-1565
☐ ZS-LFL	Beech C90-1	LJ-1033
☐ ZS-LFM	Beech B200	BB-954
☐ ZS-LFU	Beech B200	BB-1018
☐ ZS-LFW	Beech B200	BB-999
☐ ZS-LIN	Beech C90-1	LJ-1053
☐ ZS-LRM	Rockwell 690A	11105
☐ ZS-LRS	Beech 200C	BL-20
☐ ZS-LSY	Piper PA-31T	8166031
☐ ZS-LTD	Beech F90	LA-63
☐ ZS-LTF	Beech C90	LJ-613
☐ ZS-LWD	Beech 200	BB-756
☐ ZS-LZR	Beech C90A	LJ-1118
☐ ZS-MBZ	Beech C90	LJ-795
☐ ZS-MCA	Beech C90	LJ-551
☐ ZS-MES	Beech B200	BB-1038
☐ ZS-MGF	MU-2B-35	622
☐ ZS-MHM	Beech F90	LA-47
☐ ZS-MIM	Beech 200	BB-846
☐ ZS-MIN	Beech B200	BB-941
☐ ZS-MIZ	PAC 750XL	127
☐ ZS-MKI	Beech C90A	LJ-1099
☐ ZS-MMB	Beech 350	FL-46
☐ ZS-MSD	Piper PA-46T	4697384
☐ ZS-MSF	PC-XII-45	506
☐ ZS-MSG	PC-XII-47E	1030
☐ ZS-MSK	Beech 200	BB-597
☐ ZS-MTW	Beech B200	BB-1076
☐ ZS-MUM	Beech B90	LJ-408
☐ ZS-NAW	Beech B200	BB-1027
☐ ZS-NBJ	Beech B200	BB-1070
☐ ZS-NBO	Beech 200	BB-706
☐ ZS-NFO	Beech F90	LA-51
☐ ZS-NHW	Gulfstream 1	141
☐ ZS-NHX	Beech 200	BB-386
☐ ZS-NKC	Beech B200	BB-1474
☐ ZS-NOW	Beech B200	BB-1427
☐ ZS-NRR	Beech 200	BB-288
☐ ZS-NTT	Beech 200	BB-350
☐ ZS-NUF	Beech 200C	BL-4
☐ ZS-NVP	Beech B200	BB-1325
☐ ZS-NWC	Beech C90	LJ-625
☐ ZS-NWK	Beech 200	BB-52
☐ ZS-NXH	Beech 200	BB-37
☐ ZS-NXI	Beech E90	LW-224
☐ ZS-NXT	Beech B200	BB-1502
☐ ZS-NYE	Beech E90	LW-222
☐ ZS-NYM	PC-XII	147
☐ ZS-NZJ	Beech 200	BB-630
☐ ZS-OAE	Beech E90	LW-151
☐ ZS-OCI	Beech 200	BB-121
☐ ZS-ODI	Beech B200	BB-1542
☐ ZS-ODU	Beech B200	BB-1476
☐ ZS-OEB	Beech 200T	BT-7
☐ ZS-OED	Beech B200	BB-1149
☐ ZS-OFB	PC-XII-45	205
☐ ZS-OFD	PC-XII-45	208
☐ ZS-OHB	Beech 800	LJ-431
☐ ZS-ONB	MU-2B-36	674
☐ ZS-ONZ	Cessna 425	425-0075
☐ ZS-OOE	Gulfstream 1	5
☐ ZS-OSH	Beech B200	BB-1296
☐ ZS-OTK	Beech C90A	LJ-1193
☐ ZS-OTL	Piper PA-31T	8275011
☐ ZS-OTP	Beech 200	BB-683
☐ ZS-OTS	Beech B200	BB-1113
☐ ZS-OUI	Beech 200	BB-688
☐ ZS-OUO	Piper PA-46T	4697116
☐ ZS-OUP	Piper PA-31T	8275002
☐ ZS-OUS	Beech 100	B-57
☐ ZS-OUT	Beech 200	BB-764
☐ ZS-OVX	Beech B200	BB-1253
☐ ZS-OYN	P.68TP-600	1A-002
☐ ZS-OYP	Beech 200	BB-594
☐ ZS-PAM	Beech 200	BB-813
☐ ZS-PAZ	Beech 300LW	FA-25
☐ ZS-PBH	Beech 100	B-9
☐ ZS-PBS	Piper PA-31T	8120054
☐ ZS-PCH	Beech B200	BB-1856
☐ ZS-PEA	Beech 200C	BL-29
☐ ZS-PES	Cessna 425	425-0028
☐ ZS-PEZ	Beech B200	BB-1528
☐ ZS-PFA	Beech B90	LJ-395
☐ ZS-PGN	PC-XII-47E	1089
☐ ZS-PGW	Beech F90	LA-120
☐ ZS-PGX	PC-XII-45	560
☐ ZS-PHG	PAC 750XL	137
☐ ZS-PHI	Gulfstream 1	164
☐ ZS-PHJ	Gulfstream 1	134
☐ ZS-PHK	Gulfstream 1	25
☐ ZS-PKM	Beech 200	BB-382
☐ ZS-PLG	Piper PA-46T	4697199
☐ ZS-PLJ	Beech B200	BB-1401
☐ ZS-PLL	Beech B200	BB-1189
☐ ZS-PLY	Beech 200	BB-687
☐ ZS-PMC	Cessna 441	441-0162
☐ ZS-PNR	Beech B200	BB-1344
☐ ZS-PNZ	Beech 200C	BL-8
☐ ZS-PPG	Beech B200	BB-1562
☐ ZS-PPZ	Beech 200	BB-419
☐ ZS-PRA	Beech B200	BB-1340
☐ ZS-PRB	Beech B200C	BL-40
☐ ZS-PRC	Beech B200	BB-1341
☐ ZS-PRK	PC-XII-47	690
☐ ZS-PRT	Beech B90	LJ-485
☐ ZS-PRX	PC-XII-45	634
☐ ZS-PTX	PC-XII-47	695
☐ ZS-PUF	Beech 200	BB-867
☐ ZS-PXB	Piper PA-31T	7920056
☐ ZS-PXF	Beech 350	FL-532
☐ ZS-PXR	Rockwell 690A	11259
☐ ZS-PYD	Cessna 425	425-0067
☐ ZS-PZB	PC-XII-45	479
☐ ZS-PZU	Beech 200	BB-315
☐ ZS-RAF	Beech B200	BB-1673
☐ ZS-RGS	Cessna 441	441-0353
☐ ZS-RVL	PC-XII-47E	1043
☐ ZS-SBI	Beech 200C	BL-21
☐ ZS-SDO	PC-XII-45	282
☐ ZS-SDS	Beech 200	BB-803
☐ ZS-SFB	Beech B200C	BL-37
☐ ZS-SFS	PC-XII-45	525
☐ ZS-SGJ	PC-XII-47E	1113
☐ ZS-SGO	Beech C90	LJ-954
☐ ZS-SGP	Beech 200	BB-407
☐ ZS-SHJ	PAC 750XL	148
☐ ZS-SHY	Beech 350	FL-543
☐ ZS-SLI	Rockwell 690A	11211
☐ ZS-SLX	Beech C90GT	LJ-1802
☐ ZS-SMC	Beech B200	BB-1489
☐ ZS-SML	PC-XII-47E	1074
☐ ZS-SMY	PC-XII	113
☐ ZS-SON	Beech B200C	BL-136
☐ ZS-SPD	Piper PA-46T	4697266
☐ ZS-SRH	PC-XII-45	313
☐ ZS-SRP	PC-XII-45	317
☐ ZS-SRR	PC-XII-45	319
☐ ZS-TAY	Piper PA-46T	4697304
☐ ZS-TBS	Cessna 441	441-0192
☐ ZS-TBV	PC-XII-47	798
☐ ZS-TGM	Beech B200GT	BY-88
☐ ZS-TIP	Beech B200	BB-1805

☐ ZS-TKB	Beech C90B	LJ-1492
☐ ZS-TLA	PC-XII-45	383
☐ ZS-TNY	Beech B200	BB-914
☐ ZS-TOB	Beech B200	BB-1515
☐ ZS-TSW	PC-XII-47E	1162
☐ ZS-TWP	Beech B200GTBY-46	
☐ ZS-TWZ	PA-46DLX	186
☐ ZS-YEA	PC-XII-45	621
☐ ZS-ZAZ	Beech 350	FL-459
☐ ZS-ZBR	PC-XII-47E	1069
☐ ZS-ZOO	Beech B200	BB-1316
☐ ZS-ZXX	Beech B200	BB-1077

3A- Monaco

☐ 3A-MIO	Piper PA-31T	7920001

3B- Mauritius

☐ 3B-SKY	Beech B200	BB-1363

3X- Guinea

☐ 3X-GER	Gulfstream 1	1

4X- Israel

☐ 4X-CBF	Piper PA-42	8001064
☐ 4X-CBL	Piper PA-31T	8020080
☐ 4X-CIC	Piper PA-42	8001073
☐ 4X-CIN	Piper PA-31T	7820042
☐ 4X-DZT	Beech C90	LJ-513

5A- Libya

☐ 5A-DDT	Beech 200C	BL-1
☐ 5A-DDY	Beech 200C	BL-6
☐ 5A-DUA	Beech B200	BB-1729
☐ 5A-GHV	Beech 300LW	FA-170

5B- Cyprus

☐ 5B-CJL	Beech C90	LJ-979

5H- Tanzania

☐ 5H-SUZ	PC-XII-45	557
☐ 5H-TZW	Beech 200C	BL-17
☐ 5H-TZX	Beech B200	BB-1196

5N- Nigeria

☐ 5N-	Beech 350	FL-585
☐ 5N-AMZ	Beech C90	LJ-755
☐ 5N-ARG	Emb.121	121048
☐ 5N-FLS	Beech 350	FL-246
☐ 5N-FLY	Beech 350	FL-279
☐ 5N-IHS	Beech 200	BB-663
☐ 5N-MPB	Beech 350	FL-238

5R- Malagasy Republic

☐ 5R-	Beech E90	LW-47
☐ 5R-	Cessna 425	425-0061
☐ 5R-	Piper PA-31T	7720036
☐ 5R-MIM	Piper PA-31T	7720059
☐ 5R-MKI	PAC 750XL	138

5T- Mauritania

☐ 5T-MAB	Piper PA-31T	8120024
☐ 5T-MAC	Piper PA-31T	8120026

5U- Niger

☐ 5U-	Beech B200	BB-1206

5V- Togo

☐ 5V-	Piper PA-31T	7820013
☐ 5V-MCG	Beech 200	BB-857
☐ 5V-MCH	Beech 200	BB-858
☐ 5V-TTD	Beech B90	LJ-453

5X- Uganda

☐ 5X-INS	Beech B200	BB-1650

5Y- Kenya

☐ 5Y-	Beech 200	BB-650
☐ 5Y-	Beech 200	BB-696
☐ 5Y-BIR	Beech 200	BB-51
☐ 5Y-BKT	Beech 200	BB-256
☐ 5Y-BLA	Beech 200C	BL-10
☐ 5Y-BLR	Gulfstream 1	34
☐ 5Y-BMA	Beech 200	BB-155
☐ 5Y-BSU	Beech 200	BB-222
☐ 5Y-BTL	Rockwell 690A	11103
☐ 5Y-BTV	Beech B200	BB-1342
☐ 5Y-BVU	Beech 200	BB-286
☐ 5Y-EKO	Beech 200C	BL-2
☐ 5Y-FDK	Beech 200	BB-531
☐ 5Y-HHA	Beech B200	BB-988
☐ 5Y-HHE	Beech 200	BB-547
☐ 5Y-JAI	Beech 200	BB-557
☐ 5Y-JET	Gulfstream 1	44
☐ 5Y-JJZ	Beech B200	BB-1127
☐ 5Y-MAF	PC-XII-45	243
☐ 5Y-NBB	Beech C90	LJ-528
☐ 5Y-NJS	Beech 200	BB-837
☐ 5Y-NKI	Beech 200	BB-525
☐ 5Y-RJA	Beech 200	BB-619
☐ 5Y-SJB	Beech 200	BB-467
☐ 5Y-SMB	Beech 200	BB-379
☐ 5Y-THS	Beech 200	BB-643
☐ 5Y-ZBK	Beech B200	BB-1714

6V- Senegal

☐ 6V-	Beech A100	B-150
☐ 6V-	Beech A100	B-91
☐ 6V-AGS	Beech 200	BB-28

6Y- Jamaica

☐ 6Y-JDB	MU-2B-26A	353SA

7Q- Malawi

☐ 7Q-ULC	Beech 350	FL-595

7T- Algeria

☐ 7T-VBE	Beech B200	BB-1453
☐ 7T-VCV	Beech A100	B-93
☐ 7T-VRF	Beech A100	B-147
☐ 7T-WCF	Beech C90B	LJ-1359
☐ 7T-WCG	Beech C90B	LJ-1379
☐ 7T-WCH	Beech C90B	LJ-1380
☐ 7T-WRG	Beech 200	BB-184
☐ 7T-WRH	Beech 200	BB-175
☐ 7T-WRI	Beech 200	BB-171
☐ 7T-WRO	Beech 200	BB-807
☐ 7T-WRS	Beech 200	BB-759
☐ 7T-WRT	Beech 200	BB-775
☐ 7T-WRY	Beech 200T	BT-20
☐ 7T-WRZ	Beech 200T	BT-21

9A- Croatia

☐ 9A-BIH	Piper PA-31T	1104016
☐ 9A-BKB	Beech B200	BB-1983
☐ 9A-BOR	Piper PA-31T	8004011
☐ 9A-BZG	Piper PA-31T	8104032
☐ 9A-CZG	Piper PA-31T	8104046

9G- Ghana

☐ 9G-SAG	Piper PA-42	5527038

9H- Malta

☐ 9H-AFO	AP.68TP-300	8008

9J- Zambia

☐ 9J-AAV	Beech B90	LJ-486
☐ 9J-DCF	Beech C90	LJ-575
☐ 9J-MED	Beech B200	BB-1046
☐ 9J-STA	Beech E90	LW-116
☐ 9J-YVZ	Beech B90	LJ-338

9M- Malaysia

☐ 9M-DSR	TBM-700	69
☐ 9M-JPD	Beech B200T	BT-24
☐ 9M-KNS	Beech 200	BB-294
☐ 9M-PTA	Beech 350	FL-587
☐ 9M-PTB	Beech 350	FL-593
☐ 9M-PTC	Beech 350	FL-598
☐ 9M-TDM	Piper PA-42	5527032
☐ 9M-WSK	Beech B200GTBY-8	
☐ 9M-ZAA	Beech 200	BB-452

9N- Nepal

☐ 9N-AIZ PAC 750XL 154
☐ 9N-AJB PAC 750XL 160

9Q- Dem. Rep. Congo

☐ 9Q-CAJ Beech C-12C   BD-5
☐ 9Q-CBU Rockwell 681B 6045
☐ 9Q-CBY Gulfstream 1   33
☐ 9Q-CCE Beech B200   BB-934
☐ 9Q-CCG Beech E90   LW-110
☐ 9Q-CEM Beech A100   B-105
☐ 9Q-CIT Gulfstream 1   193
☐ 9Q-CJB Gulfstream 1   155
☐ 9Q-CKM Beech B90   LJ-402
☐ 9Q-COE Gulfstream 1   156
☐ 9Q-CRF Beech 100   B-33
☐ 9Q-CTG Beech 200   BB-629

5. Biz-Prop Reservations

Reservation	Type	Current
D-EMBK	Piper PA-46T	N26KC
D-FLIR	PC-XII	TT-AAF
D-IAWD	Piper PA-42	B-3621
D-IAWE	Cessna 425	C-FSEA
D-IWAL	Beech F90	OO-IAL
HZ-???	Beech C90GTI	N6260Q
I-PJET	P-180 Avanti	I-PDVS
N16NB	Piper PA-31T	N58AM
N31FW	MU-2B-25	N38AF
N39MC	Piper PA-31T	N33MC
N40HB	Piper PA-31T	N85GC
N57B	Beech B200C	N70LG
N63LW	Beech E90	N258JC
N85FM	TBM-850	N85JE
N88NT	PC-XII-47E	N709PC
N110JM	TBM-700	N700LL
N111SZ	Beech 350	N111SF
N113MH	Beech 200	N31WC
N138RB	Beech F90	N10DH
N202MW	TBM-700	N650DM
N210YS	Beech E90	YS-210P
N222UR	Beech B200	N789CT
N368JA	Beech 200	N368FA
N427JS	Beech B200	N604MJ
N441FR	Beech 350	N441FP
N441WF	Cessna 441	N441VB
N503JM	Beech 200	N411RA
N507WG	Beech 350	N507EB
N522MK	PA-46DLX	N427LS
N555LD	Beech F90	N910JS
N573B	Beech 350	N6190F
N590JL	Piaggio P.180	N152SL
N600GR	PC-XII-47E	N600BL
N690KM	Rockwell 690A	N70MD
N695GK	Rockwell 695A	N695GJ
N701PT	Piper PA-31T	N371TM
N726CB	Beech B200GT	N82EU
N774MR	Beech B200	N193JC
N850WK	TBM-850	N850VM
N891ES	Beech B200	N678FA
N901SH	Beech B200	N31SV
N970ME	PC-XII-45	N329SK
N970P	Beech C90GTI	N929P
N995ST	TBM-850	N226RC
OO-GEE	PC-XII-47E	HB-FTC
PH-OLS	PC-XII-47E	N125BP
PP-OPV	TBM-850	N988V
PR-AJK	Beech B200	G-JOAL
PR-CCN	Beech C90GTI	N6407C
PR-EQM	Beech C90B	LV-BDG
PR-ILF	MU-2B-60	N308TC
PR-JBT	Beech B200C	N133US
PR-JPG	Beech 200	N230CS
PR-KRC	TBM-850	N850DX
PR-KSL	Beech C90GTI	N6410B
PR-LOL	Beech C90GTI	N38HL
PR-NKA	Beech 200	N771HC
PR-SBJ	Piper PA-46T	N870C
PT-FLA	Rockwell 690B	CP-2224
PT-FTZ	Piper PA-31T	N440S
YU-BTC	Beech 350	D-CADF
ZK455	Beech B200	G-RAFO
ZK456	Beech B200	G-RAFP
ZK458	Beech B200GT	G-RAFD
ZK459	Beech B200GT	G-RAFX
ZK460	Beech B200GT	G-RAFU
A32-651	Beech 350	VH-ZHP
A32-670	Beech 350	VH-ZHQ
A32-671	Beech 350	VH-ZHR
A32-673	Beech 350	VH-ZHS
A32-675	Beech 350	VH-ZHT

NOTES

6. Military Biz-Props:

Australia

☐ A32-339	Beech 350	FL-339
☐ A32-343	Beech 350	FL-343
☐ A32-346	Beech 350	FL-346
☐ A32-348	Beech 350	FL-348
☐ A32-349	Beech 350	FL-349
☐ A32-350	Beech 350	FL-350
☐ A32-351	Beech 350	FL-351
☐ A32-372	Beech 350	FL-372
☐ A32-426	Beech 350	FL-426
☐ A32-437	Beech 350	FL-437
☐ A32-439	Beech 350	FL-439

Argentina

☐ 0697	Beech 200	BB-54
☐ 0698	Beech 200	BB-71
☐ 0745	Beech 200	BB-460
☐ 0746	Beech 200	BB-471
☐ 0747	Beech 200	BB-488
☐ 0748	Beech 200	BB-546
☐ 0749	Beech 200	BB-549
☐ GN-810	PC-XII-Eagle	294
☐ GN-812	PC-XII-47E	1165

Bangladesh

☐ S3-BHN	Piper PA-31T	1104007

Bolivia

☐ EB-003	Beech C90	LJ-905
☐ FAB-002	Beech 200	BB-11
☐ FAB-018	Beech 200C	BL-28
☐ FAB-023	Rockwell 690B	11562
☐ FAB-026	Beech E90	LW-28
☐ FAB-028	Rockwell 690	11067

Botswana

☐ OB1	Be B200	BB-1352

Brazil

☐ 2650	Emb.121	121002
☐ 2651	Emb.121	121003
☐ 2652	Emb.121	121004
☐ 2653	Emb.121	121005
☐ 2654	Emb.121	121006
☐ 2656	Emb.121	121060
☐ 2657	Emb.121	121037

Bulgaria

☐ 020	PC-XII	518

Chile

☐ 331	Beech A100	B-219
☐ 336	Beech B200	BB-1530
☐ C-51	Piper PA-31T	8020090
☐ C-52	Beech B200GTBY-19	

Colombia

☐ EJC-010	Beech C90	LJ-739
☐ EJC-021	Rockwell 690D	15024
☐ EJC-022	Rockwell 695	95066
☐ EJC-112	Rockwell 695A	96076
☐ EJC-1124	Beech 200	BB-6
☐ EJC-118	Beech B200	BB-1452
☐ EJC-119	Beech B200	BB-1615
☐ FAC5076	Beech 350	FL-575
☐ FAC5198	Rockwell 695A	96030
☐ FAC542	Rockwell 680V	1563-19
☐ FAC5454	Rockwell 690D	15010
☐ FAC5553	Rockwell 695	95055
☐ FAC5570	Beech C90	LJ-752
☐ FAC5730	Beech C90	LJ-503
☐ FAC5732	Beech 350	FL-653
☐ FAC5739	Piper PA-31T	7520014
☐ FAC5743	Piper PA-42	5501039
☐ FAC5744	Piper PA-42	8001062
☐ FAC5746	Beech 350	FL-282
☐ FAC5747	Beech 350	FL-454
☐ FAC5750	Beech 300	FA-22
☐ PNC-0208	Beech 300LW	FA-159
☐ PNC-0225	Beech B200	BB-1644
☐ PNC-0236	Beech 200	BB-512
☐ PNC-204	Cessna 441	441-0031
☐ PNC-209	Beech 200	BB-212

Ecuador

☐ AN-231	Beech 200	BB-771
☐ AN-232	Beech 300	FA-75
☐ AN-233	Beech 200	BB-458
☐ AN-234	Beech 200	BB-580
☐ AN-235	Beech 350	FL-85
☐ AN-236	Beech 200	BB-703
☐ IGM-240	Beech A100	B-242

Eire

☐ 240	Beech 200	BB-672

France

☐ 27	Emb.121	121027
☐ 30	Emb.121	121030
☐ 33	TBM-700	33
☐ 35	TBM-700	35
☐ 47	Emb.121	121047
☐ 54	Emb.121	121054
☐ 55	Emb.121	121055
☐ 56	Emb.121	121056
☐ 64	Emb.121	121064
☐ 65	Emb.121	121065
☐ 66	Emb.121	121066
☐ 67	Emb.121	121067
☐ 68	Emb.121	121068
☐ 69	Emb.121	121069
☐ 70	TBM-700	70
☐ 70	Emb.121	121070
☐ 71	Emb.121	121071
☐ 72	Emb.121	121072
☐ 73	Emb.121	121073
☐ 74	Emb.121	121074
☐ 75	Emb.121	121075
☐ 76	Emb.121	121076
☐ 77	Emb.121	121077
☐ 77	TBM-700	77
☐ 78	Emb.121	121078
☐ 78	TBM-700	78
☐ 79	Emb.121	121079
☐ 80	TBM-700	80
☐ 80	Emb.121	121080
☐ 81	Emb.121	121081
☐ 82	Emb.121	121082
☐ 83	Emb.121	121083
☐ 84	Emb.121	121084
☐ 85	Emb.121	121085
☐ 86	Emb.121	121086
☐ 87	Emb.121	121087
☐ 89	Emb.121	121089
☐ 90	Emb.121	121090
☐ 91	Emb.121	121091
☐ 92	Emb.121	121092
☐ 93	TBM-700	93
☐ 94	TBM-700	94
☐ 95	TBM-700	95
☐ 95	Emb.121	121095
☐ 96	Beech B200	BB-876
☐ 96	Emb.121	121096
☐ 97	Beech B200	BB-1379
☐ 98	Beech B200	BB-1102
☐ 98	Emb.121	121098
☐ 99	TBM-700	99
☐ 99	Emb.121	121099
☐ 100	TBM-700	100
☐ 101	Emb.121	121101
☐ 102	Emb.121	121102
☐ 103	Emb.121	121103
☐ 103	TBM-700	103
☐ 104	TBM-700	104
☐ 105	Emb.121	121105
☐ 105	TBM-700	105
☐ 106	TBM-700	106
☐ 107	Emb.121	121107
☐ 108	Emb.121	121108
☐ 110	TBM-700	110
☐ 111	Emb.121	121111
☐ 111	TBM-700	111
☐ 115	TBM-700	115
☐ 117	TBM-700	117
☐ 125	TBM-700	125
☐ 131	TBM-700	131
☐ 136	TBM-700	136
☐ 139	TBM-700	139
☐ 146	TBM-700	146
☐ 147	TBM-700	147
☐ 156	TBM-700	156
☐ 159	TBM-700B	159
☐ 160	TBM-700B	160

Greece

☐ 401	Beech C12C	BC-34
☐ 402	Beech C12R	BB-1733
☐ 403	Beech C12R	BB-1744

Guatemala

☐ 458	Beech B90	LJ-458
☐ 700	Beech F90	LA-181
☐ R701	Beech A90	LJ-296
☐ R704	Beech 200	BB-310

Honduras

☐ FAH006	Rockwell 695A	96060
☐ FAH-012	Piper PA-42	8001056

Iran

☐ 1401	Rockwell 690A	11181
☐ 1402	Rockwell 690A	11293
☐ 1403	Rockwell 690	11049
☐ 1405	Rockwell 690	11075
☐ 1406	Rockwell 690	11045
☐ 4-901	Rockwell 690	11077
☐ 4-902	Rockwell 690	11078
☐ 4-903	Rockwell 690	11079
☐ 221094	Rockwell 690A	11183
☐ 779915	Rockwell 690A	11294
☐ 780281	Rockwell 690A	11295
☐ 780646	Rockwell 690A	11333
☐ 781011	Rockwell 690A	11334
☐ 2557185	Rockwell 681B	6062
☐ 2557550	Rockwell 681B	6068

Israel

☐ 501	Beech B200	BB-1385
☐ 504	Beech B200	BB-1386
☐ 507	Beech B200	BB-1387
☐ 510	Beech B200	BB-1388
☐ 622	Beech B200T	BT-39
☐ 625	Beech B200T	BT-40
☐ 629	Beech B200T	BT-41
☐ 633	Beech B200T	BT-42
☐ 636	Beech B200T	BT-43
☐ 703	Beech 200CT	BN-5
☐ 709	Beech 200CT	BN-6
☐ 711	Beech 200CT	BN-7
☐ 714	Beech 200CT	BN-8
☐ 719	Beech 200CT	BN-9
☐ 721	Beech B200T	BT-44
☐ 730	Beech B200T	BT-45
☐ 735	Beech B200T	BT-46
☐ 842	Beech B200	BB-1806
☐ 844	Beech B200	BB-1809
☐ 848	Beech B200	BB-1811
☐ 856	Beech B200	BB-1804
☐ 859	Beech B200	BB-1819
☐ 974	Beech RC-12D	BP-7
☐ 977	Beech RC-12D	BP-8
☐ 980	Beech RC-12D	BP-9
☐ 982	Beech RC-12D	BP-10
☐ 985	Beech RC-12D	BP-11
☐ 987	Beech RC-12K	FG-1
☐ 990	Beech RC-12K	FG-2

Italy

☐ MM62159	P-180 Avanti	1023
☐ MM62160	P-180 Avanti	1024
☐ MM62161	P-180 Avanti	1025
☐ MM62162	P-180 Avanti	1028
☐ MM62163	P-180 Avanti	1029
☐ MM62164	P-180 Avanti	1030
☐ MM62167	P-180 Avanti	1026
☐ MM62168	P-180 Avanti	1027
☐ MM62169	P-180 Avanti	1031
☐ MM62199	P-180 Avanti	1041
☐ MM62200	P-180 Avanti	1047
☐ MM62201	P-180 Avanti	1053
☐ MM62202	P-180 Avanti	1058
☐ MM62203	P-180 Avanti	1071
☐ MM62204	P-180 Avanti	1082
☐ MM62205	P-180 Avanti	1075
☐ MM62206	P-180 Avanti	1087
☐ MM62207	P-180 Avanti	1096
☐ MM62211	P-180 Avanti	1085
☐ MM62212	P-180 Avanti	1076
☐ MM62213	P-180 Avanti	1090
☐ MM62246	P-180 Avanti	1114
☐ MM62247	P-180 Avanti	1113
☐ MM62248	P-180 Avanti	1118
☐ MM62249	P-180 Avanti	1126
☐ VF-181	P-180 Avanti	1078
☐ VF-182	P-180 Avanti	1142

Japan

☐ 13-3212	MU-2S/LR-1	912
☐ 22-003	MU-2C/LR-1	803
☐ 22-007	MU-2C/LR-1	807
☐ 22-015	MU-2C/LR-1	815
☐ 22-016	MU-2C/LR-1	816
☐ 22-018	MU-2C/LR-1	818
☐ 22-019	MU-2C/LR-1	819
☐ 22-020	MU-2C/LR-1	820
☐ 23-051	Beech 350	FL-176
☐ 23-052	Beech 350	FL-186
☐ 23-053	Beech 350	FL-266
☐ 23-054	Beech 350	FL-307
☐ 23-055	Beech 350	FL-331
☐ 23-056	Beech 350 LR2	FL-382
☐ 23-3213	MU-2S/LR-1	913
☐ 23-3214	MU-2S/LR-1	914
☐ 23-3226	MU-2S/LR-1	926
☐ 33-3215	MU-2S/LR-1	915
☐ 33-3216	MU-2S/LR-1	916
☐ 33-3217	MU-2S/LR-1	917
☐ 33-3227	MU-2S/LR-1	927
☐ 43-3218	MU-2S/LR-1	918
☐ 63-3220	MU-2S/LR-1	920
☐ 63-3221	MU-2S/LR-1	921
☐ 63-3228	MU-2S/LR-1	928
☐ 6801	Beech TC-90	LJ-597
☐ 6802	Beech TC-90	LJ-598
☐ 6803	Beech TC-90	LJ-599
☐ 6804	Beech TC-90	LJ-642
☐ 6806	Beech TC-90	LJ-778
☐ 6807	Beech TC-90	LJ-855
☐ 6811	Beech TC-90	LJ-980
☐ 6813	Beech TC-90	LJ-1043
☐ 6814	Beech TC-90	LJ-1044
☐ 6815	Beech TC-90	LJ-1047
☐ 6816	Beech TC-90	LJ-1060
☐ 6817	Beech TC-90	LJ-1061
☐ 6818	Beech TC-90	LJ-1062
☐ 6819	Beech TC-90	LJ-1083
☐ 6820	Beech TC-90	LJ-1084
☐ 6821	Beech TC-90	LJ-1110
☐ 6822	Beech TC-90	LJ-1146
☐ 6823	Beech TC-90	LJ-1335
☐ 6824	Beech TC-90	LJ-1336
☐ 6825	Beech TC-90	LJ-1337
☐ 6826	Beech TC-90	LJ-1338
☐ 6827	Beech TC-90	LJ-1339
☐ 6828	Beech TC-90	LJ-1584
☐ 6829	Beech TC-90	LJ-1592
☐ 6830	Beech TC-90	LJ-1596
☐ 6831	Beech TC-90	LJ-1634
☐ 6832	Beech TC-90	LJ-1636
☐ 6833	Beech TC-90	LJ-1638
☐ 6834	Beech TC-90	LJ-1690
☐ 6835	Beech TC-90	LJ-1851
☐ 6836	Beech TC-90	LJ-1852
☐ 6837	Beech TC-90	LJ-1911
☐ 6838	Beech TC-90	LJ-1930
☐ 6839	Beech TC-90	LJ-1932
☐ 6840	Beech TC-90	LJ-1933
☐ 73-3222	MU-2S/LR-1	922
☐ 83-3223	MU-2S/LR-1	923
☐ 83-3224	MU-2S/LR-1	924
☐ 9102	Beech UC-90	LJ-1038
☐ 9301	Beech LC90	LJ-1182
☐ 9302	Beech LC90	LJ-1248
☐ 9303	Beech LC90	LJ-1249
☐ 9304	Beech LC90	LJ-1281
☐ 9305	Beech LC90	LJ-1282
☐ 93-3225	MU-2S/LR-1	925

Malaysia

☐ M41-01	Beech B200T	BT-35
☐ M41-02	Beech B200T	BT-36
☐ M41-03	Beech B200T	BT-37
☐ M41-04	Beech B200T	BT-38

Mexico

☐ 3918	Rockwell 695A	96041
☐ 3932	Rockwell 690A	11296
☐ 3960	Rockwell 695A	96061
☐ 3963	Rockwell 695A	96010
☐ 3971	Beech 300LW	FA-95
☐ 5201	Beech C90A	LJ-1166
☐ 5202	Beech C90A	LJ-1176
☐ 5203	Beech C90A	LJ-1168
☐ 5204	Beech C90A	LJ-1175
☐ 5205	Beech C90A	LJ-1171
☐ AMP-131	Rockwell 695	95051
☐ AMP-132	Rockwell 695	95082
☐ ETE-1332	Rockwell 690B	11494
☐ MT-218	Rockwell 695A	96013
☐ MT-219	Rockwell 695	95040
☐ MT-223	MU-2B-20	122
☐ MT-224	Cessna 441	441-0101
☐ MU-1550	MU-2B-35	566

New Zealand

☐ NZ1881	Beech B200	BB-1054
☐ NZ1882	Beech B200	BB-1008
☐ NZ1883	Beech B200	BB-1087
☐ NZ1884	Beech B200	BB-1178
☐ NZ1885	Beech B200	BB-968

Nicaragua

☐ FAN002	Beech C-12C	BC-37

Pakistan

☐ 11667	Rockwell 690C	11667
☐ 11733	Rockwell 690C	11733
☐ 419	Beech 350	FL-419
☐ 444	Beech 350	FL-444
☐ 927	Beech B200	BB-927

Peru

☐ 708	Rockwell 690B	11391
☐ AE571	Beech 200CT	BN-2
☐ AE572	Beech 200CT	BN-3
☐ AE573	Beech 200CT	BN-4
☐ AE574	Beech B200T	BT-25
☐ AE575	Beech B200T	BT-26
☐ EP-825	Beech 350	FL-21
☐ FAP-18	Beech 300	FA-41
☐ PNP-218	Rockwell 695	95080
☐ PNP-230	Beech E90	LW-36

Philippines

☐ 11250	Rockwell 690A	11250

South Africa

☐ 650	Beech B200C	BL-70
☐ 651	Beech B200C	BL-45
☐ 652	Beech 200C	BL-34
☐ 653	Beech 300LW	FA-118
☐ 8030	PC-XII	145

South Korea

☐ 67-18086	Beech U-21A	LM-85

Spain

☐ E.22-01	Beech C90	LJ-666
☐ E.22-02	Beech C90	LJ-621
☐ E.22-04	Beech C90	LJ-603
☐ E.22-05	Beech C90	LJ-605

Sri Lanka

☐ CR842	Beech B200T	BT-30
☐ SMR-2202	Beech B200	BB-1900

Switzerland

☐ T-721	Beech 350C	FN-1

Taiwan

☐ NA-301	Beech 200	BB-449
☐ NA-302	Beech 350	FL-108

Tanzania

☐ JW9027	Beech A100	B-197

Thailand

☐ 00-923	Beech E90	LW-26
☐ 1165	Beech B200	BB-1165
☐ 2011	Beech 350	FL-146
☐ 2012	Beech 350	FL-147
☐ 93303	Beech B200	BB-1436
☐ 93304	Beech B200	BB-1441
☐ 93305	Beech B200	BB-1443

Turkey

☐ 4005	Beech B200	BB-1434
☐ 4006	Beech B200	BB-1375
☐ 10010	Beech B200	BB-1409
☐ 10012	Beech B200	BB-1413
☐ 10013	Beech B200	BB-1414
☐ 10014	Beech B200	BB-1415

United Arab Emirates

☐ 801	Beech 350	FL-131
☐ 802	Beech 350	FL-132

United Kingdom

☐ ZK450	Beech B200	BB-1829
☐ ZK451	Beech B200	BB-1830
☐ ZK452	Beech B200	BB-1832
☐ ZK453	Beech B200	BB-1833
☐ ZK454	Beech B200	BB-1835
☐ ZK457	Beech 200	BB-684
☐ ZZ416	Beech B300C	FM-14
☐ ZZ417	Beech B300C	FM-16
☐ ZZ418	Beech B300C	FM-17
☐ ZZ419	Beech B300C	FM-18
☐ ZZ500	Beech 350	FL-597
☐ ZZ501	Beech 350	FL-618
☐ ZZ502	Beech 350	FL-629
☐ ZZ503	Beech 350	FL-633

Uruguay

☐ 871	Beech 200T	BT-4

USA

☐ 18242	Beech B200C	BL-65
☐ 67-18064	Beech U-21A	LM-65
☐ 67-18077	Beech RU-21B	LS-1
☐ 67-18087	Beech RU-21B	LS-2
☐ 70-15888	Beech RU-21H	LU-14
☐ 70-15908	Beech A100	B-95
☐ 73-1208	Beech C-12C	BD-4
☐ 73-1210	Beech C-12C	BD-6
☐ 73-1214	Beech C-12C	BD-10
☐ 73-1215	Beech C-12C	BD-11
☐ 73-1216	Beech C-12C	BD-12
☐ 73-1217	Beech C-12C	BD-13
☐ 73-1218	Beech C-12C	BD-14
☐ 73-22250	Beech C-12C	BC-1
☐ 73-22262	Beech C-12C	BC-10
☐ 76-0158	Beech C-12C	BD-15
☐ 76-0160	Beech C-12C	BD-17
☐ 76-0161	Beech C-12C	BD-18
☐ 76-0162	Beech C-12C	BD-19
☐ 76-0163	Beech C-12C	BD-20
☐ 76-0164	Beech C-12C	BD-21
☐ 76-0165	Beech C-12C	BD-22
☐ 76-0166	Beech C-12C	BD-23
☐ 76-0168	Beech C-12C	BD-25
☐ 76-0170	Beech C-12C	BD-27
☐ 76-0171	Beech C-12C	BD-28
☐ 760172	Beech C-12C	BD-29
☐ 76-0173	Beech C-12C	BD-30
☐ 76-22551	Beech C-12C	BC-27
☐ 76-22559	Beech C-12C	BC-36
☐ 76-22561	Beech C-12C	BC-38
☐ 76-3239	Beech C-12C	BD-24
☐ 77-22932	Beech C-12C	BC-43
☐ 77-22935	Beech C-12C	BC-46
☐ 77-22941	Beech C-12C	BC-52
☐ 77-22942	Beech C-12C	BC-53
☐ 77-22944	Beech C-12C	BC-55
☐ 77-22949	Beech C-12C	BC-60
☐ 78-23128	Beech C-12C	BC-64
☐ 78-23135	Beech C-12C	BC-71
☐ 78-23140	Beech JC-12C	BP-1
☐ 78-23141	Beech RC-12D	GR-6
☐ 78-23142	Beech RC-12D	GR-7
☐ 78-23143	Beech RC-12D	GR-8
☐ 78-23144	Beech RC-12D	GR-9
☐ 80-23371	Beech RC-12D	GR-2
☐ 80-23372	Beech RC-12G	FC-3
☐ 80-23373	Beech RC-12D	GR-10
☐ 80-23374	Beech RC-12D	GR-12
☐ 80-23375	Beech RC-12D	GR-5
☐ 80-23376	Beech RC-12D	GR-11
☐ 80-23377	Beech RC-12D	GR-3
☐ 80-23378	Beech RC-12D	GR-13
☐ 80-23380	Beech RC-12G	FC-2
☐ 81-23541	Beech C-12D1	BP-22
☐ 81-23542	Beech C-12D1	BP-1
☐ 81-23544	Beech C-12D1	BP-25
☐ 82-23783	Beech C-12D1	BP-31
☐ 82-23784	Beech C-12D1	BP-32
☐ 82-23785	Beech C-12D1	BP-33
☐ 823132	Beech C-12C	BC-68
☐ 823133	Beech C-12C	BC-69
☐ 83-0494	Beech C-12D	BP-40
☐ 83-0495	Beech C-12D	BP-41
☐ 83-0496	Beech C-12D	BP-42
☐ 83-0497	Beech C-12D	BP-43
☐ 83-0498	Beech C-12D	BP-44
☐ 83-0499	Beech C-12D	BP-45
☐ 83-24145	Beech C-12D1	BP-34
☐ 83-24146	Beech C-12D1	BP-35
☐ 83-24147	Beech C-12D1	BP-36
☐ 83-24148	Beech C-12D1	BP-37
☐ 83-24149	Beech C-12D1	BP-38
☐ 83-24150	Beech C-12D1	BP-39
☐ 83-24313	Beech RC-12H	GR-14
☐ 83-24314	Beech RC-12H	GR-15
☐ 83-24315	Beech RC-12H	GR-16
☐ 83-24316	Beech RC-12H	GR-17
☐ 83-24317	Beech RC-12H	GR-18
☐ 83-24318	Beech RC-12H	GR-19
☐ 84-0143	Beech C-12T3	BL-73
☐ 84-0144	Beech C-12T3	BL-74
☐ 84-0145	Beech C-12T3	BL-75
☐ 84-0146	Beech C-12T3	BL-76
☐ 84-0147	Beech C-12U3	BL-77

☐ 84-0148	Beech C-12U3	BL-78	☐ 88-0325	Beech RC-12N	FE-10	☐ 08-0293	Beech MC-12W	FL-293
☐ 84-0149	Beech C-12T3	BL-79	☐ 88-0326	Beech RC-12N	FE-11	☐ 08-0309	Beech MC-12W	FL-309
☐ 84-0150	Beech C-12T3	BL-80	☐ 88-0327	Beech RC-12N	FE-12	☐ 08-0329	Beech MC-12W	FL-329
☐ 84-0151	Beech C-12T3	BL-81	☐ 89-0267	Beech RC-12N	FE-13	☐ 08-0336	Beech MC-12W	FL-336
☐ 84-0152	Beech C-12U3	BL-82	☐ 89-0268	Beech RC-12N	FE-14	☐ 08-0353	Beech MC-12W	FL-353
☐ 84-0153	Beech C-12U3	BL-83	☐ 89-0269	Beech RC-12N	FE-15	☐ 08-0376	Beech MC-12W	FL-376
☐ 84-0154	Beech C-12T3	BL-84	☐ 89-0270	Beech RC-12N	FE-16	☐ 08-0462	Beech MC-12W	FL-462
☐ 84-0155	Beech C-12U3	BL-85	☐ 89-0271	Beech RC-12N	FE-17	☐ 08-0546	Beech MC-12W	FL-546
☐ 84-0156	Beech C-12U3	BL-86	☐ 89-0273	Beech RC-12N	FE-19	☐ 08-0790	PC-XII-47	790
☐ 84-0157	Beech C-12U3	BL-87	☐ 89-0274	Beech RC-12N	FE-20	☐ 08-0809	PC-XII-47	809
☐ 84-0158	Beech C-12U3	BL-88	☐ 89-0275	Beech RC-12N	FE-21	☐ 09-	Beech B200	BB-1403
☐ 84-0159	Beech C-12T3	BL-89	☐ 89-0276	Beech RC-12N	FE-22	☐ 09-	Beech MC-12W	FL-624
☐ 84-0160	Beech C-12U3	BL-90	☐ 91-0516	Beech RC-12N	FE-23	☐ 09-	Beech MC-12W	FL-625
☐ 84-0161	Beech C-12U3	BL-91	☐ 91-0517	Beech RC-12N	FE-24	☐ 09-	Beech MC-12W	FL-626
☐ 84-0162	Beech C-12U3	BL-92	☐ 91-0518	Beech RC-12N	FE-25	☐ 09-	Beech MC-12W	FL-628
☐ 84-0163	Beech C-12U3	BL-93	☐ 92-13120	Beech RC-12P	FE-26	☐ 09-	Beech MC-12W	FL-635
☐ 84-0164	Beech C-12U3	BL-94	☐ 92-13121	Beech RC-12P	FE-27	☐ 09-	Beech MC-12W	FL-637
☐ 84-0165	Beech C-12U3	BL-95	☐ 92-13122	Beech RC-12P	FE-28	☐ 09-	Beech MC-12W	FL-639
☐ 84-0166	Beech C-12U3	BL-96	☐ 92-13123	Beech RC-12P	FE-29	☐ 09-	Beech MC-12W	FL-640
☐ 84-0167	Beech C-12U3	BL-97	☐ 92-13124	Beech RC-12P	FE-30	☐ 09-	Beech MC-12W	FL-641
☐ 84-0168	Beech C-12U3	BL-98	☐ 92-13125	Beech RC-12P	FE-31	☐ 09-	Beech MC-12W	FL-642
☐ 84-0170	Beech C-12U3	BL-100	☐ 92-3327	Beech C-12F	BW-1	☐ 09-	Beech MC-12W	FL-644
☐ 84-0171	Beech C-12T3	BL-101	☐ 92-3328	Beech C-12F	BW-2	☐ 09-	Beech MC-12W	FL-646
☐ 84-0172	Beech C-12T3	BL-102	☐ 92-3329	Beech C-12F	BW-3	☐ 09-	Beech MC-12W	FL-647
☐ 84-0173	Beech C-12T3	BL-103	☐ 93-0697	Beech RC-12P	FE-32	☐ 09-	Beech MC-12W	FL-648
☐ 84-0174	Beech C-12T3	BL-104	☐ 93-0698	Beech RC-12P	FE-33	☐ 09-	Beech MC-12W	FL-649
☐ 84-0175	Beech C-12T3	BL-105	☐ 93-0699	Beech RC-12P	FE-34	☐ 09-	Beech MC-12W	FL-654
☐ 84-0176	Beech C-12T3	BL-106	☐ 93-0700	Beech RC-12P	FE-35	☐ 09-	Beech MC-12W	FL-655
☐ 84-0177	Beech C-12U3	BL-107	☐ 93-0701	Beech RC-12P	FE-36	☐ 09-	Beech MC-12W	FL-656
☐ 84-0178	Beech C-12T3	BL-108	☐ 94-0315	Beech C-12R	BW-4	☐ 09-	Beech MC-12W	FL-660
☐ 84-0179	Beech C-12T3	BL-109	☐ 94-0316	Beech C-12R	BW-5	☐ 09-	Beech MC-12W	FL-661
☐ 84-0180	Beech C-12U3	BL-110	☐ 94-0317	Beech C-12R	BW-6	☐ 09-	Beech MC-12W	FL-662
☐ 84-0181	Beech C-12U3	BL-111	☐ 94-0318	Beech C-12R	BW-7	☐ 09-	Beech MC-12W	FL-676
☐ 84-0182	Beech C-12T3	BL-112	☐ 94-0319	Beech C-12R	BW-8	☐ 09-0623	Beech MC-12W	FL-623
☐ 84-0484	Beech C-12T3	BL-118	☐ 94-0320	Beech C-12R	BW-9	☐ 155724	Gulfstream 1	180
☐ 84-0485	Beech C-12T3	BL-119	☐ 94-0321	Beech C-12R	BW-10	☐ 155725	Gulfstream 1	182
☐ 84-0486	Beech C-12T3	BL-120	☐ 94-0322	Beech C-12R	BW-11	☐ 155726	Gulfstream 1	183
☐ 84-0487	Beech C-12U3	BL-121	☐ 94-0323	Beech C-12R	BW-12	☐ 155727	Gulfstream 1	184
☐ 84-0488	Beech C-12T3	BL-122	☐ 94-0324	Beech C-12R	BW-13	☐ 155728	Gulfstream 1	185
☐ 84-0489	Beech C-12T3	BL-123	☐ 94-0325	Beech C-12R	BW-14	☐ 155729	Gulfstream 1	186
☐ 84-24375	Beech C-12U2	BP-46	☐ 94-0326	Beech C-12R	BW-15	☐ 155730	Gulfstream 1	187
☐ 84-24376	Beech C-12U2	BP-47	☐ 95-0088	Beech C-12R	BW-16	☐ 160840	Beech T-44A	LL-2
☐ 84-24377	Beech C-12U2	BP-48	☐ 95-0089	Beech C-12R	BW-17	☐ 160841	Beech T-44A	LL-3
☐ 84-24378	Beech C-12U2	BP-49	☐ 95-0090	Beech C-12R	BW-18	☐ 160842	Beech T-44A	LL-4
☐ 84-24379	Beech C-12D	BP-50	☐ 95-0091	Beech C-12R	BW-19	☐ 160843	Beech T-44A	LL-5
☐ 84-24380	Beech C-12U2	BP-51	☐ 95-0092	Beech C-12R	BW-20	☐ 160844	Beech T-44A	LL-6
☐ 85-0147	Beech RC-12K	FE-1	☐ 95-0093	Beech C-12R	BW-21	☐ 160845	Beech T-44A	LL-7
☐ 85-0148	Beech RC-12K	FE-2	☐ 95-0094	Beech C-12R	BW-22	☐ 160846	Beech T-44A	LL-8
☐ 85-0149	Beech RC-12K	FE-3	☐ 95-0095	Beech C-12R	BW-23	☐ 160847	Beech T-44A	LL-9
☐ 85-0150	Beech RC-12K	FE-4	☐ 95-0096	Beech C-12R	BW-24	☐ 160848	Beech T-44A	LL-10
☐ 85-0152	Beech RC-12K	FE-6	☐ 95-0097	Beech C-12R	BW-25	☐ 160849	Beech T-44A	LL-11
☐ 85-0153	Beech RC-12K	FE-7	☐ 95-0098	Beech C-12R	BW-26	☐ 160850	Beech T-44A	LL-12
☐ 85-0155	Beech RC-12K	FE-9	☐ 95-0099	Beech C-12R	BW-27	☐ 160851	Beech T-44A	LL-13
☐ 85-1262	Beech C-12T1	BP-53	☐ 95-0100	Beech RC-12R	BW-28	☐ 160852	Beech T-44A	LL-14
☐ 85-1263	Beech C-12T1	BP-54	☐ 95-0101	Beech RC-12R	BW-29	☐ 160853	Beech T-44A	LL-15
☐ 85-1264	Beech C-12T1	BP-55	☐ 05-0409	PC-XII-45	409	☐ 160854	Beech T-44A	LL-16
☐ 85-1265	Beech C-12T1	BP-56	☐ 05-0419	PC-XII-45	419	☐ 160855	Beech T-44A	LL-17
☐ 85-1266	Beech C-12T1	BP-57	☐ 05-0424	PC-XII-45	424	☐ 160856	Beech T-44A	LL-18
☐ 85-1267	Beech C-12T1	BP-58	☐ 05-0447	PC-XII-45	447	☐ 160968	Beech T-44A	LL-20
☐ 85-1268	Beech C-12T1	BP-59	☐ 05-0482	PC-XII-45	482	☐ 160969	Beech T-44A	LL-21
☐ 85-1270	Beech C-12T1	BP-61	☐ 05-0573	PC-XII-45	573	☐ 160970	Beech T-44A	LL-22
☐ 85-1271	Beech C-12T1	BP-62	☐ 05-0646	PC-XII-45	646	☐ 160971	Beech T-44A	LL-23
☐ 85-1272	Beech C-12T1	BP-63	☐ 05-52305	Beech B200	BB-924	☐ 160972	Beech T-44A	LL-24
☐ 86-0084	Beech C-12T2	BP-64	☐ 06-0692	PC-XII-47	692	☐ 160973	Beech T-44A	LL-25
☐ 86-0085	Beech C-12T2	BP-65	☐ 07-0711	PC-XII-47	711	☐ 160974	Beech T-44A	LL-26
☐ 86-0086	Beech C-12T2	BP-66	☐ 07-0736	PC-XII-47	736	☐ 160977	Beech T-44A	LL-29
☐ 86-0087	Beech C-12T2	BP-67	☐ 07-0777	PC-XII-47	777	☐ 160979	Beech T-44A	LL-31
☐ 86-0088	Beech C-12T2	BP-68	☐ 07-0821	PC-XII-47	821	☐ 160981	Beech T-44A	LL-33
☐ 86-0089	Beech C-12T2	BP-69	☐ 07-0838	PC-XII-47	838	☐ 160982	Beech T-44A	LL-34
☐ 87-0160	Beech C-12T2	BP-70	☐ 07-0840	PC-XII-47	840	☐ 160983	Beech T-44A	LL-35
☐ 87-0161	Beech C-12T2	BP-71	☐ 07-21907	Beech B200	BB-1114			

☐ 160984	Beech T-44A	LL-36		☐ 161508	Beech TC-12B	BJ-56
☐ 160985	Beech T-44A	LL-37		☐ 161509	Beech TC-12B	BJ-57
☐ 160986	Beech T-44A	LL-38		☐ 161511	Beech UC-12B	BJ-59
☐ 161057	Beech T-44A	LL-39		☐ 161512	Beech UC-12B	BJ-60
☐ 161058	Beech T-44A	LL-40		☐ 161513	Beech UC-12B	BJ-61
☐ 161060	Beech T-44A	LL-42		☐ 161514	Beech UC-12B	BJ-62
☐ 161061	Beech T-44A	LL-43		☐ 161515	Beech UC-12B	BJ-63
☐ 161062	Beech T-44A	LL-44		☐ 161516	Beech UC-12B	BJ-64
☐ 161063	Beech T-44A	LL-45		☐ 161517	Beech UC-12B	BJ-65
☐ 161064	Beech T-44A	LL-46		☐ 161518	Beech TC-12B	BJ-66
☐ 161065	Beech T-44A	LL-47		☐ 163553	Beech UC-12F	BU-1
☐ 161066	Beech T-44A	LL-48		☐ 163554	Beech UC-12F	BU-2
☐ 161068	Beech T-44A	LL-50		☐ 163555	Beech UC-12F	BU-3
☐ 161069	Beech T-44A	LL-51		☐ 163556	Beech UC-12F	BU-4
☐ 161070	Beech T-44A	LL-52		☐ 163557	Beech UC-12F	BU-5
☐ 161071	Beech T-44A	LL-53		☐ 163558	Beech UC-12F	BU-6
☐ 161072	Beech T-44A	LL-54		☐ 163559	Beech UC-12F	BU-7
☐ 161073	Beech T-44A	LL-55		☐ 163560	Beech UC-12F	BU-8
☐ 161074	Beech T-44A	LL-56		☐ 163561	Beech UC-12F	BU-9
☐ 161075	Beech T-44A	LL-57		☐ 163562	Beech UC-12F	BU-10
☐ 161076	Beech T-44A	LL-58		☐ 163563	Beech UC-12F	BU-11
☐ 161077	Beech T-44A	LL-59		☐ 163564	Beech UC-12F	BU-12
☐ 161078	Beech T-44A	LL-60		☐ 163836	Beech UC-12M	BV-1
☐ 161079	Beech T-44A	LL-61		☐ 163837	Beech UC-12M	BV-2
☐ 161186	Beech UC-12B	BJ-2		☐ 163838	Beech UC-12M	BV-3
☐ 161188	Beech UC-12B	BJ-4		☐ 163839	Beech UC-12M	BV-4
☐ 161190	Beech UC-12B	BJ-6		☐ 163840	Beech UC-12M	BV-5
☐ 161191	Beech UC-12B	BJ-7		☐ 163841	Beech UC-12M	BV-6
☐ 161192	Beech UC-12B	BJ-8		☐ 163842	Beech UC-12M	BV-7
☐ 161193	Beech UC-12B	BJ-9		☐ 163843	Beech UC-12M	BV-8
☐ 161195	Beech UC-12B	BJ-11		☐ 163844	Beech UC-12M	BV-9
☐ 161196	Beech UC-12B	BJ-12		☐ 163845	Beech UC-12M	BV-10
☐ 161197	Beech UC-12B	BJ-13		☐ 163847	Beech RC-12M	BV-12
☐ 161198	Beech UC-12B	BJ-14				
☐ 161201	Beech TC-12B	BJ-17				

Venezuela

☐ 161202	Beech UC-12B	BJ-18
☐ 161203	Beech UC-12B	BJ-19
☐ 161204	Beech UC-12B	BJ-20
☐ 161205	Beech UC-12B	BJ-21
☐ 161206	Beech UC-12B	BJ-22
☐ 161306	Beech UC-12B	BJ-23
☐ 161307	Beech UC-12B	BJ-24
☐ 161308	Beech UC-12B	BJ-25
☐ 161309	Beech UC-12B	BJ-26
☐ 161310	Beech UC-12B	BJ-27
☐ 161311	Beech UC-12B	BJ-28
☐ 161312	Beech UC-12B	BJ-29
☐ 161313	Beech UC-12B	BJ-30
☐ 161314	Beech UC-12B	BJ-31
☐ 161315	Beech TC-12B	BJ-32
☐ 161316	Beech TC-12B	BJ-33
☐ 161317	Beech UC-12B	BJ-34
☐ 161318	Beech UC-12B	BJ-35
☐ 161319	Beech UC-12B	BJ-36
☐ 161320	Beech UC-12B	BJ-37
☐ 161321	Beech UC-12B	BJ-38
☐ 161322	Beech UC-12B	BJ-39
☐ 161323	Beech UC-12B	BJ-40
☐ 161324	Beech UC-12B	BJ-41
☐ 161325	Beech UC-12B	BJ-42
☐ 161326	Beech UC-12B	BJ-43
☐ 161497	Beech UC-12B	BJ-45
☐ 161498	Beech TC-12B	BJ-46
☐ 161499	Beech UC-12B	BJ-47
☐ 161500	Beech UC-12B	BJ-48
☐ 161501	Beech UC-12B	BJ-49
☐ 161502	Beech UC-12B	BJ-50
☐ 161503	Beech UC-12B	BJ-51
☐ 161504	Beech UC-12B	BJ-52
☐ 161505	Beech UC-12B	BJ-53
☐ 161507	Beech UC-12B	BJ-55

☐ 3150	Beech 200	BB-522
☐ 3250	Beech 200	BB-92
☐ 3280	Beech 200C	BL-18
☐ ARBV-0201	Beech E90	LW-264
☐ ARV-0211	Rockwell 695	95007
☐ ARV-0212	Beech B200	BB-906
☐ EV-7702	Beech E90	LW-229
☐ EV-7910	Beech 200	BB-495
☐ GN-7593	Beech E90	LW-154
☐ GN-7839	Beech E90	LW-260
☐ GN-8270	Beech B200C	BL-51
☐ GNB-8274	Beech B200	BB-980

AIR-BRITAIN MEMBERSHIP
Join on-line at www.air-britain.co.uk

Air-Britain was founded in 1948 and today has almost 4,000 current members including over 700 from outside the United Kingdom.

Air-Britain News (monthly – average 160 A5 pages) continuously updates this publication and all our annual airline, business jet and register publications. For January-December 2010 the cost of Membership plus News is £38 (UK), £50 (Europe), £53 (Rest of the World). If you join during the year you may pay a pro-rata subscription covering the balance of the year (if back magazines to January are not required). **Join now for two years 2010-2011 and save £5 off the total.**

Membership of 'Air-Britain' includes the following benefits:

- ▲ A quarterly house magazine, AIR-BRITAIN AVIATION WORLD, illustrated in colour and black & white, containing at least 54 pages of news, features and photographs.
- ▲ A choice of three additional magazines (NEWS, AEROMILITARIA, ARCHIVE) available on optional subscription in any combination. All rates include the basic membership cost and benefits, and also offer a substantial saving on the cover prices of the magazines.
- ▲ Discounts on all 'Air-Britain' Books. We publish 10-20 books per year.
- ▲ Access to ab-ix, the 'Air-Britain' e-mail Information Exchange Service.
- ▲ Access to an on-line database of UK airfield residents.
- ▲ Access to Local Branches and the Specialist Information Service.
- ▲ Access to Air-Britain Trips
- ▲ Access to black & white and colour photograph libraries
- ▲ An annual Fly-In
- ▲ An annual Aircraft Recognition Contest

You can join Air-Britain direct from this advert on-line at **www.air-britain.co.uk**, where full details of the magazines and membership subscription rates are given. Membership normally runs January-December, but a number of alternative options are available to get new members started with a subscription.

Alternatively, you can contact us for a membership pack containing samples of our magazines, subscription rates, and a book list. Write to Air-Britain Membership Enquiries, 1 Rose Cottages, 179 Penn Road, Hazlemere, High Wycombe, Bucks, HP15 7NE, UK. Tel: +44 (0)1394 450767. E-mail: membership@air-britain.co.uk